■ 현대성서주석

고린도전서

목회자와 설교자를 위한 주석

First Corinthians

INTERPRETATION

리처드 B. 헤이스
(Richard B. Hays)

2006

한국장로교출판사

고린도전서

목회자와 설교자를 위한 주석

총편집자 제임스 루터 메이스
구약 편집자 패트릭 D. 밀러
신약 편집자 폴 J. 악트마이어

고린도전서

저자 : **리처드 B. 헤이스**(Richard B. Hays)

·예일 대학교(B. A.), 에모리 대학교(Ph. D.)
·예일 대학교 신학대학원 교수
·현재 듀크 대학교, 조지 워싱톤 아이비 신약학 교수
·*The Moral Vision of the New Testament*(「신약의 윤리적 비전」, IVP, 2002)
·*Echoes of Scripture in the Letters of Paul*
·*The Faith of Jesus Christ : The Narrative Substructure of Galatians* 3 : 1~4 : 11 등 다수

한·미 공동 주석편집 / 번역위원회 편

번역위원 : **유승원**

·서울대학교 사회학과
·나사렛 신학대학원(M. Div.), 프린스턴 신학대학원(Th. M.)
·듀크 대학교(Ph. D.)
·전 나사렛 대학교 신학부 교수
·현재 훼이빌 한인장로교회 담임목사
·현재 현대성서주석 번역위원
·「크고 넓은 교회, 높고 깊은 신학」
·「뒤집어 읽는 신약성서」 등 다수의 저서와 역서

이 책은
미국장로교출판사인 Westminster/John Knox Press와의
정식 계약에 의해 번역, 출판되었다.

Richard B. Hays

First Corinthians

INTERPRETATION

A Bible Commentary
for Teaching and Preaching
tr., by Publishing House of the PCK

INTERPRETATION / 현대성서주석

고린도전서

초판발행 2006년 3월 10일 / 2022년 8월 1일 5쇄발행
저자 : 리처드 B. 헤이스(Richard B. Hays)
번역 : 한·미 공동 주석편집 / 번역위원 유승원

기획 · 편집
기획 · 편집인 : 박노원
미국장로교총회(PCUSA) 한국어자료개발실 김춘자
Rev. Grace Choon Kim
Curriculum and Resource Development, Korean Adult, CMD
100 Witherspoon St. Louisvill, KY 40202 - 1396, USA
Tel (502)569 - 5478, 5484 / Fax (502)569 - 8329, 8263

발행
한국장로교출판사
발행인 : 박창원
주소 / 03128 / 서울특별시 대학로 3길 29, 신관 4층
(연지동, 총회창립100주년기념관)
전화 / (02) 741 - 4381 / 팩스 (02) 741 - 7886
등록 / No.1 - 84(1951. 8. 3.)

ISBN 978 - 89 - 398 - 0238 - 4 / 978 - 89 - 398 - 0231 - 5(세트)
Printed in Korea

값 38,000원

한국어판 발간사

새로운 천년이 시작되는 첫해인 2000년 아침에, 한국교회는 현대성서주석시리즈라는 뜻깊은 축복의 선물을 받게 되었다.

한국장로교출판사는 새로운 천년을 맞아 수년 간의 준비와 노력 끝에, Westminster/John Knox 출판사에서 절찬리에 발간되고 있는 Interpretation/현대성서주석시리즈를 번역하여 출간하게 된 것을 자랑스럽게 생각하며, 그 기쁨을 여러분과 함께 나누고 싶다. 이 주석 시리즈는 교회에서 성경을 해석하는 이들에게는 훌륭한 안내자로서, 성경을 가르치고 설교하는 이들에게는 풍부한 말씀의 샘으로써 큰 기여를 하게 될 것으로 믿는다.

이 주석 시리즈의 특징은 역사적 연구와 신학적 이해를 결합시키고, 이를 오늘날의 삶과 신앙에 다양한 방식으로 접근시키는 데에 있다. "21세기 성서해석의 결정판"이라고 불려질 현대성서주석시리즈는 한국교회뿐만 아니라 해외에서 목회하는 한인교회를 위해서도 크게 공헌할 것으로 확신한다.

전 43권으로 발행되는 방대한 주석서를 번역함에 있어서 한국장로교출판사는 먼저 저자들과 상의하여 역자를 선정하기도 하였고, 전문적으로 성서신학을 공부한 분들을 중심으로 번역위원을 구성하였다. 번역작업에 있어서 원서의 어떤 부분은 한국장로교출판사의 신학적 견해와 일치하지 않는 내용이 있음에도 불구하고, 원문에는 충실하였음을 밝힌다. 이렇게 함은 저자들과 Westminster/John Knox 출판사와의 약속에 의한 것이다.

또한 내용에 있어서는 신학적 흐름이 한국의 그것과 다를 수 있으며, 전통적인 입장과는 차이를 보이는 학자들의 견해라도 하나의 학문적인 자료로서 소개되고 있다는 점을 염두에 두기 바란다. 그럼에도 불구하고 이런 학자들의 연구 결과는 목회자들의 설교강단을 풍요롭게 하는 데 적지 않은 도움을 줄 것으로 기대한다.

이 귀중한 작업은 한국장로교출판사 전임 사장 김봉익 목사와 미국장로교총회 회중사역부 김춘자 목사의 노고가 없었다면 이루어질 수 없는 일이었기에 두 분에게 깊은 사의를 표한다.

이 현대성서주석시리즈를 통해서 교회사역의 주요 부분인 설교와 성경공부를 성공적으로 이끌어 갈 수 있기를 기대한다. 또한 새로운 천년을 맞은 한국교회의 강단에, 그리고 선교 21세기의 복음사역에 큰 공헌이 될 수 있기를 간절히 소망한다.

한국장로교출판사
사장 **채형욱** 목사

한국어판 기획·편집에 즈음하여

Interpretation/현대성서주석은 현재 미국의 교회와 신학계를 대표하는 세계 유수의 성서학자들이 오늘의 교회와 목회자들을 위해 각고의 노력을 기울여 집필한 주석 시리즈이다. 이처럼 큰 연구 성과를 오랜 준비기간을 거쳐 번역, 출간하게 된 기쁨을 한국의 교회와 모든 목회자들과 함께 나누고 싶다.

이 새로운 주석 시리즈는 성경본문의 각 구절들과 낱말들을 일일이 다루기보다는 성경을 가르치고 설교하는 데 사용되는 본문의 단원들을 차례대로 다룸으로써, 설교와 성경공부를 중심으로 하는 목회사역을 성공적으로 준비하는 데 많은 도움을 줄 것이다. 아울러 이 주석은 성경본문이 말하고자 하는 것이 무엇인지를 잘 이해하게 함과 동시에, 그러한 이해를 가지고 오늘날의 삶과 신앙이 안고 있는 문제들과 더불어 대화를 나눌 수 있게 해 줄 것이다. 이로 인하여 오늘날의 교회와 그리스도인들은 성경본문이 오늘의 신앙과 삶에 어떤 의미를 주는지를 분명하게 깨달을 수 있을 것이며, 그것을 자신의 일상적인 삶에 적용하는 데 큰 도움을 얻을 수 있을 것이다.

바라기는 이 주석 시리즈로 인하여 한국교회 강단의 영적인 깊이가 더해지고, 말씀이 더욱 풍성하게 되기를 소원한다. 그리하여 강단마다, 교회마다 생수의 강이 흐르고 생명의 떡을 배설하는 잔치 자리가 되기를 희망한다. 또한 이 성서주석이 한국교회는 물론이고 전 세계에 흩어져 있는 이민 한국목회자들과 그들의 설교와 성경공부 사역에 생명력을 불어넣을 것을 기대한다.

이 번역서는 성서원문에 충실하고자 했으며, 우리말 성경은 개역한글판을 사용하였다. 그리고 때로는 시대적 요청에 맞추어 개역개정판을 사용하기도 하였다. 이 주석의 번역위원들은 국내외의 탁월한 번역가들인 동시에 전문적인 성서학자들이다.

이 주석 시리즈의 번역과 출판은 한국장로교출판사가 1992년에 미국장로교출판사인 Westminster/John Knox Press와 정식으로 계약하여 오늘에 이르렀다. 이 주석의 기획과 편집은 미국장로교총회(PCUSA) 회중사역부 내의 한국어자료개발실 김춘자 목사와 한국장로교출판사 전임 사장 김봉익 목사가 공동으로 추진하였으며, 모든 실무 작업은 한국장로교출판사 편집부에서 수고해 주었다.

그리고 무엇보다도 이 시리즈의 번역사업을 추진함에 있어서, 미국장로교총회 교육부에서 수고하다가 은퇴하여 지금은 '카이로스 연구원'의 책임을 맡은 최창욱 목사와 역시 미국장로교총회 한미목회 총무인 김선배 목사의 도움이 컸다. 이 두 분의 도움에 힘입어 한국장로교출판사는 미국장로교총회 회중사역부 한국어자료개발실과 공동으로 이 주석 시리즈를 기획, 편집, 번역, 출판하기로 협의하여 이제까지 그 작업을 진행하여 왔다. 그동안 협력해 준 번역위원들과 수고한 모든 분들께 마음 깊이 감사를 드린다.

2000년 1월 일

Interpretation/현대성서주석 한·미 공동기획·편집인

박노원·김춘자

한국어판을 위한 서문

현대성서주석시리즈(*Interpretation : a Bible Commentary for Teaching and Preaching*)를 한국 독자들에게 소개하게 된 것은 영광이며 특권으로 생각한다. 본 주석 시리즈의 편집자들과 저자들은 한국장로교출판사가 본 주석 시리즈에 대해 관심을 갖고 한국어판을 출판하기 위해 기울인 헌신적인 작업을 감사히 여기고 있다.

이 주석의 한국어판을 한국장로교출판사가 출판하는 것은 적절한 일이다. 이 주석은 원래 미국장로교(PCUSA) 안에서 계획하고 준비되었다. 비록 본 주석의 저자들은 다양한 교단의 배경을 갖고 있으나 그 성격과 의도는 전적으로 장로교단이 결정했다. 이 주석은 교회의 예배와 성경공부 모임에서 설교하고 가르치는 일에 있어서 성경이 얼마나 중요한 비중을 차지하는지를 단적으로 입증하고 있다. 이 주석은 성경이 우리에게 하나님의 백성이 무엇을 믿어야 하며, 하나님은 당신의 백성들이 어떻게 살기 원하는지를 가르친다는 확신을 바탕으로 준비되었다.

성경에 대한 이러한 확신과 성경의 가르침에 대한 신뢰는 한국장로교회의 특성이다. 이러한 확신은 한국과 미국의 장로교회를 공부하는 교회로 만들 것이다. 미국교회에서 이미 그 유용성이 입증된 본 주석이 한국에서도 성경공부에 공헌할 수 있기를 간절히 소망한다. 각 주석의 저자들은 디모데후서 3 : 16 이하의 말씀이 얼마나 옳은 말씀인지를 보여 주려고 노력했다 : "모든 성경은 하나님의 감동으로 된 것으로 교훈과 책망과 바르게 함과 의로 교육하기에 유익하니 이는 하나님의 사람으로 온전케 하며 모든 선한 일을 행하기에 온전케 하려 함이니라". 이러한 의도가 한국에서 본 주석을 통하여 이루어지기를 기도한다.

제임스 루터 메이스
총편집자
사이러스 맥코믹 히브리어 / 구약학 명예교수
버지니아 유니온 신학교

James Luther Mays

Preface for the Korean Edition

It is an honor and a privilege to present *Interpretation : a Bible Commentary for Teaching and Preaching* to Korean readers. The editors and authors of the commentary series are grateful to the editors of the Publishing House of the Presbyterian Church of Korea for their enthusiastic interest in Interpretation and for their devoted work in producing a Korean version.

It is fitting that the Interpretation commentary should be sponsored in Korea by the Publishing House of the Presbyterian Church. The series was planned and developed in the context of the Presbyterian Church in the United States of America. Though its authors come from different churches, it is a thoroughly Presbyterian project in character and purpose. The commentary is a witness to the vital importance of the Holy Scriptures for the gathering and instruction of the Church of Jesus Christ through preaching and teaching. The foundation of the series is the conviction that the Bible provides the knowledge of what the people of God are to believe about God and what kind of life God requires his people to live.

This confidence in the Bible and reliance on its illumination is characteristic of the Presbyterian Church in Korea. It is a confidence that binds the Churches in Korea and in America into a community of study. I earnestly hope that these volumes, which have proved so useful in the American Church, will also prove fruitful for the study of the Bible in Korea. The authors of the individual commentaries have sought to show how the Scripture is "profitable for teaching, for reproof, for correction, and for training in righteousness that the man of God may be complete, equipped for every good work"(2 Timothy 3 : 16f.). I pray that this purpose will be fulfilled in the use of the commentary in Korea.

James Luther Mays
General Editor
Cyrus McCormick Professor Emeritus
of Hebrew and the Old Testament
Union Theological Seminary in Virginia

고린도전서

INTERPRETATION / 현대성서주석

고린도전서

차 례

▶ 주 석

시리즈 서문

이 주석 시리즈는 성경 각 권들에 대한 해석을 담고 있다. 이 시리즈는 현대적인 강해 주석을 원하는 학생과 교사, 목회자, 사제 등의 필요에 부응하고자 만들어진 것이다. 이 책들이 역사비평적인 주석이나 설교학적인 보조자료들을 대신할 수는 없을 것이다. 오히려 이 시리즈의 목적은 제3의 자료—곧 성경본문들에 대한 역사적이고도 신학적인 작업의 통합된 결과를 보여 주는 주석—를 제공하는 데에 있다.

본래적인 의미에서 볼 때 해석 작업이라는 것은 본문, 해석자, 그리고 해석을 필요로 하는 사람 등을 포함한다. 여기서 말하는 본문은 '예언자들과 사도들'의 시대 이후로 전해 내려오는 성경의 기록을 가리킨다. 본문은 신앙생활을 가르치고, 그것에 생기를 불어넣고, 또 그것을 인도하려는 목적으로 읽혀진다. 해석자는 본문에 충실하면서도 교회에 유익한 해석을 만들어 내려고 애쓰는 사람이다. 이 시리즈는 성경을 신앙공동체에서 가르치고, 설교하고, 연구하려는 사람들을 위해 쓰여진 것이다.

이 시리즈의 주석은 일반적으로 강해적인 에세이 형태를 취하고 있다. 그것은 성경을 사용할 때 생겨나는 여러 필요들과 질문들에 비추어 기획되고 쓰여진 것이다. 본 주석 시리즈는 효과적인 강해를 위해 현대적인 학문 연구의 통찰들과 결과들을 충분히 활용하였다. 해석자들은 주석가들로서, 그리고 신학자들로서 이 시리즈를 집필하였다. 그들의 작업은 본문이 말하고자 하는 것을 취급함과 동시에, 그것이 신앙과 생활에 주는 의미를 분별하려는 목적을 가지고 있다. 그러므로 강해는 한 해석자의 통일된 작업의 결과이다.

본 시리즈는 표준개역성경(Revised Standard Version)을 주석의 기초로 삼고자 한다(한글판에서는 '개역한글판'을 사용하였다-편집위원회 주). 이 영문 번역판의 일반적인 용이성으로 번역본문을 다시금 반복할 필요가 없게 되었으며, 주석 공간을 확보하는 데에도 도움을 주었다. 본 주석은 해당되는 책의 특성에 맞도록 각각의 본문을 세분화하였다. 이 시리즈의 주석은 낱말이나 구절의 의미를 낱낱이 밝히는 방법보다는 모든 본문들을 전체로 취급하는 방법을 취하고 있다.

이 시리즈의 저자들은 자신에게 맡겨진 책들을 강해하는 데 필요한 것들에 맞추어 본 주석서를 기획하였다. 성경의 각 책들은 그 성격이나 내용, 배열 등에 있어서 서로 다르다. 그들은 또한 나름대로 교회의 예전(liturgy)이나 사상, 경건 등에서 사용하는 방식에 있어서도 서로 다르다. 저자들은 주석 방법이나 강조점, 주석 공간의 활용 등에 대한 결정을 내림에 있어서 개개 책들의 독특성이나 용례를 고려하였다. 이 주석 시리즈는 저자들로 하여금 그들의 해석 결과를 가장 잘 드러나게 하는 형식을 개발하도록 허용하였다.

저자들과 편집자들은 이 시리즈가 성경본문들을 바르게 설명하고 적용하는 주석이기를 바라며, 또한 성경본문들의 의미와 중요성을 제대로 다루는 훌륭한 해설서이기를 희망한다. 물론 성경 각 권들에 대한 모든 주석은 집필자 자신의 방법론과 그의 독특한 교회관과 세계관을 반영한다. 그것은 달리 집필될 수도 있고, 또 마땅히 그러해야 할 것이다. 따라서 이 시리즈에 있는 해석은 그것이 어떤 종류의 것이든 간에 개별적인(각각의 독특성을 갖고 있다-편집위원회 주) 것이다. 그것은 어디까지나 본문에 대한 다양한 해석들 중의 하나에 지나지 않는다. 그러나 교회 안에서 성경을 해석하는 일에 종사하는 모든 이들은 다른 사람들이 성경본문을 어떻게 읽고, 어떻게 해석하는가를 통해서 그들 나름대로의 도움과 자극을 받을 필요가 있다. 만일에 이 주석 시리즈가 그런 식의 해석작업에 이바지하고 또 그것을 자극한다면, 이 시리즈를 준비하고 출판하는 목적을 충분히 이루었다고 볼 수 있겠다.

편집자 일동

감사의 글

내게 있어서 여러 사람들과 기관에 대해 감사할 수 있다는 것은 큰 즐거움이다. 이 주석서는 그들의 도움이 없었다면 쓸 수 없었을 것이다.

나는 1995년 여름 영국 케임브리지에 머물면서 이 주석서를 쓰기 시작했다. 틴데일 하우스(Tyndale House)의 연구소장이신 브루스 W. 윈터(Bruce W. Winter) 박사님께 감사를 드린다. 특히 그의 정중한 후대(厚待), 그와 가졌던 고대 고린도 시(city)에 대한 대화, 그리고 바울이 당대의 대중적 수사학자들과 가졌던 관계에 대해 함께 나누었던 많은 유익한 대화에 대해 깊이 감사하는 마음을 갖는다.

원고의 상당 부분은 1996년 봄 학기 기간 동안, 예루살렘에 소재한 탄투어 에큐메니칼 신학연구소(Tantur Ecumenical Institute for Theological Studies)에서 안식년을 지내면서 완성되었다. 탄투어의 소장이신 토마스 F. 스트랜스키(Thomas F. Stransky, C. S. P.) 박사와 탄투어 직원들은 내가 그곳에 머무는 기간 동안 없어서는 안 될 귀중한 지원을 해 주었다. 친절하게 작업 보조를 해 주었던 베티와 마틴 베일리(Betty and Martin Bailey) 부부, 그리고 제네비베 달레(Genevieve Daleh)에게 특별한 감사를 드린다. 내게 연구도서관을 활용할 수 있는 특권을 허락해 준 에꼴 비블리끄(École Biblique)에도 감사의 뜻을 표한다. 나의 안식년을 가능하게 해 준 데니스 캠벨(Dennis Campbell) 학장과 듀크 대학교에도 물론 감사를 돌려야 할 것이다.

나의 듀크 연구 조교인 앤디 웨이크필드(Andy Wakefield)는 이 프로젝트를 시작할 때 나를 위해 고린도전서에 대한 방대한 참고문헌을 준비해 주었다. 비록 현 주석서의 형식이 (학술 논문이 아니기 때문에) 나의 지식의 빚에 대한 충분한 감사의 표시를 할 기회를 허락하지 않았지만, 고린도전서에 대해 글을 써 놓은 여러 학자들에게서 참으로 많은 것을 배웠다. 그 중에 C. K. 바렛(C. K. Barrett), 고든 피(Gordon Fee), 그리고 볼프강 쉬라게(Wolfgang Schrage)의 탁월한 주석서들에 대해서는 특별한 언급을 해야 할 것 같다. 이 세 주석서는 석의상의 정밀함에 쏟은 세심한 신경뿐 아니라, 본문의 주제 사안에 대한 심오한 신학적 관심에 있어서도 모범이 되는 좋은 연구자료였다.

지난 1982~1995년의 기간에 예일 신학대학원과 듀크 신학대학원에서 나의 고린도전서 세미나에 출석했던 학생들에게도 특별한 감사의 뜻을 표한다. 바울의 편지에 대한 그들의 질문, 아이디어, 영감들은 이곳에 다 적을 수 없을 정도의 다양한 방법으로 나의 사고에 자극을 주었다.

마지막으로 다른 누구보다도, 이 주석서를 헌정받는 나의 아내 쥬디에게 감사하지 않을 수 없다. 쥬디는 "사랑은 모든 것을 견디느니라."는 바울의 금언의 의미가 무엇인지를 현실로 구현해 보여 주었다.

리처드 B. 헤이스

한국어판 저자 서문

나의 고린도전서 주석이 한국어로 출판되는 것을 무척이나 기쁘게 생각한다. 한국의 독자들이 바울의 고린도전서를 또다시 새롭게 만나려 할 때, 이 고린도전서 주석이 조금이라도 도움이 되었으면 하는 것이 나의 바람이다. 나는 이 책의 서론 부분에서 해석 작업이 안고 있는 과제가 이중의 과정을 내포하고 있음을 제안했다. 우선, 그 생소함을 느낄 수 있을 만큼 충분하게 메시지와 우리 자신과의 사이에 거리를 두어야 한다. 그러고 나서 다시 그 복음의 메시지가 우리에게 가까이 다가와 우리를 주장할 수 있도록 만들어야 된다. 이러한 성서해석의 과정은 아마 수세기에 걸쳐 이어 온 기독교 왕국에 의해 조각된 문화를 배경으로 하는 서구 독자들보다, 이제까지 십자가의 복음이 '상식'으로 당연시되어 왔던 관습과 가치에 여러 가지 방식으로 도전하고 있음을 즉각적으로 감지하게 될 한국 독자들에게 더 자연스럽게 다가올 것으로 생각된다. 한국의 독자들은 그리스도인들이 우상숭배 제의에 동참하는 일을 둘러싸고 발생하는 문제들에 대해 쉽게 이해할 수 있을 것이다(고전 8 : 1-11 : 1).

한국의 독자들은 예수 그리스도의 '코이노니아'(*koinōnia*) 속으로 부르심을 받는 것이(고전 1 : 9) 이제까지 그 영향 아래 살아왔던 가족과 친구들의 전통이 아니라, 복음에 의해 다스림을 받는 독특하게 새로운 문화 공동체 속으로 소명되는 일이라는 점을 잘 이해할 수 있을 것이다.

만일 그렇다면(내가 한국 내의 교회 상황을 너무 낭만적으로 보는 것이 아니기를 바란다.) 한국 독자들은 미국과 같은 나라의 독자들에 비해 큰 이점을 지니게 될 것이다. 서구에서는 교회와 국가를 구분하지 못하고, 복음을 세속 '폴리스'(도시국가-역주) 안에서 통하는 '지혜'와 혼동할 위험이 항상 내재해 있기 때문이다. 나는 한편으로는 경계하기 위해, 또 한편으로는 권면하기 위해 이 점을 지적한다. 그 경계는 이렇다. 이 주석서의 각 단원을 마감하는 "교사와 설교자를 위한 묵상"은 주로 내가 살고 있는 문화적 배경을 염두에 둔 글이다. 따라서 내용의 일부가 한국교회 차원에서 볼 때는 직접성을 지니지 못할 수도 있다. 권면은 뒤이어지는 논리적 귀결이다.

한국어판을 읽는 독자들은 한국교회의 교사와 설교자를 위해 스스로 적용의 묵상을 개발해 내는 상상력의 작업을 해야만 될 것이다. 예수 그리스도의 복음은 여러분들의 상황에서 새롭게 들리고, 새롭게 해석되어야만 한다. 이 주석서의 석의(釋義) 부분이 이러한 해석상의 적용을 용이하게 해 주기를 바란다. 그렇게만 해 준다면 이 주석서는 할 일을 다하는 것이다. 세심한 번역 작업을 해 준 유승원 박사께 감사의 뜻을 표하고 싶다. 내게 있어서 나의 책을 자신의 영역에서 매우 유능한 바울 학자가 번역해 준다는 것은 큰 축복이다. 또한 이 책이 한국교회에서 읽힐 수 있도록 만들어 준 한국장로교출판사에도 감사를 드린다.

나의 가장 큰 바람은 고린도전서에 대한 갱신된 연구가 바울의 십자가(1 : 18-2 : 5)와 부활(15 : 1-58)의 복음에 충실하게 교회의 일치(고전 1 : 10)를 증진시켰으면 하는 것이다.

2004년 9월 14일

리처드 B. 헤이스

Preface to the Korean Translation of First Corinthians

I am very pleased that my commentary on 1 Corinthians is now appearing in Korean. I hope that this book will be of some help to readers in Korea as they seek to encounter this important Pauline letter in a fresh way. In the opening pages of the introduction, I suggest that the task of interpretation always involves a twofold process of distancing ourselves from the message enough to see its foreignness and then once again allowing the gospel message to draw near and claim us.

It may well be that this interpretive process will come more naturally to Korean readers—in communities where the gospel is still relatively recent in its impact on their culture—than to Western readers who come from cultures shaped by many centuries of Christendom. That is to say, readers in Korea may immediately sense the many ways that the gospel of the cross challenges customs and values that were previously assumed to be 'common sense.' They may readily understand the problems surrounding the participation of Christians in idolatrous practices

(1 Corinthians 8 : 1–11 : 1).

They may understand that to be called into the *koinōnia* of Jesus Christ (1 Cor 1 : 9) is to be called into a distinctive new cultural community that is governed by the gospel, rather than by the traditions their families and friends have lived by. If so (and I hope I do not romanticize the situation of the church in Korea), then Korean readers will have a major advantage over readers in a country like the United States, where there is an ever–present danger of confusing the church with the nation, confusing the gospel with what passes for 'wisdom' in the secular *polis*.

I make this point in order to lead up to a warning and an exhortation. The warning is this : the "Reflections for Teachers and Preachers" that conclude each section of my commentary are written chiefly for the church in my own cultural setting. Some of this material may therefore speak to the church in Korea only indirectly.

The exhortation follows logically : the readers of this Korean translation will have to do the imaginative work of developing their *own* reflections for teachers and preachers in the Korean churches. The gospel of Jesus Christ must be heard and interpreted anew in your setting. I hope that the exegetical sections of the commentary will facilitate this kind of interpretive application. If so, the commentary will have achieved its aim.

I want to express my gratitude to Dr. Seung Won Yu for his careful work of translation. It is a great blessing to have my book translated by someone who is a very able Pauline scholar in his own right. Thanks are due also to the Korean Presbyterian Publishing House for making this book available to the church in

Korea.

My greatest hope is that a renewed study of 1 Corinthians will promote the unity of the church (1 Cor 1 : 10) in its faithfulness to Paul's gospel of the cross (1 : 18–2 : 5) and resurrection (15 : 1–58).

Richard B. Hays
Duke University
14 September 2004

서 론

남의 편지 읽기 : 해석의 시도

바울의 고린도전서를 읽을 때, 우리는 사실상 다른 사람에게 보낸 남의 편지를 읽는 것이다. 원래 이 편지는 고대 지중해 연안의 고린도 시에 살던 소수의 무리들이 이제 막 시작한 개척교회에 보냈던 것이다. 바울 당시의 고린도 그리스도인들이 이 편지가 후대에 널리 전파되는 것을 좋아했을 리 없다. 편지를 통해 그들의 생활 모습이 가감 없이 노출되었고, 뒤늦게 깨달은 것이지만 적당히 사생활 보호 차원에서 숨겨 두면 좋았을 여러 가지 사건들을 그대로 누설하고 있기 때문이다. 그러나 이 편지는 다행스럽게도 우리에게 잘 보전되어 널리 유포되다가, 결국 신약성경으로 정경화되었다. 그래서 우리에게 그리스도교 운동의 첫 세대의 삶 속에서 긴장 가득했던 한 특정 순간을 간파할 수 있는 특권이 주어진 것이다. 비록 우리에게 직접 전달된 것은 아니었지만, 우리는 이 편지를 통해 진행 중에 있는 멋진 논쟁을 엿듣는 허락을 받은 셈이다.

우리는 격해진 사도와 골치 아픈 그의 제자들 사이에서 오고간 이 대화를 도청함으로써 얻게 되는 정보를 가지고 무엇을 어떻게 해야 할까? 그것이 우리에게 어떻게 의미 있는 말이 될까? 어쨌든 바울은 초시간적 진리를 서술하는 것을 목적으로 하지는 않았다. 일반적인 신학 논문을 의도했던 것도 아니다. 1세기 중반 특정 문제들에 직면한 한 공동체를 위해 직접 목회상의 지시를 한 것이다. 예를 들어 보자. 이방신에게 희생 제물로 드려졌던 고기를 시장에서 구입하여 먹어도 괜찮은 것일까? 거의 2천년 전의 전혀 다른 세계 속에서 살던 사람들에게 전달된 이런 주제에 대한 바울의 조언을 성경이라고 선언하는 것이 무슨 의미를 가질까? 이러한 특정 목회상의 교훈을 우리에게 주어진 하나님의 말씀으로 읽기 위해서 어떠한 해석상의 기술이 필요한 것일까? 우리는 고린도전서를 '우리' 성경의 한 부분으로 생각하는 데만 익숙해져 있기 때문에, 이러한 해석적인 문제의 복잡한 전모(全貌)를 좀처럼 깨닫지 못한다.

이 고대 편지를 통해 말씀이 우리에게 **어떻게** 전달되었는지를 식별하기 위해서, 우리는 편지의 세계와 우리가 살고 있는 세계 사이에 존재하는 상상의 **유추**(類推, *analogies*)를 발견하는 데 기민해야 한다. 고린도전서가 우리에게 보내려고 쓰여진 것이 아님은 알고 있지만, 그래도 그것이 우리를 위해 쓰여진 것처럼 읽는 법을 배워야 한다. 우리는 자신을 저 멀리 있는 고린도교회 교인들의 삶 속에 상상으로 투사함으로써, 다소 묘하면서도 신선한 방식으로 우리 자신의 삶을 조명하는 법을 배우게 된다. 이러한 본문을 교회에서 선포(또는 가르침)하는 일은 당시와 지금 사이에서 은유적 중첩(重疊, overlap)을 창조해 낼 것을 요청하며, 하나님의 진리를 기대 가득하여 들을 것을 요구한다. 우리가 듣고자 하는 것이 **하나님의** 진리이기 때문에, 우리의 해석 작업은 우리 쪽의 기묘한 상상력만 동원하는 일과 혼동되어서는 안 된다. 우리가 다른 사람에게 간 편지를 하나님의 말씀으로 읽을 수 있는 것은 (기이하게 생각할지 모르지만) 하나님께서 이 특정 본문의 제한된 매체를 통해 자신의 백성들을 지속적으로 인도하시기로 결정하셨기 때문이다. 교회가 그렇게 고백하고 있고, 우리도 그렇게 선포하고 있다. 그렇기 때문에 해석의 사역은 언제나 본문이 담고 있는 생소함을 바로 볼 수 있도록 자신을 본문으로부터 유리(遊離)시키는 일과 그 본문이 우리를 주장할 수 있도록 다시 본문을 우리에게로 가까이 끌어오는 일의 변증법적 과정을 내포하고 있다.

만일 이런 것이 해석의 과제라면, 이를 위해 고정된 공식이 있을 수 없다. 확실히 교회의 해석 전통은 본문을 어떻게 이해해야 하는지에 대해 풍부한 아이디어를 제공해 준다. 이 주석서는 직접적으로 또한 암묵적으로 여러 측면에서 그러한 전통의 도움을 받았다. 물론 이 주석 시리즈의 성격상, 이곳의 강해를 조각한 선배들의 모든 해석적 방법들을 일일이 언급하여 인정하는 형식을 취하지는 못했다. 그러나 서로 다른 역사적 배경을 가진 서로 다른 해석자들은 다양한 독해를 산출해 낼 것이다. 바울의 편지는 우리가 어떤 입장에 서 있느냐에 따라 여러 다른 각도에서 빛을 비춰 줄 것이다. 이 주석서는 하나님의 말씀이 고린도전서를 통해 오늘날의 교회에 어떻게 접근하고 있는지에 대해 여러 입장을 소개하면서, 한 가지의 독해 결과를 제시하고자 노력할 것이다. 여기서 교사와 설교자들을 위해 제시된 특정한 입장들은 독자의 상상력에 건전한 자극을 주기 위한 것들이다. 또한 이것들로 인해 말씀을 신선하게 선포하는 과제를 수행하는 일에 고무되기를 소망한다. "너희는 다 모든 사람으로 배우게 하고 모든 사람으로 권면을 받게 하기 위하여 하나씩하나씩 예언할 수 있느니라"(고전 14 : 31).

편지의 배경

바울이 고린도교회 교인들과 대화한 내용을 잘 알아듣기 위해서는 우선 편지의 배경과 상황에 대해 몇 가지를 알아야만 한다. 물론 우리가 원하는 것만큼 충분히 알 길은 없다. 배경과 관련해 적지 않은 것들이 우리가 알 수 없는 내용들이다. 우리에게 남겨진 본문은 후대 사람들에게는 모호하게 들리는 암시만 담고 있을 뿐이다. 우리는 고린도전서를 독해함에 있어 기껏해야 뿌연 창문을 통해 들여다보는 정도만 하고 있을 뿐이다. 그럼에도 불구하고 편지의 독해를 위해 도움이 되는 배경 정보를 대략적으로 스케치할 수는 있다.

고린도 시

고린도는 고대의 번창한 교역 요지였다. 고린도는 겐그레아와 레기움 두 항구가 내려다보이는 고린도 해협에 위치했기 때문에, 에게 해와 이오니아 해 사이에서 주요 동서 교역로가 될 수 있었다. 펠로폰네소스 반도의 남부 해안을 따라가는 항해는 어렵고 위험한 일로 취급되었다. 결과적으로 아시아와 이탈리아 사이에서 물품을 배로 실어 보내는 상인들은 그들의 짐이 고린도를 통과해서 보내지는 것을 선호했다. 실제로 작은 선박들은 해협을 가로질러 운반되었다. 큰 선박을 통해 선적되는 물건들은 육지에 풀어놓아 반대편으로 옮겨져서 건너편 항구에서 다시 선적되었다. 고린도 시의 그러한 경제적 이 점에 대해 고대의 지리학자 스트라보(Strabo)는 기원전 7년경에 이렇게 적고 있다.

> 고린도는 그 교역 때문에 '부촌'으로 불렸다. 해협에 위치하여 두 항구의 주인이 되었기 때문이다. 하나는 아시아로 향했고, 또 하나는 이탈리아를 향해 놓여 있었다. 이로 인해 그렇게 멀리 떨어져 있는 두 나라 사이의 상품 교환이 쉽게 이루어질 수 있었다. …… 이탈리아와 아시아의 상인들이 여기서 그들의 짐을 내려놓는 것은 환영받는 선택이었다. 또한 육로를 통해 펠로폰네소스로부터 나가는 수출품과 들어오는 수입품에 대한 관세도 열쇠를 쥐고 있는 저들에게 주어졌다. 이 점은 후대에도 마찬가지였다(*Geography* 8.6.20).

또한 고린도는 그 중요성에 있어서 올림픽 경기에 버금가는 운동경기 축제인 이스드미안(Isthmian) 경기를 개최했다. 격년으로 열리는 이 경기는 많은 관중을 유치했고, 시의 수입에 적지 않은 기여를 했다. 고린도 시에서 이스드미안 경기가 차지하는 중요성을 단적으로 말해 주는 것은, 이 시에서 가장 정치적으로 신망을 얻는 관직이 이 경기의 후원자인 **아고노테테스**(*agōnothetēs*)였다는 사실이다.

그러나 기원전 146년 로마 군대가 도시를 점령하여 건물들을 파괴하고, 주민들을 처형하거나 노예로 전락시키면서 고린도의 번영하던 교역은 중단되었다. 이곳은 사실상 율리우스 케사르(줄리어스 씨이저)의 주도하에 기원전 44년 로마의 식민지로 재건될 때까지 버려진 채로 있었다. 바울이 이곳에 등장하기 미처 100년이 되지 못한 때의 일이었다. 이곳의 많은 식민지 사람들은 과거에 노예였다가 다른 곳에서는 누릴 수 없는 경제적, 사회적 성공의 기회를 새로 재건된 이 도시에서 발견할 수 있었던 로마의 해방 자유민들이었다. 예를 들어, 로마 치하의 고린도는 해방 자유민들(즉, 과거의 노예들)이 도시의 주요 관리인 **두오비리**(*duoviri*)로 선출되는 것이 허용되었다는 점에 있어서 특이한 곳이었다. 바울의 이 편지를 읽으면서, 바울의 편지를 받은 사람들이 불과 몇 세대 전에 사회적 상승이동을 구하던 식민지 주민들의 후예였다는 것을 염두에 두면 많은 도움이 될 것이다. (이런 의미에서 바울의 고린도 독자들과 이 주석을 읽는 미국 독자들 사이에는 비슷한 점이 있다.) 또한 이와 관련해 염두에 두어야 할 것은 고린도가 지정학적으로는 헬라의 도시였지만 법률, 정치 구조, 문화적 관습 등에 있어서는 로마 쪽에 기울어져 있었다는 점이다.

로마 지배 이전의 옛 고린도는 성적 문란의 중심지로 평판이 나 있었다. 적어도 아테네 사람들에게서는 그런 소리를 들어야 했다. 예를 들어 아리스토파네스의 희극에서는 **코린티아제스타이**(*korinthiazesthai*=고린도화하다, 고린도인처럼 행동하다–역주)라는 단어를 조어(造語)하여, '문란하다, 간통하다'라는 뜻을 가리키는 말이 되게 했다. 옛 주석서들 중에는 고린도의 문란함에 대해 지나치게 과장했던 경우들이 있었다. 그러나 최근 학자들은 그러한 설명이 자료들을 잘못 사용해서 내려진 결론임을 보여주었다. 종교적 매춘 행위는 헬라의 종교적 관행에서 일반적이지 않았다. 고린도 광장에 있는 아프로디테 신전에 신전 매춘부가 1,000명이나 되었다는 스트라보의 이야기는(물론 바울시대의 도시를 가리키는 것이 아니고, 파괴되기 전의 고대 도시를 가리키던 것이었다.) 역사적, 고고학적 조사를 통해 신뢰성이 없는 것으로 판명되었다. 고린도인들의 **성도덕**에 대해서는 C. K. 바렛(Barrett)이 적절한 관점에서 잘 지적해 주고 있다. "바울 시절의 고린도는 당대의 다른 항구 도시나 교역 중심지와 별다를 바 없었을 것이다”(Barrett, 3).

스트라보(Strabo)와 2세기의 집필가인 파우사니아스(Pausanias)의 설명에 따르면 이 도시는 여러 곳에서 이교(異教)숭배를 지원했고, 공공장소들은 웅장한 남신상과 여신상으로 장식되어 있었다. **아고라**(*agora*, 시장) 한가운데에는 거대한 아테나의 동상이 서 있었다. 이것은 당시로 볼 때 그다지 별난 것이 아니었다. 그리스-로마 세계의 주요 도시들은 모두 비슷한 신전과 성소들을 지니고 있었기 때문이다. 예를 들어 사도행전 17 : 16의 아테네의 경우 ‘우상’으로 가득 차 있었던 것으로 묘사되었다. 고린도의 그리스도인들은 일상 속에서 이러한 종교·정치적 세계의 상징을 다시 기억해야 하는 부담을 안고 살아야 했다. 그들은 이러한 세계에서 부름을 받아 나온 것이었다. 바울이 세상에 ‘많은 신과 많은 주’가 있다고 썼을 때(고전 8 : 5), 이 말은 편지를 읽는 고린도 독자들에게 익숙하고 생생한 이미지들을 상기시켰을 것이다. 그래서 바울은 자신의 고린도 회심자들의 사고방식을 오직 한 분, 하나님만 경배하도록 되어 있는 유대교와 신흥 그리스도교 운동의 상징 세계에 맞게 변형시켜야 하는 주요 과제를 안고 있었다.

우리는 사도행전 18 : 1~17을 통해 고린도 시에 유대인 공동체가 있었다는 점을 알 수 있다. 이것은 바울의 동시대 인물인 알렉산드리아의 필로가 잠깐 스쳐 언급한 내용을 통해서도 확인되고 있다(*Legatio ad Gaium* 281). 또한 이 도시의 발굴 장소에서 ‘히브리인들의 회당’을 언급하고 있는 비문도 발견되었다. 하지만 유대인 공동체의 규모가 어느 정도였는지에 대한 정보는 없다. 그리고 바울의 고린도전서 내용으로 볼 때 이제 막 시작한 이 그리스도인 공동체의 대다수 구성원들은 유대인들이 아니라 이방인들이었던 것으로 보인다. 이것은 바울이 이 이방인들의 도덕적 사고를 이스라엘 하나님의 길에 부합하는 모양으로 바꿔 놓아야 하는 **재사회화**(再社會化, *resocialization*)의 중차대한 과제를 감당해야만 했다는 것을 의미했다.

사회와 역사적 배경에 대한 다른 내용들은 주석서가 진행되는 대로 적절한 때에 다루게 될 것이다. 고린도 시에 대한 고대의 문헌 자료와 고고학적 연구들을 더 살펴보기 원하면 제롬 머피 오커너(Jerome Murphy O'Connor)의 책 *St. Paul's Corinth*와 벤 위더링턴 3세(Ben Witherington, Ⅲ)의 *Conflict and Community in Corinth*에 수집, 정리된 자료들을 참고하도록 하라.

편지가 쓰여진 배경

바울은 고린도에 말씀 선포와 교육을 통해 그리스도인 공동체를 세웠다(행 18 : 1–11). 바울은 이를 놓고 자신이 공동체를 심었다거나(3 : 6), 터를 닦았다거나(3 : 10), 낳았다고(4 : 15) 묘사하고 있다. 누가의 기록에 따르면, 바울은 고린도에서 18개월을 보냈다(행 18 : 11). 이는 광범위한 교훈을 주고, 의미 있는 관계를 형성하기에 충분한 시간이었다. 바울의 사명은 새 공동체를 조직하는 것이었기 때문에, 일단 교회가 서고 가동이 되면 다른 곳으로 옮겨 갔다. 바울은 주후 51년경 고린도를 떠났고, 그 후 우리에게 고린도전서로 알려져 있는 편지를 53~55년 사이에 썼던 것으로 보인다. 편지 내에는 오순절 전 봄 에베소에서 쓴 것으로 기록되어 있다(고전 16 : 8). (바울의 선교활동 연대표 정리는 매우 복잡한 문제일 뿐더러, 여기서 편지가 기록된 정확한 때를 아는 것은 우리에게 그다지 중요하지 않다. 이 점에 대해서 더 논의를 원하면 표준적인 신약성서 개론서나 고린도전서 주석들을 보기 바란다.) 바울은 고린도 공동체 내에 새로운 문제와 심각한 오해가 발생할 만큼 꽤나 오랫동안 떨어져 있었던 모양이다. 고린도전서를 통해서 볼 때 그는 최소한 한 번은 저들에게 편지를 보낸 적이 있었다(5 : 9). 그러나 안타깝게도 이 편지는 고린도후서 6 : 14~7 : 1에 그 일부분이 보전되어 있거나 상실된 것으로 보인다.

바울은 두 가지 일로 인해 급하게 고린도전서를 쓰게 되었다. 우선 "글로에의 집 편"(글로에라는 여인이 가장이었던 집의 식구들이었을 것)으로부터 공동체 내에 심각한 분열이 있다는 보고를 들었다(1 : 11, 11 : 18). 그들의 보고에는 고린도교회의 다른 문제들에 대한 놀라운 정보들도 포함되어 있었다. 성적인 부도덕(5 : 1-8, 6 : 12-20), 법정 소송(6 : 1-11), 성찬식의 혼란(11 : 17-34), 죽은 자들의 부활에 대한 논란(15 : 1-58) 등이 이런 문제들이었다. 둘째, 고린도교회 교인들이 바울에게 편지를 보내 문의하여 조언을 구한 몇 가지 사안들도 있었다(7 : 1a). 그 편지에는 기혼자들의 성생활(7 : 1b-40), 우상에게 드려졌던 제물을 먹는 일(8 : 1-11 : 1) 등에 대한 질문들이 포함되어 있었다. 아마 공동체 예배 중에 성령의 은사를 사용하는 일(12 : 1-14 : 40)과 바울이 독려한 예루살렘행 헌금(16 : 1-4) 등에 대한 이슈도 제기되었을 것이다. 이 편지가 부활의 신학적 이슈도 언급했는지에 대해서는 확실히 말하기 힘들다. 어쨌든 고린도교회가 보내온 편지와 더불어 듣게 되었던 간접적인 보고로 인해, 바울은 자신이 선포한 복음의 견지에서 이 모든 이슈들을 재구성하는 장문의 편지를 쓸 생각이 들었다.

바울이 보이는 반응에 따르면 고린도교회 교인들은 자신들의 독자적 판단과는 달리 위기와 시험의 순간에 놓여 있었다(10 : 11-13). 그들이 바울의 말을 경청하여 믿음 안에서 제대로 된 하나 됨을 회복할 수 있을까? 아니면 자만과 경쟁, 영적 방종의 세력 앞에서 허망하게 와해되고 말 것인가? 바울은 이렇게 밝히고 있다. "이제는 지나는 길에 너희 보기를 원치 아니하노니……"(16 : 7). 그가 들었던 그 모든 문제들을 정리하기 위해서는 장기간의 방문이 필요했다. 그렇다면 이 편지는 바울 자신이 직접 그곳에 가서 심도 있게 이 문제들을 다룰 수 있을 때까지(11 : 34b) 일단 임시변통의 구실을 하기 위한 것이었다고 보아도 크게 무리가 없을 것이다.

고린도교회와 그들의 신학

고린도교회에 대해 정보를 얻을 수 있는 유일한 출처가 바울의 편지이기 때문에, 필요한 정보는 본문의 주석에서 자연스럽게 다루게 될 것이다. 따라서 여기서 모든 것을 길게 늘어놓을 필요는 없다. 그러나 요약 차원에서 몇 가지를 언급해 두는 것은 도움이 될 것이다.

바울이 이 편지를 쓸 때쯤 고린도교회는 바울에 의해 창립되어 대략 5년 정도 된 상태였다. 공동체에는 일부 유대인들이 있었다. 그리스보(1 : 14)는 사도행전 18 : 8에서 고린도 회당의 지도자로 설명되어 있다. 만일 바울 편지의 인사말에서 거명된 소스데네(1 : 1)가 사도행전 18 : 17에서 언급된 사람과 동일 인물이라면, 최소한 2명의 저명한 유대인 지도자가 그리스도교 운동에 동참한 것이 된다. 하지만 나머지 대부분의 공동체 구성원들은 이방인 회심자들이었다. 사도행전 18 : 7에서 언급된 디도, 유스도처럼, 이들 중 일부는 바울이 고린도에 말씀을 전하러 오기 전에 이미 유대교에 매료되어 끌려왔던 사람들이었을 것이다(즉, 이들은 '하나님을 경외하는 사람들'〈Godfearers〉, 할례까지 받았지만 전적으로 유대교 개종자가 되지는 않은 이방인 회당 출석자들이었다). 당시 고린도 시에 그리스도인들의 숫자가 얼마나 되었는지는 알 수 없다. 그러나 고고학적 연구를 통해 어느 정도 짐작할 수 있는 근거는 있다. 그리스도인들은 별도의 공공 건물을 소유하지 못하여 개인 집에서 모였기 때문에, 그 모임의 규모는 당시 가장 부유한 사람들의 빌라 크기가 수용하는 정도를 넘어서지는 못했을 것이다. 제롬 머피 오커너(Jerome Murphy－O'Connor)의 계산에 따르면, 그러한 집들은 공동 식사 때문에 30~50명 수준을 넘게 수용할 수 없었다. 따라서 스데바나(16 : 15－18)와 같은 지도자들의 집에서 모이는 별도의 여러 가정교회들이 있었을 것으로 짐작된다. 시간이 지나면서 그러한 가정교회들이 각기 다른 행태(行態)를 보이면서 각기 다른 지도자들을 인정해 나갔을 가능성이 높다. 이렇게 되어 공동체 내에서 파당의 문제가 악화되어 갔을 것이다. 만일 1 : 12에서 언급된 개별 파당들이 각기 다른 가정교회들을 대표하고 있다면(이것은 가능하기는 하지만 확실하지 않은 추정임.), 바울이 이 편지를 쓸 때쯤 고린도 시에는 대략 150~200명 정도의 그리스도인이 있었던 것으로 짐작할 수 있다. 그러나 이를 확정적인 것이라 할 수는 없다. 더 많을 수도 있고, 적을 수도 있겠지만, 나는 이러한 숫자가 상당히 높게 잡힌 것이라고 추정한다.

고린도 시 내에 있는 그리스도인들이 얼마가 되었든 간에 우리가 알 수 있는 것 한 가지는, 이들이 부유한 가구의 가장에서부터 노예에 이르기까지 다양한 사회·경제적 계층의 스펙트럼을 대표하고 있었다는 점이다. 고대에나 현재에나 자발적 모임으로서는 매우 특이한 경우를 구성하는 이러한 사회·경제적 다양성이 교회 내에 다소의 긴장과 어려움을 만들어 냈다. 이 점은 '가진 자들'이 '없는 자들'을 무시하고 망신을 준 성찬식과 관계된 문제들의 경우에 분명하게 드러나고 있다. 주석이 진행되면서 자세하게 설명하겠지만, 바울이 다루고 있는 다른 이슈들도 사회·경제적 차원에 연루(連累)되어 있다고 볼 수 있다.

초기 그리스도교를 하층 계급의 운동으로만 생각해 오던 사람들에게는 고린도교회의 신분의 다양성이 다소 의외의 현상으로 느껴질 것이다. 이런 인상을 받게 되었던 것은 바울이 고린도전서 1 : 26에서 썼던 내용에 대한 해석 때문이다. "형제들아 너희를 부르심을 보라 육체를 따라 지혜 있는 자가 많지 아니하며 능한 자가 많지 아니하며 문벌 좋은 자가 많지 아니하도다" 확실히 이 교회 현상이 **주로** 특권층에 속했던 사람들의 운동은 아니었다. 그러나 바울이 쓴 문장의 표현('많지 아니하며') 자체가 사실상 고린도의 신자들 일부가 부유하거나 출신성분이 좋았다는 점을 암시하고 있다. 이 점은 다른 증거들에 의해서도 확인되고 있다. 바울의 선교팀의 한 부분을 구성했던 고린도 시의 관리였던 에라스도(로마서 16 : 23, 사도행전 19 : 22, 디모데후서 4 : 20을 보라.)는 도시를 위해 비용이 많이 드는 공공 도로 공사에 기금을 댈 만큼 부유한 사람이었다. 이 도시에서 발견된 한 비문에 이런 내용이 적혀 있다. "에라스도는 조영관(造營官, 고대 로마에서 공공건물, 도로, 위생 등을 책임졌던 관리 – 역주)으로서 자신의 사비(私費)로 (이 도로를) 공사했다." 웨인 믹스(Wayne Meeks)는 자신의 정밀한 연구서 *The First Urban Christians*에서, 수많은 초기 그리스도인들의 특징이 '지위 불일치'(status inconsistency)였다고 결론내렸다. 즉, 이들은 경제적으로는 부유했지만, 다른 이유들로 인해 자신의 문화 내에서 상류층의 신분을 유지하지는 못하고 있었다. 고린도교회에 속한 몇몇 핵심 멤버들의 사회적 신분이 이와 같이 불안정성과 비정형성을 지녔기 때문에, 공동체 내에 다툼의 가능성이 더 컸을 것으로 보인다.

신학은 이 논쟁에서 어떤 역할을 했을까? 비평가들은 고린도교회 교인들의 '신학'과 그 출처에 대해 끊임없이 상상해 왔다. 볼프 강 쉬라게(Wolfgang Schrage)는 '고린도교회 교인들의 신학'의 성격에 대해 최소한 13개의 다른 이론을 소개하여 나열한다(Schrage, pp. 38-63). 이 모든 이론들은 소위 '반사적 해석'(mirror-reading)을 통해 구성된 가설들이다. 편지에서 바울이 고린도교회 교인들에게 대응한 것에 기초하여 그들의 사상을 외삽(外揷)하는 방식을 취한 것들이다. 이런 성격의 이론들로서 가장 정교하게 구성된 것들 중의 하나가 고린도의 여선지자 그룹의 신학을 조각모음한 안토이넷 와이어(Antoinette Wire)의 시도이다(*The Corinthian Women Prophets*). 물론 가설로 이 여선지자들의 활동이 바울로 하여금 고린도전서를 쓰게 만든 주요 원인으로 제시된다. 이러한 재구성의 작업은 신중하게 추구되어야 한다. 우리가 갖고 있는 정보의 단편들은 얼마 되지 않는데, 이것들이 반드시 종합되어 신학을 구성하는 것은 아니다. 더구나 공동체가 분열되어 있었다는 점을 감안할 때, 고린도의 어떤 사람들이 바울의 지적을 받게 된 여러 입장을 대표하고 있었는지를 확정하는 것 자체가 방법론상 불확실하다. 예를 들어, "남자가 여자를 가까이 아니함이 좋으나"(7 : 1b)라고 말한 사람들이 죽은 자들의 부활을 부인한 사람들(15 : 12, 이 구절에 대한 주석의 설명을 참고할 것)과 동일한 그룹에 속할까? 아니면 공동체 내의 서로 다른 그룹에 속한 견해들일까? 우리는 이런 사안들에 대해 나름대로 추정할 수는 있다. 그러나 추정은 추정일 뿐이지 그 이상이 되지 못한다.

더구나 바울이 언급한 문제들이 명백하게 **신학적** 사상에 근거를 두고 있는 것인지 항상 분명하게 드러나는 것은 아니다. 이슈를 신학적 용어로 구성하여 제시하는 것은 **바울** 쪽이다. 우리가 살펴보려 하는 바와 같이, 이러한 신학화는 바울의 목회적인 전략상 중요한 기능을 하고 있다. 예를 들어, 고린도교회 교인들이 이른바 '실현된 종말론'(realized eschatology)을 설파하고 있었다는 주장은 회의적이다. 고린도교회 교인들이 행하고 있는 여러 가지 일들을 비판하기 위해 종말론적 신학을 사용하고 있는 것은 바울 쪽이다. 많은 경우에 있어서 고린도교회 교인들이 보인 행태는 당시에 인기를 누리던 철학이나 수사학과 같은 사회·문화적 요인들에 의해 촉발된 것들이었다. 이 요인들은 전혀 의식적으로 신학적이지 않다. 바울 서신의 탁월함은 주어진 상황을 신학적 개념으로 진단하여 흩어져 있던 신학적 이슈들을 복음에 입각한 의식적 성찰로 연결하는 능력에 있다.

따라서 이 주석서는 정교하게 구성된 고린도의 신학을 전제로 하지 않는다. 서신을 해독해 가면서 바울의 처음 독자들이 가졌을 법한 생각들을 조합하는 작업을 해 나갈 것이다. 그러나 이러한 인상들을 그려 내는 작업은 대략적이고 가설적인 수준에 머물 것이다. 그에 입각하여 나중에 본문 독해를 지배하는 체계적 그림을 구성하는 데 사용되지는 않을 것이다. 우리가 어느 정도의 확신을 가지고 분석할 수 있는 것은 바울이 자신의 편지에 담아 놓은 **그의** 신학이다. 즉, 바울의 신학이야말로 우리가 관심을 갖는 주된 초점이라는 말이다.

편지의 통일성과 구성

바울의 신학에 대해 논하기에 앞서, 우리는 먼저 해석에 영향을 주는 한 가지 사안에 대하여 언급해야만 한다. 편지의 통일성과 구성의 문제이다. 우리 앞에 있는 이 문서가 정말 한 편의 편지인가? 아니면 어느 편집자가 바울의 여러 편지 조각들을 한 데 모아 짜깁기를 한 인위적인 것인가? 예를 들자면 정경상의 고린도후서는 거의 확실하게 후자의 경우와 같이 만들어진 구성물이다. 하지만 고린도전서의 경우에는, 현재 신약성경에 포함되어 있는 본문 그대로가 바울이 실제로 단 한 번에 고린도교회 교인들에게 써 보낸 편지라고 볼 수 있는 여러 가지 이유가 있다. 마가렛 미첼(Margaret Mitchell)은 고린도전서의 수사학적 구성 요소에 대한 중요한 연구결과를 냈다(*Paul and the Rhetoric of Reconciliation*). 그녀는 이 책을 통해, 고린도전서가 공동체의 '일치'를 호소하는 한 편의 긴 글이라는 점을 설득력 있게 논술했다. 고린도전서 본문을 이런 방식으로 해석할 때, 실제적으로 편지의 모든 부분은 통일된 한 편의 논증을 위한 목적에 맞게 잘 짜여져 있다. 우리 주석서의 목적이 편지의 수사학적 형식의 구성을 연구하려는 데 있지 않고 신학적 내용을 파악하려는 데 있기 때문에, 마가렛의 구성 분석을 자세히 다룰 수는 없지만, 내 강해는 이 편지가 통일성을 지닌 하나의 전체로 읽혀야 한다는 것을 전제로 한다.

물론 고린도전서의 헬라어 원문에 대한 정밀한 판단에 대해서는 아직 확정적이지 못한 상태라고 해야 할 것이다. 이 편지는 수많은 고대 사본들의 형태로 보전되어 왔고, 이 사본들은 자세한 부분에 있어 똑같지 않다. 따라서 본문에 대한 비판적 견해가 필요한 것이 현실이다. 본 주석서는 일반적으로 네슬-알란드(Nestle-Aland)의 *Novum Testamentum Graece* 제27판의 본문을 따르게 될 것이다. 그러나 한두 곳에서는 바울 이후 수 세기에 걸쳐 본문을 전달해 온 필경사들이 원본을 변경하거나 추가했을 가능성도 배제할 수 없다. 이런 가능성들 중에서 가장 중요한 경우는, 여성들에게 교회에서 침묵할 것을 명하는 악명 높은 지시이다(14 : 34-35). 나는 이 구절이 바울이 원래 썼던 편지의 원본에는 들어 있지 않았다고 주장하고 싶다. 이런 입장을 취하는 증거들에 대해서는 해당 단락의 주석에서 다루게 될 것이다.

이런 기술적인 문제들의 경우를 제외하고 나면, 고린도전서는 하나의 통일된 문서로 해석되어야 한다. 편지 전체를 이런 방식으로 독해하면서 바울의 근본적인 신학적 관심에 특별히 주목할 경우, 어떤 주제들이 튀어나오게 될까?

고린도전서의 주요 신학적 주제

1. **기독론** 바울의 고린도전서가 주로 그들의 행위상의 문제들을 다루고 순수하게 교리만을 취급하고 있지 않기 때문에, 바울 사상에 있어서 기독론의 핵심적 위치가 편지의 연구에 있어 간과되는 경우가 종종 있다. 그러

나 바울은 편지의 시작에서 끝까지 모든 이슈를 '그리스도의 증거'(1 : 6)의 견지에서 해석한다. 바울의 복음은 근본적으로 십자가에 달렸다가 죽은 자 가운데서 다시 살아난 예수의 이야기이다(2 : 2, 11 : 23－26, 15 : 3－5). 그리고 바울은 공동체의 정체가 바로 이 이야기에 입각하여 빚어져야 한다고 주장한다. 하나님께서는 '지혜'도 그리스도의 죽음과 부활을 통해 다시 정의하셨다(1 : 30). 또한 사랑의 의미도 그리스도 안에서 예증된다(8 : 11, 11 : 1). 이 편지의 기독론은 예수의 죽음을 속죄의 수단으로 강조하지 않는다. 바울은 새로운 묵시론적 시대를 시발(始發)시킨 존재로서, 인류를 죽음으로부터 해방시키는 선구자적인(15 : 20－28) 예수의 역할에 주목한다. 예수 그리스도와 하나님 아버지의 정확한 관계는 고린도전서에서 확연하게 부각되지 않는다. 일부 구절들이 하나님에 대한 그리스도의 종속성을 표현하는가 하면(3 : 23, 11 : 3, 15 : 28), 또다른 구절들은 양자를 가까운 관계로 긴밀히 연결시키기도 한다(8 : 6, 12 : 4－6). 어떤 경우이든 간에 예수 그리스도가 새로운 우주론적 상황을 정의했고, 우리가 그 안에서 살며 움직인다는 바울의 주장과 예수 그리스도의 희생적 죽음이 공동체의 삶의 패턴을 정의한다는 주장을 신중하게 주목하지 않으면 고린도전서를 제대로 이해하는 것은 불가능해진다.

2. **묵시론적 종말론** 바울은 고린도교회 교인들이 '시대의 양끝이 만난'(10 : 11, 개역성경에서는 '말세를 만난'－역주) 긴급한 종말론적 시대에 살고 있다는 점을 반복하여 강조한다. 십자가는 옛 시대에 종언을 고했고, 공동체 내에 나타난 성령의 능력은 하나님의 새로운 질서의 표징(表徵)이었다. 그러나 공동체는 '우리 주 예수 그리스도의 날'(1 : 8)을 기다리고, 그분의 죽음을 '오실 때까지'(11 : 26) 선포하면서 여전히 양 시대 사이에서 살아간다. 이 주석서가 진행되면서 볼 수 있겠지만, 바울 편지의 거의 모든 부분이 이러한 '이미/아직'의 종말론적 변증법 내에서 고린도교회 교인들의 존재의 비전을 재구성하려는 노력을 하고 있다.

3. **형체를 갖춘 실존(embodied existence)** 바울은 물리적 몸을 격하시키려는 고린도교회 교인들의 경향에 반대하여, 몸과 그 행동의 중요한 의미를

반복하여 고집한다. 우리의 몸은 하나님에 의해 창조되었고, 그리스도와의 연합을 통해 성화되었으며(6 : 12-20), 부활을 통해 궁극적 구속(15 : 35-58)을 지향하고 있다. 이런 관점은 성도덕, 혼인관계, 경제적 자원의 나눔, 미래를 향한 소망의 본질 등을 포함하는 많은 이슈들에 관련된 중요한 의미를 내포하고 있다.

4. 사랑의 우선성 바울은 고린도교회 교인들이 지식과 지혜에 대한 강조를 지나치게 하는 데 반대하면서, 사랑이 다른 모든 가치와 미덕보다 우위를 점한다는 것을 보여 준다(8 : 1-13, 12 : 31b-13 : 13, 16 : 14). 사랑의 우선성에 대한 이 주장은 예수의 이야기에 기초하고 있으면서, 바울의 가르침이 이전에 고린도교회 교인들의 생각을 사로잡았던 다른 철학적, 종교적 대안으로부터 뚜렷이 구분되게 한다.

5. 십자가를 통한 능력과 신분의 변화 우리가 이 편지를 통해 살펴보겠지만, 바울은 반복해서 복음이 세상의 권력과 사회적 지위의 관념을 뒤집는다고 주장한다. 십자가에 달린 그리스도를 주로 선언한 사람들은 하나님께서 세상에서 '천한 것들과 멸시받는 것들'을 택하셔서 "……있는 것들을 폐하려 하시나니 이는 아무 육체라도 하나님 앞에서 자랑하지 못하게 하려 하심이라"는 것을 발견하게 된다(1 : 28-29). 이것은 그리스도의 백성 공동체의 사회적 구성에 있어 충격적인 함의를 지닌다. 그리스도의 몸으로서 그들은—빈부나 자유인/노예 됨에 관계없이—상호간의 사랑과 관심의 네트워크 안에서 함께 연결되어 있다. '주 안에서'는 예전의 신분상의 구분이 더 이상 의미를 갖지 못하며, 모든 권력관계도 십자가의 관점에서 새롭게 해석되어야만 한다. 고린도교회 교인들은 이러한 비전을 수용하는 데 다소 어려움을 느꼈지만(예를 들자면 11 : 17-22, 27-34), 바울은 이것이 복음의 필연적 귀결이라고 주장한다.

본 주석서의 주요 초점

바울 자신이 강조하고 있는 주제들을 넘어서, 본 주석서는 편지의 분석에서 표출되는 여러 가지 부차적 관찰 사항에도 신경을 쓰게 될 것이다. 이러한 관찰은 바울이 고린도의 상황에 대응할 때 나타나는 중요한 단면들을 분명하게 보여 준다. 그러므로 독자들에게는 반복해서 등장하는 것들 중 몇 가지를 시작하기 전에 미리 간략히 정리하도록 하면 도움이 될 것이다.

1. **바울의 목회 과제 : 공동체 형성** 바울은 개인을 교육시키거나 추상화된 교리 교육을 하는 데만 관심을 갖고 있지 않다. 오히려 그의 목회적 과제는 공동체의 조직과 육성이다. 바울이 지속적으로 목표 삼고 있는 것은 고린도교회 교인들로 하여금 교회의 집단적 실존을 이해하도록 소명(召命)하는 것이다. 이것이 뜻하는 한 가지 의미는 바울의 사상에 있어 신학과 윤리가 불가분의 관계로 한 데 엮여 있다는 사실이다. 신학적으로 사고한다는 것은 공동체의 삶을 함께 형성하는 일에 대해 성찰하는 것이다. 이런 관찰이 뜻하는 또 하나의 의미는 편지 해석의 과제에 연계되어 있다. 고린도전서를 올바로 해석하려면 우리 자신이 **교회가 되어** 그 메시지를 들어야 한다. 이것을 마음에 새기지 않는다면—이 편지를 독립적인 학자나 '신령한' 사람으로서 이해할 수 있다고 생각한다면—우리는 편지의 모든 부분을 오역할 소지가 많기 때문이다.

2. **발상의 전환**(Conversion of the imagination) 바울은 다원주의적인 세계 속에서 그리스도인 공동체의 정체성을 형성시키기 위해 그의 독자들에게 반복해서 '발상의 전환'을 요구한다. 바울은 자신의 독자들이 세계를 그리스도인의 스토리에 의해 형성된 가치관에서 새로운 방식으로 극적인 조명을 할 수 있도록 초대한다. 고린도교회에서 있었던 대다수의 문제들은 그리스-로마 도시의 문화적 세계 내에서 볼 때는 지극히 정상적인 방식으로 사고하고 행동하는 경향성 때문에 발생한 것들이었다. 서로 간에 소송 문제로 법정에 선다거나 신전에서 열리는 공공 만찬의 초대에 응한다거나 하는 일들은 지극히 자연스러운, 그리스-로마 세계의 관행이었다. 그러나 바울은 그들에게 근본적으로 변화를 받아 다른 종류의 공동체를 만들어 나갈 것을 요구한다. 그들의 심성에 깊이 박힌

가치, 영예, 리더십 등의 개념뿐 아니라 전통으로 물려받은 사회·문화적 규범과 행실을 전면적으로 재고할 것을 요청하는 것이다. 사회과학자들은 이런 변화의 과정을 '재사회화'(resocialization)라고 부른다. 바울은 다른 곳에서 이것을 '공동체의 마음을 새롭게 함으로 이루는 변화'라고 언급한다(롬 12 : 2). 이런 변화의 과정은 적지 않게 복잡하다. 고린도교회 교인들의 이전 생활에 대해 모든 것을 다 바꿀 필요는 없기 때문이다. 예를 들어, 바울은 이미 이루어진 비그리스도인과의 혼인관계에 대해 존중되고 가능하면 지속되어야 한다고 주장한다(고전 7 : 12－16). 그래서 분별을 위한 정교한 과정이 요청된다. 이러한 분별과 발상 전환의 중요한 측면 하나가 이방인인 고린도교회 교인들도 자신들이 이스라엘 스토리의 상속자임을 깨닫는 일이다(예를 들면 10 : 1－22).

3. **신학적 사고의 사회적 위치** 고린도교회의 내부 분열은 부분적으로 사회·경제적 요인과 연관되어 있었다. 최근의 학자들은 '지식'과 성령의 은사에 대한 고린도교회 교인들의 다른 견해들이 교회 내의 계급과 지위의 차이에서 기인한 것이었다고 주장한다. 성찬식을 둘러싸고 발생한 문제들은 분명 사회·경제적 측면을 가지고 있었다. 먹을 것을 풍족히 소유하고 있던 어떤 사람들은 '빈궁한 자들'에게 수치심을 느끼게 하고 있었다(11 : 22). 우리는 주석서를 통해 고린도교회 교인들의 논란이 사회·경제적 차이로 인해 나타난 증상이었다는 점을 관찰하게 될 것이다. 또한 복음 해석을 통해 그러한 차이점을 극복해 보려는 바울의 노력을 찾아낼 수 있을 것이다.

4. **해석 신학자로서의 바울** 바울은 성경 본문과 전통을 영감 있게 성찰함으로써 신학적 사고를 해 나가는 특징을 보여 준다. 갈라디아서나 로마서의 경우처럼 성경의 해석이 논쟁의 주요 초점이 아닌 고린도전서에서도, 계속 이스라엘의 성경을 공동체를 위한 조언의 근거로 삼는다. 바울의 논지를 따르기 위해서는 그의 혁신적인 구약성경 해석을 주도면밀하게 살펴보아야 한다. 또한 구약의 사용으로 만들어지는 수사학적 효과에도 긴밀하게 신경 써야 한다. 본 주석서는 특별히 이 점에 주목할 것이다.

성경에 근거하여 공동체를 위한 자신의 메시지를 개발하는 법을 찾아야만 하는 설교자와 교사들에게는 특별히 관심이 가는 영역이기 때문이다. 동시에 우리는 바울의 해석적 성찰이 구약성경에서만 시작되는 것이 아니라, 초기 그리스도교의 신앙고백과 예전적 전승에도 근거하고 있음을 바로 인식할 필요가 있다(예를 들어 11 : 23−25, 15 : 3−5). 우리는 바울이 공동체가 직면한 실질적 이슈들에 이러한 전승들을 어떻게 활용하고 있는지를 살펴봄으로써 많은 것들을 배우게 될 것이다.

5. 사역의 모델로서의 바울 바울은 공공연하게 자신을 본받아야 할 모델로 제시한다(4 : 16−17, 11 : 1). 우리는 주석을 통해 바울을 사역과 목회와 신학의 모델로 삼는다는 것이 무엇을 의미하는지에 대해 살펴볼 것이다. 예비 차원에서, 그 모델이 호소력이 있으며 압도적이라는 점을 미리 말해 둘 수 있다. 바울은 메시지로서 '십자가에 달려 죽었다가 다시 사신 예수 그리스도'라는 개념이 그리스도인 공동체의 모든 관심 영역에 적용될 수 있다고 보고 있다. 바울은 정면 돌입을 두려워하지 않았다. 십자가의 말씀이 바울의 편지를 읽는 독자들의 안일한 전제(前提)에 도전하기 때문에, 그의 복음은 문제를 풀기보다는 문제를 **야기시키는** 것같이 보인다. 더구나 바울은 자신과 회중 사이의 관계에 있어서, 게으름과 평범함을 용납하지 않으려 하였다. 바울은 자신의 교인들에게 재차 반복하여 탁월함(복음에 의해 정의되는 사랑의 탁월함)과 책임감을 요구한다. 마지막으로 바울은 목회적 신학자로서 영감 넘치는 자유를 구사하지만, 동시에 기초가 되는 케리그마(kērygma)의 전통에 충실한 자세로 사고하면서 독자들도 자신과 같은 자세를 가질 것을 호소한다. 이것은 따라하기 쉬운 모습이 아니다. 그러나 그리스도의 교회 안에서 사역의 소명을 받은 사람들에게는 선택의 여지 없이 따라야 하는 길이다.

고린도전서의 개요

편지의 시작 : 하나님의 소명을 입은 공동체(1 : 1–9)
- 인사말(1 : 1–3)
- 감사의 글(1 : 4–9)

공동체의 일치를 위한 부름(1 : 10–4 : 21)
- 공동체 내의 파당(1 : 10–17)
- 자랑을 배제하는 십자가의 어리석음(1 : 18–2 : 5)
- 성숙한 사람을 위한 지혜(2 : 6–3 : 4)
- 하나님께 속한 공동체와 지도자(3 : 5–23)
- 고린도 자랑꾼들을 향한 꾸중(4 : 1–21)

공동체의 기강을 위한 부름(5 : 1–6 : 20)
- "이 악한 사람은 너희 중에서 내어 쫓으라"(5 : 1–13)
- 사법적 분쟁은 공동체 내에서 다루어야 한다(6 : 1–11)
- "몸으로 하나님께 영광을 돌리라"(6 : 12–20)

고린도에서 논란이 된 이슈들에 대한 답변(7 : 1–15 : 58)
- 시대의 전환점에서 본 성(性)과 혼인(7 : 1–40)
- 우상의 제물(8 : 1–11 : 1)
  - 지식은 교만하게 하며 사랑은 덕을 세운다(8 : 1–13)
  - 권리를 포기하는 사도의 모범(9 : 1–27)
  - 우상숭배에 대한 경고(10 : 1–22)
  - 결론 : 당신의 자유를 하나님의 영광을 위하여 사용하라(10 : 23–11 : 1)
- 공동체 예배(11 : 2–14 : 40)
  - 헤어스타일과 성 구별(11 : 2–16)
  - 주의 만찬 : 몸의 분별(11 : 17–34)
  - 예배 중에 나타나는 성령의 역사(12 : 1–14 : 40)
- 몸의 부활(15 : 1–58)

맺음말(16 : 1–24)
- 헌금과 여행일정(16 : 1–12)
- 작별 인사(16 : 13–24)

제1부

편지의 시작: 하나님의 소명을 입은 공동체

고린도전서 1 : 1~9

편지의 시작 : 하나님의 소명을 입은 공동체

고린도전서 1 : 1~9

고린도전서 1 : 1~3
인사말

우리는 고린도로 가는 편지를 열자마자, 하나님께서 바울 편지의 수신자들을 향해 갖고 계신 계획에 대한 놀라운 주장을 대면하게 된다. 편지의 개봉 문장은 바울이 예수 그리스도의 특별한 대리인일 뿐 아니라, 고린도교회 교인들도 하나님께서 사명을 위해 특별히 부르심 받은 공동체라고 선언하고 있다. "고린도에 있는 하나님의 교회 곧 그리스도 예수 안에서 거룩하여지고 성도라 부르심을 입은 자들과……"(1 : 2). 고린도교회 교인들이 다른 그리스도인들과 달리 어떤 특별한 소명을 지니고 있다는 뜻은 아니다. 그보다는 그들이 ─ 다른 모든 그리스도인들과 더불어 ─ 하나님의 백성으로 지명되어 혼돈과 멸망의 세계에서 구별되어 나온 존재들이라는 말이다. 바울은 자신의 교회에 속한 모든 구성원들을 '성도'(the saints), 즉 하나님의 선택을 받은 사람들로 간주한다. 그래서 바울과 그 독자들은 전 우주적 드라마에 연루되어 있으며, 세계를 구출해 내고자 하시는 하나님의 역사(役事)에 있어서 특별한 역할을 담당해야 한다.

바울 자신은 '하나님의 뜻을 따라 그리스도 예수의 사도로 부르심'을 받았다고 말한다(1절). 우리는 바울의 다른 편지들을 통해 그가 자신의 소명을 특별히 이방인에게 복음 선포하는 일에 사명의 초점을 맞춰 이해하고 있음을 알 수 있다(갈 1 : 16). 바울은 여기서 특별하게 자신의 사명에 권한을 부여하고 동기를 제공하는 하나님의 **소명** 모티프를 조명한다. 궁극적으로 복음 선포를 주도하여 몰고 가는 것은 바울 자신이 아니라 하나님이시다.

편지의 공동 발송인으로 언급된 '형제 소스데네'(1 : 1)는 아마 사도행전 18 : 17에서 누가가 고린도에 있는 회당의 지도자로 설명한 사람과 동일한 인물일 것이다. 사도행전의 기록에 따르면, 소스데네는 바울에 대한 항의를 무시한 로마 총독 갈리오의 결정에 분노한 고린도의 유대인 군중들에 의해 험한 일을 겪어야 했다. 사도행전의 이야기에서는 그들이 왜 소스데네를 골라잡았는지 분명하지 않다. 소스데네가 그때까지도 그리스도인 회심자가 아니었다면, 최소한 바울에게 동조적인 사람으로 인식되었던 것 같다. 그로부터 2~4년이 지난 뒤 이 편지가 쓰여질 때쯤 소스데네는 분명히 바울의 선교 사역에 동참하여 바울과 함께 에베소에 있었다. 만일 그가 복음을 위해 고난을 받은 중요한 고린도 회심자였다면, 고린도의 그리스도인들 가운데서 영향력이 있는 인물이었을 것이다. 따라서 비록 이후 편지에서 그의 이름이 다시 언급되지는 않지만, 인사말에 그를 등장시킴으로써 바울이 편지를 통해 하려는 호소에 추가적인 무게를 더하게 되었다고 할 수 있을 것이다. 이 점은 우리가 반복해서 주목하게 될 사실에 대한 첫 번째 증거 표시가 될 것이다. 바울은 고린도교회 내의 민감한 상황을 다룰 때 상당한 정치적 수완을 발휘한다.

하나님께서 바울을 부르셨듯이, 고린도에 있는 그리스도인들도 마찬가지였다. 그들은 **하기오이**(*hagioi*), 즉 '성도'(saints)라 불렸다. 이 용어는 후대에 그리스도인들이 그렇게 사용했듯이(한글로 성인〈聖人〉 또는 성자〈聖者〉로 번역된 경우－역주), 특별하게 거룩한 극소수의 사람들에게만 적용되었던 것이 아니다. 오히려 이 용어는 이렇게 부름을 받아 모인 공동체의 모든 구성원들을 지칭하는 데 사용되었다. '거룩하여졌다'는 것은 이스라엘의 제사장들이나 성전에서 사용된 그릇들처럼 하나님을 섬기기 위해 구별되어 분리시켰다는 것을 뜻한다. 오래 전 구약성경에서는 거룩한 백성이 되도록 명하는 부르심이 이스라엘 백성 전체를 향했다. "여호와께서 모세에게 일러 가라사대 너는 이스라엘 자손의 온 회중에게 고하여 이르라 너희는 거룩하라(**하기오이**) 나 여호와 너희 하나님이 거룩함이니라(**하기오스**〈*hagios*〉)"(레 19 : 1－2).

따라서 바울이 이 말을 고린도교회 교인들을 묘사하는 데 적용했다는 것은, 그가 하나님께서 이스라엘 백성을 부르실 때 의도했던 것을 암시하고 있다고 보아야 한다. 바울은 고린도전서에서 주로 이방인들로 구성된 고린도 그리스도인들을 여러 번에 걸쳐 하나님의 언약 백성이라 부르며 암묵적으로 묘사하고 있는데, 이것이 그 첫 번째 경우이다. 그들의 이전 배경이 무엇이었든지 간에, 이제 고린도 그리스도인들은 하나님의 은혜로운 선택의 목적을 다루는 이야기 속으로 사로잡혀 들어간다. 그들은 하나님을 알지 못하는 세계 속에서 하나님 나라를 대표하면서, 언약 백성으로서 섬기도록 되어 있다. "세계가 다 내게 속하였나니 너희가 내 말을 잘 듣고 내 언약을 지키면 너희는 열국 중에서 내 소유가 되겠고 너희가 내게 대하여 제사장 나라가 되며 거룩한(**하기온**〈*hagion*〉) 백성이 되리라" (출 19 : 5－6a).

출애굽기의 이 구절이 보여 주고 있듯이, 하나님의 언약 백성이 되는 일은 특정한 순종의 의무를 동반한다. 교회가 세상에서 하나님을 올바로 대표하려면 일정한 규범과 기준을 따라야만 한다. 따라서 바울이 고린도교회 교인들을 '그리스도 예수 안에서 거룩하여진 성도'라고 부를 때, 거기에는 편지 전체를 통하여 작용하게 될 일종의 '긴장'(tension)이 시작되고 있는 것이다. 왜냐하면 고린도교회 교인들의 실제 행실은 하나님의 언약 백성으로서 소명에 부합하는 데 형편없기 때문이다. 그러나 여기서는 그 긴장이 표면화되지 않는다. 이 편지의 인사말에서 강조되고 있는 것은 공동체를 소명하여 거룩하게 하시는 **하나님의** 주도권이다.

바울은 이어서 또다른 요지를 설파한다. 고린도교회 교인들은 그 소명에 있어서 특별하거나 고립되어 있는 것이 아니다. 그들은 "……거룩하여지고 **성도라 부르심을 입은 자들과 또 각처에서 우리의 주 곧 저희와 우리의 주 되신 예수 그리스도의 이름을 부르는 모든 자들**……"과 같은 반열에 있다(고전 1 : 2). 바울은 편지의 서언에서부터 고린도에 있는 교회와 그들의 특별한 관심을 더 크고 광범위한 스토리 안에 편입시키면서, 그들이 지중해 주위로 뻗어 나간 믿음 공동체 네트워크의 한 부분을 구성하고 있다는 점을 볼 수 있도록 독려하고 있는 것이다. 이러한 광범위한 틀의 중요성은 편지가 전개되면서 점차 드러나게 될 것이다. 우리는 바울이 고린도교회 교인들의 영적 자유가 자신들을 다른 사람들에 대한 의무에서 해방시킨다는 교만한 생각에 대해 질책하는 것을 보게 될 것이다. "하나님의 말씀이 너희에게로부터 난 것이냐 또는 너희에게만 임한 것이냐"(14 : 36). 물론 그 대답은 분명하다. 하나님의 말씀은 많은 이들에게 미쳤고, 고린도교회 교인들은 스스로를 더 광범위한 운동의 한 부분으로 살펴보아야 한다. 그래서 전체 교회 위에 권위를 행사하시는 동일한 주님께 복종해야 한다. 그들은 영적으로 자유로운 독자적 존재들이 아니다. 고린도에 위치한 하나님의 교회는 더 큰 운영체의 한 가지일 뿐이다.

이렇게 편지의 인사말은 사도와 그의 수신자들의 정체성을 확립한다. 뒤이어지는 모든 것은 다 이러한 정체성(identity) 위에 세워지게 된다. 하나님께서는 '부르시는' 분이시다. 교회는 고린도에 있는 교회만이 아닌 모든 곳에 있는 교회는 '예수 그리스도의 이름을 **부름**으로써 하나님의 부르심에 응답한 사람들의 공동체'이다. 바울은 고린도에 소재한 이 공동체를 향해 축복을 선포한다. "하나님 우리 아버지와 주 예수 그리스도로 좇아 은혜와 평강이 있기를 원하노라"(1 : 3). 언약 공동체에 참여하는 사람들은 하나님께서 값없이 베푸시는 자비의 수혜자들이며, 그래서 그들은 하나님의 평화의 영역 내에 서 있다. 그리고 이들은 서로의 관계 속에서 이 평화를 확장해 나가야 할 것이다.

고린도전서 1 : 4~9
감사의 글

바울은 특징적으로 자신이 글을 써 보내 주고 있는 공동체를 위한 감사의 말로 그의 편지를 시작한다. 이 '감사말'(thanksgiving) 단락은 바울이 전체 편지에서 다루게 될 내용 중 많은 부분을 기술적으로 암시하고 있다. 고린도전서의 감사말에서 부각되는 세 가지 신학적 주제는 이러하다. (1) **하나님의 은혜** : 하나님께서는 모든 은사를 주시는 분이시고, 고린도교회는 그 은혜의 선물들을 누리고 있다. (2) 그리스도인 실존의 **종말론적 구조**. (3) 예수 그리스도 안에서 이루어지는 **공동체를 향한 하나님의 소명**. 이 세 가지 주제를 하나씩 상고해 보자.

바울은 하나님의 은혜가 그리스도 예수 안에서 (또는 그리스도 예수에 **의해**) 고린도 공동체에게 주어졌다는 점을 역설하면서, 우선 감사의 글에 대한 초점을 하나님의 은혜(*charis*)에 둔다. 이 은혜는 특히 고린도교회가 '모든 일 곧 모든 구변(口辯)과 모든 지식에 풍족하다'는 점에서 밝히 드러난다고 말하고 있다(5절). 상황에 대한 이야기를 이렇게 펼쳐 나가면, 영적 체험 중에서 구변과 지식에 대해 자부심을 갖고 있는 고린도교회 교인들로서는 기분이 나쁘지 않았을 것이다. 이들은 특별한 지식을 지니고 있으며, 방언을 포함하여 성령께서 주신 달변(達辯)의 능력을 소유하고 있다고 생각했다. 그러나 우리가 편지 전체를 다 읽고 나서 이 부분을 다시 읽는다면, 이 내용이 담고 있는 약간의 조소적 논조를 간과할 수 없을 것이다. 이 공동체에서 분열의 도구가 되었던 것은 다름 아닌 이 말과 지식의 은사였다. 바울이 이런 지식과 언변이 진정한 하나님의 은사라는 점을 부인한 적은 없다. 실로 바울은 이에 대해 탄식하기보다는 하나님께 감사를 올린다. 그러나 바울은 동시에 이것들이 **하나님의 선물**임을 강조한다. 즉, 이것들은 고린도교회 교인들 자신의 자동적 영력(靈力)이나 탁월함에서 나온 것이 아니라는 말이다. 바울이 나중에 "네게 있는 것 중에 받지 아니한 것이 무엇이뇨 네가 받았은즉 어찌하여 받지 아니한 것같이 자랑하느뇨"라고 쓸 때(4 : 7), 이미 감사의 글 단락에서 고린도교회 교인들의 영적 교만에 대해 신랄한 비판을 가하기 위한 신학적 기초 쌓기를 했다는 것을 깨닫게 된다. 만일 고린도교회 교인들이 자신들을 부유한 것으로 여길 수 있었다면(4 : 8), 그것은 하나님께서 그들을 부유하게 **만들어 주셨기** 때문이다(1 : 5). 그렇기에 자랑은 금물이다. 바울은 고린도교회 교인들이 "모든 은사에 부족함이 없다."는 점을 관찰할 때(7절), 명확하게 '은혜의 나타남'이란 뜻의 '카리스마'(*charisma*)라는 단어를 명확히 사용하고 있다. 고린도교회 교인 자신들은 말의 은사들에 대해 '신령한 것'(**프뉴마티카**〈*pneumatika*〉, 12 : 1 참조)이라고 언급했을 것이다. 그러나 여기 7절에는 '신령한 것'이라는 헬라 단어는 없다. 고린도교회 교인들이 소유하고 있는 말과 지식의 능력이 어떤 성격의 것이든 간에, 그것은 '그리스도의 증거'를 확증하기 위한 은사들로서 하나님의 **은혜**로 주어진 것이지, 교회의 구성원들을 과장 선전하기 위한 것이 아니다.

둘째, 바울은 고린도 사람들의 '은사받음'을 아직 완성되지 않은 소망의 틀 안에 위치시킨다. "너희가 모든 은사에 부족함이 없이 **우리 주 예수 그리스도의 나타나심을 기다림이라**"(1 : 7). 현재 공동체가 아무리 풍성하게 복을 받았다 하더라도, 궁극적으로 소망하고 있는 것은 아직 받지 못했다는 주장이다. 예수 그리스도의 나타나심(**아포칼립시스**〈*apokalypsis*〉), 악과 죽음의 권세를 물리치고 승리와 함께 다시 오심이 남아 있다(15 : 20–28). 그래서 교회의 현재 실존은 기다림의 시간, 종말의 기대 속에서 그리스도에 의해 보전되고 힘을 얻어야만 하는 시간 속에 놓여 있다. 더구나 바울이 1 : 8에서 암시하듯이 그리스도의 **파루시아**(*parousia*)의 날은 **심판**의 날이기도 하다. 그래서 공동체는 그날을 준비하기 위해 그들 가운데 임하는 그리스도의 역사에 의존해야 한다. 마지막 평가에서 '책망할 것이 없는 자'가 되어야 할 것이다. 만일 고린도교회 교인들이 신중하게 귀 기울여 제대로 들었다면, 이 모든 기다림과 심판에 대한 준비의 이야기가 현재의 열광적인 영적 경험을 진정시키고 교정하기 위한 것이었음을 깨달았을 것이다. 물론 그것이 바울이 의도했던 바였다. 바울은 편지 전체를 통하여 복음의 미래 지향적 특성에 대해 고린도교회 교인들의 주의를 반복하여 환기시키며, 교회가 하나님의 심판 앞에서 부담하는 궁극적 책임의 모티프를 강조한다. 그렇다고 해서 이곳 감사의 글 단락에서 읽는 바울의 논조가 경고나 권면의 분위기로 일색하는 것은 아니다. 그는 감사하는 마음으로 공동체가 주의 강림을 기다리면서 굳게 설 수 있을 것이라는 점을 확언한다. '하나님은 미쁘시기' 때문이다(9b절). 공동체에 소명을 주신 분도, 그들의 소망의 바탕이 되는 분도, 은사를 주신 분으로서의 하나님이시다.

세 번째 모티프는 감사의 글 단락 내에서 다른 두 가지보다 좀더 미묘하게 표현되었다. 그렇다고 이것이 덜 중요하다는 것은 아니다. 하나님께서는 고린도교회 교인들을 '그의 아들 예수 그리스도 우리 주로 더불어 교제케' 부르셨다(9b절). 문장의 구성이 다소 모호하다. 단어 '코이노니아'(교제)가 예수 그리스도와의 영적 관계를 가리킬 수도 있고, 그러한 관계에 함께 부르심을 입은 백성들의 공동체를 가리킬 수도 있다. 사실 바울은 이 두 가지가 서로 떼어 놓을 수 없는 관계인 것으로 이해하고 있다. '그리스도 안'에 있다는 것은 교회의 교제 안에 **있다**는 것이기 때문이다. 공동체의 소명은 단지 사명을 감당하거나 특정의 규범에 순종하게 하기 위한 것만은 아니다. 공동체는 최종적으로 그리스도 안에서 친밀한 상호관계를 맺도록 부름을 입은 것이다. 이것은 초기 그리스도교 운동에 있어서 가장 특징적으로 부각되는 단면들 중의 하나이다. 교회에 동참한다는 것은 다른 사람들과의 친밀하고 희생적인 관계에 소명 받았음을 확인하는 것이다. 이 관계에는 일반적으로 볼 때 다른 사회 계급에 속한 사람들과 전혀 공통점이 없을 것 같은 사람들도 포함된다. 교회 구성원들이 공통으로 갖고 있는 것은 하나님의 은혜에 의해 창조된 새로운 가족에 동참하도록 부르심을 받았다는 점뿐이다. 그래서 바울이 자신의 교회 구성원들을 '형제와 자매'라고 부르는 것이다. 이러한 새로운 자아 이해의 개념이 새로 형성된 그리스도인 공동체인 고린도교회 구성원들에게는 이해하고 받아들이기 힘든 문제였을 것이다. 그렇듯이 바울은 고린도교회 교인들이 그리스도의 **코이노니아** 속으로 부름 받았다는 점을 상기시키면서 자신의 감사의 글 단락을 마무리할 때, 이 편지의 시작부터 끝까지 이어지면서 다양한 형태로 설명될 주제들을 미리 소리내어 울리게 하고 있는 것이다.

| 교사와 설교자를 위한 묵상 |

바울은 처음 나오는 아홉 절의 말미에서 고린도교회의 소명을 한 눈에 볼 수 있도록 스케치해 주고 있다. 그들은 알려진 모든 세계에 속한 다른 이들과 더불어 하나님을 섬기기 위해 구분된 언약 백성으로 살아감으로써, 이스라엘의 운명을 확장시키는 운동에 동참하도록 하나님의 부르심을 입었다. 하나님께서는 그들에게 신령한 은사들을 쏟아 부어 주셔서 예수 그리스도의 은혜를 증거하는 사명을 감당할 수 있게 하셨다. 또한 그들이 하나님의 심판의 때가 오기를 기다리는 동안, 하나님께서는 그 공동체를 지원하며 강화시키신다. 하나님께서는 이렇게 기다리는 시간을 통해 공동체를 적합하게 준비시키며 거룩하게 만들어, 그리스도와의 친밀한 교제, 그리고 구성원 간의 상호 교제 속으로 한데 묶어 가신다. 간단하게 얘기하자면, 바울은 고린도교회 교인들을 하나님께서 직접 각본을 쓰신 대서사극 속의 중요한 등장인물로 묘사하고 있는 셈이다.

교사와 설교자들은 교회에서 바울이 교회 정체성의 틀을 잡아 가는 방식에 대해 많은 것을 배워야 할 것이다. 우리는 교회의 삶과 사명을 지나치게 작고 사소한 차원에 국한시켜 생각하기 쉽다. 우리는 우리 공동체의 정체를 특정 교단의 프로그램이나 지역 정치, 혹은 최근 역사의 한계 속에서 제한하여 정의하려는 경향이 있다. 그러나 바울은 우리로 하여금 교회를 하나님의 의의 최종적 승리, 즉 예수 그리스도 안에서 모든 것이 제자리를 찾게 되는 상황을 지향하는 전 우주적 관점 속에서 이해할 것을 요구한다. 자신들을 그러한 서사시적 드라마에 참여하는 등장인물로 이해할 때, 우리는 결정적인 발상의 전환을 할 수 있다. 우리의 행동은 자신의 삶에 국한되지 않고 더 광범위한 형태의 의미에 귀속되며, 하나님의 뜻에 대한 교회의 순종이 긴급하게 중요한 것이 된다. 그것이 세상의 종말론적 갱신을 위한 하나님의 전략 중 한 부분이기 때문이다. 반면 또 한편으로는 우리 자신의 노력과 실패에 대해 개선된 감각을 확보할 수 있다. 하나님은 신실하신 분이신데, 당신의 은혜로운 종국을 위해 우리를 부르시고, 준비시키기 위해 역사하시는 분이 바로 그 하나님이시기 때문이다. 그렇듯이 고린도전서의 시작 단락을 읽음으로써 우리는 자신을 하나님의 은혜의 스토리 속에 위치시켜 바라보는 법을 배워 절망과 교만, 시시한 갈등을 떨쳐 버릴 수 있게 된다.

또한 우리는 바울의 시작 단락에서 감사드리는 일에 대해 무엇인가를 배울 수 있을 것이다. 비록 고린도교회는 문제로 가득 차 있었지만, 바울은 자신이 교정을 시작하고자 하는 공동체를 놓고 한마디 감사의 글을 적는다. 그 모든 어려움에도 불구하고, 바울은 이 교회를 하나님께서 세계 속에서 이루신 역사(役事)로 본다. 바울은 그런 문제 한가운데서도 하나님께 감사드려야 할 선물을 분별해 낸다. 디트리히 본회퍼(Dietrich Bonhoeffer)는 「함께하는 삶」(*Life Together*)에서 이렇게 쓰고 있다.

> 만일 우리가 위치한 곳에 있는 그리스도인의 교제에 대해, 그것이 비록 별 대단한 경험이 아니라 할지라도, 크게 드러나는 부요함이 없다 할지라도, 약점이 많고 믿음은 적고 어려움은 크다 하더라도, 매일 감사를 드리지 않는다면, 모든 것이 기대했던 것과는 거리가 멀게 시시하고 하찮기만 해서 하나님께 불평만 하고 있다면, 우리는 하나님께서 우리의 교제가 예수 그리스도 안에 있는 그 분량과 풍성함을 향해 성장해 가도록 만드시는 역사를 가로막고 있는 것이다.
>
> 이 개념은 자신의 회중에 대해 종종 불평하는 목회자나 열심 있는 교인들에게 특별한 방식으로 적용된다. 목회자는 자신의 회중에 대해 불평해서는 안 된다. 절대로 다른 사람들에게 그런 불평을 말해서는 안 되며, 하나님께도 불평하지 말아야 한다. 하나님께서는 하나님과 사람들 앞에서 그들을 비난하라고 회중을 목회자에게 맡기신 것이 아니다. …… 우리 눈에 약하고 시답지 않아 보이는 것이 하나님께는 위대하고 영화로운 것일 수 있다. …… 우리에게 주어진 것을 매일 감사로 수용하면 할수록,

> 교제는 매일 하나님께서 기뻐하시는 모습으로 확실하고 꾸준하게 성장해 갈 것이다.
>
> (Bonhoeffer, pp. 29-30)

본회퍼가 묘사하는 바 감사하는 자세의 모델로 들 수 있는 것이 바울이다. 바울은 문제 많은 고린도교회에 대해 하나님께 감사를 드릴 수 있었다. 본회퍼가 적절하게 잘 표현했듯이 고린도교회가 '실현해야 할 이상에 도달하지는 못했지만, 그리스도 안에서 우리가 동참해야 하는 하나님의 창조 현실'인 그리스도인 공동체라는 것을 깨달았기 때문이다.

제 2 부

공동체의 일치를 위한 부름

고린도전서 1:10~4:21

공동체의 일치를 위한 부름

고린도전서 1 : 10~4 : 21

고린도전서 1 : 10~17

공동체 내의 파당

고린도전서의 골간 주제가 되는 내용이 1 : 10에 적혀 있다. "형제들아 내가 우리 주 예수 그리스도의 이름으로 너희를 권하노니 다 같은 말을 하고 너희 가운데 분쟁이 없이 같은 마음과 같은 뜻으로 온전히 합하라" 뒤이어 나오는 모든 것, 특히 고린도전서 1 : 11~4 : 21은 이 호소를 자세하게 설명한 것으로 이해해야 한다. 분열(**스키스마타**〈*schismata*〉)로 인해 찢겨진 공동체에게 편지를 쓰는 바울은 일치를 호소한다. 고린도전서 1 : 10에서 '온전히 합하라'는 말로 번역된 헬라 단어는 이전 상태로의 회복의 의미를 담고 있다. (이와 동일한 동사가 마가복음 1 : 19, 마태복음 4 : 21에서 고기 잡는 그물을 '깁는' 행위를 묘사하는 데 사용되었다. 영어성경 NEB는 아주 적절하게 고린도전서 1 : 10의 이 단어를 '단단하게 결합시키다'〈firmly joined〉로 번역했다.) 바울이 고린도 공동체를 떠날 때, 그들은 비교적 서로 잘 융화하는 상태에 있었다. 그런데 실망스럽게도 지금은 다툼이 교회를 갈라놓고 있다.

이 사실을 전달해 준 정보원은 '글로에의 사람들'이다. 이들의 확실한 정체는 알려져 있지 않다. 그러나 짐작컨대 이들은 글로에라는 이름을 가진 여인이 가장으로 있는 집의 노예나 하인들이었을 것이다. 우리로서는 글로에가 고린도에 살았는지, 바울이 편지를 쓰고 있던 에베소에 있었는지 알 수 없다. 그러나 우리는 글로에의 사절들이 두 도시를 사업상 왕래하면서, 바울에게 고린도교회에서 발생하고 있는 혼란의 소식을 전달해 주었을 것으로 추정할 수 있다.

고린도교회의 분열을 꼭 조직된 파당으로 이해할 필요는 없다. 편지에 드러나는 증거들을 보건대 그저 부정형(不定形)의 불일치와 논란이 끓어오른 정도로 생각해야 될 것이다. 글로에의 사람들의 보고에 따르면, 이처럼 취약한 상황에서 고린도의 그리스도인들은 여러 설교자와 지도자들의 이름을 중심으로 분파를 만들어 모이고 있었다. "이는 다름 아니라 너희가 각각 이르되 나는 바울에게 나는 아볼로에게 나는 게바에게 나는 그리스도에게 속한 자라 하는 것이니"(1 : 12). 바울 자신조차 '바울파'의 존재를 모르고 있었던 것을 보아(바울은 이런 생각 자체를 조금도 인정하지 않는다.), 아마 여기에서 언급된 슬로건들은 고린도교회 내에서 우발적으로 튀어나온 것으로 보아야 할 것이다. 분파의 중심이 되었던 이름으로 언급된 지도자들이 직접적인 격려와 고무를 한 것은 전혀 아니었다. 그동안 여러 학자들이 다양한 추정들을 시도했지만, 실제로 각 분파들을 나름대로의 독특한 이념적 지향으로 연결시키는 것은 가능하지 않았다. 바울의 언급에서도 드러나듯이, 발아(發芽)하는 파당들은 지도자들 개인에 대한 충성심에서 발로한 것이지, 분명하게 정의된 신학적 차이에서 기인한 것은 아니었다.

사도행전 18 : 24~28에 따르면 아볼로는 열정과 능변으로 "예수에 관한 것을 자세히 말하여 가르쳤으며" 성경에 깊이 기초하고 있던 알렉산드리아 출신의 유대인 학자였다. 그는 바울 계열에서 선교를 하던 사람들과 접촉하기 전에 이미 에베소에서 그리스도인 설교자로 활동하고 있었다. 사도행전의 기록에 따르면, 바울의 동역자들인 브리스길라와 아굴라가 아볼로를 만나 개인적으로 추가 교육을 시킨 것으로 되어 있다. 그들은 아볼로에게 특별히 세례에 대한 가르침을 베풀었다. 이어서 에베소에 있던 바울의 회중은 그를 축복하며 고린도로 보냈고, 거기서 그는 '은혜로 말미암아 믿은 자들에게 많은 유익을 주었다'(사도행전 18 : 27, 18 : 27~19 : 1을 보라). 누가가 아볼로의 능변과 아가야에서의 효과적 사역을 강조하고 있다는 점이 고린도전서 1 : 17~2 : 5에서의 바울의 주장을 이해하는 중요한 단서가 되고 있다. 여기서 바울은 일종의 수사학적 기술(技術)로 나타나는 '지혜'를 좋지 않게 평가하고 있다. 바울이 고린도 공동체를 세웠음에도 불구하고 일부 교인들은 아볼로에게 더 강한 인상을 받아 그의 이름 아래 원래와 다른 방향으로 리더십을 이끌어 가려 했다.

'게바'는 베드로의 아람어식 이름이다(고전 15 : 5, 갈 2 : 8–9). 베드로가 고린도를 실제로 방문했는지에 대해서는 사실 여부를 확인할 길이 없다. 비록 그곳을 방문한 적은 없지만, 초기 교회에서 워낙 널리 인정된 지도자이다 보니 그 평판과 개인적 영향력이 고린도에까지 미쳤는지도 모른다.

가장 아리송한 것은 바울이 '나는 그리스도에게 속한 자'라고 말한 자들도 폄하하고 있다는 점이다. 모든 그리스도인이 그렇게 말해야만 되는 것이 아닐까? 정황을 고려해 볼 때 일부 고린도교회 교인들이 배타적인 태도로 자신들만이 그리스도를 지도자로 섬긴다고 주장하고 있었음에 틀림없다("우리는 **진짜** 그리스도께 속한 사람들이다. 나머지 당신들에 대해서는 이 점이 분명하지 않다."는 식이었을 것이다). 이런 주장은 인간이 매개한 전승과 유리되어 그리스도와의 독점적인 영적 접근이 가능하다고 생각하는 사람들의 자기 자랑과 연계되어 있었을 것이다. 사실 고린도교회 교인들 중 일부가 바울이 자신의 설교에 대해 주장했던 내용(갈 1 : 11–12 참조)에 기초하여 그런 생각을 발전시켰을 수도 있다. 그러나 바울은 '나는 그리스도에게 속한 자'라는 주장이 교회 내의 파당 중 한쪽에서 내건 슬로건이 되었을 때 갖는 문제가 무엇인지 알고 있었다. 이 경우 그리스도는 지역 공동체의 정치적 세력 다툼 속에서 자기편을 위해 싸우는 여러 지도자들 중 하나의 위치로 전락하게 된다.

바울은 이런 상황이 매우 위험하다고 생각한다. 그래서 그는 일련의 신랄한 수사학적 질문을 던진다(13절). 이 중 첫 번째 질문은("그리스도께서 어찌 나누었느뇨?") 좀더 정확하게 번역을 한다면, "그리스도가 나누어져 분리 소유가 되었다는 말인가?"가 될 것이다. 공동체의 분열은 터무니없는 상황을 야기했다. 그리스도가 시장판 물건이나 난도질당한 소유물로 취급되고 있는 것이 바울의 우려였다. 그래서 한 몸인 그리스도가(이 편지의 뒷부분에서 분명하게 나올 이미지이다.) 이해관계에 얽힌 그룹들 속에서 쪼개져 나누어 버리고 말았다. 이어지는 두 질문은 더 정곡을 찌른다. 인간 설교자는 어떤 일이 있어도 교회의 믿음과 하나 됨의 바탕이 될 수 없다는 요지이다. 헬라어 원문에서 이 질문이 구성된 형식은 이것들이 부정적인 답변을 요구하는 수사학적 질문이라는 것을 보여 준다. "바울은 당신들을 위해 십자가에 못 박힌 적이 없습니다. 그렇지요? 여러분이 바울의 이름으로 세례를 받은 적도 없습니다. 그렇지요?" 하나님 앞에서 공동체의 삶은 전적으로 십자가에서 이루어진 예수의 죽음에 의존한다(11 : 26, 15 : 1~3을 참고하라). 그리고 공동체는 세례를 통해 그 주님의 지배권의 영역으로 전입되었는데, 그 지배권을 행사하실 주님은 예수 그리스도뿐이다. 교회는 오직 예수의 이름으로 구원을 받고 보전된다. 교회가 이 진리에 초점을 맞추고, 그 진리의 내용을 확신할 때 유치한 경쟁이나 특별히 다른 설교자들을 선호하는 행태가 빛 가운데 그 부끄러운 모습을 드러낼 것이다. 이 모든 것은 우스꽝스러운 짓일 뿐이다.

아마 고린도교회의 어려움의 일부는 그들이 세례의 의미에 대해 갖고 있던 오해 때문에 초래되었던 것 같다. 여기에 바울이 왜 고린도에서 여러 사람들에게 세례를 주지 않은 것에 대해 다행스럽다고 선언하는지를 설명해 주는 이유가 있을 것이다(14-16절). 세례는 세례를 준 사람에게 특별한 충성의 의무를 만들어 내지는 않는다. 바울은 사실 그런 식의 세례 행위는 아무런 의미가 없기 때문에 자신이 그리스보, 가이오, 스데바나와 같이 몇 명의 중요한 지도자들 외에는 고린도에서 몇 명에게 세례를 주었는지 잘 기억도 하지 못한다고 주장한다. 16절의 '함의'는 누가 누구에게 세례를 주었나 하는 이슈가 얼마나 사소한 것인가를 수사학적으로 강조하는 효과를 갖는다. "좋습니다. 저도 스데바나의 식구들에게 세례를 주었습니다. 그러나 그 외의 다른 사람들에게 내가 세례를 주었는지는 기억조차 잘 안 나요!" 바울의 근본 사명은 복음을 전하는 것이지, 세례를 주는 것이 아니었다(17a절). 다른 말로 하자면 바울의 사도적 사명에서 말씀의 사역이 가장 중요하며, 상대적으로 '성례전'의 사역은 부차적 중요성만 갖고 있다는 뜻이다. 공동체가 성례전 방식의 차이 때문에 나누어져서는 안 된다. 일치의 근본적 근거는 선포되는 복음에 있다. 어쩌면 실제로 고린도교회는 누가 자신들에게 세례를 주었는지를 지나치게 강조하는 여러 가정교회로 쪼개져 있었는지도 모른다. 아니면 이 모든 것이 말씀의 전달자를 극대화하느라 말씀 자체를 잃어버리는 경향을 보이는 고린도교회 교인들에게, 바울 쪽에서 귀류법(歸謬法)으로 정교한 수사학적 처리를 한 것에 지나지 않을 수도 있다.

여기서 바울이 거명하여 언급하고 있는 세 사람 모두 공동체 내에서 부유하거나 저명한, 또는 양자를 겸비한 사람들이었다는 것은 주목할 만하다. 가이오는 로마서 16 : 23에서 바울과 고린도에 있는 '온 교회'의 '식주'(host)로 기술되었다. 이것은 그가 공동체의 모임을 제공할 수 있을 만큼 충분하게 넓은 집을 소유하고 있었음을 뜻한다. 그리스보는 바울의 선교 설교를 통해 회심한 '회당장'(*archisynagōgos*)이었다(행 18 : 8). 그리고 스데바나는 아가야에서 회심한 첫 번째 집의 장이었는데, 바울은 공동체의 다른 구성원들이 인정해 주고 섬겨야 할 리더로 지목했다(고전 16 : 16-17). 보건대 바울은 그러한 몇 회심자들에게 세례를 주고 나서, 이어지는 세례는 이 중요한 사람들에게 위탁했을 것이다. 이러한 사실들에서 두 가지 의미 있는 관찰이 따른다. 첫째, 바울은 세례를 특별히 성직수임을 받은 사람만이 집행할 수 있는 성례전으로 생각한 적도 없었고, 또한 그러한 집행을 규제해야겠다는 독점권자로서의 관심도 없었다. 둘째, 고린도에 있는 교회는 (분명히 바울의 암묵적 축복을 입으면서) 바울이 도착하기 전에 고린도의 사회적 배경 내에 이미 존재하던 여러 신분상의 탁월함과 가구의 권위 구조를 보전하고 재생산했다. 우리가 나중에 살펴보겠지만, 이러한 사회·경제적 우월성을 교회 내에서 다시 행사하려는 시도가 바울이 대면해야만 하는 문제들을 만들어 내기 시작했던 것이다(11 : 17－34, 이 문제 전체에 대해서는 특별히 Gerd Theissen, *The Social Setting of Pauline Christianity*를 보라).

바울은 세례 사역과 대조해서 자신이 그리스도로부터 받은 소임은 '복음을 전케 하심'이며, 또한 이 복음 선포는 '말의 지혜로 하지 아니함'(한글 개역성경의 번역은 원문의 직역임－역주)으로 수행되어야 한다고 주장한다. 여기서 설정된 대립 구도는 화려한 장식 없는 복음 설교와 그에 반대된 위치에 있는 수사학적 기술과 세련됨으로 제시된 '지혜'이다. 바울은 그러한 매끄러운 복음 제시는 그리스도의 십자가를 '헛되게'(1 : 17b) 하는 효과를 갖는다고 확신했다. 이러한 수사학과 복음의 대조는 바울이 이 다음에 주의를 기울여야 하는 주제가 된다(1 : 18－2 : 5).

| 교사와 설교자를 위한 묵상 |

고린도에 보내는 이 편지의 주제를 여는 서론(1 : 10－17)이 우리에게 하는 말을 듣는 데는 대단히 별난 상상력의 비약이 필요 없다. 슬프게도 오늘날의 교회도 고린도교회 교인들 못지않게 갈등의 난제로 어려움을 겪고 있기 때문이다. 우리는 "분열로 조각나고 이단으로 찌들은 교회이다"("The Church's One Foundation").

이 단락으로 가르치고 설교하는 사람들은 교인들이 고린도의 분열과 현재 교회의 불일치 사이의 유사함을 식별하도록 돕는 데 큰 어려움을 겪지 않아도 될 것이다. 더 도전적인 과제는 오늘날의 독자와 청자들로 하여금 바울이 확인한 일치의 바탕인 '예수 그리스도의 십자가와 그분의 이름으로 받는 세례'를 품도록 해 주는 일이다. 바울이 고린도교회 교인들에게 편의 또는 인도주의적 관용 등의 이름으로 말다툼을 그치라고 호소하지 **않고 있음**을 주목해야 한다. 대신 바울은 예수 그리스도를 하나됨의 유일한 바탕으로 가리킨다. 에베소서는 이 점에 있어서 바울의 신학을 제대로 잘 강해하고 있다. 그리스도인들은 '평안의 매는 줄로 성령의 하나 되게 하신 것을 힘써 지키도록' 부름을 입었다. 왜냐하면 그들의 정체성이 '한 주, 한 믿음, 한 세례'에 의해 정의되기 때문이다(엡 4 : 3-5). 자신을 다른 용어로(지도자, 교리, 또는 좋은 목적 등) 정의하려는 공동체의 어떤 시도라도 교회 내에서 분열을 촉진하게 될 것이고, 우리의 행동을 우리가 고백하는 믿음에 대한 우스꽝스러운 패러디로 몰아넣고 말 것이다.

우리의 교단 구분이, 바울이 개탄했던 일종의 그리스도의 파편화(破片化)를 영속시킬 것이라는 점은 의심할 수 없다. 우리는 모두 말한다. "나는 루터에게 속한 자라.", "나는 칼빈에게 속한 자라.", "나는 웨슬리에게 속한 자라.", 또는 "나는 그리스도의 교회에 속한 자라." 그리스도인의 성찬이 나뉜 것은 스캔들이며, 우리는 바울의 고린도전서를 읽으며 이런 비극적 상태를 지속시키는 일 때문에 우리에게 향하는 책망을 들어야 한다.

마찬가지로, 교회 내에서 인간을 숭앙하는 제의(祭儀)가 생겨날 때마다 바울의 책망은 정곡을 찌른다. 설교자의 카리스마와 야심이 십자가의 복음보다 더 크게 부각되기 시작할 때는 무엇인가 암울하게 잘못된 것이다. 충성된 자들이 어느 특별한 지도자를 기준으로 자신의 위치를 정하고 스스로를 정의하기 시작할 때, 경고의 붉은 깃발은 올라가야 한다. 이 일은 텔레비전 설교자들과 더불어 대규모로 발생할 수도 있고, 지역 교회에서 목사를 중심으로 '팬클럽'이 모일 때와 같이 소규모로 발생할 수도 있다. 바울은 우리에게 교회를 나누는 그러한 움직임들의 가능성에 대해 미리 경고를 주었다.

결국 바울의 경고가 가장 적절하게 들리는 것은 지역 교회 차원에서이다. 보편적인 교회의 분열됨을 개탄하는 것은 쉬운 일이다. 그러나 파당과 다툼이 우리 교인들의 일상생활에 위해(危害)를 주고 있다는 사실에 대해 사려 깊게 주의를 기울이는 것은 어려운 일이다. 이것이야말로 바울의 편지가 우리를 소명하여 부르는 어려운 점이다. 우리 교인들의 삶의 현장에서 눈물을 보게 될 때마다 고린도전서 1 : 10~17을 기억하며 적절한 결론을 도출해 내야 한다. 우리는 우리의 분열을 치유하기 위해 부지런히 일하며 기도하도록 부름을 입었다.

우리는 이 단락을 고린도전서의 주안점으로 초점을 맞추어 놓음으로써, 편지 전체를 통해 관통하는 바울의 근본 관심이 공동체의 총체성과 완결성이라는 것을 볼 수 있을 것이다. 바울은 이 편지를 고린도에 위치하여 고립된 개인들의 원자화된 문제들을 다루기 위해 쓰지 않는다. 바울은 그보다 전체로서의 공동체에게 경쟁의식을 버리고 분열을 극복하는 책임을 지게끔 소명한다. 우리 시대의 지역 교회의 분열들은 종종 특정 지도자들의 개인적 호소보다는 (동성연애, 인공유산, 또는 기도할 때 하나님의 이름을 어떻게 부르는지에 대한 것 등) '이슈'를 놓고 일어나는 것일 수도 있다. 어느 쪽이든지 간에 교회를 향한 바울의 외침은 분명하다. 그리스도 안에서의 일치이다. 우리는 오직 그 일치가 눈에 들어올 때만 '같은 마음과 같은 뜻으로 온전히 합하여' 좋은 믿음으로 일할 수 있게 될 것이다.

고린도전서 1 : 18~2 : 5

자랑을 배제하는 십자가의 어리석음

바울은 우선 교회 내에서의 일치를 호소한 뒤, 다른 논쟁 방식으로 옮겨 간다. 그는 십자가의 의미에 대한 연장된 묵상의 음미를 시작하여 인간 지혜에 대한 교만한 자신감이 복음의 가장 깊은 논리에 대립된다는 것을 보여 주려 한다. 고린도전서에서 이 단원의 근본 테마는 인간 지혜(**소피아**〈*sophia*〉)와 '십자가의 말씀' 사이의 대립관계이다(1 : 18). 여기서 십자가는 묵시적 사건, 세상을 구원하고 변화시키기 위한 하나님의 충격적 개입으로 해석된다.

바울의 강해 구성에 있어서 쌍둥이 기둥이 되는 것은 1 : 19과 1 : 31에서의 구약성경 인용이다. 둘 다 인간의 기대를 초월하는 방식으로 당신의 백성을 심판하고 구원하기 위해 행동하시는 분으로서의 하나님을 그리고 있는 구절에서 취한 것이다. 그렇게 바울은 십자가의 복음을 이스라엘의 성경에서 이야기된 심판과 은혜의 옛 이야기에 연결시킨다.

바울은 고린도전서의 이 부분에서 고린도의 문제에 대해 아무런 공개적 언급을 하지 않는다. 분열의 주제도 3 : 1~4까지는 다시 나타나지 않는다. 그렇지만 바울은 이곳에서 고린도교회 교인들의 분열에 대한 비판을 위해 기술적인 신학적 기반 작업을 하고 있다. 우리는 이 단원을 읽어 나가면서 고린도교회의 갈등의 뿌리가 되는 원인에 대한 바울의 진단을 보기 시작할 것이다. 그들은 이 시대의 외적으로 인상적인 인간 지혜에서 영광을 찾았기 때문에, 허망한 경쟁의식에 사로잡혔다. 그들은 자신이 지혜와 수사학적 능변(能辯)을 소유한 것에 대해 자랑했다. 아니면 최소한 이런 기술을 보이는 지도자들에게 매료되어 있었다. 그러나 하나님께서는 그리스도 안에서 이 세상의 지혜를 근본적으로 전복시키는 또 다른 종류의 지혜를 계시하셨다. 하나님께서는 십자가를 통해, 즉 십자가에 못 박힌 메시야의 수치스럽고 무력한 죽음을 통해서 세상을 구원하기로 결정하셨다. 만일 그 충격적 사건이 하나님의 성품에 대한 가장 깊은 진리의 계시라면, 우리가 세상을 보는 방식 자체가 전복(顚覆)당한 것이다. 모든 것이 십자가 차원에서 다시 평가되어야만 한다.

우리가 그리스도교 설교의 주제로서의 '십자가'에 너무 익숙해져 있다는 점이 오히려 놀라울 정도로 기발한 이 단락의 능력을 흐려 놓는 경향이 있다. 바울은 그리스도인 이야기의 심장에 위치한 중심 사건(예수의 죽음)을 취하여, 그것으로 모든 인간 경험을 투사하고, 그래서 새롭게 볼 수 있도록 만드는 렌즈로 사용했다. 십자가는 인식론적 혁명을 위한 출발점이 된다. 바울은 그렇게 교회 내의 분열을, 그리고 좀더 근본적 차원에서 지혜와 능력과 부에 대한 우리의 이해를 비판적 시각으로 새롭게 평가하는 데 필요한 카테고리를 제공한다. 이 본문의 역설적 논리를 파악하는 사람에게 있어서 세상은 더 이상 옛날과 똑같이 보이지 않을 것이다.

하나님의 어리석음과 인간의 지혜(1 : 18–25)

이 단락은 첫 번째 성경 인용으로 뒷받침되는 중심적 패러독스의 강력한 선언으로 시작된다. 잃어버려서 멸망해 가는 세상에게는 말도 안 되는 것같이 보이는 십자가의 말씀(*logos*)이 믿는 사람들에게는 구원을 위한 하나님의 능력이 된다(롬 1 : 16 참조). 이런 상태의 일이 놀랍게 보이지만, 사실 이것은 하나님께서 지혜로운 자의 지혜를 파괴하시리라고 선언하는 이사야의 예언자적 말씀과 일치하는 것이다(고전 1 : 19, 사 29 : 14의 인용).

이 단원 전반에 걸쳐 마음에 새겨 두어야만 하는 것은 고린도전서의 상황에서 '지혜'라는 용어가 고양된 지식의 소유와 그 지식을 강력하고 수사학적으로 세련된 방식으로 표현하는 능력 두 가지를 다 가리킬 수 있다는 점이다. 고린도에서 발생한 논란의 상당 부분는 새롭게 그리스도인이 된 사람들이 바울과 다른 그리스도인 설교자들을 '대중의 관심을 끌고 인기 철학자들과 더불어 사람의 인정을 받으려 하는 변사(辯士)들'로 취급하려는 경향 때문에 복잡하게 얽혀 버렸다. 바울의 강력한 논박은 논쟁의 카테고리를 재구성하여 복음을 아이디어의 인기 시장에 전시된 다양한 다른 '지혜'들과는 동떨어져 구분된 카테고리에 위치시키기 위해 고안된 것이다. 복음은 은밀한 종교적 지식 덩어리가 아니며, 매끈하게 포장된 철학도 아니고, 더 잘 살기 위한 생활 계획도 아니었다. 대신 복음은 세상을 위해 하나님께서 세상 속에 묵시론적으로 개입하신 일에 대한 선포이다.

묵시사상적 관점은 바울이 18절에서 세상과 복음 사이의 대면을 묘사하고 있는 방식이 신호가 되어, 그 존재가 암시되기 시작했다. 하나님의 말씀이 세상 속에 침입해 들어오면서 인류 전체를 두 부류의 사람들로 나누어 버린다. 두 대조적인 그룹의 듣는 사람들을 기술하는 현재분사(**멸망하고 있는** 사람들과 **구원을 받고 있는** 사람들, those who *are perishing* and those who *are being saved*)는 의미심장하게, 바울이 하나님의 심판과 구원의 활동을 현재의 순간에도 진행 중인 것으로 보고 있음을 가리킨다. 그는 교회를 '구원**받은** 사람들'(those who *have been* saved)이 아니라 '구원**받고 있는** 사람들'(those who *are being* saved)로 묘사한다. 이 구분은 중요하다. 왜냐하면 바울이 고린도전서 전반에 걸쳐 그리스도 안에 있는 구원의 아직-완성되지-않은(not-yet-completed) 성격에 대해 계속 강조할 것이기 때문이다. 지혜를 주장하는 사람들의 문제 중 하나가 바로 이것이었다. 그들은 자신들이 도달할 곳에 이미 도달하여 온전한 진리를 소유하고 있다고 생각한다. 그러나 바울이 보기에는, 현재 하나님의 능력이 세상 속에서 복음을 통하여 멸망과 구원 둘 다를 들여오고 있는 중이다(롬 1 : 16-18 참조). 책은 아직 닫히지 않았다. 종말의 평결(評決)은 아직 이루어지지 않았다. 따라서 하나님의 능력은 복음의 선포를 통해 세상에서 역사하고 있고, 교회 구성원들은 구원을 향한 궤적(軌跡) 위에 있는 자신을 발견한다. 그래서 그들은 구원을 무조건적으로 현재 소유한 것으로 주장할 수는 없었다.

그러나 현대적 관점에서 바울은 또 하나의 요지를 끄집어낸다. 이러한 묵시론적 인류 가르기는 그와 더불어 날카로운 인식론적 구분도 들여온다. 구원을 받고 있는 사람에게는 이제 온 세상이 다르게 감지된다. 현재의 시간에, 그리스도인 공동체의 십자가에 못 박히신 주님에게 고착되어 있는 모양은 멸망의 도상에 있는 사람들에게는 터무니없음의 절정으로 보인다. 그것은 지혜가 아니라 '**모리아**'(*mōria*), 즉 '미련한 것'이다(헬라어 어근이 오늘날 영어 단어 moron〈=천치〉에 보전되어 있다). 따라서 그들 자신의 지혜를 기념하는 고린도교회 교인들은 복음 아닌 다른 어떤 것을 기념하고 있는 것이며, 사실상 아직도 그들이 세상을 옛날 구속받지 못했던 시대의 관점으로 바라보고 있음을 보여 주고 있는 것이다. 그러나 구원을 받고 있는 사람들은 십자가를 있는 그대로 하나님의 능력으로 인식하며, 이것이 그들로 하여금 다른 모든 것을 이해하는 방식으로 바꾸어 놓는다.

바울은 이 역설적 상황이 미리 성경에 예고되어 있었음을 봤다. 그는 선지자 이사야를 통해 인용한다.

> "……내가 지혜 있는 자들의 지혜를 멸하고
> 총명한 자들의 총명을 폐하리라 하였으니"
> (1 : 19, 사 29 : 14 인용)

이사야의 동사 "내가 멸하고"(*apolō*)는 1 : 18의 바울의 언급 '멸망하는 자'(*apollymenois*, 직역하면, '멸망을 당하는 중에 있는 자'〈those who are being destroyed〉)에서 그 메아리를 울리고 있다. 이사야에 따르면 하나님께서 특별히 전멸시키는 것이 바로 **소피아**, '지혜 있는 자들의 지혜', 즉 고린도교회 교인들이 현재 확보했다고 생각하여 자부하고 있는 것이었다.

구약성경 인용문이 위치한 배경을 좀더 폭넓게 주목하면 바울이 의도했던 바를 더 깊이 이해하게 될 것이다. 이 구절은 이사야서에서 유대에 대한 심판의 신탁이었다. 유대의 정치, 종교 지도자들은 선지자의 말씀을 듣고 하나님을 의지하기보다 자기 자신의 지혜를 의지하면서 애굽과 군사 동맹을 맺음으로써 나라를 보호하려는 '현실적인' 계획에 의지하고 있었다. 이 본문이 어떻게 고린도의 상황에 적합성을 갖는지를 파악하기 위해서는 특별히 바울이 인용하는 구절 앞에 오는 절들을 포함하여 전체 신탁을 다시 살펴보아야 한다.

> 주께서 가라사대
> 이 백성이 **입으로는** 나를 가까이하며
> 　**입술로는** 나를 존경하나
> 　그 마음은 내게서 멀리 떠났나니
> 　그들이 나를 경외함은 사람의 계명으로 가르침을 받았을 뿐이라
> 　그러므로 내가
> 　이 백성 중에 기이한 일
> 　곧 기이하고 가장 기이한 일을 다시 행하리니
> **그들 중의 지혜자의 지혜가 없어지고**
> 　명철자의 총명이 가리워지리라
> (사 29 : 13-14, 강조는 저자의 것)

이사야의 요지는 하나님에 대한 이야기가 값싼 것이 되었고, 그래서 하나님께서 역사하여 지혜로운 말을 하는 자의 입을 닫아 버릴 것이라는 말이다. 자신들이 방언을 말하고 능란한 수사학적 장식으로 하나님의

일들을 말하는 능력에 대해 교만했던 고린도교회 교인들을 책망하기 위해 시작하는 설교 본문을 선택했을 때, 바울은 이 전체 문맥의 배경을 잘 알고 있었을까? 바울이 그 내용을 기억하고 있었으리라고 생각한다. 고린도교회 교인들은 자랑스러운 언어 은사들로 지혜를 소지하고 있음을 과시하고, 입술로는 하나님을 존중했다. 그러나 그들의 분열 파당 행위는 사실상 그들의 마음이 하나님에게서 멀어져 있다는 것을 보여 준다. 그래서 이사야의 신탁 속에 있는 유대처럼, 그들은 그들 스스로가 지칭하는 지혜를 무효로 만드시고 그들의 경건의 가면을 벗겨 가짜임을 들추어내실 하나님의 심판 아래 서 있게 되었다.

이것은 이 단원에서 바울의 주장을 뒷받침하는 일련의 성경 인용구절 중 첫 번째 것이다(고전 1 : 19, 31, 2 : 9, 16, 3 : 19－20 참조). 우리가 살펴볼 것이지만, 각 인용마다 (다소 불확실한 2 : 9이 혹시 예외가 될 수는 있겠지만) 그것을 끄집어낸 원구약성경 배경과 연관된 방아쇠를 당긴다. 이것이 바울의 성경 사용의 특징이다. 이러한 그의 성경 사용은 그 연관의 사슬을 따르는 설교자에게 풍성한 시적(詩的), 신학적 가능성을 제공해 준다.

바울은 십자가의 말씀에 대한 역설적 명제를 언급하고, 그것을 암시 가득한 성경 인용으로 뒷받침한 뒤, 세상의 지혜와 **케리그마**의 어리석음 사이에 일련의 대조를 발전시킴으로써 이 단락의 긴장을 더욱 고조시킨다(20－25절). 본문 20절의 수사학적 질문은 세상의 이야기꾼들인 지혜로운 철학자(*sophos*), 서기관(*grammateus* : 유대 율법의 전문가), 그리고 '이 세대의 변사'(대중 웅변가, 수사학자)에게 노골적인 도전의 각을 세운다. 모두가 '이 시대'에 속했다(바울이 묵시론의 카테고리를 사용하는 것을 다시 주목하라). 그리고 그렇기 때문에 모두가 하나님의 현시(顯示)된 은혜의 이상한 방법에 의해 쓸림을 당할 것이다(또는 단순하게 말해서 우스꽝스럽게 보일 것이다).

고대 그리스－로마 세계에서 수사학적 능변은 최상의 대접을 받았다. 강력한 변사들은 오늘날 영화 배우나 인기 운동선수들에게 쏟아지는 것과 유사한 환호와 대중의 선망을 받았다. 그러나 바울은 이 모든 환호가 하나님에 의해 부정되었다고 본다. 그들은 지금 어디 있는가? 그는 수사학적으로 묻는다(사 19 : 12 참조). 이 질문은 그들의 말이 이미 하나님의 충격적이고 놀라운 뒤집음의 행위인 '십자가'에 의해 쓸려 가 버렸다는 것을 전제로 하고 있다.

철학자들, 토라 학자들, 그리고 무엇보다도 의미심장하게 인기 좋은 웅변가들도(모두 바울이 살던 시대에 명망 높았던 현학자들이다.) 정말 세상에서 무슨 일이 벌어지고 있는지를 이해하지 못한다. 그들이 뽐내는 그 지혜도 하나님에 대한 진리를 파악하지는 못한다. 바울은 그들의 이러한 실패 자체도 하나님이 의도하신, 신비한 한 부분이라고 생각한다. '하나님의 지혜에 있어서는' 세상이 자기의 지혜로 하나님을 알지 못하게 되어 있는 것이다(21절). 왜 그럴까? 하나님의 길은 이사야가 선언했듯이 충격적이며 놀랍고, 우리의 타락한 마음이 상식이라고 생각하는 것에 정반대되는 것이기 때문이다. 하나님께서는 '이 시대'(이 세상)와 대조적으로 '전도(*kērygma*, 선포)의 미련한 것(*mōria*)'을 통하여 진리의 종말론적 계시에 의해 인간 상식을 폭파시켜 버리셨다. 사용된 단어 **모리아**는 상식적인 기준에 비추어 볼 때 복음의 메시지가 완전히 미친 것과 다름이 없음을 가리킨다. 십자가에 달린 수치스러운 죽음이 어떻게 세상의 구원 사건일 수 있다는 말인가? **그것을** 믿으려면 바보가 되어야만 할 것이다. 그러나 그것이야말로 복음이 선언하고 있는 바이다.

이 단원을 통과하는 바울의 언어는 하나님 은혜의 역설적 트위스트 속에서 즐거움을 누리고 있다. 그러나 이것이 바울의 수사학적 수완만은 아니다. 여기에 담긴 신학적 근본 요지는 "만일 십자가 자체가 하나님의 구원 사건이라면 모든 인간 기준의 평가는 이미 뒤집어진 것"이라는 것이다. 이 기이한 메시지는 유대인에게나 헬라인에게나 똑같이 황당한 것이다. 양쪽 모두 좀더 믿을 만한 종류의 증거를 찾을 것이다. 경험적으로 능력이 과시되는 것('표적')을 요구하거나 합리적으로 설득력이 있는 논의('지혜')를 필요로 할 것이다. 그러나 사도는 그 어떤 것도 제공하지 않는다. 대신 "우리는 십자가에 못 박힌 그리스도를 전하(노라)"(23절).

이 메시지의 스캔들은 후대의 그리스도인들로서는 상상하기 힘든 것이다. **십자가에 못 박힌** 메시야를 선포한다는 것은 난센스를 말하는 것이다. 십자가 처형은 로마인들이 반역자나 **팍스 로마나**(*Pax Romana*)에 혼란을 가져온 사람에게 '본때를 보여 주는 것'이었다. 특별히 그것은 공개적 고문과 처형의 가공할 만한 형식으로서, 누구도 로마의 권력을 무시할 수 없다는 것을 과시하기 위해 고안된 것이다. 그러나 바울의 복음은 예수의 십자가 처형이 하나님께서 그 권력을 밟고 승리하신 사건이라고 선언한다. 로마의 정치 질서의 주권을 입증하기보다는 세상의 권위 체계 자체를 분쇄시킨다. 지혜로운 머리가 이미 알고 있는 것을 확증하기보다는, 세상의 지식 체계 자체를 부숴 버린다.

이 모든 것이, 고대 지중해 세계에 살면서 바울의 말씀을 듣던 사람들에게는 당혹스러움이었음을 이해할 수 있을 것이다. 오랫동안 외세 압제의 짐을 지고 고난당했던 유대인들이 하나님의 **능력**의 현시를 찾는 것은 당연한 일이었다. 출애굽 때 모세를 통해 나타났던 **표적들**, 마침내 하나님께서 당신의 백성을 굴레에서 다시 건져 내는 권능의 구출을 알리는 표적들이 필요했던 것이다. 메시야는 하나님께서 인정하시는 초자연적 증거를 현시하는 권능의 사람이어야 했다. 헬라인들은 어떠한가? 배움을 사랑하는 것으로 소문난 헬라인들이 **지혜**를 찾는 것은 당연한 일이었다. 논리적으로 설득력 있고, 미학적으로 유쾌하게 제시된 합리적 사안의 질서 정연한 설명이 필요했다. 그리스도는 철학적 진리를 가르치는 현인 선생이어야 했다. 그러나 틀렸다! 하나님께서는 그럴듯하게 당연한 기준들을 모두 날려 버리셨다. 그리스도는 십자가에 못 박힌 범죄자이다.

바울의 전도를 통해 그리스도인의 신앙으로 회심한 고린도 사람들은 이것을 확실히 알아야 했다. 바울의 전 메시지가 '십자가에 못 박힌 그리스도'였기 때문이다(2 : 2 참조). 십자가에 못 박힌 사람의 선포는 유대인들에게는 걸려 넘어지게 만드는 돌덩이(*skandalon*)였고, 헬라인들에게는 미친 짓이었다. 그러나 하나님의 선택된 백성에 속하는 사람들에게는, 유대인이든 헬라인이든 상관없이 고린도에 있거나 다른 어느 곳에 있거나 '부르심을 입은 자들'에게는(1 : 24, 1 : 2, 9 참조) 마음을 어지럽게 하는 이 역설이 하나님의 능력이며 하나님의 지혜였다.

바울의 지칠 줄 모르는 십자가 강조는 25절에서도 영어 번역에서는 감지하기 힘든 방식으로 제시되었다. NRSV가 '어리석음'(foolishness)과 '약함'(weakness)으로 번역한 단어들은 추상명사가 아니라, 명사형 형용사이다. 그래서 문자 그대로 그 뜻을 전달하여 읽으면, "하나님의 어리석은 것이 사람들보다 지혜로우며 하나님의 약한 것이 사람들보다 강합니다."(우리의 한글개역성경은 이 미묘함을 잘 반영하고 있다-역주)이다. 어리석고 약한 것은 십자가 사건 자체를 말한다. 십자가는 하나님의 새로운 종말론적 시대 속에 있는 실재를 이해하는 열쇠가 된다. 결과적으로 복음의 상징적 세계 속에 들어가는 것은 발상의 전환을 통과하는 것이며, 십자가에 못 박히신 예수의 어리석고 약한 죽음에 의해 변화된 모든 가치를 볼 수 있게 되는 것이다.

하나님의 부르심은 인간의 자랑을 배제한다(1 : 26-31)

바울은 자신의 포인트를 설명하기 위해 고린도교회 교인들을 조명한다. 비록 공동체의 일부 구성원들이 상대적으로 부를 누리기는 했지만, 이 교회는 전반적으로 엘리트들의 모임은 아니었다. 그들 중 교육을 많이 받았거나, 부유하거나, 권력을 행사하는 이들은 '많지 않았다'. 그러나 바울이 주장하듯이, 그들은 하나님에 의해 하나님 자신의 언약 백성으로 부름 받았다(1 : 2). 바울은 그들에게 **부르심**을 상기시킨다(26절, 24절 참조). 하나님께서는 세상에 복음을 대표하기 위해 로마 황제나 원로원의 명사들을 부르지 않으셨다. 대신 하나님께서는 자유민(freedmen, 해방노예), 상인, 노예, 그리고 약간의 상류층 사람들을 포함하는(그래서 '없는 것'이 아니라 '많지 아니하며'이다.) 잡다한 모임을 부르셨다. 이처럼 교회에 다양한 사회·경제적 신분이 함께 섞여 있던 것이 초기 그리스도교 운동의 가장 인상적인 특성이었다. 지금과 마찬가지로 당시에도 자발적 단체들은 사회적으로 동질성을 지니고 있었다. 초기 그리스인들의 집회가 서로를 '형제와 자매'로(26절) 인정하는 다양한 계층과 배경의 사람들을 불러들였다는 사실은 그 독특한 특징들 중의 하나이다. (우리가 살펴보겠지만, 바로 이 사회·경제적 출신의 다양함이 고린도교회 내에서의 말썽에 대한 원인 중 하나가 되기도 했다.)

하나님께서 이렇게 함께하기 힘들 것 같은 사람들이 모인 그룹을 신비하게 선택하신 것은 종말론적 전도(顚倒)의 패턴을 상징한다. 이 종말론적 뒤집음은 이스라엘의 선지자 전통에 뿌리박고 있으며, 또한 예수의 메시지와 사역의 특성이기도 했다. "그러나 하나님께서 세상의 미련한 것들을 택하사 지혜 있는 자들을 부끄럽게 하려 하시고 세상의 약한 것들을 택하사 강한 것들을 부끄럽게 하려 하시며 하나님께서 세상의 천한 것들과 멸시받는 것들과 없는 것들을 택하사 있는 것들을 폐하려 하시나니"(27–28절). 하나님의 행위에 대한 이런 설명은 한나의 기도 이야기(삼상 2 : 1–10), 그리고 마리아의 찬미의 노래(눅 1 : 46–55)와 긴밀하게 일치한다. 하나님께서는 "가난한 자를 진토에서 일으키시며" 또한 "권세 있는 자를 그 위에서 내리치셨으며 비천한 자를 높이셨다." 또는 예수 자신의 비전을 통해서 본다면 세리와 창기들이 종교적인 것처럼 보이는 사람들보다 오히려 더 존경할 만하고 하나님 나라에 먼저 들어간다(마 21 : 31).

바울의 십자가 이해도 비슷한 생각으로 이끈다. 만일 하나님께서 '경건치 아니한 자를 의롭다 하시면'(롬 4 : 5) 교회가 여러 종류의 사람으로 섞일 것을 기대하지 않을 수 없다. 그리고 이것이야말로 고린도에서의 경험적 사실이었다. 바울의 견해에 따르면, 대부분의 고린도 그리스도인들이 상대적으로 하류층에 속했다는 사실 자체가, 다름 아닌 하나님께서 십자가에서 하신 일, 그래서 세상에서 하고 계신 일의 암시(sign)였다. 하나님께서는 인간의 예측과 기대를 뒤엎고 계신다. 하나님께서는 자신의 값없이 주는 은혜의 능력을 보여 주시기 위해 그다지 인상적이지 못한 재료들을 가지고 자신의 새 공동체를 창조하고 계신 것이다. 교회의 사회적 구성은 하나님의 역설적 선택의 외적, 가시적 암시였다.

이 암시의 목적은 무엇인가? 바울의 대답은 분명하며 강력하다. "아무 육체라도 하나님 앞에서 자랑하지 못하게 하려 하심이라"(고전 1 : 29). 구약성경에서는 어떤 인간의 육신도(바울이 실제로 29절에서 사용하고 있는 단어이다.) 하나님의 압도적 거룩하심 앞에 설 수 없으며, 하나님께서 필요로 하시는 것에 기여할 수도 없다. 모든 자기 단언(斷言)은 하나님 임재의 불길 앞에서 녹아 버리게 되어 있다. 그래서 하나님께서는 세상이 비웃는 사람들로 만들어진 종말론적 공동체를 창조함으로써, 세상의 지혜 있는 자들과 권력자들을 부끄럽게 하시기로 선택하셨다. 이것은 하나님께서 '있는 것들'을 멸하시며, 새로운 창조를 **엑스 니힐로**(*ex nihilo*, out of nothing) 속으로 불러들이시는 묵시론적 행동에 대한 설명이다(28절). 이 점은 30절에서 이해가 된다. 하나님은 고린도 공동체가 존재하게 된 역사의 근원이시다. 그들은 그리스도 예수 안에서 하나님에 의해 '존재'할 수 있게 된 것이다.

바울은 여기서 결정적인 움직임을 보인다. 그리스도 예수께서 하나님께로부터 나와서 우리에게 지혜(*sophia*)와 의로움과 거룩함과 구속함이 되셨다. 실제로 바울은 이렇게 말하는 것이나 마찬가지이다. "지혜를 원하고 계십니까? 좋습니다. 여기 하나님께서 우리에게 주신 지혜가 있습니다. 그리스도 예수님이시지요. 그리고 꼭 기억하십시오. 그리스도 예수는 바로 **십자가에 못 박히신** 예수님이십니다!" 이것은 바울이 이미 23~24절에서 말해 놓은 것을 되풀이하는 것이다. 그리스도와 지혜의 동일시는 모든 인간의 지혜를 아이로니컬하게 해체하는 바로 그 십자가 사건과 유리될 수 없다.

바로 이 점에서 우리 시대의 많은 신학적 토론은 심각하게 빗나갔다. 어떤 이들은 예수를 수난 이야기와 십자가에서 완전히 격리된 지혜의 경구(警句)와 인간 잠재력의 긍정을 가르치는 선생으로 기념하는 일종의 '지혜기독론'을 만들어 냈다. 이런 신학은 이 구절에서 그리스도를 지혜와 동일시한 바울의 의도와 정반대로 빗나간 것이다. 그의 총체적 요지는 하나님의 지혜이신 분이 바로 **십자가에 못 박히신 그리스도**라는 것이다.

더구나 그는 급하게 일련의 설명을 위한 동격어들을 더한다. 그리스도는 우리를 위한 지혜가 되셨다. 그리고 또한 '의'요, '성화'요, '구속'이 되셨다. 세 단어 모두 예수의 의미를 하나님께서 자신과의 언약관계에서 이스라엘을 거룩한 백성으로 구속하시는 이야기와 다시 연결시킨다. 십자가를 통하여 우리를 노예생활에서 구출해 내신(救贖) 하나님의 행위에 의해 가능해진 거룩한 생활로 이끄는(聖化) 하나님과의 언약관계(義)와 상관없는 지혜라는 것은 존재하지 않는다. 그리스도 안에 있는 사람들은 이 언약의 실체에 동참한다. 이것이 바로 바울이 신성한 **소피아**를 소유했다고 흥청거리는 고린도교회 교인들에게 해 주는 말이다. 십자가에 초점을 두고 있는 기독론의 대안으로 지혜기독론을 논한다는 것은 이제 와서 고린도교회 교인들의 실수를 또다시 되풀이하는 것이나 마찬가지이다.

이제 바울은 두 번째 성경 인용으로 논의의 쐐기를 박는다. 이 인용은 전체 논의가 그쪽으로 방향을 잡아 몰고 가는 메시지를 상술(詳述)하고 있다. "자랑하는 자는 주 안에서 자랑하라"(31절). 이 인용문은 인간 지혜에 대해 영광을 취할 일체의 가능성을 강력히 배제시킨다. 구원의 근원은 하나님이시다. 그 하나님만이 모든 영광을 받으실 자격이 있는 분이시다. 인간의 자기 단언을 위한 여지는 없다. 이 구절에서 '주'는 바울의 용어 사용의 특징에 부합되게, 아마도 그리스도를 가리킬 것이다. 찬송가 "In the Cross of Christ I Glory"의 작사자가 그렇게 이해했듯이, 또한 갈라디아서 6 : 14의 유사한 내용이 확인해 주듯이 말이다.

현재 절정을 이루고 있는 이 성경 인용은 어디서 이루어진 것인가? 예레미야 9 : 24을 적절하게 바꾸어 놓았다는 것이 일반적인 견해이다. 이 예레미야 구절은 이스라엘에게 내리는 심판의 선언이다. "……그들이 내가 그들의 앞에 세운 나의 법을 버리고 내 목소리를 청종치 아니하며 그대로 행치 아니하고 그 마음의 강퍅함을 따라 그 열조가 자기에게 가르친 바알들을 좇았기" 때문에 이스라엘에게 심판이 선언되었다(렘 9 : 13-14). 예레미야서 인용절의 문맥으로 이어져 있는 것은 고린도전서 1 : 31만이 아니고, 그 앞의 구절 전체이다.

> 여호와께서 이같이 말씀하시되 지혜로운 자(*ho sophos*)는 그 지혜(*sophia*)를 자랑치 말라 용사는 그 용맹을 자랑치 말라 부자는 그 부함을 자랑치 말라 자랑하는 자는 이것으로 자랑할지니 곧 명철하여 나를 아는 것과 나 여호와는 인애와 공평과 정직을 땅에 행하는 자인 줄 깨닫는 것이라 나는 이 일을 기뻐하노라 여호와의 말이니라(렘 9 : 22~23, LXX〈헬라어 70인역〉=렘 9 : 23~24, MT〈히브리어 마소라 본문〉).

이 전체 구절을 기억 속에서 불러낼 때, 바울의 논의에 연결된 적합성이 뚜렷하게 드러난다. 예레미야는 자랑에 반대하는 쐐기 박기 인용만을 제공하는 것이 아니라, 마치 바울의 수사학적 삼중의 해체, 즉 고린도전서 1 : 26~28의 지혜로운 자, 권력을 가진 자, 그리고 출생 신분이 좋은 자를 물리치는 패턴까지도 돕고 있는 것 같다. 본문 30절에서 '의'가 되시는 그리스도에 대한 언급까지도 예레미야 9 : 24의 마지막 부분에서 메아리처럼 들릴 것이다.

그러나 또 하나의 비슷한 가능성을 지닌 인용 출처가 있다. 「70인역」의 한나의 기도는 사무엘상 2 : 10의 히브리어 본문에는 없는 긴 결론을 가지고 있다.

> 지혜로운 자(*ho phronimos*)가 자기의 이해(*phronēsei*)를 자랑하지 못하게 하소서 또한 권력을 가진 자가 자신의 권력을 자랑하지 못하게 하소서 그리고 부한 자는 자신의 부를 자랑하지 못하게 하소서 그러나 자랑하는 자는 이것으로 자랑하게 하소서 주를 이해하고 아는 것을 자랑하게 하소서 그리고 땅 한가운데서 공의와 의를 행하는 것을 자랑하게 하소서(삼상 2 : 10, LXX).

사용된 어구는 거의 예레미야 9 : 24과 동일하다. 그러나 배경이 다르다. 예레미야 9장이 심판을 선언하는 반면에, 한나의 노래는 하나님의 은혜로운 축복을 송축한다. 더 중요한 것은 신분 뒤집힘의 주제, 즉 바울은 고린도전서 1 : 18~31에서 전반적으로 논했던 지혜와 어리석음, 힘과 약함을 지배했던 테마에 하이라이트를 주고 있다. 그러나 70인역의 사무엘상 2 : 10에서는 예레미야에 나오는 핵심 연결 단어인 **소포스**(*sophos*)와 **소피아**가 없다. 바울이 1 : 31에 올려놓은 짤막한 인용이 이와 같은 구약 구절 중 하나를 분명하게 암시하고 있는 것일까? 답하기가 쉽지는 않다. 아마 두 구절 모두의 반향을 들어야 할 것이다. 그러나 분명한 것은 바울의 지혜와 권력과 특권 비판이 구약성경 자료에 기초하고 있다는 점이다. 고린도교회 교인들이 그분과의 관계를 배워야 하는 하나님은 예레미야와 한나의 하나님, 즉 자신의 백성의 구원을 위해 놀랍게 행동하시는 하나님, 자신의 백성들이 응답으로 의로운 행동을 보여 줄 것을 요구하시는 하나님, 그리고 인간에게 교만의 여지를 일체 허용하지 않으시는 하나님이시다.

십자가 선포하기(2 : 1–5)

바울은 또한 자신이 진행하고 있는 주장의 예화를 들기 위해 자기 자신의 전도 설교를 지적한다. 물론 이것은 고린도교회 교인들이 그렇게 오래되지 않은 과거에 경험했던 일이다. 바울은 그들에게 자신이 화려한 수사학이나 정교한 지혜를 가지고 설교하지 않았던 점을 상기시킨다. 대신 그는 단순하고 간결한 용어들을 가지고 '하나님의 증거'(이것이 '하나님의 신비'보다 선호된다. NRSV는 여기서 'the mystery of God'으로 되어 있다–역주)를 선포했다. "내가 너희 중에서 예수 그리스도와 그의 십자가에 못 박히신 것 외에는 아무것도 알지 아니하기로 작정하였음이라." 과장법에 입각한 문장 구성은 바울의 요지를 강력히 뒷받침한다. 고린도교회 교인들의 믿음 자체는 어떤 세련된 담론을 통해서 나온 것이 아니고, 하나님의 구원 사건으로서 예수의 죽음에 관한 직설적 이야기에 의해 생겨난 것이었다(갈 3 : 1 참조). 물론 우리가 여기서 읽고 있는 구절 자체가 사실상 바울이 상당한 수사학적 기술을 지니고 있다는 것을 예증하고 있다. 그러나 바울은 여전히 주장한다. 고린도교회 교인들이 복음에 순종하게 된 것은 전달의 방식 때문이 아니라, 그의 설교의 케리그마 내용 때문이었다고…….

단어 '십자가에 못 박히신 것'(*crucified*, 고전 2 : 2)은 헬라어에서 그 품사가 현재완료형 수동태 분사이다(1 : 23에서도 마찬가지). 헬라어의 현재완료 시제는 과거에 완료되었으나 그 효과가 현재까지 계속되는 행동을 묘사한다. 그래서 바울이 복음의 내용을 '십자가에 못 박힌 그리스도'(Christ crucified)로 요약할 때, 예수 그리스도의 정체는 십자가에 의해 도장이 찍힌 **그대로 머물러 있는** 분으로 확인하고 있는 것이다. 십자가는 부활로 인해 취소된 것이 아니다. 오히려 부활하신 예수까지 아는 것이 바로 그분을 **십자가에 못 박히신 분**으로 아는 것이다. 그분의 정체를 그 외에 다른 어떤 것으로 설명하는 것은 복음이 아니다.

바울 자신의 개인적 자세는 그의 메시지를 거울로 빼놓은 것처럼 닮았다. 바울의 자기 제시는 명망 있고 자신감 넘치는 그리스 웅변가의 것이 아니었다. 오히려 자신의 약함과 두려움은 십자가에 못 박히신 메시야에 대한 어리석은 선포에 부합한다. 우리는 고린도후서 10 : 10에서 어떤 라이벌 전도자들이 바울을 그다지 인상적이지 못한 인물로 취급했던 것을 알게 된다. "저희 말이 그 편지들은 중하고 힘이 있으나 그 몸으로 대할 때는 약하고 말이 시원치 않다 하니" 흥미롭게도 두 단어 **약하고**, **시원치 않다**는 바울이 고린도전서 1 : 27~28에서 하나님께서 강하고 특권을 누리는 자들을 부끄럽게 하시기 위해 선택한 도구들을 묘사할 때 사용한 말들이다. (NRSV는 1 : 28에서 후자를 'despised'〈멸시받는〉로 번역했다.) 그렇게 바울은 힘 있는 웅변가의 대중적 고정관념에 어울리지 않았고, 그 자신도 청중을 휘어잡기 위해 화려한 수사학을 활용하지 않았다(그는 그렇게 말한다). 왜냐하면 자신의 선포 전략이 인간적인 조건에 기초한 권력과 위신의 게임을 거절하신 '십자가의 말씀'과 일관성을 갖기 원했기 때문이다.

그 결과는 선포된 말씀의 효과가 피상적인 포장이 아니라 말씀을 결실 있게 만드시는 하나님의 능력에 전적으로 달려 있게 하는 것이었다. '성령의 나타남과 능력'(4절)은 아마도 바울의 전도 설교에 동반되었던 병 고침과 쏟아 붓는 예언 등과 같은 기적적 사건들을 가리키는 것 같다(고린도후서 12 : 12의 '표적과 기사와 능력', 갈라디아서 3 : 5의 '너희에게 성령을 주시고 너희 가운데서 능력을 행하시는 이의 일' 참조). 바울은 그런 증거들에 대해 언급함으로써 자신이 피하려 했던 바로 그 기준들의 일부, 즉 표적과 능력에 호소하는 위험을 무릅쓴다. 그러나 바울의 요지는 그러한 놀라운 사건들은 자신의 설교에 대한 강력함에 의해 제작되었거나 조작된 것이 절대 아니라는 말이다. 그것들은 단지 하나님의 역사였을 뿐이다. 동일한 원리가 고린도교회 교인들 중에서 발생한 믿음의 개화(開花)에도 적용된다. 그것은 하나님의 강력한 임재의 표시이다. 왜냐하면 믿음은 확실히 메시지나 메신저의 매력에 의해 생겨나는 것이 아니기 때문이다. 전체 단원(1 : 18－2 : 5)의 주제가 2 : 5에서 마지막으로 다시 언급되어 있다. 이 마지막 절은 1 : 18과 함께 효과적인 **인클루지오**(*inclusio*, 포괄법)를 창조해 낸다. 바울이 세련된 수사학을 피했던 이유는 고린도교회 교인들의 믿음이 '사람의 지혜에 있지 아니하고 다만 하나님의 능력에 있게' 하기 위해서였다. 이 말씀으로 논의의 순환이 마감되고, 고린도교회 교인들의 지혜 몰두에 대해서도 단번에 문을 닫아 버린다.

| 교사와 설교자를 위한 묵상 |

이 단락은 편지 전반에 걸쳐 펼쳐질 바울의 메시지를 이해하고, 그의 가르침을 파악하는 데 있어서 기초가 된다. 따라서 고린도전서 1 : 18~2 : 5이 우리의 복음 교육과 설교를 어떻게 조각하도록 만들어야 하는지에 대해 다소 길게 묵상하는 것도 그만한 가치를 가질 것이다. 이 본문의 여섯 가지 함의에 주의를 기울여 보고자 한다.

1. **바울의 메시지는 십자가에 초점을 둔다.** 바울을 모델로 삼을 때, 이것이 우리 자신의 설교에 부여하는 의미는 무엇인지 진지하게 숙고해 보아야 한다.

무엇보다 이것은 우리가 예수의 죽음에 대한 **묵시론적**(*apocalyptic*) 함의를 회복하여 강조해야 한다는 것을 의미한다. 이 단락에서 바울은 십자가의 의미로서 피의 속죄나 죄의 용서에 대해 한 마디도 하지 않았다는 점을 주목해야 한다. 오히려 십자가는 옛 시대를 멸망시키고, 새 시대의 존재를 불러들이는 하나님의 개입의 표지가 된다.

다음으로, 그렇게 바울의 방식으로 십자가에 초점을 맞추는 설교는 예수의 죽음이 우리의 구원을 위한 **하나님의 행위**임을 강조해야 한다. 선포의 모든 비중은 하나님께서 하신 일에 있어야 한다. 우리가 어떻게 하나님께 반응하는가에 무게를 두어서는 안 된다. 우리의 단락에서 믿음에 대한 유일한 언급은 마지막 문장에 있는데(2 : 5), 거기서도 믿음은 '하나님의 능력'에 달려 있다. 우리는 인간 중심(anthropocentric)의 설교와 신학에 너무 익숙해 있어서 하나님 중심의(theocentric) 용어로 말하는 법에 거의 무지하다. 하지만 이 본문은 우리가 반드시 그렇게 해야 한다고 주장하며, 어떻게 그렇게 할 수 있는지에 대한 모델을 제시해 준다. 설교자는 이 본문에서 얼마나 자주 '하나님'이 직간접적으로 동사의 주어가 되고 있는지 주목해야 한다(특히 1 : 18−31). 하나님께서 멸하시고 구원하신다. 하나님께서 저들을 바보로 만드셨다. 하나님께서 결정하셨다. 하나님께서 선택하셨다. 하나님께서 그리스도 예수 안에 있는 당신의 생명의 근원이시다.

마지막으로 십자가에 초점을 맞추는 설교가 사람들을 달래거나 기분 좋게 하려는 것을 목적으로 하지 않음을 알아야 할 것이다. 그런 설교는 인간 부패의 문제를 심각하게 취급할 것이고, 하나님의 해결책의 과격성에 대해 깊이 묵상할 것이다. 여기에는 기분 좋게 자신감을 고양시키는 인간의 자조(自助) 같은 메시지는 없다! 이런 종류의 설교는 불길한 예감을 주는 것처럼 들릴 수 있다. 그러나 사방이 꿀 바른 과대 포장 광고와 피상적 즐거움으로 둘러싸여 있는 지금과 같은 때, 십자가의 정직한 설교는 인간의 심장 속 깊은 곳에 있는 반응 코드를 건드리게 될 것이다. 우리는 우리의 처절한 상황에 대한 진리를 듣기 원한다. 우리는 실로 그 진리가 이야기될 때만 하나님의 은혜에 대한 깊이를 바로 파악할 수 있다.

2. 바울의 메시지는 인간의 자랑에 대해 정면으로 대응한다. 우리 시대

교회에서 자랑에 정면 대응하는 곳이 어디 있는가? 깃발을 흔드는 민족주의나 교단 우월주의에 빠져 있는 교회에서, '자랑'은 우리 공동의 삶을 부패시켰다. 바울의 말씀은 자신을 실제보다 높게 생각하는 개인들에게도 적합성을 갖는다(롬 12 : 3 참조). 그러나 자랑에 대한 바울의 공격이 우리에게 의미를 주지만, 다소 덜 분명하게 드러나는 방식이 있다. 바울이 비평을 가하는 고린도교회의 목표대상은 수사학적 능변에 밀접하게 연관되었던 지혜를 자랑하던 사람들이었다. 점차 탈문자(脫文字, postliterate)화되어 가는 시대를 살아가는 우리에게 고전적 성격의 수사학적 능변은 더 이상 대단한 가치를 지니지 못한다. 그러나 자기-제시(self-presentation)의 경향은 여전하다. 이미지가 모든 것이 되었다. 이 현상은 고대 헬레니즘 시대의 수사학적 자기-제시에의 집착과 매우 유사하다. 따라서 교회가 인상적인 개인 지도자에 푹 빠져 있는 곳에서는, 그곳이 어디든지 바울의 자랑 비평이 적합성을 갖게 된다. 영광을 받아야 하는 분은 하나님이시지 강력한 카리스마를 지닌 인간 지도자가 아니다. 그리스도교의 메시지가 마치 시장에 팔아야 하는 제품이라도 되는 듯 교묘한 고도의 기술을 채택하여 매끄러운 이미지를 제시하는 것을 발견하는 곳에서는, 그곳이 어디든지 간에 즉시 스스로에게 되물어야 한다. 여기서 선포되고 있는 복음이 십자가의 말씀인지, 이미지 조작을 통해 제시되는 인간의 자랑 중 하나인지…….

3. **'지혜'의 의미는 '십자가에 못 박히신 그리스도'에 의해 통제된다.** 이 경고의 말씀은 학문 자체를 위해 학문을 우상화하는 유혹을 받는 학자들과 **소피아**의 기념이 암묵적으로 일종의 인간의 자기 인정이 된 사람들 모두에게 적용된다. 지혜는 위험한 카테고리이며, 그래서 그것은 오직 그 클라이맥스가 예수의 죽음이 되는 최종 권위의 스토리 속에 확고하게 기초하고 있을 때만 그리스도교 신학의 기본 규범 내에서 올바로 활용될 수 있다.

4. **십자가의 말씀은 부름 받은 사람들을 위해 반문화(countercultural)의 세계를 창조한다.** 하나님께서 이 세상의 지혜를 책망하고 그것이 어리석음을 보이셨기 때문에, 그리스도인들은 세상을 다른 눈으로 보고 하나

님의 지혜 차원에서 살아야 한다. (이것을 쏘로우〈Thoreau〉의 개인주의적이면서 개성적인 행위를 함의하는 것에 지나지 않는, '다른 북소리에 맞추어 행진하는' 식의 이념과 혼동해서는 안 된다.) 사람들이 우리에게 "책임감이 있어야 한다.", "현실적인 또는 효과적인 방식으로 행동하라."고 말할 때, 우리는 누구의 지혜와 누구의 합리성을 따르도록 요구받는 것인지 조심스럽게 물어야 한다. 이것이 과연 하나님의 지혜인가? 우리가 매일같이 내리는 결정 속에서 누구의 권력을 존중하며 따르고 있는가? 설교자와 교사들은 교인들이 그러한 질문에 대해 비판적 분별력을 행사할 수 있도록 사려 깊게 도와야 할 것이다.

이 점은 또한 어떤 그리스도인 변증가들이 종종 그렇게 하듯이, 문화의 질문을 먼저 확인하고 나서 만족스러운 그리스도교의 '답'을 찾아가는 방식을 취해서는 안 된다는 것을 뜻한다(예를 들어 폴 틸리히의 「상관의 방법」〈*method of correlation*〉). 사실 바울에 따르면 유대인도 헬라인도 그들이 구하는 답을 얻지 못할 것이다. 대신 우리가 제시해야 할 것은 예수의 이야기이다. 이 이야기를 믿는다는 것은 자신의 전 인생이 새롭게 조각되도록 하는 것이며, 자신의 질문 자체가 완전히 새롭게 구성되도록 하는 것이다. 따라서 그리스도인 변증가들이 할 일의 대부분은 사람들에게 "아니오. 당신은 그릇된 일을 찾아 잘못된 질문을 던지고 있답니다."라고 말해 주는 것이어야 한다.

5. 교회의 사회적 구성은 하나님께서 어리석은 자들, 약한 자들, 그리고 천하고 멸시받는 자들을 선택하셨음의 사인이 되어야 한다. 우리는 주일에 우리의 교인들을 한번 둘러보아야 한다. 고등교육을 받은 사람들, 힘 있는 사람들, 부유한 사람들이 너무 많이 눈에 띄고, 가난한 사람들이 너무 없다면 우리 자신에게 스스로 물어보아야 한다. 우리가 어찌 하다가 하나님의 목적에서 일탈하여 십자가의 복음을 왜곡했는지, 인간 지혜의 포로가 된 것은 아닌지……. 물론 바울이 이 단락에서 교육과 권력과 부 자체를 정죄하는 것은 아니다. 단지 하나님께서 그런 것들을 어리석고 부적절한 것으로 만드시고, 그래서 다른 규범으로 공동체를 모으셨다는

점을 제안하고 있을 뿐이다.

6. 고린도전서 1 : 19과 1 : 31의 구약성경 본문은 그리스도인 공동체에게 직접 전달된 하나님의 말씀으로 들어야 한다. 이 편지의 독자들은 하나님께서 이스라엘을 다루시는 광범위한 이야기 속에서 스스로를 위치시켜 이해하는 법을 배워야 한다. 고린도교회 교인들이 이것을 바로 했다면, 지혜에 대한 그들의 흥분은 예언자적 심판의 말씀에 의해 조절되었어야 했다. 바울은 고린도 그리스도인들이 성경의 상속자들로서 자신들의 정체성을 발견하고, 성경이 자신들에게 말하는 것을 발견하는 방식으로 생각을 다시 조각하도록 도우려 한다. 우리는 이 편지에서 이와 같은 해석학적 전략이 반복적으로 채택되고 있는 것을 볼 것이다. 여기서 우리는 처음으로 그 사실을 주목하여 확인한다. 그리고 교사와 설교자들은 우리의 메시지를 배우고 듣는 사람들이 어떻게 하면 성경 이야기의 세계 속에서 자신을 확인하고, 스스로 이스라엘에게 주신 하나님의 말씀을 들을 수 있는 능력을 갖추게 할 수 있을지에 대해서도 숙고해야 한다.

개정공동성구집은 이사야 29 : 13~14나 예레미야 9 : 23~24, 또는 사무엘상 2 : 1~10을 고린도전서 1 : 18~2 : 5과 연결시키지 않는다. 따라서 서신서의 이 구절에 기초하여 설교하는 사람은 적절한 구약성경본문을 설교에 편입시킴으로써 연결을 만들어 내든지, 아니면 단순하게 위의 본문들 중 하나를 구약성경 읽기에 포함시키는 것이 좋을 것이다. 성구집을 신성불가침한 것처럼 취급해서는 안 된다. 우리가 바울 자신의 논의가 제안하는 성찰의 흐름을 따르기로 했다면, 그가 조심스럽게 자신의 논의에 끼워서 엮어 놓은 구약성경의 암시를 올바로 탐구해야 한다.

고린도전서 2 : 6~3 : 4

성숙한 사람을 위한 지혜

이 단락에 들어오면서 논의는 갑자기 방향을 튼다. 바울은 자신은 십자가만을 전하고 있으며, 십자가 외의 다른 메시지는 하나님의 능력을 인간의 지혜로 바꾸어 놓았을 뿐이라고 주장한 뒤에, 갑자기 성숙한 사람들을 위한 비밀스러운 지혜에 대해 이야기하기 시작한다. 도대체 무슨 일이 진행되고 있는 것인가? 바울이 금방 한 말을 벌써 잊어버린 것은 아닐까? 스스로 모순을 만들어 내고 있는 것은 아닐까? 입장을 바꾸어서 자신의 생각을 다시 설명하기 시작하는가? 혹시 고린도전서 2 : 6~16이 후대의 편집자에 의해 본문에 삽입된 부조화의 자료가 아닐까? 학자들은 이 단락을 놓고 당혹스러워 했고, 그렇기 때문에 이 단락이 고린도전서 내에서 가장 어려운 부분 중의 하나가 되고 있다.

최선의 설명은 바울이 여기서 아이러니 방식을 채택하여 진입하고 있다는 것이 될 것이다. 그는 고린도교회 교인들을 그들이 내세운 게임으로 물리치고, 동시에 그 게임이 얼마나 우스꽝스러운 것인지를 보여 주기 위해 그들의 종교적 용어들을 사용한다. 바울은 고린도교회의 지혜·열광주의자들이 사용하던 문제의 언어들(지혜, 신령한, 성숙한 등)을 끄집어내어, 들을 준비가 되어 있는 자들에게 밝힐 비밀스러운 지혜에 대해 이야기 함으로써 결국 그들의 자랑의 패를 눌러 버린다. 그러나 그 지혜는 다름 아닌 십자가이다!

아이러니는 매우 위험한 수사학적 장치이다. 잘못하면 어의상의 오해를 불러와 방향을 잘못 들게 하기 때문이다. 저자가 말한 표면적 내용 그대로가 원래 의도하는 바가 아니라는 단서를 청중이 포착할 수 있다는 사실에 의존하기 때문이다. 그래서 오해의 소지가 크다. 저자와 청중의 상황을 익숙하게 알지 못하는 독자들은 그 단서를 놓쳐 본문의 의도를 완전히 오역(誤譯)할 수 있다. 가장 유명한 실례가 될 수 있는 것은 조나단 스위프트(Jonathan Swift)가 「적당한 제안」(*A Modest Proposal*)을 출판하여 불러일으켰던 대중적 격노일 것이다. 스위프트가 했던 '제안'의 내용은 아일랜드의 기아(飢餓)와 인구과잉 문제를 해결할 수 있는 최선의 길이 아일랜드의 갓난아기들을 먹는 음식으로 내다 팔아야 한다는 것이었다. 이것은 일종의 정치 풍자였으나 독자들이 그 아이러니를 이해하지 못해 분노했던 것이다. 그와 비슷한 해석상의 불행이 종종 이 구절에도 임했었다. 주변의 배경과 맥락을 무시하고 뽑아낸 6~16절은 자신들의 영적 영감이 동료 그리스도인들보다 크게 뛰어난 것이라고 단언하던 영지주의자, 엘리트주의자, 열광주의자들을 위한 고전적인 증거 본문 구실을 했다. 물론 그런 것이야말로 바울의 고린도 문제아들이 주장하던 것이었다.

이 구절에서 단서를 바로 읽기 위해서는 기초가 되는 다섯 가지 관찰사항에 우리의 해석의 닻을 내리고 시작해야 한다. 우리가 이 점을 계속 염두에 둔다면, 바울이 편지의 이 단락에서 실제로 말하고자 하는 바를 제대로 이해할 수 있을 것이다.

1. 바울은 이미 분명하고 확실하게 참된 하나님의 지혜에 대한 내용이 무엇인지 정의 내린 적이 있다. "유대인은 표적을 구하고 헬라인은 지혜를 찾으나 우리는 십자가에 못 박힌 그리스도를 전하니…… 그리스도는 하나님의 능력이요 하나님의 지혜니라"(1 : 22−24). 인간의 지혜를 우스꽝스러운 것으로 만드는 하나님의 지혜에 관한 **내용**은 다름 아닌 십자가이다.

2. 따라서 2 : 6~16의 담론은 아이러니를 담고 있는 것으로 읽어야 한다. 이런 종류의 아이러니에 의한 전도(顚倒)는 바울 스타일의 특징이라고 할 수 있다. 만일 바울이 정말로 그의 독자들 앞에서 십자가가 아닌 다른 종류의 은밀한 지혜를 제시하려고 했다면, 자신의 입장(1 : 18−2 : 5)의 밑둥치를 완전히 잘라내 버리는 것이나 마찬가지이다. (이 단락의 신랄한 아이러니를 감지할 때 2 : 6~16이 후대 삽입이라는 이론은 불필요한 것이 되고 만다.)

3. 바울이 이 '지혜'를 설명하기 위해 사용하는 긍정적 카테고리들은 철학적인 것이 아니고, 성격상 묵시론적(apocalyptic)인 것이다. '이 세대', '감추어진 비밀', '만세 전에 미리 정함', '영광', '계시된' 등등의 용어들은 모두 묵시론에 바탕한다. 따라서 강조가 되어지는 곳도 인간의 인지능력이 아니라 하나님의 계시적 주도권이다.

4. 단락 내에서 신비를 아는 사람과 알지 못하는 사람 사이의 구분은 두 종류의 그리스도인들에 대한 것이 아니다. 구분은 그리스도인들(하나

님의 성령을 받은 사람들)과 옛 세대에 속한 사람들(하나님의 성령을 받지 못한 사람들) 사이의 것이다.

5. '영적 성숙'의 의미는 3 : 1~4에 있는 마지막 아이러니한 방식과 더불어 정의된다. 성숙한 사람은 질투와 싸움이 아니라 사랑 안에서 행동한다. 그래서 진정한 지혜는 그 특성이 특별한 지식이나 수사학적 기술에 의해서가 아니라 일치와 겸손에 의해 정의된다.

우리가 본문의 독해를 이와 같은 점들에 정박시킬 때 바울이 고린도교회 교인들의 그릇된 주장을 논박하는 내용은 분명하게 정리될 것이며, 우리마저 순진한 영지주의 속으로 표류해 들어가지 않게 될 것이다. 여기서 우리가 편지 전체를 두고 그렇게 했듯이, 2 : 6~16을 주변의 큰 단원의 논리 전개 속에 위치시켜 주변 문맥 진행과 주제상의 연결에 주목함으로써 큰 덩어리로 읽어야만 논의를 따라갈 수 있으리라 본다. 다음의 아우트라인을 보면 이 논리가 어떻게 작용하고 있는지 설명될 것이다.

1 : 10~17	일치의 호소
1 : 18~2 : 5	세상이 보기에는 '어리석음'인 십자가의 말씀이, 하나님의 '참지혜'이다. 그리스도인의 설교는 십자가로 시작해서 십자가로 끝나야 한다.
2 : 6~3 : 4	성숙한 자들을 위한 지혜 : 우리는 **하나님의** 지혜를 선포한다(즉, 십자가에 못 박히신 그리스도)(2 : 6). 이것은 성경이 예고했듯이 힘 있는 자들에게 감춰었다(2 : 7－9). 하나님께서 성령을 통해 이 지혜(십자가에 못 박히신 그리스도)를 우리에게 계시하셨다(2 : 10－13). 이것이 자연인의 마음에는 어리석음이나, 우리는 그리스도의 마음(=영)을 가지고 있기 때문에 모든 것을 분별할 수 있다(2 : 14－16). 당신들이 정말로 하나님의 지혜(십자가에 못 박히신 그리

> 스도)에 대해서 성숙하다면, 분열되지 말고 사랑 안에서 연합해야만 한다(3 : 1–4).

결국 단원의 마지막 절들은 바울의 논의를 원래 그의 주제인 '교회 내의 일치'로 옮겨다 준다. 십자가와 지혜로 끼어든 논의는 바울이 3장과 4장의 나머지 부분에서 발전시킬 좀더 분명한 권고를 위한 신학적 기초 작업을 해 준 셈이다. 이제 2 : 6~3 : 4에 있는 논의의 내용에 대해 다소 자세한 관찰을 하기 위한 장을 들어가 보자.

성령을 통해 십자가의 숨겨진 지혜를 계시하시는 하나님(2 : 6–16)

바울은 본문 2 : 6에서 '지혜'라는 단어를 회전의 축으로 삼는다. 바울은 헬라 원문에서 단어 배열의 순서를 통해 '지혜'에 하이라이트를 주었다. "**지혜에 대해**, 이제 우리는 성숙한 사람들끼리 얘기합니다(*Sophia*, however, we do speak among the mature.) …… 당신들이 원하는 지혜이지요? 좋습니다. 이제 그 지혜에 대해 이야기해 봅시다." 이러한 아이러니에 입각한 전도(顚倒), 이제까지 반대파의 으뜸음이었던 용어를 갑자기 흡수하는 이런 전략은 바울식의 논쟁 움직임의 특성이다. 다음의 예들을 생각해 보자.

바울은 빌립보서 3 : 2~6에서 이방인 그리스도인들에게 할례를 요구하는 사람들에 대항하여 논쟁적 경고를 가지고 시작했다. 그러나 바울은 단락이 끝나기 전에 "**우리**(즉, 그리스도인들)가 곧 할례당이라."고 주장했다. 그는 육신에 어떤 확신을 가져서는 안 된다고 주장한다. 그러나 바울은 단락이 끝나기 전에 자세를 돌이켜 바꾸면서 이렇게 말한다. "……나도 육체를 신뢰할 만하니(NRSV의 단어 확신할 만한 **이유**〈*reason*〉는 헬라 원문에는 없는 것이다.) 만일 누구든지 다른 이가 육체를 신뢰할 것이 있는 줄로 생각하면 나는 더욱 그러하리니"

또는 좀더 발전된 예로서 고린도후서 11 : 1~12 : 10의 '바보의 말'을 생각해 보자. "여러 사람이 육체를 따라 자랑하니 나도 자랑하겠노라" (11 : 18). 바울의 적대자들이 환상과 계시에 대해 자랑하는가? 바울도 할 수 있다. 사실상 그는 세 번째 하늘에 사로잡혀 올라갔던 사람을 알고 있다. 그러나 그는 오히려 고난과 약함을 자랑하기로 결심한다.

이 두 예는, 특별히 둘 다 고린도전서에서와 마찬가지로 바울의 **자랑**에 대응하는 일에 연관되어 있기 때문에 직접적으로 적합성을 갖는 것 같다. 바울은 두 경우 다 실상 이렇게 말하고 있는 것이다. "나도 당신들의 게임을 할 수 있다. 그래도 이길 수 있다." 더구나 우리가 계속 읽어 나가다 보면 두 경우 모두 그 자신의 '자랑'이 결국 그리스도의 고난과 약함과 죽음의 차원에서 자신의 정체성을 정의하는 일, 즉 다시 말해서 **십자가**의 차원에서 자신을 정의하는 일로 되돌아간다. 우리는 바울이 적대자의 언어를 전혀 다른 목적을 가지고 반어적 방식으로 전용(轉用)하는 비슷한 경우를 이곳 고린도전서 2 : 6~3 : 4에서도 보게 된다.

우리는 이미 지혜가 고린도교회 교인들의 슬로건 중의 하나라는 점을 살펴보았다. 그리고 2 : 6에서는 또 하나의 슬로건, '성숙한 자들'(*teleioi*)을 만나게 된다(한글개역성경에서는 '온전한 자들'로 번역되었다－역주). 이것은 알렉산드리아의 필로의 글에서도 자주 등장하는 용어이다. 필로는 이 용어를 영적 영감과 완전의 진보된 단계에 도달한 사람들을 묘사하는 데 사용했다. 짐작컨대 고린도의 지혜·열광주의자들은 자신들을 '네피오이'(*nēpioi*), 즉 '갓난아이들' 또는 영적 성취면에서 열등한 초심자들과 대조하여 이런 용어로 묘사했던 것 같다. 바울은 아직은 자신의 교만한 독자들이 3 : 1에서 맞닥뜨리게 될 수사학적 덫을 조이지 않는다(사실상 그들은 여기서 **텔레이오이**〈*teleioi*〉의 지위에서 밀려나는 자신들을 발견하게 될 것이다). 그러나 여기 2 : 6에서는 그를 위한 기반을 쌓고 있다. 분명히 그들은 바울이 좋은 선생이 되지 못한 것에 대해 불평했다. 그가 그들을 지혜의 세련됨으로 가르치지 않았기 때문이다. 그래서 바울은 응수한다. 사실상 그는 **성숙한 자들 중에서** 지혜를 가르친다고……. 고린도교회 교인들은 자신들의 결론을 끄집어낼 수 있다. (이 용어 사용의 매우 재미있는 예로서 「70인역」의 지혜서 9 : 6을 보라. "인간들 중에서 완전한 자〈*teleios*〉일지라도 당신께로부터 오는 지혜〈*sophia*〉 없이는 아무것도 아닌 것으로 여겨질 것입니다.") 바울에게 있어서 **텔레이오스**가 된다는 것, 즉 영적으로 어른이 된다는 것은 공동체를 세우는 일에 대한 관심의 차원에서(고전 14 : 20), 공동체를 섬기기 위해 하나님의 뜻에 복종함의 차원에서(롬 12 : 2-문맥을 보라.), 그리고 예수 그리스도를 본받아 노력함의 차원에서(빌 3 : 15, 골 1 : 28, 엡 4 : 13 참조) 정의된다.

바울은 서둘러 더하기를 그가 가르치는 지혜는 이 세상의 지혜가 아니요 또 이 세상의 없어질 관원의 지혜도 아니라고 말한다. 다른 말로 하자면 바울의 지혜는 새 창조에 속한 것이지, 옛 창조의 것이 아니라는 것이다. 이것은 노골적인 묵시론의 언어이다. 진정하게 신성한 지혜는 십자가에 의해 출범된 새 시대에 속한 종말론적 지혜이다. 이 지혜는 철학적 추정이나 미학적 훈련, 또는 다른 인간적 노력으로 획득할 수 있는 것이 아니다. 그것은 오히려 예수의 죽음과 복음의 선포를 통해 계시된 '하나님의 지혜'이다(1 : 23-24). '이 시대의 관원들'은 이 세상의 권력을 휘두르는 자들이다. 그들은 십자가가 이해되지 않는 세상의 지혜로운 자들, 권력자들, 그리고 고귀한 신분의 사람들이다(1 : 26-28). 바울은 자신이 선호하는 묵시사상의 동사들 중 하나를 사용하여 그들이 '아무것도 아닌 것으로 되어 가고 있는'(NRSV에서는 'doomed to perish'='멸망하도록 되어 있는', 한글개역성경의 '없어질')이라고 말한다. 이것은 1 : 28에서 탁월한 권력 행사자들에게 사용했던 것과 똑같은 동사이다. 그곳에서는 NRSV가 "아무것도 아닌 것으로 축소되었다."고 잘 번역했다. 이 병행 동사는 이 관원들을 멸망시키고 당신의 주권을 세상 위에 세우기 위해 행동하시는 분이 바로 하나님이심을 보여 준다. (같은 동사가 사용된 중요한 경우들을 위해서는 로마서 6 : 6, 7 : 6, 고린도전서 6 : 13, 13 : 8~11, 15 : 24~26, 고린도후서 3 : 7~11, 에베소서 2 : 15, 데살로니가후서 2 : 8, 디모데후서 1 : 10 등을 보라.)

바울은 신성한 지혜의 묵시론적 차원을 계속하여 발전시키면서, 2 :

7~9에서 십자가의 지혜가 오래 전부터 예정되어 있었으나 이 시대의 지배자들로부터 숨겨져 있었다는 것을 지적한다. 따라서 바울의 십자가 선포는 현 시대의 권력 구조들만 볼 수 있는 사람들에게는 '신비'의 형식을 갖는다(4 : 1, 롬 16 : 25, 골 1 : 26－27, 2 : 2, 엡 1 : 9－10 참조). 이것은 옛 주석가들이 가끔 지적했던 것처럼 헬레니즘 밀의 종교들과는 아무런 상관도 없다. 바울의 언어는 유대 묵시사상 고유의 것들이다. 묵시사상에서는 '비밀들'이 숨겨진 하나님의 뜻에 관련된 것인데, 하나님의 뜻은 종말론적 심판과 구원의 사건을 역사 속에서 펼쳐 나가는 데 작용하도록 되어 있다. 이 비밀들은 선지자나 선견자들의 중개를 통해 선택된 자들에게 계시된다(예를 들어 다니엘 2 : 27~28을 보라. "…… 왕의 물으신 바 은밀한 것은 박사나 술객이나 박수나 점쟁이가 능히 왕께 보일 수 없으되 오직 은밀한 것을 나타내실 자는 하늘에 계신 하나님이시라 그가 느부갓네살 왕에게 후일에 될 일을 〈다니엘을 통해〉 알게 하셨나이다……"). 구체적으로 바울의 그리스도교 묵시사상의 경우, 이 신비한 구원을 포고(布告)하는 데 있어 하나님의 목적은 십자가를 통해 '우리의 영광을 위한 것'이다(2 : 7). 따라서 십자가의 숨겨진 지혜는 바울이 여기서 설명하지 않는 방식으로 이루어지는 미래의 종말론적 구속, 즉 선택된 백성들에게 하는 하나님의 은혜로운 영광의 수여를 가리킨다(롬 8 : 17, 29－30, 고후 3 : 18, 4 : 17, 빌 3 : 20－21 참조).

현재의 본문에서 '이 세대의 관원'(2 : 8)이 귀신의 권세임을 암시하는 바는 없다. 종종 에베소서 6 : 12에 입각하여 옹호되는 이 해석은 진실성을 의심받지 않는 바울의 편지들 내에서 지지를 받기 힘들다. 이미 주지했듯이, 고린도전서 2 : 6의 '관원'(지배자)에 대한 언급은 1 : 26~28과 직접 연결되어 있고, 로마서 13 : 1~7에서와 같이 인간 당국자들과의 관계로 볼 때 전적으로 이해가 가능해진다. 고린도전서 2 : 8에서의 바울의 요지는 분명하면서 수사학적으로도 확연하다. 인간 권력을 휘두르는 자들은 하나님의 역사의 방법에 대해 털끝만큼도 아는 것이 없어, 실제로 영광의 주를 십자가에 못 박았다. 그러니 왜 우리가 지금 인간적인 생각의 지혜와 권력에 신경을 써야 한다는 말인가? (여기서 바울이 인간 지배자들을 통해, 그리고 그 뒤에서 작용하는 우주론적 세력을 생각하고 있었다는 주장이 가끔 있다. 그러나 현재의 구절은 그런 생각으로까지 발전시키지 않는다. 그런 주제를 추구하는 설교는 현재 우리의 본문과는 영 방향이 다르게 멀리 비껴가는 것이다.) 따라서 십자가 처형에 대한 언급은 다시 한번 우리로 하여금 실제로 하나님의 지혜의 반직관적인 내용, 즉 십자가에 못 박힌 그리스도를 상기시켜 준다. 그리고 동시에 하나님의 길과 인간의 길의 아이러니한 대치 상태를 계속 발전시켜 나간다.

더구나 이 모든 것은 하나님께서 의도하셔서 성경을 통해 오래 전에 공표하셨던 것을 확인해 준다. 그러나 고린도전서 2 : 9에서 인용된 성경 구절이 몇 가지 당혹스러운 문제를 만들어 낸다. 이것이 우리가 알고 있는 어떤 구약성경의 본문과도 꼭 일치하지 않기 때문이다. 인용의 출처와 관련해서 두 가지 가능성에 대한 설명이 있다. 바울은 이사야 64 : 4을 언급하고 있는데(그리고 이사야 65 : 16의 반향과 함께) 기억을 통해 매우 느슨하게 인용하고 있다는 것이 한 설명이고, 또 하나는 인용이 현재 더 이상 존재하지 않는 어느 외경에서 이루어졌다는 설명이다. 이사야서 인용 가능성에 유리한 몇 가지 요인들이 있다. 바울은 어느 곳에서도, 나중에 공식적으로 히브리 정경이 된 문서로부터 인용을 하는 경우가 아닌 경우를 제외하고는 '기록된 바'(as it is written)라는 인용 공식을 사용하지 않는다. 전혀 불가능한 것은 아니겠지만, 바울이 우리에게 전혀 알려져 있지 않은 어떤 그리스도교 묵시문헌을 인용하면서 이 공식을 사용하지는 않았을 것이다. 둘째로 바울의 편지들이 이사야서에 대한 암시를 많이 담고 있다는 것이다. 바울은 특히 후반부 장들을, 이스라엘과 더불어 이방인을 향한 하나님의 종말론적 구원의 예시로서 읽고 있다. 이사야서의 이 부분들에 대한 암시는 특히 고린도전서 2장의 전체 문맥과 매우 잘 맞아떨어지도록 되어 있다. (예를 들면, 이사야 64 : 1의 강렬한 호소 "……주는 하늘을 가르고 강림하시고……"와 65 : 17에서의 '새 하늘과 새 땅'의 예언) 반면에 동일하게 이 인용이 역사 속에서 사라져 버린 문헌에서 온다고 볼 만한 이유들도 있다. 인용된 구문이 바울의 문장에 매우 어색하게 끼어든다. 만일 그가 기억을 통해 이사야를 인용하는 것이라면, 그 인용이 부드럽게 그 자신의 문장에 더 잘 어울리도록 만들어 놓았을 것이다. 둘째로 3세기에 그의 글을 쓴 오리겐은 이 인용문을 현존하지 않는 엘리야의 묵시록에서 온 것으로 확인하고 있다. 마지막으로 매우 비슷한 인용이 도마복음에 나타나는데, 거기서는 예수께서 하신 말씀으로 소개된다. "예수께서 말씀하셨습니다. '내가 너희에게 눈으로 보지 못했고 귀로도 듣지 못했으며 손으로도 만져 보지 못했고 사람의 마음속에 들어와 본 적도 없는 것을 주노라'"(도마복음 17). 도마복음은 2세기의 문서이기 때문에 바울이 인용의 출처로 사용했을 가능성은 없다. 그러나 이 사실은 이 전승이 이사야와 관련되지 않은 출처에서 독립적으로 유래되었을 가능성을 증거하는 것일 수 있다.

출처가 어찌 되었든 그 의미는 분명하다. 하나님께서 십자가를 통하여 세상에 구원을 가져다 주시는 방법은 모든 인간 이해로부터 숨겨져 있었다. 그러나 하나님께서는 이 계획을 그를 사랑하는 자들을 위해 창세 전부터 '예비하셨다'. 여기서 바울이 **사랑**을 장면에 등장시킨 것은 의미심장한 일이다. 고린도교회 교인들은 하나님께서 이 모든 것들을 '그를 **아는** 자들을 위해' 예비하셨다고 말하기를 기대하고 있었을 것이다. 그러나 바울에게 있어서 우리는 하나님과 관계를 갖는데, 그것은 지식이나 지혜를 통해서가 아니라 사랑을 통해서였다. 이것은 바울이 이 편지의 뒷부분에서 다시 돌아가 다루게 될 주제이다.

바울은 고린도전서 2 : 10~13에서 매우 간단한 요지를 말한다. 숨겨진 하나님의 지혜(십자가에 못 박히신 그리스도)가 성령에 의해 우리에게 계시되었다. 우리가 비밀을, 즉 바울이 12절에서 '……하나님께서 우리에게 은혜로 주신 것들……'로 특징되는 것들을 어떻게 알게 되는가? (명사 '선물들'〈NRSV〉은 헬라 원문에는 나타나지 않는다. 여기서 바울은 방언이나 예언과 같은 '영적 은사들'에 대해 말하고 있는 것은 아니다. 십자가를 통하여 세상을 구출하시는 하나님의 구원의 선물을 가리킨다.) 우리는(즉, 모든 그리스도인

신자들, 12 : 3b 참조) 하나님의 성령을 받았기 때문에 그것을 안다. 그리고 하나님의 성령만이, 십자가의 말씀이 하나님에 대한 진리라는 것을 드러내 보여 주신다. 이 구절의 논리는 "같은 종류가 서로를 안다."는 널리 퍼져 알려져 있는 헬레니즘의 금언에 의존하고 있다. 바울은 유추를 제시한다. 자기 자신이 아니고는 그 개인의 생각을 아는 다른 사람이 없듯이, 또한 "오직 하나님만이 자신에 대한 진리를 아시고 또 전달하실 수 있다"(Barrett, 74). (포괄적인 용어를 사용하려는 NRSV의 시도는 11절의 끔찍한 오역을 만들어 냈다. "왜냐하면 속에 있는 인간의 영 외에는 어떤 인간이 **참인간이 무엇인지**를 알겠습니까?"〈For what human being knows *what is truly human* except the human spirit that is within?〉 바울의 요지는 인간 영이 어떤 총칭의 일반적 차원에서 인간 존재〈humanity〉를 안다는 것이 아니다. 그보다는 한 사람의 특정적인 개별적 생각과 정체는 오직 그 사람의 영에게만 알려져 있다는 뜻이다.) 이 모든 것의 결론은 2 : 13에 요약된다. 바울과 다른 그리스도인들은 지금 하나님의 정체에 대해 말할 수 있는데, 그것은 그들이 고도의 철학적 가르침이나 수사학적 화술의 레슨을 받았기 때문이 아니라, 그들이 십자가의 말씀을 통해 하나님에 대해 이야기하는 법을 하나님의 성령에게서 가르침 받았기 때문이다. 다소 모호한 구절 '영적인 것들을 영적인 사람들에게 해석하면서'는 여러 가지 다른 길로 번역될 수 있는데(한글개역, "……신령한 일은 신령한 것으로 분별하느니라"), 아마 고린도의 자칭 **프뉴마티코이**(*pneumatikoi*)에 대한 또 하나의 아이러니를 이용한 빈정대기로 보아야 할 것이다. 바울의 논조는 이렇다. 당신들이 정말 스스로 생각하는 것처럼 영적이라면(신령하다면), 십자가에 못 박힌 그리스도에 대한 수사학적으로 장식되지 않은 우리의 말이 하나님의 영에서 오는 메시지임을 반드시 이해하실 것입니다.

바울의 포인트를 설명하는 또 하나의 길은 하나님에 대한 진리가 철학을 통해서가 아니라 예언을 통해서, 수사학을 통해서가 아니라 계시에 의해 알려졌다고 말하는 것이다. '하나님의 깊은 것'(2 : 10, 단 2 : 22 참조)은 불가사의한 영지주의의 시시콜콜한 일들이 아니다. 오히려 그것들은 온 세상을 위한 하나님의 비밀스러운 구원의 목적인데, 이제 하나님의 지혜가 십자가를 통해 알려진다는 사실이 성령의 계시에 의해 드러난 것이다.

본문 14절의 NRSV 번역은("영적이지 않은 사람들은 하나님의 성령의 선물들을 받지 않습니다.") 또다시, 바울이 12~14장에서 논의하게 될 종류의 '영적 은사들'에 대해 미리 이야기하고 있는 것처럼 보이게 만드는 위험의 소지를 안고 있다. 사실상 바울이 쓰고 있는 내용은 이렇다. "**프쉬키코스**(*psychikos*)는 하나님의 영의 일들을 받지 않습니다." 요지는 자연적인 사람의 마음은 복음의 선포를 **거절**한다는 것이다. 왜냐하면 바울이 우리에게 다시 상기시키고 있듯이, 그 내용이 그들에게는 어리석은 것(또다시 *mōria*임, 1 : 18, 23, 25, 27 참조)처럼 들리기 때문이다. **프쉬키코이**(*psychikoi*)는 적절하게 번역하기 어렵다. 이 용어는 하나님의 성령과 유리되어 자연적 상태에서 살아가고 있어 깨달음을 갖지 못하며, 그래서 진리에 눈멀어 있는 인간들을 가리킨다. 그들은 그냥 '이해하지를 못한다.' 다시 말하자면 이 말은 옛 시대에 속한 사람들을 가리킨다. 이 말이 덜 진보한 그리스도인들을 가리키는 것은 결단코 아니다. 바울이 15절에서 "신령한 자는 모든 것을 판단하나 자기는 아무에게도 판단을 받지 아니하느니라"고 말할 때, 그것은 성령을 소유한 그리스도인들이 더 이상 공동체의 기율에 구속되지 않는다는 뜻이 아니다. 사실상 이 전체 편지 안에 있는 것은 모두 다 정반대의 것들을 제안한다!(14 : 32~33a, 그리고 고린도전서 5~6장에서 바울이 공동체에게 준 경계의 말 전체를 참고하라.) 그가 뜻하는 것은 하나님의 성령을 받은 사람은 실체에 대한 특권적 이해를 소지하고 있다는 것이다. 그는 "모든 것들을 분별합니다(*anakrinei*). 그러나 그 자신은 누구에 의해서 분별되지(*anakrinetai*) 않습니다." 다른 말로 하자면, 우리는 세상일이 어떻게 돌아가는지 알고 있지만 세상은 우리를 이해할 수 없다는 뜻이다. 가히 놀랍다고 할 수 있는 마지막 절구는 단순히 14절의 요지를 재차 언급한 것인데, 세상이 복음을 이해할 수 없는 무능을 지적하는 것이 아니라 그들이 성령을 받은 사람들을 이해할 수 없음을 가리키고 있다.

다시 한번 바울은 논의의 한 단원을 마지막 쐐기를 박는 인용으로 결론 내린다. 이번에는 「70인역」의 이사야 40 : 13을 인용한다. 이사야의 "누가 주의 마음을 알았느냐?"라는 수사학적 질문은 부정적인 답변을 기대한다. "누구도 몰랐다." 그래서 이 인용문은 한쪽 차원에서 자연적 마음이 하나님의 디자인을 이해할 능력이 없다는 점을 강화한다(롬 11 : 34 참조, 같은 본문을 인용하고 있다). 그러나 동시에 이 인용문은 두 번째로 아주 다른 점을 가리킨다. 「70인역」의 '주의 마음'(*nous*)은 히브리어 절구 '주의 영'(*ruach*)을 번역한 것이다. 전체 문맥을 고려할 때 바울이 '마음'과 '영'을 동의어로 이해했다는 것이 분명하다. 또한 바울은 '주'를 '예수'로 이해하기 때문에, 그리고 그리스도인들은 성령을 받았기 때문에 그 대담한 마지막 주장으로 이동해 갈 수 있었다. "우리가 그리스도의 마음(=영)을 가졌느니라." 그래서 우리에게는 진정한 의미에서 주의 마음을 아는 일이 주어졌다. 누가 주의 마음을 가졌는가? 정답은 "성령을 받은 우리는 그것을 안다."이다. 왜냐하면 세상과 달리 우리는 그리스도의 마음을 가졌기 때문이다. 이 공식은 이미 10~13절에서 설명되었던 것을 좀더 인상적인 언어로 다시 진술한 것에 지나지 않는다.

이 시점에서 볼 때 바울은 엘리트주의 자랑꾼들을 앞지르려 노력하는 잠재된 덫에 자기도 모르게 빠져 들어간 것처럼 들린다. 그러나 그리스도의 마음을 갖는 것이 무엇인지 바로 이해하기 위해서 바울에게 있어서 '그리스도'가 누구인지를 기억해야 했다. 그리스도는 십자가에 못 박히신 분이시다. 주의 마음을 갖는다는 것은 십자가의 패턴에 동참하는 것이다(빌 2 : 1–11 참조). 왜냐하면 하나님의 지혜가 예수의 죽음 안에서 분명하게 드러나기 때문이다. 결과적으로 바울이 말하는 특권적 영적 지식은 모든 특권, 모든 자랑, 그리고 싸움의 포기로 귀결되어야만 한다. 볼프강 쉬라게(Wolfgang Schrage)가 전 구절이 품고 있는 함의를 적절하게 잘 요약했다.

> 그리스도인들에게 이해를 가르치는 성령은 일종의 들판, 숲, 초원의 영이 아니고, 열정을 생산하는 자연적 마법력도 아니다. 무엇보다도 성령은 십자가에 못 박히신 그리스도의 영이다. 그래서 이 영은 십자가에 의해 가늠이 된다. 그래서 또한 성령은 불가피하게, 모든 자기 지시를 받는 지혜와 비슷한 모든 종류의 엘리트 지혜의 비평가가 된다(Schrage, p. 267).

고린도의 지혜·열광주의자들은 결정적으로 그렇게 '그리스도의 마음'에 따라 살지 못하고 있었기 때문에, 바울은 이제 자신의 논의를 통해 상대방을 꿀꺽 삼켜 버리는 단계로 이행할 수 있게 된다.

육신의 사람들(3 : 1－4)

이전 단락의 복잡하게 얽힌 논의와는 대조적으로, 바울은 이제 비록 약간의 아이러니 논조는 가미되어 있지만 직접적으로, 그리고 분명하게 고린도의 상황에 대해 대놓고 말하기 시작한다. 결과적으로 이 단락은 주석상의 코멘트를 별반 필요로 하지 않는다.

고린도교회 교인들은 바울이 지혜에 있어서 충분하게 진전된 교훈을 제공하지 않았다고 불평했다. 바울은 그들의 자칭 **프뉴마티코이**로서의 신분에 직격탄으로 응수한다. "나는 당신들을 영적인 사람들로 알고 말할 수가 없습니다. 오히려 육신의 사람들, 그리스도 안에서 어린아이처럼 생각하고 말씀을 드리겠습니다." 여기서 사용된 메타포들은(어른과 아이, 단단한 음식과 우유 등) 고대 세계에서 철학적, 종교적 교훈에 관련해서 어디서나 평범하게 들을 수 있는 용어였다. 영적인 진보가 등급화될 수 있기 때문에 다른 종류의 커리큘럼이 성숙의 각 단계마다 필요하다는 것이 이 메타포의 기본 가정이었다. 그렇듯이 바울이 여기서 그의 독자들의 상대적 영적 성숙도를 분류하기 위해 새로운 카테고리를 만들어 내고 있는 것은 아니다. 바울은 그들이 스스로 만들어 놓은 종교적 성취 척도의 꼭대기가 아니라(그들은 스스로 꼭대기에 속했다고 생각하고 있었지만) 오히려 그들을 바닥에 위치시키면서 탁자를 영·열광주의자들에게 돌리고 있는 것이다. 그들은 스스로를 성숙하고 영적이라고 생각한다. 그러나 바울은 무시하는 투로 대답한다. "미안하오. 당신들은 성숙하지 못하고, 지극히 육신적입니다." 그가 어떻게 그들에게 그런 식으로 말할 수 있을까? 그의 대답은 그가 얼마나 전적으로 그들의 영성 이해를 다시 정의하기를 원했는지를 잘 보여 준다. "너희가 아직도 육신에 속한 자로다 너희 가운데 시기와 분쟁이 있으니 어찌 육신에 속하여 사람을 따라 행함이 아니리요"(3절).

여기서 '시기'로 번역된 말(*zēlos*)은 또한 종교적 종류의 '열심'을 뜻할 수도 있다. 바울은 자신이 열심을 가지고(*kata zēlos*, 빌 3 : 6, 갈 1 : 14 참조) 교회를 핍박했다고 말한다. 또한 그는 그의 유대인 동료들의 종교적 열심을 같은 용어를 가지고 묘사했다. "내가 증거하노니 저희가 하나님께 열심이(*zēlon theou*) 있으나 지식을 좇은 것이 아니라"(롬 10 : 2). 비슷하게 고린도교회 교인들도 종교적 열심에 의해 동기를 부여받았을 것이다. 만일 우리가 가정하기를 그들이 사소한 일들을 놓고 시기심으로 다투기만 한 것으로 본다면, 아마 그들에게 잘못을 저지르는 것일 수 있다. 공동체 내의 파당은 최소한 어느 정도라도 신학적 이해와 종교적 실천의 진지한 질문들에 의해 야기되었을 것이다. 우리가 어떻게 신성한 지혜에 도달할 수 있을까? 우상숭배가 구성되려면 거기에 어떤 행동들이 포함될까? 우리의 혼인관계에서 어떤 성 규범이 준수되어야 할까? 예배에서 성령의 나타남은 어떤 기능을 하는 것일까? 부활의 의미는 무엇일까? 이런 것들이 교회를 갈라놓고 있는 종류의 이슈들이었을 것이며, 각기 다른 그룹들은 의심할 여지없이 자신들이 확신하고 있는 것들을 변호하는 데 열심이었을 것이다. 그러나 바울은 주장한다. 그러한 일들이 '불화'(*eris*, 분쟁)를 만들어 낼 때, 그것은 경쟁하여 다투고 있는 파당들이 진정으로 영적이지 않고 '육신에 속했다'는 증거라는 것이다.

'육신에 속했다'는 것은 고린도의 지혜·열광주의자들이 가정했던 것처럼 세련된 영적 지식과 체험이 결여되어 있는 상태를 뜻하는 것이 아니었다. 그렇다고 '육신에 속했다'는 것이 후대의 많은 정통 그리스도인들이 가정했던 것처럼, 정욕과 성적인 죄 가운데 사는 것을 뜻하는 것도 아니었다. 그렇지가 않다. 바울에게 있어서 **'육신에 속했다는 것'은 교회 내에서 경쟁의식과 불화 속에서 사는 것을 뜻한다**. 이러한 숨막히는 단언은 고린도교회 교인들이 스스로를 가늠하도록 요구받았던 가치의 전체 척도를 부숴 버리고 다시 조각해 버린다. 만일 고린도교회 교인들이 바울이 제안하는 이 새 척도를 수용한다면, 그들은 스스로가 성숙하지 못한 영성의 말미에 놓이게 됨을 부인할 수 없다. 왜냐하면 그들은 바울이 앞에서 그들에 대해 인용했던 파당 슬로건들에 스스로 줄을 맞추어 섰었기 때문이다. "나는 바울에게 속했다." 또는 "나는 아볼로에게 속했다." 그래서 바울은 십자가, 성령, 그리고 지혜 등에 대해 이끌어 온 그의 긴 성찰의 논의를 기술하면서 편지 서두에서 출범시켰던 이슈로 환원시킨다. 이른바 교회 내 분열의 문제이다.

가운데 끼어든 논의의 차원에서 우리는 이런 분열을 야기한 문제들에 대한 바울의 진단이 무엇인지 알고 있다. 고린도교회 교인들은 '이 세대'의 기준에 맞추어 계속 판단하고 행동하고 있었다. 이것은 불가피하게 교회 내에 세상의 자랑과 권력 투쟁을 끌어들여와 반복하는 일로 귀결된다. 바울은 그들이 생각하기에 영적인 열정이라고 보던 것으로 뜨겁게 달아오른 그들의 얼굴에 찬물 한 바가지를 끼얹어 버린다. 바울은 "정신 차리시오."라고 말한다. "서로 그만 좀 싸우시오. 당신들은 버릇없는 아이들처럼 행동하고 있소. 도무지 하나님의 성령을 받은 사람들 같지 않단 말이오."

우리가 이 단락을 이런 식으로 읽으면, 교회 내의 개인들을 영적 진척 정도에 따라 등급을 매기는 일에 대한 바울의 재가라도 되는 것처럼 3 : 1~2a을 사용한 것이 큰 실수였다는 것을 알게 된다. 바울은 고린도교회 교인들의 엘리트주의 언어를 아이러니로 활용하여, 엘리트주의의 영적 경험에 푹 빠져 있는 상태에서 그들을 흔들어 끄집어내기 위해 관점을 전복(顚覆)시키고 있는 것이다. 이것은 하나님께서 십자가를 통해 '지혜로운 자들'에게 행하신 전복과 동질의 것이었다. 이렇듯 4절에 도달했을 때 우리는 바울이 '십자가의 지혜'를 가져다가 그것이 그의 고린도교회 교인들의 비평으로 강력히 새겨지도록 만들었음을 보게 된다.

| 교사와 설교자를 위한 묵상 |

어떤 종류이든지 간에 영적인 엘리트주의는 교회 내에서 지속적으로 반복되는 문제이다. 고린도전서는 이 문제에 대한 조심스러운 목회적 대응의 가장 오래된 예가 되어 준다. 그러나 2장 후반부는 심각한 오해를 일으킬 소지를 안고 있다. 이 본문으로 작업하는 설교자는 크게 조심하여 바울 대응의 **아이러니**를 조명하여, 십자가의 메시지가 어떻게 영적 엘리트주의를 그 뿌리에서부터 박멸하는지 보여 주어야만 한다. 그렇지 않으면 이 본문은 영적 교만을 억제하는 것이 아니라, 오히려 부추길 위험을 안고 있기 때문이다. 메시지가 제대로 작용하게 하는 것을 확실하게 하는 길 한 가지는, 설사 성구집이 그렇게 하지 않았더라도 3 : 1~4을 같이 포함시켜 한 단원으로 읽도록 고집하는 것이다. 이 구절들을 읽어야 바울이 의도한 요지가 모호함 없이 교인들의 마음에 와 닿게 될 것이기 때문이다. 영적 성숙함의 진정한 척도는 공동체 내에서의 일치와 평화이다.

엘리트주의는 여러 가지 형태를 가질 수 있다. 어떤 이들은 영적 은사를 자랑할 것이고, 어떤 이들은 학문적 지식을, 어떤 이들은 교리상의 정통을, 또는 도덕적 올바름과 적절한 정치적 관심을 자랑할 것이다. 가장 잠행(潛行)적으로 침투해 들어오는 분열 엘리트주의의 형태는 동기와 나타남에 있어서 대부분 '영적인' 것들이 될 것이다. 그런 외관상의 영적 관심이 공동체에 균열을 가져와 특별한 이해관계의 핵심 단원들이 형성되거나 사람들을 자기 자신의 영성에 도취되게 만드는 곳마다 십자가의 말씀이 선포되어 공동체로 하여금 '그리스도의 마음'을 상기하게 만들어 줄 필요가 있다. 우리의 교육과 설교는 그리스도의 마음에 대한 담론이 고난 스토리로부터, 즉 십자가에 못 박히신 그리스도의 모델로부터 단절되지 않도록 반드시 확실히 해야만 한다.

우리 시대에는 교회 내외적으로 '영성'에 대해 매료되어 관심이 고조되고 있다. 그러나 그런 관심의 상당 정도가 개인주의적인 데 초점을 맞추고 있으며, 개인적 복지와 만족의 이기적 형태를 촉진함을 목적으로 하고 있다. 바울은 하나님의 성령께서 **십자가** 이야기를 통해 그 일들에 관한 진리를 계시하신다는 점을 고집함으로써, 또한 하나님의 묘한 지혜에 의해 활력을 얻은 사람들은 믿음의 공동체 내에서 일치를 추구하리라는 점을 주장함으로써 그러한 관심들에 대면하는 길을 우리에게 보여 준다.

이 본문을 다루는 설교자와 교사들은 교인들로 하여금 대담하지만 근본이 되는 진리, 즉 "우리가 그리스도의 마음을 가졌느니라."는 진리를 스스로 주장할 수 있도록 격려하는 방법을 잘 숙고해야 될 것이다. 표면상으로 볼 때 이것은 스캔들이 될 정도로 대담하게 들리기는 하지만, 그것이 진리가 아닌 것인 양 교회가 도피하듯 빠져나가야 할 이유는 전혀 없다. 따라서 이 본문의 해석자는 이 주장을 진지하게 취할 수 있기 위하여 어떤 분별과 행동이 뒤따라야 하는지를 교인들에게 질문하는 것이 좋을 것이다. 고린도전서 2 : 16을 빌립보서 2 : 1~13과 연결하면 그러한 묵상에 도움이 될 것이다.

교인들이 '그리스도의 마음'을 행동에 옮겼을 때 생길지 모르는 한 가지 가능한 결과는, 이 시대의 지배자들이 교회에 반대하여 적대감과 폭력으로 반응하게 되리라는 것이다. 고린도전서 2 : 6~8의 차원에서 볼 때, 우리는 이것이 그다지 놀라운 발전이 아님을 알아야 한다. 하나님의 지혜의 차원에서 사는 사람들이 이 시대 안에서 권력의 현상유지와 배치에 기득권을 지닌 사람들에게는 어리석고 위협적으로 보일 수도 있다. 예수의 죽음 이야기를 넘어서 대부분의 성인(聖人)들의 이야기는 동일하게 이 진리를 예증한다. 그 이야기는 여기까지 이어져 내려와 디트리히 본회퍼(Dietrich Bonhoeffer), 마틴 루터 킹 주니어(Martin Luther King, Jr.), 그리고 오스카 로메로(Oscar Romero)를 포함한다.

마지막으로 이 본문의 해석자는 다시 한번 바울 복음의 묵시론적 지평

들을 확고하게 잡아야 한다. 이것은 만세 전부터 하나님의 백성을 갈등의 현재 시간을 통과하여 종말론적 영광에 도달할 때까지 이끄시는 하나님의 계획에 대한 메시지이다. 십자가는 오직 이러한 준거 틀 내에서만 이해가 된다. 오직 이러한 준거 틀 내에서만 교회 내의 분열이 적절한 빛 속에 노출되어 드러나 보이게 될 것이다. 우리의 공동의 삶 속에서, 그리고 우리의 공동의 삶을 통하여, 이 종말론적 진리가 성령을 통해 계시되도록 일하시는 분은 하나님이시다.

고린도전서 3 : 5~23

하나님께 속한 공동체와 지도자

바울은 논의를 여러 지도자들의 이름에 자신들을 연결시킨 고린도의 파당 문제로 돌이키면서(3 : 3−4), 공동체 내의 논란에 대해 좀더 직접적으로 대응하고 있다(고린도전서 4장을 다룰 때 살펴보겠지만, 바울은 아직도 자신의 카드를 테이블 위에 다 내놓지 않았다). 고린도전서 3장에서의 논쟁은 더 이상 십자가에 초점을 맞추고 있지 않다. 대신 교회가 하나님께 속했다는 점을 집요하게 강조한다. 하나님께서 교회를 만드셨으며, 또한 하나님께서 교회를 심판하실 것이다. 하나님께서 교회를 세우기 위해 사용한 도구로서의 인간들은 단지 하나님의 더 큰 목적을 위한 종들에 지나지 않는다. 따라서 고린도교회 교인들이 그들 중에서 하나를 택하여 편을 들거나, 다른 이들과 비교하여 특정 지도자만 높이는 것은 무척이나 어리석은 일이다. 사실 그런 짓은 어리석다고 할 수 있는 것 이상으로 나쁜 일이다. 파괴적이고 위험하다. 오만과 거짓 지혜로 집을 짓는 사람들은 복음을 세상에 전하려는 하나님의 계획의 온전함과 거룩함을 타협으로 손상시키고 있는 것이다.

이 단락은 교회에 대한 세 가지 은유(메타포)로 구성되어 있다. 하나님의 밭으로서의 교회(5−9절), 하나님의 건물로서의 교회(10−15절), 그리고 하나님의 성전으로서의 교회(16−17절)가 그 세 가지이다. 바울은 한 메타포에서 다음 메타포로 뚜렷한 경계선 없이 이행하면서 고린도교회와 지도자들의 정체에 대해 각기 다른 포인트를 제공하고, 이 메타포들이 서로 연결되게 만들어 놓았다. 이 장의 마지막 부분은(18-23절) 우선 이전의 가르침인 지혜, 어리석음, 자랑 등의 이슈를 다시 거론하면서, 교회와 지도자들뿐만 아니라 피조 세계의 모든 것이 종국적으로 하나님께 속한 것이라는 강력한 확언으로 결론을 맺는다.

이 장 전체를 통해 두 가지 근본 포인트를 분명히 보아야 한다. 첫째, 바울은 교회를 위계와 형식적 구조로 이루어진 기관으로 생각하지 않고, 특정 지역에 있는 사람들의 구체적 삶의 공동체로 취급한다. (이곳에서 우리가 편의상 '교회'라는 용어를 사용하지만, 사실상 바울은 이 장에서 '교회'라는 말을 쓰지 않는다. 물론 이 편지의 다른 곳에서는 이 용어를 자주 사용한다.) 예를 들어 바울이 "당신들은 하나님의 성전이다."라고 말할 때 그가 가리키는 것은 건물이 아니고 함께 모인 하나님의 사람들이다. 둘째, 바울의 메타포들은 모두 **집단적인** 공동체를 언급하고 있다. 사도들에 의해 건축되었으며, 불로 검증을 받는 건물은 개별 신자의 영적 삶이 아니라 전체로서의 교회 공동체이다. 이 점이 일부 개신교에 속한 교인들에게는 이해하기 어려운 점일 수도 있다. 개인주의적인 해석의 전통에 너무 깊숙이 젖어 있기 때문이다. 그러나 이 점을 바로 굳게 붙잡지 않으면 바울이 의도한 바를 놓치게 되고 만다.

하나님의 밭의 일꾼으로서의 바울과 아볼로(3 : 5-9)

바울은 자신과 아볼로를 예로 들면서 다른 지도자들 주변에 모여드는 일의 무익함을 설명한다. 5절에서 던져진 수사학적 질문("그런즉 아볼로는 무엇이며 바울은 무엇이뇨……")에 대한 답이 즉시 직설적으로 주어진다. 그들은 하나님께서 다양한 잡무를 맡긴 종들(**디아코노이**〈*diakonoi*〉) 일 뿐이다. 이 경우 바울이 이미지를 그렇게 제시하듯이 그들은 곡식을 심고 경작하는 임무를 부여받은 현장의 일꾼들이다. 물론 여기서 **디아코**

노스(*diakonos*)는 아직 교회의 특정 직분을 가리키는 전문 용어(deacon=집사)가 아니고, 단지 하나의 메타포일 뿐이다. 그들에게 할당된 잡무가 약간씩 다르다는 사실은 그다지 중요한 의미를 갖지 않는다. 현장에 먼저 왔던 바울은 고린도교회를 심었다. 그리고 나중에 왔던 아볼로는 자라는 곡물(穀物)에 물을 주었다. 그러나 이들은 각기 하나님께서 맡기신 과업을 수행한 것뿐이다. 따라서 둘 중 누구도 자신의 권리로 어떤 무엇이 되지 못한다(7a절). 그들의 노력이 하나님의 지시와 능력 주심을 떠나서는 아무런 소용이 없기 때문이다. 현장 일꾼들은 시키는 대로 할 뿐이고, 씨가 생명을 얻게 하는 데는 전적으로 무력한 존재들이다. 씨가 생명을 얻는 것은 하나님의 신비한 능력에 의해 이루어진다. 바울은 이 점을 두 번씩이나 언급함으로써(6-7절) 분명하게 밝힌다. 살아 있는 신앙의 공동체 속에 복음의 말씀이 뿌리를 내리고 싹을 내 자라게 하시는 분은 하나님이시다. (이제 바울이 '건물' 메타포로 이동할 것을 기대하면서 우리는 시편 127편의 시작 부분을 상기하게 된다. "여호와께서 집을 세우지 아니하시면 세우는 자의 수고가 헛되며……")

바울이 이러한 논리를 펴는 이유는 8a절에 분명하게 드러나 있다. 서로 다른 종들의 노력은 서로 간의 합작(合作) 성격을 갖는다. 그들이 "공동의 목적을 지니고 있다."고 한 NRSV의 어구는 헬라 원문을 돌려서 번역한 것이다. 원문은 이렇게 말한다. "심는 자와 물을 주는 자는 **하나이다**." 물론 이 말은 그들이 동일 인물이라는 뜻이 아니다. 그들이 각기 하는 노력이 하나의 재배 작업에 속해 있으면서, 서로 보완하는 부분을 이루고 있다는 뜻이다. 그렇기 때문에 한 사람을 제쳐놓고 다른 사람만 세우는 것은 우스꽝스러운 일이 된다. 둘 다 필수적이다. 물 없이는 곡식이 말라죽는다. 심는 사람이 없이는 물을 줄 곡식도 없기 마련이다.

바울의 이러한 유추를 펴는 방식을 통해 고린도교회 교인들은 누구의 말씀 선포를 통해 공동체가 설립되었는지를 교묘하게 상기하게 된다. 그들은 바울을 통해 '믿게 되었다'. 바울은 그들이 이 점을 간과하지 않기를 바랬다(4 : 15 참조). 그러나 현재 이 시점에서 그의 목적은 서로 다른 사도적 사역자들의 **합력**관계를 강조하는 데 있다. 바울은 실제로 자신과 아볼로를 하나님의 **쉬네르고이**(*synergoi*), 즉 '동역자들'이라고 부른다(3 : 9). 이것은(고린도후서 6 : 1과 대조적으로) 그와 아볼로가 하나님과 동역자가 되었다는 뜻이 아니다. 전체 본문이 부담하고 있는 의미로 볼 때, 그들이 하나님께 속하여 하나님의 권위 **아래** 함께 일하는 동료 일꾼들이라는 뜻이다. (여기서 우리는 이스라엘을 하나님의 포도원으로 비유했던 구약성경의 이미지를 암시로 느낀다. 사 5 : 1-7 참조) 가장 중요한 일은 결실이 있는 수확을 거두는 것이다.

이 원칙에 입바른 동의를 하는 것은 어렵지 않다. 하지만 교회 내에서 실천적 삶을 구현하는 것은 꽤나 힘들다. 종종 성직자들도 하나님의 밭을 경작하기 위해 합력하여 일하기보다는 세력 다툼에 말려든다. 교회 내의 다른 직분을 갖고 있는 사람들도 마찬가지이다. 우리는 그 어느 누구도 자신에게 속한 것으로 생각되는 조각 땅에 참견하지 못하게 하고, 일이 우리가 원하는 대로만 재단되게 하려고 많은 애를 쓴다. 그래서 현장은 비생산적인 생존 구상으로 끊임없이 나뉜다. 예루살렘에 있는 성묘교회(聖墓教會, the Church of the Holy Sepulchre)가 그 예인데, 이보다 더 생생하게 어리석고 비극적인 협력 실패를 잘 드러내 주고 있는 경우도 없을 것이다. 이 교회는 오늘날 소위 성지의 한 조각을 차지하기 원하는 각기 다른 기독교 단체들의 관할 하에 여러 다른 부분으로 쪼개져 있다. 그리스 정교, 아르메니아 정교, 로마 가톨릭, 이디오피아 정교 등이 이 분할에 끼어들었다.

바울은 그때와 지금의 독자들에게 말하고 있다. "아닙니다. 아니라구요. 전체 현장은 하나님께 속한 것이고, 우리는 단지 종말론적 추수를 하기 위해 함께 일하도록 부름을 받았을 뿐이라는 것을 어찌 모르십니까? 개별 지도자들은 그렇게 중요한 것이 아닙니다. 그들은 단지 현장의 일꾼들일 뿐입니다."

우리의 건축은 불로 검증될 것이다(3 : 10-15)

바울은 9절을 밭의 일꾼에 대한 비유의 마지막으로 하고 새로운 메타포로 이행한다. "당신들은 하나님의 건축물이다." 이를 통해 중요한 다른 면에 새롭게 초점을 맞춘다. 신실하게 교회를 세워야 한다는 것이다. 여기서 바울은 자신을 건물의 기초를 놓고 나머지 일을 하청업자들에게 맡기는 건축사로 비유한다. 만일 책임을 맡은 사람들의 일이 원 청사진대로 진척되지 않거나 합당한 자재를 사용하지 않는다면, 그에 따른 암울한 결과를 낳게 될 것이다.

캘리포니아 지진 때 발생했던 일들을 생각해 보자. 충격을 견딜 수 있도록 제대로 건축된 건물들은 이 지진을 이기고 그대로 보전되었다. 하지만 지진 공학의 올바른 원칙을 따르지 않고 세워진 건물들은 곧 무너져 내렸고, 개중에는 비극적인 결과를 가져오기도 했다. 바울은 지진 대신 구약에서 하나님의 심판에 사용되는 전통적 이미지인 불을 가지고 설명한다. 지진이나 불이나 그 이미지가 가져다 주는 포인트는 같다. 세우고 있는 건축물의 구조적 완결성을 시험하게 되는 격변의 상황이 다가오고 있으니 우리는 신경을 많이 써서 작업해야 한다. 서둘러서도 안 된다. 물론 겉모양만 그럴듯해서도 안 된다. 우리는 견딜 수 있도록 설계되어 땅 위에 굳건히 설 수 있는 공동체를 건축해야만 한다.

여기에 바울의 주장이 세심하게 구성되어 있음을 보게 된다. 그는 자신을 '지혜로운'(*sophos*) 건축가에 비유한다(10절). **소포스**는 일반적으로 직업이나 예술에 있어 '기술이 좋다'(=숙련된)는 뜻이다. 그러나 본문의 문맥에서는 이 용어가 특별히 이중적 의미를 갖는다. 바울은 **숙련된** 장인(匠人)이다. 동시에 세상의 지혜가 아닌 하나님의 지혜에 모든 것을 맞추어 기초를 놓는 **지혜로운** 선생이기도 하다. 또다시 우리는 바울이 자신을 고린도의 지혜주의자들과 아이러니컬하게 대조하고 있음을 보게 된다.

바울의 기초 쌓기는 '내게 주신 하나님의 은혜를 따라' 이루어진 것이었다. 자신의 사도직이 하나님의 위임에 의한 것이라는 뜻이다(롬 1 : 5 참조). 그의 사도 사역 자체가 공동체를 위한 하나님의 은혜에 대한 현시(顯示)였다. 바로 그러한 이유 때문에 그의 후임자들을 위한 경고가 필요했다. "각각 어떻게 그 위에 세우기를 조심할지니라." (NRSV의 경우 헬라 원문에 없는 'choose'라는 단어를 포함시킴으로써 이 문장의 경고조를 억압하고 있다.) 건실한 사도적 기초 위에 겉만 번지르르한 엉터리 작업을 하는 것은 용납되지 않는다. 가끔 주석가들은 바울의 기초 위에 집을 올리고 있는 '다른 이'(10절)가 바로 바울의 경고의 숨은 타깃인 어떤 특정인을 가리키고 있다는 추정을 한다. 이런 가설도 가능하지만, 불필요하고 그다지 의미 없는 일이다. 다른 건축자의 정체가 우리에게 알려져 있지 않기 때문이다. 바울은 어떤 경우이든지 간에 즉각 자신의 경계(警戒)를 일반적 용어를 빌어 구성한다. "**각각**…… 조심할지니라." 따라서 이 단락은 교회의 리더십을 가르치거나 행사하는 모든 이들에 대한 일반적 경고로 해석하는 것이 훨씬 좋다.

바울은 이어서 기초 다지기의 이미지를 사용할 때 암묵적이었던 내용을 공공연하게 설명한다. 단 하나의 터(기초)가 있는데, 그것은 예수 그리스도이다. 교회 설립을 위한 기초 메시지의 핵심인 그리스도에 대해 바울이 이미 언급했던 바(1 : 23, 2 : 2)를 기억한다면, 교회의 기초가 다름 아닌 **십자가에 달리신** 예수 그리스도라는 점을 우리는 쉽게 깨달을 수 있을 것이다. 건물(교회)의 상부 구조는 기초의 패턴에 맞게 조정되어야 한다. 그렇지 않으면 비뚤어지고 불안정하게 될 것이다. 그렇기 때문에 누구도 이런 식으로 말해서는 안 된다. "지혜에 기초하여 옆으로 뻗는 익면(翼面) 부속 건물을 추가하자.", "과학적 지식의 기초에 입각하여 새로운 건물을 짓도록 하자.", "우리의 현대적 종교 경험은 기존의 기초를 허물고 새로운 방식으로 재건축할 것을 요구한다." 교회 건설의 고정된 바탕은 "십자가에 못 박히신 그리스도"라는 케리그마(선포)이다.

바울은 이에 기초해서 12~15절에서 자신의 건축 메타포의 설교 포인트를 발전시킨다. 부실 자재를 사용하는 하청업자들은 하나님의 심판의 불에 노출되어야 할 때가 있을 것이다. '그날'(13절)은 주님의 날, 하나님께서 모든 인간의 행위를 살펴보시고 종말론적 정의를 확립하시는 날을 말한다(롬 2 : 5, 16, 13 : 12, 고전 1 : 8, 고후 1 : 14, 빌 1 : 6, 10, 살전 5 : 2, 구약성경 배경을 위해서는 암 5 : 18, 20, 말 4 : 1 참조). 여기서 다시 바울의 묵시사상적 틀이 분명하게 드러난다. 하나님의 심판에 대한 상징으로서 불의 이미지는 구약성경과 유대의 묵시 문헌 전승에 깊이 뿌리내리고 있다(단 7 : 9-10, 벧후 3 : 7 참조). 예를 들어 말라기 4 : 1~2a을 보라.

> "만군의 여호와가 이르노라 보라 극렬한 풀무불 같은 날이 이르리니 교만한 자와 악을 행하는 자는 다 초개 같을 것이라 그 이르는 날이 그들을 살라 그 뿌리와 가지를 남기지 아니할 것이로되 내 이름을 경외하는 너희에게는 의로운 해가 떠올라서 치료하는 광선을 발하리니 너희가 나가서 외양간에서 나온 송아지같이 뛰리라"

바울의 마지막 심판 비전은 전적으로 이 전승의 것과 일치한다. 한 가지 예외가 있다면, 바울이 불심판을 개인의 운명이 아닌 각기 다른 교회 지도자들이 행한 교회 건설의 일에 적용시키고 있다는 점이다. 로버트슨과 플라머(Robertson and Plummer, 64)가 고린도전서 3 : 12~15의 내용을 바로 관찰했듯이, 여기에 '죽음과 심판 사이에 놓여 있는 인간 영혼의 상태에 대한 언급'은 전혀 없다. 물론 불로 깨끗하게 한다는 개념도 전혀 들어 있지 않다. 바울은 여기서 개인 영혼을 위한 연옥(煉獄)에 대해서 언급하고 있는 것이 아니다. 다양한 사도적 일꾼들이 건설하는 교회의 견고성을 최종적으로 검사하는 하나님의 시험을 말하고 있는 것이다.

짐작컨대 값어치의 순서대로 나열된 여섯 가지의 각기 다른 건축 자재에(3 : 12) 특별한 의미가 부여되어 있는 것 같지는 않다. 셋은 불에 타는 연소성(燃燒性)이 있고, 나머지 셋은 그렇지가 않다는 사실 외에 별다른 차이는 없다. 바울이 여기서 이 여러 자재들이 갖고 있는 의미를 풍유적으로 제시하려는 의도는 없다. 각 자재에 특별한 영적 의미를 부과시키려는 설교는 쓸모없는 환상으로 귀결되고 말 것이다. 바울이 말하고자 하는 바는 분명 단순하다. 어떤 지도자들은 내화성(耐火性)이 있는 귀한 자재(십자가에 못 박히신 그리스도의 복음)로 건축을 하는 반면, 다른 지도자들은 곧 도래할 하나님의 준공검사에서 불에 타 없어져 버릴 내구성 없는 부실 자재(인간 지혜의 변덕)를 가지고 금방 무너질 집을 짓고 있다.

본문의 14~15절에서 보는 '보상'과 '손해'의 모티프가 많은 해석자들에게 어려움을 가져다 주고 있다. 이런 개념은 인간 공로로 인한 구원을 이야기하는 것 같아 바울의 이신칭의 교리와 어긋나는 것처럼 보이기 때문이다. 만일 구원이 전적으로 하나님의 은혜를 통하여 이루어지는 것이라면, 바울이 어떻게 개인의 공로의 질적 차이에 입각한 보상과 형벌을 언급할 수 있단 말인가? 이 문제를 풀기 위해 몇 가지 관찰이 필요하다. 첫째, 바울이 믿음으로 의롭게 되는 것을 주장하면서, 그와 더불어 하나님께서 개인의 행위를 심판하실 것이라는 믿음도 계속해서 강조하고 있다는 점을 유념해야 한다(고후 5 : 10, 롬 2 : 6-10). 우리는 **솔라 피데**(*sola fide*, '오직 믿음으로만'-역주)의 의미에 있어 바울에게 신학적 추상을 덮어씌우기보다는, 실제로 그가 어떻게 생각했는지 세심히 살펴보아야 한다. 둘째, (이 구절을 위해서는 특별히 더 중요한 것임.) 바울은 여기서 최후의 심판 때에 있을 개별 영혼들의 운명에 대해 이야기하는 것이 아님을 기억해야 한다. 여기서 언급하고 있는 것은 여러 설교자와 지도자들의 건설 역사에 대한 하나님의 사정(司正) 역사(役事)이다. 실제로 바울은 사도들의 일에 대해 하나님께서 베푸시는 종말론적 특별 보상에 대한 독특한 생각을 지니고 있었다(고전 9 : 15-18, 23, 27, 빌 2 : 16 참조). 고린도전서 3 : 15이 제시하고 있듯이 이신칭의의 교리는 여기서 언급하는 개념과 분명히 별도의 것이다. 비록 자신의 역사(役事)가 불타 버린다 하더라도, 무능한 하청업자들도 (비록 간신히 받겠지만) 구원을 받을 것이다. 마지막으로 '상'과 '해'로 번역된 용어들은 일꾼들에게 지불되는 임금과 부적절한 일을 한 건축자들에게 부과되는 벌금에 대한 언급으로 이해해야 좀더 올바른 해석이 될 것이다. 다시 말하자면 바울은 여전히 여기서 건축 사업의 메타포를 계속 이어 가고 있다는 것이다. 본문에서 사용된 것과 똑같은 용어들이 일을 제대로 하지 않았거나 수주계약을 이행하지 않은 하청업자들에게 부과되었던 벌과금을 다루는 고대 그리스 비문에서 발견된다. 이를 염두에 둘 때, 우리는 본문을 다음과 같이 번역해야 할 것이다.

> 불이 각 하청업자들이 한 일의 결과를 테스트할 것이다. 어떤 사람이 기초 위에 이루어 놓은 일이 불을 견뎌 내면 그는 지급을 받을 것이다. 그러나 그 사람의 일이 타 버리고 말면 그는 오히려 벌금을 물어야 한다. 하청업자가 구원을 받기는 하지만 오직 불을 통해서만 그렇게 될 뿐이다.

부주의한 건축가들로 인한 결과의 대표적인 예가 될 만한 경우가 1994년의 남 캘리포니아 지진 후에 발생했다. 캘리포니아 노스릿지의 한 아파트 건물이 붕괴하여 열여섯 명이 몰사했던 사건을 기억할 것이다. 건축자들은 법정에 불려 가 부당한 치사(致死)에 대해 고소한 원고들에게 백만 달러 이상의 보상금을 지불하도록 판결을 받았다. 바울이 염두에 두고 있는 것은 이와 같은 모양이다. 설교와 교육에 있어 건실한 공동체를 세우지 못한 사람들은 그로 말미암은 손실과 손상에 대해 책임이 있으며, 그로 인해 하나님께서는 그들에게 적절한 책임을 물으실 것이다. 그들이 개인적으로 보전되어 구원을 받는다 할 때, 그것은 하나님의 기적적 은혜에 의한 것일 뿐이다. 그들은 '불붙는 가운데서 빼낸 나무 조각' 같을 것이다(암 4 : 11).

하나님의 성전으로서의 교회(3 : 16-17)

바울이 세 번째로 채택한 메타포는 바로 이 직전 메타포를 발전시킨 것으로 이해할 수 있다. 교회 공동체는 그냥 일반적인 건물이 아니라 사실 **하나님의 성전**으로서 하나님의 성령이 거하시는 장소이다. 이 본문의 16절에서 사용된 헬라어 동사의 형태와 인칭 대명사가 2인칭 복수라는 점을 이해하는 것이 해석에 있어 결정적으로 중요하다. "너희(**복수**)가 하나님의 성전인 것과 하나님의 성령이 너희(**복수**) 안에 거하시는 것을 알지 못하느뇨?" 여기서 눈에 들어오는 이미지는 개별 그리스도인 안에 거하시는 성령이 아니라(예를 들면, 6 : 19의 경우와 같이) 함께 모인 공동체 안에 거하시는 성령의 모습이다. 교회에 초점을 맞추고 있다는 점에서 이 메타포는 고린도전서 3장의 다른 메타포들과 온전한 일관성을 갖는다.

아마 고린도교회 교인들은 이 내용을 읽으면서 우선 아폴로 신전과 같은 도시 내의 여러 이교도 신전들을 생각했을 것이다. 그러나 여기서 바울이 성전에 거하시는 하나님의 성령을 말할 때, 이교도 세계의 잡다한 신들과 신전들을 의미했던 것은 아니다. 그가 생각하고 있는 것은 오직 한 가지였다. 예루살렘에 소재한 성전에 거하시는 이스라엘의 하나님을 염두에 두고 있었던 것이다. 하나님께서 거하시는 장소로서의 성전의 역할이 이제 풍부한 상상력을 통해 교회의 것임을 주장하고 있는 것이다.

이 주장의 대담함을 온전하게 파악하기 위해서는, 바울이 고린도교회 교인들에게 편지를 쓰고 있는 이 시점에도 여전히 예루살렘 내의 성전이 건재하고 있었다는 점을 기억해야만 한다. 바울과 같은 유대인들에게 있어 예루살렘 성전은 세계 속에서 하나님의 임재에 대한 핵심 장소로 이해되었다. 따라서 여기서 이 특별한 구실에 대한 주장을 고린도에 소재하면서 주로 이방인들로 구성된 그리스도인 공동체에게 전환시킬 때, 바울은 실상 세상을 뒤흔들어 놓는 해석상의 이동(移動)을 감행하고 있는 것이다. 이것은 유대교의 성스러운 공간을 중심에서부터 와해하는 것이나 마찬가지였다(요 4 : 21－24 참조). 도대체 바울이 어떻게 교회가 성전을 대체했다는 단언을 할 수 있단 말인가? 바울은 하나님의 성령이 공동체 내에 임재하시며, 그래서 그 공동체가 이제 올바른 찬양과 경배가 올려지고 있는 장소라 믿고 있는 것이다. 하나님의 성령은 더 이상 성스러운 건물 안에 지역적으로 임재하실 수 없다. 하나님의 성령은 그리스도 안에서 선택된 하나님의 백성들이 모인 공동체 내에서 발견된다.

물론 이것이 상상 속에서 유대교의 상징 세계를 변형시킨 것이기는 하지만, 이제 이것이 전적으로 초기 그리스도인들에게만 있었던 생각은 아니었음을 알게 되었다. 쿰란 공동체의 구성원들도 자신이 하나님의 성전이라고 생각하고 있었다. 자신들의 율법 해석에 따른 올바른 성전 예배가 회복될 때까지, 광야에서 망명 중인 기간이었기는 하지만 최소한 잠정적으로라도 그들에게는 자신들이 성전이었다(1QS 8 : 5-10을 보라). 쿰란이 이러한 메타포를 사용한 것은 예루살렘 성전의 부패에 반대하는 저항 행위의 일환이었고, 또한 이들의 엄격한 성결(聖潔)된 삶이 순종의 행위라는 비유적 제사를 올려 드림으로써 이스라엘 땅을 속죄할 수 있다고 믿었기 때문이었다(참고로 로마서 12 : 1~2을 보라. 영적인 제사를 올려 드리는 성전으로서의 교회 메타포를 위해서는 베드로전서 2 : 4~5을 보라). 그러나 바울은 여기서 이들과는 다소 다른 목적을 가지고 메타포를 원용한다. 바울이 공동체를 성전이라고 말하는 것은 **공동체 구성원들이 행하고 있는 것 때문이 아니라**(즉, 이런저런 종류의 희생제사를 올려 드리는 행위) **성령께서 공동체 내에 임재해 계시기 때문이다**. 공동체는 하나님께서 거하시는 장소이다(고후 6 : 16, 엡 2 : 21-22 참조).

바울은 흥미롭게도 고린도교회 교인들이 자신들의 공동체를 하나님이 거하시는 장소로 보는 바울의 이미지를 수용하리라는 것을 당연하게 여기고 있었다(이 점은 오늘의 설교자와 교사들이 소홀히 여기고 넘어가서는 안 되는 부분이다. 이에 대해서는 나중에 다시 언급하게 될 것이다). 일단 여기서는 바울이 염두에 둔 또 하나의 포인트가 있다는 것을 먼저 지적하고자 한다. 만일 교회가 하나님께서 거하시는 장소라면, 분명히 하나님께서 그 장소를 타락시키거나 그 장소에 위해를 가져오는 사람들을 엄중하게 처리하실 것이다(3 : 17). 공동체를 분열시키는 사람들은 하나님을 거스르는 것이고, 하나님의 심판을 그 머리 위에 자초하는 것이다. 하나님의 성전은 **거룩하다**. 즉, 성전은 하나님을 섬기기 위해 구별되어 있는 것이다. 성전(=공동체)을 자신의 오만과 영적 허영을 위한 놀이터로 전락시킨 사람들은 준엄한 경고를 받는다. "누구든지 하나님의 성전을 더럽히면 하나님이 그 사람을 멸하시리라" 그리고 나서 바울은 이 성전의 이미지를 다시 한번 강조하면서 단락을 마감한다. "너희(**복수**)도 그러하니라"(영문과 헬라어 번역 : "너희가 바로 그 성전이니라"-역주).

여기에 달려 있는 위험은 크다. 하나님께서는 인간의 특정 공동체를 통해, 그리고 그 공동체 안에 임재하기로 결정하셨다. 사도와 교회 지도자들의 임무는 그 공동체를 예수 그리스도의 기초 위에 건설하는 것이다. 그러나 성령께서 올바로 경배를 받으며 현현(顯顯)하도록 지어져야 한다. 바울이 이미 암시했던 것처럼(3 : 1-4), 성령은 공동체의 일치와 조화 속에서 나타나도록 되어 있다. 이것은 손쉽게 생각할 일이 아니다. 공동체의 일치를 손상하는 사람들은 하나님께서 선택하신 임재 방식을 방해하는 것이며, 그래서 그들은 확실하게 심판을 불러들인다. 아마 부적절한 자재로 집을 짓는 사람들(12-15절)과 적극적으로 공동체를 파괴하는 사람들(17절) 사이에는 구분을 두어야 할 것이다. 물론 이 두 행위 사이의 간격이라는 것은 위험할 정도로 좁다. 한쪽은 구원을 받기는 하지만 눈썹이 불에 그을린 상태이고, 또 한쪽은 멸망을 당한다. 그러나 바울이 독자들에게 원하는 것은 양쪽의 위험을 다 피하는 것이다. 집은 예수 그리스도의 복음 위에 건전하게 세워져야 하며, 엘리트 영지(靈知)를 주장하는 위선적이고 분열적인 주장은 철저하게 지양되어야 한다.

반복과 요약 : 모두 다 하나님의 것(3 : 18-23)

바울은 고린도전서 3장의 결론 부분에서 자신이 이 시점까지 편지에서 발전시켜 온 주제들을 반복한다. 고린도전서 3 : 18~21a에서 지혜와 미련의 주제가 약간 꼬여서 다시 언급된다. 이번에는 하나님께서 인간 지혜 조달자들을 당황하게 만들기 위해 하신 일에 대해 단순하게 서술하기보다는 독자들을 호출하여 자신을 돌아보아 응답하게 한다. "……너희 중에 누구든지 이 세상에서 지혜 있는 줄로 생각하거든 미련한 자가 되어라 그리하여야 지혜로운 자가 되리라"(18절). 사실상 그가 말하는 것은 자아진단의 시험이다. 당신이 이 시대에 스스로 지혜롭다고 생각하는가? 만일 그렇다면 이것이 당신들이 받아야 할 메시지이다. 지혜롭게 되기 위해서는 당신의 그 '지혜'를 포기해야만 할 것이다.

이 호소가 표면적으로는 잘 알려진 소크라테스의 델피 신탁의 격언 해석과 닮은 점이 있다. "오 인간들이여, 당신들 중의 한 사람은 자신이 지혜와 관련해서 진실로 아무것도 아니라고 인식했던 소크라테스처럼 가장 지혜로운 사람이다"(Plato, *Apology* 23B). 사실 **소크라테스의 변명** 전체가 고린도전서 1장의 시작 부분을 통해 다루는 지혜에 대한 수사학적 처리에 대해서 재미있는 배경을 제공하고 있다. 그러나 바울은 소크라테스와 달리 인식론적 겸손과 탐구 정신의 배양만을 요구하지 않는다. 대신 자신의 독자들이 스스로 믿음의 순종을 짊어질 것을 요청한다. 바울이 특별히 십자가의 논리를 지혜와 지식에 적용한 것은 예수의 부름과 동일 선상에 놓여 있다. "무리와 제자들을 불러 이르시되 아무든지 나를 따라오려거든 자기를 부인하고 자기 십자가를 지고 나를 좇을 것이니라 누구든지 제 목숨을 구원코자 하면 잃을 것이요 누구든지 나와 복음을 위하여 제 목숨을 잃으면 구원하리라"(막 8 : 34–35). 마찬가지로 세상의 지혜에 집착하는 사람은 지혜를 잃을 것이며, 자신의 '지혜'를 복음을 위해 복종시키는 사람들은 하나님의 지혜를 발견하게 될 것이다.

바울은 인간 지혜의 무익함을 보여 주기 위해 19~20절에서 다시 한번 성경 말씀에 호소한다. 그러나 이번에는 이전에 인용했던 말씀 중 일부(1 : 19, 1 : 31, 2 : 9, 2 : 16)를 되풀이하기보다 자신의 주장을 뒷받침하기 위해 성경의 좀더 광범위한 증거를 제시함으로써 지혜에 대한 공격 효과를 높인다. 바울은 완전히 다른 두 본문을 인용한다(욥 5 : 12–13, 시 94 : 11).

욥기의 구절은 데만 사람 엘리바스의 첫 번째 연설에서 취했다. 바울이 욥기의 문학적 구조에 신경을 쓰고 있다는 증거는 전혀 없다. 사실상 욥기에서 엘리바스의 조언은 피상적인 것으로 격하되고 있다. 바울은 여기서 엘리바스의 말을 인간 지혜에 대한 하나님의 정체성 폭로로서 권위 있는 진리의 노출로 인용하고 있다. 그러나 인용문의 앞뒤 문맥은 바울이 고린도전서 1 : 18~2 : 16에서 도입하여 설명했던 하나님의 자비의 역전과 신비의 주제에 진실로 잘 부합된다.

나 같으면 하나님께 구하고
  내 일을 하나님께 의탁하리라
하나님은 크고 측량할 수 없는 일을 행하시며
  기이한 일을 셀 수 없이 행하시나니……
낮은 자를 높이 드시고
  슬퍼하는 자를 흥기시켜 안전한 곳에 있게 하시느니라
하나님은 궤휼한 자의 계교를 파하사
  그 손으로 하는 일을 이루지 못하게 하시며
간교한 자로 자기 궤휼에 빠지게 하시며
  사특한 자의 계교를 패하게 하시므로……
하나님은 곤비한 자를 그들의 입의 칼에서
  강한 자의 손에서 면하게 하시나니
그러므로 가난한 자가 소망이 있고
  불의가 스스로 입을 막느니라
(욥 5 : 8－9, 11－13, 15－16, 강조를 위한 굵은 글씨는 추가된 것임.)

바울은 이 시점에서 여기에 있는 내용들 중 어느 것도 더 전개시키지 않는다. 그렇게 했다면 지금 주장하는 내용을 간결하게 재확인하려는 목적은 희석되었을 것이다. 그러나 나중에 고린도교회의 강한 자와 약한 자의 문제를 다룰 때와 성찬식에서의 불평등 문제에 대응할 때, 여기 있는 욥기의 내용들은 메아리쳐 울린다(고전 11 : 17－34). 이러한 연결을 탐구하기 원하는 설교자는 욥기 5 : 8~16이 '지혜' 문제를 놓고 일어나는 갈등이 사회·경제적 차원을 담고 있음을 제시하면서, '지혜로운 자'와 '가난한 자' 사이의 대립관계를 설정하고 있다는 점에 주목하는 것이 좋을 것이다(물론 이것은 고린도교회의 상황에 잘 맞아떨어지는 내용이다).

비슷한 테마는 시편 94편에서도 등장한다. 이 시편은 하나님께서 사악한 압제자를 넘어뜨리고 의인을 신원(伸寃)해 주시기를 간구하는 긴 기도이다. 바울은 이 시편을 사용하면서 약간의 확장을 시도한 것처럼 보인다. 그는 시편 94 : 11을 인용할 때 핵심이 되는 형용사 '지혜 있는'을 추가해야 했는데, 이 단어는 히브리어 본문이나 70인역 어디에서도 발견되지 않는다. 그러나 이 시편의 무엇이 그의 관심을 끌었는지를 찾아내는 것은 그다지 어렵지 않다. 시편 94 : 8에 이렇게 적혀 있다. "백성 중 우준한 자들아 너희는 생각하라 무지한 자들아 너희가 언제나 지혜로울꼬" 바울이 이 시편의 전체적 흐름과 맥락을 알고 있었다는 점이 분명하게 드러난다. 바울은 로마서 11 : 2에서도 같은 시편의 다른 구절을(시 94 : 14) 인용하고 있기 때문이다. 따라서 이 시편의 '우준한 자들'과 '지혜로운 자들'의 연계를 감안할 때, 바울이 이 시편이 담고 있는 인간 생각의 허망함에 대한 언급을 고린도교회의 **소피아**의 공허함에 대한 또 하나의 성서적 근거로 보았다는 것은 그다지 놀라운 일이 아니다.

이 모든 것에 대한 교훈은 고린도전서 3 : 21a에서 다시 확인된다. "그런즉 누구든지 사람을 자랑하지 말라" NRSV는 3 : 5~9과의 연계를 좀더 분명하게 한다. "아무도 인간 지도자에 대하여 자랑하지 못하게 하라" 물론 **지도자**라는 말이 헬라어 원문에는 없다. 하지만 바울이 의도한 것은 분명히 인간 지도자이다. 이런 종류의 자랑은 확실히 주 안에서 자랑하는 일(1 : 31)의 반대이다. 그래서 이 말씀은 이 시점까지 이어져 온 전체 논의가 부담한 모든 것을 간결하게 요약하고 있다고 볼 수 있다. 바울은 독자들에게 자신의 권면에 대한 주요 포인트를 기술적으로 상기시킨 셈이다.

우리는 이 정도에서 본 장이 끝날 것 같은 기대를 한다. 그러나 바울은 21b~23절에서 마지막 수사학적 장식을 화려하게 추가한다. 이 결론 부분의 충격적 효과를 제대로 감상하기 위해서 미리 알아 두어야 할 것이 한 가지 있다. "지혜자는 모든 것을 가지고 있다."는 말이 그리스-로마 세계의 철학자, 특히 견유학파 철학자들과 스토아 철학자들에게 있어서 널리 알려진 금언(金言)이라는 점이다. 예를 들어 로마의 위대한 웅변가 키케로는 스토아 철학을 서술하면서 이렇게 기록했다. "그들이 묘사한 대로, 현인(賢人)의 인품이 어찌나 고귀하고, 영화로우며, 일관성이 있는지! …… 그 말이 옳도다. 그들은 모든 것을 소유하고 있으며, 그들만이 그 모든 것을 사용할 줄 안다"(*De Finibus* 3.22.75). 또한 바울의 동시대 문필가였던 세네카도 반복해서 "지혜자는 모든 것을 가지고 있다."는 격언을 인용하면서 그에 반대하는 주장을 공박하기 위해 장문의 논설을 편다(*De Beneficiis* 7.3.2–7.4.3). 그래서 바울이 여기서 "다 너희 것이요"(고전 3 : 21b)라고 선언하는 것은 고린도교회 교인들이 스스로 자신들을 **소포이**(=현인들–역주)라고 정의하는 것에 대해 그가 상당한 정도 양보하여 동의해 주는 셈이 된다. 그러나 그의 양보는 전략적이며 역설적이라는 것을 금방 다시 발견할 수 있을 것이다. 바울은 이렇게 이어 간다. "바울이나 아볼로나…… 다 너희의 것이요" 바울이 암시하는 바는 이렇다. 당신들이 정말로 지혜로운 자들이라면 왜 스스로 "나는 바울에게 속했다."는 등의 말을 하는가? 사실 그렇다면 바울을 비롯하여 다른 모든 지도자들이 오히려 당신들의 것이다! 바울은 이러한 공습이 가라앉기 전에 잠시 호흡을 멈춘 후, 고린도교회 교인들에게 속한 것들의 범위를 확장시켜 열거한다. 지도자들만이 아니다. 세계와 생명과 사망과 현재의 것이나 미래의 것이 모두 그들에게 속한 것이라 한다! 바울은 22절에서 되풀이한다. "만일 당신이 정말 지혜롭다면 철학자들이 말하듯이 모든 것이 다 당신들 것이요." 이제 효과를 증폭시키기 위해 조금 더 길게 호흡을 멈춘 뒤 마지막 결정적인 역공을 가한다. "너희는 그리스도의 것이요, 그리스도는 하나님의 것이니라."

자신들을 일반 오합지졸들과 달리 높여 주며 모든 것을 소유하게 해 준다는 영광의 지혜를 소유하고 있다고 자부하는 그 고린도 사람들은 한 가지 치명적인 오류를 범하고 있었다. 그들은 모든 평가에 있어서 하나님이 차지할 자리를 없게 만들었던 것이다. 그러나 바울은 모든 것이 결국 하나님의 것임을 주장하며, 거기에는 하나님의 밭, 하나님의 건물, 하나님의 성전인 교회까지 포함된다고 하였다. 고린도의 소위 지혜로운 자들은 자신들이 예수 그리스도에게 속해 있다면 스스로를 주인이라고 할 수 없다는 것을 인정해야 했다. 바울과 아볼로처럼 그들은 자신의 모두를 소유하고 있는 공동의 주님의 종들일 뿐이다. 하나님께서는 영원토록 모든 피조 세계의 주권자이시다. 진리가 빨리 천착되면 될수록 더 일찍 저들은 자신들의 유토피아 지혜 환상에서 벗어나 현실 세계에서 살아가기 시작할 것이다.

| 교사와 설교자를 위한 묵상 |

이 단락에서 필요한 적용과 묵상을 하기 위해서는 우선 본문을 거울로 사용할 수 있는지를 살펴보면 좋을 것이다. 바울이 요청하는 자아 점검은 매우 진중하게 취급되어야 한다. 우리가 사역을 '전문 직업'(profession)으로 생각하는 버릇은 교회의 개념과 교회 내에서 우리의 역할에 대해 심각한 왜곡을 가져올 가능성이 있다. 혹시 우리가 교회를 사유물인 것처럼 다루고 있지는 않은가? 혹시 교회를 우리 직업과 경력의 진척 수단으로 간주하고 있는 것은 아닌지? 혹시라도 그렇다면 교회가 하나님의 것이며 **하나님의** 프로젝트이지 우리의 것이 아니라는 사실을 되새겨 볼 필요가 있다. 혹시 우리가 교회 세우는 일을 사업체나 스포츠 게임처럼 취급하고 있는 것은 아닌가? 혹시라도 그렇다면 우리는 복음, 아니 다른 어떤 것으로 스스로를 자랑하고 있는 것이다. (나는 미국 연합감리교회의 총회에 자주 다니면서 이 유혹이 단지 추상적인 가설이 아님을 알게 되었다. 다른 교단의 공동체도 현상이 비슷하리라 생각한다.) 우리가 많이 배운 것으로 상위의 지성을 지니고 있다고 자부심을 갖고 있는 것은 아닌가? 혹시라도 그렇다면 차라리 하나님께 어리석어 보이도록 준비를 하는 것이 나을 것이다. 어쩜 우리는 약삭빠른 경영 기술과 심리적 조작으로 교회를 세워 나가려 하는 게 아닐까? 그렇다면 예수 그리스도 외에는 다른 기초가 없음을 상기해야 할 것이다. 그리고 현재의 '적당히 괜찮아 보이는' 건축 자재들은 곧 일시적인 것에 지나지 않음을 볼 수 있어야 한다. 다시 말하자면, 해석자는 이 본문으로 말씀을 전하기 전에 이 구절들을 거듭 곱씹어 보면서 자신에게 내리는 하나님의 심판의 말씀을 경청해야만 한다는 것이다.

우리는 이렇게 하고 난 뒤, 이 본문이 일반 교인들을 위해서 어떤 말씀이 될 수 있는지에 대해 생각해 보아야 한다. 어쨌든 이 부분은 바울이 전체 고린도교회 교인들에게 보내는 편지의 한 부분이다. 결코 지도자들만 읽으라고 보낸 것이 아니라는 것이다. 고린도전서의 이 부분은 현재 우리 교회들을 위해 어떤 메시지를 주고 있는가?

우선 전체 교회가 명심해야 할 것은 교회는 하나님의 프로젝트라는 점이다. 여기에는 여러 가지 의미가 있다. 그러나 그 중에서도 특별히 염두에 두어야 할 것은 우리가 교회의 목적이나 지향점을 스스로 정의할 수 없다는 점이다. 교회의 목적은 이미 예수 그리스도 안에서 우리에게 주어져 있다. 교회 내에 있는 우리의 보잘것없는 프로젝트나 열심을 다해 지키려 하는 특수한 책임 영역들은 단지 하나님께서 우리에게 할당해 주신 심부름일 뿐이다. 우리는 미리 통지를 받지 않고도 다른 지시를 받을 수 있고, 우리의 과업을 다른 사람에게 넘겨야만 할 때도 있다. 바울도 고린도교회에 '물 주는 일'을 아볼로와 다른 사람들에게 넘겨주어야 했다. 교회 학교나 부엌일이나 관리나 예산위원회나 예배 기획이나 그 무엇이든지 간에, 우리는 교회 사역의 어느 부분에 대해서 소유권을 주장할 수 없다. 하나님께서 관장을 하고 계신다. 하나님께서 관장하신다는 것은 교회가 미리 결정되는 것이 불가능한 방식으로 성장하고 변화되리라는 뜻이기도 하다. 우리가 이에 저항하여 개인적 통제를 구사하려고 할 경우 공동체를 분열시키게 되며, 바울이 경고했던 심판을 자초하게 된다.

둘째, 이 구절은 교회 일치에 대한 긴급한 요청을 담고 있다. 앞선 분석에 입각하여 볼 때 우리의 모든 교단적, 내부적 분열들은 간단히 말해서 멍청한 짓들이다. 쓸모없는 언쟁이 발생한다는 것은 일치된 공동체를 구상하시는 하나님의 방식에 인간의 지혜와 인간적 자랑을 개입시키고 있다는 증거이다. 여러 교회들이 시장 점유율을 높이기 위해 안간힘을 다하는 맥도널드, 버거킹 또는 웬디스 같은 프랜차이즈나 되는 듯이 행동하고 있다. 그러나 실상 이것은 하나님의 건물을 쪼갬으로써 서 있을 수 있는 힘 자체를 위태롭게 만들고 있다. 이 본문으로 설교하는 사람은 성도들에게 찬송 "교회의 참된 터는"(통일 찬송가 242장 – 역주)을 부르도록 요청하고, 현재 교회의 상태에 대한 탄식 부분을 빼놓지 않도록 해야만 한다. "분열로 조각나고 이단으로 지쳐 버린"(by schisms rent asunder, by heresies distressed, 이 가사가 우리 찬송가에는 없음 – 역주). 이 구절을 공부하는 성경연구 그룹들은 교회 내외적으로 그리스도인들이 일치를 향하여 나아갈 수 있는 직접적이고, 실천적인 방법들을 묵상하도록 권면을 받아야 한다.

셋째로, 교인들이 하나님의 성령이 거하시는 성전으로서 교회의 이미지에 대해 묵상하도록 요청해야 한다. 바울에게 있어서 이것은 우발적인 메타포가 아니다. 이것은 체험적 실체이다. 우리의 공동체들이 이와 같은 용어로 자신들의 정체를 생각한다는 것이 뜻하는 바는 무엇일까? (a) 우리가 하나님의 임재를 체험하기 위해 긴급하게 마음을 함께할 필요가 있다는 것을 뜻한다. (b) 우리가 **거룩한** 공동체가 되는 법에 대해 진중하게 묵상하도록 부름을 받았다는 것을 뜻한다. 이것은 20세기 말에 위치한 현대 교인들이 유별나게 어려워하는 개념이다. 그러나 하나님의 성령이 우리 가운데 거하시는 것이 사실적 진리라면, 우리는 어떻게 하나님께 경외와 영광을 돌리도록 스스로를 정리할 것인지 진지하게 물어보아야 한다. 이와 같은 용어가 우리에게 생소하게 들린다는 사실 자체가 (아마 고린도교회 교인들에게도 그러했을 것이다.) 복음에 입각해 우리의 삶을 재정립할 필요가 크다는 점을 보여 주는 것이다. 고린도교회 교인들이 복음의 상징적 세계 속으로 재사회화되어야 했던 것처럼, 우리도 그래야 한다. (c) 마지막으로, 우리 공동체를 하나님의 성령이 거하시는 성전으로 이해한다는 것은 우리로 하여금 우리 가운데 성령이 발현하실 가능성에 대해 스스로를 열어 놓도록 고무시킨다는 것을 뜻한다. 우리가 나중에 같이 살펴볼 것이지만, 이런 성령의 현시(顯示)는 고린도교회 교인들에게 있어 문젯거리로 드러났다. 이 문제들은 나중에 해당 본문을 다룰 때 적절한 시점에서 다시 언급될 것이다. 그러나 일단 여기서, 성령의 문제 있는 발현이 **전혀** 없는 것보다는 낫다는 점을 지적하고자 한다. 교회가 지나치게 융통성을 잃고 성령의 삶을 배제시켜 버리면서, 서구인들이 교회 밖에서 온갖 종류의 허울 좋은 명상과 밀교(密教)적 행습들을 좇아가 우리의 폐쇄적이고 지루한 이성주의적 실재관을 초월하는 어떤 실체와 접촉하려는 경향이 커지는 것을 발견하게 된다. 교회 공동체의 입장에서 볼 때 이것은 안타깝고도 기이한 형국이다. 그 기원으로 볼 때 교회의 복음전도 호소력은 제도화된 종교의 통로 밖에서 하나님의 살아 계신 임재를 직접 체험하는 데 그 기반을 갖고 있었다. 하나님께서는 지금도 우리 안에 거하신다. 우리는 고집을 꺾고 긴장을 풀어 하나님의 능력이 우리 가운데 역사하시도록 해 드려야 한다.

넷째, 본문은 그 행동이 교회의 순결성을 해치고 일치를 와해시키는 사람들에 대한 심판의 말씀이다. 우리는 하나님의 심판에 대한 말씀 듣기를 싫어하는 경향이 있다. 성구집(lectionary) 편찬위원회가 이 본문을 예배에서 읽을 때 12~15절을 빼놓기로 한 것은, 그러한 그릇된 경향을 반영하는 우스꽝스러운 예라 할 수 있다. (본 서신의 뒤에 나오는 심판 관련 구절들에 대해서도 똑같은 현상이 발생했다.) 이것은 본문 메시지에 대한 무책임한 회피 행위이다. 본문의 남용 문제를 해결하는 길은 회피가 아니라 좋은 석의(釋義)에 있다. 교사와 설교자들은 이 본문 전체를 잘 읽어서 그것이 '연옥'이나 개인의 심판에 대한 것이 **아니고** 교회의 구조적 온전성에 대한 것임을 분명하게 해 주어야만 한다. 동시에 이 구절이 교만과 분열을 용인하지 않으시는 하나님을 묘사하고 있다는 점도 강조해야 한다. 심판과 은혜는 전체 성서 메시지의 불가분(不可分) 요소이다. 심판의 실재가 없이는 은혜도 성립되지 않는다. 그런 경우 신(神)의 무관심만이 남을 뿐이다.

마지막으로 염두에 두어야 할 것은 본문의 결론이 또다시 복음 메시지의 전 우주적 차원을 가리키고 있다는 점이다. 우리가 예배하는 하나님은 우주의 창조자이시며 주인이시기 때문에 우리에 대한 소유권을 주장하신다. 우리는 그리스도 안에 있기 때문에 하나님의 통치에 동참하며, 그래서 인간적 인정(認定)을 위한 염려나 조잡한 혼동에서 자유롭다. 여기서 바울과 아볼로와 게바는(22절) 인간 권력자 앞에서 비굴해지게 만들거나, 사람들에게 공작을 가해 우리 편에 가담하도록 수를 쓰는 집단적 충성을 상징한다. 우리는 모두 하나님께 속해 있다. 만일 우리가 그것을 믿고 그에 따라 행동한다면 우리의 삶은 무척이나 단순 명료해질 것이다. 그리고 우리의 분열증도 치료될 것이다.

고린도전서 4 : 1~21
고린도 자랑꾼들을 향한 꾸중

바울의 논의는 대부분 이 시점까지 간접화법을 사용해 기술하였고, 은유와 아이러니를 사용하여 고린도교회 교인들이 자신들의 위치를 다시 생각할 수 있도록 자극을 주었다. 그러나 바울은 4장으로 넘어가면서 포장을 벗겨내고, 이들을 두 가지 내용에 대해 단도직입적으로 대면하는 방식을 쓴다. 그들이 예단하여 바울을 판단한 일(1–5절)과 자신의 지혜와 신분에 대해 오만하게 자랑한 일이다(6–13절). 바울은 편지의 한 단원이 마무리되는 시점에서 마지막 문장을 통해 자녀에게 호소하는 아버지 같은 부드러운 말투를 사용한다(14–17절). 그러나 결국 바울의 권위에 저항하려는 경향을 지닌 고린도 사람들에게 엄중한 경고로 결론을 맺는다(18–21절).

공동성구집은 이 부분의 자료를 빼놓았다(6–21절). 아마 이런 이유들 때문이었을 것이다. 바울은 이 구절에서 교인들에게 야유와 꾸중의 어조로 말한다. 진정한 그리스도인의 삶을 핍절과 고난으로 묘사하며, 자신의 권위를 주장하기 위해 가부장적인 수사학을 구사한다. 겸손함 없이 독자들에게 자신을 본받으라고 요구한다. 거부하는 사람들을 폭력적 처벌로 위협한다(21절의 '매'). 그러니 그다지 매력적인 자료가 되지 못한다. 일반적으로 우리는 바울이 이렇게 도발적이지 아니할 때를 좋아한다. 아마 고린도교회 교인들도 비슷한 느낌을 가졌을 것이다. 그럼에도 불구하고 우리는 이 장을 잘 분별하여 읽어, 우리를 위해 어떤 말씀이 담겨져 있는지를 살펴야 한다. 교회는 종종 투박한 선지자적 대면의 메시지를 들을 필요가 있기 때문이다. 이 본문은 혹시라도 지금이 그와 같은 때가 아닌지 분별하도록 도와준다.

종은 오직 주인에게만 판단을 받는다(4 : 1–5)

바울은 여기서 다시 종의 메타포를 끌어낸다(3 : 5 참조). 그러나 다른 목적을 갖고 그렇게 한다. 앞의 3 : 5~9에서 바울이 의도했던 바는, 하나님의 종들이 함께 동일한 공동 목적을 지니고 섬기고 있다는 내용이었다. 그러나 4 : 1~5의 경우, 자신과 다른 사도들이 하나님의 종들로서 다른 인간 앞에서가 아니라 하나님께 **책임을 지고 답변할 의무를 지니고 있다**는 점을 지적한다. 중요한 것은 그들이 고린도교회 교인들을 놓고 인기 대항에서 승리하느냐가 아니라 신용이 있느냐(**피스토스**〈*pistos*〉, 4 : 2), 즉 그들이 주인의 지시를 충실히 따르고 있느냐이다. 따라서 종으로서의 그들의 신분은 교회 내에서 사람들의 호감을 사야만 한다는 강박관념에서 자유롭게 만들어 준다. 이것이 현재의 우리에게는 다소 역설적으로 들릴 수도 있다. 하지만 바울시대의 사회 내에서 볼 때 그가 가리키고 있는 바는 전적으로 이해 가능한 일이다. 종종 힘 있는 주인의 종이나 노예들은 가사의 모든 것에 책임을 지고 있는 주요 관리자로서 상당한 정도의 위임 권한을 누리는 위치에 있었다. 바울이 '맡은 자'(**오이코노모스**〈*oikonomos*〉, 4 : 1)라는 이미지를 사용할 때, 이러한 관리 노예(slave-in-charge)의 모습을 연상시킬 수 있다. (지금처럼 큰 가구〈家口〉를 책임지고 관리하는 노예가 더 이상 존재하지 않는 세계에서는 건축 노무자들을 책임지고 있는 십장이나 백악관의 스태프 팀장 정도를 연상하면 무리가 없을 것이다.) 이와 동일한 책임을 맡은 종의 그림이 예수의 비유에서도 발견된다. "주께서 가라사대 지혜 있고(*pistos*) 진실한 청지기가 되어 주인에게 그 집 종들을 맡아 때를 따라 양식을 나누어 줄 자가 누구냐 주인이 이를 때에 그 종의 이렇게 하는 것을 보면 그 종이 복이 있으리로다"(눅 12 : 42-43). 바울이 살고 있는 상징 세계 속에서 **그리스도의 종**이 된다는 것(고전 4 : 1)은 특권과 권한의 위치를 가리킨다. 따라서 바울은 이 용어를 사용함으로써 자신이 고린도교회 교인들의 판단으로부터 독립되어 있으며, 자신은 주님께 직접 책임을 지는 소임을 갖고 있다는 것을 역설하는 것이다.

하나님의 비밀을 맡은 자라고 할 때 바울이 뜻한 바는 무엇일까? 다름 아닌 복음의 메시지 자체, 예수의 죽음과 부활을 통해 세상의 구원을 선포한 하나님의 비밀스러운 지혜를 가리킨다(2 : 1, 7 참조). 이 용어는 바울의 후기 서신과 바울 전통의 서신에서 특별히 하나님의 구원의 은혜 내에 이방인들이 포함되는 문제를 말할 때 사용되었다(예를 들면, 롬 16 : 25-27, 엡 3 : 1-13, 골 1 : 26-27). 물론 고린도전서 4 : 1에서는 이 말이 특별한 뉘앙스를 지닌 후자의 뜻으로 사용된 흔적은 보이지 않는다. 여기서는 십자가에 달리신 그리스도라는 숨겨진 지혜를 선포하는 사도적 위임에 대해 2장에서 언급했던 것을 다시 되풀이하고 있을 뿐이다.

바울은 자신이 이렇게 위임을 받은 존재이기 때문에 고린도교회 교인들의 평가를 사소한 것으로 치부한다(3절). 이것은 고린도교회 교인들이 사실상 바울의 사도적 수고를 폄하하며 그의 권위를 의심하고 있다는 점을(9 : 3 참조) 명확하게 보여 주는 조짐들 중의 하나이다. 마치 라디오 토크쇼 청취자들이 전화를 걸어 점수를 매기듯이, 고린도교회 교인들의 일부는 바울의 능력에 대해 점수를 매기고, 그를 다른 설교자들과 비교했다. 본문 3절의 '판단'이라는 용어는 원문의 동사 **아나크리네인**(*anakrinein*)을 정확하게 올바로 번역한 것이 아니다. 앞에서 같은 단어가 사용되었던 2 : 15에서처럼 '시험하다' 또는 '자세히 검사하다'의 뜻에 더 가깝다. (이 점은 이미 2장에서 바울이 우회적 방식으로 자신을 비난하는 고린도교회 교인들을 꾸짖었다는 것을 보여 주고 있다.) 바울은 그들의 비판을 대수롭지 않은 것으로 간주한다. 실제로 어떤 법정의 심문이라도 그에게는 별다른 차이가 없다. 바울의 사역에 대해 가해지는 별 중요하지 않은 인간의 평가와 모든 중요성이 부여된 하나님의 마지막 심판 사이에 큰 대조가 이루어지고 있다(3 : 13). 대조는 4 : 5에서 공공연하게 이루어지고 있다.

바울은 자기도 자신을 판단할 수 없다고 말한다. 자기 스스로 자신을 평가하는 일은 고린도교회 교인들이 자기를 비판하는 일만큼이나 거의 중요하지 않다. 바울의 이러한 자세는 매일같이 하루를 마무리할 때면 자신을 성찰하는 세네카(seneca)의 행위와 크게 대조적이다.

> 하루 전반을 세심하게 걸러내는 이 일보다 더 멋진 일이 있을 수 있을까? 이러한 자기 점검 후에 드는 잠자리는 얼마나 유쾌한지! 영혼이 스스

> 로 칭찬을 받거나 경책을 당했을 때, 그리고 이 비밀스러운 자아 점검과 비판이 자신의 성품에 대한 보고로 마쳐졌을 때, 나는 무척이나 평화로우며 마음의 동요가 없이 깊어진 느낌을 갖는다. 나는 매일같이 이 특권을 누리며 자아의 심판대 앞에서 나의 위치를 변호한다(*De Ira* 3.36.2-3).

만일 고린도교회 교인들이 이러한 스토아 철학자들의 '지혜'에 매료되었다면, 세네카가 감정 통제와 성품 개발의 방법으로 권하는 일종의 자아 성찰을 실행하려는 마음을 가졌을 것이다. 반면에 바울은 이렇게 상세한 자아 평가를 무익하게 사소한 일에만 매달리는 소심함으로 간주하려 한다. 설사 자신의 양심이 완전히 깨끗하다 하더라도, 그것이 실제적으로 증명해 주는 것은 아무것도 없다. 인간의 자기 합리화와 자기 기만의 가능성은 무한대로 뻗어 있기 때문이다. 정말로 중요한 의미를 갖는 판단이 있다면, 그것은 곧 도래하게 될 충분한 하나님의 심판뿐이다.

이 구절은 널리 퍼져 있는 일반적 통념과는 달리 바울이 자신의 죄에 대한 죄의식이나 양심의 가책에 사로잡혀 있지 않다는 것을 보여 주고 있다. 그는 스스로에 대해 "내가 자책할 아무것도 깨닫지 못하나……"라고 말할 수 있었다(4절, 빌 3 : 6b 참조). 그러나 이 또한 전혀 중요한 것이 아니다. 왜냐하면 그가 '이를 인하여 의롭다 함을 얻지 못하'기 때문이다(여기서 사용된 동사는 바울 서신에서 일반적으로 '의롭게 되다'로 번역된 것과 똑같은 것임). "다만 나를 판단하실(4 : 3에서 사용된 것과 같은 동사) 이는(당신들이 아니라!) **주**시니라." 여기서 '주'라는 용어를 사용한 것은 그리스도를 심판의 대리인으로 보고 있다는 뜻이다. 동시에 이 용어의 사용은 1~2절의 은유를 계속하는 것이기도 하다. **퀴리오스**(*kyrios*)는 그리스도를 부르는 이름이면서 동시에 종의 '주인'이라는 일반적 의미도 담고 있다. 바울은 주 그리스도의 종이고, 그래서 그의 일을 평가할 수 있는 분은 오직 주님이시다. (동일한 은유가 로마서 14 : 4에서도 사용된다. "남의 하인을 판단하는 너는 누구뇨? 그 섰는 것이나 넘어지는 것이 제 주인에게 있으매……") 사실상 바울은 고린도교회 교인들에게 이렇게 말하고 있는 것이다. "이제 그만 하시오! 나의 업무 실적 평가는 당신들이 할 일이 아니오."

평가는 주님의 재림 때에 있을 것이다. 따라서 고린도교회 교인들은 "……때가 이르기 전 곧 주께서 오시기까지 아무것도 판단치 말라……"고 경고를 받는다(고전 4 : 5). 영어성경의 NRSV가 올바르게 제시했듯이 동사 **크리네테**(*krinete*)는 판결을 선고하는 행위를 가리킨다. 단순히 피고를 심사하는 차원이 아니다. 만일 고린도교회 교인들이 바울에 대한 심판을 선언한다면, 그것은 주제넘은 짓일 뿐 아니라 성급한 행동이기도 하다. (그러나 이 구절을 고린도교회 교인들이 공동체 징계의 적절한 수단을 내팽개쳐 버렸다는 의미로 해석할 수는 없다. 예를 들어 5 : 12, 6 : 5 등을 보라.) 우리는 여기서 바울의 '종말론적 유보'(eschatological reservation) 표현을 또 하나 발견한다. 하나님의 심판과 구원의 행위가 아직 완성된 것이 아님을 존중해야 한다는 주장이다. 사람들은 참을성이 없어 성급하게 결론을 내리고 싶어하는 경향이 있다. 그러나 바울은 이 편지를 통해 반복하여 말한다. "아니오. 우리는 아직 그곳에 도달하지 않았습니다." 주께서 오실 **것이며** 확실히 그 미래적 강림이 모든 인간 행위 위에 드리워져 있다. 그러나 그분께서 실제로 오셔서 진실을 밝히고 '마음의 뜻을 나타내시기' 전에는(롬 2 : 16 참조), 종국(終局)이 어떻게 되는가를 기다려야만 한다. 그렇다고 여기에 고린도교회 교인들이 마지막 심판이 이미 발생했다고 생각하고 있다는 증거는 없다. 바울의 요지는 비교적 단순하다. 그들이 바울 자신의 일에 대해 주제넘게 심판의 월권을 행사했다는 것이다. **파루시아**의 측면에서 볼 때 어떤 인간에게도 가능하지 않은 일을 했다는 것이다. C. K. 바렛이 지적했듯이(p. 104), 이 단락의 마지막 문장에서 가장 중요한 단어는 첫 번째와 마지막이다(한글성경 번역에서는 위치가 다르다—역주). **그때에**(지금이 아니라) 각 사람이 **하나님께로부터**(인간 재판관이 아니라) 칭찬을 받을 것이다. 칭찬과 책망은 하나님께 속한 것이다.

교만한 고린도교회 교인들과 고난당하는 사도(4 : 6-13)

바울은 교회의 정체성과 교회가 바울 및 다른 지도자들과 갖는 관계를 이해하기 위해 일련의 메타포를 사용한 뒤(3 : 5-4 : 5), 이제 직설적인 설명 방식으로 이행한다. 이제 더 이상 비유를 통해 이야기하지 않는다. 염두에 두고 있던 것을 명약관화하게 터놓고, 고린도교회 교인들이 오만하게 행세하고 있었음을 그들 앞에서 솔직하게 지적한다. "이제 논의는 진실을 털어놓아야 하는 단계에 도달했다"(Fee, p. 166).

안타깝게도 전환점에 놓여 있는 핵심 문장(6절)이 몇 가지 애매한 점을 담고 있어 독자들을 당혹스럽게 하면서 바울이 말하고자 하는 바를 놓치게 만든다. 틀림없이 고린도교회 교인들은 내용을 분명히 이해하고 있었을 것이다. 문제는 바울과 그의 첫 독자들이 피차간에 당연시 여기고 있는 내용을 우리가 모르고 있다는 데 있다. 그러나 본문을 자세히 읽어봄으로써 바울이 의도했던 바를 해독해 내는 것은 가능하다. 이 중요한 문장들을 살펴보도록 한다.

"형제들아 내가 너희를 위하여 이 일에 나와 아볼로를 가지고 본을 보였으니……" 여기서 '이 일'이 무엇일까? 아볼로에 대한 언급이 있는 것을 감안할 때, 여기서 바울이 최소한 3 : 5에서부터 이어졌던 논의를 돌이켜 지적하고 있음에 대해서는 자신 있게 단정해도 좋을 것 같다. 그러나 '이 일'(문자적 의미로는 복수로 '이 일들')을 좀더 넓게 보아 바울과 아볼로가 처음 언급되었던(1 : 12) 1장까지 돌이켜 연장해 보는 것도 가능하다. 비록 아볼로는 3 : 5까지 다시 언급되지 않지만, 바울은 2장에서 분명히 자신을 예로 들고 있다. 인간의 지혜가 아닌 주님 안에서 자랑하는 것이 의미하는 바의 예를 들기 위해서였다. 이제 바울은 여태까지 이어온 논의의 주요 교훈을 이 시점에서 한 데 모으려 한다.

다음으로, 전체 논의를 아볼로와 자신에게 '적용했다'고(한글개역성경에서 '본을 보였으니……'-역주) 말하는 것은 무슨 뜻일까? '적용했다'(**메타스케마티제인**〈*metaschēmatizein*〉 : 어근의 뜻은 빌립보서 3 : 21에서 나타나듯이 '변형되다'이다.)로 번역된 동사는 수사학의 전문용어로서, 필자의 의미를 위장하고자 비유적 표현을 통해 숨겨진 암시를 사용하는 기법을 설명할 때 사용된다. (같은 동사가 고린도후서 11 : 13~15에서 '가장하는'이란 뜻으로 사용된 것을 보라.) 다시 말하자면 바울은 여기서 자신과 아볼로를 언급함으로써 은유(隱喩)로 이야기하고 있는 것이다. 사실상 바울은 무엇인가를 향해 전적인 질주를 하고 있다. 이것은 결정적인 시점을 노린다. 만일 우리가 고린도의 진짜 문제를 아볼로와 바울 사이의 권력 갈등으로 생각한다면, 그것은 바울을 전적으로 오해하고 있는 것이다. 실제로 바울이 말한 모든 것을 종합해 보면, 그와 아볼로는 서로 사이가 좋다. 또한 문맥상으로 볼 때, 바울이 게바나 그의 추종자들과 어떤 갈등을 느끼고 있다는 기미도 전혀 보이지 않는다. 단락의 남은 부분에서 바울이 염두에 두고 있는 것이 아무런 거리낌 없이 솔직하게 설명된다.

"……이는 너희로 하여금 '기록한 말씀 밖에 넘어가지 말라' 한 것을 우리에게서 배워……" 주석가들은 "기록한 말씀 밖에 넘어가지 말라."는 말이 일종의 슬로건이나 금언이라는 점에 대해서는 일치된 견해를 갖고 있다. 바울은 그의 편지를 읽는 사람들이 이 말을 잘 알고 있을 것으로 생각하여 이 표현을 쓰고 있다. 그러나 이 슬로건의 뜻이 무엇인지에 대해서는 합의점을 찾아내지 못하고 있다. 콘젤만(Conzelmann, p. 86)은 이 말의 뜻을 '알 수 없다'고 선언하고 있다. 또한 본문을 수정하려는 여러 가지 사변적 제안이 있어 왔다. 주석가들이 당혹스러워하는 것과 상관없이 현재의 문맥으로 볼 때는 바울이 염두에 두고 있는 바가 비교적 명백하게 드러난다. '기록된 것'(개역성경에는 '기록한 말씀'으로 번역되어 있다. 하지만 헬라 원문을 그대로 직역하면 '기록된 것'이다-역주)이란 표현은 바울에게 있어서 항상 성경을 가리키고 있으며, 이 점은 이 문장에서도 예외가 아니다. 바울은 고린도전서의 첫 세 장(章)에서 여섯 번에 걸쳐 분명하게 성경을 인용했다(1 : 19, 31, 2 : 9, 16, 3 : 19, 20). 첫 두 건의 경우와 마지막 두 건의 경우 본문의 적용이 명약관화(明若觀火)하여 어려움이 없다. 인간에 대해 자랑하지 말라는 것이다. 고린도전서 3 : 21a은

3장의 두 성서 인용을 앞의 1장에 있는 인용 속에 연결시켜 준다. 우리가 앞에서 살펴본 바와 같이 이 인용들의 구약성경 배경은 '하나님의 역전'의 테마를 강화시켜 준다. 하나님께서는 지혜롭고 강하고 부유한 자들을 당황하게 만드시며, 단순하고 약하며 가난한 자들을 붙들어 일으키신다. 더구나 2장의 두 인용은 자랑에 대한 노골적 경계(警戒)는 아니지만, 모든 인간적 이해에 대한 하나님의 은혜의 방법들을 교차 배열시킴으로써 역시 동일한 주제를 강화하고 있다. 이 인용들이 이어지면서 쌓이는 누적 효과는 간과될 수 없다. 인용된 성경말씀에 따르면 인간의 교만은 엄격하게 제한되고, 오직 하나님만 의지할 것이 요구된다. 이러한 성경말씀의 증거 '밖'으로(*hyper*) 넘어간다는 것이 무슨 뜻일까? 문맥으로 볼 때 그 의미는 간단하다. 스스로를 하나님보다 똑똑하다고 가정하여 인간이 가진 지혜에 대해 자랑하는 것을 뜻할 것이다(롬 12 : 3 참조, "내게 주신 은혜로 말미암아 너희 중 각 사람에게 말하노니 마땅히 생각할 그 이상의 생각을 품지 말고 오직 하나님께서 각 사람에게 나눠 주신 믿음의 분량대로 지혜롭게 생각하라"). 고린도전서 4 : 6의 마지막 절구는 이 해석이 옳다는 것을 확인해 준다.

"서로 대적하여 교만한 마음을 먹지 말게 하려 함이라" 고린도의 문제는 공동체의 내적 경쟁관계였고, 그것은 지혜와 수사학적 기술의 소유에 대한 교만한 자기 주장에 의해 촉진되었다. "콧김을 훅훅 내다"(puffed up, 개역성경은 '교만한'으로 의역을 했다 – 역주)라는 동사는 과도한 자만심의 문제를 생생하게 묘사하고 있는데, 고린도전서 내에서는 이것이 그 첫 번째 등장이다. 이어지는 4 : 18~19, 5 : 2, 8 : 1, 그리고 13 : 4 등에서 이 단어를 다시 만나게 될 것이다(마지막 두 건의 경우 사랑에 대립되는 개념으로 나타난다). 바울이 보기에는 이렇게 콧김을 훅훅 불어 대며 교만한 사람들은 성경말씀의 증거를 통해 양심의 가책을 받아 낮아져야만 했다. 바울은 고린도전서의 시작 부분을 통해 아볼로와 자신이 서로 협동하여 봉사하는 일에 모범이 된 것을 간접적으로 이야기해 주었다. 이들은 성경이 가르쳐 주는 대로 오직 주님 안에서만 자랑했다. 고린도교회 교인들은 이 점에서 힌트를 얻어 성경말씀에 따라 산다는 것의 의미가 무엇인지를 '우리에게서 배워야' 한다. 그러나 여전히 깨닫지 못해 요지를 비켜갈까 해서, 여기서 바울이 핵심 내용을 분명히 드러내 말해 주는 것이다(4 : 6-7). 자랑하면서 서로 다투기를 그만하시오.

본문 7절의 수사학적 질문은 지혜·허풍쟁이들에게 파괴적인 충격을 주지 않을 수 없었다. 첫 번째 질문은 사실상 이런 어조를 띠고 있다. "그래 도대체 당신들은 스스로를 뭐라고 생각하는 거요?"(Fee, p. 171) 마지막 두 질문은 무엇에든지 **자랑하는 일**이 얼마나 터무니없는 것인지를 적나라하게 지적한다(여기서도 1 : 26~31과 3 : 19~21a과의 연계가 강화되어 있다). 사실 우리가 지니고 있는 것은 모두 하나님께서 주신 선물이 아니던가. 지혜가 넘친다고 주장하거나 특별한 영적 영감을 소유하고 있다고 자랑하는 일은 터무니없는 짓일 뿐 아니라 은혜를 모르는 행동이기도 하다. 우리가 갖고 있는 것은 모두 하나님의 은혜로운 역사에 대한 결과일 뿐이기 때문이다. 특권층에 있는 사람들은 소위 '삼루에서 탄생해 놓고는 자기가 삼루타를 쳤다고 생각하는' 우스운 존재들이다. 이것은 물질적 풍요의 세계에서만 그런 것이 아니다. 영적이고 지적인 세계에서도 이렇게 그릇된 착각이 심각하게 존재한다.

바울은 고린도의 독자들이 7절의 수사학적 질문으로도 충분히 깨우침을 얻지 못했을 경우를 대비해, 8절에서 확인사살을 위한 풍자로 자신과 고린도의 소위 '지혜자들'을 길게 늘여 비교하기 시작한다(8-13절). 미친 한 상태에 놓인 사도와 대조적으로, 그리고 그와 상관없이 그들은 '이미' 가득 차 있고, 부유하며, '임금'이 되었다. 여기에 등장한 '이미'라는 단어 때문에 많은 주석가들이 고린도교회의 신학적 오류가 '과성취(過成就)된 종말론'(overrealized eschatology)에 근거하고 있다고 생각했다. 이는 하나님 나라가 이미 완성된 상태에서 도래하여, 그들이 이미 하늘의 천사들처럼 종말론적 지복(至福)의 상태에서 살고 있다는 믿음이다. 확실히 고린도교회 교인들(최소한 그들 중 일부라도)은 과도한 자부심과 자기만족의 질병을 앓고 있었다. 그러나 과속의 종말론적 시간표를 상정하지 않고도 그런 상태에 이를 수 있는 다른 길들이 있다. 사실상 편지 전체를 통한 증거를 놓고 보자면 고린도교회 교인들의 문제는 오히려 정반대 쪽에 놓여 있다. 그들은 분명한 종말론을 **갖고 있지 못했다**. 그래서 자신들의 행동거지에 대한 하나님의 미래 심판을 소홀히 여기고 있었던 것이다. 그들의 '자랑'은 과도한 종말론적 열심보다는 당시 널리 퍼져 있던 철학 사상에 빠져서 생겨난 것이었을 가능성이 높다. 당시 사조는 지혜로운 사람이 어떻게 인간 실존의 일상적 한계를 초월할 수 있는지를 가르치고 있었다. 무엇보다도 바울이 고린도전서가 이 시점에 이르기까지 수사학과 철학에 연계된 '지혜'에 대한 부적절한 이해를 놓고 고린도교회 교인들을 꾸짖었다는 점에 주목해야 할 것이다.

이제 바울이 8절에서 고린도교회 교인들을 조소조로 묘사하고 있는 내용을 살펴보자. 고린도교회 교인들은 자신들이 이미 부유하고 왕처럼 지배하고 있다는 생각을 도대체 어디서 끌어 왔을까? 여러 고대 자료들을 통해 볼 때 견유학파 철학자들과 스토아 철학자들이 이런 주장을 많이 했던 것으로 드러난다. 그들은 지혜 덕분에 사물의 집착에서 자유롭게 되고, 그래서 모든 것의 지배자가 되는 효과를 누린다고 생각했다. 에픽테투스(Epictetus)에 따르자면, 진정한 견유 철학자는 이렇게 말할 수 있었다. "그가 나를 쳐다볼 때, 그가 나를 왕이나 주인처럼 생각하여 올려다본다고 느끼지 않을 사람이 어디 있겠는가?"(*Diss*. 3.22.49) 플루타크는 그런 주장에 대해 다소 회의적인 시각을 갖고 있었다. "그러나 어떤 이들은 현인(賢人, *sophos*)이 자기가 속한 단체에서 사려 깊고 정의로우며 용감할 뿐만 아니라 웅변가이며 시인이고 장군이며 부자요 왕이라 불린다는 말을 들을 때, 스토아 철학자들이 농지거리를 하고 있다고 생각한다. 그들은 스스로가 이 모든 신분의 호칭을 받을 자격이 있다고 여기면서 그런 대우를 받지 못하면 안절부절못했다"(*De Tranq. An*. 472A). 이를 통해, 바울이 고린도의 **소포이**(*sophoi*, 지혜자들—역주)에게 지적했던 것과 똑같은 주장을 스토아 철학자들이 하고 있는 것으로 이해하고 있었음이 드러난다. 따라서 고린도교회 교인들이 복음과 동떨어진 철학에 기초하여 부풀어오른 자아 이해를 취하고 있었고, 바울은 그러한 오류를 책망하고 있었다고 보는 것이 가장 자연스러운 추론이 될 것이다. 물론 고린도교회 교인들이 **의식적으로** 복음을 거부하고 스토아 철학을 선호했다는 것은 아니다. 아마 비판의식 없이 사상들의 혼합을 만들어 내거나, 그리스도교야말로 철학자들의 목적을 달성할 수 있게 해 주는 참지혜였다고 주장했을 것이다. 동시대에 활동하던 알렉산드리아의 필로가 모세의 율법이야말로 철학적 진리의 요약이라고 주장하던 것처럼 말이다.

이것이 옳다면 고린도교회 교인들의 오류는 우리가 흔히 생각해 오던 것처럼 그다지 의식적으로 '신학적'인 것이 아닌 것이다. 그들의 문제는 그들 주변의 이교도 문화의 규범과 가치를 비판 없이 수용하여 이어 가는 데 있었다고 보아야 한다. 상황을 진단하여 그것을 신학적 범주로 다시 설명한 것은 그들이 아니라 **바울**이었다. 종말론적 틀은 고린도교회 교인들의 자랑을 판별하기 위해 바울이 사용한 비판적 지렛대이다. 현재의 실존을 십자가 사건과 **파루시아** 사건의 중간에 위치시키는 묵시론적(黙示論的) 내러티브 차원에서 스스로를 이해하도록 권하고 있는 것이다.

간단하면서도 결정적인 요지를 정리하기 위해 이렇게 긴 설명을 늘어놓아야만 하는 이유가 있다. 오늘날의 목회자와 교사는 바울과 똑같은 과제를 지니고 있다. 우리는 교인들이 복음을 특정 신조 및 주변 문화의 열망에 연결시키는 방식(특히 이 일이 적절하지 못한 방식으로 이루어질 때)을 잘 분석하여 제대로 된 비평과 대안을 제공해야만 한다. 바울은 우리 목회자들이 따라야 할 모델이 되어 주고 있다. 바울은 주어진 문화적 상황에 놓여 있는 사람들을 대면하여 그 안에서 살며 활동하고 있는 그들의 이야기를 재구성함으로써, 복음의 시각으로 자신들의 삶을 새롭게 재조각할 수 있도록 도와주었다(아래의 "교사와 설교자를 위한 묵상"을 보면 더 자세한 코멘트가 있을 것이다).

바울이 고린도교회 교인들에게 제시하는 대안은 그들의 삶과 대조적인 모습을 보이고 있는 바울 자신의 삶에 대한 방식이다. 바울은 스스로를 정복자 왕으로 정의하는 고린도교회 교인들과는 대조적으로, 자신과 다른 사도들의 이미지를 사형선고를 받은 죄수로 제시한다. 이 이미지는 당시에 잘 알려져 있는 로마의 '승전'(勝戰) 관행이다. 승리한 장군이 전차를 타고 거리에서 행진을 벌일 때 패배한 군대의 장수들은 투옥이나 처형을 당하러 가는 길에 행렬의 맨 뒤에 질질 끌려가면서 '전시'되고, 공중(公衆)의 '구경거리'(4 : 9)가 되어 모욕을 당한다(고린도후서 2 : 14을 참고하라). 철학자를 강하고 자유로운 자기만족의 존재로 보는 스토아 철학자의 이미지를 생각해 볼 때 이보다 더 대조적인 다른 이미지를 상상해 내기는 힘들 것이다. **하나님께서** 승리를 거두셨고 사도 된 죄수들을 구경거리로 만들었기 때문에, 이것이 경악을 불러일으키는 이미지인 것은 아니다. 문제는 고린도교회 교인들이 스스로를 행렬의 리더로 착각하여 하나님의 권위에 복종하지 **않고**, 스스로 개선장군인 왕 노릇을 하는 데 있었다.

고린도교회 교인들은 지혜롭고 강하며 영예를 차지하고 있는 반면, 사도들은 바보요 약하며 불명예를 뒤집어쓰고 있었다. 여기서 고린도전서 1 : 26~31의 메아리가 또렷하게 들린다. 바울 자신의 삶의 방식은 십자가의 길에 맞추어졌는데, 고린도교회 교인들은 사실 그대로 십자가를 배격하는 생활양식을 열망하고 있다고 말한다.

사도의 고난 묘사(4 : 11－13)는 고린도전·후서의 여러 곳에서 발견되는 동종(同種)의 열거 중 하나이다(고후 4 : 7－12, 6 : 4－5, 11 : 23－29, 12 : 10, 롬 8 : 35－36 참조). 바울은 이러한 경험을 극복해야 할 불행이나 시련으로 보지 않고, 자신의 사도됨의 진정성(眞正性)을 확인해 주는 표식(標識)으로 간주한다. 이런 일들이야말로 그리스도의 고난에 일치하는 것들이기 때문이다. 후욕(詬辱)을 당하면서 축복하는 일에 대한 언급은 설사 예수 자신의 가르침(눅 6 : 28, 롬 12 : 14 참조)에 대한 직접적 회상은 아닐지라도, 확실히 예수의 예(例)를 모범으로 삼아서 나온 생각에 기초한 것이다(롬 15 : 3). 어떤 내용들은 관례적인 것들이다(배고픔, 목마름, 허름한 옷, 거처 없음). 그러나 몇 가지는 바울 자신의 경우에만 해당되는 특별한 것들이고, 일부는 자신과 고린도교회 사이의 일에 연관된 것들이다. 예를 들어, 바울이 열거된 내용의 시작과 끝 부분에서 '바로 이 시간까지' 그리고 '지금까지' 고난을 받고 있다는 점을 강조할 때, 그는 의심의 여지없이 자신의 경험을 '이미' 배부르고 부유하게 된 고린도교회 교인들의 모습과 대조하고 있는 것이다. '매맞음'에 대한 언급은 고린도후서 11 : 24~25에 있는 자서전적 언급에 비추어 보아야 한다. 수고하여 친히 손으로 일한다는 언급은(행 18 : 3 참조) 고린도교회 교인들에게서 받는 재정 지원을 거절한 것과 관련되어 있다. 바울은 이 일로 인해 어려움과 오해에 직면했다(9 : 4~18, 고린도후서 11 : 7~9, 12 : 13~17 등을 참고하라). 바울이 왜 재정 지원을 거절했는지에 대해서는 잘 드러나지 않는다. 그러나 자립을 유지하며(이것은 중요한 일이었다), 봉사의 대가로 수업료를 부과하거나 부유한 후원자에게 부속되는 대중 철학자들과 자신을 차별화하기 원하는 마음이 있었을 것이다. 확실히 그의 육체 노동은 자신을 상대적으로 열등한 신분의 사람으로 보이게 만들었다. 아마 이런 사실이 고린도교회 교인들 일부에게는 혐오감과 당혹감을 불러일으켰을 것이다. 아래 9장에 대한 주석을 보라. 이 문제에 대해 추가적인 논의가 있을 것이다.

고린도전서 4 : 13b의 강한 표현('세상의 더러운 것과 만물의 찌끼')도 소홀히 보아서는 안 된다. 여기서 바울은 그리스도를 따르는 사람이 세상에서 조롱받고 거절당하면서 그분이 가신 길의 운명에 동참해야 한다는 점을 강력한 용어들을 최대한 동원하여 역설한다. 이사야 53장에 대한 직접적인 암시는 없다. 하지만 바울이 그리스도인의 삶을 보는 시각은 이사야가 그리고 있는 종의 모습과 일치한다. "그는 멸시를 받아서 사람에게 싫어 버린 바 되었으며 간고를 많이 겪었으며 질고를 아는 자라 마치 사람들에게 얼굴을 가리우고 보지 않음을 받는 자 같아서 멸시를 당하였고 우리도 그를 귀히 여기지 아니하였도다"(사 53 : 3). 어떤 의미에서 보면 바울이 고린도교회 교인들에게 장갑을 던져 결투를 신청하고 있는 것이다. 이것이 바울의 어조이다. 당신들이 정말 그리스도에게 속하고 싶다면 나를 보시오. 이것이 그리스도를 따라가는 길이요, 이것이 그리스도의 길을 가는 사람의 모양이란 말이오. 이것은 우리 시대의 교회를 위해서도 강력한 제언이 되고 있다. 그리스도께 속하였다는 것이 성공을 보장하거나 골칫거리 없이 편안한 삶을 약속하지는 않는다. 오히려 그 반대이다. 바울은 사도로 부르심을 입기 **전에는** 성공적인 인생을 영위하고 있었다. 그런데 십자가에 달린 그리스도의 선포자가 된다는 것은 그 모든 것을 포기하는 것을 뜻했다(빌립보서 3 : 4~11을 참고하라). 고난받는 사도의 이미지는 우리의 눈앞에 분명하게 펼쳐져 있어야 한다. 그리고 우리 자신에게 물어보아야 한다. 우리는 정말 그리스도께 속하고, 그분의 길을 따르기 원하는가?

바울의 고린도 자녀들에게 주는 아버지의 훈계(4 : 14–17)

바울의 어조는 14절에서 갑자기 변한다. 자신의 독자들을 심하게 꾸짖고 난 뒤, 이제는 '사랑하는 자녀'로 끌어안기 위해 다가간다. 그들을 부끄럽게 하려는 것이 아니라고 말할 때 그것은 바울의 목적이 그들에게 모욕을 주려는 데 있지 않고 그들의 잘못된 행동거지를 고쳐 주려는 데 있다는 것을 의미한다. 이와 같은 부성(父性)의 교화(敎化) 이미지는 이스라엘의 지혜 전승에 깊이 뿌리박고 있다. 자식을 잘 훈련된 지성과 순종의 길로 이끌기 위해 견책하고 단련하는 것은 아버지의 역할이다(예를 들자면, 잠 3 : 11–12, 13 : 24, 19 : 18). 바울이 4 : 21에서 휘두르는 '매'(영어성경 NIV에서처럼 'whip'〈채찍〉은 아니다.)는 구약의 현인들이 아버지가 아직 성숙하지 못한 아이의 마음에서 어리석음을 몰아내는 데 사용해야 한다고 믿었던 '교정의 매'이다(잠 22 : 15, 23 : 13–14). 그래서 바울이 다소 심한 수사학적 표현을 구사했다 하더라도, 그 심함은 부성애(父性愛)적 목적을 가진 것이었다. 바울은 이제 자신이 사랑과 관심에서 그렇게 말하고 있음을 고린도교회 교인들에게 다시 확인시키려 한다. 그들이 자신들의 잘못을 깨닫고 14~15절에서 보여 주는 포용의 제스처를 받아들이는 것이 바울의 희망사항이다.

바울이 자신을 '아비'로 주장하는 것은 고린도 공동체를 개척 설립한 자신의 역할을 가리키는 언급이기도 하다. "……그리스도 예수 안에서 복음으로써 내가 너희를 낳았음이라"(15절). 바울은 본래 복음을 고린도에 들여왔던 복음전도자로서, 그 공동체의 존재를 가능하게 한 사람이 되었다. 그런 의미에서 그의 역할은 다른 어떤 선생들이 아무리 나누어 줄 것이 많이 있더라도 결코 대신할 수 없는 위치를 확보하고 있다. 사실 바울은 여기서 '선생'(개역성경에서는 '스승'－역주)이라는 말을 사용하지 않는다. 영어성경 NRSV의 번역('보호자', guardians)이 바울이 사용한 헬라 단어 **파이다고고이**(*paidagōgoi*)에 대한 원뜻을 더 잘 살려 주고 있다. '파이다고고이'는 선생들이 아니고, 아이들을 돌보는 책임을 지고 있는 노예들을 가리킨다(갈라디아서 3 : 24에서는 이 용어를 가지고 다른 내용을 가리키는 은유를 하고 있다).

고린도교회 교인들이 바울을 본받아야 한다는 주장은(16절) 자신이 그들의 아버지 구실을 했다는 주장에 직접적으로 근거하고 있는 것이다. 어린아이가 더 크게 성숙하도록 자라려면, 부모가 어떻게 하는지를 잘 관찰하고 따라야 한다는 생각이다. 이런 권면이 오늘날 독자들에게는 조작적이고 오만한 것처럼 보이겠지만, 당시로서는 아이들의 성품 발달을 위해서 책잡을 수 없었던 사실적 진리에 기초한 것이었다. 사람들은 따라 할 모델을 통해서 배운다. 당시 고린도 공동체의 삶이 중요한 국면에 이르렀기에 특별히 좋은 역할 모델이 긴급히 필요했다. 바울은 이를 감안하여, 그리스도인의 실제적 삶이 어떠해야 하는지를 알려 주기 위해 디모데를 고린도에 보냈다. 비록 바울 자신은 곧바로 고린도에 돌아갈 수 없었지만(16 : 8－9), 디모데를 보내는 것이 차선책이 될 수 있었다. 디모데는 '주 안에서 내 사랑하고 신실한(*pistos*, 4 : 2 참조) 아들'이었기 때문이다. 디모데는 신실한 아들로서 바울을 본받았기 때문에, 그는 '너희로 하여금 그리스도 예수 안에서 나의 행사 곧 내가 각처 각 교회에서 가르치는 것을 생각나게' 할 수 있었다.

우리는 고린도에 있는 그 교회가 확립된 그리스도교 전통을 갖고 있지 못한 교회였음을 염두에 두어야 한다. 교인들 중에서 최대로 잡아도 3년 이상 된 신자가 없었다. 아직 기록된 복음서도 없었고, 그들의 행실을 규제해 줄 권위의 토라(=율법-역주)도 없던 때였다. 그들은 살아가면서 그리스도인의 생활 방식을 스스로 창안해 내야 하는 위치에 있었고, 그런 가운데서 당연히 말썽들이 생겨날 수밖에 없었다. 이런 상태에서 복음의 길을 따라 '살아가는' 가시(可視)적 산 모델이 필수적이었음은 말할 것도 없다. 그래서 바울은 자신이 그곳에 있었을 때의 기억에 호소하면서 자신을 본받으라고 스스로를 모본으로 제시했고, 디모데가 가서 대리 모델이 되어 줄 것이라고 약속한다. "나를 본받는 자 되라."는 호소는 이러한 정황 속에서 이해할 때 제대로 납득이 될 것이다. 여기서 바울은 복음의 의미가 현실에서 구체화되어야 한다는 점을 개성 있게 주장하고 있는 것이다. 믿음의 순종은 우리가 그렇게 살아가는 모습을 실제로 볼 때 초점이 맞추어져 이해가 된다. (디모데를 보내는 이유가 단지 올바른 교리를 가르치기 위한 것이 아니라 '그리스도 예수 안에서 나〈바울〉의 행사'에 대한 실례를 보여 주기 위한 것임을 주목해야 한다.) 이것은 고린도에 세워졌던 새로운 개척교회의 상황에서만 사실이 아니다. 오늘날도 마찬가지이다. 바울을 통해 주어진 말씀은 우리가 그의 모범을 진지하게 따라야 한다는 도전이 될 뿐 아니라, 디모데처럼 다른 사람들에게 복음의 의미를 실례로 전달하는 모델 역할을 하는 신실한 제자가 되어야 한다는 깨우침도 준다.

또 한 가지 신경 써 주목해야 할 점이 있다. 바울이 자신의 독자들에게 아비로서의 자신을 본받으라고 할 때, 그는 사실상 전통적인 가부장의 이미지를 사용하고 있다. 그러나 데일 마틴(Dale Martin)은 이런 점을 관찰하여 주지한다. "그는 가부장제도에 반대하는 요지의 내용을 전달하기 위해 가부장적 수사학을 사용하고 있다"(Martin, *Slavery as Salvation*, p. 142). 바울은 소위 강하고 똑똑한 고린도교회 교인들에게 약한 자가 되어 특권적 위치를 포기하라고 호소하고 있다. '아비'로서의 바울 자신은 복음을 위하여 권한과 안락(安樂)을 포기하는 길의 모델이 되어 주었다. 그래서 전통적인 모티프를 사용하기는 하지만, 그가 채택하는 개념들은 현상(現狀, status quo)을 유지하는 것이 아니라 오히려 전복시키려 하는 패러독스와 창조적 에너지로 가득 차 있다.

자랑꾼들에게 주는 마지막 경고(4 : 18-21)

그러나 고린도 신앙공동체 내에서 발생하고 있는 혼란과 분열을 생각할 때, 바울은 이 단락을 상냥하고 격려하는 분위기로만 마무리할 수는 없었다. 바울은 공동체가 나누어 있을 뿐만 아니라, 어떤 이들은 바울이 돌아오지 않는다고 생각하여 '교만'(4 : 6의 '콧김을 훅훅 분다.'는 뜻을 가진 그 단어가 사용됨.)해졌다(사실 그는 수년 동안 고린도에 가 보지 못했다.)는 실망스러운 소식을 들었다(1 : 11). 우리는 이미 그들의 오만함이 지혜를 소유하고 있다는 자부심에 바탕하고 있다는 점을 살펴보았다. 그뿐 아니라 이들이 바울의 권위를 공개적으로 비난하며 거부하고 있음을 보여 주는 증거들도 분명하게 드러나 있다. 그들은 어디선가 새로운 사상을 흡수하여, 자신들이 좀더 영적으로 세련되고 수사학적으로 탁월해졌다고 생각하는 경향을 갖게 되었다. 바울은 이 단락의 숨막히는 결론 부분을 통해서 몇몇 익명의 허세(虛勢)를 폭로하여 위협을 가한다. 그들이 바울에게 계속 반항할 경우 심상치 않은 결과를 맞게 될 것이라는 경고이다. 바울이 그곳에 가게 되면 한판 대결이 있을 것이다. 바울은 '교만한 자의 말(*logon*)을 알아볼 것이 아니라 오직 그 능력을 알아볼' 것이다. 여기서 보이는 대조는 2 : 4~5의 것과 똑같다. 한쪽에는 수사학적 기교가 있고, 또 한쪽에는 하나님의 **능력**이 있다. 분명히 이것은 속빈 강정 같은 허풍이 아니다. 바울은 자신에게 하나님의 권위가 부여되어 있다고 믿어 이렇게 말하고 있다. "우리의 싸우는 병기는 육체에 속한 것이 아니요 오직 하나님 앞에서 견고한 진을 파하는 강력이라 모든 이론을 파하며 하나님 아는 것을 대적하여 높아진 것을 다 파하고 모든 생각을 사로잡아 그리스도에게 복종케 하니"(고후 10 : 4-5). 바울은 자신이 이러한 신성한 강력을 소유하고 있다고 생각했다. 최소한 바울이 이 오만한 고린도 사람들이 하는 주장의 피상성(皮相性)과 오류를 밝혀 주리라는 뜻이었다. 그러나 그 정도에 머물고 마는 것은 아니고, 그 이상의 무엇이 있었다. "하나님의 나라는 말에 있지 아니하고 오직 능력에 있음이라"(고전 4 : 20). 바울은 필요하다면 하나님께서 이 오만한 자들을 겸비하게 만들 성령의 권능을 행사하시기를 기대하고 있다. (예를 들어, 엘리야가 바알의 선지자들을 물리친 이야기를 생각할 수 있다〈왕상 18 : 20-40〉. 바울은 다른 곳에서 이 이야기를 자신의 사도 소명에 연결시킨다〈롬 11 : 2-4〉.) 바울이 고린도에 가서 그들의 주장에 대해 진실을 밝히는 일을 그리스도의 재림 때 있게 될 심판을 기대하는 표현을 사용하여 설명하고 있는 것도 흥미롭다.

바울은 '하나님 나라'라는 절구를 비교적 그렇게 자주 사용하지 않는다. 그가 고린도전서 4 : 20에서 이 용어를 선택한 것은 부분적으로 고린도교회 교인들이 이미 왕처럼 군림하고 있는 일(4 : 8)에 대한 논쟁상의 방어 차원에서였다. 그렇다면 20절의 함의(含意)는 하나님만이 참왕이시며, 실제 하나님 나라는 고린도의 자랑꾼들이 상상하는 것과는 다른 차원에서 움직인다는 점을 다시 확인시켜 주려는 데 있다. 그렇다고 바울이 이 용어를 단지 위협의 차원에서만 이해하고 있다고 생각하지 않기 위해서는 로마서 14 : 17의 말씀을 기억할 필요가 있다. "하나님의 나라는 먹는 것과 마시는 것이 아니요 오직 성령 안에서 의와 평강과 희락이라"

바울은 최종적 선택의 책임을 고린도교회 교인들의 손에 되돌려 줌으로써 이 단락을 마감한다. 만일 그들이 현재와 같이 계속 자랑이나 일삼고 바울의 권위에 저항한다면, 그로서는 고린도에 갔을 때 엄격한 징계를 행사하지 않을 수 없게 될 것이다. 반면 그들이 바울의 권위를 인정하고 자신들의 교만을 회개하면, 바울은 그들에게 온유함으로 나아갈 수 있을 것이다. 고린도전서를 미리 보냄으로써 그들에게 적당한 경고를 주고, 그래서 그들이 복잡하게 얽힌 일을 정리하여 질서를 회복하도록 하려는 것이다. 많은 것이 편지의 나머지 부분에서 주어지는 구체적인 지시 내용에 그들이 어떻게 반응하는지에 달려 있다.

바울은 이렇게 편지의 시작 단원을 종료한다. 바울은 여러 가지 방법으로 그들로 하여금 인간 지혜에 대한 자랑에서 돌이켜 회개하고, 그들의 궁극적 재판관이 되신 한 분 하나님, 그들이 모두 함께 귀속되어 있는 그 한 분 하나님을 섬기는 일에 있어 다시 하나가 될 것을 권고했다. 바울은 이어지는 장(章)에서 이 시작 장들의 기초 위에 그리스도 안에서 공동체의 자기 이해를 결정적으로 다시 조각하는 방식으로, 그리고 그 결과로 인해 그들의 행동거지를 재조각하는 방식으로 자신의 가르침을 쌓아 나갈 것이다.

| 교사와 설교자를 위한 묵상 |

고린도전서 4장의 세 하위 단원은 오늘날의 교회를 위해 중요한 메시지를 담고 있다. 이 대담한 단원의 독해를 통해 교사나 설교자가 교인들과 함께 탐구해야 할 몇 가지 이슈들을 찾아냈다.

권위와 심판 우선 첫째로, 4 : 1~5에 기록된 권위와 심판의 묘사를 통해 우리는 교회 내의 진정한 리더십 비전이 절실하게 요청된다는 점을 알게 된다. 종종 교회 지도자들이 할 말과 행동을 위해, 계속해서 지지표를 얻어 내야만 하는 세속 정치인들의 변덕스러운 스타일을 흉내내고 있는 것을 보게 된다. 그러나 교회는 소위 민주주의가 아니다. 그리스도인 지도자들은 다른 권위 앞에 그 책임을 지도록 되어 있다. 필수적인 것은 하나님 앞에서의 신실함이다. 이것은 교회 내의 여론의 지원이 있던 없던 마찬가지이다. 교인들이 너무 쉽게 빠지는 사고 습관 하나가 목회자를 **자신들의** 고용인으로 생각하는 것이다. 이러한 위험성이 어떤 특정 교단의 정치구조에서 더 크게 부각되는 것은 사실이다. 그러나 이 위험성은 모든 신앙의 공동체에 미묘한 모습으로 존재한다. (이것이야말로 바울이 고린도교회에서 재정적 지원을 받지 않으려 했던 진정한 이유 중 하나였을 것이다〈9 : 3-18〉. 바울은 고린도교회 교인들에게 '소유되기를' 원하지 않았다.) 그리스도의 종이 되도록 부르심을 입은 교회 지도자들은 하나님의 최종적 심판과 인정을 바라보아야만 한다. 혹시 하나님의 심판과 인정을 중심으로 일하는 것이 여론의 파도와 맞서 헤엄치는 것이 되더라도 그렇게 해야 한다. 교회는 더욱 이러한 성격의 소명을 존중해야 하며, 사역을 감당하는 사람들을 세속적 기준의 성공과 존경으로 판단하는 일을 금해야 한다. 이 본문을 공부하는 교사들은 반원들에게 교회가 그 지도자들을 살피며 통제하는 방법들에 대해 생각해 보도록 요청할 수 있다. 목사들을 위한 직무 평가 테크닉이 복음의 사역을 하는 데 있어 지도자들에게 도움이 될까, 아니면 오히려 역기능을 할까? 지도자들은 이 본문을 통해 자신들이 실제로 누구를 위하여 일하고 있는지에 대해 잘 생각해 보는 기회로 삼아야 할 것이다. 목회자의 사례비에 사인을 하는 위원회 또는 당회 앞에서 목회자가 잠정적 책임을 져야 한다는 사실 때문에 지도자가 하나님께 보여야 하는 신실함을 잠식하거나 적당하게 타협하지는 않았는가? 진정한 리더십은 목회자나 교사가 바울처럼 대중의 인기를 얻지 못하는 진리에 대해서도 자유롭게 설파하는 '그리스도의 종'으로 일할 수 있을 때 제대로 발휘된다. (물론 그리스도인 지도자들이 독재를 해야 한다거나, 하나님께서 교회 구성원들을 통해 말씀하시는 것을 경청하는 데 있어서 수용성을 가질 필요가 없다고 말하는 것은 아니다. 바울이 고린도전서 전체를 통해 보여 주는 적절한 균형은 여전히 전체 공동체의 사역을 진지하게 취하는 권위에 대한 리더십의 유용한 모델이 되어 준다. 그러나 이 주제에 대한 논의는 나중에 다룰 것이다. 고린도전서 12~14장에 대한 주석을 보도록 하라.) 이 본문은 마태복음 8 : 5~13에 나오는 백부장의 이야기와 연계해 살펴볼 수 있다. 그 백부장도 '남의 수하에 있는 사람'이기 때문에 권위를 인식하고 행사할 수도 있었다. 마찬가지로 우리의 주된 책임이 하나님의 권위 앞에 있다는 것을 분명히 인식하고 이해할 수 있을 때 비로소 효과적으로 사역할 수 있게 될 것이다.

이 첫 번째 요지의 추론으로 생각해야 할 바가 있다. 자아 진단과 자아 평가에 매료되어 있는 요즘의 일반적 문화 경향은 우리를 정말 중요한 책임에서 일탈하게 만드는 무익한 혼선을 초래할 수 있다. 우리는 "나를 평가해 보자."는 퀴즈를 담고 있는 온갖 잡지들과 우리의 자의식을 고양시키는 이런저런 테크닉을 통해 자아 개선을 강요하는 베스트셀러에 둘러싸여 있다. 그러나 바울이 고린도교회에 주고 있는 메시지에 따르면, 그러한 자아 평가는 별로 중요하지 않다. 정말로 중요한 것은 하나님의 판단이기 때문이다. 이렇게 하는 것이 우리 시대의 잘못된 사고와 관행을 건강하게 고치는 길이다.

문화적 규범의 재구성 두 번째 주요 이슈는 4 : 6~13에서 바울이 문화적 규범을 비판적으로 재구성한 것이다. 그의 구체적 비판은 대중의 인기를 얻은 스토아의 이상인 자기 충족과 자기 결정의 풍토를 향하고 있다. 확실히 오늘날에도 우리의 말씀 선포가 고대의 이러한 철학 사조의 후예들을 대면해야 하는 시간과 장소들이 있다. 어디서 그런 경우를 만나든 바울이 보였던 반응은 즉각적이고 적합하였으며, 또한 강력한 교정의 기능을 감당하였다. 우리는 전적으로 하나님의 은혜에 의존하여 살며(7절), 우리의 삶은 현세나 다가올 세상에서 십자가의 원리에 순응해야 한다(9-13절).

그러나 동시에 우리는 **왜** 바울이 고린도교회식의 지혜를 공격하고 있는지 그 이유를 잘 생각해야 한다. 바울이 그들의 지혜를 문제삼은 것은 그것이 신앙공동체를 쪼갰기 때문이다. 따라서 우리도 고린도전서를 우리를 위한 편지로 읽고 싶다면, 오늘날 교회공동체를 분열시키는 세력과 힘이 무엇인지를 물어야 한다. 그 철학적 토대들이 무엇이며, 그 토대가 복음에 의해 어떻게 비판을 받아야 하는지에 대해 물어야 한다. 우리가 이런 방식으로 이슈를 다룰 때 여러 가지 다른 문제들이 시야에 들어오게 될 것이다. 20세기 말, 서구 문화의 지배적 '철학'은 스토아가 아니라 '향락주의'(hedonism)였다. 우리는 최고의 선(善)이 개인의 쾌락 추구라는 것을 믿도록 사방에서 오는 설득력 강한 꼬임(광고, 대중 오락, 정치 연설 등)을 받아 끌려가도록 조건지어져 있다. 이것은 여전히 자기 결정을 요구한다. 그러나 스토아 철학이 제시하는 비전과는 다른 종류의 자기 결정이다. 이러한 문화적 경향의 외적 현상들을 지적하여 비판하는 것은 어렵지 않다. 맹렬한 물질만능주의, 가난한 사람들에 대한 무관심과 홀대, 개인의 자유에만 신경을 쓰고 공동체의 관심을 무시하는 파산한 자유주의적 개인주의 등이 그러한 현상들이다. 주변에서 그러한 사인들을 볼 때, 물질적 풍요와 개인적 자유로 '교만해진' 사람들은 십자가에 달리신 그리스도의 복음을 대면하여 스스로를 성찰해야 한다.

이 향락주의는 묘한 방법으로 교회에 침투하여 교회를 타락시키고 있다. 성행위에 대한 자세에 있어서(뒤에 이어지는 주석에서 다루게 될 주제임.), 또는 '사역'에 대한 이해에 있어서조차 이러한 사고방식이 지배적이다. 우리는 교회 사역의 목적이 사람들로 하여금 안락함을 느끼고 기분좋게 즐기도록 하는 것으로 생각하게 되었다. 고린도전서 4장은 그런 식의 복음 이해에 대해 심각한 도전을 가한다. 최근에 임상 목회 교육 감독자에게서 어떤 목회 후보생의 적합성을 평가하는 보고서를 전달받아 읽어 보았다. 감독자는 그 목회후보생에 대해 무척이나 비판적이었다. 왜? 그녀가 너무 자신의 것을 내주려고만 하고, 다른 사람들의 필요에만 마음을 쏟으며 '자신을 돌보는 일'에는 신경을 쓰지 않는다는 이유였다. 나는 이 감독자가 4 : 11~13에 기록된 자기 보고서에 기초하여 바울을 어떻게 평가했을까 하는 의문을 가지지 않을 수 없었다. 요즘의 세속적 지혜는 우리로 하여금 자기 자신만을 살피도록 가르친다. 우리 자신을 안전하고 안락하게 지키도록 가르친다. 가장 한심한 것은 그런 조건을 확보하기 위해 다른 사람을 돕는 것을 '사역'으로 해석하도록 가르친다는 점이다. 고린도전서에서 읽는 바울의 메시지는 이런 사고방식에 맹렬한 도전장을 던진다.

어떤 해석자들은 교회가 자신이 속한 공동체 내에서 문화의 포로가 되어 타협의 자세를 취하는 또다른 사인들을 발견할 수 있다. 예를 들어, '가부장제'(patriarchy)에 대한 비판의식 없는 문화의 영구화가 특권을 지닌 남성 권력자들로 하여금 '교만하게' 만들고, 공동체 내에서 다른 이들을 지배하여 무시하게 함으로써 교회를 분열시키는 요인이 된다고 주장할 수도 있다. 이런 일이 발생하는 곳이 어디든지 간에, 바울의 십자가 메시지는 권력과 특권과 영예를 누리고 있는 사람들로 하여금 자신을 그리스도께 복종시켜 그분에게 맞춰 나가도록 소명한다.

우리 문화가 진정한 그리스도인의 공동체를 이렇게 부패시켜 갈 때, 어떻게 하면 제대로 된 비판적 반응을 형성할 수 있을 만큼 뚜렷하게 볼 수 있는 능력을 갖추게 될까? 고린도전서 4장은 현 시대의 권력이라는 환각에 의해 농락당하지 않도록 우리를 지켜 주는 주요 기준 세 가지를 제시한다. 종말론적 단서(eschatological reservation), 성경, 그리고 고난을 당하는 사도의 모범이다. 종말론적 단서는 세상이 현재의 힘과 가치를 보는 방식이 왜곡되어 있으며, 그래서 우리가 약함 가운데 능력을 제공하는 복음의 진리를 신뢰하면서 모든 일을 제자리로 돌려놓을 하나님의 마지막 역사를 기다려야만 한다고 주장한다. 성경은 우리의 교만에 도전을 주며, 우리가 기록된 것을 넘어서(6절, 개역성경은 '기록한 말씀'으로 의역함－역주) 잘못 가는 것을 막아 주는 하나님의 말씀으로 존재하여서 있다. 물론 바울에게 있어서 '기록된 것'은 십자가의 입장에서 성령의 도움을 받아 해석되어야 한다. 마지막으로 사도가 보여 주는 고난의 모범은 십자가의 말씀에 경험적 구체성을 제공한다. 이 고난의 모범은 예수의 죽음이 분명 세상의 죄를 위한 대속(代贖)이기는 하지만, 동시에 그것이 이 세상 속에서 신실한 삶의 모델이기도 함을 보여 준다. 고린도전서 4장에 따르면 공동체의 삶에 대한 우리의 모든 분별력은 이러한 세 가지 기준에 맞춰 형성되어야만 한다.

이제까지 나는 마치 우리가 이 구절에 있는 '사도적' 역할을 감당하고, 우리 시대의 지배적인 문화 체제와 복음을 혼동하는 사람들에게 비판을 가해야 할 것처럼 말해 왔다. 그러나 물론 우리가 고린도교회 교인들에게 보낸 이 편지를 우리에게 전달된 편지로서 읽으려면, 우리 자신의 삶에 가해지는 바울의 비판의 힘을 느껴야만 한다. 우리 중 많은 이들이 여러 분야에서 풍성하고 부유하다. 우리가 그에 대해 자랑을 하든 그렇지 않든 간에, 최소한 우리는 바울이 고린도전서 4 : 8~13에서 한 말이 사실상 직접적으로 우리에게 들으라고 이야기하고 있는 것은 아닌지 스스로에게 물어보아야 한다. 만일 그렇다면 바울처럼, 우리가 자기만족의 문화에 대해 저항하는 선지자적 증거를 부담하는 생생한 대안적 삶의 양식을 구사함으로써 하나님의 소명에 응하지 않는다면, 우리의 복음 선포가 진정 신뢰를 받을 수 있는 것이 될지에 대해서도 의문을 품어야 한다.

그리스도 안에 있는 길 우리의 본문이 제기하는 마지막 이슈는 특별히 '그리스도 안에 있는 길'을 우리의 모델로 삼는 일에 대한 것이다. 교사나 설교자는 교인들로 하여금 누가 우리의 모델이 되는지 상고하도록 격려해야만 한다. 바울이나 디모데가 아니라면 또 누구를 그리스도 안에 있음의 실천적 의미를 구현하기 위해 바라보아야 할 사람으로 삼을 수 있을까? 동시에 질문해야 할 사항은 "우리 자녀들과 또한 신앙생활에 있어 우리보다 적은 경험을 지니고 있는 다른 사람들에게 어떻게 복음의 모델 구실을 할 수 있는가?" 하는 것이다. 만일 하나님 나라가 말에 있지 않고 능력에 있다면, 그 능력은(바울이 마지막에 그렇게 주장했듯이) 우리의 삶 속에서, 그리고 하나님께 받은 것에 대한 겸허한 감사 가운데, 하나가 된 공동체의 삶 속에서 뚜렷하게 드러나야만 한다.

INTERPRETATION

제3부

공동체의 기강을 위한 부름

고린도전서 5 : 1~6 : 20

공동체의 기강을 위한 부름

고린도전서 5 : 1~6 : 20

이제 바울은 고린도 공동체의 행실과 관련해서 구체적인 문제들을 다루기 시작한다. 짐작컨대 '글로에의 집' 사람들(고전 1 : 11)이나 스데바나, 브드나도, 그리고 아가이고(16 : 17) 등을 통해 그에게 전달된 경종을 울리는 보고에 대한 대응이다. 바울은 고린도전서 5~6장을 통해, 잘못된 행실로 공동체의 성결을 훼손하는 교인들의 징계를 요구한다. 이 단원을 해석하면서, 우리가 반복하여 상기해야 할 점이 있다. 바울의 주요 관심은 개인의 개별적 죄가 아니라, 집합체로서의 교회가 유지해야 할 건전함과 완결성이라는 것이다. 성적 문란의 죄를 범한 사람들이나 형제자매들과 다투어 법정에서 송사를 제기한 사람들은 자신들에게만 아니라 공동체에게도 해를 입히고 있는 것이다. 공동체는 결과적으로 자체의 일치를 보전하고 거룩함을 입은 하나님의 백성으로서의 자기 정체를 유지하기 위한 행동을 취해야만 했다(1 : 2 참조).

이 단원에서는 바울이 주로 이방인 회심자들로 구성된 고린도교회를 하나님의 언약 공동체에 속한 것으로 보고 있다는 증거들이 현저하게 드러난다. 그들에게는 성경에서 이스라엘에게 주어진 것과 같은 도덕적 책임이 부과된다. 이렇게 교회를 언약 공동체로서 강조하는 일은 서구의 개인주의적 전통에 물들어 있는 현대 독자들에게는 많이 이상하게 보일 것이다. 바울이 관심을 기울이고 있는 이 점을 분명하게 보지 못하면, 그가 고린도교회 교인들에게 주는 특정적 조언이나 이를 강력히 밀어붙이는 과정에서 나타나는 긴박감을 거의 이해할 수 없을 것이다.

고린도전서 5 : 1~13

"이 악한 사람은 너희 중에서 내어 쫓으라"

바울이 주목하는 첫 번째 문제는 '그 아비의 아내'(자신의 친모가 아니라 아버지가 다시 얻은 계모였을 것임.)와 성관계를 가지며 살고 있는 한 남자 교인의 경우였다(바울이 간략하게 한 설명만으로는 그 아버지가 죽었는지, 아니면 이 두 번째 아내와 이혼을 했는지에 대해 알 길이 없다. 물론 편지를 읽는 고린도교회 교인들은 사안의 성격을 잘 알고 있었을 것이다). 주석가들은 여기서 언급된 여인이 공동체에 속한 신자가 아니었을 것이라는 점에 대해 보편적 일치를 보이고 있다. 그렇지 않았다면 그녀도 바울이 2~5절과 11~13절에서 내리고 있는 징계 처분의 대상이 되었을 것이기 때문이다. 그들의 관계에 놀란 바울은 이를 '이방인 중에라도 없는' **포르네이아**(*porneia*, 성적 비행, 개역성경은 음행-역주)라고 이름 붙였다(5 : 1).

NRSV를 비롯하여 대부분의 영어성경이 '이교도들'(pagans)로 번역하고 있는 헬라어 **에쓰네**(*ethnē*)는 바울이 잘 사용하는 단어로서 '이방인들'(즉, 비유대인들)이다. 바울이 여기서 이런 식으로 용어를 사용한다는 것은 그가 더 이상 고린도의 이방인 회심자들을 이방인으로 생각하지 않고 있음을 보여 주는 흥미로운 암시이기도 하다(12 : 2, 13, 갈 3 : 28 참조). 이제 그들도 그리스도 안에 있기 때문에 하나님의 언약 백성에 속하였으며, 그렇기 때문에 새로운 신분에 걸맞는 행실을 가져야만 했다.

그러나 이 경우에 있어서 범죄한 교인이 그리스도의 백성으로 소명받는 그 거룩함의 기준에 도달하지 못한 것이 아니었다. 그들은 '이방인이라도' 혐오감을 가질 수 있는 그 어떤 짓을 저지른 것이었다. 키케로는 이 경우와 비슷한 사안에 대해 생생한 묘사를 해 준다. 키케로의 경우

도덕적 비난을 남자보다는 그와 관련된 여자에게 돌리고 있다는 점이 다르다(이 경우엔 관련된 이유가 있어서 그렇다).

> 그렇게 장모가 사위와 결혼을 한다. 아무도 축복해 주지 않으며, 누구도 그 연합을 인정해 주지 않으며, 그 장래가 불길하다는 예감밖에는 가질 수 없는 그런 결혼이었다. 아, 생각해 보라. 이 여인의 죄악을……. 유일무이하여 어디서도 들어 보지 못했고, 믿지 못할 지경의 일이여! 무절제하고 거칠게 사악한 열정을 생각해 보라! 천벌(라틴어로 *vim deorum*, 즉 '신들의 권능')이 아니라 하더라도, 사람들 가운데 스캔들이 되고, 최소한 그 혼인의 횃불이 켜지는 그 밤 앞에서, 신혼 방의 문턱 앞에서, 자기 딸의 침실 앞에서, 또는 그 연합을 목격했던 벽들 앞에서도 그녀가 기죽지 않았음을 생각해 보라! 그 열정의 광기가 터져 나와 모든 장애물을 무너뜨린다. 욕망이 정숙을 누르고, 탐욕이 조신함을 이기며, 광기가 상식을 압도하는구나!(*Pro Cluentio* 5.14−6.15)

이 글은 확실히 이방인들도 이런 근친상간의 결연(結緣)에 반대하고 있다는 바울의 주장을 뒷받침하고 있다.

비록 덜 적나라하기는 하지만 바울이 고린도의 스캔들에 연루된 이 여인을 '그 아비의 아내'로 묘사한 데는 나름대로의 수사학적 효력이 있다. 그와 같은 관계를 금지하고 있는 성경말씀의 반향이 담겨져 있기 때문이다. "계모와 구합하는 자는 그 아비의 하체를 드러내었으니 저주를 받을 것이라……"(신 27 : 20, 레 18 : 8, 20 : 11 참조). 따라서 근친상간을 범한 그 남자는 이스라엘에게 주어진 하나님의 언약 규범을 직접적으로 위반한 것이다. 이 사실은 뒤에서 설명되듯이, 바울이 공동체에게 범법자를 쫓아내라고 명령을 내린 이유를 이해하는 데도 필요한 정보이다. 그러나 이 사람을 어떻게 처리해야 되는지에 대한 바울의 구체적인 지시를 살펴보기 전에, 우선 이 지시가 기초하고 있는 신학적 틀이 어떤 것인지를 살펴보아야 할 것이다.

바울의 반응에서 가장 경이로운 측면은 그가 이 적절하지 못한 일을 저지른 범법자만 심판하는 것이 아니라는 점에 있다. 바울은 이 일을 놓고 공동체 **전체가** 공범인 것으로 꾸짖고 있다. "그리하고도 너희가 오히려 교만하여져서('콧김을 훅훅 불다.'라는 의미로 우리가 이미 4 : 6, 18에서 다루었던 그 단어이다.) 어찌하여 통한히 여기지 아니하고 그 일 행한 자를 너희 중에서 물리치지 아니하였느냐 …… 너희의 자랑하는 것이 옳지 아니하도다……"(5 : 2, 6a). 고린도교회 교인들이 부도덕한 사람의 행위임에도 불구하고 자랑한다는 것인지, 오히려 그 행위 때문에 더 자랑한다는 것인지 바울이 뜻하는 바를 파악하기는 쉽지 않다. 후자의 경우라면, 그들이 이 범죄한 사람이 전통적인 관습 행위를 용감하게 타파한 것을 축하하면서 그리스도 안에서 얻은 새로운 자유를 과시하고 있는 것이다(그렇다면 바울이 5 : 6a에서 왜 **카우케시스**〈*kauchēsis*, '자랑하기', boasting〉를 쓰지 않고, 명사 카우케마〈*kauchēma*, '자랑', a boast〉를 사용했는지에 대한 설명이 가능해진다〈한글개역성경은 '자랑하는 것'으로 번역－역주〉). 이것은 그렇게 억지 주장이 아니다. 왜냐하면 바울이 바로 이 단원에서 저들의 큰소리인 "모든 것이 내게 가하다"(6 : 12)는 주장을 책망하고 있기 때문이다. 반면에 전자의 경우로 이해한다면, 고린도교회 교인들이 그들의 공동체 한가운데에서 파렴치한 도덕적 범죄가 저질러진 것을 용납하고 무시하면서, 자신들의 영성과 지혜를 주제넘게 마구 자랑하는 것이 문제가 된다. 어느 쪽이 의도했던 것이든지 간에, 바울은 공동체가 그 구성원의 행실에 대해 책임이 있으며, 개별 구성원의 행실은 (그것이 '양해하는 어른들' 사이에서 통하는 개인 행위라 하더라도) 전체 공동체의 삶에 영향을 미친다고 주장하는 것이다. 바울은 고린도전서의 뒷부분에서 '그리스도의 몸'의 이미지를 사용하여 이 진리를 설명하게 될 것이다. "만일 한 지체가 고통을 받으면 모든 지체도 함께 고통을 받고 한 지체가 영광을 얻으면 모든 지체도 함께 즐거워하나니"(고전 12 : 26). 그러나 바울은 여기 5장에서 단지 **집단 책임**(*corporate responsibility*)의 실재를 상정하고 있다.

이런 사고방식은 성경에 깊이 뿌리내리고 있는 것이다. 이 사상의 패러다임이 되는 것이 아간의 이야기이다. 주께서는 아간 한 사람이 여리고 성 함락 때 금지되었던 전리품을 몰래 취득한 일 때문에 전체 이스라엘에게 역정을 내셨다(수 7장). 이런 신학적 사고는 이 사건에만 한정되어 있지 않다. 레위기의 성결 규례는 다양한 종류의 성적 범죄를 저지른 사람들에게 "백성 중에서 끊쳐지리라."고 명하고 있다. 그렇지 않으면 땅이 이스라엘 백성 전체를 '토해 낼 것이다'(예, 레 18 : 24−30, 20 : 22−24). 신명기 28장의 언약 축복과 저주는 율법에 순종하거나 불순종하는 개인의 운명에만 적용되는 것이 아니고, 민족 전체의 운명을 좌우한다. 이를 알면 왜 에스라가 포로기 사람들의 신실함을 위하여 애통해 했으며(스 10 : 6〈개역성경의 '근심'−역주〉, 헬라어판 구약성경인 「70인역」은 여기서 바울이 고린도교회 교인들에게 이 사람의 범죄로 인해 '통한히' 여겼어야 했다고 말할 때〈5 : 2〉 사용한 단어와 똑같은 동사를 채택하고 있다.), 에스라 9 : 6~15, 느헤미야 9 : 6~37, 그리고 다니엘 9 : 4~19 등에서 대규모의 민족적 고백 기도가 집단적 범죄의 실체를 상정하고, 집단적 구속의 희망을 기대하고 있는지를 좀더 분명하게 이해할 수 있게 된다.

바울의 교회 이해는 이러한 성서적 전통에 입각하고 있다. 시인 존 단(John Donne)이 잘 인식했듯이 "인간은 누구도 홀로 떨어져 있는 섬이 아니다"(No man is an island). 그리스도의 교회에 속한 사람들은 모두 긴밀하게 엮여 있으면서 서로에 대해 책임을 지며, 피차간의 행동으로 인해 서로 간에 지대한 영향을 미친다. 바울은 누룩의 부패 효과에 대한 격언적 이미지를 사용하여 이 집단성의 실체를 묘사한다(갈 5 : 9, 막 8 : 15, 마 16 : 6, 11−12, 눅 12 : 1 참조). "적은 누룩(NRSV나 NIV에서처럼 '이스트'가 아님)이 온 덩어리에 퍼지는 것을 알지 못하느냐 너희는 누룩 없는 자인데 새 덩어리가 되기 위하여 묵은 누룩을 내어 버리라……"(5 : 6b−7). 이 이미지는 바울이 출교를 지시하는 이유를 잘 설명해 준다. 범죄자를 교회 내에 머물도록 내버려 두는 것은 한 반죽 덩어리로 인식되는 공동체 전체를 오염시키는 일이다. 바울이 옛 누룩을 제거하여 깨끗하게 하라는 것은 고린도교회의 개개인들에게 개별적 생활을 깨끗하게 유지하라는 뜻에서 말하는 것이 아니다. 그는 2~5절에서의 범법자를 추방함으로써 공동체를 정화하라는 교훈의 상징적인 언어를 되풀이하고 있는 것이다.

이 상징적인 언어는 이스라엘 이야기, 즉 이스라엘이 애굽 땅의 굴레로부터 자유를 얻은 것을 기억하는 유월절 기념 이야기의 중심에서 유래한다. 바울은 고린도의 독자들이 이 상징을 이해할 뿐만 아니라, 자신들을 이스라엘과 은유적으로 동일시할 것이라고 단정하고 있다. 유월절 어린양으로서의 그리스도는 이미 희생 제물이 되셨다(출 12 : 3-7 참조). 그래서 이제 고린도교회 교인들이 그 축제의 남은 주요 역할, 즉 집 구석구석에서 모든 '누룩'(여기서는 잘못을 저지른 사람)을 찾아내 제거하는 일을 수행할 시간이 되었다(출 12 : 15). 유월절 어린양의 기능에 대해 분명하게 하는 것은 중요하다. 이것은 속죄를 위한 희생 제물이 아니다. 유월절 어린양은 하나님의 권능에 의해 노예에서 건짐을 받은 특별한 백성으로서의 이스라엘의 구별을 상징한다. "이 후에 너희 자녀가 묻기를 이 예식이 무슨 뜻이냐 하거든 너희는 이르기를 이는 여호와의 유월절 제사라 여호와께서 애굽 사람을 치실 때에 애굽에 있는 이스라엘 자손의 집을 넘으사 우리의 집을 구원하셨느니라 하라……"(출 12 : 26-27). 문설주에 바른 어린양의 피는 바깥 세상에서 작용하는 파괴의 권능으로부터 건짐을 받아 하나님의 보호 아래 놓인 구별된 백성으로서의 이스라엘을 표시한다. 마찬가지로 바울의 메타포도, 그리스도의 피가 고린도교회 교인들을 구별된 백성으로 선을 그어 표시하고 있음을 가리킨다.

이것이 우리가 고린도전서 5 : 3~5에서 주어진 바울의 지시를 이해하는 데 필요한 배경이다. 이 구절들은 몇 가지 번역상의 어려움을 담고 있다. 그러나 그것이 가리키는 바 취지는 충분할 정도로 분명하다. 고린도교회 교인들은 공동체로 모여 근친상간을 저지른 사람을 교회에서 배제시키기 위한 준엄한 행동을 취해야만 한다. 바울은 고린도교회 교인들이 그 문제를 소홀히 하고 있는 동안 '이 일 행한 자를 이미 판단'했고, 그래서 그들이 자신과 같은 패를 내놓아 후속 조치를 취할 것으로 기대하고 있다.

전치사구 '주 예수의 이름으로'(4절)가 문장 속에서 어떻게 연결되는지에 대해서는 다소 애매함이 있다. 영어성경 NRSV처럼 "그런 일을 행한 사람 위에 내가 이미 주 예수의 이름으로 심판을 선언했다."로 번역할 수도 있고, NRSV의 각주에서 명시한 것처럼 "주 예수의 이름으로 그런 일을 행한 사람 위에 내가 이미 심판을 선언했다."고 볼 수도 있다. 후자의 해석은 고린도교회 교인들이 일반적인 성적 규제로부터의 자유를 누린다고 생각하는 이 사람에 대해 실질적으로 자랑하고 있었다는 가설에 더 잘 맞아떨어질 것이다. 이 사람이 공공연하게 예수의 이름으로 단지 인간의 도덕법에 지나지 않는 제한을 초월했다고 주장했을 수 있다. (영어성경 NIV는 '주 예수의 이름으로'가 동사 '모여'를 수식하는 것으로 보는 제3의 입장을 취했다. 그러나 헬라어의 순서로 볼 때는 이러한 해석의 가능성은 적어진다.)

바울은 교회의 추방 행위를 단지 사법적 절차로만 생각하고 있지 않다. 공동체는 (아마 예배를 위해) 한 데 모여 '우리 주 예수의 능력으로' 성령의 영역 안에서 같이 행동하도록 되어 있다. 더구나 바울은 자신의 영이 그들과 함께 모일 것이라고 말하고 있다. 이것을 가볍게 읽어 단지 심리적 의미에서 이런 말을 하는 것으로 보아서는 안 된다. 바울은 자신의 영이 일종의 신비한 방식으로 그들의 행동에 실질적으로 동참하면서, 실제로 그곳에서 공동체와 함께 있을 것이라고 믿었다. 바울이 비록 발설하여 말하는 것을 꺼리기는 했지만, 강력한 신비 체험과 확신을 갖고 있었다는 것을 결코 잊어서는 안 된다. 그가 '셋째 하늘에 이끌려' 갈 수 있다면(고후 12 : 2), 자신이 '영으로' 에베소에서(고전 16 : 8) 고린도로 옮겨져 신비하지만 실질적인 방식으로 교회의 결정적인 징계 행위에 동참할 수 있다고 생각하는 것은 어렵지 않은 일이다. 그러나 여기서 바울의 주요 요지는 함께 모인 공동체 자체가 부활하신 예수의 능력을 부여받아 이제는 범법자가 더 이상 언약 공동체의 구성원이 아니라는 것을 선언할 수 있다는 점에 있다. 이런 류의 공동체 행위는 마태복음 18 : 15~20에 기록된 예수의 가르침에 견줄 수 있다. 공동체는 죄를 범한 구성원을 소명하는 적절한 시도가 있은 후에 그 사람을 추방할 수 있다(딛 3 : 10 참조). 공동체에게는 '매거나 푸는' 권한, 즉 공동체 징계를 행사할 권한이 부여되었다. 예수의 사람들이 그의 이름으로 모인 곳에는 예수님 자신이 함께 임재하시기 때문이다. 혹시 이 모든 것이 20세기 말에 위치한 그리스도인들에게 다소 기괴하게 들린다면, 그것은 이 편지가 계몽주의 이후의 이성주의자들에게 전달된 것이 아니라는 점을 새삼 상기시켜 주는 일이 될 것이다. 이 편지는 성령의 능력이 일상적으로 경험되는 실재였던 세계 속에서 살며, 움직이는 것으로 이해하고 있던 공동체에게 전달된 것이다.

가장 수수께끼 같은 부분은 5절에서 발견된다. "이런 자를 사탄에게 내어 주라(개역성경은 '주었으니'-역주) 이는 육신은 멸하고 영은 주 예수의 날에 구원을 얻게 하려 함이라" 비록 표현상으로 볼 때 하나님께서 욥을 '뼈와 살을 칠 수 있도록' 사탄의 능력에 내어 주는 욥기 2 : 4~6의 반향(反響)이 있기는 하지만, 양쪽의 상황은 그다지 유사성을 갖지 않는다. 욥은 자기 죄로 인해 징계를 받는 것이 아니며, 또한 욥의 고난이 공동체를 정화한다거나 욥 자신의 구원을 촉진시킨다는 함의는 전혀 없다. 그래서 욥기의 반향은 이 구절을 이해하는 데 있어 큰 도움이 되지 못한다. 바울의 명령을 해석하는 데 있어 해결되어야 할 세 가지 큰 의문점은 다음과 같다. "사탄에게 내어 주라."는 것이 무엇을 뜻할까? '육신'이라 한 것이 문자 그대로 물질적 의미의 몸을 가리키는 것일까? 아니면 그 사람의 '죄성'(罪性, sinful nature, NIV)을 말하는 것일까? 그리고 이런 일의 목적이 그 사람을 회개하도록 이끌어 고치려는 데 있는 것일까? 이 의문들은 서로 연결되어 한데 엮어져 있다.

"사탄에게 내어 준다."는 말에 대해 최선의 설명이 될 수 있는 길은 그 의미를 유월절 메타포(6-8절)에 맞추어 찾는 것이다. 교회가 근친상간을 범한 사람을 공동체에서 제외시킴으로써, 그를 하나님의 구속(救贖)의 보호권역 밖에 위치시키는 것이다. 그는 더 이상 문설주가 예수의 피로 칠해진 집 안에(3 : 9 참조, '하나님의 집') 놓여 있지 않다. 그래서 사탄의 권역('이 세상 신', 고후 4 : 4) 속에 던져져 세상의 파괴적 힘(출 12 : 23의 '멸하는 자' 참조)에 노출되어 죽어 가게 되어 있다. 바울이 믿음의 공동체 밖에 놓여진 사람들을 놓고 이미 '멸망하는 자들'(고전 1 : 18)이라고 언급했던 것이 떠오를 것이다. 공동체가 이 사람을 공공연하게 저주하는 의례(儀禮)로 집행할 것이라는 기대는 아니었을 것이다. "사탄에게 내어 준다."는 표현은 교회로부터의 추방을 실행하는 것에 대한 **생생한** 메타포로 보아야 한다. 디모데전서 1 : 20에 있는 이와 비슷한 구절도 같은 맥락에서 이해되어야 한다. 바울 계열의 문헌 내에는 사탄을 파괴자로 보는 생각이 담겨져 있어 본문의 내용에 가장 가깝게 유추할 수 있는 곳은 '멸망하는 자들'(다시 고린도전서 1 : 18을 참고할 것)을 속이는 사탄의 강한 힘에 대해 언급하는 데살로니가후서 2 : 9~10이다.

그러나 이렇게 사탄에게 내어 줌으로써 발생하는 구체적 결과로서 바울이 기대하고 있는 것은 무엇일까? 출교된 범법자가 육신의 고난을 받아 죽기를 기대하는 것일까, 아니면 '육신의 멸망'이라는 표현이 죄성의 욕망으로부터 그를 정화시키는 일로서 결국 회개에 이르게 하기 위한 과정을 가리키고 있는 것일까? 바울은 그 의미가 무엇이든지 간에 이 '멸망'이 어떻게 해서든지 관계된 사람의 종말론적 구원을 가져올 것이라고 생각하고 있던 건 아니었을까? 어떤 해석자들은 바울이 그 사람의 최종적 운명에 대해서는 별반 관심이 없었고, 그래서 이 문장의 함의를 다음과 같이 이해해야 한다고 생각한다. "그러한 사람은 (공동체에 임재하신) 성령이 주의 날을 위해 구원을 받도록(즉, 보전될 수 있도록) 그 육신(즉, 악한 육신)의 파멸을 위해 사탄에게 내어 주시오." 이러한 해석은 일편단심 교회의 건강에 초점을 유지하고 있기 때문에 그 강점을 지니고 있다. 본문의 2절과 6~13절에서 읽는 바울의 핵심적 관심이 이 점이다. 그러나 바울은 그의 글 어디에서도 '성령'이 '구원'을 필요로 한다고 말한 적이 없다. 바울이 동사 '구원하다'를 일관성 있게 인간의 종말론적 구출을 언급할 때 사용한 것을 고려할 때(고린도전서에서만 그 예를 찾는다면 1 : 18, 1 : 21, 3 : 15, 7 : 16, 9 : 22, 10 : 33, 15 : 2 등을 보라), 실질적으로 공동체의 징계가 어떻게 해서든 죄인의 회개와 회복으로 이끌리라고 생각했을 가능성이 높다. 그런 경우 '육신'은 고린도전서 3 : 3, 로마서 7 : 5, 18, 25, 8 : 3~8, 갈라디아서 5 : 13, 19, 24 등에서와 같이 하나님에 대항하는 반항적 인간의 본성을 가리키는 것이 된다. 그리고 '육신의 멸망'이 뜻하는 바는 바울이 갈라디아서 5 : 24에서 선언한 내용의 견지에서 이해되어야 할 것이다. "그리스도 예수의 사람들은 육체와 함께 그 정과 욕심을 십자가에 못 박았느니라." 바울은 공동체가 근친상간을 범한 사람을 사정(司正)하여 추방하는 것이 이런 결과를 가져오기를 희망한다. 그 사람의 육신의 욕망이 죽임을 당해 없어지기를 희망하는 것이다. 따라서 이 사람의 종말론적 운명은 징계와 회개를 겪고 난 뒤 결국 구원으로 귀착될 것이다.

고린도후서 2 : 5~11이 이곳의 근친상간 범죄자와는 다른 경우를 언급한다 하더라도, 그 구절은 엄격한 공동체의 징계가 공동체의 삶을 변화와 통합으로 이끌 수 있다는 바울의 신념을 잘 보여 주고 있다. "이러한 사람이 많은 사람에게서 벌받은 것이 족하도다 그런즉 너희는 차라리 저를 용서하고 위로할 것이니 저가 너무 많은 근심에 잠길까 두려워하노라"(고린도후서 7 : 10을 참고하라. "하나님의 뜻대로 하는 근심은 후회할 것이 없는 구원에 이르게 하는 회개를 이루는 것이요……"). 마찬가지로 신약성경에서 공동체의 징계를 다루고 있는 다른 주요 구절들도 그러한 공동체 행위의 궁극적 목표를 용서와 화해로 그리고 있다. 예를 들어 마태복음 18 : 15~20은 마태복음 18 : 21~35(갈 6 : 1 참조)의 용서에 관한 가르침으로 이어진다. 그러나 이 모든 경우에 있어 용서가 징계**의 자리를 그냥 대체하지는 않음**이 분명하다. 용서는 공동체의 분명한 징계와 진정한 회개 뒤에 **따라오는** 것이다.

바울은 고린도전서 5 : 6~8에서 다시 공동체의 영적 상태에 초점을 맞춘다. 고린도교회 교인들이 이제까지 그랬던 것처럼 자랑하기보다는(4 : 7 참조) 하나님의 구속 행위가 펼쳐지는 이야기 속에서 실제로 어디에서 있는지를 깨달아야만 한다. 그들은 예수의 죽음을 통해 포로 됨에서 해방되었기 때문에, 유월절 저녁의 이스라엘과 같이 살아야 한다. 옛 누룩을 다 소제하여 없애 버리고, 그들의 해방을 축하하는 잔치에 함께 모이라는 말이다. 아주 확실하다고 볼 수는 없지만, 여기서 바울이 편지의 뒤에서 나올 주의 만찬에 대한 논의(11 : 17–34)를 미리 암시하고 있는 것일 수도 있다. 그 구절에서도 공동체 심판의 주제를 다루기 때문에, 특별히 이런 생각을 가질 수 있다(11 : 27–32). 그러나 현재의 문맥에서 볼 때 유월절 이미지가 주로 성찬식을 염두에 둔 것은 아니다. 그보다는 공동체 징계와 순결의 필수성을 지적하는 데 주력하고 있다.

이 단원의 마지막 단락(9–13절)은 교회의 내부인과 외부인의 구별에 있어 중요한 구분을 내리고 있다. 바울은 쿰란 공동체처럼 고린도교회 교인들로 하여금 이교도 세상의 이웃들과 일체의 접촉을 끊으라고 요구하는 것이 아니다. 쿰란의 언약 공동체는 세상의 오염을 피하기 위해 사해 근처의 광야에서 살면서 스스로를 격리시켰다. 교회의 성결은 내적 기율과 완결성(integrity)의 문제이지, 세상과의 결별이 아니다. 이 점이 어떤 고린도교회 교인들에게는 오해를 불러일으켰다. 그래서 바울은 이제 자신이 이전에 보냈던 편지에서 말했던 것을 다시 설명하여, 그 의도를 명확하게 밝힌다(이 편지는 잃어버려 보존되지 못했다. 물론 어떤 이들은 이 편지의 일부분이 고린도후서 6 : 14~7 : 1에 포함되어 보전되었다고 생각한다). 바울이 "음행하는 자들(*pornoi*, 5 : 1의 *porneia*를 참고)을 사귀지 말라."고 말했을 때 의미한 바는 공동체 내에서 그렇게 하는 이들을 가리킨 것이지, 외부인들을 언급한 것이 아니었다. 본문의 10절은 사회 전반의 도덕적 상태를 적나라하게 묘사하고 있다. '포르노이'(*pornoi*), 욕심쟁이, 도둑놈, 우상숭배자 등과의 접촉을 전혀 하지 않으려면, 이 세상을 아예 떠나는 수밖에 없을 것이오!(롬 1 : 18–32 참조) 바울이 이런 제안을 자명하게 우스꽝스러운 것으로 취급하고 있다는 사실은 교회에 대한 그의 비전이 결코 고립주의가 아님을 보여 주고 있는 것이다. 바울의 공동체들은 불신의 세상 한가운데서 예언자적 반문화(反文化)로 살고자 애쓰면서, 헬레니즘적인 지중해 세계의 번창하는 도시들 속에서 생활하며 일하고 있었다. 교회가 주변 세상과의 구별이 전혀 없는 것이 아니라, 진정한 의미에서 반문화의 구실을 해야 한다는 것이 바울의 생각이었다. 그가 고린도교회에게 어떤 사람이 부도덕한 행실로 '가족'의 이름에 신용을 떨어뜨릴 경우, 그 "형제라 일컫는 자와 사귀지 말라."고 지시하는 이유가 여기에 있었다. "그런 자와는 함께 먹지도 말라."고 한다(11절). 부도덕한 삶을 영위하는 명목상 그리스도인들과 식탁의 교제를 할 경우, 하나님의 거룩한 백성으로서 교회의 정체가 심각하게 흐려질 것이기 때문이다. 바울은 신자들이 바깥 세상에서 죄인들과 같이 식사하는 것을 반대하지 않는다. 그가 염려하는 것은, 우상숭배와 비행(非行)의 세계 속에서 대안(代案) 공동체로서 존재하는 교회의 기율과 완결성이다. 하나님께서 외부인들을 심판하실 것이다. 그러나 자신에게 속한 구성원들의 잘못을 징계하여 기율을 유지하는 것은 교회의 책임이다(12-13a절).

고린도전서 5 : 11에 열거된 교회의 교제로부터 배제가 요구되는 죄목들은 언뜻 일반적인 악덕의 목록처럼 보인다. 그러나 브라이언 로스너(Brian Rosner)는 바울이 열거한 여섯 가지 내용이 신명기에서 사형을 요구하는 여섯 구절과 근사(近似)하게 상관관계를 갖고 있음을 설득력 있게 주장했다(*Paul, Scripture and Ethics*, p. 69). 이 여섯 구절 뒤에는 바울이 5 : 13에서 인용한 추방의 공식 문장인 "이 악한 사람은 너희 중에서 내어 쫓으라."가 이어진다(바울의 공식 문장 인용은 히브리 본문보다 헬라어의 「70인역」을 따르고 있다. 바울은 동사의 시제를 미래 직설법에서 부정과거 명령법으로 바꾸어, 신명기가 그의 고린도 독자들에게 전달되는 명령의 말씀으로 읽혀야 함을 분명히 하고 있다). 비교된 병행 구절은 다음과 같다.

고린도전서 5 : 11	신명기
음행	성적인 난삽함, 간음(22 : 21-22, 30)
탐람	(병행 구절 없음. 그러나 고린도전서 5 : 10에서 '토색하는 자들'과 짝이 됨.)
우상숭배	우상숭배(13 : 1-5, 17 : 2-7)

후욕(詬辱)	악독한 거짓 증거(19 : 16－19)
술 취함	반항적인 술 중독자 아들(21 : 18－21)
토색(討索)	유괴, 노예 매매(24 : 7, 「70인역」은 '도둑'이란 뜻의 명사 케프테스〈*kleptēs*〉를 사용함.)

만일 바울이 신명기에 나와 있는 배제 내지는 추방 본문들의 개요를 암묵적으로 따르고 있는 것이라고 보면, 고린도와 직접 연관된 문제이기 때문에 성적 부도덕의 항목을 시작 부분으로 옮겼음을 알 수 있다. '탐람'(greedy, 탐욕)은 순서가 바뀐 또 하나의 개념으로 바울이 다음에 처리하려고 하는 이슈의 전조가 되기 때문에 두 번째 자리를 차지한 것 같다. 고린도교회 교인들은 금전적인 문제로 서로를 고소하여 법정으로 끌고 갔다(6 : 1－11). 나머지 네 항목은 신명기에 등장하는 순서를 그대로 따르고 있다. 로스너는 바울의 악덕 열거에 사용된 실제 용어들이 신명기에 있는 그대로 채택한 것이 아님을 인정한다. 그렇지만 양자의 일치는 시사하는 바가 많다.

바울은 이스라엘 언약 공동체의 기율 규범을 고린도교회에 적용하기 위해 번역해서 옮겨 온 것같이 보인다. "이 악한 사람은 너희 중에서 내어 쫓으라."는 명령의 말씀은 고린도교회 교인들에게 직접 선포되는 말씀으로 제시되었다. 유추(類推)에의 호소가 아니다("하나님께서 이스라엘에게 이르기를 악한 사람을 쫓아내라고 하셨듯이 당신들도 그렇게 해야 합니다."라는 식으로 말하지 않았다). 바울은 사실상 이방인인 고린도교회 교인들을 이스라엘로 보고 말하고 있다. 하나님께서 이스라엘에게 하신 말씀이 그들에게 직접적으로 선언되었다. 바울이 이 장을 마무리하면서 주는 성경본문의 명령은 근친상간의 문제에 대한 그의 처리가 절정을 이루고, 고린도교회 교인들에게 주는 지침의 근본이 되는 신학적 기초를 노출한다. 이런 종류의 죄악된 행위가 하나님께서 선택한 언약 공동체를 부패시키게 내버려 두어서는 안 된다.

| 교사와 설교자를 위한 묵상 |

이 단락은 고대 고린도에서 발생한 곤란한 지역 문제를 회피하지 않고 정면 대응의 방식으로 다루고 있다. 따라서 이 본문의 내용이 우리에게 어떻게 하나님의 말씀으로 들릴 수 있는지가 명확하게 보이지 않을 수 있다. 그 때문인지 개정공동성구집(Revised Common Lectionary)은 오늘 본문의 자투리(6b-8절)를 문맥과 상관없이 떼어 내어 부활절 저녁을 위해 할당한 경우 외에는 어느 곳에서도 전문(全文)을 포함시키지 않았다. 성구집을 통해서만 성경말씀을 듣는 사람이라면 누구도, 고린도교회가 바울에게 근친상간을 저지른 교인을 내쫓지 않고 그대로 용납했다는 이유로 책망을 받았다는 것에 대해서는 배울 점이 없다 생각할 것이다. 그러나 우리는 이 단락의 내용을 신학적으로 조명하여 20세기에 사는 그리스도인들을 위한 말씀으로 받아들임으로써 얻을 수 있는 바가 많이 있다.

우선 첫째로, 이 본문은 교회가 반문화적 선지자 공동체로서 독특한 특성과 사명을 부담하고 있는 백성임을 주장하도록 강조하여 소명한다. 구성원들은 그런 공동체 내에서 서로의 삶과 영적 건강을 위해 피차간에 적극적 책임을 지도록 부름을 받았다. 우리는 고린도전서 5장을 통해 교회가 수많은 자발적 결사체 중의 하나가 아니고, 하나님의 언약 백성이라는 비전을 만나게 된다. 이 공동체 **안에** 있으면 생명이 있고, 이 공동체 **밖에** 있으면 죽음의 영역에서 사는 것이다. 바울은 "교회 밖에는 구원이 없다."는 키프리안(Cyprian)의 금언에 동조했을 것이다. 하나님께서 비그리스도인들에게 저주를 선언하시기 때문이 아니다. 자기 파괴적이고 멸망해 가고 있는 세상 속에 사는 사람들로서는 하나님께서 예수 그리스도를 통해 구출해 내신 공동체가 아닌 다른 곳에서 궁극적 온전성(ultimate wholeness)을 발견할 수가 없기 때문이다. 이런 공동체를 버린다는 것은 (또는 거기서 추방당한다는 것은) 폭풍이 몰아치는 가운데 배에서 뛰어내리거나 갑판에서 밀려 바다에 떨어지는 것과 마찬가지이다. 교회는 하나님을 섬기며 충성과 은혜를 보여 주는 모범으로 살 수 있도록 구별된 백성으로서의 생생한 소명감을 회복해야만 한다(마 5 : 13–16, 벧전 2 : 9–10 참조).

둘째로, 그러한 공동체 내에서는 기율(紀律, discipline)이 필수적이다. 이것이야말로 고린도전서 5장이 오늘날의 교회에 주는 근본적 도전이다. 서구 문화의 강력하게 사(私)적이며 개인주의적인 에토스(ethos) 속에서 성장한 교회들은 집단 책임에 대한 바울의 요구에 무척이나 당황한다. 우리 서구인들에게 있어 정경 중의 정경은 마태복음 7 : 1이었다. "비판을 받지 아니하려거든 비판하지 말라." 이것이 "당신이 나를 판단하지 않으면 나도 당신을 판단하지 않겠다."는 의미로 잘못 해석되었다. (물론 예수께서 하신 이 말씀은 "궁극적으로 **하나님에 의해** 심판을 받지 않으려거든 당신의 이웃에 대해 사적인 심판을 내리지 마시오."라는 뜻이다.) 마태복음의 이 말씀은 자기 의에 도취된 위선에 대해 중요한 경고가 된다. 그렇지만 이것 때문에 하나님의 뜻을 악질적으로 범하는 사람들을 (고린도전서 5장에 명시된 대로) 공동체를 위해 징계해야 한다는 교회의 집단적 책임을 소홀히 할 근거는 전혀 없다. 교회가 이러한 징계 기능을 좀처럼 행사하지 않는다는 사실은 교회의 불충성을 증거하는 사인이라 할 수도 있다. 종종 우리는 그렇게 하지 못하면서 서로의 차이를 인정하는 관용을 핑계삼아 우리의 불충을 합리화한다. 그러나 사실상 '관용'(tolerance)은 무관심과 도덕적 용기의 부족을 위장하는 입발림이 될 수 있다.

구체적인 예를 들어서 이야기해 보자. 교회 지도자들이나 구성원들에 의한 여성과 아동의 성적 학대에 대해 인식을 하기 시작한 것은 최근에 와서의 일이다. 고린도전서 5장의 예는 우리로 하여금 그러한 범죄를 확인하여 범법자들을 신속하고 엄격하게 다스려 기강을 잡는 용기를 갖도록 격려한다. 교회가 과거에 이런 사안들을 솔직하게 처리하지 않았을 때, 그것은 침묵의 공모(公募)에 의한 공범 행위였다. 우리는 애통한 마음으로 그런 행위를 저지른 사람들을 우리 가운데서 제거해야 한다. 또한 우리는 바울이 그러했던 것처럼, 우리의 징계 행위가 해당 범법자들을 변화시키며 치료하는 효과를 가져오기를 소망해야 할 것이다. 그러나 잘 알아야 한다. 그러한 범죄에 대한 분명한 공적 정면 대응 없이는 결코 치유가 있을 수 없다는 것이 확실하다. 우리는 무한정 판단하지 않고 내버려 두는 것을 '돌보는' 것으로 믿어 스스로를 기만하는 경향을 보여 왔다. 이것은 단지 마귀의 거짓말에 지나지 않는다. 이렇게 하면 공동체 내의 지독한 암적 학대들이 점검 없이 영속되고 만다. 아주 작은 암세포가 몸 전체에 퍼져 온 몸을 망가뜨리는 것을 잘 알고 있지 않은가? 그럴 때는 수술이 필요하다. 몸 전체가 살기 위해서는 암세포를 제거해야 한다.

물론 우리의 관심을 공동체에 대해 어긋난 성적 범죄에만 한정시키는 것은 잘못된 것이다. 이 예를 들게 된 것은 바울이 고린도에서 다룬 것이 바로 성적 범죄였기 때문이다. 그러나 공동체에서의 추방을 요구하는 여섯 가지 범죄 중에서(11절) 다섯 가지가 성(性)과 관계없는 것들임을 깨닫는 것이 매우 중요하다. 교회가 용기를 갖고 탐욕과 우상숭배, 폭력의 영구화 등에 대해서 정면 대응하여 기강을 바로 잡는 날이 오면 좋을 것이다.

셋째로, 기강의 권위를 행사하는 공동체는 '우리 주 예수의 능력'(4절), 즉 영적인 권능에 친숙한 공동체이다. 우리가 공동체의 기강을 잡지 못하는 것과 우리 가운데 성령의 생명과 나타남에 대해 소심한 것 사이에는 계속되는 악순환의 고리가 존재한다. 예수께서 우리의 모임 안에 실제로 임재하시겠다는 약속(마 18 : 20)을 진지하게 받아들이게 되면, 우리 중에 있는 죄인들을 다루는 일(마 18 : 15-19)에 대한 예수의 가르침을 더 잘 따르게 될 것이다. 바울이 이러한 예수의 가르침을 실제로 알고 있었는지는 확실하지 않다. 여기서도 그 점에 대해서는 아무런 암시도 하지 않는다. 그러나 교회 내 주님의 임재에 대한 바울의 확신은 공동체 기강에 관한 그의 주장에 권위를 주기에 충분한 근거가 된다.

넷째, 본문의 중심에 놓여 있는 유월절 이미지는 우리의 신학적 묵상을 위한 풍요로운 원동력이 된다. 무엇보다 먼저 우리는 우리의 정체성을 이스라엘의 유산 상속자로서 인식하는 법을 배우고 또 배워야 한다고 제안한다. 우리가 만약 이 절기가 애굽의 굴레로부터 해방된 것을 기념하여 유월절(출 12장)로 지키는 유대 백성들에게 의미했던 것과 현재 의미하고 있는 것을 제대로 이해할 수만 있다면, 이 절기를 제대로 기념하여 축하할 수 있을 것이다. (그리스도인 회중들은 주변의 유대 이웃들과 상호 존중의 대화를 추구하고, 공동의 전통적 뿌리에 관하여 할 수 있는 모든 것을 배워야 한다는 것을 의미한다.) 앞에서 언급한 것을 되풀이하자면, 유월절은 속죄와 아무 상관이 없다. 유월절은 압제의 권력으로부터의 해방과 연관된 일이다. 이 사실은 우리가 기독론 및 공동체로서의 우리의 정체에 대해 생각하는 방식에 대해 다양하고 폭넓은 함의를 제공한다. 교회 내에서 우리는 그리스도의 죽음에 의한 파멸로부터 보호받으며, 우리를 사로잡는 세력으로부터 해방을 얻고, 약속을 향한 여정(旅程)을 위해 파송받는다. 바울은 여기 고린도전서 5 : 6~8에서 자신의 메타포가 지닌 이 모든 함의를 다 발전시키지는 않는다. 그러나 그 모든 것들은 우리의 신학적 성찰과 선포에서 이루어질 탐구를 기다리면서 있다. 바울이 이 단락에서 발전시키는 유일한 함의는 교회가 하나님의 명령에 순종하지 않는 사람들이 믿음의 집의 보호권 밖에 놓여지게끔 파괴적인 문화 환경으로부터 구별되어야만 한다는 것이다.

마지막으로, 바울이 신명기를 어떤 방식으로 고린도교회에게 선포된 말씀으로서 취급하는지 주의 깊게 살펴보아야 한다. 고린도전서를 살펴볼 때, 고린도교회 교인들은 자신들이 성서에 매이거나 성서의 언급 대상이 된다고 이해하지 않았으리라는 점을 시사하는 여러 요소들이 발견된다. 그들은 지혜에 관해 상당히 자기 확신에 차 있어 하나님께서 이스라엘에게 주신 바 기록된 말씀의 제한과 규범을 초월해 있다고 생각했기 때문에, 바울이 "기록한 말씀 밖에 넘어가지 말라"(4 : 6)고 가르쳐야만 할 정도였다. 고린도의 부도덕한 교인은 신명기에서 '계모와 구합하는 일'(신 27 : 20) 또는 '계모와 결혼하는 일'(22 : 30)을 금했다는 것도 알지 못했고, 신경 쓰지도 않았다. 그 사람의 경우 그리스도의 자유를 경험했기 때문에 자신이 하고 있는 일이 옳다고 보았거나, 혹 아니라 해도 최소한 도덕적으로 별 문제가 되지 않는다고 생각했다. 성경의 옛 언약의 계명과 자신이 속한 그리스-로마 문화의 옛 도덕적 표준이 자신에게는 아무런 의미가 없다고 생각한 것이다. '예수의 이름 안에서' 더 이상 그러한 육신적 조건의 구애를 받을 필요가 없다고 보았기 때문이다. 이러한 자세가 어떻게 고린도에서 성행하던 혼합주의의 기독교·견유철학/스토아철학의 '지혜론'적 배경에서 생겨났는지를 보는 것은 그다지 어려운 일이 아니다(앞의 고린도전서 4장의 논의를 보라). 앞에서 살펴본 바와 같이, 어떤 고린도교회 교인들이 이런 일에 대해 '자랑'을 하면서 그리스도인의 자유에 있어 영웅이 된 범법자의 용기를 축하했는지 그 이유를 설명해 주는 것도 바로 이런 종류의 혼합주의가 존재했다는 사실에 있다. 바울은 성서의 도덕 규범에 있어 게임의 법칙이 바뀐 적이 전혀 없다고 주장함으로써 철학적·신학적 추정으로 부풀어오른 풍선에 구멍을 내어 터뜨려 버린다. 신명기는 여전히 뒤에 오는 하나님 백성의 세대에게도 자기 발언을 하고 있으며(원래 신명기는 그렇게 계획된 말씀이다〈신명기 26장 참조〉.), 지금도 그들에게 하나님의 길을 걸으며 하나님께 순종할 것을 요구한다. 이 점을 바울이 사용한 방법보다 더 효과적으로 강조하는 방법은 없을 것이다. 바울은 이 장(章)의 절정에 해당하는 지점에(5 : 13b), 고린도교회 교인들을 하나님의 언약 백성으로 보고, 그들에게 하나님과의 언약관계의 완결성을 보전하라고 명령하는 문구를 인용하여 위치시켰다. "이 악한 사람은 너희 중에서 내어 쫓으라"(신 22 : 21).

이 모든 것이 우리에게 어떻게 적용되는가? 우리 시대의 교회 안에도 자신들이 새롭게 획득한 깨달음이나 지혜를 따른다고 하면서 **그리스도인이라는 이유 때문에** 도덕적 이슈에 대한 성경과 전통의 가르침을 무시해도 상관이 없는 자유를 얻었다고 주장하는 사람들이 있다(이것은 성행위에 대해서만 그런 것이 아니다. 물질의 소유나 폭력의 사용에 대해서도 이런 자유의 주장을 펴고 있다). 오히려 이들은 소위 구시대적인 규범이라 여겨지는 것들을 어기는 것을 은근히 자랑한다. 바울이라면 오늘날의 그러한 교회에게 무슨 말을 해 줄까? 우리는 애통해야 하는 것이 아닐까? 성경은 지금도 계속해서 우리에게 직접적으로 말씀하고 계시지 않은가?

고린도전서 6 : 1~11

사법적 분쟁은 공동체 내에서 다루어야 한다

바울은 고린도전서 6장의 시작 부분에서 고린도교회의 어떤 이들이 다른 교인들에게 법정 소송을 걸었다는 보고에 대해 이야기한다. 바울의 언급만으로는 자세한 내용을 알 길이 없으나, 분쟁은 민사관계에 대한 것으로 보인다. 바울은 이 사건이 일상의 사안(**비오티카**〈*biōtika*〉, 3-4절, NRSV는 'ordinary matters'〈평범한 일들〉라고 번역함으로써 올바른 의미를 잘 파악해 주고 있다. 반면에 NIV의 번역 'things of this life'〈이생의 일들〉는 그리스도인들이 오직 내세의 일에만 관심을 가져야 한다는 느낌을 주고 있다. 이것은 바울이 의도한 바와 너무 거리가 멀다.)을 다루고 있다고 말한다(우리의 개역성경도 '세상 일'이라고 번역함으로써 헤이스의 의견과 거리가 있음을 주목하라-역주). 본문 7~8절에 '속이는' 일에 대한 언급이 있는 점을 감안할 때, 분쟁은 경제적 문제로 인해 생겨났을 것으로 보인다.

바울이 이 보고를 듣고 왜 그렇게 마음이 상했을까?(여기서는 고린도전서 4 : 14에서와는 달리 고린도교회 교인들로 하여금 그들의 행위에 대해 '부끄럽게 하려 하여'〈6 : 5〉 이 말을 **한다고** 쓰고 있다.) 오늘날의 많은 그리스도인 독자들은 근친상간의 경우에 대한 바울의 분노(5 : 1-5)에 공감하면서도, 소송의 문제에 관해서는 전혀 별종의 영역에 속한 것으로 보는 경향이 있다. 서구의 어느 법정에서도 지난 수 세기 동안 그리스도인들이 서로간에 소송을 거는 것을 보지 못한 곳이 없다. 그러니 법정 소송은 분쟁을 종결시키고 사업을 진행해 가기 위한 정상적인 방법처럼 보인다. 그래서 분노하는 바울의 반응(6 : 1-8)이 다소 지나친 것은 아닌가 하는 생각이 들게 만든다(아마 이 점은 고린도교회 교인들에게도 마찬가지였을 것이다). 또한 우리는 바울이 주로 성도덕적 이슈를 다루는 두 단원(5 : 1-13, 6 : 12-20) 사이에 이 논의를 끼워 넣은 것 때문에 의아함을 갖게 된다. 어떻게 이 단락이 5장과 6장의 문맥에 적합하다는 말인가? 그리고 바울은 왜 고린도교회 교인들의 법정 소송 행위를 그렇게 문제 삼았던 것일까?

두 질문은 동일한 답을 갖는다. 바울은 고린도교회 교인들이 서로 간에 책임을 지는 공동체로 살아가는 데 실패했기 때문에 못마땅해 하고 있는 것이다. 그들은 근친상간을 저지른 사람을 징계하지 못했듯이, 같은 이유로 내부의 분쟁을 스스로 해결하는 것을 책임질 줄 모르고 있는 것이다. 결국 자신들의 사법적 사건을 불신자들(6 : 6), 즉 바울이 '불의한 자들'(6 : 1)이라 부르는 사람들 앞으로 가져간 것이다. 다시 말하자면 그들은 로마제국의 고린도 시에서 민사 소송이라는 일반적 과정을 밟고 있는 것이다. 이 법정의 판사들은 하나님의 언약 공동체에 속해 있지 않다는 의미에서 '불의한 자들'(*adikoi*)이다. 그래서 고린도교회 교인들이 자기네 문제로 상대방을 법정으로 끌고 감으로써, 믿음의 공동체 대신에 고린도의 이교도 문화에 충성 서약을 선언하는 것이나 마찬가지 효과를 가져오게 된 것이다. 이런 행동은 교회의 경계를 무너뜨리고, 그 일치에 손상을 가져온다.

요점이 분명히 정리되어야 한다. 사실상 바울은 고린도전서 6 : 1~11에서 주제를 바꾼 것이 아니다. 고린도전서 5장의 주제가 이곳에서 계속 이어지고 있는 것이다. 양자에 있어 문제는 모두 '교회가 교회되지 못한 것'이었다(Fee, p. 230). 이것이 5장과 6장의 근본 이슈이다. 바울은 고린도교회 교인들에게 발상의 전환(conversion of the imagination)을 호소하며 그들을 소명(召命)한다. 무엇보다 우선 자신들이 '성도'(1−2절, 1 : 2 참조), 즉 하나님의 종말론적 백성이라는 점을 이해할 것을 요구한다. 이들은 이스라엘이 애굽에서 부르심을 받아 나왔던 것처럼, 이전의 사회 세계로부터 부름을 받아 나온 하나님의 백성이다. 이것은 이제 그들이 이전의 생활 방식을 바꾸어 새롭게 하나의 백성이 되어 한데 묶여 있다는 것을 의미한다.

로마 제국의 법정 제도에 대한 최근의 연구에 따르면 당시에는 사법구조가 상류층 소송 당사자들에게 편향적이어서 매우 불공정했다고 한다. 민사 소송의 압도적 다수는 부유한 권력자들이 하위층의 가난한 사람들에게 걸어온 것이었다. 물론 판사들도 특권계급에 속한 사람들이었기 때문에, 일반적으로 자기네 사회 동료들의 편을 들어 그들의 증언에 우호

적이고 하층계급 사람들의 증언에는 적대적이었다. 더구나 고위층에 속한 사람들은 자신들의 소송을 위해 변호해 줄 전문 변사(辯士)들을 고용하고, 또한 필요할 경우 판사들을 매수할 수 있는 재력을 지니고 있었다. 결과적으로 페트로니우스의 「사티리콘」(*Satyricon*)에 등장하는 한 인물이 이렇게 불평을 늘어놓는다. "돈만이 지배하고 가난한 소송인들이 결코 이길 수 없는 법이 도대체 무슨 소용이 있단 말인가? …… 그러나 법정 소송이란 경매에 지나지 않는다. 사건을 듣고 앉아 있는 기사 계급의 배심원은 자기에게 주어진 투표의 기록으로 이미 구입한 물건을 승인하고 있는 셈이다"(*Satyricon*, p. 14). 중요한 상업과 행정의 중심지였던 고린도는 확실히 이런 모습에 예외가 아니었을 것이다. 디오 크리소스톰(Dio Chrysostom)은 고린도가 (특히 이스드미안 게임〈Isthmian Games〉의 시기 무렵에) '판결을 굽게 만드는 수많은 변호사들'로 가득 찼다고 기록하고 있다(*Or.* 8.9). (위의 내용들은 Alan C. Mitchell의 *Rich and Poor in the Courts of Corinth*, pp. 562-586에서 참고한 것이다.)

여러 가지 정황을 통해 살펴볼 때 동료 그리스도인들에게 민사 소송을 걸어 사건을 주도한 고린도교회 교인들은 공동체 내에서 더 특권을 누리며 권력을 가진 사람들이었고, 고소를 당한 피고들은 가난한 사람들이었을 가능성이 많다. 이 점은 편지의 다른 곳에서 언급되고 있는 일들에도 해당된다(특별히 11 : 17~34을 보라). 부유한 고린도교회 교인들은 낮은 신분에 있으면서 재물이 없는 가난한 교인들을 '부끄럽게' 만들었다. 이러한 배경 지식은(원래 독자들에게는 설명할 필요가 없었던 것들이다.) 바울이 고소인들을 엄하게 꾸짖는 이유를 해석하는 데 도움이 된다. "너희 중에 누가 다른 이로 더불어 일이 있는데 구태여 불의한 자들(부자들에게 편향되어 판결을 굽게 하는 고린도의 이교도 상류층 판사들) 앞에서 **송사하고** 성도 앞에서 하지 아니하느냐 …… 내가 너희를 부끄럽게 하려 하여 이 말을 하노니……"(6 : 1, 5a).

바울은 현재 상황을 종말론적 실재의 차원에서 재구성함으로써 이런 행태의 터무니없음을 보여 주려 한다. 바울은 당시 유대인들과 초기 그리스도인들의 묵시 문헌에서 전형적으로 나타나는 생각을 끌어 온다. 하나님의 선택받은 자들은 세상을 심판하고, 다가오는 시대에 그 세상을 다스리는 데 있어 역할을 담당하도록 되어 있다(단 7 : 18, 22, 솔로몬의 지혜서 3 : 8, 마 19 : 28, 눅 22 : 30, 계 3 : 21). 그러나 바울이 당연한 것처럼 말하고 있는 '우리가 천사를 판단할 것'(3절)은 다른 어떤 곳에서도 찾아볼 수 없는 내용이다. 아마 이것은 모든 일이 궁극적으로 그리스도께 복속(服屬)될 것(고전 15 : 24－28)이라는 확신에서 연역해 낸 것으로 보인다. 모든 것이 그리스도께 속하게 되면 '그리스도 안에' 있는 사람들은 천사보다 더 높은 위치에 놓이게 될 것이기 때문이다. 어쨌든 바울의 언급이 목적하는 것은 교회의 영광스러운 종말론적 상태와 사소한 재산 분쟁으로 소송을 거는 현재의 실패 사이에 존재하는 우스꽝스러운 대조에 하이라이트를 주는 것이다. "세상도 너희에게 판단을 받겠거든 지극히 작은 일 판단하기를 감당치 못하겠느냐"(6 : 2b).

바울은 그런 일을 두고 못믿겠다는 듯이 묻는다. "그런즉 너희가 세상 사건이 있을 때에 교회에서 경히 여김을 받는 자들(아무런 위치도 없는 자들, NRSV)을 세우느냐"(4절). 영어성경 NIV는 이 구절을 하위 신분의 그리스도인들을 언급하는 것으로 취급하여 수사학적 질문이 아닌 명령형으로 읽는다. "그러니 당신들이 그런 문제로 분쟁을 갖는다면 차라리 교회에서 별로 중요하지 않은 사람들을 판사로 세우라!" 하지만 이런 식의 어조는 바울이 극복하려고 노력하는 계급 차별을 강화시키는 셈이 된다. 따라서 헬라어 **투스 엑수쎄네메누스**(*tous exouthenēmenous*)를 '**아무 지위가 없는** 사람들'로 번역하는 것이 너무 약해 보이기는 하지만, NRSV의 번역이 더 낫다고 보아야 한다. '교회에서 경히 여김을 받는 자들'은 불의한 이교도 판사들이다. 그들의 사회적 신분이 세상에서 어떠하든지 간에, 그들의 존귀한 듯한 지위는 교회에서 볼 때 사실 아무런 가치도 없다(1 : 26－31 참조).

고린도전서 6 : 5b의 익살맞은 수사학적 질문은 교만한 고린도교회 교인들의 바람을 빼놓기 위함이다. "너희 가운데 그 형제 간 일을 판단할 만한 **지혜 있는 자**(*sophos*)가 이같이 하나도 없느냐?" 만일 분쟁의 소송을 건 사람들이 스스로 고양(高揚)된 철학적 지혜를 소유하고 있다고 주장한 상류층 교인들이라면 그 질문은 더욱 파괴적이다. "당신들이 그렇게 '지혜롭다면' 왜 당신들의 의견 차이를 스스로 해결하지 못하고 외부 당국자들을 찾아가는 것입니까?" 그들이 외부에 중재를 요청한다는 사실 자체가 스스로 주장하는 존재가 되지 못함을 증명하고 있는 셈이다.

그러나 가장 한심한 사실은 NIV가 올바로 표현했듯이 그러한 소송이 '형제가 형제로 더불어' 치고받는 꼴이 된다는 점이다(6절). 여기서 다시 '형제' 대신에 '신자'라는 말을 사용함으로써 용어의 포괄성을 보이려는 NRSV의 노력은 바울이 믿음의 공동체를 하나님의 **가족**으로 간주하는 중요한 점을 놓치게 만든다. 고린도교회 교인들은 창피하게도 가정의 의견 불일치를 길거리로 내놓았다. 즉, 온 가족에게 망신을 주면서 분쟁에 휩싸이게 했다는 말이다. 바울이 강변하는 것은 이런 창피한 일이 중단되어야 한다는 것이다. 정 필요하다면 고린도교회 교인들은 내부 분쟁(고전 5 : 12 참조)을 해결하기 위해 (신명기 1 : 9~17, 16 : 18~20에서 이스라엘이 그랬던 것처럼) 스스로 재판관을 세워야 했었다. 이것은 정상적인 디아스포라 **유대인들**의 관행에 부합하는 일이었다. 이들 유대인들은 자신들에게 맞는 법정 제도를 만들어 문제를 이방인들의 법정으로 가지고 가지 않으려고 했다. 분쟁을 이렇게 다룰 경우, 문제를 최소한 공동체 내의 관할에 한정시켜 외부인들 앞에서 수치스러운 논쟁을 벌이는 것은 막을 수 있었다.

그러나 바울의 관점에서 보자면 그러한 해결책도 어쩔 수 없어 용인하는 수준의 것에 지나지 않는다. 왜냐하면 '피차 송사함으로 너희 가운데 이미 완연한 허물이' 있게 되는 것이기 때문이다(7절). 승자는 없다. 교회 전체가 패배하는 것이다. 설사 한쪽이 이겼다 하더라도 사실상 관련 당사자들 모두가 지고 만 것이다. 왜? 세상 법정에서 싸움으로써 그들 모두가 불의를 행하는 범죄자가 되었기 때문이다. "너희는 불의를 행하고 속이는구나. 저는 너희 형제로다." 고린도교회 교인들은 서로에게 불의를 행했고(*adikein*), 그래서 그들은 **아디코이**(*adikoi*), 즉 불의한 이교도같이 되고 말았다. 법정 소송까지 가는 것보다는 차라리 경제적 부정의(不正義)를 감수하는 것이 훨씬 더 좋은 것이었다. 불의를 행하는 것보다는 불의를 당하는 것이 더 좋았다(7-8절).

여기서 많은 주석가들이 예수의 가르침에 대한 암시를 읽지만, 마태복음 5 : 38~42에 있는 용어들과의 직접적인 접촉점은 보이지 않는다. 만일 바울이 예수의 이러한 교훈을 알았다면, 그것을 직접 인용하는 것이(7 : 10 참조) 그의 의도한 목적에 더 효과적이었을 것이다. 그러한 직접 인용을 하지 않았던 것으로 보아 바울이 예수의 가르침을 알고 있었던 것으로는 보이지 않는다. 그러나 여기서 오히려 잘 알려진 소크라테스 교훈의 반향(反響)이 강하게 울린다. 플라톤은 그의 가르침을 이렇게 기록하고 있다. "불의를 당하거나 불의를 행하거나 중에서 양자택일을 해야만 한다면, 나는 불의를 행하기보다는 불의를 당하여 고난을 겪을 것이다"(*Gorgias* 469C, 그리고 같은 책의 여러 곳을 참고하라. 그는 여기서 바울이 고린도전서 6 : 7~8에서 사용한 것과 똑같은 동사인 *adikein*과 *adikeisthai*를 사용한다). 이 금언은 에픽테투스나 무소니우스 루푸스(Musonius Rufus) 같은 철학자들이 반복해서 사용했다. 실제로 루푸스는 "철학자는 절대로 개인적 피해 때문에 타인을 고소해서는 안 된다."고 주장하는 논문을 썼다. 누군가 다른 사람에게 해를 가하는 것은 명예롭지 못한 일이기 때문만은 아니다. 애초부터 스토아 철학자들은 누군가에 의해 해를 입는다는 것을 인정하지 않으려 했기 때문이다. 그렇다면 바울이 7~8절에서 보이는 수사학적 움직임은 다시 한번 고린도교회 교인들이 진정한 **소포이**처럼 행동하지 못했다는 점을 암묵적으로 책망하고 있는 것이다. 우리는 또다시 바울이 그들의 철학적 카테고리가 자신들과 맞서게 만들어, 그들을 그들의 게임으로 물리치는 모습을 보게 된다.

물론 바울이 단지 수사학적 게임만을 하고 있는 것은 아니다. 그가 주장하는 요지는 매우 진지한 것이다. 교회 안에 있는 사람들은 의롭게 행동하도록, 그리고 자기를 내세우느라고 남을 해치는 세상 방식은 뒤에 버려두고 떠나도록 부름을 입었다. 바울은 이 생각을 9~11절에서 일반적 용어를 사용해 정리하고 있다. "불의한 자(여기서도 *adikoi*)가 하나님의 나라를 유업으로 받지 못할 줄을 알지 못하느냐……"(9절). 여기서 다시 종말론적 관점이 바울의 주장에 관한 틀을 구성한다. 그들은 경제적 지위와 이해관계를 놓고 서로 밀고 당김으로써 서로에게 불의를 가하고, 속이며, 궁극적으로 하나님 나라를 상속하지 못하는 더 큰 손실을 당하게 될 불의한 외부인들처럼 살고 있는 것이다. 상속의 메타포는 바울에게서 자주 발견된다('하나님 나라'에 대한 언급을 위해서는 15 : 50, 갈라디아서 5 : 21을 보라. 또한 갈라디아서 3 : 29~4 : 7, 로마서 8 : 17을 참고하라). 그러나 여기서는 고린도교회의 법정 소송이라는 특정 문제에 대해 미묘하게 정곡을 찌른다. 고린도교회 교인들이 현재의 물질적 이익을 부여잡으려다가 다가오는 시대의 훨씬 더 큰 상을 위태롭게 만들고 있다는 것이다.

그렇다고 해서 바울의 주장이 협박은 아니다. 비용과 혜택을 분석하여 하는 호소에 궁극적 기초를 두고 있는 것도 아니다. 즉, 그들의 소송 행위가 장기적인 이익을 잠식하기 때문에, 그것을 피해야 한다고 주장하는 것이 주 요점은 아니라는 말이다. 오히려 바울이 더 중요하게 여기며 주장하는 것은 그러한 행실이 그리스도 안에 있는 그들의 진정한 정체성에 근본적으로 모순을 가져온다는 데 있다. 세례를 받은 교회의 구성원으로서의 그들은 새로운 실재 속으로 전입되었고, 그래서 예수 그리스도의 주 되심 아래서 새로운 정체성이 주어졌다. 서로에게 소송을 거는 것과 같은 행동은 이 새로운 집단적 정체성에 어울리지 않는 짓이다. 그래서 그런 행동은 중단해야 한다. 이것은 우리가 바울에게서 반복적으로 만나게 되는 도덕적 추론 패턴의 전형적인 예이다. 직설법(indicative, 당신은 그리스도 안에 **있다**.)은 명령법(imperative, 따라서 그에 맞게 **행동하라**.)에 앞서 가면서 그 바탕이 된다.

사실 법정 소송 사건은 옛 시대의 파괴력 아래 살아가는 삶의 여러 특징 중 하나일 뿐이다. 바울은 하나님 나라를 상속받지 못할 사람들의 여러 유형을 열거함으로써 '불의를 행하는 자'라는 일반 용어가 가리키고 있는 그 내용을 채운다(6 : 9b–10). 여기 열거된 내용에는 공동체로부터의 추방이 요구되는 것으로 이미 5 : 11에서 등장했던 여섯 가지 범죄행위들이 되풀이되고(음란하는 자, 우상숭배하는 자, 탐람한 자, 술 취하는 자, 후욕하는 자, 토색하는 자), 그 외에 네 가지 카테고리가 추가되었다. 이들 중 둘(간음하는 자와 도적)은 단순하게 신명기의 규정(신 22 : 21–22, 24 : 7)을 확장하거나 다시 언급한 것이며, 각각 '음란하는 자들'과 '토색하는 자들'에 긴밀하게 연관되어 있기 때문에 더 이상의 언급은 필요 없다. 그러나 나머지 두 용어인 '탐색하는 자'와 '남색하는 자'는 새로운 분위기로 끌어들인다.

이 단어들의 올바른 해석에 대해 최근 들어 많은 학술적 토론이 있었다. 첫 번째 단어(*malakoi*)의 문자 뜻을 그대로 따르면 '부드러운 것(사람)들'(soft ones)이다. 이 단어는 종종 남창(男娼)을 가리킨다. 특별히 이 말을 비역(남자들끼리 하는 성교)에서 수동적 위치에 있는 어린 소년들을 두고 쓸 때가 있었다. 그러나 보통으로는 그런 사람들에게 이 말이 사용되지 않았다. 이 단어는 좀더 넓은 의미의 '꽃미남'(sissies) 또는 '멋쟁이'(dandies) 등의 뜻으로 이해될 수 있었다. 그러나 두 번째 단어(*arsenokoitai*)는 동성애 성행위를 하는 남자들을 가리키는 일반적인 용어였다. 비록 **아르세노코이테스**(*arsenokoitēs*)를 바울이 사용하기 전의 어떤 헬라 문헌에서도 찾아볼 수 없지만, 이 단어는 분명히 '(여자와 교합함과 같이) 남자와 교합하는 사람'(레 18 : 22, 20 : 13)을 뜻하는 표준적 랍비 용어를 헬라어로 번역한 것이었다. (최근에 이 해석에 대해 반대하는 입장이 있기는 했지만, 그 의미가 *Sibylline Oracles* 2.73의 증거에 의해 확증되었다.) 바울은 여기서 동성애 행위에 대한 유대인들의 표준적 심판을 되풀이하고 있다. (이 사안에 대해 약간 더 길게 설명하고 있는 곳을 위해서는 로마서 1 : 24~27을 보라. 또한 디모데후서 1 : 10을 참고하라.) 이 범죄가 신명기의 공동체 추방 본문에는 등장하지 않지만, 레위기 20 : 13에 의해 사형을 요구하는 '가증한 일'(abomination)로 이름 붙여져 있다. 따라서 바울이 이 행위를 이전의 열거(5 : 11) 속에서 다른 항목의 행위들과 연결시키려는 것은 결코 이상한 일이 아니다. 구약성경에 따르면 열거된 행위들의 경우 모두 그 범법자들을 사형에 처하도록 되어 있었다. (우리가 살펴보았듯이, 바울은 자기 시대의 유대 관행을 좇아 이 본문들이 문자 뜻 그대로 사형을 가리키기보다는 공동체로부터의 추방을 요구하는 것으로 해석했다.)

그러나 우리는 고린도전서 6장에서 바울의 현재 목적이 성행위에 대한 새 규정을 제시하려는 데 있는 것이 아니고, 서로를 법정으로 소환하는 고린도교회 교인들을 책망하는 데 있음을 기억해야 한다. 고린도전서 6 : 9~10에 열거된 내용은 단지 고린도교회 교인들이 교회에 오기 전의 **상태를** 설명한 것에 지나지 않는다. 그러나 삶을 바꾸어 놓는 변화가 일어났다. "……주 예수 그리스도의 이름과 우리 하나님의 성령 안에서 씻음과 거룩함과 의롭다 하심을 얻었느니라"(11절). 그들은 이런 변화의 차원에서, 권력자가 영향력 없는 교인들을 이용해 먹을 수 있는 법정으로 그들의 재산 분쟁을 가져감으로써 **아디코이**(*adikoi*)처럼 행동하는 일을 그쳐야만 한다. 우리가 이러한 주장의 근본적 목적을 염두에 두지 않으면, 우리의 본문 해독이나 본문에 바탕한 설교가 심각하게 초점을 잃고 말 것이다.

바울은 여기서 그리스도가 주님이 되시는 영역으로 전입된 표시로 이해되는 그들의 세례('씻음')를 암시한다. 그들은 과거의 죄악된 행실로부터 씻김을 받았으며, 하나님의 언약 백성('의롭다 하심')으로서 하나님을 섬기도록 구별되었다('거룩함', 1 : 2 참조). 본문 11절의 세 동사가 믿음의 순례 여정에 나타나는 세 가지 체험을 발생 순서대로 가리키는 것은 아니다. 이것들은 현재 그리스도께 속한 사람들에게 발생한 한 가지 근본적 변화의 사건을 설명하는 세 가지 묘사이다. 절정을 이루는 동사 '의롭다 하심'은 일반적으로 영어성경에서는 그 힘을 잃은 능숙한 단어 유희로 전체 단락을 휘감는 구실을 한다. "당신들은 불의한 사람들(*adikoi*)이었다. …… 그러나 당신들은 의롭다 하심(edikaiōthēte)을 입었다." 그들이 의롭다 하심을 입었기 때문에(하나님의 가족원이 되었기 때문에) 그들은 **아디코이**(*adikoi*) 앞에 서려고 법정에 감으로써 서로에게 불의를 행하는 짓(*adikeite*, 8절)을 멈춰야 한다.

| 교사와 설교자를 위한 묵상 |

고린도전서 6 : 9~11은 이곳에 열거된 유형의 죄인들을 공격하는 수많은 도덕주의자들의 설교를 위한 발판이 되어 주었다. 그러나 바울의 악덕 리스트에만 집착하는 설교자는 설교의 강조점을 잘못된 위치에 설정한 것이다. 이 구절이 관심을 갖고 있는 영역은 크게 잡아 세 가지로 좁혀진다. 고린도교회 교인들이 한 공동체로 행동하도록 소명한다. 법정 소송을 불의의 도구로 보아 심판한다. 그리고 세례받은 사람의 변화된 정체성을 선언한다. 이 세 가지 강조점을 간략히 묵상해 보자.

1. 한 공동체로 행동 고린도교회 교인들이 벌인 사법적 분쟁은 그리스도 안에 있는 공동체의 연대(連帶)감을 해치며, 그것을 위험한 지경으로 몰아넣는다. 바울이 크게 분노한 이유가 바로 여기에 있다. 개인의 재산보다 더 중요한 것이 교회의 일치이다. 바울은 다시 한번 성도들이 발상의 전환해야 한다고 요구한다. 고린도교회 교인들은 자신들을 고린도 시의 '정상적인' 사회 경제 구조에 속한 것으로만 보기를 중단해야 한다. 대신 자신들을 하나님 나라를 비전으로 그려 선포하는 차원에서 집단으로 행동하는 하나님의 종말론적 백성으로 발상의 전환을 해야 한다. 경제적 문제에 대한 어떤 결정이든지 간에 같이 행동하는 교회로서 그 결정을 내려야만 한다. 교회는 자신들이 궁극적으로 하나님의 의로운 세상 심판에 동참하도록 부름을 받은 성도들임을 기억해야 한다. 바울은 고린도교회 교인들의 민사 분쟁을 이렇게 재구성하여 설명함으로써 사실상 그들에게 많은 것을 요구하고 있다. 바울은 새로운 방식으로 일을 처리하도록 그들을 재사회화시켜 새로운 공동체 의식을 가꾸어 내려고 노력하고 있는 것이다.

이 본문의 말씀이 우리에게 요구하는 바가 만만치 않다. 우리도 고린도교회 교인들과 크게 다름없이 바울의 복음 중심 공동체의 비전에 상당한 거리가 있는 과거 관행의 사법과 경제 구조에 생각 없이 동참하고 있다. 우리가 믿음의 공동체를 위한 넓은 의미의 유익을 무시하면서 개인의 경제적 권리만을 추구하고 있는 경우는 없는가? 이런 질문에 대한 답변은 각자의 지역 상황 속에서 발견되어야 할 것이다. 그러나 그 답변이 교회에 미치는 영향은 몹시 크다. 개인주의적 물질주의의 가치에 의해 깊이 조각된 문화 속에 사는 우리로서는 바울이 고린도교회를 책망하여 깨우침을 준 것을 통해 우리 자신을 잘 점검해 보아야만 한다. 우리가 하나님 백성의 한 가족이며, 그 공동체가 우리의 주된 충성의 대상이라는 것을(우리 자신에게, 그리고 외부인들에게도) 분명히 보여 주는 방식으로 일을 처리하고 있는가?

어떤 곳에서는 교회가 세속의 사법 시스템 밖에서 문제를 해결할 수 있도록 분쟁의 중재를 위한 프로그램을 후원하는 일을 시작했다. 이러한 갈등 해소 프로그램들이 단지 법정 밖에서의 해결을 이루기 위한 것만은 아니다. 불화 당사자들의 화해를 성취하기 위한 것이기도 하다. 이런 종류의 창의적 노력은 고린도전서 6 : 1~11이 교회에 주는 소명에 깊이 공조하는 일이다.

2. 부정의(不正義)의 책망 우리가 당대의 사법 시스템에 대한 지식을 배경으로 해서 이 단락을 읽으면, 바울이 공동체의 일치뿐 아니라 특권층 사람들이 가난한 사람들에게 가하는 학대의 가능성에 대해서 염려하고 있다는 것을 알 수 있다. 본문에는 바울이 염두에 두고 있는 상황에 대해 자세한 설명을 하지 않고 있기 때문에, 이 점이 분명하게 드러나 있지 않다. 그러나 고린도교회 교인들은 바울이 이야기하고자 하는 속마음을 아주 잘 알고 있었을 것이다. 속사정을 시사하는 내용이 8절에 있다. "너희는 불의를 행하고 속이는구나. 저는 너희 형제로다." 고린도교회 교인들 중 일부는 스스로를 변호할 능력을 갖추지 못한 사람들의 약점을 이용하면서 민사 제도를 불의의 도구로 이용하고 있었다.

우리 시대에서 이런 일들이 근본적으로 바뀌어 있는지를 스스로에게 물어보아야 할 것이다. 우리는 여전히 돈이 말하는 시대에 살고 있다. 돈 많은 사람들은 여전히 실력과 권력을 가진 변호사를 사용하여 자신들의 소송을 위해 변호하게 함으로써 사법 절차에 불공정한 영향력을 행사할 수 있다. 우리가 살고 있는 곳도 고린도 못지않게 '재판을 무수히 굽게 만드는 변호사들'로 구멍이 뚫려 있다. 그리스도인들이 이러한 절차 속에서 공모자들이 되어 있다면, 바울의 말은 우리에게도 그대로 적용된다. "내가 너희를 부끄럽게 하려 하여 이 말을 하노니……."

결국 이 본문은 구체적으로 그리스도인이 다른 그리스도인을 법정으로 끌고 가는 문제에 대해 다루고 있다. 종종 그렇게 오용되어 왔듯이, 이 본문을 바울이 악덕 리스트로 분류해 놓은 다른 범죄자들(음란하는 자들 또는 남색하는 자들)을 책망하는 데 있어서 사용하려는 것은 원래 의도했던 메시지를 고의적으로 이상하게 왜곡하는 일이다. 고린도전서 6 : 1~11에 성실하게 주목한다면, 주로 우리가 혹시 공동체로서 '탐욕'을 품거나 그런 탐욕을 암묵적으로 용인하고 있는지에 대해 반성을 하는 쪽으로 인도될 것이다. 이런 질문은 우리의 마음을 불편하게 만들 것이다. 이 구절이 편리하게도 우리의 성구집(lectionary)에서 누락되어 있기 때문에 놀라지는 않을지라도, 아마 안심하고 있는 것이 아닌가 모르겠다.

3. 세례받은 사람의 변화된 정체성 고린도전서 6 : 9~11을 올바로 대우하는 길은 바울이 강조하고자 하는 것, 즉 하나님께서 그리스도 안에 있는 사람들의 정체성을 변형시키려고 이미 그 역사를 이루셨다는 사실에 주목하는 것이다. 확실하지는 않지만 11절에 세례식에서 사용되었던 실제 문구가 반영되어 있는 것으로 보인다(그 형식의 삼위일체 구성을 주목하여 보라. '**주 예수 그리스도**의 이름과 **우리 하나님의 성령** 안에서'). 어쨌든 바울은 믿음의 공동체 안에서 세례를 받은 사람들은 한 존재 양식에서 다른 존재 양식으로 이동했다는 점을 강조한다. 신자는 나비가 고치를 떠나 애벌레의 생활 습관을 뒤로하고 떠나듯이, 옛 양식의 특성이 되는 행실들을 뒤로하여 버리고 떠나야 한다. 세례를 받은 그리스도인들은 이제 씻김을 받고 거룩함을 입었으며 의롭다 여김을 받았으므로, 인간의 의지나 노력의 행위로가 아니라 사랑하시는 하나님의 은혜의 역사로 인해 새로운 실재 속에 놓여진 것이다.

이 단원의 해석자들은 교인들이 세례받은 신자로서의 정체성에 대해 묵상하도록 인도해야 할 것이다. 이 주제에 대해서는 로마서 6장을 통해 좀더 자세한 논의를 할 수 있다. 그러나 고린도전서 6장도 도움이 되는 논의를 유발할 만한 충분한 단서들을 지니고 있다. '씻음'을 받는 것은 우리가 과거의 죄에 대해 깨끗함을 입고 용서받은 것을 가리킨다. '거룩함'을 입는 것은 하나님을 섬기기 위해 구별되는 것이다(1 : 2, 30, 3 : 17 참조). '의롭다 하심'(1 : 30 참조)을 입는 것은 하나님 백성의 공동체 내에서 하나님과 올바른 관계에 놓이는 것이다. 비록 고린도교회 교인들의 현재 행위의 일부가 하나님께서 그리스도 안에서 그들에게 허락하신 새로운 정체성에 위배되는 것으로 드러나고 있지만, 바울은 이러한 고백적 선언들이 고린도교회에 대해 여전히 진리의 사실을 구성하고 있다고 확신한다. 마찬가지로 우리의 목회 사명은 교인들이 하나님께서 주신 정체성을 수용하고, 그에 걸맞게 살아갈 수 있도록 만들어 주는 데 있다. 그리스도인으로서 신실하게 사는 기술은 우리에 대한 이런 진리에 기초하여 풍부한 상상력과 실천력을 가지고 생활하는 데 놓여 있다.

이미 살펴본 바와 같이, 그리스도 안에 있는 이 새로운 정체성은 개인적 과거의 죄악된 행위들과의 단절을 가져올 뿐 아니라 과거 우리 공동체의 문화적 패턴 및 가정(假定)들과의 절연(絕緣)도 요구한다. 성경을 가르치는 교사가 이 점을 잘 설명하고 난 뒤 칠판에 두 제목을 적어 보는 것도 괜찮다. 한쪽에는 '우리가 과거에는……'이라고 적고, 맞은편에 '그러나 지금 우리는……'이라고 적으면 될 것이다. 이렇게 한 뒤 교인들이나 학생들이 바울이 성경에서 제시한 실제 예들의 범위를 넓혀 브레인스토밍을 하면서 이 문장을 계속 이어 나가도록 할 수 있다. (예를 들어, "우리가 과거에는 우리 자신이 '소비자'라는 생각을 갖도록 대중매체에 의해 세뇌를 당했으나, 지금은 하나님께서 우리에게 선물로 주신 좋은 것들을 공유하는 사람들이다." 또는 "우리가 과거에는 인종차별주의자였다. 그러나 지금 우리는 하나님 안에서 모든 종족과 언어로 구성된 가족의 일원이 되었다.") 그러나 이것은 진지하게 취급될 때 안일을 깨기 때문에 위험하게 느껴지는 일이 될 수 있다. 이것이 학급이나 회중으로 하여금 스스로 확인한 변화의 방향에 입각하여 실제로 행동하도록 소명하기 때문이다. 그리스도 안에서 세례를 받는다는 것은 우리에게 지위와 안전감, 그리고 옛 정체성을 제공해 주던 요인들이 더 이상 중요하지 않게 되고(빌 3 : 4b-16 참조), 오직 그리스도 안에서만 우리의 정체성을 찾는 실재 속으로 진입하는 것을 의미한다. 이를 제대로 이해할 때 우리는 법정 소송뿐 아니라 그 외의 다른 많은 것들도 함께 포기해야만 할 것이다.

고린도전서 6 : 12~20

"몸으로 하나님께 영광을 돌리라"

여러 고린도교회 교인들에게는 개인적인 권한을 포기해야만 한다는 생각이 마땅치 않게 들렸을 것이다. 사실 그들의 '지혜' 개념은 개인의 자유를 크게 강조한다. 그들의 표어는 "나는 무엇이든지 할 수 있는 자유인이다."였다. 바울이 보기에 문제가 되는 여러 가지 행태들에 대한 합리화의 근거가 이것이었다. 바울은 그래서 6장의 끝 부분에서 공동체를 파괴하는 그들의 자율권 주장의 뿌리를 공격한다. 그의 주장의 논리는 다소 따라잡기 어려운 부분이 있다. 여기서 바울이 자신과 고린도교회 교인들 사이의 가상(假想) 대화를 구성하는 방식의 **디아트라베**(*diatribe*) 논법을 채택하기 때문이다. 논의의 흐름을 이해하기 위해서는 이 가상의 대화에 등장하는 다른 목소리들을 재구성해 내야만 한다.

"나는 무엇이든지 할 수 있는 자유인이다."(I am free to do anything)는 고린도교회 교인들이 선호하는 슬로건이었음에 틀림없다. (이것은 영어성경 NEB의 번역이다. 말의 함의를 잘 파악해 주고 있다. 여기서 강조된 것은 **합법적**으로 허용된 것이 아니다. 모든 외적 제한을 초월하는 개인의 독자적 권위이다.) 바울은 이곳에서, 그리고 우상 제물의 논란과 관련된 10 : 23에서 이 슬로건을 인용하여 반대 입장에 있는 사람들에게 되돌려 응수하고 있다. 양자의 경우 모두 그 슬로건에 조건을 붙여 설명하기 위해 인용이 이루어졌다. 고린도교회 교인들이 **소포이**(지혜자들)로 생각하는 스토아-견유학파 경향을 살핀 곳에서 확인했던 증거의 차원에서 볼 때, 이 슬로건이 철학적 지식에 기초한 인간 자율을 선언하고 있다는 점을 이해해야 한다. 각성을 경험한 지혜로운 인격은 자신이 선택하는 바가 무엇이든지 간에 할 수 있는 자유를 누린다. 이것은 **소포스**(지혜자)가 모든 것을 가진 '왕'이란 생각과 같은 맥락에 있다(3 : 21~23과 4 : 8에 대한 논의를 살펴보라). "나는 무엇이든지 할 수 있는 자유인이다."와 똑같은 문구의 슬로건이 당대의 철학 문헌에서 발견되는 것은 아니다. 그러나 에픽테투스를 보면 철학자의 자유를 논의하는 구절들을 많이 발견하게 된다. 거기에는 이곳에서 바울이 인용할 때 쓴 것과 똑같은 동사가 사용되고 있다. 아마 고린도교회 교인들이 그리스도 안에서의 자유를 급진적으로 이해하여 그것을 표현하는 슬로건을 만들어 내기 위해 이러한 철학 전통을 활용했을 것이다.

이 생각에 대한 영감은 원래 바울 자신으로부터 온 것일 수 있다(9 : 1, 19 참조). 적지 않은 수의 이른바 '지혜로운' 고린도인들은 최소한 바울이 자기네 슬로건에 동의할 것이라고 추정했을 것이다. 바울은 유대인의 율법의 지배로부터 자유로운 대사도가 아니었던가? 그가 하나님의 무조건적 은혜를 선포하지 않았는가? 분명히 그랬다. 이러한 신학적 이해를 따른다면, 확실히 과거의 모든 거리낌과 금지들은 별로 대수롭지 않게 여겨야 했다. 바울이 그랬던 것처럼 지혜롭게 각성된 사람은 "무엇이든지 스스로 속된 것이 없다."는 것을 알고 있다(롬 14 : 14). 그들은 추론한다. 그래서 우리가 투명한 양심을 지니고 무엇이든지 원하는 것을 자유롭게 할 수 있다고 생각했을 것이다.

근친상간을 저지른 사람의 경우(고전 5 : 1–13)가 바로 그러한 사고의 극단적 귀결이었을 수 있다. 바울이 고린도전서 6 : 12~20에서 강력하게 주장하는 것을 볼 때, 바울은 고린도교회 교인들 중 적지 않은 이들이 성행위에 있어서 그와 비슷한 태도를 갖고 있다는 보고를 들었던 것 같다. 분명히 그들 중 일부는 매춘부들을 찾아가면서 그래도 별로 해 될 것이 없다고 주장했던 것으로 보인다. 현대의 독자들에게는 이것이 경악을 금할 수 없는 일로 들릴 것이다. 하지만 고대 고린도인들의 사회는 우리의 것과 크게 달랐음을 기억해야 한다. 당시 매춘은 합법적인 것은 물론이고, 널리 인정받은 사회적 관행이었다. "그리스의 여론에 따라 남성에게 허용된 성적 자유의 행동반경은 실질적으로 무제한이었다. 남자가 미소년 및 창녀들과 갖는 성관계는 일반적인 것으로 용인되고 있었다"(Talbert, p. 32). 따라서 고린도교회 교인들이 매춘부들에게 출입한 일은 전대미문의 새로운 자유가 아니었다. 그들은 그들이 살고 있던 사회의 문화 내에서 지극히 정상적으로 유쾌한 활동에 계속 참여할 권리를 주장하고 있었을 뿐이다.

바울은 이러한 태도에 도전하기 위해 고린도교회 교인들의 슬로건 셋을 연속 인용함으로써 다음 단락의 논쟁을 연다. 이 슬로건들에 대한 논박의 차원에서 바울 자신의 반(反)슬로건들이 그 뒤를 잇는다(6 : 12－14).

고린도교회 교인들	바 울
"모든 것이 내게 가하다."	그러나 다 유익한 것이 아니니다.
"모든 것이 내게 가하다."	그러나 그 어떤 것에게도 지배되지 않으리라.
"식물(食物)은 배를 위한 것이다.	몸은 (음란을 위하지 않고) 주를 위한 것
그리고 배는 식물을 위한 것이다."	주는 몸을 위한 분이시다.
"하나님이 다 폐하시리라.	그리고 하나님께서 다시 살리셨다
이것도 저것도……."	주를. 그리고 권능으로 우리도 다시 살리시리라.

이렇게 대화를 재구성하기 위해서는 약간의 추론이 필요하다. 고대 헬라어 사본에는 인용 부호가 사용되지 않았기 때문이다. 번역자는 바울이 인용한 슬로건과 그에 대한 반박으로 발언한 말을 구별하기 위한 문장의 구분을 위해 판단의 결정을 내려야만 한다. 예를 들어 많은 번역자들이

"하나님이 이것저것 다 폐하시리라."는 말 전체를 바울의 것으로 본다. 하지만 이 말은 위에서 정리한 구성의 병행관계를 정밀하게 분석해 볼 때, 바울의 것이라기보다는 고린도교회 교인들의 슬로건으로 드러난다. 하나님께서 단지 자아의 물리적 특성인 신체만 멸하실 것이라는 생각이다. 잠시 후 조금만 더 분석을 해 보면 이것이 구절을 해석하는 바른 길임이 드러날 것이다. 신체가 별로 중요하지 않다는 생각이야말로 바로 바울이 논박하려 애쓰는 점이기 때문이다.

바울은 이곳과 고린도전서 15장에서 몸은 하나님께서 선하게 만드신 창조 세계의 한 부분이며, 그래서 하나님께서 부활을 통해 몸을 구속(救贖)하실 것이라는 점을 강하게 주장한다(NRSV나 NEB에서 보는 것처럼). 바울이 "식물은 배를 위하고 배는 식물을 위한다."는 슬로건에 동의하면서 하나님께서 이 둘 다를 멸하시리라는 말을 추가했다면, 그 자신이 그대로 고린도교회 교인들의 이원론적 주장에 말려드는 셈이 된다. 고린도교회의 **소포이**는 인간의 몸을 일시적 존재로 보아 가볍게 취급하면서 우리가 그 몸으로 무엇을 하든 별다른 차이가 없을 것이라고 결론을 내렸다. 배가 고플 때 먹으면 되는 것이고, 성욕의 충족이 필요하면 몸이 요구하는 대로 하면 된다는 생각이었다. 어떻게 하든 상관이 없다는 말이다. 이런 일들은 오직 외부의 신체적 사안일 뿐이며, 영속적인 의미가 없다고 생각했기 때문이다.

진행된 가상 대화를 이렇게 분석한 것에 기초하여 고린도 슬로건에 대한 바울의 세 가지 반응을 살펴보기로 한다. 바울은 '나는 무엇이든지 할 수 있는 자유인'이라는 슬로건에 대한 첫 번째 논박에서 또다른 철학 용어를 사용하여 재치 있게 **소포이**를 반박한다. 그렇다고 모든 것이 다 유익한(*sympherei*) 것은 아니다. 특별히 그리스도인이기 때문에 거론하는 이유를 떠나서라도 극단적인 경향을 갖는 고린도교회 교인들의 입장은 간단히 말해서 나쁜 철학이라는 것이 바울의 주장이다. 지혜로운 사람이라면 탐욕적인 방종을 따르지 않고 선한 것을 바로 이해하는 깨달음에 따라 행동할 것이다. 요하네스 바이스(Johannes Weiss, p. 159)는 "여기서 바울이 헬라의 자유·열광론자들을 그들의 무기를 이용하여 되받아치고 있다."고 썼다. 바울이 이 동사 **쉼페레인**(*sympherein*)을 고린도전서의 다른 곳에서 사용할 때(10 : 23, 12 : 7)는 개인이 아니라 공동체에 유익한 것이 무엇인지에 대해 언급했다. 그러나 이곳 고린도전서 6 : 12에서는 고린도교회 교인들의 귀에 개인적 차원의 용어로 들릴 수 있다. 영어성경 NEB의 번역은 그런 함의를 염두에 두었다. "당신들은 '나는 무엇이든지 할 수 있는 자유인'이라고 말합니다. 맞습니다. 그러나 모든 것이 다 **내게** 좋은 것은 아닙니다."

바울은 그들의 슬로건을 되풀이하여 언급하면서 두 번째 논박을 이어간다. "그 어떤 것에 의해서도 지배되지 않으리라"(개역성경은 "내가 아무에게든지 제재를 받지 아니하리라."고 번역하여 헬라어 '티노스'를 사람을 가리키는 것으로 잘못 보았다. 이렇게 볼 경우 바울의 말의 앞뒤가 맞지 않게 된다. 그러나 표준새번역성경이 '아무것'으로 번역하여 문맥에 담긴 의도를 잘 따라주었다—역주). 이 또한 스토아 철학의 주장같이 들린다. 지혜로운 사람은 자신을 누구의 통제에도, 어떤 것의 지배에도 굴종시키지 않는다. 혼잡한 성행위를 통해 자유를 추구한 사람은 특별히 욕망의 노예로 전락할 위험이 크다. 여기서 '지배를 받다'(dominated, 한글개역성경의 '제재를 받다'—역주)로 번역된 헬라어 동사는 7 : 4에서 남편과 아내가 서로 상대의 몸을 '주장한다'로 번역된 동사와 동일한 것이다. 바울은 이 동사를 사용함으로써 매춘부를 찾아다니는 소위 '지혜로운' 고린도교회 교인들이 결과적으로 자신의 통제권을 매춘부에게 주어 스스로를 굴복시켰다는 점을 미묘하게 지적하고 있는 것이다. 바울은 다시 한번 여기서도 이른바 **소포이**의 허세(虛勢)를 아이러니로 억제하고 있다.

그러나 가장 강력한 바울의 반박은 '음식은 배를 위한 것'이라는 저들의 슬로건을 위해 이제까지 유보해 두었다. 고린도교회 교인들은 자신들의 성적 자유를 합리화하기 위해 음식에 대한 이 주장을 유추로 활용했던 것임에 틀림없다. 그래서 바울의 응답은 음식의 이슈(이것은 바울이 뒤에 그들이 이와 관련해 던진 구체적 질문에 답할 때 다루게 될 이슈였다.)는 전적으로 무시하고, 대신 음란의 문제에 초점을 맞추고 있는 것이다. 바울은 이제 더 이상 소위 '지혜자'들의 철학적 카테고리 주변에서 변죽을 울리지 않는다. 대신 그리스도인의 중요한 신앙고백의 용어에 호소한다. 몸은 주 예수께 속한 것이고, 하나님께서는 주 예수를 부활시키심으로써 몸에 대한 당신의 관심을 확증하셨다. 이 하나님의 권능의 역사는 우리 또한 부활로 일으키시리라는 궁극적 약속을 선언한다(롬 8 : 11, 고전 15장 참고). **케리그마**의 근본 내용을 제대로 이해하는 사람이라면 누구도 우리의 몸이 별것 아니라는 주장을 할 수가 없다. 몸은 다음에 오는 내세의 삶에서 사라져 버리고 말 껍데기만이 아니다. 예수 그리스도의 복음은 "우리는 구속을 입은 몸(body)과 혼(soul)과 영(spirit)이 되어야 한다."고 선언한다(살전 5 : 23-24, 롬 8 : 23 참조). 구원은 결코 물리적 세계로부터의 도피로 이해될 수 없으며, 영혼이 천당으로 비행하여 올라가는 것도 아니다. **몸**의 부활은 그리스도인 이야기의 완결을 이루는 요소이다. 그 이야기 속에서 사는 사람들은 현재의 시간 속에서 자신들의 몸으로 하는 것이 아주 긴요한 관심거리임을 알아야만 한다.

바울은 하나님께서 예수를 다시 살리신 일이 인간의 몸에 대한 긍정임을 강조하여 선언한 뒤, "몸은 주를 위한다."는 자신의 말이 뜻하는 바가 무엇인지를 추적하기 시작한다(6 : 15-17). 이 말은 우리의 몸이 주 예수의 것이라는 뜻이다. 그리스도 안에 있는 사람들은 그분과의 친밀한 연합의 관계 안에서 그리스도와 하나가 되었다("주와 합하는 자는 한 영이니라", 17절). 이것은 남녀의 성적 결합에서 유추한 연합으로서, 사실은 그보다 더 깊은 연합이다. (바울이 17절에서 그리스도와의 연합을 묘사할 때 사용한 동사와 같은 동사를 매춘부와의 연합을 언급하는 16절에서도 사용했다는 점을 주목하라.) 이것은 우리의 육신으로서의 몸이 더 이상 우리 자신의 것이 아님을 뜻한다. 남편과 아내가 자기 몸을 자기 것으로 주장하지 못하고, 서로 상대방에게 속한 것으로 여기는 것과 마찬가지 원리로(7 : 4, 고후 11 : 2, 엡 5 : 22-33 참조) 우리의 몸은 그리스도의 것이다. 따라서 매춘부와 성교를 하는 남자는 그리스도께 신실하지 못한 행위를 저지르는 것일 뿐 아니라, 그리스도께 속한 것(자기 몸)을 자의로 취하여 거룩하지 못한 영역에 던져 넣는 불경한 죄를 범하는 것이다. 바울은 이것을 신성모독의 관점에서 묵상하면서 수사학적 질문을 던진다. "내가 그리스도의 지체를 가지고 창기의 지체를 만들겠느냐?" (누구도 바울이 소심한 신학적 사고를 하는 사람이라고 비판할 수 없다. 강력하게 결론으로 몰고 가는 이 대담한 메타포를 보라.) 그리고 그 질문에 대한 그의 답변은 강력하게 "결코 그럴 수 없느니라."이다!

이 모든 논의에는 그 바탕에 중요한 전제가 놓여 있다. 성교 행위를 일시적인 자연 욕구를 충족시키는 순간 행위로만 이해할 수 없다는 것이다. 성교 행위는 남녀 간에 실제적이면서도 신비하고 지속적인 효과를 가져오는 연합을 창조한다. 바울은 이 주장을 뒷받침하기 위해 "둘이 한 육체가 된다."는 창세기 2 : 24을 인용한다. 교인과 매춘부와의 연합은 그녀와의 실질적 연대를 창조해 내기 때문에, 그리스도인 공동체에게 참담한 일이 된다. 그렇게 되면 사실상 주님의 지체와 죄악된 세상 사이에 거룩하지 못한 결속이 만들어지기 때문이다. 그 결과는 오염과 혼란이다.

바울은 이런 설명을 바탕으로 하여 명령형으로 강조하며 결론을 내린다. "음행을 피하라!" 여기에는 성적 부도덕의 유혹에 저항하는 유대 전통에 있어 금언이 되어 버린(*Testaments of Joseph* 2~10을 보라. 또한 *Testament of Reuben* 5 : 5를 참고하라.) 보디발의 아내를 피한 요셉의 이야기의 반향(反響)이 있을 수 있다(창 39 : 12). 그러나 만일 바울이 이 반향을 의도한 것이라면 그것을 테마로 삼아 발전시키기 위한 일은 하지 않은 셈이다. 바울이 당장 급하게 생각하는 목표는 가능한 가장 강력한 용어를 사용하여 고린도교회 교인들이 사창굴 찾기를 합리화하는 짓을 근절하는 데 있었다.

새로운 하위 단락이 6 : 18b에서 시작된다. 그러나 이 단락의 첫 문장, "사람이 범하는 죄마다 몸 밖에 있거니와"가 무슨 뜻인지 알기는 쉽지 않다. 이 알쏭달쏭한 언급을 해석하는 방향이 두 가지 있다. 첫 번째 길은 이 문장을 음행이 다른 죄들보다 더 나쁘다는 것, 아니면 그것이 최소한 다른 것에 비해 더 몸과 연관되었다는 것을 단언하기 위한 비교의 전반부로 보는 해석이다. 이것이 NIV가 취한 선택이다. "인간이 범하는 모든 **다른** 죄들은 자신의 몸 밖에 위치해 있습니다. 그러나 성적 죄를 짓는 사람은 자기 자신의 몸에 해를 주는 범죄를 저지르는 것입니다"(All *other* sins a man commits are outside his body, but he who sins sexually sins against his own body). '다른'(other)이라는 단어는 헬라어 원문에는 없다. 바울이 자기가 의도한 바를 정확하게 표현하지 못했다고 생각하고 부연설명을 한 해석이다. 또다른 해석의 길은 이 문장을 디아트리베의 가상 대화 내에 있는 또 하나의 고린도교회 교인들의 슬로건으로 보는 것이다.

> **바울** : 음행을 피하라!
> **고린도교회 교인들** : (반대하면서) 왜 그래야 됩니까? 사람이 범하는 죄는 다 몸 밖에 있습니다.
> **바울** : 그러나 음행은 자기 자신의 몸에 해를 주는 범죄이다.

이 해석에 따르면 고린도교회 교인들의 슬로건은 "몸은 죄와 아무 상관이 없다."는 것이 된다(Murphy-O'Connor, "Corinthian Slogans", pp. 391-396). 이것은 고린도의 **소포이**가 몸으로 하는 행위는 아무런 중요성이 없다고 주장하는 맥락에 잘 맞는다. 여러 가지 정황을 고려해 보건대, 비록 인용된 문장에 분명한 구문상의 지표는 없지만 후자의 해석이 더 그럴듯하다.

어느 쪽을 택하든 바울의 입장은 분명하다. 음행하는 자는 그리스도를 창녀와 붙여 놓아 교회를 더럽힐 뿐 아니라(15-17절) 자기 자신의 몸에 해가 되는(NRSV에서처럼 '몸 자체'〈the body itself〉로 볼 수는 없다.) 죄를 짓는다. 이런 사람의 행위는 공동체에 해를 가져올 뿐 아니라, 자기 자신에게도 해가 된다. 그런 위해(危害)는 비극이다. 왜냐하면 그리스도인 개인의 몸은 하나님의 영이 거하시는 바 '너희 가운데 계신 성령의 전'이기 때문이다(19절, 롬 8 : 11 참조). 우리가 살펴본 바와 같이 바울은 다른 곳에서 집단적 전체로서의 교회를 설명하기 위해 '성전' 이미지를 사용한다(고전 3 : 16–17, 고후 6 : 16, 엡 2 : 19–22 참조). 여기서 바울은 이 메타포를 극적으로 개인에게 전환, 적용한다. 교회가 공동체의 기강 확립 실천을 통해 거룩함을 보전하듯이, 개인의 몸도 성령께서 거하시기에 적합하도록 기율이 잡힌 거룩한 그릇이 되어야만 한다. 그러나 바울은 성령이 ('너희가 하나님께로부터 받은 바') 선물이라는 점을 강조하기 위해 약간의 수고를 한다. 여기서 또다시 바울의 도덕적 권면은 직설법에서 명령법으로 이동한다. 바울은 "하나님께서 성령을 주시도록 너의 몸을 거룩하게 보전하라."고 말하지 **않는다**. 오히려 이렇게 말하는 효과를 갖는다. "성령께서 **이미** 너희 안에 거하시므로 너희는 자신의 몸을 음행으로부터 지켜야 한다." 이 본문으로 설교하는 사람은 이러한 논리의 흐름을 주목하여 존중해야만 한다.

이 단락은 우리의 몸은 우리가 원하는 대로 자율적으로 사용할 수 있는 우리 자신의 소유가 아니라는 생각으로 돌아가면서 마감된다. "너희는 너희의 것이 아니라"(19절). 바울은 우리가 주님의 소유권 아래 놓여 있다는 것을 주장한다. 예수께서는 자신의 죽음으로 죄와 죽음의 권능에 예속된 상태에서 우리를 구속하기 위한 무서운 대가를 치르셨다. 그래서 우리는 그분의 소유이지 우리 자신의 소유가 아니다. '값으로 산 것'이 되었기 때문이다(20a절). 여기서 메타포로 그려진 그림은 새 주인이 노예를 값을 치러 사는 모습이다. 로마서 6 : 18과 비교해 보라. "죄에게서 해방되어 의에게 종이 되었느니라." 비슷한 개념이 고린도전서의 다음 장에서 다른 배경 가운데 등장할 것이다. "또 이와 같이 자유자로 있을 때에 부르심을 받은 자는 그리스도의 종이니라 너희는 값으로 사신 것이니……"(7 : 22b–23a).

바울이 6장의 말미에서 주장하는 핵심 생각은 속죄의 기제에 대한 특별한 이론이 아니고, 우리가 하나님의 소유이지 우리 자신의 것이 아니라는 점에 대한 확인 선언이다(롬 14 : 7–9 참조). 이러한 근본적 신학 진리에서부터 이어지는 마감 권면이 따라온다. "그런즉 너희 몸으로 하나님께 영광을 돌리라." 이것이 매춘부와의 음행에 반대하는 바울의 주장에 관한 절정을 이룬다. 하나님의 소유인 우리의 몸은 하나님께 영광을 돌리는 일에 사용되어야 한다. 하나님을 욕되게 하는 일에 쓰이게 해서는 안 된다. 이것은 고린도교회 교인들의 슬로건이 외치듯이 결코 개인적 자유의 문제가 아니다. 고린도의 **소포이**와 바울 사이의 거리는 정확하게 6 : 12과 6 : 20의 거리이다. 그들은 '나는 무엇이든지 할 수 있는 자유인'이라고 말한다. 반면에 바울은 "너희 몸으로 하나님께 영광을 돌리라."고 말한다. 그들의 주장은 개인의 권리와 자유에 초점을 맞춘다. 반면 바울의 주장은 하나님을 향한 헌신과 봉사에 초점을 맞춘다.

바울은 매춘부를 찾아갔던 사람들을 교회에서 추방하라고 명령하지는 않는다. 추방이라는 부정적 명령 대신 대안이 되는 신학적 비전을 제공하면서 이런 행동을 중단하라고 요구한다. 그러나 바울이 음행을 사적 도덕의 영역에 속한 것으로만 취급하지 않았다는 점을 바로 인식하는 것은 매우 중요하다. 음행은 공동체 전체에게 손상을 가져온다. 이 일은 고린도의 **소포이**가 자신들의 몸이 '그리스도의 지체'라는 점을 이해하기만 하면 교정될 수 있다. 우리는 고린도전서의 남은 부분에서 '그리스도의 몸'은 바울이 교회를 위해 채택하는 주된 이미지라는 것을 보게 될 것이다 (10 : 16–17, 12 : 12–31). 바울은 아직 고린도전서 6 : 15~17에서 '몸' 메타포의 교회론적 함의를 발전시키지 않는다. 하지만 필요한 기초 작업은 해 놓는다. 고린도전서 6 : 12~20에서 이루어진 논쟁의 함의는 무엇이든지 할 수 있는 자유가 있다고 주장한 고린도교회 교인들이 자유로운 행위자로 자처하기를 중단하고 도덕적 분별을 바울의 사도적 가르침과 공동체 전체의 분별과 기율에 복종시키라는 것이다. 고린도전서 5 : 1~6 : 11의 논의가 전 교회로 하여금 공동체 내에서 도덕적 기강의 책임을 지도록 소명한 것이라면, 6 : 12~20이 제공하는 결론 성격의 논의는 그에 추가하여 꼭 필요한 보충 설명이다. 이 결론 단락은 개인들에게 자신이 그리스도의 주 되심에 복속되어 있음을 인식하는 도덕적 겸손을 지니도록 소명한다. 그렇게 되기 위해, 그들은 도덕적 자치(autonomy)의 도발적 자세를 버리고 공동체의 기율과 양육에 자신을 맡겨야 한다는 책임감을 가져야 할 것이다.

| 교사와 설교자를 위한 묵상 |

고대의 고린도에서와 마찬가지로 오늘날 교회 안에서도 우리는 이런 선언하는 소리를 듣는다. "나는 무엇이든지 할 수 있는 자유인이다." 우리가 바울의 반응에 귀를 기울이면서 동시에 오늘날 우리가 직면해 있는 윤리적 이슈들을 상고해 볼 때, 고린도인의 자유 주장에 대한 바울의 격렬한 논박은 우리에게 시사하는 바가 크다.

우리가 살펴본 바와 같이 바울은 고린도전서 6 : 12~20에서 매춘부 방문 행위를 합리화하는 고린도교회 교인들의 주장에 반대하는 세 가지 다른 논의를 펼쳐 보였다. 몸의 부활에 기초한 논의(6 : 13－14), 성령께서 거하시는 성전으로서의 몸의 개념에 기초한 논의(6 : 18－19), 그리고 주님께서 우리 몸의 정당한 소유주라는 주장에 기초한 논의(6 : 15－17, 20)가 그것이다. 한 논의에서 다음 논의로 넘어가는 전환이 돌발적이며, 그래서 잠재적 혼동이 있을 수 있었지만, 결국에 가서는 세 흐름의 사고가 완성의 상태로 모아진다. 물론 오늘날 매춘을 옹호하는 주장을 찾아보기는 힘들지만, 바울의 세 가지 흐름의 신학적 논쟁은 고린도인들에게뿐 아니라 우리에게도 긴급한 느낌으로 호소력 있게 다가온다.

1. **몸의 부활** 종종 그리스도인의 **케리그마**의 근본적 핵심이 교회의 대중적 경건 속에서 상실되는 것을 본다. 사도신경에서 항상 "몸이 다시 사는 것을 믿사오며"를 되풀이하기는 하지만 많은 그리스도인들이 자신의 미래를 몸 없는 영혼의 소망 차원에서만 상상한다. 많은 그리스도인들이 애호하는 "나는 날아가리"(I'll Fly Away)라는 복음성가를 부르면서, 그들은 죽을 때 '영혼'이 '천국으로 갈 것'을 기대한다. 그러나 그리스도인들은 이런 생각이 하나님께서 피조 세계와 우리 몸을 구속하실 것을 기대하는 신약성경의 종말론적 소망을 크게 변경시킨 것(사실은 변경이라기보다 '배신'이라고 보아야 할 것)이라는 사실을 잘 깨닫지 못하는 것 같다.

(이 문제는 뒤에 고린도전서 15장에서 더 자세하게 논의될 것이다.) 바울은 몸의 부활을 그리스도인의 윤리 교훈의 결정적 버팀목으로 생각한다. 하나님께서는 영적인 것과 물리적인 것을 결합시키셨고, 그래서 양자(兩者)는 떨어질 수 없다. "하나님이 주를 다시 살리셨고 또한 그의 권능으로 우리를 다시 살리실" 것이기 때문에, 마치 우리 육체의 행위가 아무런 도덕적 중요성을 갖지 못하는 것처럼 살아서는 안 된다. 몸의 부활은 창조주께서 창조 세계를 향해 품고 계신 사랑의 재확증이다. 따라서 **몸은 매우 중요한 것이다.** 몸을 오용(誤用)하는 것은 창조주를 무시하는 것이나 마찬가지이다.

오늘날 그리스도인들이 바울의 헬라 회심자들처럼 신체를 폄하하는 형태의 이원론에 깊게 빠져드는 경향을 갖는 것은 아니다. (오히려 몸 개념과 관련해 문제가 있다면, 그 반대 방향의 오류를 범하는 경향을 갖는다. 몸을 우상화하며 **오직** 현재 상태의 물리적 세계만 중요하게 여기는 자세이다.) 그럼에도 불구하고 우리는 자신과 교인들에게 우리의 몸으로 하는 일들이 하나님의 종말론적 심판에 붙여질 것이며, 또한 그렇기 때문에 부활 안에서 소망하는 총체성을 염두에 둔 몸의 사용이 이루어져야 한다는 점을 상기시킬 필요가 있다. 우리의 몸을 미래성이 있는 몸으로 생각하도록 배운다면, 현재 우리가 몸으로 하는 것들에 대해 좀더 사려 깊은 행동을 하게 될 것이다. 이것은 성도덕과 관련해서만 중요한 함의를 지니는 것이 아니다. 건강의 보살핌이나 환경의 책임 등과도 긴히 연관된 사안이다.

2. **성전으로서의 몸** 성전, 즉 하나님께서 거하시는 유일한 장소로 존중되는 거룩한 장소가 더 이상 존재하지 않는 문화 속에서 바울이 사용하는 이 메타포의 힘을 온전하게 회복시키기는 쉽지 않다. 그러나 그 의도를 탐색하는 것은 그만한 가치가 있는 일이다. 교회 내에서의 성교육은 하나님의 내재(內在)에 대한 심오한 인식을 육성시킴으로써 출발해야 할 것이다. 우리 몸에 거하시는 성령의 임재의 실재에 대해 진정한 경외심을 가지면, 성행위에 대한 의미 있는 규범으로서의 성서적 성결과 순결의

능력 회복이 가능해질 것이다. 교회 내에서 그러한 경외심을 갖도록 가르치면 혼전 성관계와 혼외 성관계를 불가피한 것으로 점점 더 용인하는 문화적 경향을 극복할 수 있을까? 그러나 한편으로 보면 그러한 교육 효과가 어떠한지를 묻는 것은 우리의 이슈가 아니다. 우리의 과제는 우리에게 주어진 진리에 충성된 증인이 되는 데 있고, 그 결과는 하나님의 성령의 역사에 맡겨야 할 것이다. 확실히 오늘날 우리의 교훈에 거역하는 파괴적 세력이, 바울이 고린도교회의 독자들의 도덕적 상상력을 다시 조각하기 위해 애쓰던 때의 파괴적 세력보다 더 거대한 것은 아니다.

3. 주님의 소유로서의 몸 이것이야말로 오늘날 우리에게 가장 직접적으로 도전을 주는 논의이다. 우리가 우리 자신의 것이 아님을, 즉 우리는 주님께서 값을 치르고 산 존재라는 점을 고백하게 되면 성적 자유의 주장에 대한 모든 담론 자체가 몰이해가 되고 만다. 우리는 하고 싶은 대로 할 수 있는 자유인이 아니다. 우리 자신이 스스로 기준을 설정할 자유를 갖고 있는 것도 아니다. 도덕적으로 '자유 존재'인 것처럼 행동할 자유도 없다. 우리는 그리스도께 순종하는 신실함의 관계에 묶여 있는 존재이다.

바울이 고린도전서 6 : 12~20에서 혼외 성관계를 책망하는 논의를 이끌면서, 배우자에 대한 부정(不貞)의 이슈를 전혀 끄집어내지 않는다는 점은 특이하다. 아마 바울이 염두에 두었던 행음자가 기혼자가 아니었을 수 있다. 그러나 그보다는 다른 이유가 있었을 것으로 보인다. 바울은 성적 혼잡을 인간관계에 관련된 범죄로 보기보다는 보다 근본적으로 하나님을 거역하는 죄로 취급한다. 매춘부와의 결합은 신자가 그리스도와 갖는 가장 중요한 연대관계를 범하는 일이다.

반면에 오늘날 서구 문화에서는 성 윤리와 생식 윤리에 대한 대부분의 담론이 묘할 정도로 고린도교회 교인들의 슬로건처럼 들리는 탈계몽주의 시대의 사고 범주에 의해 지배되고 있다. 그 바탕이 되는 이슈가 '권리', '선택의 자유', '자기 결정', '자율' 등과 같은 개념들이다. 교회 내에서조차도 이런 용어들이 사용되고 있으나, 의견의 차이를 보이는 양 진영의 어느 쪽에서도 이에 대해 문제를 삼지 않는다. 그래서 예를 들자면 낙태에 대한 논의도 '선택의 권리' 대 '생명의 권리' 사이의 논쟁으로 양극화되어 있다. 우리가 그런 슬로건들 외쳐 대기를 잠시 중단하고 바울의 말에 귀를 기울인다면, 오늘날 논쟁이 어떻게 바뀔까 생각해 본다. "당신이 당신 자신의 것이 아니라는 것을 모르시나요? 왜냐하면 당신은 값을 지불하고 산 존재이기 때문이지요. 그러므로 당신의 몸으로 하나님께 영광을 돌리십시오." 물론 이런 식의 접근이 세속 세계의 입법에 관한 문제를 해결하지는 못할 것이다. 그러나 교회 내에서 이루어지는 토론의 구조는 바뀔 수 있을 것이다. 바울이 공동체를 향해 가졌던 비전에 좀더 충실하게 응할 수 있는 방식으로 질문의 틀을 재구성하는 것이 설교자나 교사에게 주어진 과제이다. 우리는 주님께 속한 백성으로서, 즉 개인적인 호불호(好不好)나 편의에 맞추지 않고 우리의 몸으로 하나님을 영화롭게 하려는 갈망에 준하여 도덕적 결정을 내리는 사람들로서 성(性)의 이슈, 그리고 다른 도덕적 문제들에 대해 논의하는 법을 새롭게 배워야 할 필요가 있다.

이렇게 그들의 몸으로 하나님께 영광을 돌리라고 고린도교회 교인들에게 호소하면서, 바울은 공동체의 기강을 위한 그의 소명에 대한 호소(5 : 1−6 : 20)를 마감한다. 바울은 고린도전서의 첫 여섯 장을 통해 뒤에 이어질 목회 과제를 위한 신학적 기반을 다져 놓았다. 이제 바울은 고린도교회 교인들이 그에게 보낸 편지에서 던진 질문들에 답해야만 한다.

INTERPRETATION

제4부

고린도에서 논란이 된 이슈들에 대한 답변

고린도전서 7 : 1~15 : 58

고린도에서 논란이 된 이슈들에 대한 답변

고린도전서 7 : 1~15 : 58

바울은 7장의 시작 부분에서 구성상으로 주요 전환을 가져온다. 바울은 이 시점에서부터 고린도교회 교인들이 자신에게 보낸 편지에서 공개적으로 제기했던 이슈들을 다루기 시작한다. "너희의 쓴 말에 대하여는……"(1a절). 짐작하건대 고린도교회 교인들이 보낸 편지는 스데바나, 브드나도, 아가이고 세 사람의 대표에 의해서 바울에게 전달되었을 것이다(16 : 8, 17). 그 편지의 내용 중 일부는 바울이 답변한 내용의 행간을 읽어 추리할 수 있다.

바울이 편지 중 '~에 대하여는'라는 절구를 사용할 때마다 고린도교회 교인들이 던졌던 질문에 대한 답변을 시작하고 있다는 것이 전통적 견해이다. 그들의 편지가 제기한 이슈들은 다음과 같다.

성, 혼인, 이혼(7 : 1)
처녀 문제(7 : 25)
우상 제물(8 : 1)
성령의 은사(12 : 1, '신령한 것'-역주)
성도들을 위한 헌금(16 : 1)
아볼로의 방문 계획(16 : 12)

그러나 '~에 대하여는'(*peri de*)이란 단순한 표현에 그렇게 비중을 두어도 괜찮은 것인지 확실하지 않다. 이것은 흔히 바울과 동시대의 저자들이 새로운 주제를 도입할 때 사용하던 표준적인 절구였다.

바울은 분명히 고린도전서 7장(성)과 8~10장(우상제물)에서 그들이 써서 보낸 일들에 대한 답변을 하고 있다. 그러나 11장의 경우는 고린도교회 교인들이 직접 문의하지 않았던 사안에 대한 논의를 시작하는 것으로 보인다(특히 11 : 18을 보라. 바울은 여기서 그들에 대해 다른 누군가에게서 들은 것을 언급한다). 고린도전서 12 : 1에서 '~에 대하여는'이 다시 등장할 때, 이것은 (11장에서 논의가 다소 다른 쪽으로 새나갔다가) 다시 그들이 던진 질문의 이슈로 돌아가는 신호로 보아야 할 것이다. 이 경우 12~14장(성령의 은사에 대한 논의)은 그들의 편지에서 주장되었던 몇 가지 요지(要旨)에 대한 답변을 구성한다. 그러나 15장에서 바울이 죽은 자의 부활 이슈에 접근할 때 취하는 방식은 또다시 누군가 전해 준 고린도교회 교인들에 대한 보고에 대한 반응이지, 그들이 직접적으로 던진 질문에 대한 응답은 아니다. 고린도전서 16장에 있는 두 구절은 너무 피상적인 분위기를 띠고 있기 때문에, 여기서는 고린도교회 교인들이 제기한 이슈들에 응답하고 있는 것인지, 아니면 바울 자신이 언급하고 싶었던 사안들의 리스트를 요약하여 마무리를 하고 있는 것인지 구별하기가 힘들다.

어쨌든 간에 바울이 1~6장의 긴 논의 전개를 하고 난 뒤에야 고린도교회 교인들이 관심을 갖고 있던 일들을 다루기 시작한다는 것은 놀랍다. 바울은 이미 1~6장에서 단결을 호소하고, 자신의 권위를 재천명하며, 공동체를 강하게 꾸짖는가 하면, 그들을 거룩함의 새로운 기준과 공동체의 기강 확립으로 초청했다. 간단하게 말하자면, 바울은 고린도교회 교인들의 관심이 논의의 방향을 결정하도록 허용하는 것을 원치 않았던 것이다. 바울은 그들의 질문에 대한 답변의 바탕이 되어야 한다고 믿는 것들을 사려 깊게 다시 정립해 놓은 뒤에야 그들의 질문에 답하고 있는 것이다. 우리가 살펴보겠지만, 바울은 이러한 전략을 통해 이슈의 틀을 다시 짠다. 바울은 고린도 공동체가 십자가의 복음에 의해 조각되어야 하며, 십자가 사건과 주님의 마지막 날 사이에 위치한 교회의 종말론적 배경이 요구하는 삶의 패턴으로 재사회화되어야 한다는 점을 반복해서 강조한다. 교사와 설교자들은 바울의 예가 교훈적으로 시사하는 바가 매우 많다는 것을 알게 될 것이다. '사람들이 위치한 곳에서' 시작하는 것이 반드시 지혜로운 것은 아니다. 그렇게 시작하는 교사는 학생들을 다른 장소로 옮겨놓기가 불가능하다는 것을 깨닫게 될 것이다. 물론 학생들의 질문이 논의에 개입되어야 한다(바울도 그렇게 했다). 그러나 먼저 복음의 기반 작업이 분명하게 이루어지면, 그 개입이 훨씬 더 효과적일 것이다.

고린도전서 7 : 1~40

시대의 전환점에서 본 성(性)과 혼인

이 장에서 이루어진 성과 혼인에 대한 바울의 논의는 교회사 속에서 광범위하게 오해를 받았고, 그 결과도 비극적이었다. 따라서 이 본문을 다루는 교사와 설교자는 여러 가지 오인(誤認)을 정리해야 할 것이다. 여기서 바울이 여성을 무시하며 또한 성(性)을 더럽고 추한 것으로 취급하고 있다는 견해가 널리 퍼져 있다. 이제 우리가 살펴보겠지만, 사실상 이것은 바울의 가르침을 크게 잘못 이해한 결과이다. 이 구절을 자세히 읽어 보면 결정적으로 다섯 가지 중요한 점이 부각된다.

1. 바울은 혼인에 대한 일반 논문을 쓴 것이 아니다. 그보다는 오히려 고린도교회 교인들이 편지에서 제기한 특정의 이슈와 질문에 대해 답변을 하는 것이다.
2. "남자가 여자를 가까이 아니함이 좋다."(남자가 여자를 건드리지 않는 것이 좋다－역주)라는 슬로건은 바울의 말이 아니고, 고린도교회 교인들에게서 나온 것이다.
3. 이 구절 어디에도 여성을 비하하거나 부부 간의 성교가 죄라는 내용은 없다.
4. 바울의 가르침은 혼인관계의 남녀 사이에 호혜성(互惠性)이 있어야

한다는 놀라운 비전을 보여 주고 있다.

5. 바울이 성과 혼인에 대해 조언을 줄 때, 그 조언은 주님의 날이 곧 임할 것이라는 그의 신념에 의해 강력한 영향을 받았다.

위의 요점들은 뒤에서 이어지는 논의를 통해 좀더 충분히 드러날 것이다.

논의가 어떻게 구성되어 있는지 보기 위해서는 각 단락에 직접 들어가기 전에 7장의 전반적인 윤곽을 정리해 놓는 것이 도움이 될 것이다.

혼인과 관련해서 여러 위치에 있는 고린도교회 교인들을 위한 조언(1-16절)
 기혼자 : 성관계를 잘 유지할 것(1-7절)
 홀아비와 과부 : 다시 결혼하지 말 것(8-9절)
 결혼한 그리스도인 부부 : 이혼하지 말 것(10-11절)
 불신자와 결혼한 그리스도인들 : 혼인관계를 유지할 것(12-16절)
일반적 규칙 : 부르심을 받았을 때의 상태를 유지할 것(17-24절)
 할례와 무할례로부터의 유추(18-19절)
 노예/자유인으로부터의 유추(21-23절)
약혼한 커플들을 위한 조언(25-38절)
 현재의 긴요성을 감안할 때, 현재 상태를 유지할 것(25-28절)
 이러한 조언의 이유(29-35절)
  이 세상의 형식은 사라져 가고 있음(29-31절).
  마음의 산만함 없이 주님을 섬기는 자유(32-35절)
 혼인 선택의 자유, 그들의 결정에 따라(36-38절)
확인 반복 : 기혼 여성과 과부를 위한 조언(39-40절)
 아내는 남편에게 매임. 그러나 남편이 죽으면 재혼 가능함(39절).
 결혼하지 않은 상태로 있는 것이 더 복된 것임(40절).

이러한 개요에 나타나듯이, 바울의 조언에 있어 일관된 경향은 독자들에게 현재의 상태가 무엇이든지 가능한 한 그대로를 유지하라고 권하는 것이다. 결혼한 사람은 혼인관계를 유지하면서 부부로서의 의무를 다해야 한다. 혼인관계에 있지 않은 사람들에게는 그대로 미혼 상태를 유지하도록 권하고 있다. 그러나 이 개요에 나타나지 않는 것은 바울 조언의 융통성과 개방성이다. 바울은 계속해서 고린도교회 교인들에게 혼인 상태에 있든지 그렇지 않든지 간에, 어떻게 하면 하나님을 최선으로 섬길 수 있는지에 대해 스스로의 분별력을 행사하도록 자율적인 판단의 여지를 열어 놓는다(특별히 현재 혼인하지 않은 상태에 있는 사람들에게는 더욱 그러하다).

고린도전서에서는 대화의 한쪽 소리만 들리기 때문에 대화의 상대방이 실제로 무엇을 말했으며 어떻게 행동하고 있는지를 추리해 내야 되는 경우들이 여럿 있는데, 여기가 그런 곳이다. 우리는 그쪽의 정보를 갖고 있지 않기 때문에(예를 들면 '처녀'가 누구일까?), 바울이 언급하는 여러 내용을 해석하기가 쉽지 않다. 그렇지만 그의 조언에 관한 일반적 방향은 분명하게 드러난다. 여기서 현재의 설명 뒤에 놓인 모든 석의(釋義)상의 결정 이유를 자세하게 해명하는 것은 가능하지 않다. 그러한 주석상의 자세한 내용을 알기 원하는 독자들은 좀더 전문적인 비평 주석들을 읽어 보라. 특히, 피(Fee)의 주석이 이곳 이슈의 분석에 있어 특별히 도움이 될 것이다(pp. 266-357).

혼인과 관련해서 여러 위치에 있는 고린도교회 교인들을 위한 조언 (7 : 1-16)

바울이 고린도전서에서 다루고 있는 첫 번째 이슈는 이렇다. 그리스도인들이 계속해서 신방(新房)을 차려도 좋은 것인가? 성령을 받은 사람들은 독신으로 사는 것이 더 적절하지 않을까? 우리는 6장에서 바울이 자주 상호 대화 형식의 논의를 채택하고 있음을 보았다. 바울은 그의 독자들의 견해를 표현하는 슬로건을 인용하고, 그에 논박하거나 조건을 붙인다(6 : 12-14, 아마 6 : 18도 여기에 속할 것이다). 영어성경 NRSV의 번역자가 보여 주듯이 이 패턴은 7 : 1에서도 분명하게 드러난다. "이제 당신들이 쓴 바 '남자가 여자를 건드리지 않는 것이 좋다.'는 말에 관해서는……"(It is well for a man not to touch a woman). 인용된 내용은 고린도교회 교인들의 편지에서 직접 발췌한 것이거나, 그 주된 요점들 중의 하나를 간결하게 요약한 것이다. 바울이 이 슬로건을 전적으로 거부하는 것은 아니다. 그러나 이어지는 절에서 그 내용의 의미에 대해 강력한 조건을 달아 설명한다. (바울의 논박이 뒤따르는 유사한 인용 패턴을 위해서는 8 : 1과 10 : 23을 보라.) 바울은 독신생활이 좋다고 믿은 것이 분명하다(7 : 8-9, 27, 32-35, 40). 그럼에도 불구하고 고린도교회 교인들이 이 입장으로부터 끌어낸 몇 가지 추론에 대해서는 강력히 반대한다.

기혼자 : 성관계를 잘 유지할 것(7 : 1-7)

이 장의 시작 부분을 이해하는 데 있어 열쇠가 되는 내용이 첫 두 절에 있다. 고린도교회 교인들의 슬로건에서 "여자를 **건드린다.**"(7 : 1)는 말은 "여자와 성교를 한다."는 뜻의 흔한 우회적 표현(euphemism)이다. 이 표현이 '결혼하다'의 뜻으로 사용된 적은 전혀 없다. 영어성경 NIV는 그렇게 번역을 하고 있는데, 그것은 본래 의도를 곡해한 것이다. 마찬가지로 2절에 있는 "남자마다 자기 아내를 **두고** 여자마다 자기 남편을 **두라**"는 표현도 미혼자들에게 배우자를 찾으라고 권하는 말이 아니다. 만일 정말 그런 뜻이라면, 이것은 바울이 이 장에서 미혼자들에게 주는 조언의 정반대 내용이 되고 만다!(8, 27, 38절) 이곳의 맥락에서 '두다'(가지다, have)라는 동사는 (영어에서도 종종 그렇게 사용되듯이) 다른 사람을 성적으로 소유하여 즐기는 것을 뜻한다. (예를 들면 5 : 1에서 사용된 헬라어 동사도 같은 것이다. 문자 그대로 번역하면 "왜냐하면 한 남자가 자신의 아버지의 아내를 **가졌기** 때문이다."가 된다.) 그렇다면 7 : 2이 뜻하는 바가 무엇일까? 여기서는 바울이 염두에 두고 있는 것이 미혼자가 아니고, 이미 혼인관계 안에 있는 사람들이라는 점을 깨달아야 본문의 의미가 제대로 이해된다. 바울은 지금 결혼한 부부들에게 자신의 배우자와 성관계를 계속해야만 한다고 말하고 있는 것이다. 우리는 3~4절을 읽으면 이러한 해석이 옳음을 확증할 수 있다. 바울은 분명한 말로 자신의 요지를 반복 설명한다. 배우자들이 서로 상대방의 몸을 점유(占有)하도록 되어 있음을 주장하는 것이다.

그렇다면 7장 시작 부분의 논리는 이러하다. 고린도교회 교인들이 제안했던 것과 같이 성교(性交)를 그만두는 것은 원칙상 괜찮은 일이다. 하지만 이미 결혼한 사람들의 경우 그들의 성생활을 거절하지 않아야 한다는 것이 바울의 주장이다. 그렇게 될 경우 배우자의 어느 한쪽이 정해진 혼인관계 밖에서 음행에 빠지는 유혹을 받을 위험이 있기 때문이다(2절).

이런 이야기가 현대 독자들에게는 오히려 의아하게 보일지도 모른다. 이런 식의 조언이 과연 꼭 필요한 것일까? 혼인관계 안에 있는 배우자들에게 성교를 계속하라고 말해 줄 필요가 있는 것일까? 고린도교회 교인들은 이런 이슈에 대한 답변을 듣기 위해서 굳이 바울에게 편지까지 쓸 필요가 있었을까? 이런 의문들에 대한 답은 사실상 '그렇다'이다. 고린도교회 교인들 중 어떤 이들은 성(性)을 그리스도 안에 있는 사람들이 '몸과 영을 다 거룩하게 하기' 위하여(7 : 34 참조) 기초적 육체의 쾌락을 거부해야만 하는, 그러한 신령하지 못한 '육신적'(fleshly) 실존의 한 부분으로 결론내렸음직하다.

이런 부류의 금욕주의는 고대 지중해 연안 문화에 '널리 퍼져' 있었다. 우리가 살펴본 바와 같이 스토아 철학과 견유학파 철학 사상은 고린도교회 교인들에게 심대한 영향을 미치고 있었다. 이들은 "철학자가 결혼을 해야 하는가?" 또는 "독신으로 있는 것이 지혜의 추구에 더 좋은 것이 아닌가?" 등의 이슈를 놓고 논쟁하였다. 그리스의 민간 종교에서는 종종 처녀성과 성적 순결이 신을 섬기도록 구별된 사람들에게 필요한 특성으로 이해되었다. 특히 예언의 기능을 담당하던 여인들, 예를 들어 델피 신전에서 종사하던 신탁(神託)의 여사제(女司祭)들에게는 이러한 금욕의 상태가 요구되었다. 바울이 살던 시대에는 전통적으로 후손의 생육과 번성을 모든 사람의 의무로 크게 장려하던 유대교에서조차 에세네(Essen)

나 테라퓨테(Therapeutae) 같은 금욕적인 종교운동들이 발전되었다. 알렉산드리아의 필로(Philo of Alexandria) 같은 이는 이런 운동을 극찬했다. 20세기 말에 살고 있는 많은 이들에게는 받아들이기 힘든 일이겠지만, 당시로서는 성적인 억제가 개인의 완결성과 종교적 능력의 수단으로 널리 이해되었다.

금욕에 대한 충동은 초기 그리스도교 내에도 발을 디디고 있었다. 고린도교회 교인들이 바울에게서 배웠을 것으로 보이는 세례 선언문을 어떻게 해석했을지 생각해 보라. "그리스도 예수 안에서는 더 이상 남자나 여자가 없노라"(갈 3 : 28). 예수의 가르침에 대한 전승이 그들의 교회에도 회자되었다면, 예수께서 이렇게 말씀하셨다는 것을 그들도 들었을 것이다. "……이 세상의 자녀들은 장가도 가고 시집도 가되 저 세상과 및 죽은 자 가운데서 부활함을 얻기에 합당히 여김을 입은 자들은 장가가고 시집가는 일이 없으며 저희는 다시 죽을 수도 없나니 이는 천사와 동등이요 부활의 자녀로서 하나님의 자녀임이니라"(눅 20 : 34-36). 또한 그들의 교회 창립 사도인 바울 자신이 명백한 독신 상태를 유지하고 있었다는 사실(고전 7 : 8, 9 : 5 참조)에서 어떤 결론을 끌어냈겠는가? 당시 고린도교회 교인들에게는 이런 일들을 어떻게 해석해야 하는지 확인하기 위한 지침으로 찾아볼 과거의 그리스도교 전통이 전혀 없었을 것이라는 점을 기억해야만 한다. 그들은 살아가면서 그리스도인의 생활을 창안해 나가도록 되어 있었다. 자신들이 받아들인 복음이 뜻하는 바를 현실 속에서 구현시키고자 노력하면서 그들의 삶을 재구성해 나가야 했다.

우리는 초기의 그리스도인 문헌들을 통해 교회 내의 어떤 집단들이 극단적인 금욕주의를 실행하려 했다는 것을 알고 있다. 골로새서 2 : 20~23에서는 바울이 "붙잡지도(고린도전서 7 : 1에서 **건드리다**〈개역성경의 '가까이 함'-역주〉로 번역된 것과 똑같은 동사임.) 말고 맛보지도 말고 만지지도 말라."고 하는 거짓 선생들에 대해 반대하는 입장을 취하고 있음을 볼 수 있다. 바울은 "이런 것들은 자의적 숭배와 겸손과 몸을 괴롭게 하는 데 지혜(*sophia*) 있는 모양이나 오직 육체 좇는 것을 금하는 데는 유익이 조금도 없느니라."고 주장한다. 마찬가지로 디모데전서 4 : 3에서도 "혼인을 금하고 식물(食物)을 폐하라"고 주장하는 사람들의 주장을 논박하고 있는 것이다.

이런 환경 가운데서 그리고 성결과 지혜를 독신 상태와 연관시키는 문화적 영향력 아래서 고린도교회 교인들 중 일부가 평범한 결혼생활이 그리스도 안에서 얻은 새로운 영적 정체성에 적절하지 못하다는 결론을 내렸다는 것은 그다지 놀라운 일이 아니다. 이것이 고린도전서 7장 뒤에 놓여 있던 상황으로 보인다. 고린도교회 교인들 중 일부는 독신생활이 필수적이라고 생각했다. 이미 혼인관계에 있는 이들 중 일부는 배우자와의 성생활도 거부하려 했다. 고린도전서 주석가들 중에는 성의 절제가 공동체 내의 일부 여성들에게 특별히 호소력을 가졌을 것이라 주장하는 이도 있다. 교회 내에서 선지자 역할을 하던 여인들은 여기서 가정생활의 전통적 억압에서 벗어나는 권한과 자유의 새 영역을 발견했을 것이다. 성교의 금지는 여성들의 임신을 막아 주고, 자녀를 돌보아야 하는 부담감으로부터 자유롭게 해 주었을 것이다. 그렇지만 그와 동시에 고린도교회 교인들의 슬로건을 감안할 때(1b절, "**남자가** 여자를 가까이 아니함이 좋다.") 공동체 내에서 성관계의 거부를 촉구하던 것은 **남자들**이었음을 알 수 있다. 아마 금욕에의 호소는 고린도교회의 남녀 교인 양쪽 중 일부에게서 공감대를 형성할 수 있었을 것이다.

어쨌든 이런 양상으로의 발전이 갑자기 성적 동반자를 박탈당해야 했던 일부 교인들에게는 꽤나 어려운 상황을 초래했을 것이다. 그들은 자신의 배우자들이 거룩함을 유지하기 위해 육체적 관계를 멀리하거나, 혼인관계 자체를 별거 상태로 만들어 버리는(7 : 10－11 참조) 경우를 당해야 했다. 고린도의 그리스도인들 중 일부가 매춘부를 찾아야만 했던 이유가 부분적으로 여기에 있었을 수 있다(6 : 15－16).

이런 배경을 염두에 두면, 바울이 고린도전서 7 : 1~7에서 고린도교회 교인들에게 보인 반응이 분명하고 의미 있게 다가온다. 바울은 강력한 어조로 말한다. "아닙니다. 결혼한 사람은 성관계에 '모라토리엄'(지급

유예–역주)을 선언해서는 안 됩니다!", "남편은 그 아내에게 대한 의무를 다하고 아내도 그 남편에게 그렇게 할지라"(3절). 이렇게 해야 하는 첫 번째 이유는 이미 2절에 제시되어 있다. '음행의 연고로' 자기 배우자에게서 성적 친밀함을 '박탈'하는 사람은 사탄으로 하여금 자기 배우자를 유혹하여 자기 통제를 어렵게 만들고(5절), 그래서 **포르네이아**(음행)에 들어갈 조건을 만들어 놓는다는 것이다. 그리고 바울은 이미 **포르네이아**가 믿음의 공동체 전체에 큰 해를 끼친다는 점을 장황하게 설명한 바 있다.

바울은 이제 4절로 가서 혼인 자체의 성격에 심오하게 연관된 두 번째 이유를 제시한다. "아내가 자기 몸을 주장하지 못하고 오직 그 남편이 하며……" 이것은 고대 세계에 널리 퍼져 있는 견해였다. 그러나 이어지는 문장은 많은 1세기 사람들에게 범상치 않은 충격을 주었을 것이다. "……남편도 이와 같이 자기 몸을 주장하지 못하고 오직 그 아내가 하나니" 여기서 바울은 고대인이나 현대인의 견해 모두에 똑같이 도전적인 혼인관을 펼친다. 결혼한 부부는 한 사람이 다른 사람 위에 위치하는 위계의 관계에 놓여 있지 않으며, 동시에 자기 하고 싶은 대로만 하는 자율적이고 독립적인 개체로 나누어져 있는 것도 아니다. 대신 혼인관계는 **상호간의 복종**(*mutual submission*) 관계로서 각 배우자가 상대 배우자에 대해 권한을 지니게 된다. 안타깝게도 바울은 이 탁월한 개념이 지닌 광범위한 함의를 발전시키기 위한 시간과 지면을 충분하게 갖지는 못했다. 그의 급한 관심은 고린도에서의 문제들이었기 때문에, 일단은 문제해결에 초점이 맞추어져 있다. 바울은 혼인관계 내에서 일상의 성교를 일방적으로 취소하는 일이, 아니 사실은 서로 합의한 가운데 이루어지는 성교의 중지조차도 있어서는 안 된다고 주장한다.

그러나 그는 5절에서 특별한 영적 훈련을 가지려는 고린도교회 교인들의 갈망에 부응하는 한 가지 용인(容認)을 제공한다. 일시적인 단기간의 절제는 남편과 아내의 양자 '합의'(헬라어의 *ek symphōnou*는 문자 뜻 그대로 직역할 때 '같은 목소리로'라는 뜻이다. 영어 단어 symphony의 어원〈語源〉

이 되는 어근을 주목하라.)를 통해서만 허용될 수 있다. 그러한 특별한 약속의 목적은 각각의 배우자가 기도에 전념할 수 있도록 허락하는 데 있다. 그러나 바울은 그들이 정해진 시간이 지나면 다시 합해야 한다고 강변한다. 유혹의 위험을 피하기 위해서이다. 이러한 일시적 절제의 허용은 바울이 6절에서 언급하는 바 '용인'(容認)이다. 바울은 자신이 결코 그러한 경우를 명령하는 것이 아님을 분명히 밝히고 있다.

이렇게 잘 관찰해 보니, 이 구절이 고린도전서 해석의 전통 속에서 얼마나 참담하게 오역되어 왔는지를 새삼 깨닫게 된다. 이 본문에 대한 오랜 해석은, 여기서 바울이 결혼이라는 제도를 인간 육신의 욕망에 대한 불쾌한 용인의 차원에서 마지못해 허용하고 있다는 것이다. 그러나 사실 혼인관계와 성교를 거부하려는 쪽은 일부 고린도교회 교인들이었고, 혼인관계 내에서의 성관계가 정상적이며 필수적이라고 현실주의적 접근을 강력히 취한 것은 바울 쪽이었다.

확실히 그 자신의 설명에 의하면, 바울은 미혼 상태에 있으면서도 성적인 욕망을 잘 통제하고 있었다. 그래서 그는 혼인관계의 육체적 만족이 필요하지 않았다. 비록 7절에서 그가 모든 사람이 '나와 같기'를 원한다고 말하지만, 동시에 서로 다른 사람들은 서로 다른 은사를 지니고 있고 하나님께서 결코 모든 사람을 독신으로 부르시지 않았다는 점도 인식하고 있었다. 이러한 언급이 담고 있는 의미는 결혼 자체가 하나님으로부터 오는 은사(*charisma*)라는 것이다. 물론 바울이 이 점을 그처럼 분명하게 말해 주는 것은 아니다.

우리는 이러한 주석상의 관찰 차원에서 아래와 같은 의역을 통해 이 본문의 의미를 좀더 명확하게 할 수 있을 것이다. 이 의역의 대화 속에 내재한 침묵의 가정(假定)과 간격의 일부분은 이해를 돕기 위해 추가로 채워 넣었다. 바울의 조언이 고린도교회 교인들에 의해 제기된 특정 이슈들에 대해서 어떻게 답하고 있는지를 보여 주기 위해 설명이 확장된 부분은 굵은 글씨로 표시했다.

> (1) 이제 여러분들이 편지로 나에게 썼던 내용들에 대해 말씀을 드리겠습니다. **여러분은 편지에서, 성결과 순결을 위해서는 기혼 부부가 성교(性交)를 금해야만 한다고 제안을 했지요. 여러분의 말처럼, 남자가 여자를 가까이하지 않는 것은 좋은 일입니다.** (2) 그러나—**이것이 현실적이지 못한 것이기에**—남편은 자신의 아내와 성관계를 가지며, 아내는 자신의 남편과 잠자리를 같이하도록 하십시오. (3) **혼인은 부부 사이에 상대방의 필요를 충족시켜 주어야 하는 상호간의 의무를 발생시킵니다.** 따라서 남편은 아내에게 할 일을 해야 하며, 마찬가지로 아내도 남편에게 할 일을 해야 합니다. (4) 왜냐하면 아내가 자신의 몸을 주장할 수 없고 남편이 주장하게 되어 있기 때문입니다. 마찬가지로 남편이 자신의 몸을 주장할 수 없고 아내가 하게 되어 있습니다. (5) 부부가 **함께**, 기도에 특별한 시간을 드려야 하기 때문에—서로 잘 화합해서—잠자리를 같이하지 않기로 결정했을 때가 아니라면, 서로 간의 권리를 박탈해서는 안 됩니다. 이 경우에도(**기도의 기간이 끝나게 되면**) 다시 합하여서 사탄이 여러분을 유혹할 수 없게 해야 합니다. (6) 내가 이 **일시적 금욕생활의 관행**을 명령하는 것은 아닙니다. 나는 **여러분의 제안**을 용인하는 뜻에서 이렇게 말하고 있는 것이지요(**위의 1절을 보라**). (7) 모든 사람이 나와 같이 성적 욕구를 절제할 수 있기를 바랍니다. **그러나 확실히 이것이 일반적인 현실은 아닙니다.** 각 사람은 하나님께로부터 받은 은사가 있습니다. 혹 그것이 **독신생활이 아니고 다른 어떤 것이든지 간에**, 어떤 이는 이런 방식으로 다른 이는 저런 방식으로 자기 갈 길이 있는 것입니다.

본문을 이런 식으로 읽으면, 바울이 목회 차원에서 제시한 조언의 진정한 강조점이 좀더 분명하게 눈에 들어온다.

그러나 이러한 역사적 재구성에 대해 한 가지 질문을 제기할 필요가 있다. 금욕주의로의 후퇴보다는 성적인 자유 표현의 과도함이 고린도교회 교인들의 문제가 되었던 5장과 6장에서 다룬 말씀들을 7장의 상황과의 관계에서 어떻게 설명해야 할 것인가? 상호간에 강화 효과를 주는 두 개의 답변이 가능하다.

첫째, 우리는 이미 편지를 통해 고린도 공동체가 분파로 나누어져 있다는 것을 알고 있다(1 : 10-17, 3 : 1-4). 우리가 8~10장을 통해 알 수 있듯이 만일 어떤 음식을 먹지 않는 것에 대한 논쟁이 공동체 내에서 분열의 이유가 되었다면, 성행위에 대한 의견의 차이도 바울이 고린도전서 7장에서 이 점을 뚜렷하게 드러내 밝히지는 않지만, 분열의 여러 사유 중 하나가 되었으리라는 추정이 그다지 비합리적인 것은 아니다. 왜 고린도교회 교인들이 이 이슈를 편지에서 현저하게 드러나도록 제기했는지 설명해 주는 것도 바로 이 점 때문이라고 생각된다. 그렇다면 고린도전서 5~7장에서 바울의 가르침은 여러 파당의 성격을 차례대로 다루고 있는 것으로 볼 수 있다. 처음에는 자신의 몸으로 무엇이든지 할 수 있는 자유인이라고 믿고 있는 사람들을 다루었고, 그 다음에는 자신의 몸이 모든 성적 접촉을 멀리해야 된다고 믿는 사람들에 대해 이야기했다. 바울은 양쪽 집단 모두를 향한 대응으로 한 가지 일관된 입장을 제시한다. 독신생활은 좋은 것이다. 혼인관계 내에서의 성(性)도 좋은 것이다. 그러나 **포르네이아**는 공동체에 재난이다. 바울은 혼인관계 내에서의(오직 그 안에서만) 성적인 사랑의 올바름과 필연성을 확증함으로써 양측의 극단적 입장을 거부한다.

둘째, 지나친 영성주의(hyperspirituality)는 종종 역설적이게도 육체적 방종의 반동작용으로 몰려가는 수가 있다. 우리는 오늘날에도 성적으로 잘못된 행각이 노출되어 뉴스의 초점이 되는 텔레비전 부흥사나 교계 지도자들을 볼 때마다 이 사실을 다시 확인하게 된다. 우리 모두 지난 몇 년 사이에 대중매체의 초점이 된 이런 사건들을 보면서 무척이나 가슴 아파했다. 고린도전서 7 : 1~7에서 바울이 지시하고 있는 것은 이렇게 분명한 현실을 감안한 것이다. 고린도에서 발생한 피차간의 대립적인 주장과 행위들 사이에는 내재한 영적 연계가 존재한다. "나는 무엇이든지 할 수 있는 자유인이다."라고 주장하는 사람들이나 "나는 모든 것을 금하여 절제한다."고 주장하는 사람들이나 양자 모두 똑같이 자신들을 하나님께서 허락하신 피조물로서의 한계선 너머에 위치시키고 있다. 어느 쪽이든지 우리의 한계적 존재성을 넘어가거나 피해 가려는 시도는 실패하도록 되어 있으며, 결국은 파멸을 향해 나아간다. 그래서 바울은 지극히 단순하게 지상(地上)적인 조언을 준다. 남편과 아내는 가까이 붙어 있어 서로의 필요와 욕구를 만족시켜야 한다.

홀아비와 과부 : 다시 결혼하지 말 것(7 : 8-9)

바울은 이어서 공동체 내의 또 하나의 다른 부류 사람들에게 말을 건넨다. '혼인하지 않은 자들과 과부들'이다. '혼인하지 않은 자들'(*agamoi*)이란 단어는 결혼하지 않은 사람들 일반을 뜻하는 것이 아니고, 좀더 범위를 좁혀서 '홀아비들'을 가리키기 위해 사용되었다(혼인관계 안에 있지 않은 다른 부류의 사람들, 즉 이혼한 사람들과 아직 결혼하지 않은 사람들에 대한 조언은 11절과 25~38절에 따로 주어진다). 이 장의 다른 지시사항들과 마찬가지로 이 조언도 배려 깊게 균형 잡힌 모습으로 남자와 여자 양쪽 모두를 평등하게 다루고 있다. 이 경우에는 남자와 여자 할 것 없이 자신의 배우자를 사별한 사람들이다. 바울은 외관상으로 볼 때 자신을 이 부류의 사람으로 분류하는 것 같다. 바울은 이들이 '나와 같이', 즉 혼인관계에 다시 들어가지 않은 상태에 그대로 머무는 것이 좋다고 말한다(8절). 이곳이 바울 자신의 편지에서 그 자신이 한때 결혼한 적이 있었던 사람일지도 모른다는 추정의 힌트를 주는 유일한 장소이다. 사실 당시 토라 연구에 헌신했던 유대인 남자로서는 지극히 정상일 뿐 아니라 의무 사항이었던 것이 결혼이다(행 22 : 3, 갈 1 : 14, 빌 3 : 4-6 참조. 후대의 랍비 문헌의 가르침에 따르면, "20세에 달한 남자로서 아직 결혼을 하지 못한 이는 그에게 주어진 모든 날들을 죄 가운데 보내게 된다"〈*b. Qidd.* 29b〉고 했음). 바울 개인의 결혼사(結婚史)와 당시 그의 상태가 어떠했든지 간에 고린도교회 교인들은 분명히 그에 대해 잘 알고 있었을 것이다. 그래서 여기서 자신에 대해 더 자세한 설명을 할 필요는 없었던 것으로 보인다. 그의 당부가 목적하는 바는 단순히 홀아비와 과부들이 현재 그대로의 상태로 남아 있기를 바라는 것이었다(디모데전서 5 : 14과 대조적인 점을 주목하라).

그러나 이 조언에는 중요한 단서가 붙어 있다. 바울은 '만일 절제할 수 없거든' 다시 결혼할 것을 요구한다. 여기에서도 **포르네이아**의 망령이 배경에서 어른거리고 있음을 알 수 있다. 바울은 홀아비나 과부들이 부도덕한 성관계(매춘부를 찾아다니거나 혼외의 불륜에 빠지는 일들)에 말려들까 염려하고 있다. 성욕의 충동을 느끼는 사람들은 결혼을 해야 한다. "정욕이 불같이 타는 것보다 혼인하는 것이 나으니라." 거의 모든 현대 번역이 뒤의 동사(헬라어와 영어에서는 두 동사의 위치가 한글의 경우와 다르다. 즉, 한글 번역에서는 '혼인하다'와 '불타다'의 등장 순서가 바꾸어져 있다－역주)가 하나님의 심판의 불길이 아니라 성욕으로 '불타오름'을 가리키는 것으로 바로 해석하고 있다. 예를 들어 NRSV에서는 "정욕으로 불타오르는 것보다는 결혼하는 것이 더 좋다."(It is better to marry than to be aflame with passion.)로 번역되어 있다. 이 구절도 바울이 혼인 제도를 별로 좋아하지 않아 정죄하고 있는 것처럼 잘못 읽히는 곳 중 하나이다. 그러나 여기서 분명히 염두에 두어야 할 것은 바울이 이 말을 모든 사람에게 하는 것이 아니고 특별히 배우자를 잃은 사람들을 염두에 두고 있다는 점이다. 그리고 이 질문에 대한 바울의 교훈은 홀로 남겨진 사람들의 재혼을 엄격하게 금해야 한다고 확신하여 주장하고 있는 고린도교회의 성(性) 반대주의자들의 입장보다는 훨씬 더 융통성을 갖고 관용적이었음을 기억해야 한다.

결혼한 그리스도인 부부 : 이혼하지 말 것(7 : 10－11)

이제 바울은 교회 내에서 혼인관계 중에 있는 부부들 쪽에 관심을 보인다. 만일 그리스도인 남편과 아내들에게 있어 성관계를 지속하는 것이 의무라면, 그들 중 일부가 이혼을 함으로써 독신으로의 탈출을 시도하지 않을까 염려하게 된다. 아마 고린도교회 내에서 이미 이런 일이 발생하고 있었는지도 모른다. 아니면 좀더 일반적인 이유로 이혼의 이슈가 발생했던 것일까? 어떤 구체적 경우가 있어 이혼의 문제를 다루게 된 것인지, 아니면 그냥 우발적인지는 모르나, 어쨌든 바울은 10~11절에서 따라야 할 일반적 규범을 분명히 한다. 그리스도인 남편과 아내들은 어느 쪽이든지 이혼을 해서는 안 된다.

이 가르침은 앞에서 살펴본 8~9절의 상담과 대조적으로, 간단한 조언의 수준에 머물지 않는다. 그것은 주님께서 그에게 직접 명령하신 것이라고 했다. 이것은 바울이 그의 교회에 주는 지침을 뒷받침하기 위해 분명하게 드러나는 예수의 교훈에 호소하고 있는 몇 안 되는 구절 중 하나이다(또한 9 : 14과 가능성이 높은 데살로니가전서 4 : 15~17을 보라). 비록 어구의 표현이 복음서에 나온 것들과 다르지만, 바울은 여기서 예수께서 확실하게 이혼을 금하신 내용이 담겨 있는 전승을 염두에 두고 있다(막 10 : 2-12, 마 5 : 31-32, 19 : 3-12, 눅 16 : 18). 예수의 입장은 당시 유대교나 그리스-로마 문화권의 어떤 것보다도 강력하고 엄격한 것이었다. 유대교에서는 오직 남편만이 이혼의 권한을 지니고 있다. 그러나 그리스-로마 세계에서는 여성 역시 이혼을 주도할 권리를 갖고 있다. 바울이 여기서 아내 쪽의 행위('갈리다' : separate)와 남편 쪽의 행위('버리다' : divorce)를 묘사할 때 서로 다른 동사를 사용하고 있다는 사실은 아마도 바울의 유대적 배경과 인식이 반영되어 있었던 것 같다. 그러나 두 행위가 사법적 또는 실용적 효과에 있어서는 다를 바가 없다. 현대 사회에서는 '별거'(separation)와 '이혼'(divorce)을 구별하고 있지만, 바울의 편지에서는 그런 차이를 전혀 염두에 두고 있지 않다. 본문 13절에서 바울이 사용한 문장을 보면, 그는 여성들이 남편을 버리고 이혼할 법적 권리를 지니고 있다는 점을 인식하고 있었다. 바울은 물론 그리스도인 여성들이 그 권리를 실행하지 말 것을 요청하고 있다.

흥미로운 것은 바울이 예수의 가르침을 재생할 뿐 아니라 공동체 내에서 그 가르침에 순종하지 않을지도 모르는 일부의 가능성까지도 염두에 두고 있다는 점이다. 그래서 본문 11a절에서 주님의 계명에 자기 자신의 단서를 첨부한다. 만일 아내가 혼인관계를 중단한다면 나중에 다시 그 남편과 화목하여 재결합하지 않는 한 독신(*agamos*)으로 남아 있어야 한다. 바울은 호혜성의 원칙에 입각한 명령을 분명하게 언급하지는 않는다(즉, 아내와 이혼한 남편이 독신으로 남아 있거나 다시 자신의 아내와 화목하여 재결합하거나 양자택일을 해야 한다는 언급이 명시되지는 않았다). 그러나 이 장 전체를 통해 바울이 남성과 여성 모두를 대칭이 되게끔 처리하고 있는 것을 염두에 둘 때, 바울의 이 지침에서 남자 쪽을 향해서도 같은 명령을 암시하고 있었다고 보아야 할 것이다. 이러한 판단을 내리는 근거 논리는 아마 마가복음 10 : 11~12에서 설명하고 있는 이유와 같을 것이다. 한 사람과 이혼하고 다른 사람과 결혼하는 것은 합법화된 형태의 간음이나 마찬가지이다. 그러나 바울은 여기서 버림을 받은 배우자가 다시 다른 사람과 자유롭게 재혼할 수 있는지에 대해서는 아무런 언급을 하지 않는다. 그의 목회 상담의 주된 관심은 어느 쪽이든 간에 배우자의 한쪽이 상대방으로부터 이혼하고자 **주도하는 것을** 막으려는 데 있었다.

바울이 자신의 배우자와 이혼하여 상대방을 내버림으로써 주님의 교훈에 어긋난 행동을 한 사람들을 추방하거나 징계하도록 공동체를 소명하지 않는 것을 보며 의아하다고 생각할 수도 있을 것이다. 짐작컨대 이들은 다른 사람과 재혼하지 않는다는 조건이 붙여진 채 공동체 내에 머물도록 허용되었던 것으로 보인다.

불신자와 결혼한 그리스도인들 : 혼인관계를 유지할 것(7 : 12–16)

다음으로 바울은 예수의 가르침이 구체적으로 규정하지 않은 이슈를 대면해야 했다. 신자가 불신자와 결혼하여 살고 있는 혼합의 혼인관계 문제이다. 예수께서는 유대인 청중들을 대상으로 말씀하셨고, 이혼 금지 명령은 당연히 남편과 아내 양측이 모두 하나님의 언약 백성에 속해 있음을 전제한 것이었다. 그러나 바울의 이방인 선교는 새로운 조건의 환경을 창조해 냈다. 한쪽 배우자가 복음을 들어 새로운 신앙으로 회심을 했는데, 남은 배우자가 아직 불신자(*apistos*)로 남아 있는 경우에는 어떻게 해야 하는가? 이런 상태에서 혼인관계가 계속 이어질 수 있을까? 확실히 일부 고린도교회 교인들은 이런 혼인관계의 경우에 신자 쪽이 이교도 배우자와의 성 접촉을 통해 불결해진다고 주장했음에 틀림없다. 분명히 그리스도인은 어둠과 무법(無法)의 영역에서 살고 있는 불신자와의 친밀한 결속을 깨뜨려야 한다(이런 분위기 뒤에 놓인 강력한 신학적 표현을 위해서는 고린도후서 6 : 14~7 : 1에서 분리되어 나온 문서를 보라).

이 문제에 대한 바울의 대응은 여러 가지 면에서 대범하고 놀랍다. 첫째, 바울은 그 자신의 권위에 대해 말하면서("내가 말하노니 이는 주의 명령이 아니라") 예수의 무조건적 이혼 금지 교훈의 수정안을 제시한다. (바울이 **포르네이아**의 경우에 이혼을 허용하는 예외 조항이 포함된 마태복음 전승〈마 5 : 32, 19 : 9〉을 알고 있었다는 증거는 보이지 않는다. 이것은 나중에 전승을 적용하는 과정에서 발전된 것으로 보인다.) 바울은 자신의 판정을 예수의 계명과 구별하여 처리한다는 관점을 분명히 밝힌다(어떤 이들은 이를 두고 바울의 **할라카**〈*halakah*, 유대교에서 율법의 실생활 적용을 위한 해석을 가리키는 말－역주〉로 정의하고 싶은 생각이 들 것이다). 그러나 바울은 그럼에도 불구하고 이를 고린도교회 교인들이 따라야 할 지침으로 제시한다. 불신자인 배우자가 혼인관계를 유지하려고 하는 한 신자 쪽에서는 그 불신자와 함께 살아야만 한다. 그러나 불신자인 배우자 쪽에서 혼인관계를 중단하기 원하면 신자인 배우자는 더 이상 혼인관계의 혼약(婚約)에 매이지 않아도 된다. 바울은 여기서도 역시 이 판정(判定)을 교회 내의 남성과 여성 양쪽에 공평하게 적용하는 방식으로 조심스럽게 언급한다. 여기서 놀라운 것은 바울이 주님의 가르침을 새로운 환경에 적용해 가는 자유로운 구사 방식 중 하나이다.

이 입장을 취하는 데 있어 바울은 자신의 바리새적 배경에 잘 맞아떨어지는 가정(假定), 즉 순결한 사람이 부정한 것을 접촉하면 자신이 부정해진다는 가정을 오히려 거부한다. 대신 그 반대의 결과를 주장한다. "믿지 아니하는 남편이 아내로 인하여 거룩하게 되고 믿지 아니하는 아내가 남편으로 인하여 거룩하게 되나니……" 말하자면 오히려 거룩함이 전염성을 갖는 셈이다. 이러한 비범한 확언은 하나님의 능력이 신자를 통하여 역사하여 배우자와 자녀들을 변화시킨다는 것을 선언하고 있는 것이다(14절). 여기에 전제된 논리는 바울이 이전의 주장에서 사용한 부정하게 됨의 논리와 정반대의 것이다(매춘부와의 성적 결합이 그리스도를 부정하게 만든다는 6 : 15~17과 나쁜 누룩이 반죽 덩어리 전체에 퍼져 나간다는 5 : 6의 경우). 바울은 여기서 그 메타포를 뒤집어, 최소한 가정에서는 성결이 불결보다 더 강력하다는 것을 단언한다. 이것을 로마서 11 : 16과 비교해 보라. "제사하는 처음 익은 곡식 가루가 거룩한즉 떡덩이도 그러하고 뿌리가 거룩한즉 가지도 그러하니라."

다소 애매해 보이는 이 단원의 마지막 문장(고전 7 : 16)은 불신자 배우자에게 복음 수용에 대한 증거가 없다 하더라도 신자 된 배우자로 하여금 혼인관계 내에 그대로 머물러 있도록 격려하는 것으로 이해할 수 있다. 자신의 삶이 극적인 역전, 즉 교회의 핍박자에서 사도로의 변신을 경험했던 사람으로서, 바울은 전혀 가능성이 없었던 인간도 구속하여 변화시키는 하나님 은혜의 능력을 결코 과소평가해서는 안 된다는 점을 알고 있었다(15 : 8－11 참조).

여기서 바울이 다루고 있는 것과 같은 상황은 고린도에서 빈번하게 발생했고, 초기 교회의 그 외 장소에서도 마찬가지였음에 틀림없다. 믿지 않는 배우자의 눈에는 그리스도교 운동에 동참한 믿는 배우자가 십자가 처형을 당한 범죄자를 숭배하는 괴기한 사교 집단에 가입한 것으로 보였을 것이다. 이교도 배우자들이 자신의 그리스도인 배우자의 새로운 종교 행위와 동료들로 인해 당황하거나, 경우에 따라서는 견딜 수 없어 했으리라는 점은 그다지 상상하기 어려운 일이 아니다. 바울은 그런 경우를 놓고 말하고 있는 것이다. 만일 믿지 않는 배우자가 원한다면 떠나게 하라. 왜냐하면 '하나님은 화평 중에서 너희를 부르셨기' 때문이다(7 : 15b, "It is to peace that God has called you." 직역하면 "하나님께서 당신들을 화평으로 소명했기 때문입니다."이다. －역주). 신자의 근본적 충성은 새롭게 들어간 하나님의 가족 안에 놓여 있다. 이와 동시에, 공동체의 급격한 금욕적 표준을 채택하도록 압박을 가하던 고린도교회 교인들에게는 바울이 신자와 불신자가 섞여 사는 혼인관계에 대해서도 개방적이었던 점이 의아한 타협처럼 보였음에 틀림없다. 여기서 바울은 신앙 공동체의 과격할 정도로 새로운 특성의 보전과 그 공동체가 세상에서 신실하게 살아가기 위한 계속적 실존 사이에서 균형을 잡아야만 하는 외줄 타기를 하고 있었다고 보아야 한다. 혼인관계는 아직도 그 효력을 유지하고 있는, 신실해야 하는 삶의 영역 중 하나이다. 혼인관계를 부담스러운 의무로만 여겨서는 안 되며, 하나님의 성결과 변화의 능력이 작용하는 영역으로 보아야 한다. 그래서 바울의 결혼관에는 비록 그것이 불신자와의 관계라 하더라도 소망으로 가득 차 있다.

일반적 규칙 : 부르심을 받았을 때의 상태를 유지할 것(7 : 17-24)

바울은 이제 결혼에 대한 조언의 뒤에 서 있으면서 지침이 되고 있는 원리를 좀더 일반적 차원에서 묵상하기 위해 잠시 멈추어 선다. 바울은 이 짧은 단락에서 신자들이 처음에 부르심을 입었을 때의 그 조건(그들이 처음 그리스도에 대한 좋은 소식의 전도를 받아 그것을 수용했을 때의 삶의 위치와 신분을 말함.) 안에 그대로 머물러 있어야 한다는 금언을 세 번에 걸쳐 되풀이한다. 이 단락은 클럽 샌드위치와 같은 구조를 지니고 있다. 금언이 가운데에서 삼 층으로 되풀이된다(17, 20, 24절). 그 사이에는 예를 들어 설명하기 위한 유추의 개념이 두 개 삽입된다. 혼인/미혼의 구분을 암묵적으로 할례/무할례(18-19절) 및 종/자유인(21-23절)의 구분과 비교한다. 바울은 이 모든 구분이 하나님 앞에서는 중요한 것이 아니라고 선언한다.

고린도교회에서 할례나 노예제도가 논란의 이슈였음을 암시하는 것은 없다. 단지 바울은 이 개념들을 혼인관계의 현재 상태를 바꾸려고 애쓰지 말아야 한다는 자신의 조언을 뒷받침하기 위해 병행적 특징을 지닌 예로서 활용하고 있을 뿐이다. 이 두 예(例)가 그리스도인의 삶 속에서 발생한 성(性) 담론과 함께 결합되어 바울의 세례문답에 들어 있는 세 요소와 정확하게 일치하는 것은 단순한 우연이 아니다.

누구든지 그리스도와 합하여 세례를 받은 자는
그리스도로 옷 입었느니라
너희는 유대인이나 헬라인이나 (고전 7 : 18－19 참조)
종이나 자주자나 (고전 7 : 21－23 참조)
남자나 여자 없이 (고전 7장의 나머지 부분 참조)
다 그리스도 예수 안에서 하나이니라
(갈 3 : 27－28)

이러한 이분법은 바울이 인식한 인간 조건의 카테고리를 구성한다. 그러나 그러한 인간 정체의 기본적 구분선은 복음의 차원에서 보면 아무 의미가 없다. 그래서 우선 고린도전서 7장은 바울이 갈라디아서 3 : 28을 직접 해설한 것으로 볼 수 있다. 고린도교회 교인들 중 일부는 '남자나 여자 없이'라는 선언 때문에 성(性)을 포기해야 한다고 생각했다. 반면 바울은 복음이 우리를 그러한 구분에 의한 번뇌에서 해방시키며, 우리를 성별(性別)이 아니라 그리스도 안에서 자신의 정체성을 찾도록 소명한다고 선언한다. 혼인관계는 인종의 구분이나 사회적 신분처럼 **아디아포라**(*adiaphora*)의 카테고리에 속한다. 성별은 중요한 것이 아니며, 그 구분의 어디에 속하든 우리에게는 별다른 차이가 없다는 말이다. 바울은 이에 바탕하여 아주 간단한 규칙을 설정한다. "당신의 위치나 신분을 바꾸려 애쓰지 말라."

바울이 다른 곳에서 세상을 바꾸는 복음의 능력에 대해 강력한 선포를 하고 있는 것을 생각할 때(고후 5 : 16－21 참조), 이러한 주장은 그리스도 안에서 이루어진 새 삶의 사회적 함의를 실망스러울 정도로 보수적으로 처리하는 것같이 보인다. 그러나 바울이 "이 세상의 형적은 지나감이니라"(고전 7 : 31b)는 확신 아래 이 편지를 쓰고 있다는 점을 기억해야 한다. 새로운 사회 질서를 위해 뒤섞기를 하는 것은 마치 침몰하는 **타이타닉**의 갑판 의자들을 정돈하려는 것같이 보인다. 이것은 오직 근심과 염려만 만들어 내는 방향 없는 짓이다. 그의 독자들이 현재의 시간 속에서 어디에 위치해 있든지, 그곳에서 온 마음을 다해 하나님을 섬길 수 있는 자유를 누리도록 하는 것이 바울이 갖고 있는 당장의 목회적 관심이었다. "각 사람이 부르심을 받은 그 부르심 그대로 지내라."는 금언은 사실상 이런 뜻이다. "네가 심김을 받은 그 위치에서 꽃을 피워라. 너 자신이 아닌 그 무엇이 되려고 애를 쓰는 염려를 하지 말아라." 바울이 이 조언을 고린도교회 교인들의 상황에 적용하려는 일차적 목적은 혼인관계의 신실함을 버리지 못하게 하려는 데 있었다는 점을 고려할 때, 인간의 모든 제한의 굴레를 깨뜨려 자유를 얻으려는 유토피아적 계획보다는 바울의 조언에 더 큰 지혜가 담겨 있다는 것을 간과할 수 없다. 그와 동시에 주의해야 할 점이 있다. 바울의 금언 적용은 어떤 때에 적절한 예외가 필요한지를 아는 분별력을 요구하기도 한다. 이 장을 통해 펼치는 그의 논의는 이 점을 지적하고 있다.

바울의 두 예화에 대한 유추는 간략한 설명을 필요로 한다. "할례받는 것도 아무것도 아니요 할례받지 아니하는 것도 아무것도 아니라"(19절)는 바울의 확신은 당대의 유대인들에게 충격이었을 것이다. 그러나 이것은 바울이 교회를 위해 갖고 있는 비전을 이루는 데 있어서 중요한 개념이었다. 바울은 교회를 한 하나님을 섬기는 하나의 새로운 백성으로, 유대인과 이방인을 연합하기 위해 인종적 경계를 초월하는 공동체로 보았다. 그러나 더 충격적인 것은 바울 선언의 공략 중심점이다. 중요한 것은 할례도 아니고 무할례도 아니다. '오직 하나님의 계명을 지키는 것'이다(19절). 그러나 할례는 하나님께서 주신 계명 중의 하나였다!(창 17 : 9–14) 만일 계명을 지키는 것이 그렇게 결정적으로 중요한 것이라면, 어떻게 할례가 중요하지 않은 것이 될 수 있단 말인가? 현재의 논의가 유대인의 정체성 문제를 다루는 것이 아니기 때문에, 바울은 여기서 더 이상의 설명을 하지 않는다. 바울의 언급이 전제하고 있는 바가 있다. 그리스도께서는 율법의 **텔로스**(*telos*, 개역성경에서는 '마침'이라 번역됨.)이시기 때문에 달라진 해석상의 렌즈를 통해 율법을 새롭게 해석해야 한다는 점이다. (이에 대해서는 로마서에서 좀더 자세한 설명을 하고 있다. 특히 로마서 2 : 25~29, 8 : 1~4, 10 : 1~13, 13 : 8~10 등을 보라.) 이런 일에 대해 바울의 가르침을 받은 이방인들인 고린도교회 교인들은 아마 이미 이 주장의 의미를 알았을 것이다. 그리스도의 백성이 되었다고 해서 그들의 인종적 정체를 바꾸어 개종한 유대인이 되어야 하는 것은 아니었다. 마찬가지로 그들이 그리스도인이 되었다고 해서 혼인관계의 상태를 바꾸어야 할 이유가 전혀 없다는 것이 바울의 주장이었다.

두 번째 예(21－23절)는 많은 독자들에게 훨씬 더 문제가 되는 내용이다. 그리스도인 노예들에게 노예 신분에 자족하여 그대로 머물러 있으라고 권하기 때문이다. 바울 교훈의 '보수주의'(conservatism)가 억압적인 사회 세력의 손에 의해 가장 분명하게 이용당하는 지점이 바로 여기다. 그러나 우리는 성급한 판단을 내리기 전에 고대 노예제도에 대해 알려진 정보를 파악하고, 바울이 자신의 주장에 이 예를 어떻게 활용하고 있는지를 잘 관찰해야 한다. 첫째, 노예제도는 고대 그리스－로마 시대 어디서나 발견되던 보편적 제도였다. 그러나 이것이 항상 억압적인 것으로 인식되지는 않았다. 미국의 독자들은 본능적으로 남북전쟁 전 남부에서 보여주었던 것과 같은 노예제도를 생각할 것이다. 그러나 고대의 노예제도는 좀더 복잡한 성격을 지니고 있었다. 데일 마틴(Dale Martin)의 책 *Slavery as Salvation*은 노예제도가 많은 이들에게 경제적 안전뿐 아니라 사회적 상향 이동의 기회를 제공했음을 보여 주고 있다. 권력을 지닌 주인의 노예가 된다는 것은 존경받을 만한 자리를 차지하는 것이었다. 종종 노예들은 고등교육을 받아서 주요 행정상의 직무를 위탁받기도 했다. (위의 4 : 1~5의 논의를 보라.) 그래서 '그리스도의 종'(7 : 22, slave of Christ, 그리스도의 노예)이 상당한 권한의 위치를 암시하는 영예의 호칭일 수 있었던 것이다. 물론 어떤 노예들은 비참한 대우를 받았다. 많은 노예들이 가능하면 그 신분에서 벗어나는 해방을 원했다. 어떤 경우에는 돈을 모아 노예를 벗어나기 위한 대가를 지불하기도 했다. 해방 노예는 그대로 자유인으로 태어난 시민은 아니었다. 그 대신 '해방자유인'(freedman 〈*apeleutheros*〉)으로 분류되었고, 종종 이전 주인을 섬기는 일에 종속된 상태를 그대로 유지하기도 했다. 초기의 많은 그리스도인 회심자들이 노예이거나 이전에 노예로서 이러한 사회의 하류층 출신이었다. 웨인 믹스(Wayne Meeks)가 그의 책 *The First Urban Christians*에서 제시했듯이, 그리스도교 운동은 사회적 신분으로는 하류층에 속하지만 상대적으로 교육을 잘 받았거나 경제적으로 성공한 사람들에게 호소력이 있었다.

이런 배경을 염두에 두면서 바울이 이러한 용어를 어떻게 수사학적으로 활용하고 있는지를 관찰해 보자. 바울의 첫 번째 움직임은 하나님의 부르심을 받을 때 노예였던 사람들에게 '염려하지 말라'고 말하는 것이었다. 이에 대한 설명은 1 : 26~29에서 선포된 신분 역전을 상기시키는 방식으로 7 : 22~23에 주어져 있다. 바울은 이미 6 : 20에서 사용한 적 있는 '값으로 사신 것'이라는 메타포를 되풀이하여 언급한다(7 : 23). 그리스도는 자신의 죽음을 통하여 자신이 부른 사람들을 구속하기 위한 값을 지불하셨다. 이러한 거래의 결과는 그리스도의 가족 내에서 상대적인 신분의 전도(顚倒)로 나타난다. 노예는 '주께 속한 자유자'(*apeleutheros*=freed man=해방자유인)가 되었고, 반면에 부름을 받을 때 자유인(*eleutheros*=출생자유인)이었던 사람은 '그리스도의 종'이 된다(22절). 따라서 이전에 노예였던 사람에게 더 상위의 신분이 주어진 것이다. 세상의 사회적 신분에 관계없이 이제는 모두가 그리스도의 권위 아래 놓여 있다. 따라서 바울은 노예로 있다가 그리스도의 죽음에 의해 '값으로 사신' 바 된 사람들은 '사람들의 종'이 되지 말아야 한다고 주장한다. 여기서 바울이 부분적으로는 문자 그대로의 의미를 생각했을 수 있다("자신을 노예로 팔아 당신의 신분을 바꾸지 말라"). 그러나 또한 분명히 그들의 외적 신분이 무엇이든 간에 그리스도를 섬기는 일에 헌신한 사람들로서 자신들의 삶을 영위해야 한다는 것을 의미한다.

이런 표현의 말씀이 전개되는 곳에서는 고대 노예제도 체제의 상징적 세계가 극적으로 와해되었다. 바울은 자신이 살고 있는 시대의 사회·정치적 질서가 하나님의 종말론적 심판에 의해 가까운 장래에 싹 쓸려 가기를 기대했다. 이것은 그가 살던 자신의 시대 중에 발생하지는 않았지만, 현재 이 말씀의 메타포적 전도(顚倒, reversals)는 그 체제를 내부에서부터 잠식하여 나중에 그리스도교 문명이 형성되었을 때 사회제도로서의 노예제 자체가 시들어 없어지는 길을 준비하는 데 기능하였다.

그러나 이 구절에는 이제까지 우리가 직접 대면하지 않은 한 문장이 있다. 이제 우리는 이 문장을 다룰 때가 되었다. 고린도전서 7 : 21b의 전통적 해석은 뜻밖에도 NRSV의 번역에 반영되어 그 대표적 의미를 보여주고 있다. "당신이 자유를 얻을 수 있다 하더라도 당신의 현재 상태(노예 신분)를 더욱더 잘 활용하도록 하십시오"(Even if you can gain your freedom, make use of your present condition〈slavery〉 now more than ever). 이 문장의 번역은 어려운 문제이다. 그러나 여러 가지 이유를 감안할 때 RSV, NIV, NEB, JB, NRSV에 붙어 있는 각주의 번역이 더 나은 것이라고 생각된다. "당신이 부르심을 입었을 때 노예였습니까? 그에 대해 너무 괘념하지 마십시오. 그러나 만일 자유를 얻을 기회가 온다면 그것을 취하십시오"(NEB, Were you a slave when you were called? Do not let that trouble you ; but if a chance of liberty should come, take it). 이러한 해석은 우선 이 장을 통해 이때까지 살펴본 패턴에 부합한다. 바울은 먼저 고린도교회 교인들에게 현재의 상태를 유지하라고 말한다. 그러나 여러 가지 이유를 들어 예외 조항들을 허락하는 모습을 보여 왔다(8-9, 10-11, 12-15, 26-28절 참조). 물론 이 문장에서 그 예외를 구성하는 것은 노예 신분에 있는 사람이 자유를 얻을 수 있는 기회가 주어졌을 때이다. 바울의 의도는 사람이 현재의 신분으로부터 해방의 기회가 왔음에도 불구하고 그것까지 거부해 가며(어쨌든 이런 거부는 법적으로 불가능한 것이기도 했음.) 무작정 머물러 있어야만 한다는 것이 아니다. 바울의 요지는 또다시 언급하건대, 그의 독자들이 현재의 사회적 위치에 대해 너무 마음을 쓰지 말고, 그 사회 질서 속에서 어디에 놓여 있든지 간에 오직 하나님을 섬기는 일에만 마음을 모아 집중해야 한다는 것을 재차 확인시키려는 데 있었다.

잘 기억하자. 이 모든 언급의 목적은 혼인관계에 있는 사람들이 자신들의 혼인 상태를 포기하지 말고, 혼인관계 밖에 있는 사람들은 급하게 배우자를 구하느라 애쓸 필요가 없다는 점을 강조하는 바울의 주장을 뒷받침하기 위한 유추로 기능하는 데 있었음을 잊지 말아야 한다. 20세기 말에 사는 많은 독자들에게는 이 유추가 원래 의도했던 바와는 달리 다소 애매하여 혼동을 줄지도 모른다. 그러나 짐작컨대 고린도에 살던 바울의 처음 독자들은 비교적 명쾌하게 알고 있는 바를 다시 확인하는 기회가 되었을 것이다. 우리는 이 특정 주장에 대한 우리의 평가와 상관없이 바울이 한 근본 조언의 뜻을 바로 이해할 수 있다. 마음을 편하게 갖고 당신이 어디에 위치해 있든지 "그대로 하나님과 함께 거하라"(7 : 24).

약혼한 커플들을 위한 조언 : 현재의 위치에서 있는 그대로 지내라(7 : 25-38)

바울은 7 : 25에서 고린도교회 교인들이 보낸 편지로부터 "처녀에 대하여는"이라는 또 한 가지 이슈를 끄집어낸다. 바울의 반응만 갖고는 고린도교회 교인들이 '처녀'로 지칭한 사람들이 어떤 위치에 있는 사람들인지, 그리고 고린도교회 교인들의 편지에서 이 사람들에 대해서 던졌던 질문이 무엇이었는지를 확인하기가 무척이나 어렵다. 증거를 놓고 볼 때 JB를 제외하고 현대의 모든 주요 영어성경에서 지지하고 있는 다음의 해석이 가장 적절한 것 같다. 여기서 '처녀'라 불리는 사람들은 교회 내에서 남자와 약혼을 했지만, 아직 결혼은 하지 않은 젊은 여성들이다. 고린도교회 교인들이 이들에 대해 제기한 의문은 이런 상황에 놓인 젊은 사람들이 원래의 계획대로 진행하여 결혼을 해야 하는지, 아니면 이제 그리스도인이 되었으므로 결혼하지 않고 현재 상태를 유지해야 하는 것인지에 대해 알고 싶었던 것이었다. 이 질문에 대한 바울의 답변은 이 장에서 다룬 바 다른 모든 경우에서 보인 패턴과 완전히 일치한다. 현재의 상태에 그대로 머물러 있는 것이 더 낫다(이 경우 결혼하지 않은 상태로 있는 것). 그러나 결혼하기로 결정을 해도 그것이 죄가 되는 것은 아니다. 이 단원의 결론(38절)은 바울의 입장을 잘 정리한다. "그러므로 처녀 딸(본 서가 인용한 영문 번역은

fiancée라 되어 있으나 헤이스가 괄호를 열어 직역하면 '처녀'임을 밝혀 줌—역주)을 시집보내는 자도 잘 하거니와 시집보내지 아니하는 자가 더 잘 하는 것이니라." 바울 사도 쪽에서는 자발적으로 자유롭게 따라 준다면 그대로 미혼 상태를 유지할 것을 격려하고 있지만(37절), 최종적 결정은 관련된 당사자들에게 달려 있었다(흥미로운 것은 바울이 36~38절에서 이 문제를 전적으로 남성의 관점에서 논의하고 있으며, 결혼 여부에 대한 결정도 남성의 일방적 선택에 달려 있는 것으로 제시하고 있다는 점이다. 여기서는 이제까지 보여 준 바울의 공평한 양성 균형의 유지가 깨져 있다).

이 구절의 해석에 있어 발생한 전통적 어려움은 7 : 2을 바울이 결혼하지 않은 사람들에게 주는 명령으로 오인하여 생겨난 것이다. 그렇게 오해된 7 : 2의 내용이 26~27절 및 36~38절에서 말하는 것과 모순을 일으키는 것으로 나타나기 때문이다. 그러나 우리가 앞에서 살펴본 바와 같이, 전통적인 어려움은 1~7절이 이미 혼인관계 안에 있는 사람들에게 하는 말로 바로 이해되었을 때 쉽게 풀린다. 방금 보았듯이 바울이 아직 결혼하지 않은 사람들에게 건네는 말은 25절에 가서야 처음 시작된다.

그런데 여기서 우리의 목적을 염두에 둘 때 이 구절 내에서 재미있는 것은 해당 이슈에 대한 바울의 조언 자체가 아니다. 이 시점에서 우리는 그의 조언을 쉽게 예측할 수 있다. 그러나 우리의 흥미를 끄는 것은 그 조언을 주는 이유에 있다. 왜 결혼하지 않은 사람들이 결혼하지 말고 현 상태를 그대로 유지해야 하는가? 바울은 서로 연관되어 있는 두 가지 이유를 제시한다. 현재의 세상 질서는 멀지 않은 장래에 사라져 버릴 것이다. 그리고 결혼을 하면 주님을 섬기는 일에 방해가 되는 잡념의 산만함이 있게 될 것이다. 이 두 가지 이유를 하나씩 차례대로 생각해 보자.

첫째, "때가 단축하여졌다"(29a절). 바울은 주님의 재림과 세상의 심판이 아주 가까운 미래에 있을 것으로 기대했다. 그는 로마서 13 : 11~12에서 이렇게 말했다. "또한 너희가 이 시기를 알거니와 자다가 깰 때가 벌써 되었으니 이는 이제 우리의 구원이 처음 믿을 때보다 가까왔음이니라

밤이 깊고 낮이 가까왔으니 그러므로 우리가 어두움의 일을 벗고 빛의 갑옷을 입자." 이렇게 강력한 묵시사상에 입각한 종말의 기대는 결정적인 방식으로 신자들의 사고와 행동을 조각하도록 되어 있었다. 시기가 당겨져 얼마 남지 않았기 때문에 일상적인 현세의 일들은 그 중요성이 감소된다. 또는 좀더 정확하게 말하자면, 하나님의 종말 심판의 차원에서 볼 때 자신에게 적합한 중요성을 갖도록 조정되어야 한다는 뜻이다. 이것이 바로 그리스도인들이 종말을 코앞에 두고 있는 것처럼 여겨야 하며, 합당하지 못하게 구시대에 속한 이슈와 일들에 몰두하지 않고 살아야 하는 이유였다(29b－31a절). 바울이 "이후부터 아내 있는 자들은 없는 자같이 하라."고 말할 때(29절) 이미 혼인관계에 있는 자들에게 성행위를 거부하라고 말하는 것일 수가 없다. 그렇다면 1~7절에서 한 말에 공공연하게 정반대의 조언을 주는 셈이 되기 때문이다. 그가 의도했던 바는 고린도교회 교인들이 혼인관계 내에서 생활을 하되 현재의 사물 질서가 궁극적인 것이 아님을 경성(警省)하여 인식하고 있어야 한다는 것이었다. 마찬가지로 바울이 슬플 때 곡을 하거나 기쁠 때 기뻐해서는 안 된다고 말하는 것은 절대 아니다(30ab절, 롬 12 : 15, 고전 12 : 26 참조). 그가 뜻하는 바는 슬픔의 애곡이나 기쁨 중에 있을 때조차도 하나님께서 모든 눈물을 씻어버리고 모든 기쁨을 완전하게 만들 그날이 다가오고 있음을 인식하고 있어야 한다는 것이었다. "온전한 것이 올 때에는 부분적으로 하던 것이 폐하리라"(13 : 10). 동일한 논리가 사람들의 재산 소유나 금전상의 거래에도 적용된다(30c－31a절). 그리스도인들은 모든 사물이 기껏해야 부차적 차원에서의 중요성만 갖고 있다는 것을 알고 살아야 한다. 우리는 이를 알고 있기에 어떤 일이 발생하든 간에 그것을 마음의 평정으로 맞을 수 있다. (고린도전서보다는 뒤에 쓰여졌지만 우리의 본문과 비슷한 내용을 에스드라2서 16 : 40~48에서도 찾아볼 수 있다.)

따라서 이 구절들이 외관상 스토아 철학의 무관심 장려처럼 들리지만, 바울의 추론은 사실상 스토아 사상의 것과 크게 다르다. 스토아 철학은 인간 인격의 내적 힘에 기초하고, 모든 사건들이 섭리에 의해 질서가 잡혀 있다는 확신에 바탕하여 모든 사물로부터 오만하게 거리를 두는 자세를 육성하려 한다. 반면에 이러한 거리 두기에 대한 바울의 가르침은 미래가 현재 위에 진입해 들어오고 있다는 확신에 기초하고 있다. 그것은 결과적으로 "이 세상의 형적은 지나감이니라"(31b절)이다. 이런 상황에서 혼인과 같은 장기적 헌신의 관계를 짊어지는 것은 비합리적으로 보이기 마련이다.

또한 이제 전개되어 나타날 종말의 시나리오가 특별히 하나님의 백성들에게 어려움을 가중시킬 수 있다. 바울이 언급하는 '임박한 환난'(26절)은 마지막 때에 선택받은 사람들에게 고난이 임할 것이라는 전통적 묵시사상의 개념을 가리키는 것 같다(마가복음 13 : 3~23과 병행 구절들 참고. 아래에서 이어질 이 구절에 대한 논의를 잘 관찰하라). 바울은 그리스도인들이 혼인 상태보다는 독신 상태로 있는 것이 이런 환난에 대비하여 잘 준비하는 것이라 믿었던 것으로 보인다. (여기서도, 그리고 또다른 어떤 곳에서도 바울은 자녀들을 혼인관계의 결실로 보거나 또는 종말의 시련 시기에 방해가 될 것이라고 언급한 적이 없다는 점이 놀랍다. 그러나 마가복음 13 : 17을 참고하라.)

이러한 생각들은 바울이 독신자들에게 미혼 상태로 남아 있을 것을 권한 두 번째 이유로 이끈다. "이런 이들은 육신에 고난이 있으리니 나는 너희를 아끼노라"(고전 7 : 28b). 여기서는 바울이 마음에 두고 있는 것이 분명하게 드러나지 않는다. 그것은 여성들이 아이를 낳을 때 갖는 진통을 말하는 것일까? 식구들을 키우면서 갖는 걱정과 슬픔인가? 바울이 자신의 개인적인 슬픔의 경험에 입각해서 말하고 있는 것처럼 느껴지기도 한다. 그러나 본문만 보아서는 그가 의도한 바에 대한 어떤 정보도 확인할 수 없다. 그러나 바울은 혼인생활이 신자들로 하여금 '마음의 산만함 없이'(*aperispastōs*, 개역 : '분요함 없이') 주를 섬기지 못하게 만드는 생활의 복잡함과 책임을 동반하리라고 본 것이 분명하다. 혼인생활은 기껏해야 관심의 분산을 가져올 것이다. 결혼한 그리스도인은 하나님을 기쁘시게 하는 데 (마땅히) 온 마음을 집중하기보다는 배우자를 어떻게 기쁘게 할까 고려해야만 하기 때문이다(32－35절). 그래서 바울은 그의 조언이 그들에게 '올무를 놓으려 함'(NEB, '고삐를 죄다', 헬라원문은 "당신들에게 올가미를 씌우다."이다.)이 아니라 그들이 방해를 받지 않고 하나님을 자유롭게 섬기게 하려는 것이라고 말한다. 이 주장은 에픽테투스의 글에서 견유 철학자가 결혼을 피해야만 하는 이유로 드는 내용과 많이 유사하다.

> 그러나 현재와 같은 사물의 질서 속에서는, 즉 꼭 전쟁터와 같은 세계 속에서는, 아마 견유 철학자가 마음의 산만함으로부터 자유로울 수(*aperispaston*) 없다면, 신을 섬기는 일에 온전히 매진할 수 없고, 사람들 가운데 자유롭게 돌아다닐 수 없다면, 인간의 사적 의무에 꼭 매여 있다면, 자신이 범해서는 안 되면서 여전히 선하고 훌륭한 사람으로서는 제 구실을 감당해야 하는 관계에 연루되어 있다면, 그래서 그가 이 모든 것을 준수해야만 한다면, 그는 다름 아닌 신들의 첨병이요 메신저인 그 사람을 파괴하게 될 것이다(*Diss.* 3.22.69).

바울의 생각은 우리가 에픽테투스에서 읽는 것과 동일하다. 혼인생활의 잠재적 위험은 그것이 교회의 사명, 즉 여기서 바울의 표현에 따르면 '주의 일'에 모아져야 할 그리스도인의 집중적 헌신을 방해할지도 모른다는 점에 있다. 바울의 혼인생활의 장려를 주저하게 만드는 동기는 바로 **사명을 위한 자유**(*freedom for mission*)에 대한 관심에 있다.

이런 차원에서 우리는 26절의 의미를 재고할 필요가 있다. "제 생각으로는 **현재의 필연성**(*present necessity*)을 염두에 두고 여러분들이 현재 상태 그대로 머물러 있는 것이 좋을 것 같습니다"(저자의 번역). 진하게 표시된 절구는 보통 바울이 교회에 임할 것으로 예상하고 있는 종말의 고난을 가리키는 것으로 이해되어 왔다. 그러나 다른 의미가 문맥에 더 잘 맞아떨어진다. '임박한 위기'(impending crisis, NRSV)로 번역하는 것은 옳지 못하다. 분사 **에네스토산**(*enestōsan*)은 현재를 가리키지 미래의 사건을 가리키는 것이 아니다(3 : 22을 참고하라. 7 : 26과 같은 단어가 사용되었는데 '장래의 것'과 대조되는 '지금의 것'을 가리킨다). 더 어려운 질문은 명사 **아낭케**(*anagkē*)의 의미와 관련된 것이다. 이 단어는 일종의 고난(NRSV에서와 같이) 또는 '위기'를 가리키는 것으로 해석되었다. 그러나 이 단어의 일반적 뜻은 '필연성'(necessity) 또는 '긴급성'(urgency)이다. 도움이 되는 예가 바로 몇 단락 뒤에 나오는 같은 단어의 사용에서 발견된다. "필연성(아낭케)이 제게 부과되어 있습니다. 네, 제가 만일 복음을 전하지 않으면 제게 화가 있을 것입니다"(9 : 16, KJV, "내가 부득불 할 일〈아낭케〉임이라. 만일 복음을 전하지 아니하면 내게 화가 있을 것임이로라"〈개역〉－역주). 이러한 용도를 감안할 때, 바울이 7 : 26에서 가리키는 '현재의 필연성'은 복음을 선포하고 얼마 남지 않은 짧은 시간 동안에 주님의 일을 감당해야 한다는 긴급한 명령으로 보아야 할 것이다. 이렇게 해석을 하면 26절과 32~35절이 무난하게 연결되며, 왜 바울이 독신을 혼인생활보다 더 나은 것으로 여겼는지가 분명하게 설명된다. 독신생활은 신자들이 **파루시아** 전의 남은 짧은 시간 동안에 해야만 할 결정적인 일들을 위한 시간과 신경의 집중을 위한 에너지를 넉넉하게 제공한다.

확인 반복 : 기혼 여성과 과부를 위한 조언(7 : 39－40)

짤막한 마지막 단락에는 이제까지 바울이 제시한 조언들에 실질적으로 새로운 내용을 더한 것이 없다. 그가 이제까지 말해 온 것들 중 일부를 아내 된 사람의 상황에 특별하게 적용하여 되풀이할 뿐이다. 아내는 남편이 살 동안에 매여 있다. 다시 말하자면 이혼은 없다는 말이다(10－11절 참조). 남편이 죽은 뒤에는 원할 경우 재혼할 수 있다. 그러나 바울은 그렇게 된 여성이 바울의 금언을 따라 그녀의 현재 상태를 그대로 유지하기로 결정을 내리면 "더욱 복이 있으리라."고 생각한다(8－9절 참조). 바울의 마감 정리가 이 이슈에 초점을 맞춘다는 사실을 통해 볼 때, 고린도 교회 교인들이 보낸 편지가 공공연하게 과부들의 재혼에 관한 문제를 목표로 삼았을 것으로 짐작된다.

이 장의 마지막 문장은 매우 흥미롭다. 그 어조를 어떻게 읽고 해석해야 할까? 바울이 편지 전체를 통해 고린도교회 교인들의 특별한 지식과 성령의 소유에 대해 교만에 찬 주장을 했음을 염두에 두고 책망한다는 것을 생각해 볼 때, 이 마지막 선언에 약간의 가시가 있지 않은가 의구심을 갖게 된다. "(아하, 당신들은 성에 대한 당신들의 의견이 성령에 의해 당신들에게 주어졌다고 생각하지요? 좋습니다.) 나도 또한 하나님의 영을 받은 줄로 생각하노라." 바울은 이 장에서 노골적 도전을 보이는 수사학을 피해 왔다. 그러나 성과 혼인생활에 대한 고린도교회 교인들의 질문 처리를 마무리 할 때 날카롭게 중요한 사실 한 가지를 상기시킨다. 만일 그들이 정말 성령에 의해 인도되는 일에 관심을 갖고 있다면 바울의 조언을 잘 들어야 할 것이다.

| 교사와 설교자를 위한 묵상 |

오늘날의 교회에 있어서 성, 결혼, 이혼 등의 이슈는 논란의 첨단에 위치해 있다. 고린도교회 교인들에게 준 바울의 답변이 우리에게는 다소 이상하게 보이는 카테고리들을 사용하여 이 이슈들을 재구성한다는 바로 그 이유 때문에 그의 조언을 상고하면서 배워야 할 것이 참으로 많다. 수많은 책들이 이 장의 주제들에 대해 쓰여질 수 있다(실제로 쓰여졌다). 그러나 우리는 고린도전서 7장의 독해에 의해 제기된 신학적, 윤리적 이슈들을 묵상하기 위한 간략한 리스트에 작업을 한정시키기로 한다.

1. **규범적 성찰의 어조와 구조** 이곳에서 바울은 혼동 없이 명확한 선언으로 일관하던 다른 곳(5 : 3-5, 6 : 1-8 등 참조)에서와 대조적으로 다소 조심스럽게 움직인다. 자기 자신의 교훈 및 의견을 주님의 명령과 조심스럽게 구별하고 반복해서 고린도교회 교인들이 자신과 함께 도덕적 분별의 과제에 동참하도록 격려한다. 우리가 "처녀에 대하여는 내가 주께 받은 계명이 없으되 주의 자비하심을 받아서 충성된 자가 되어 의견을 고하노니"(7 : 25)라고 말하는 본문을 성경으로 인정한다는 것이 뜻하는 바는 무엇일까? 바울이 이 단락에서 자신의 조언을 제시하는 방식은 고린도교

회 교인들로 하여금 그 조언을 진지하게 고려해 보도록 장려하는 것이다. 동시에 그들이 바울과 함께 하나님의 뜻을 분별하는 과정에 동참하면서 스스로 결정을 내릴 수 있도록 격려한다. 바울은 그들에게 패키지로 한데 모아 놓은 선언문을 제공하지 않았다. 그 대신 같이 성찰하고 묵상할 수 있도록 격려를 하고 있다. 바울은 자신이 믿기에 하나님의 뜻이 의심할 여지없이 뚜렷할 경우에만 분명한 지침을 내린다(2-4, 10-11, 39a절). 그러나 이 장에 등장하는 다른 여러 이슈들에 대해서는 교회가 판단력을 발휘하고 개별 그리스도인들이 스스로의 소명을 식별하도록 여지를 남겨 놓는다. 그래서 이러한 바울의 접근 방식은 교회에서 갖는 오늘날의 논쟁에 환영할 만한 대안 모델이 되어 준다. 요즘의 논쟁은 한쪽에서는 지나치게 융통성 없는 교조주의로 전락하는가 하면, 또 한쪽에서는 대충 웃어넘기는 상대주의로 점철되어 있는 것 같다. 이 장에서 보는 바울의 윤리적 성찰은 그 입장이 견고하지만, 그러면서도 열린 자세를 갖는다.

2. **혼인생활에 있어서의 상호 복종** 우리가 3~4절에서 관찰했던 바와 같이, 바울은 혼인을 쌍방의 배우자가 서로를 향한 복종 속에서 함께 연대를 이루며 상대방의 욕구를 충족시켜 주는 관계로 보는 패러다임 충격적인 비전을 제시한다. 고대 세계에서는, 이 비전이 남편을 아내의 주인으로 보는 가부장적 그림에 도전장을 던졌다. 반면 이 비전은 우리가 살고 있는 오늘날의 세계 속에서 각 개인의 만연한 성적 자율의 그림에 도전한다. 여기서 제시된 혼인생활에 대한 바울의 모델이 함의한 바를 진지하게 성찰하기 시작한다면, 어느 교인들이라도 자신들의 전제와 습관의 많은 부분을 재평가해야겠다는 강박감을 갖게 될 것이다. 1세기 고린도 시보다 못하면 못했지 크게 다르지 않은 우리의 시대에도 교회는 우리 문화 속에 떠다니는 성과 혼인에 대한 많은 전제들을 아무 생각 없이 흡수해 버렸다. 이런 전제들은 우리의 경우 텔레비전, 영화, 잡지, 기타 인간 자조(自助) 강조의 서적들을 통해 대중에게 전파되었다. 우리는 바울의 대안 비전을 진지하게 붙잡을 때 우리를 둘러싸고 있는 성과 혼인생활의 잘못된 이미지들을 확인하기 시작할 것이다.

3. 혼인생활에서 성교의 목적 기독교 교리의 역사에서 있었던 아주 이상한 발전 한 가지는 나중에 로마 가톨릭교회가 혼인생활의 성교를 주로 생식(生殖)을 위한 것으로만 보는 비성서적인 생각과 짝을 맞추었다는 점이다. 이것은 바울의 관점과 엄청난 거리가 있는 생각이다. 바울은 생식에 대해서는 한마디도 언급하지 않았다. 그가 강력하게 주장하는 바는 혼인관계의 배우자들이 서로의 갈망을 충족시켜 주어야 한다는 것이었다. 이러한 접근은 인간 성욕의 실체와 그 힘을 매우 진지하게 취급하는 것이다. 또한 그와 더불어 그 실체가 부인되었을 때 생기는 죄와 자기기만의 위험도 제대로 다루고 있다. 물론 바울이 여기서 혼인의 목적에 대한 종합적인 논문 같은 글을 제공하고 있는 것은 아니다. 바울은 사랑과 동행에 대해서는 아무런 이야기도 하지 않았다. 아이를 낳아서 기르는 것에 대해서도 아무 말도 하지 않았다. 그로서는 이 시점에서 그런 것들에 대한 논의를 이끌 이유가 없었다. 바울은 고린도교회 교인들에게서 받은 특정 질문에 답변을 하고 있었던 것이다. 따라서 혼인에 대해 잘 정돈된 신학적 관점을 상술하기 원하는 사람이 있다면, 바울이 여기서 다루지 않아 내버려 둔 많은 이슈들을 생각해야만 할 것이다. 그러나 어떤 일이 있어도 그리스도인들의 가르침은 이곳에 나와 있는 바울의 근본적 영감을 무시해서는 안 된다. 혼인생활의 **한 가지** 선한 목적은 남편과 아내 모두에게 성적 만족을 제공해 주는 것이다.

4. 이혼과 재혼 바울은 예수의 가르침을 암시하면서 강력한 이혼 금지 명령을 재확인함으로써, 혼인이 그리스도인 제자도의 한 단면이라는 견해(이것은 마가복음과 마태복음에 더 충분하게 상술되어 있다.)에 전적으로 동의한다. 예수가 주님이심을 인정하는 것은 하나님 나라의 화해의 능력 속으로 들어가는 것이며, 그곳은 용서와 치유가 이혼으로 이끄는 소외를 와해시키도록 되어 있다. 결혼을 구속력을 지닌 언약의 헌신관계로 보아 그 중요성을 주장할 때, 우리는 우리의 교회생활을 하나님의 사랑, 즉 모든 불신(不信)을 극복하는 사랑을 반영하는 방식으로 조절해 가는 것이다. 그러나 동시에 바울은 이 이슈를 논할 때 교인들이 이혼이라는 합법적

선택을 행사할지 모른다는 슬픈 가능성을 열어 놓고 있다. 설사 그런 일이 발생할지라도 그들이 하나님 백성의 교제권에서 배제되어서는 안 된다. 안타깝게도 그런 일이 발생할 경우 그들은 그런 상황 속에서 오히려 공동체를 더욱더 필요로 하게 될 것이다. 더구나 바울이 불신자와 결혼한 신자의 경우에 대해 판단하는 과정을 통해, 주님의 명령에 의해 충분하게 다루어지지 않은 특별한 경우들에 있어서 교회가 융통성 있는 도덕적 분별력을 구사할 필요가 있음을 알게 되었다. 이것은 이혼한 사람들의 재혼 문제에 대한 우리의 사고(思考)가 어떠해야 하는지를 암시하는 중요한 단서를 담고 있다. 예를 들어 바울은 우리에게 불신자가 자신의 불신자 배우자의 이혼 결정으로 이혼을 했을 때 자유롭게 재혼할 수 있는지에 대해서는 아무 말도 하지 않았다. (물론 이것은 로마 가톨릭 전통에 따르면 재혼이 허용되는 한 경우이다.) 이 질문에 대한 답은 고린도교회 교인들이 스스로 분별하여 결정을 내려야 할 사항으로 남아 있다. 만일 이 경우에 재혼이 허용된다면, 한 배우자가 상대방에 의해 버림을 받거나 학대를 당하는 경우에도 마찬가지 원리가 적용될 수 있지 않을까? 바울과 복음서의 가르침은 분명하게 이혼과 재혼이 연속 다혼(多婚, polygamy)을 위한 합법적 전략으로 사용되는 것을 거부한다. 그러나 이것은 여전히 많은 의문점들을 미결 상태로 놓아 두고 있다. 바울이 10~16절에서 주어진 이슈들을 다루기 위해 이끌어 나간 사려 깊은 사고의 과정은 그런 일들에 대해 우리가 어떻게 생각하고 판단해야 하는지를 보여 주는 모델이 되고 있다.

5. **성결의 능력과 유인력** 신자인 배우자가 불신자인 배우자를 거룩하게 만든다는 바울의 선언은 경건의식에 있어서 혁명적 사고의 획을 긋는 일이다. 이것은 예수께서 죄인, 세리, 창기들과 함께 식탁 교제를 하셨을 때 시작되었던 것과 같은 성격의 혁명이다. 고린도전서 7 : 14의 주장은 성결의 능력이 워낙 포괄적이기 때문에 거룩하지 못한 사람들이라도 그 힘의 영역 속에 끌어들일 수 있으며, 끌어들여 변화시킬 수 있다는 것이다. 고린도전서 7 : 16의 소망은 성결에는 유인하는 힘이 있어 믿지 않는

배우자라도 하나님의 진리와 사랑에 끌려오게 만드는 방식으로, 신앙 공동체 구성원들을 통해 그 매력이 드러나게 만들 것이다. 성결을 이런 식으로 개념화하는 논리는 혼인관계 이외에도 다른 많은 상황으로 확대·적용될 수 있을 것이다. 이 개념은 세상 속에서 교회의 소명에 대한 좀더 폭넓은 진리의 은유를 통해 잘 제시해 주고 있다.

6. **독신의 존엄성과 가치** 이 본문이 교회에 주는 가장 중요한 메시지 중 하나는 독신생활이 하나님 앞에서 존엄성과 가치를 지니고 있다는 것이다. 대부분의 개신교교회들은 성직자의 독신을 의무화한 가톨릭교회에 역사적으로 반대하면서 결혼하지 않은 상태를 혐오스러운 것 내지 건강하지 못한 것으로 간주해 왔다. 이러한 경향은 인간의 온전성이 오직 성관계를 통해서만 가능하다는 생각을 확산시키는 대중문화로 인해 강력하게 강화되어 왔다. 여기서 위대한 가톨릭 전통이 또 하나의 대안이 되며, 고린도전서 7장은 우리가 그것을 진지한 눈으로 바라보아야 한다고 주장한다. 바울은 많은 사람들의 경우 결혼하지 않은 상태로 있는 것이 더 낫다고 주장한다. 그것은 성이 더럽고 악한 것이기 때문이 아니다. 독신생활이 그리스도인들로 하여금 마음의 분산 없이 하나님을 섬길 수 있는 자유와 융통성을 허락해 주기 때문이다. 이런 노선의 신학적 성찰은 좀더 신경을 써서 생각해 볼 가치가 있다. 그리스도인이 세상에 복음을 전해 주는 교회 사명의 틀 안에서 결혼과 독신 여부를 선택하는 일에 대해 사고하기를 배운다는 것은 무엇을 의미할까? 최소한 그것은 이 이슈에 대해 교회 내에서 갖는 우리의 대화가 인간 존재의 주요 목적으로 여겨지는 성적 만족을 광적으로 우상화하는 서구 문화의 경향에 심각한 도전을 주기 시작한다는 것을 의미한다.

7. **종말 이야기 다시 생각하기** 성과 혼인에 대한 바울의 조언에 있어 가장 문제가 되는 부분은 바울 자신의 세대가 주님의 날의 도래를 곧 보게 되리라 기대했던 세계관을 전제로 하고 있다는 점이다. 1,900년이 넘게 지난 뒤에도 같은 세계관을 제공하는 이야기 속에서 살고 있는 우리는 임박한 **파루시아**를 기대했던 바울의 생각이 맞아떨어지지 않았음을

잘 알고 있다. 그렇다면 이제는 어떻게 되는 것인가? 이 사실은 바울이 그리스도인들에게 "각 사람이 부르심을 받은 그 부르심 대로 지내라."고 한 조언의 타당성에 어떤 영향을 미치고, 어떤 효과를 주는가? 위에서 다룬 석의(釋義)상의 논의는 임박한 기대의 틀 안에서 사는 일의 긍정적인 신학적 결과를 일부 제시했다. 특별히 두 가지가 부각된다. 첫째, 바울의 종말론적 틀은 우리로 하여금 미래를 신뢰와 소망 가운데 바라볼 수 있게 만들어 준다. 우리의 구원이 세계를 재구성하는 우리의 성공에 달려 있지 않고 하나님의 정의의 광대한 자비에 달려 있다는 것을 알기 때문이다. 두 번째 생각은 첫 번째 것의 추론이다. 우리는 우리의 정체성을 그리스도 안에서 찾고, 특정 인종 단체나 성별 또는 사회 계급에서 찾지 않기 때문에 사회가 우리에게 할당한 다양한 역할들을 무시할 수도 있다. 우리가 이 진리를 잘 붙잡기만 하면 세속적 현실의 갈등과 복잡함과 실망 속에서도 은혜가 충만하여 살아갈 수 있을 것이다. 더구나 다루기 어려운 이 세계 속에서 하나님의 진리를 대표하여 좀더 과감하고 자신 있게 행동할 수 있는 힘을 부여받게 될 것이다.

그럼에도 불구하고 나는 이렇게 말한다. 바울이 아니라 필자인 나의 생각이다. 이 종말 이야기에 대해 반복하여 생각하면서 설명을 다시 할 필요가 있다. 만일 바울이 자신이 조언을 주고 있는 모든 '처녀들'이 다 주님의 재림을 목격하지 못하고 무덤에 묻힐 때까지 그 상태로 살게 될 것이라는 점을 확실하게 알았다면, 그래도 그들이 그대로 미혼 상태에 머물러 있어야 한다고 그렇게 강력하게 독려했을까? 어쨌든 결과적으로 정확하게 말하자면, 바울은 이 이슈에 대해 자신의 의견을 말했다. 계시된 지식이 아니라 자신의 의견이었다. 신약성경의 다른 어떤 곳보다 더욱 이 장(章)은 적극적으로 우리를 '다시 생각하기'와 '도덕적 심사숙고'의 과정으로 **끌어들이는 것 같다**. 바울의 분명한 독신 선호가 "이 세상의 형적(形迹)은 지나감이니라."는 전제에 바탕하고 있는 한, 우리는 변화된 역사적 조망을 설명하기 위해 다소의 조정을 하지 않을 수 없다. 이러한 조정을 이룰 수 있는 길 한 가지는 혼인을 많은 사람들을 위해 좀더 분명하게 건설적인 하나님의 선물로 보는 시각을 가질 수 있도록 무게 중심을 이동시키는 것이다. 물론 그렇지 않은 사람들을 위해 소명으로서의 독신 생활에 대한 타당성도 공평하게 인정해 주어야 한다. 또 한 가지 필요한 조정은 교회가 이미 역사적으로 그렇게 해 왔듯이, 노예제도의 문제를 개별적 부르심의 일로만 취급하지 말고 복음의 상징 논리에 모순되는 사회 질서의 한 형태로 다시 생각하는 것이다. (나는 위에서 이러한 판단이 비록 발아〈發芽〉 형태의 수준에 있기는 했지만 "너희는 값으로 사신 것이니 사람들의 종이 되지 말라."는 바울 자신의 선언에 이미 내재해 있다는 점을 지적한 바 있다.) 중요한 점은 고린도전서를 우리를 위한 성경으로 읽기 위해서만 그러한 조정이 필요한 것은 아니라는 사실이다(이런 조정은 실제로 본문 자체가 요구하고 있는 것이기도 하다). 스토리(story)를 다시 들려주는 것, 이제 더 많은 장(章)으로 그렇게 하는 것, 그리고 성과 혼인에 대한 우리의 선택을 위해 이루어지는 '이야기 다시 하기'(retelling)의 함의(含意)를 곰곰이 숙고(熟考)하는 것이 결코 고린도전서의 권위를 부인하는 일이 아님을 알아야 한다. 오히려 그렇게 하는 것이 '현재의 필연성 차원에서' 성령의 인도 아래 도덕적 판단을 하려는 바울의 비전에 충실하게 머무는 것이리라.

고린도전서 8 : 1~11 : 1

우상의 제물

이제 바울은 고린도교회 교인들이 그에게 보낸 편지에서 또 하나의 이슈를 끄집어낸다. 이른바 '우상의 제물'(*eidōlothyta*, 'food sacrificed to idols')의 문제이다. 이교도의 제사에 드려졌던 짐승의 고기를 먹어도 좋은지를 놓고 고린도의 그리스도인들 사이에 다소의 논란이 있었다. 우리는 바울이 이 문제에 대해 간단하면서도 명쾌한 답변을 주기를 기대할지도 모른다. 왜냐하면 신약성경의 다른 곳에서는 그러한 우상 제물을 먹는 일을 단호하게 금지하고 있기 때문이다. 예루살렘에서 있었던 사도

회의의 포고에 따라 이방인 회심자들에게 부과되었던 기본 금지 규정 중의 하나가 바로 우상 제물을 삼가는 것이었다(사도행전 15 : 28~29 또한 **디다케** 6.3을 보라). 신약성경 내에서 또 이에 대해 언급하고 있는 유일한 다른 곳은 요한계시록에서 일곱 교회에 보내는 편지뿐이다. 요한계시록에서는 우상 제물을 먹는 일이 음행과 연계되어 있다. 버가모교회와 두아디라교회는 그러한 행태를 용납한 것 때문에 책망받는다(계 2 : 14, 20). 물론 이러한 논쟁이 필요했었다는 사실 자체가 1세기 말엽 소아시아의 교회들 가운데 이 이슈가 여전히 살아 있는 논제였음을 보여 주고 있는 것이다.

바울은 방금 확인한 위의 짤막한 신약 구절과 대조적으로 단순한 판결을 내리지 않는다. 대신 상당히 길고 복잡한 논의를 시작한다(8 : 1–11 : 1). 이 논의는 매우 복잡하게 얽혀 있어, 적지 않은 독자들에게는 그것이 내적으로 모순을 이루고 있는 것처럼 보이기까지 한다. 고린도전서 8 : 1~13과 10 : 23~30에서는 우상에게 드려졌던 고기가 실제로 아무런 해될 것이 없다고 말하는 것처럼 보인다. 물론 그런 점을 깨달아 알고 있다고 자부하는 자들에게 다른 사람들이 신경을 많이 쓰는 것을 감안하여 절제할 것을 권하기는 한다. 반면에 10 : 14~22에서는 우상에게 드려졌던 고기를 일체 금하는 것같이 보인다. "주의 상과 귀신의 상에 겸하여 참예치 못하리라"(21b절). 도대체 이렇게 서로 다른 부분들이 어떻게 조화를 이루며 아귀를 맞추어 갈 수 있을까? 그리고 난데없이 바울이 재정적 지원을 거절하는 이유에 대해 벌이고 있는 긴 변명(9 : 1–27)은 이 단원의 어느 부분과 무슨 연관을 갖고 있는 것일까? 어떤 비평가들은 이 장들이 서로 연결된 한 글이 아니고, 여러 편지에서 떨어져 나온 단편적 조각들임에 틀림없다고 주장했다. 그러나 그런 이론을 내세울 필요까지는 없다. 이 단원을 전체로 읽으면 충분히 이해가 되기 때문이다. 바울의 주장의 흐름을 따라가기 위한 한 가지 열쇠는, 그가 주로 **이방신의 신전에서** 소비되는 희생 제물의 음식 문제를 다루고 있음을 깨닫는 데 있다(8 : 10, 10 : 14, 21). 이것이야말로 고린도교회 교인들이 보낸 편지에서 제기했던 바 가장 우선적인 이슈였음에 틀림없다. 바울은 오직 10 : 25~30에서만 다소 다른 상황을 다루고 있다. 즉, 그곳에서는 시장에서 팔리는 고기와 개인 가정집에서 만들어 접대하는 고기에 대해 언급하고 있다.

바울이 우상의 제물 문제를 다루는 데 있어 실제적으로 네 번에 걸친 논리의 전개가 있다.

1. 첫 번째 전개 : 지식은 교만하게 한다. 사랑은 덕을 세운다(8 : 1-13).
2. 두 번째 전개 : 권리를 포기하는 사도의 모범(9 : 1-27)
3. 세 번째 전개 : 우상숭배에 대한 경고(10 : 1-22)
4. 결론 : 당신의 자유를 하나님의 영광을 위해 사용하라(10 : 23-11 : 1).

우리의 본문 강해는 이 네 단락을 차례로 다룰 것이다. 그러나 그 전에 바울의 주장이 담고 있는 의미를 이해하기 위해서는 그것을 하나의 전체로 보아야 한다. 우리가 한 조각만 분리시켜 다루게 되면, 바울이 주는 응답의 전체 윤곽을 놓치게 될 것이다.

바울이 우상의 제물에 대해 이처럼 정교한 논의를 조각해 나간다는 사실은 이것이 고린도교회에서 제기된 가장 주된 이슈였음을 보여 주는 것이다. 이것이 현재 우리의 관점에서 볼 때는 별달리 심각하게 관심이 가지 않는 문제처럼 보일지 모르나, 우리는 편지 내의 이 단락을 진지하게 취급하여 여기서 이슈가 되고 있는 바를 이해하려고 노력하지 않으면 안 된다. 우상의 제물 문제는 세 가지 더 큰 관심사를 극적으로 포괄하고 있기 때문에, 고린도 내에서는 뜨겁게 달아오른 민감한 이슈였다. 교회와 이교도 문화 사이의 경계선 문제, 공동체 내의 서로 다른 사회 계급 사이의 긴장된 관계, 교회생활의 기초로서 지식과 사랑의 관계가 그 중요한 세 가지 사안이다. 우리는 이 장을 탐구해 가면서, 이 문제들이 어떻게 본문 속에서 표현되어 나오는지 살펴볼 것이다.

지식은 교만하게 하며 사랑은 덕을 세운다(8 : 1-13)

바울은 고린도전서 7장에서와 마찬가지로, 고린도교회 교인들이 써서 보낸 내용을 다시 확인하는 차원에서 간단하게 인용하여 단락의 주제를 소개하면서, 바로 이어 자신의 간결한 교정(矯正)적인 응답을 추가한다.

> 고린도교회 교인 : 우리는 모두 지식을 갖고 있다.
> 바울 : 지식은 교만하게 하며, 사랑은 덕을 세운다.

바울이 고린도교회 교인들의 견해를 돌이켜 분석해 나갈 때 대화식의 디아트라베 스타일(diatribe style, 가상의 대화자를 상정하여 묻고 답하는 방식으로 자신의 주장을 펴는 수사법-역주)이 이 단락을 관통하면서 계속 이어진다(1, 4, 8절). 바울은 그렇게 하면서 그들로 하여금 자신들의 복음 이해를 재검토(再檢討)하도록 자극을 주려 한다. '제시된 문제'는 고린도 내에서의 갈등이다. 그리스도인들은 이교도의 종교의식에서 희생 제물로 드려진 짐승의 고기를 자유롭게 먹어도 괜찮은가? 바울의 문제 논의가 암시하는 바에 따르면, 이에 대한 이슈가 특별히 제기된 것은 어떤 고린도 그리스도인들이 참석한 모든 사람에게 고기를 주어 접대하는 이교도 신전에서 마련한 잔치에 참석하고 있었기 때문이다(10절).

그들이 이런 행동을 합리화하는 논거는 이곳 바울의 언급을 통해 재구성될 수 있을 것이다. 그들은 '깨달음을 입은 그리스도인들'로서 오직 한 분 하나님만 계시며 이교도의 우상들은 아무것도 아닌 바 사람을 돕거나 사람에게 해를 끼칠 수 없는, 생명 없는 조형물일 뿐이라는 '지식'(*gnōsis*)을 갖고 있다(4절). 거기에다가 그들은 바울 자신의 가르침에 따라 음식 자체는 영적으로 별반 중요한 의미를 지니고 있지 않다는 '지식'도 갖고 있다(8절). 이방인들이 유대인의 음식 관련 율법을 지킴으로써 하나님의 인정을 구할 필요가 없었던 바, 그들이 먹는 고기가 어디서 왔는지에 대해서도 염려할 필요가 없다. 우상으로부터의 부정함을 두려워하는 그리스도인들은 단순하게 무지(無知)하고 미신적인 것이다. 적절한 **그노시스**(gnōsis, 영적으로 습득한 특별한 지식-역주)로 무장한 강한 그리스도인들은 별다른 양심의 가책 없이 이교도의 신전에 가서 그곳에서 제공하는 것이 무엇이든지 간에 부담 없이 먹을 수 있다. 사실상 그렇게 하는 것이 오히려 자신의 영적 성숙과 자유를 보여 주는 길이다. 이러한 입장을 옹호했던 고린도교회 교인들은 실제로 아직도 소심한 자세를 지니고 있는 형제와 자매들(고린도교회 교인들이 보낸 편지에서 그들을 일컫기를 '약한 자들'이라 했음.)이 자신들과 마찬가지로 그러한 이교도 의식에 참여하여 우상의 제물을 먹음으로써 양심의 강도를 높이도록 노력해야 한다고 주장했을 수 있다. 그렇게 하기만 하면 그 약한 이들도 별다른 해가 없음을 알게 되고, 그래서 그들의 의식이 강화될 것이라고 주장했다. 아마 고린도교회 교인들의 편지는 약한 자들이 불안한 마음을 극복하여, 그들도 이미 **그노시스**를 가진 자들이 즐기는 영적 자유의 세계 속으로 들어갈 수 있도록 권함으로써 일이 평정되도록 바울에게 호소했을 것이다.

더구나 게르트 타이쎈(Gerd Theissen)이 주장했듯이 우상의 제물에 대한 논쟁에는 사회·경제적 측면이 있었을 것으로 보인다. 신전에서 베푸는 축제의 잔치는 그리스-로마 도시의 일상생활 속에서 흔히 발견되는 평범한 행사였다. 예를 들어 고린도 시에 있는 아스클레피우스(Asclepius)의 성소는 제의(祭儀)를 위한 장소와 유쾌하게 대중에게 공개된 뜰로 이어지는 여러 식당들로 구성되어 있었다. 경제적으로 여유가 있는 고린도교회 교인들은 그들의 사교생활의 정규적 일상으로 그런 장소에서 제공되는 식사 자리에 초대받았을 것이다. 생일을 축하하거나, 결혼식을 올린다거나, 신에게 병 고침을 감사하는 모임이라거나, 기타 여러 중요한 행사들이었다. 그러한 초대의 예들이 보전되어 우리에게 전해진 바 있다. 예를 들어 본다. "헤라이스(Herais)는 내일 제9시부터 11시까지 세라페이온(=아스클레피에이온)의 방에서 열리는 주님 세라피스(Seraphis)의 잔치에 귀하께서 오셔서 같이 음식을 드시기를 부탁드립니다"(Murphy-

O'Connor의 *St. Paul's Corinth*, p. 164, 고고학적 증거에 대한 논의에 관심이 있으면 이 책의 pp. 161–165를 보라). 유산계급에 속하는 몇 안 되는 고린도 그리스도인들(1 : 26–29 참조)에게는 실제적으로 전문적인 공무를 수행하기 위해서 그러한 이벤트에 참석하고 후원함으로써 생겨나는 네트워크가 필요했다. 그러한 경우에 제공된 제물로서의 고기를 먹는 일은 단순한 사회적 예의에 속했다. 식사에서 제공되는 자신의 몫을 거절하는 것은 잔치를 베푼 주인에게 무례한 행위일 수 있었다. 동시에 그런 행위가 지닌 특별한 종교적 함의는 그다지 중요하게 보이지 않았을 것이다. 반면 가난한 고린도교회 교인들이 속한 사회적 관계망에서는 그러한 고기 먹기가 흔하지 않았다. 고기는 그들이 평상시에 자주 먹을 수 있는 음식도 아니었다. 대중에게 고기를 나누어 주는 공적인 종교 축제 같은 데서나 얻어먹을 수 있었다. 결과적으로 돈 많고 고등 교육을 받은 권력자들은 부담 없이 대범하게 고기를 섭취했고, 그것이 영적으로 아무 상관이 없는 일이라는 견해를 쉽게 받아들일 수 있었다. 그러나 가난한 사람들은 고기를 보면 그것에다가 '경외심을 느끼는' 종교적 함의를 부과하지 않을 수 없었을 것이다(Theissen의 pp. 121–143을 보라). 따라서 '약한 자들'과 '지식을 가진 자'들의 구별은 최소한 어느 정도 사회·경제적 구분선과도 겹쳐 있었다.

이런 모든 점을 감안할 때, 바울의 응답은 고린도의 **그노시스** 집단에게 충격으로 다가왔을 것 같다. 바울은 논쟁의 어느 한쪽 편을 들어 주지 않고, 대신 이 경우를 '지식' 가진 자들이 전혀 다른 기준에 바탕하여 행동을 재고(再考)하도록 도전하는 기회로 활용했다. 바울은 일단 "모두가 지식을 갖고 있다."는 슬로건을 잠정적으로 수용한다(1절, 그러나 7절을 보라). 그러나 즉시 지식이 사랑 안에서 공동체를 세워 주지 못하면 오히려 결함이 있는 것임을 제시한다. 지식은 '교만하게 한다'(puffs up, 콧김을 훅훅 불다). 바울은 이미 이 편지에서 생생하게 은유적인 동사(puffed up, 한글개역성경에서는 '교만'으로 의역했다–역주)를 여러 번 사용해서 "서로 대적하여 교만한 마음을 먹지(puffed up) 말라."고 권한 바 있다(4 :

6). 바울의 사도로서의 권위에 대항해서 교만하지 말 것을 경고하기도 했고(4 : 18－19), 그들 중에서 발생한 근친상간의 사건에도 불구하고 그에 대해 오히려 교만했던 것에 대해서 꾸짖기도 했다(5 : 2). 그런데 이 교만한 '콧김 불기'의 이유가 공개적으로 언급된 것은 여기 8 : 1에서가 처음이다. **그노시스**는 오만을 초래할 수 있다.

바울이 이 말('그노시스')을 사용했다고 해서 고린도에 영지주의자들(Gnostics)이 있었다는 뜻은 아니다. 공식적인 종교 운동으로서의 영지주의는 그 이원론적 우주론, 그리고 정교하게 발전된 추상적 교리들과 더불어 2세기가 되기 전에는 나타나지 않았다. 바울의 편지는 후대의 그리스도교 저술가인 이레네우스 같은 이들이 대항하여 싸웠던 영지주의 이단들에 대응하고 있다는 단서를 전혀 제공하지 않는다. 바울시대의 고린도교회 교인들 가운데서 우리는 오직 발아(發芽)하는 경향성, 즉 나중에 영지주의로 싹터 자라 가게 될 씨앗만을 볼 수 있다. 이러한 경향들 중에서 가장 두드러진 것은 이른바 '지식'의 소유 여부에 따라 교회를 서로 다른 계급군으로 분열시킨 엘리트주의였다. 알고 있다고 생각하는 사람들은 그들의 특권 가득한 관점을 결여하고 있는 사람들과 비교해 스스로 우수하다고 느꼈다. 사실상 그들은 하나님의 은혜로만이 아니라, 자신의 지성과 영적 능력을 통해 구원을 받는다고 생각할 수도 있었다.

바울은 이러한 '지식 구원론'(Theissen, p. 135)과 대조적으로 정말 중요한 것이 **사랑**이라고 주장한다. 사랑은 공동체를 세운다(8 : 1b). 역설적이게도 자신의 특출한 지식을 자랑하는 사람들은 사실상 그 자랑으로 인해 '아직도 마땅히 알 것을 알지 못하는 것'을 반증하고 있는 것이다(2절). 여기에 함축된 의미는, 제대로 아는 사람이라면 공동체 안에 있는 형제와 자매를 사랑하도록 되어 있다는 것이다. 그러나 바울은 계속하여 또다른 중요한 점 한 가지를 이어 간다. "누구든지 하나님을 사랑하면 이 사람은 하나님의 아시는 바 되었느니라"(3절). 우리는 바울이 이렇게 말할 것이라고 기대할 것이다. "누구든지 하나님을 사랑하면 진정 하나님을 아는 것이다.” 그러나 문장의 마지막 절에서 이루어진 주어와 목적어의 도치는 바울 신학의 핵심에 근접한 진리를 표현하고 있다. 구원의 주도권은 하나님께로부터 오지, 우리 자신에게서 나오지 않는다. 먼저 사랑하신 분은 하나님이시다. 우리를 선택하고 죄와 사망의 권세로부터 구출해 내시는 분은 하나님이시다. 따라서 중요한 것은 우리가 하나님을 아는 지식이 아니라, 하나님께서 우리를 아시는 것이다. 이것이야말로 구원의 구문론(構文論, syntax)이다. 바울 사상에 있어서 이 구문론의 지배적 특성은 갈라디아서 4 : 9에서 나타난다. 여기서 바울은 신학적 문법의 잘못을 범하여 문장 중간에 스스로를 수정하기 위해 잠시 멈춘다. “그러나 이제 여러분은 하나님을 알게 되었습니다. 아니 오히려 하나님께 알려진 바 되었습니다……”(개역성경의 표현 “이제는 너희가 하나님을 알 뿐더러 하나님의 아신 바 되었거늘……”은 헬라 원문의 대조를 병렬로 바꾸어 그 강조의 의도가 크게 퇴색된다－역주). 복음의 논리가 하나님의 주도하심에 의존한다는 것을 이해하는 사람이라면 누구나 지식의 소유 때문에 교만하지 않을 것이다. 따라서 8장의 첫 세 문장은, 자신의 지식이 자기로 하여금 우상의 제물을 먹어도 괜찮은 것으로 허용한다고 생각하는 고린도의 **그노시스** 자랑꾼들에 대한 비평의 기초를 닦아 놓는다. 이들은 자신들을 다른 사람들보다 높은 위치에 올려놓는 특별한 종류의 지식을 믿음으로 생각함으로써 믿음을 곡해했다. 바울은 지식보다 사랑이 우선함을 고집한다.

바울은 이 점을 분명히 해 놓고 나서 다시 고린도교회 교인들이 써 보낸 우상 제물의 문제를 다루기 시작한다. 바울은 또다시 고린도교회 교인들의 편지로부터 슬로건을 인용한다. “우상은 세상에서 아무것도 아니다.” 그리고 “하나님은 한 분 밖에 없다”(4절). 이 두 슬로건은 모두 헬레니즘 유대교 및 초기 그리스도교의 표준적 설교에 잘 부합한다. 이들은 한 분이신 하나님을 선포했고, 우상숭배를 책망했다. 그래서 이 슬로건들은 앞의 경우에서보다 더욱더 분명하게 바울이 반대하지 않을 신학적 관점을 표현하고 있다. 그의 논쟁은 고린도교회 교인들이 그 슬로건을 **적용하는** 방식에 대한 것이다. 우상이 진정한 실존이 아니기 때문에 우상숭배도 의미 없는 제스처에 지나지 않는다는 것이 그들의 강변이었다. 그래서 그리스도인들이 우상 제물을 먹는 것을 사회적으로 진취적이라 생각한다 해도, 그게 무슨 대수가 되겠냐는 것이다.

바울은 이 주장에 도전하기 전에 우선 신학적 전제를 확인하고, 그의 반론에 대한 목적에 도움이 되는 방식으로 그 전제의 의미를 확장한다. '소위 신들'(5절)이 있다. 고린도 시를 관통하여 걸어가면서 편재한 신사(神社)들과 신들의 조상(彫像)들을 본 사람이라면 "많은 신과 많은 주가 있느니라"(5절)는 말을 실감하지 않을 수 없을 것이다. 바울이 경멸조의 형용사 '소위'(so-called, 헬라어의 '레고메노스', 개역성경은 '……라 칭하는 자'로 번역했다-역주)를 앞에 붙인 것은 그가 이것들을 실제 신들로 보지 않는다는 뜻이다. 본문의 5절은 세상이 그러한 존재들과 그 존재들을 경배하는 사람들로 가득 차 있다는 경험적 현실을 인정하고 있을 뿐이다. '신들'과 '주들' 사이에는 어떤 차이가 있을까? 아마도 '신들'은 그리스-로마의 판테온(pantheon, 萬神殿)에 있는 전통적 신들을 가리키고, '주들'(*kyrioi*)은 비교적 최근에 동방 제국으로부터 도입된 밀의(密儀) 종파나 종교들이 숭앙하는 신성한 인물이나 신들을 지칭하는 것으로 보인다. (후자의 범주에는 제국 제의〈祭儀〉에서 주〈*kyrios*〉로 숭앙을 받던 케사르〈씨저〉도 포함되었을 것이다.) 바울은 이 양 범주를 함께 언급함으로써 교묘하게 6절의 두 부분으로 구성된 고백적 신조를 위한 길을 열어 놓는다. 본문 6절에서는 **많은** 신들과 많은 주들이 그리스도인들이 예배하는 **한 분** 하나님, 그리고 **한 분** 주님과 비교해 대조되고 있다.

본문 6절의 고백적 찬미는 여러모로 보아 또 하나의 인용이다. 이번에는 고린도교회 교인들의 편지에서 인용된 것이 아니고, 고린도교회 교인들도 권위 있는 그리스도교 신앙의 고백으로 인정하던 찬송 또는 신조의 한 부분이었을 것이다. 대부분의 영어성경은 그렇지 않지만, 헬라어 신약성경은 이 고백적 단편 조각의 구성적 균형을 부각시키고 있다. 이를 직역하면 다음과 같이 병행성이 드러난다.

한 하나님, 한 아버지
그분으로부터 모든 것이 났으며 우리는 그분을 위하네
그리고 한 주님, 예수 그리스도
그분을 통해 모든 것이 났으며 우리도 그분을 통하네

마지막 절구는 "그분을 통해 우리가 존재한다."(NRSV, JB)는 뜻이 아닐 것이다. 그보다는 오히려 '우리는 그분을 통해 (하나님께로 간다.)'라는 뜻일 것이다. 이 절구는 인용 공식문의 두 번째 줄과 병행을 이룬다. 이 두 번째 줄에서는 기원과 목적지를 모두 포함하고 있다. 고백의 네 번째 줄은 예수 그리스도를 창조와 종말론적 구속의 대리자로 칭송한다.

우리는 이 고백문에서 이스라엘 신앙의 위대한 선언인 **쉐마**(신 6 : 4)의 메아리를 들을 수 있어야 한다.

들으라, 오 이스라엘,
주 우리의 하나님
주님은 한 분

바울의 현재 관심은 기독론적 문제에 대해 이론을 펴거나, 예수 그리스도와 하나님 아버지의 관계를 설명하려는 데 있지 않다. 그러나 우리로서는 6절에서 인용한 초기 그리스도인들의 신앙고백에 잠깐이라도 관심을 갖지 않을 수 없다. 이 고백은 '우리에게는 한 하나님'만이 계신다고 주장하면서도, **쉐마**에서 칭송을 받는 '주님'과 '주 예수'를 같은 분으로 확인하는 비상(非常)하고 대범한 발걸음을 내디딘다. 바울을 비롯한 초기 그리스도인들은 엄격한 유일신론의 틀 내에 있으면서, 동시에 이제 예수께서 주님이 되신다는 방식으로 이스라엘의 신앙을 재조각했다. 바울의 현존 서신의 어디에서도 이 패러독스를 주제로 삼아 충분한 설명을 하고 있는 곳이 없다는 것은 크게 안타까운 일이다.

그런데 바울은 왜 이 고백적 선언을 인용하는 것일까? 무엇보다 우선 바울은 5~6절의 유일신론에 입각한 확신을 열정적으로 공유하고 있는 그의 독자들과 공동의 기반을 설정하고 있는 것이다. 그러나 동시에 이 신앙고백을 개입시킴으로써, 우상 제물의 논의가 바탕할 신학적 기반을 실질적으로 넓혀 놓았다. 이 문제에 대한 그리스도인의 사고(思考)는 추상적인 유일신론의 교리나, 사실상 다른 '신들'이 존재하지 않는다는 이론적인 선언에서 출발해서는 안 된다. 그보다는 오히려 우리를 구체적으로 이스라엘의 한 분 하나님과 묶어 주며, 이 한 분 하나님을 향한 우리의 인격적 연합과 충성을 선언하는 고백에서 시작해야 한다. 우리는 '그를 위하여' 존재한다. 우리 자신은 목적으로 존재하는 것이 아니다. 이처럼 한 분 하나님에 대한 신앙의 고백이 **쉐마**를 염두에 둔 메아리인 것인 만큼, 우리 또한 여기서 신명기 본문의 말씀이 소명하는 바 "너는 마음을 다하고 성품을 다하고 힘을 다하여 네 하나님 여호와를 사랑하라"(신 6 : 5)는 음성을 들을 수 있어야 한다. (사실상 바울은 고린도전서 8 : 3에서 **하나님 사랑**에 대해 언급했다. 이 언급이 3절의 문맥에 비춰 볼 때 다소 어색함이 있는데도 그 사이에 들어간 것을 볼 때, 바울은 이미 몇 문장 전에 **쉐마**를 염두에 두고 있었던 것으로 보인다.) 이 모든 것은 우상의 제물 문제에 직접적 연관을 갖는다. 이스라엘의 한 분 하나님은 우상숭배를 일체 용납하지 않으시는 것으로 알려진 '질투하시는 하나님'이시다. 그러나 논의의 이 시점에서 바울은 이러한 암시들이 배경 차원에서 메아리를 울리며 기능하는 것으로 만족한다. 바울은 뒤에 10장에 가면 이것을 직접적으로 전면에 옮겨 놓게 될 것이다.

여기서는 대신 **그노시스** 옹호자들의 행동이 공동체 구성원들에게 어떤 영향을 미칠 것인가에 대한 문제로 압박해 간다. 이것이 이 장의 끝까지 이어지는 논설의 부담이 된다(7-13절). 첫째로 바울은 "우리가 **다** 지식이 있다."고 말하는 고린도교회 교인들의 슬로건의 전제에 도전한다. 바울은 실제로 공동체 내에 있는 모든 이들이 다 이 고도의 지식을 공유하지 못하고 있다는 점을 부각시킨다. 이제 막 시작한 교회의 교인들로서 그들 중 일부는 우상이 실제라는 생각에 젖어 있기 때문에, 우상숭배의 전체 상징 세계를 떠올리지 않고서 태연하게 우상제물을 먹을 수가 없다. 그들은 그 옛 세계 속으로 끌려들어가 '더러워진다'(7절). (바로 이 점을 통해, 여기서 바울이 언급하고 있는 '약한 자들'이 유대 그리스도인들이 아니고 이교도였다가 회심한 이방인들임을 알 수 있다. 이들은 '우상에 대한 습관'을 가진 자들이다.) 바울은 이것이 그네들의 약점일 수 있다며 일단 논쟁의 차원에서 그 사실을 인정하는 자세를 보인다. 그러나 그것이 진실의 모든 것은 아니다. "우리가 **다** 지식이 있다."고 말하는 자들은 사실상 공동체 내에서 자기네와 같은 의견을 갖고 있지 않은 사람들을 무시하거나 배제시키고 있다.

이 점은 바울이 이어 가는 가상의 대화에서 고린도교회의 가상 질문자로부터 "음식이 우리를 하나님께 가까이하도록 만들어 주는 것이 아니다."(8a절, NRSV, 개역성경은 "식물은 우리를 하나님 앞에 세우지 못한다."로 번역했다–역주)라고 말하는 반대 입장을 끌어낸다. 먹든지 스스로 먹지 않으려고 금하든지 간에, 사실상 긍정적 또는 부정적 영향이 전혀 없다는 것이다(8b절). 이것은 단지 그들의 소위 '지식'을 재생, 반복한 것일 뿐이다. 바울은 다시 여기서도 이 점에 대해 반대하지는 않는다. 그러나 그들의 가상반응은 바울이 전달하고자 하는 요지를 빼놓고 있다. 그래서 바울은 9~12절에서 자신의 요지를 좀더 자세하게 설명한다. 본문 8절에 명시된 그들의 슬로건에 대한 바울의 논박은 9절에서 간결하게 약술된다. "그런즉 너희 자유함(*exousia*)이 약한 자들에게 거치는 것이 되지 않도록 조심하라." 여기에 나오는 단어 **엑수시아**(*exousia*)는 9장에 가서 주요 테마가 될 묵직한 개념이다. 이 단어의 일반적 의미는 '권위, 권한'(authority)이다. 그리고 이 단어는 어원상 고린도교회 교인들의 슬로건이었던 "나는 무엇이든지 할 수 있는 자유인이다."(6 : 12)에 들어 있는 동사 **엑세스틴**(*exestin*)과 연관을 갖고 있다. **엑수시아**의 정확한 뉘앙스는 이러하다. 그것은 우상의 제물을 먹을 수 있도록 주어진 외적인 허락을 가리키는 것이 아니다. 사람이 하고 싶은 것이 무엇이든지 간에 할 수 있는, 세속적 한계를 초월할 수 있는 내적인 힘과 권위를 지칭한다. 따라서 바울이 여기서 이 단어를 사용하고 있듯이, 그 개념은 '지식' 및

'지혜'와 밀접하게 연관되어 있다. 우상의 제물을 먹는 고린도교회 교인들은 그들 자신의 주권적 **엑수시아**, 즉 철학적으로 형성된 자신들의 인품의 힘에 따라 그렇게 한다고 주장한다. 바울은 약간 비꼬는 듯한 어조로, 자신의 영적인 근육(**너희 자유함**)을 이런 식으로 마구 사용하는 사람들이 그렇게 함으로써 주변에 있는 다른 사람들에게 미칠 영향이 어떤 것인지 조심해서 살피지 않으면 안 된다고 경고한다. (예수께서 '나를 믿는 소자 중 하나를 실족케' 하는 일에 대해 엄하게 경고를 하시는 마태복음 18 : 6~7을 참고하라.)

본문의 10~12절은 바울이 우상의 제물을 먹기 원하는 사람들이 공동체에 가하는 위험한 폐해를 어떻게 가정하고 있는지 그 내용을 구체적으로 묘사하고 있다. 약한 자들은 **우상의 신전**에서 먹고 있는 **그노시스** 자랑꾼들을 볼 것이다. 그래서 이에 영향을 받아 자기 자신의 양심에 어긋나면서도 같은 일에 동참하게 될 것이다(10절). 이것은 매우 중요한 언급이다. 여기서 바울의 주요 관심이 시장에서 팔리는 고기 섭취에 대한 것이 아님을 보여 주기 때문이다(10 : 25-26 참조). 그가 염려하는 것은 오히려 약한 그리스도인들이 이방 신전으로 다시 끌려가 강력한 이교도 제의(祭儀)의 세계에 빨려들어가는 일이었다. 우리가 항상 기억해야 할 점은, 이것이야말로 고린도교회 교인들이 과거에 그 안에서 살았던 지배적인 상징 세계였다는 사실이다. 바울은 11절에서 그러한 문화적 타협이 가져올 암울한 결과에 대해 언급한다. 그 약한 자들은 '멸망'하게 될 것이다. 이 용어를 적당하게 약화시키기는 어렵다. 여기서 염려하는 것은 약한 자들이 **그노시스** 자랑꾼들의 행동 때문에 **화를 낼 것이라는** 점이 아니다. 그보다도 바울이 진정 염려하는 것은 그 약한 자들이 그리스도로부터 멀어져서 하나님의 구원 권능의 영역에서 떨어지고, 결국 자신들의 옛 생활 방식으로 다시 빨려들어가는 일이었다.

바울은 이 무시무시한 가능성을 신랄한 아이러니로 설명한다. "그러면 네 **지식**으로 그 약한 자가 멸망하나니 그는 그리스도께서 위하여 죽으신 형제라." 고린도교회 교인들이 이 그림을 진지하게 상고하기 위해 잠시 멈춰 서기만 해도, 이 대조의 효과는 경악할 정도이다. 그리스도께서는 이 '형제'(또는 자매를 위해, 다시 언급하지만 바울의 요지는 그리스도 안에서 강한 자들과 약한 자들 사이에 존재하는 **가족적** 연대를 강조하려는 데 있었다.)를 위해 자신의 생명을 바치셨다. 그리스도께서는 그렇게 이 사람을 위해서 생명까지 주셨는데, 당신은 그까짓 음식을 먹는 일 한 가지도 바꿀 수 없단 말인가? 한쪽 편에는 '우리가 아직 연약할 때에' 우리를 위해 돌아가신 하나님의 아들이 있다(롬 5 : 6). 그런데 또 한쪽 편에는 자신의 자유를 구사하는 데만 마음을 쓰느라고 약한 사람들을 짓밟으려 하고, 그들의 구원마저 위협하는 **그노시스** 자랑꾼들이 있다. 이것은 단지 공동체에게 해를 주는 것만 아니라 그리스도의 구원의 역사를 비웃어 무효화시킴으로써 '그리스도에게 죄를 짓는 일'이기도 하다(12절). 이 그림은 마태복음의 마지막 심판 비유를 생각나게 한다. '내 형제 (또는 자매) 중에 지극히 작은 자 하나'에게 한 것이 무엇이든 간에, 실제로 그것은 그리스도를 위하거나 그리스도에게 해가 되는 일을 한 것이었다(마 25 : 31-46).

바울은 이 일에서 자신의 결심을 선언함으로써 이 단락을 마무리한다. "그러므로 만일 식물이 내 형제(자매)로 실족케 하면 나는 영원히 고기를 먹지 아니하여 내 형제(자매)를 실족치 않게 하리라." 재미있는 것은 이 절의 '고기'란 단어는 짐승의 살을 가리키는 일반적 단어이지, 이 단락에서 이제까지 사용한 '우상의 제물'이라는 특정 용어가 아니라는 점이다. 만일 그것이 약한 자들을 걸려 넘어지게 하는 일로부터 보호하는 데 필요한 것이라면, 우상의 제물을 먹는 특별한 일뿐 아니라 아예 고기를 입에도 대지 않는 희생이라도 기꺼이 감당하겠다는 말이다. 이런 정책의 효과는 물론 그것이 바울 자신을 약한 자들의 신분에 속하게 만들어 버리는 데 있다(9 : 22, 롬 15 : 1 참조). 이것은 이미 또다른 강력한 아이러니를 사용한 고린도전서의 앞부분에서 암시되어 있었다. 바울은 자신을 고린도교회 교인들 중 소위 **소포이**와 대조되는 위치에 두었다. "……우리는 약하되 너희는 강하고……"(4 : 10). 따라서 고린도전서 8장은 고린도의 '강한 자들'에게 보내는 초대장으로서, 와서 약한 자들의 식탁에 같이 앉아 있는 바울에게 동참하라는 호소가 된다. 이 초대장은 고린도교회 교인들의 우아한 사교 세계에 속한 부유한 친구들과 함께 맛있는 고기 잔치로 부르는 그 어떤 초대장보다 훨씬 더 긴급한 성격의 것이었다.

| 교사와 설교자를 위한 묵상 |

고린도전서 8장을 해석하는 사람은 교인들이 이 우상 제물의 특정 문제를 방아쇠로 삼아 모든 교회에서 계속 반복하여 등장하는 관심거리가 되는 더 큰 문제들을 상고해 보도록 도와야 한다. 고린도전서를 우리에게 보낸 것으로 생각하고 읽기 위해서는, 현재 어떤 이슈들이 고대의 1세대 그리스도인 가운데 있는 이교도 신전에 의해 받았던 것들과 유사한 유혹과 갈등을 제공하고 있는지 생각해 보아야 한다. 이런 일에 대한 우리의 성찰은 대략 네 가지 제목으로 분류될 수 있다.

1. **교회와 문화의 경계** 그리스도인들이 주변의 문화가 만들어 내는 사회 속에 자신들을 끼워 맞출 수 있을까? 아니면 복음과 거리가 있는 상징적 질서로의 참여를 뜻하는 '정상적' 사회 활동들을 일체 멀리해야 하는 것일까? 용납되는 문화 실체로의 적응과 용납되지 못할 타협을 갈라놓는 경계선은 어디쯤 위치해 있을까? 이런 종류의 질문은 복음이 새로운 문화 환경에 직면하게 되는 선교 상황(1세기 고린도교회와 같은 상황)에 있는 교회에서 항상 제기되는 것들이다. 신앙으로 들어선 회심자들은 옛 관습 중 어떤 것들은 계속되어도 좋고 어떤 것들은 버려야 하는지를 분별하면서, 그리스도께 순종하기 위한 삶을 재정비하는 길을 만들어 가야 한다. 예를 들어, 한국 학생들은 고린도전서 8장이 조상을 숭배하는 전통적인 제사의식을 버려야 하는지의 여부에 대해 그네들 교회에서 가졌던 논란을 생각나게 한다고 했다. 어떤 학생들은 이 전통을 옛 가족의 기억을 존중하는 차원의 의식으로 보아 별 해가 없다고 생각했지만, 일종의 우상숭배라고 보는 학생들도 꽤 있었다.

그러나 이런 문제가 비(非)서구권 문화에 속한 교회들에만 한정된 것은 결코 아니다. 자신의 문화 상황에 불편함 없이 익숙하게 성장해 온 그리스도교교회들에도 비슷한 질문을 하지 않으면 안 된다. 세계가 점차 세속화, 다원화되어 가면서 우리는 점점 더 1세기 그리스도인들의 상황과 비슷한 처지에 있는 자신을 발견하게 된다. 따라서 우리는 이제 근본적 차원에서 우리의 신실함을 점검해 보지 않으면 안 된다. 고린도전서 8장은 우리 자신의 사회적 네트워크를 잘 조명하여, 혹시 우리가 우리를 둘러싸고 있는 우상의 신전에서 부지불식간에 우상 제물을 먹고 있는 것이 아닌지 스스로를 살펴보도록 권한다. 이런 가능한 갈등 중 명확하게 드러나는 것에는, 교인으로서 교회 밖 클럽이나 우애 조합 단체 등에 참여하는 일들이 포함될 것이다. 메이슨즈(Masons), 쉬라이너(Shriners), 동방의 별(Eastern Star) 같은 단체들이 이슈가 된다. 이런 단체에 참여함으로써 요구되거나 암시되는 충성 서약, 종교적 또는 유사종교적 특성들에는 어떤 것들이 있을까? 한 학생이 최근에 내게 기상천외한 말을 한 적이 있었다. 그녀가 출석하는 교회의 어떤 교인들에게서 '이시스의 딸들'('이시스'는 고대의 밀의종교가 숭앙하던 여신의 이름—역주)이라 불리는 여성 단체에 가입하라는 요청을 받았다는 것이었다! 한동안 이 문제를 생각하고 난 뒤, 그녀는 그리스도인으로서 그런 단체에 관계할 수 없다는 결론을 내렸다. 물론 이것은 비교적 명약관화(明若觀火)한 경우이다. 그러나 우리의 충성을 요구하는 여러 동아리나 하위 문화 단체들은 어떠한가? 대학교의 '프래터니티'와 '소로리티'(fraternities and sororities, 대학교의 동아리들로 특정 가치와 규율을 공유하며, 일반적으로 기숙사에서 공동생활을 한다. 남학생들의 우애집단을 fraternity라고 하고 여학생들의 집단을 sorority라고 한다—역주), 미국시민자유조합(American Civil Liberties Union), 전국장총협회(National Rifle Association) 등은 문제가 없는가? 바울이 고린도교회 교인들에게 전한 말씀은 우리로 하여금 이러한 모든 외적 부착(附着)을 자세히 살피게 만들며, 과연 이런 단체들이 예수 그리스도를 주로 섬겨 충성하는 일에 정말 부합할 수 있는 것들인지를 스스로 질문하게 만든다.

실로 예수의 주 되심을 전적으로 인정하는 일은 우리가 당연시 여기던 여러 가지 일들에 문제를 제기하게 한다. 예수께서 주님이시고 케사르가 주가 아니라면, 마찬가지로 현재 어떤 형태의 국가주의(nationalism, 민족주의)도 일종의 우상숭배가 될 수 있다. 우리가 교회 내에 국기를 게양한다면 그것이 약한 자들로 하여금 그리스도인 제자도의 특성을 몰각(沒覺)하게 만들고, 우리의 믿음을 애국심과 혼동하게 만드는 것은 아닐까? 아마 미국 내 교회들에 있어서 가장 널리 퍼져 있는 형태의 우상숭배는 물질만능주의일 것이다. 그리스도인들은 자유와 개인의 권리라는 이름으로 자신들의 충성심을 그리스도로부터 멀어지게 만드는 경제 행위에 말려들어가고, 가난한 사람들을 무시함으로써 신앙 공동체를 분열시키고 있다.

이 모든 이슈의 바탕이 되고 있는 근본적 질문은 유일신론의 신앙이 정의상 (고린도의 **그노시스** 집단이 주장했던 것처럼) 다원주의를 용납할 수 있느냐 하는 것이다. 또는 유일신론의 신앙이 (고린도의 약한 자들이 주장했듯이) 이교도 문화의 상징 세계로부터 분명하게 자신을 분리시킴으로써 보여 주는 배타성을 필요로 하고 있느냐의 문제이다. 바울은 아직 8장에서 이 질문에 대한 답변을 주지 않고 있다. 그러나 소위 '지식'을 소유한 사람들로 하여금 약한 자들을 존중하는 마음으로 그들의 관심거리에 신경을 쓰도록 소명한다.

2. 교회 내의 계급 분열 바울은 이 문제를 고린도전서 8장에서 직접 대면하여 처리하지는 않는다. 그렇지만 행간(行間)을 읽어 보면 우상 제물의 문제가 사회·경제적 차원의 갈등을 내포하고 있음을 볼 수 있다. 이를 인식했다면 우리도 우리 교인들이나 교단 내에서 생겨나는 논란들을 다시 살펴보아, 우리의 반목과 불화 안에 고린도교회의 경우와 유사한 경제적 기층이 형성되어 있는 것이 아닌지 되물어 볼 필요가 있다. 혹시 그러하다면, 우리는 바울이 포용성과 융통성에 대한 책임의 부담을 좀더 교육을 많이 받고 경제적 자원을 많이 점유하고 있는 사람들에게 지우고 있다는 사실을 깊이 숙고해 보아야 한다. 고린도의 '강한 자들'에게는 실망이 되겠지만, 바울은 약한 자들에게 불리한 쪽으로 편들려 하지 않았다.

오히려 강한 자들에게 약한 자들을 위하여 자신들의 정당한 권한이라고 생각하고 있는 것들을 포기할 것을 요청했다. 그렇게 하는 것이 우리에게 어떤 의미를 주고 있는가?

더구나 이 본문은 많은 재물을 갖고 있는 그리스도인들에게 일상(日常)의 세계를 무조건 종교적으로 가치중립적인 것으로 취급함으로써, 자신들의 특권층 생활을 부담 없이 계속 즐기려고 조작하는 합리화에 빠지지 않도록 조심할 것을 소명한다. 타이쎈(p. 136)은 상류 계층의 고린도교회 교인들의 위치를 이렇게 인상적으로 묘사한다. "실용적 차원에서 세상으로부터 이익을 얻어 내기 위해 이론적 차원에서는 그 세상을 거부한다. 흔히 부유한 자들이 누리는 말만의 급진주의이다."

3. **사랑은 지식을 능가하는 카드패** 이 장의 중심 메시지는 아주 간단하다. 사랑이 지식보다 더 중요하다는 것이다. 바울은 그리스도인의 분별과 행동의 기준이 되는 원리를 **그노시스**에서 **아가페**(*agapē*)로 옮기라고 요청한다. 우리의 행동은 권한과 특권을 주장하기보다는 믿음의 공동체 내에서 우리의 형제와 자매들을 세워 주는 방향으로 조각되어야 한다. 그렇게 함으로써 우리는 약한 자들을 위하여 돌아가신(11절) 그리스도의 모범을 따르게 될 것이다. 또한 이는 형제와 자매들이 걸려 넘어지지 않도록 하기 위해 아예 고기 먹는 것 자체를 거부할 자세를 갖추고 있는 바울의 모범을 따르는 것이기도 하다(13절). **그노시스** 자랑꾼들은 자신들의 영적인 자유와 세련됨의 개발을 최고의 목적으로 바라보면서, 그들의 **엑수시아**의 차원에서 결정을 내리고 행동한다. 바울은 대신 그리스도인 행동의 목표로서 사랑하는 공동체의 배양을 기대하고 바라볼 것을 요구한다. 어떤 교회의 어느 회중이라도 고린도전서 8장을 거울삼아 자신들을 들여다보고, 지식을 무기로 쓰는 대신에 사랑의 도구로서 활용하는 방법이 무엇인지를 진지하게 물어 답을 찾으려 한다면 큰 유익을 얻게 될 것이다. 계시된 진리에 대해 열광적으로 설파하는 확신이든, 최근에 발견된 과학적 사실에 대한 조용한 자신감이든, 아니면 사회적 정의의 '옳음'에 대한 열정적 분별력이든 간에, 어떤 '지식'이라도 그것이 공동체를

분열시키거나, 그것을 가진 사람들이 아직 잘 모르거나, 확신을 갖지 못한 사람들을 경멸하게 만든다면, 하나님을 섬기는 데 올바로 활용되고 있는 것이 아니다.

4. 우상숭배를 통한 멸망의 위험 종종 '거치는 것의 원리'는 좀더 엄격한 행동 기준을 갖고 있는 그리스도인들을 격발시키는 일부 그리스도인들의 행위에 제한을 가하기 위해 그릇되게 활용되었다. 예를 들어, 사람들이 알코올 음료를 마시거나, 춤을 춘다거나, 특정 방식으로 옷을 입는다거나 하는 일이 좀더 신중하게 절제하는 경향을 가진 다른 교인들을 실족하게 만든다면, 우리가 '좀더 약한 형제의 양심'을 위하여 그런 행위들을 피해야 할 의무를 지니고 있다고 주장해 왔다. 결과적으로 이러한 논리는 전 그리스도인 공동체를 가장 협소한 마음을 가진 율법주의적 교인들이 품고 있는 기준의 인질이 되게 만들고 만다. 분명히 바울이 의도했던 바는 이런 것이 아니다. 고린도전서 8장에서 바울은 약한 위치에 있는 신자들이 교회에서 몰려나와 우상숭배로 되돌아감으로써 '멸망을 당할까' 염려하고 있는 것이다. 따라서 우리가 이 본문을 우리 시대에 유추하여 적용하기 위해서는 규범의 경계를 무시하는 '강한 자들'의 행동이 약한 자들에게 고도로 위험한 행위를 **흉내내도록** 유도함으로써, 실질적으로 그들의 믿음과 구원을 위협하게 되는 상황들에만 유추, 적용하도록 조심해야 한다. 이런 차원에서 유추의 구조를 정하면, 본문이 직접적으로 적합성을 갖는 상황의 빈도는 상당히 줄어들 것이다.

그러나 이 요지가 분명하게 귀결하는 것은 우상숭배가 실제로 사람을 멸망으로 이끈다는 점이다. 이 점이 고린도의 **그노시스** 집단에 의해 부정되었다. 그래서 바울은 우상숭배의 행태를 갖고 첨벙거리며 장난을 하는 일의 위험을 준엄하게 경고하고 있는 것이다. 우상숭배의 유혹적 미끼는 실제적이며, 이교도 세계의 파괴적 힘도 실제적이다. 하나님으로부터 멀어져 가는 교인들은 회복불능의 손실을 입게 될 것이다. 만일 우리가 우리 문화의 상징 세계를 지배하는 우상들과 빈둥거리며 희롱하는 일(주로 부〈富〉, 군사력, 그리고 자아 탐닉 등의 신〈神〉들)을 대수롭지 않게 생각하는 유혹을 받고 있다면, 고린도전서 8장을 다시 정독하고 우리들 중에서 이런 세력들의 유인을 피하려 애쓰는 사람들이 직면하게 될 위험의 가능성을 진지하게 생각해 보아야 한다. 우리는 약한 교인들이 이러한 파괴적 유혹으로부터 보호받을 수 있는 방식으로 교회의 상징적 완결성을 보전하는 일에 최우선적으로 신경을 써야만 한다.

권리를 포기하는 사도의 모범(9 : 1-27)

고린도전서 9장은 길게 샛길로 빠진 글의 시작인 것같이 보인다. 바울은 자신의 사도로서 행태들, 그 중에서도 특별히 고린도교회 교인들로부터 재정 지원을 받지 않는 이유를 변명하기 시작한다. 그러면서 우상 제물의 문제는 10 : 19까지 시야에서 사라져 버린 것처럼 보인다. 그러나 사실 고린도전서 9장을 읽으면서 좀더 광범위한 문맥을 염두에 두어야 한다. 바울은 결코 우상에게 드려진 음식의 문제를 뒤에 버려두고 딴 주제로 넘어간 것이 아니다. 오히려 새로운 진로를 취하여 고린도교회 교인들의 문제를 바라보는 관점을 재구성하고 있는 것이다. 특히 고린도전서 9장이 취하고 있는 간접적 접근 방법이 기술적이다. 왜냐하면 9장에서 취하고 있는 방법이 바울로 하여금 일석이조(一石二鳥)의 효과를 가져오게 만들기 때문이다. 한 가지 부수적 문제(그의 재정 지원 수단)를 직접 다루면서, 암묵적으로 더 큰 논제인 음식, 우상숭배, 그리고 사랑의 요구 등에 도움을 주기 때문이다.

이 주장의 전개가 어떻게 이루어지는지 보기 위해서는, 실제로 그 길을 가기 전에 우리 마음속에 지도를 그려 놓을 필요가 있다. 바울은 고린도전서 8장에서 고린도의 강한 자들을 불러 약한 자들을 위해 그들이 누릴 수 있는 자유에 제한을 가하도록 요청했다. 바울은 고린도전서 8장의 마지막 절에서 자신을 예로 든다. 만일 고기를 먹는 일이 형제와 자매를 실족하게 만든다면, 그는 아예 고기를 먹지 않겠다고 한다. 강한 자들은 이러한 자기 제한을 터무니없는 일로 보았을 것이다. 결국 바울이 진짜 사도라면 분명히 그가 보스가 되어야 하며, 다른 사람들에게 어떻게 행동해야 하는지를 지시해야만 했다. 그런데 가장 무지한 회심자들의 미신적인 소심함에 끌려다니는 듯한 그의 정책은 일부 고린도교회 교인들로 하여금 바울의 사도 됨의 정통성을 의심하게 만들었다. 그들이 보기에는 바울이 용기 없이 이중적 자세를 취하여, 어떤 때는 강한 자들과 함께 기꺼이 고기를 먹으려 하지만, 또다른 때는 약한 자들의 음식 제한에 소심하게 동조하는 것처럼 보였다. 이런 종류의 행태는 바울이 사도라고 하는 주장의 정당성에 의혹을 갖게 만들었을 것이다.

이런 의심은 바울이 장막 제조업자로 노동을 함으로써 자신의 생활을 꾸려 나가는 행태 때문에 더 강화되었다(행 18 : 1-3). 이런 종류의 천한 노동은 확실히 진정한 사도에게 어울리지 않는 것이었다. 고린도에 왔던 다른 그리스도인 설교자들(아볼로나 게바)은 교인들 중에서 부유한 사람들의 재정적 후원을 받아들임으로써 좀더 존경받는 철학 선생들같이 행동했다. 바울이 하층 신분의 직업을 악착같이 추구하는 일은 먹는 자유의 문제에 있어 일관성 있게 '강한 자들'의 노선을 취할 능력을 갖지 못하고 우유부단한 자세를 보인다는 비판과 더불어 고린도교회 교인들로 하여금 마음의 혼란을 유발하는 결론에 도달하게 만들었다. 아마도 바울은 진정한 정통 사도가 아닌 모양이다. 만일 그가 사도로서 정통성을 지니고 있다면, 좀더 고귀한 방식으로 행동하고 자신의 권위를 좀더 확실하게 보여 주었을 것이다.

바울이 하는 일은 고린도교회 교인들이 살고 있던 문화 속에서 인정할 만한 성격의 어떤 직업에 딱히 맞아떨어지지 않았다는 점을 명심해야 한다. '그리스도인 사역자'가 어떠해야 하는지 표준이 될 만한 모델이 정립되어 있지 못했다. 또한 교사나 설교자를 임용하거나 자격을 정해 인가할 대학교나 교단 같은 기관이 있었던 것도 아니다. 바울은 단지 무소속의 독립 선교사였을 뿐이다. 아마 고린도 사람들은 바울을 자연스럽게 그들이 살던 세계에서 익숙하게 보아 오던 수사학자나 철학자와 비교해서 살펴보았을 것이다. 로널드 F. 호크(Ronald F. Hock, pp. 50-

65)는 그 시대 상황에는 이와 같은 문화 배경 내에서 철학자에게 적합한 경제적 지원의 수단이 어떠해야 하는지에 대한 논쟁이 계속 이어졌다고 설명했다. 네 가지 기본 모델이 제시되었는데, 모두 그에 따른 특별한 결점들이 있었다. 소피스트들처럼 철학자가 자신의 가르침에 대한 수업료를 요구할 수 있었다. 이들은 종종 욕심이 많고 학생들을 이용한다는 이유 때문에 비난의 대상이 되었다. 대안으로 철학자가 한 부유한 후원자의 지원을 받을 수 있었다. 이들은 이른 바 후원자의 집에 머무는 '거주 지성인'(resident intellectual)으로 취급되었고, 종종 머무는 집의 자녀들을 교육시키는 과제를 떠맡았다. 이런 역할을 감당하게 되면 철학자가 후원자의 지갑 줄에 매여 있기 때문에, 자연히 독립성을 상실하게 되는 결점이 있었다. 세 번째 방법은 악명 높은 견유 철학자들의 방식으로, 거리에서 구걸을 하는 것이었다. 이 방식은 명약관화하게 괴상하고 천박한 것으로 널리 알려져 있었다. 마지막 선택은 철학자가 자신의 재정적 필요를 유지하기 위해 다른 직업을 갖고 있는 것이었다. 이 경우 사회적 신분이 천하게 보이고 세속적인 일에 시간과 에너지를 소모하는 문제를 안고 있었다. 그러나 이렇게 생존을 위해 스스로 일할 경우, 최소한 철학자는 다른 사람들의 통제로부터 자유롭게 독립을 유지할 수 있었다.

바울은 자신의 사도로서의 사명 초기부터 일찍이 네 번째 모델을 따르기로 결정하여 생존을 위해 자기 손으로 노동을 했다(살전 2 : 5-10, 살후 3 : 7-9 참조). 물론 경우에 따라서는 요구하지 않았음에도 자신의 교회들이 보내 주는 선물로 그 부족한 부분을 보충하기도 했다. 특별히 빌립보 교회가 바울을 위해 이런 일을 했다(빌 4 : 10-20, 고후 11 : 9b 참조). 당시로서는 이것이 비교적 특이한 선택이었다(첫 두 가지 방식이 가장 흔하게 이용되었다). 그래서 고린도전·후서를 통해 바울의 이 방법이 논란을 불러일으켰다는 것을 알 수 있다. 우리는 바울이 고린도후서에서 공개적으로 이 이슈를 다루는 것을 발견하게 된다.

> 내가 너희를 높이려고 나를 낮추어 하나님의 복음을 값없이 너희에게 전함으로 죄를 지었느냐 내가 너희를 섬기기 위하여 다른 여러 교회에서 요를 받은 것이 탈취한 것이라(풍자조의 비아냥이다. "그래…… 내가 다른 여러 교회에서 도둑질을 했소"－역주) 또 내가 너희에게 있어 용도가 부족하되 아무에게도 누를 끼치지 아니함은 마게도냐에서 온 형제들이 나의 부족한 것을 보충하였음이라 내가 모든 일에 너희에게 폐를 끼치지 않기 위하여 스스로 조심하였거니와 또 조심하리라 내 자신이 너희에게 폐를 끼치지 아니한 일 밖에 다른 교회보다 부족하게 한 것이 무엇이 있느냐 너희는 나의 이 공평치 못한 것을 용서하라(마찬가지로 풍자조의 야유임－역주).
>
> (고후 11 : 7－9, 12 : 13)

바울이 이런 내용을 쓸 때쯤에는 그가 고린도교회 교인들의 지원 수락을 거절한 것에 대한 비판이 주요 이슈가 될 만큼 고조되었을 때이다. 반면 고린도전서 9장에서는 바울이 나중에 크게 문제가 되기 전인 초기 단계의 비판과 불평에 대응하여 하는 말을 들을 수 있다. 확실히 그의 자기 변호(*apologia*, 9 : 3)가 문제를 해소하는 데 성공하지는 못했다.

논의는 두 단계로 이어진다. 바울은 앞의 1~14절에서 자신이 진짜 사도이며, 그래서 고린도교회 교인들로부터 재정 후원을 받을 모든 권리가 있음을 주장한다. 그러고 나서 15~23절에서 '복음을 위하여' 복음을 공짜로 제시하고 스스로를 공동체의 하층계급 구성원들과 동일시함으로써 바울 자신이 이러한 정당한 권리들을 포기했음을 설명한다. 그래서 '복음으로 인하여 내게 있는 권(**엑수시아**)을 다 쓰지 아니하기로'(18절) 결정함으로써 바울은 오히려 자신의 사도로서의 사명을 부정하는 것이 아니라 확증한다.

동시에 바울의 자기 묘사는 자신이 강한 자들에게 권하는 행동의 모델 역할을 한다. 그들도 바울과 같이 복음의 진척을 위해서 약한 자들을 염두에 두고 자신들의 **엑수시아**를 기꺼이 포기하려는 자세를 가져야만 한다. 이 요지는 더 광범위한 논의(10 : 32－11 : 1)의 결론에 도달하기 전까지는 공식적으로 언급되지 않는다. 그러나 그 핵심 요지는 8장과 9장 사이의 주제상의 연결(8 : 9과 그 이후 9장까지에서의 **엑수시아** 그리고 9 : 12, 22과 함께 8 : 13에서 중심이 되고 있는 바울 자신의 예)에 의해 분명하게 함의되어 있다. 고린도교회 교인들이 바울이 말한 내용을 좋아했는지, 그렇지 않았는지 확실히 알 길은 없다. 그러나 그들은 바울이 어떤 방향으로 움직여 가고 있는지를 분명하게 보았을 것이다. 바울의 이 논의는 자신들이 하고 싶은 것을 그냥 해 버리고 마는 자유로 가장 많이 무장하고 있으면서, 더 큰 부(富)와 사회적 위신을 누리는 위치에 있던 고린도교회 교인들을 목표 대상으로 하고 있었다. 바울은 사실상 그들에게 이렇게 말하는 것이나 마찬가지이다. "안 됩니다. 여러분들도 복음을 위하여 절제해야 합니다. 여러분은 사랑 안에서 공동체를 건설하는 더 큰 선(善)을 위하여 스스로 기강을 다잡아야 합니다." 그래서 9장의 끝 부분에서 운동 선수의 메타포가 도입된다. 운동 선수가 연습할 때 자기 훈련을 하듯이, 그리스도인들도 주어진 일을 위해 스스로를 훈련하도록 부름 받았다. 그렇듯이 바울은 8장과 10장 사이에 9장을 샌드위치처럼 끼워 넣어 편지를 읽는 독자들로 하여금 사도의 모범적 예와 그렇지 않은 경우를 보여 줌으로써, 우상 제물의 이슈에 대해 깊이 생각하도록 돕는다.

고린도전서 9장을 우상에게 드려진 음식물과 상관없이 단지 바울의 사도성 변호로만 해석하려는 사람들은, 24~27절을 변호의 차원에 끼워 맞춰 설명하느라 큰 어려움을 겪는다. 이 장의 끝 부분에 이러한 내용이 들어 있다는 점 자체가 이 단원의 목적이 전반적으로 권면에 있지 변명에 있지 않음을 분명하게 보여 준다. 바울은 자기 자신의 행위 패턴을 보여 주어 권리를 포기하는 예로 제시하면서, 고린도의 **그노시스** 자랑꾼들도 그를 본받으라고 요구하고 있다. 따라서 고린도전서 9장은 두 가지 목적을 동시에 달성하는 기술을 구사하는 수사학적 글이다. 논란이 되고 있던 자신의 권리 부정의 취지를 설명하면서, 동시에 그러한 자기 부정의 모델을 본받으라고 제시한다. 이렇게 지도를 손에 들고 보았으니, 이제 좀더 자세하게 기록된 내용을 들여다보도록 하자.

바울의 지원받을 권리(9 : 1–14)

고린도전서 9장의 시작 부분은 8장의 결론을 직접적으로 반영하는 소리로 들어야 한다. 바울은 고린도전서 8 : 13에서 약한 자들을 위한 자아 제한의 원리를 상술한 바 있다. 바울은 이런 입장이 고린도의 강한 자들이라 할 수 있는 독자들에게 거부감을 주리라는 점을 감안하여, 수사학적 질문으로 그 반대 입장을 예기(豫期)한다. “내가 자유자가 아니냐?” 즉, 바울도 먹기 원하는 것은 무엇이든지 먹을 수 있는 자유로운 존재가 아니냐고 되묻는 것이다. 이런 표현은 수사학적 질문의 배구공을 튕겨 보내며 긍정적 답변이 자연스럽게 튀어나올 것을 기대하도록 구성되어 있다. 물론 그렇다. 바울은 자유로운 사도이다. 그의 사도성은 그가 부활하신 주님 예수를 만났다는 것뿐 아니라 직접 고린도교회를 창립했다는 점에 의해서도 그 합당함이 입증된다. 혹시 ‘다른 사람들’(여기서 이들이 누구인지 그 정체에 대한 설명은 주어지지 않았다.)은 바울 사역의 정당성을 의문에 붙일 수 있을지 모르나, 적어도 고린도교회 교인들은 그럴 수 없다. 그들이 고린도의 신앙 공동체로 존재하는 것 자체가 그들 가운데서 이루어졌던 바울의 역사에 의존하고 있기 때문이다. 고린도교회 자체가 메시지의 진정성을 가리키는 외적인 표지로서 바울의 사도성을 증명하는 ‘인감’이라는 식의 논조이다(1–2절, 고후 3 : 1–3 참조).

바울은 이어지는 3절에서 이제 자신의 사도적 사역을 심사하려 드는 사람들에게 응답할 것을 공개적으로 선언한다. 이 문장은 가상(假想)의 가능성에 대한 것이 아니고, 바울이 현재의 실재로 보는 상황을 다루고 있다(NIV, “이것이 나를 심판하는 자리에 앉아 있는 사람들을 향한 나의 변호입니다”). 고린도교회 교인들이 보낸 편지는 그들이 사실상 바울에게 심판(판단)을 가하고 있음을 보여 주었다. 이 문장의 구성은 같은 동사를 사용하고 있는 앞부분의 언급을 회상하고 있다. “너희에게나 다른 사람에게나 판단받는 것이 내게는 매우 작은 일이라”(4 : 3). 바울은 그곳의 문맥에서 오직 하나님만이 자신에게 책임을 물으실 수 있다고 선언함으로써, 고린도교회 교인들의 따지는 심사(審査)를 옆으로 밀쳐 버렸다. 우리가 살펴보겠지만 현재 이 구절도 비슷한 요지를 내세울 것이다(16–17절 참조). 고린도전서 4장에서는, 고린도교회 교인들이 다듬어진 수사학적 지혜가 부족하다고 해서 바울을 판단하고 있음을 시사했다. 여기 9장에서 논란이 되는 내용은 바울의 생활 방식 및 자기 지원의 수단과 연관되어 있다. 바울은 다른 곳에서 그 이슈들을 끄집어냈지만, 그것들이 서로 상관없는 것이 아니다. 두 경우 모두 바울은 고린도교회 교인들이 생각하는 이상적인 참지혜자의 이미지와 부당하게 비교되었고, 좋지 않은 평가를 받았다.

바울은 수사학적 질문의 또다른 일제 사격으로 자신의 변호를 시작한다. 이 질문들 중 첫 번째 것은(4절) 먹고 마실 수 있는 자유인으로서의 권리를 가리킬 수도 있고, 교회의 지원받을 권리를 가리키는 것일 수도 있다. 전자는 이전의 상황에 맞고, 후자는 이어지는 논쟁(6–14절)의 방향을 가리킨다. 질문이 담고 있는 모호성은 양 차원 모두에 적용되게 만들어, 논쟁의 한 단계에서 다음 단계로 부드럽게 이행하는 것을 돕는다(Barrett, p. 202).

여기서 열쇠가 되는 단어는 **엑수시아**이다. "우리가 먹고 마시는 권(**엑수시아**)이 없겠느냐?" 고린도교회 교인들은 자신들의 '전문용어'가 4~6절에서 삼중에 걸쳐 반복되어 자신들에게 되돌아오는 것을 들으면서 8 : 9을 기억하게 되어 있었다. "그런즉 너희 자유함(**엑수시아**)이 약한 자들에게 거치는 것이 되지 않도록 조심하라." 원칙상 바울은 자기가 원하는 것을 먹을 권리, 다른 사도들처럼 아내와 동반하여 다닐 권리, 그리고 자신이 설립한 교회들로부터 재정 후원을 받을 권리를 갖고 있었다. 그러나 이미 고린도교회 교인들이 잘 알고 있는 것과 같이, 바울은 이 중에서 어떤 권리도 요구하지 않았다. 따라서 이런 질문을 던지는 것 자체가 권리를 갖고 있는 것과 권리를 행사하는 것 사이에는 중요한 차이가 있음을 시사한다. 즉, 바울이 이런 일들을 하지 않기로 **결정**했다고 해서, 그것이 그에게 그런 일들을 할 **권한**이 결여되어 있음을 뜻하는 것은 아니라는 말이다.

'다른 사도들과 주의 형제들과 게바'의 아내들에 대한 언급은 사도들과 다른 초기 그리스도교 지도자들이 정상적으로 결혼했다는 사실을 보여준다. 이것은 나중에 성직자의 독신을 주장하게 된 그리스도교 전통을 따르는 사람들에게는 당혹스러운 사실이다. 그러나 5절에서 바울이 주장하는 것은 사도들이 결혼할 권리를 가지고 있다는 점이 아니다. 그보다는 오히려 그들이 아내와 여행에 동반할 수 있도록 교회로부터 재정 지원을 받을 권리를 갖고 있다고 말하고 있는 것이다. 여기서 '주의 형제들'은 처음에는 회의적이었지만(막 3 : 31-35), 이를 극복하고 나중에 초기 그리스도교 운동의 지도자들이 되었던(행 1 : 14 참조) 예수의 육신의 동생들을 가리킨다. 특히 주의 형제 야고보는 예루살렘 교회에서 특출한 인물로 부각되었다(행 12 : 17, 15 : 13-21, 21 : 18). 여기서 게바를 따로 거명하여 언급하는 것은 게바파가 바울에게 반기를 들었던 고린도 사람들 중에 포함되었음을 시사하는 것이다(고전 1 : 12, 3 : 22 참조).

마침내 바울은 6절에서 현재 그와 고린도교회 교인들 사이의 가장 골치 아픈 이슈에 분명하게 초점을 맞춘다. 그것은 이른바 재정 지원의 문제이다. 사도들이 자신의 교회에서 지원을 받는 것은 정상적인 패턴이었다. 그러나 바울과 그의 이전 스승이며 동료였던 바나바(행 4 : 36-37, 9 : 26-28, 11 : 19-26, 15 : 36-41)는 이런 원칙에서 예외였다. 바울은 이런 관행이 예외적인 것이라는 점을 보여 주기 위해 7절에서 여전히 심문조로 세 가지 유추를 짜낸다. 병사들, 포도원 농부, 목자들이 모두 자신의 직업을 통해 생계를 유지하지 않는가? 마찬가지로 말씀 선포자들도 자신을 따르는 양 무리들로부터 지원을 받는 것이 마땅한 것이라는 암시이다.

다른 그리스도인 지도자들의 선례를 인용함으로 시작해서(5-6절) 상식적 유추를 더한(7절) 이 논의는 다음 단계로 성경의 권위에 호소한다. 율법조차도 그가 교회에 의해 재정적 지원을 받을 권리를 갖고 있다는 바울의 주장을 뒷받침한다(8-11절). 어떻게? 바울은 신명기 25 : 4을 인용한다. "곡식 떠는 소의 입에 망을 씌우지 말지니라" 종종 이것은 바울의 자의적인 본문증명(prooftext) 방식의 한 예로 인용되었다. 그러나 자세히 관찰해 보면 여기에는 좀더 복잡한 해석상의 전략이 작용하고 있다. 우선 바울은 하나님께서 정말 관심을 갖고 있는 존재는 사람이지 소가 아니고, 그래서 본문도 그런 사실에 맞게 읽어야 한다는 점을 분명하게 해석상의 원리로 밝히고, 그에 입각하여 자신의 논리를 이끌어 가고 있다(9-10절). 둘째, 신명기 25 : 4의 문맥을 자세히 살펴보면, 이 특정 본문에 관한 바울의 주장에 대해 근거가 없지 않다. 신명기 24장과 25장에 있는 주변 율법 조항들(특별히 신 24 : 6-7, 10-22, 25 : 1-3)은 거의 모두 인간의 존엄성과 정의를 고양(高揚)하는 데 기여하는 내용이다. 이상하게 곡식을 떠는 소에 대한 한 구절만이 이 문맥 속에 홀로 끼여 있다. 바울이 이 구절 또한 인간의 경제 활동 관련 정의(正義)에 대한 무엇인가를 암시하는 것으로 해석하려 했던 것은 그다지 놀라운 일이 아니다. 셋째, 일단 신명기 25 : 4의 해석을 비유에 입각해서 허락하면, 이 구절은 바울이 전하려 했던 포인트를 위해서 아주 적절하게 기능한다. 마당에서 곡식을 떠는 끌려다니는 소가 음식을 먹지 못하도록 해서는 안 된다. 그렇지 않으면 일을 할 수가 없기 때문이다. 소는 일을 하기 때문에 먹는 것이 허락되어야 한다. 이것은 사도들에게 있어서도 마찬가지이다.

마지막으로 (비록 고린도전서의 해석자들이 좀처럼 인정하지 않으려 하는 포인트이지만) 바울은 이 성경 구절이 인간 노동 일반에 적용된다고 주장하고 있는 것이 아니다. 그보다는 그것이 '**우리를 위하여** 기록된 것'이라는 주장이다. 즉, 바울 당대의 교회를 위하여 기록되었다는 말이다. 앞의 10절의 1인칭 복수 대명사('**우리를 위하여** 기록된 것')는 뒤의 11절의 1인칭 복수 대명사의 것과 똑같은 선행사를 암시한다. 이 인칭대명사는 사역을 하는 바울과 그의 동료들을 가리킨다. "**우리가** 너희에게 신령한 것을 뿌렸은즉 너희 육신의 것을 거두기로 과하다 하겠느냐"(11절). 그래서 바울은 이 본문이 직접적으로 당대의 교회를 향해 바울과 다른 사도들을 위한 재정적 지원을 하도록, 은유적으로 교훈하는 신탁(神託)의 형식으로 말하고 있음을 주장하는 것이다. 바울에게 있어서 이것은 간접적으로 추론된 의미의 본문이 아니라, 현재 종말론적으로 펼쳐진 근본적 의미를 그대로

담은 본문이다. (이러한 해석 방식에 대한 설명을 이해하기 원하면 Hays, *Echoes*, pp. 165–168을 보라.) 이제까지의 주장에 대한 결론은 12a절에서 끌어 왔다. 바울은 수확의 상당 부분에 대해 다른 누구 못지않게 수혜(受惠)를 주장할 자격을 갖추고 있다(10절 참조).

이제 바울은 12절의 뒷부분에서 마침내 이 장을 통해 여태까지 이어온 요지에 대해 가볍게 손을 댄다. 바울은 지원을 받을 수 있는 자기의 권리를 정립하는 그 모든 주장의 근거에도 불구하고, 그 **엑수시아**를 전혀 사용하지 않았다. 왜? 그는 '그리스도의 복음에 아무 장애가 없기'를 원했기 때문이다. 여기에는 8 : 9, 13의 '거치는 것' 이미지의 반향(反響)이 도저히 간과할 수 없도록 분명하게 드러난다. 바울은 아직까지는 설명되지 않은 그 어떤 이유들로 인해서, 고린도교회 교인들의 재정 지원을 수용하는 것이 자신의 선포 사역에 장애를 만들어 내리라고 믿는다. 이것이 가장 현저한 염려요 관심이기 때문에, 바울은 돈을 받지 않는다.

논의가 여기서 마무리될 수도 있었다. 하지만 바울은 재차 강조하기 위해, 자신이 지원을 받을 권리가 있다는 점을 확증하기 위해, 두 가지 논의를 더 끄집어낸다. 첫 번째 것은(13절) 성전에서 드려진 제물의 일부분을 취하는 제사장의 유추이다. 고린도전서 8~10장에 있는 토론 이슈의 차원에서 볼 때, 특별히 생생한 이미지이다. 그리고 마지막으로 마치 그것이 재고(再考)라도 되는 것처럼 떨어뜨리는 내용이, 사실은 전체 주장을 한데 모아 던지는 트럼프 카드 구실을 한다. 예수님께서도 복음 선포자들이 복음으로 생활을 하도록 명령을 내리셨다는 것이다. 우리는 여기서 바울이 얼마나 기술적으로 세련된 수사학을 구사하는지 알 수 있다. 그는 결정적인 펀치가 되는 논쟁을 맨 뒤에 위치시키기 위해 아껴 두었다. 그러면서 팡파르를 울리거나 장황하게 설명하지 않고도, 그것을 잘 도입하여 그 포인트에 상당한 무게가 실리게 만들었다. 바울은 예수의 말씀을 실제로 인용하지는 않는다. 그러나 하나님 나라를 선포하도록 칠십 인에게 사명을 위임하는 말씀의 한 부분으로서 누가복음 10 : 7에 보전된 전승을 염두에 두고 있었을 것이다. "일꾼이 그 삯을 얻는 것이 마땅하니라"(마

10 : 10 참조). (재미있게도 디모데전서 5 : 17~18은 같은 말씀을 신명기 25 : 4과 함께 인용하여 교회에서 잘 다스리는 장로들은 '배나 존경을' 얻어야 한다고 가르친다. 즉, 지급을 더 받아야 한다는 말이다.)

사도의 모범 : 바울의 권리 포기(9 : 15－23)

이 모든 축조작업 뒤에 따라오리라 기대되는 논리적 결론은 바울이 고린도교회 교인들이 줘야만 하는 판돈을 올려 달라고 요구하는 일일 것이다. 그러나 실상 그가 이미 지적했듯이, 바울의 의도는 정반대쪽에 있었다. 본문의 15절은 극적인 절정을 이루면서, 동시에 이 장의 중심축이기도 하다. 바울은 이렇게 인상적으로 확증된 권리들을 사용하지 않을 뿐 아니라, 그럴 바에는 차라리 죽는 것이 낫다고 말한다. 무엇보다 낫다는 것인가? 헬라 원문의 이 문장은 흥분된 어조에서 멈춰 선다. 그러고 나서 바울은 누구도 그에게서 자신의 '자랑'을 박탈하지 못할 것이라고 불쑥 한 마디를 내뱉는다. 다소 불투명한 이 말의 뜻은 뒤따르는 고도의 농축 문장으로 설명된다(16－18절). 바울은 주의 명령을 비롯하여 지원 수수(收受)의 그 모든 거창한 근거들에도 불구하고, 사도로서 자발적으로 일한다는 주장을 할 수 없기 때문에 돈을 받지 않을 것이라고 한다. 따라서 그는 소피스트들과 달리 제공한 봉사에 대한 급료를 받을 수 없다. 그의 봉사는 하나님을 향한 것이다. 그리고 기꺼이 하는 것이 아니라 '직분을 맡았기' 때문에 하는 것이다. 여기서 사용된 말들은 또다시 청지기로서의 노예의 이미지를 시사한다(4 : 1－4 참조). 바울은 하나님께서 자신에게 '필연성'(**아낭케**, NRSV는 'obligation'〈의무〉로 번역함. 앞의 7 : 26과 그 구절 본문에 대한 필자의 주석을 참고할 것)을 부과했기 때문에 전도를 한다. (예레미야의 이미지를 기억할 것이다. 그에게 있어 예언의 말씀은 "나의 중심이 불붙는 것 같아서 골수에 사무치니 답답하여 견딜 수 없〈음〉"이다.) 그에게는 복음을 선포하는 일 외에 다른 어떤 선택의 여지가 없었다. 따라서 그의 '보상'은 역설적이게도 복음을 다른 사람에게 '값없이'(18절, 다른 전도자들을 '하나님 말씀의 행상인들'〈개역은 '하나님 말씀을 혼잡하게 하는 사람'으로 번역했다.〉이라고 신랄하게 묘사한 것을 참고하여 살펴보라. 고후 2 : 17) 전해 주는데, 즉 그로 인해 자신의 권리를 활용하지 않는 데 있었다. 어떤 의미에서 이것이 '보상'이 되는가? 고든 피(Gordon Fee)가 이 구절에 대해 해 놓은 주석은 바울의 주장에 관한 의도를 잘 파악하고 있다. "**공짜** 복음을 **공짜로** 제공함으로써 그의 사역은 복음 자체의 산 패러다임이 된다"(p. 421). 그의 권리 포기는 그로 하여금 그리스도의 희생적 행위의 패턴에 동참하게 만들어 주며, 그래서 역설적이게도 생명을 주시는 하나님의 복에 동참하게 해 준다.

이 모든 것이 아직 다소 어렵게 들릴지 모르나, 19~23절에 가서 논의는 훨씬 더 분명하게 된다. 바울이 하는 모든 것은 가능한 한 많은 사람들을 복음으로 이끌기 위함이다. 그는 그 목적을 달성하는 데 필요한 어떤 방식으로라도 (그의 메시지가 아니다!) 자신의 행위를 조정해 나갈 것이다. 마가렛 밋첼(Margaret Mitchell)이 잘 관찰했듯이(*Paul and the Rhetoric of Reconciliation*, pp. 130-134), 바울은 여기서 모든 종류의 사람들을 한 믿음의 공동체로 불러들이기 위해 자신을 문화적, 인종적 차이를 극복하려고 노력하는 중재자로 내세운다. 이를 위해 바울은 자신을(자유인인 자신을) '모든 사람에게 종이 되게' 만들었다(19절, 고후 4 : 5 참조). 이것이야말로 바울이 언급했던 대로 소명을 받은 자유인들에게 발생한 일이다. 그들은 비록 자유인이지만 '그리스도의 종'이 된다(7 : 22b). 바울이 그리스도의 종살이를 자처하는 일은 다양한 방식으로 복음을 듣고 접근하려고 하는 사람들의 문화 구조와 한계에 자신을 복속시키는 모양으로 표현된다.

바울은 20~22절에서 자신의 적응 행위에 관한 예를 네 가지로 든다. 첫 번째 세 가지는 유대인/이방인 이슈와 관계된 것이다. 바울은 본문 20절에서 유대인들에게 '유대인**과 같이**' 되었다는 놀라운 언급을 한다. 사실 바울은 그렇지 않아도 유대인이었기 때문에, 이 말은 바울 자신이 그리스도 안에서 "모든 사람에게 자유하였다."는 주장을 얼마나 철저하게 있는 그대로 인식하고 있는지를 잘 보여 주는 것이다. 즉, 자신을 모든 문화적 결속을 초월한 위치에 놓고 있는 것이다. 이제 바울에게는 동료 유대인에게 유대인같이 되는 것(행 21 : 17－26 참조)이 일종의 적응 행위로 취급되고 있다는 말이다! 두 번째 예는 첫 번째 것을 다시 언급한 것에 지나지 않는다. 종종 여기에는 유대인의 율법 조항을 준수했던 이방인 하나님 경외자들(god－fearers)을 포함하는 좀더 광범위한 범주의 사람들을 포괄한다는 주장이 있기도 하다. 아마 이 두 번째 예의 주요 목적은 바울 자신이 율법 아래 있지 않다는 점을 괄호로 처리하면서 역설하려는 것에 있다. 바울을 비판하는 '강한 자들'이 그가 율법 아래 있다고 비난했기 때문이다.

세 번째 예에서는(21절) 분명히 바울의 사도로서의 근본적 소명인 이방인 사역을 언급하고 있다(갈 1 : 15－16, 롬 1 : 5). 이 문장은 다른 많은 증거의 조각들을 종합하여 볼 때 완연하게 드러나는 것을 분명하게 말로 언급한 것이다. 바울은 유대인의 율법을 이방인들에게 부담시키는 것을 반대할 뿐 아니라, 이방인 가운데 있을 때는 자기 자신도 율법 준수(코쉐르〈kosher, 율법의 정결 규례－역주〉 규정 등)에 대해 다소 심각하지 않은 자세를 취했다. 그 문장의 진짜 핵심은 바울이 괄호 처리한 논쟁적 언급 안에 있는 단어의 유희에서 발견된다. 비록 그는 '율법 없는 자'(**아노모스**〈*anomos*〉)같이 되었으나, 사실 그는 하나님을 향하여 무법자(**아노모스**)가 아니고 '그리스도의 율법 아래 있는 자'(**엔노모스 크리스투**〈*ennomos christou*〉)이다. 이 마지막 구절의 정확한 뉘앙스를 집어내기는 쉽지 않다. 그러나 전반적인 의미는 분명하다. 바울이 율법으로부터 자유롭다는 것이 자기 방종 상태에서 멋대로 종횡무진한다는 것을 뜻하지는 않는다. 물론 이것은 "나는 무엇이든지 할 수 있는 자유인이다."라고 선언하는 고린도교회 교인들에게 알아들으라고 하는 말이다. 바울은 이제 그리스도와의 관계에 의해 정의되는 하나님에 대한 강한 의무감을 가지고 생활한다. '그리스도의 율법 아래'(갈 6 : 2 참조) 있다는 표현을 사용함으로써, 바울이 순종하고 따라야 할 (예수의 가르침과 같은) 새로운 율법 코드의 계명을 습득했다는 것을 뜻하지는 않는다. 그보다는 십자가에서 이루어진 그리스도의 자기희생적 죽음의 패턴이 이제 자신의 실존을 위한 규범적 패턴이 되었다고 단언하고 있는 것이다. 이 개념은 여기서 매우 응축된 형태의 공식으로 표현된다. 자세한 설명을 위해서는 고린도후서 4 : 10~12, 갈라디아서 2 : 19~20, 빌립보서 2 : 5~8, 3 : 10~11, 특히 고린도전서 11 : 1 등을 보라. 고린도전서 11 : 1은 현재 논의가 절정을 이루면서 주어지는 호소이다.

그러나 첫 세 예들은 마지막이면서 결정적인 바울 자신의 예를 열기 위해 닦아 놓은 길에 지나지 않는다. 바울은 마지막 예에서 자신이 복음의 유익을 위해 자신의 행동을 상황에 맞게 적응해 가려는 의지를 보여 준다. "약한 자들에게 나는 약한 자들을 얻기 위해 약하게 되었습니다"(22a절, 개역성경은 "약한 자들에게는 내가 약한 자와 같이 된 것은 약한 자들을 얻고자 함이요"라고 번역하여 필자가 중요시 여기는 포인트를 놓치고 있다. 헬라 원문은 '약해졌다' 또는 '약한 자가 되다'는 의미를 갖는다－역주). 이 언급이야말로 바울이 하고 있는 설명의 즉각적 목표이다. 그것을 어떻게 알 수 있을까? 결정적인 단서가 두 가지 있다. 우선 강한 자들에게 강한 자가 되었다고 말하는 대조의 언급이 없다. 그리고 가장 현저한 것으로서 바울은 "내가 약한 자들과 **같이** 되었다."고 말하지 않고 대신 "**내가 약해졌다**."고 말하고 있다는 점이다. 이것은 그런 척하는 꾸미기나 단순한 유추의 의미에서 하는 말이 아니다. 바울은 실질적으로 약한 자들의 생활 방식과 약한 자들의 상태를 떠맡아 그대로 살았다. 고린도전서 1~10장의 컨텍스트에서 이것은 두 가지를 뜻한다. 바울은 스스로 우상의 제물을 먹는 일에 있어 엄격한 입장을 취했다. 그리고 부자들의 후원을 거절하고, 스스로 육체 노동자가 됨으로써 자신을 약한 자들의 사회 신분에 맞게 낮추었다. (이 편지를 읽는 독자는 1 : 26~29에서 '약한 것들'이 '천한 것들', '멸시받는 것들'과 함께 짝을 이루어서 '강한 것들' 및 '문벌 좋은 자'들과 대조를 이루고 있었다는 것을 기억할 것이다.) 이런 행동들이 '강한' 상류층 고린도 교회 교인들에게는 의아스럽고 천박하게까지 보였을 것이지만, 바울은 이런 행동이 좀더 많은 사람들을 복음으로 이끄는 데 꼭 필요한 것으로 이해한다(22절). 사실 그 사상이 노골적으로 표현되기보다는 암시만 되었지만, 이러한 '자기 낮추기'는 하나님을 향한 순종 속에서 스스로 노예가 되었던(빌 2 : 6-8 참조) 그리스도의 원리/패턴과 동질의 것이라 할 수 있다. 바울은 이러한 이동이 그리스도인의 삶에 대한 기본적 논리를 구현하는 것이라 생각한다. 그 생각의 요지는 갈라디아서 5 : 13~14에 간결하게 잘 표현되어 있다. "형제들아 너희가 자유를 위하여 부르심을 입었으나 그러나 그 자유로 육체의 기회를 삼지 말고 오직 사랑으로 서로 종노릇하라 온 율법은 네 이웃 사랑하기를 네 몸같이 하라 하신 한 말씀에 이루었나니" 이것은 바울이 고린도전서 9장에서, 직접적인 권고의 형식은 아니지만 자신을 개인적인 예로 들어서 '강한 자들'에게 주는 것과 같은 내용의 메시지이다. 바울은 '강한 자들'이 자신의 '자기 노예화' 행동에서 그들 자신의 삶을 향한 같은 소명을 볼 수 있도록 초청하고 있는 것이다.

종종 9 : 22의 '약한 자들'이 고린도의 약한 그리스도인들을 가리키는 것일 수 없다는 주장도 있다. 바울이 그들을 '얻는다'든지 '구원한다'는 표현을 쓰고 있다는 점에 근거하기 때문이다. 여기서 바울이 불신자들을 지칭하고 있다는 생각이다. 그러나 이것은 바울이 그의 회심자들이 믿음을 고백하자마자 이미 구원을 받았다고 생각하기라도 하는 것처럼 지나치게 정확하게 구분선을 그어 놓는 것이다. 우리는 바울이 1 : 18에서 자신과 신앙 공동체의 다른 구성원들을 '구원을 **받고 있는**' 사람들로 언급하고 있음을 기억해야 할 것이다(개역성경의 번역 '구원을 얻는'도 진행형을 암시한다. 헬라 원문에서는 현재분사가 사용되어 진행형의 뜻이 분명하다-역주). 바울에게 있어서 회심은 사람의 삶이 그리스도를 닮아 다시 빚어지는 과정이며, 구원은 우리가 소망하는 종말론적 마지막이다. 우리가 이미 8장에서 살펴본 바와 같이 약한 그리스도인들은 (바울의 견해에 따르면) 그리스도로부터 떨어져 나갈 위험에 놓여 있으며, 그래서 구원을 얻지 못하고 있는 상태에 놓여 있는 것이다(또한 10 : 1~13에 있는 예화를 보라). 따라서 바울이 자신을 계속 약한 자들과 동일시하는 것은 회심자를 얻기 위한 것만이 아니라, 약한 자들이 공동체에 붙어 있는 일을 강화시키며, 그들이 구원의 길을 걷는 것을 돕기 위함이다.

복음을 위한 자기 훈련(9 : 24-27)

고린도전서 9장의 마지막 단락에서, 바울은 자기 자신을 계속 예로 들고 있으면서 처음으로 분명하게 고린도교회 교인들에게 권고를 한다. 그들은 경주에서 이기기 위해 훈련을 받는 운동선수들과 같이 되어야 한다. 그리스도인의 삶은 자기만족의 흥청망청이 아니라 궁극적 의미에서 정말 중요한 일에 초점을 맞추는("달음질하기를 향방 없는 것같이 아니하고", 26절) 기강이 잡힌 삶이다. 이 메타포는 바울의 다른 메타포들과 달리 운동선수들에게 요구되는 희생과 훈련을 잘 알고 있는 오늘날 독자들을 위해 거의 추가적 설명이 필요 없는 것 같다. 바울의 이 이미지 사용은 2년에 한 번씩 열리는 체육제전인 잇스미아 게임(Isthmian Game)에서 영감을 얻어 나온 것이다. 고린도교회 교인들은 바울의 달리기 선수, 권투 선수 등의 묘사가 익숙하고 생생하며 호소력이 있음을 발견하게 될 것이다. 바울이 운동선수의 '썩을 면류관'(25절)을 언급한 것조차 잇스미아 게임에서 주어지는 승리의 화환이 시든 셀러리로 만들어졌다는 사실에 의해 영향을 받았다(Murphy-O'Connor, *St. Paul's Corinth*, pp. 17, 101). 바울은 이렇게 말하고 있는 것이다. "만일 이 운동선수들이 그 잘난 시든 채소의 면류관을 얻기 위해 훈련을 하면서 한계에 도전하여 스스로를 밀어붙이고 있다면, 우리는 얼마나 더 불멸의 면류관을 위하여 자기 훈련을 유지해야만 하겠습니까?"

여기서 우리는 바울의 주장에 관한 맥을 놓치지 않도록 조심해야 한다. 영성 훈련을 개인주의적 방식으로 생각하는 데 빠져서는 안 된다. 바울이 '강한 자들'을 소명하여 요구하는 자기 절제는 **공동체 내에서 타인들을 염두에 두어 그들을 위해** 자신의 특권을 포기하는 훈련을 말한다. 그들은 특정 음식들에 대한 자신의 권리를 포기함으로써 자아 기강을 확립해야 했다. 그와 더불어 사회적 지위에서 오는 특권들의 일부도 스스로 포기해야 했을 것이다. 그러나 바울은 이런 정도의 희생은 그들 앞에 있는 상급과 비교해 볼 때 사실 아무것도 아니라고 말한다.

밝히 설명해야 할 필요가 있는 것이 또 한 가지 있다. 바울은 이 편지 전체를 통해 고린도교회 교인들이 몸을 격하시키는 경향을 거부한다. 현재 우리가 다루고 있는 본문도 그 점에 있어서 예외가 아니다. 바울이 자격미달의 사람이 되지 않기 위해 자신의 몸을 '처벌한다'든지 '노예로 만든다'는 말을 하고 있지만(27절), 해석자는 몸이 신령한 생활의 적이 아님을 설명해 주어야 할 것이다. 몸은 적이 아니라 오히려 신령한 생활의 **도구**로 보아야 한다. 운동 선수에 대한 메타포가 27절의 의미를 계속 관장하고 있다. 몸의 '벌'은 몸이 최대한의 효율성을 갖도록 만들기를 원하면서 이루어지는 시합을 위해서 하는 가혹할 정도로 격렬한 훈련을 가리키는 말이다. 몸을 '노예로 삼는다'는 표현도 자신을 위한 금욕적 자기 부인을 실행하라는 뜻이 아니고, 다른 사람들에 대한 봉사를 통해 하나님을 섬기는 일에 유보 없는 헌신을 하라는 의미이다(9 : 19 참조).

| 교사와 설교자를 위한 묵상 |

고린도전서 9장은 더 긴 논쟁의 한가운데에 위치한 토막이기 때문에, 이 장의 구절로 말씀을 전하는 설교자는 본문을 적절한 문맥과 배경 속에 위치시키는 데 주의를 기울여야 한다. 이를 위해서는 개정판공동성구집(Revised Common Lectionary)이 도움이 될 것이다. 이 성구집은 B연도의 주현절(主顯節, Epiphany) 후 네 번째, 다섯 번째, 그리고 여섯 번째 주일에 8 : 1~13, 9 : 16~23, 9 : 24~27을 할당한다. 그래서 설교자는 9장 본문을 바탕으로 설교할 때, '여러 사람에게 내가 여러 모양이 된 것'(9 : 22)과 스스로 기강을 잡는 자기 통제의 소명(9 : 24–27)에 대한 바울의 비전이 사랑 안에서 공동체를 세우는 일을 위한 것임을 분명히 하기 위해서 8장으로 되돌아가 반복해서 언급해야 할 것이다. (성구집의 이곳에서 서신서 본문 배당이 그대로 장·절의 순서를 따르고, 지정된 다른 본문들과 주제상 상관성을 갖도록 되어 있기 때문이다.) 안타깝게도 10 : 1~13은 C연도의 사순절 기간에 위치해 있고, 10 : 14~11 : 1은 아예 성구집에 포함되지 않고 빠져 있다. 따라서 교인들이 바울이 펴는 주장의 전체를 총괄적으로 생각하기를 원하는 설교자는 성구집을 그대로 따르는 것을 잠정적으로 포기하거나, 예배 아닌 다른 성경공부 모임을 통해 본문을 다뤄야 할 것이다.

우리는 지금 좀더 복잡한 논의 내에서 오직 한 움직임만 상고하고 있기 때문에, 대부분의 묵상은 사안의 끝 부분을 위해 유보해 두는 것이 현명할 것이다(아래 10 : 23~11 : 1에 대한 묵상을 보도록 하라). 그렇지만 우리는 9장의 결론 부분에 도달했을 때, 이미 분명하게 초점을 맞추어 드러내는 몇 가지 이슈들을 보게 된다.

1. **그리스도인 사역자들의 재정 지원** 바울은 교회가 복음을 전하는 사람들의 재정적 필요를 충당해야 된다는 점을 아주 분명하게 확인한다(4－14절). 동시에 고린도교회가 제공하는 그러한 지원을 거절한 바울 자신의 예(12b, 15－18절)는 여러 흥미로운 가능성을 제기한다. 우리는 교회사 속에서, 봉급을 받는 목사들이 '후원자들'에 의해 길들여져 더 이상 복음을 효과적으로 전할 수 없는 시점에 도달했다고 볼 수 있을까? 혹시 현대의 목사들이 고대 세계의 일부 비굴한 특정 가문 소속 철학자들처럼, 그들을 위해 필요한 것들을 공급해 주는 사람들에게 과도하게 의존적이게 된 것 아닐까? 어떤 특정 상황에서는 장막을 만들면서 자립했던 바울의 모델이 고려할 가치가 있는 대안이 될 수도 있다. 확실히 바울의 전략이 1세기 교회의 사도들과 다른 전도자들에게 필수적으로 요구되지도 않았고, 현재도 그것이 강요되어서는 안 된다. 그러나 복음을 선포하는 것이 소명인 사람이라면 누구라도 시시때때로 이런 질문을 던져야만 한다. "내가 이 일을 하도록 누가 계산을 치르고 있으며, 그것이 내 사역의 내용과 윤리적 완결성에 부여하는 함의가 무엇인가?" 또는 이렇게 물어야 할 것이다. "내가 다소 가난한 교인들에게 손해를 주면서 부유한 교인들을 위해 일하는 한 가문의 기관 목회자가 되지는 않았는가?"

2. **하향 이동성** 바울은 자신을 '약한 자들'과 동일시한다는 점을 강조함으로써 고린도 독자들에게 자신의 '가난한 자들에 대한 편향적 선호'를 선언한다. 자신의 소명을 강하고 자유로우며 교육을 많이 받은 시민처럼 행동하기보다는 스스로 낮추는 것이 필수적으로 요구되는 일로 이해한

다. 그래서 먹는 음식을 절제하고, 천하다고 여겨지는 육체 노동을 기꺼이 감당한다. 그러한 선택은 암묵적으로 볼 때 '그리스도의 율법 아래 있는 자'(21절)가 되는 일의 일부라 할 수 있다. 바울의 삶은 약한 자들을 위해 자신의 생명을 주셨던 그리스도의 생활 패턴에 응하여 그대로 순종하여 따라간다(8 : 11, 롬 5 : 6 참조). 이런 종류의 하향 이동성은 사도들의 모델로만 머무는 것이 아니다. 그리스도 안에 있는 모든 사람들은 이 길을 따르도록 소명을 받았다. 고린도전서 9장이 안일과 특권의 상황에서 살아가는 그리스도인들의 안정을 뒤흔들어 놓게끔 강력하게 발언하고 있다는 결론을 피하기는 어려울 것이다. 복음을 위하여 모든 것을 행한다는 바울의 결심(23절)을 우리가 끌어안는다는 것은 무엇을 의미할까? 그러한 자세가 우리의 모든 직업과 경제적 선택을 조각하게 만든다는 것이 뜻하는 바는 무엇일까?

3. **'권리'로부터 자유로워지기** 아마 미국의 그리스도인들에게 있어서 이 장의 가장 충격적 요소는 개인의 '권리'에 대해 의도적으로 무관심하다는 점일 것이다. 바울은 자신에게 주어진 다양한 권리들을 행사할 수 있다는 것을 전혀 부정하지 않으면서도, 오히려 다른 사람들을 위해 그 권리들을 철회하는 자유를 구사하는 예를 보여 주고 있다(19절). 봉사 안에서 진정한 그리스도인의 자유가 실천되고 있는 것이다. 반면에 무엇이든지 자신이 좋아하는 것을 행할 권리를 행사하겠다고 고집하는 고린도교회 교인들은 역설적으로 자신들의 **엑수시아**의 일정에 포로가 되었다. 그들은 형제와 자매들의 유익을 위해 행동할 자유가 없는 존재들이 된 것이다. 단도직입으로 말하자면 고린도전서 9장은 우리가 권리와 특권을 옹호하는 정치적 싸움을 하고 있는 자신을 발견한다면, 사실상 복음을 시야에서 놓쳐 버린 것임을 암시하고 있다.

4. **승리를 위한 훈련** 수년 전에 듀크 대학교 남성 농구팀이 연속하여 전국 우승을 차지했을 때, 캠퍼스에서 여러 사람들이 입고 다녀 인기를 누리던 티셔츠가 있었다. 그 전면에는 이런 글이 쓰여 있었다. "당신은 시합에 대해 떠들 수 있을 것이다. 그러나 시합을 할 수 있는가?" 그리고

등 쪽에는 학교 로고 위에 큰 글자로 이런 슬로건이 인쇄되어 있었다. "우리는 시합을 할 수 있다." 이것은 바로 바울이 24~27절에서 자신의 독자들과 자기 자신에게 던지는 도전이다. 우리가 시합을 할 수 있는가? 우리는 복음에 대해 말만 하기보다는 시합에 바로 **임하여** 승리를 거둘 수 있기 위해, 희생과 훈련의 대가를 치르도록 소명 받았다. 경쟁력을 구비한 운동선수들에게 요구되는 고도의 훈련과 기술에 대한 설명은 우리가 무엇을 필수적으로 갖추어야 하는지를 제시하는 강력한 메타포가 되고 있다. 올림픽 게임이 우리에게 계속하여 매력적인 것으로 남아 있는 이유가 바로 이런 점이다. 우리는 게임에 출전하는 선남선녀가 금메달 획득에 바치는 혼신의 노력에 매료되지 않을 수 없다. 우리가 복음에 바치는 혼신의 노력은 어떠한가? 비교적 열렬한지, 아니면 근육이 축 늘어져 의자에 앉아 있는 구경꾼의 상태에 있는지? 이런 질문을 던지지 않을 수 없다.

잇스미아 게임이 모두 개인적 경쟁이었다는 것은 참 안타까운 일이다. 왜냐하면 바울이 "오직 상 얻는 자는 하나인 줄을 너희가 알지 못하느냐?" 라고 말할 때, 그리스도인들이 서로 간에 경쟁관계에 있어야 함을 뜻한 것은 아니기 때문이다. 사실 우리가 살펴본 바와 같이 오히려 정반대의 상황을 의미하고 있다. 그들은 자신들의 개인적 자유를 다른 사람의 유익을 위해 포기함으로써, 우수함을 획득하려는 노력을 기울여야 했다. 아마 바울이 팀으로 이루어진 스포츠 게임을 알았다면, 자신이 전달하려는 포인트에 적합한 풍요로운 메타포를 그러한 단체 게임에서 얻어 낼 수 있었을 것이다. 팀에 속한 운동선수들은 승리를 위한 열정적 훈련에 팀의 성공을 위해 개별적 자아를 억제하는 일도 더해야 한다. 교사와 설교자들은 자신들의 홈 팀, 즉 개교회 교인들에게 이런 도전을 주어야 할 것이다. 우리가 시합을 할 수 있는가? 우리가 복음을 위해 스스로 기강을 잡는 훈련을 하겠다는 의지를 갖고 있는가? 또한 우리가 같은 팀의 다른 사람들을 위해 자기 절제를 실천할 수 있는가? 그러한 질문들을 던지려는 것은 바울이 고린도전서 9장에서 갖고 있는 목적이다.

우상숭배에 대한 경고(10 : 1-22)

우리가 고린도전서 10장을 읽기 시작하면서, 바울이 다루고 있는 상황이 어떤 것이었는지 돌이켜보는 것이 중요하다. 고린도교회 교인들이 보내온 편지는 사실상 우상들은 아무런 의미가 없는 것이라는 점을 깨달아 이해할 수 있도록 바울의 지원을 요청하는 내용을 담고 있었다. 일부 고린도교회 교인들은 그리스도인이 되기 전에 그랬던 것처럼 이교(異敎)의 신전에서 열리는 잔치에 계속 참여하고 있었다. 그들 생각에 이것은 단지 자신들이 속한 문화 속에서 발생하는 사회생활의 지극히 정상적인 측면 중 하나였을 뿐이다. 그들은 그러한 활동이 아무런 영적 위험을 가져오지 않는다고 주장했다. 왜냐하면 그들은 **지식**을 갖고 있다고 믿었기 때문이다. 하나님은 오직 한 분뿐이라는 지식, 그래서 자신들을 일상 종교생활의 소심한 규정과 제한으로부터 해방시키는 그런 지식이었다. 아마 이들은 세례와 성찬의 신비에 참여했기 때문에, 설사 이교도 제사에 연관된다 하더라도 아무런 해를 당하지 않는 면역 효과의 영적 축복 영역에 진입했다고 주장했을 것이다. 그들은 주님의 식탁에 동참한 사람들이 되어 안디옥의 이그나티우스가 나중에 '불멸의 치료약'이라고까지 부르게 되는 성찬의 요소를 받아먹었는데, 설사 일부 상상 속의 신을 모신 신전에 우연히 잠깐 놓여졌던 다른 음식을 먹도록 초대를 받아 그것을 친절하게 받아들였다 한들 그것이 무슨 큰 차이를 가져오겠냐는 것이었다.

이런 상황에 대해 바울이 8장에서 보여 준 첫 번째 반응은 공동체 내의 약한 신자들이 강한 자들의 예를 따라 미혹을 받아 다시 우상숭배에 빠져들면 어떻게 하느냐는 우려의 제기였다. 강한 자들의 **지식**이 약한 자들의 영적 폐해가 될 수 있다는 것이었다. 그래서 9장은 간접적으로 강한 자들이 바울의 예를 따라 다른 사람들을 위해 자신들의 권리를 포기해 줄 것을 요구한다. 우상에게 드려졌던 제물을 먹는 것에 앞서 생각해야 할 일이었다. 그러나 10장에서 논의가 새로운 전환을 맞는다. 이제 바울은 우상의 면전에서 음식 먹는 일을 금해야 하는 강력한 이유가 하나 더 있다고 강변한다. 이러한 신전 잔치에 참석하는 고린도교회 교인들은 약한 자들을 위험하게 만들 뿐 아니라, 스스로를 영적 위험에 밀어넣고 있다는 것이다. 이들은 가볍게 생각하여 우상숭배적인 행위에 동참함으로써 그리스도를 시험하며(9절) 주님을 노엽게 만든다(22절). 그러한 행동이 위험한 바보짓이라는 것은 광야에서 있었던 이스라엘 이야기가 잘 예증하여 보여 주고 있다(1-11절). 이 이야기는 10 : 14에서 강조하여 경계한 것의 근거가 된다. "우상숭배하는 일을 피하라."

바울의 이스라엘 스토리 사용은 그의 주장을 펴는 데 있어서 결정적으로 중요하다. 우리와 관계를 가지시는 하나님은 우리를 다신론의 미신으로부터 자유롭게 만들어 주는, 추상적인 원리에 지나지 않는 분이 아니시다. 우리가 관계하고 있는 하나님은 이스라엘의 하나님, 우상숭배를 엄하게 정죄하시며, 그러한 일에 뛰어들어 첨벙거리는 사람들을 벌주시는 질투하시는 하나님이시다. 아무런 해를 받지 않을 것이라고 생각하여 신전들을 찾아 쉽게 이리저리 돌아다니던 고린도교회 교인들은 사실 스스로를 파멸로 끌어들이고 있는 것이다.

이것은 바울의 주장이 전개되는 좀더 광범위한 논의의 틀이다. 이제 좀더 자세하게 10 : 1~22의 내용을 살펴보도록 하자.

그는 바울이 광야에서의 이스라엘 이야기를 다시 이야기하기 시작할 때, 광야에서의 이스라엘 백성들을 '우리의 아버지들'(1절, our fathers, NRSV의 '조상들'은 포괄적으로 이해하기 위한 번역이다.)이라 부른다. 바울이 지배적으로 이방인들인 이스라엘의 육신의 후손이 아닌 고린도교회 교인들에게 보내는 편지에서, 이스라엘 백성들을 이렇게 묘사하는 것은 다소 어색해 보인다. 그러나 이러한 바울의 용어는 교회의 본질에 대한 그의 이해에 있어 필수적인 진리를 노출시켜 주고 있다. 바울은 그의 이방인 회심자들이 이스라엘에 소속되는 방식으로(갈 6 : 16 참조) 언약 백성 속으로 접목되었다고 믿는다(롬 11 : 17-24 참조). 따라서 이방인인 고린도교회 교인들이지만 이스라엘의 스토리가 그들에게 아무 상관없는 남의 이야기는 아니다. 그것은 그들의 정통 영적 조상의 이야기이다.

고린도교회 교인들이 과연 이런 방식으로 자신들을 생각했는지는 모르겠다. 그러나 바울은 그들을 이런 용어들로 가르치려 했을 것이다. "형제들아 너희가 알지 못하기를 내가 원치 아니하노니……."

그 연계성은 바울이 1~4절에서 스케치한 대담한 메타포적 연결에 의해 강화된다. 고린도교회 교인들이 그리스도 속으로 세례를 받아 이교도적 과거를 떠났듯이, 이스라엘 백성들은 애굽을 떠난 뒤 모세에게 속하여 구름과(출 13 : 12－22, 시 78 : 14, 105 : 39) 바다에서(출 14 : 21－22, 시 78 : 13) 세례를 받았다." 여기서 구름과 바다는 그리스도인들의 세례에서 각각 성령과 물에 연결된다. 고린도교회 교인들이 영적인 음식을 받고 주의 만찬에서 같이 마시듯이(**디다케** 10.3 참조), 이스라엘 백성들은 광야에서 영적인 음식과 음료를 공급받았다. 만나(출 16 : 1－36, 시 78 : 23－29)와 바위에서 나온 물(출 17 : 1－16, 민 20 : 2－13, 시 78 : 15－16)이 그것들이다. 바울은 양자의 연결을 완성하기 위해, 그리스도께서 이스라엘의 광야생활에서 같이 계셨다는 제안을 하기에까지 이른다. 그들이 물을 마신 반석은 '그리스도'시다(4절). 따라서 모든 점에 있어 이스라엘은 하나님의 은혜와 임재를 누렸다고 볼 수 있다.

해석자들은 구약성경 자체가 이 사건들을 성례전의 상징으로 해석한다거나, 바울 이전의 유대 전통이 이 사건들을 상징적으로 미래에 있게 될 실재의 전조로 취급했다고 생각하는 실수를 범해서는 안 된다. 예를 들어 "모세에게 속하여…… 세례를 받는다."는 표현은 유대 자료의 어디에서도 찾아볼 수 없다. 바울이 기독교적 용어에 기초하여 그 절구를 만들어 낸 것이다. 바울은 서로 다른 두 실체 사이에 조명되는 유사성을 감지하면서, 메타포에 입각한 사고를 하고 있다. 이 메타포들의 단언적(斷言的) 성격의 비중은 상대적으로 낮다. 이것을 역사적 주장이나 교리 선언으로 취급하려고 너무 압박을 가해서는 안 될 것이다. 예를 들어 이스라엘이 **실제로** '성례전'을 가졌다고 주장하면, 어리석은 문자주의에 빠지는 것이다. 바울은 단지 교회 경험의 렌즈를 통해, 이스라엘의 이야기를 읽으면서 하나님 은혜의 상징을 발견하고 있을 뿐이다.

"반석은 곧 그리스도시라."는 말에도 같은 원리가 적용되어야 한다. 바위나 우물이 광야를 통과하는 여정 중에 이스라엘을 따랐다는 전설은 랍비 문헌에서 광범위하게 추적되고 있다. 바울은 그런 식의 성서 이야기 확장과 꾸밈 중 가장 초기의 증거가 되고 있다. 그러나 '저희를 따르는 신령한 반석'이라고 언급하는 즉각적 방식을 감안할 때, 이 전통은(1세기 슈도 필로〈Pseudo–Philo〉의 「성서고대사」〈*Biblical Antiquities*〉에서도 발견된다.) 이미 바울의 글을 읽는 사람들에게 익숙해져 있었다고 보아야 한다. 또한 바울시대 이전에 이미 광야의 이스라엘을 위한 물의 공급이 신성한 지혜의 일인 것으로 보는 증거가 있다(「솔로몬의 지혜서」 11 : 4). 바울과 가까운 동시대 인물로서 알렉산드리아에서 살았던 필로도 바위를 하나님의 지혜와 동일시했다. "왜냐하면 그 단단한 반석이 하나님의 지혜(**헤 소피아 투 쎄우**〈*hē sophia tou theou*〉)이기 때문이다. 하나님께서는 이 지혜를 자신의 권능으로부터 가장 높고 중요한 것으로 표시해 두셨으며, 이를 통해 하나님을 사랑하는 목마른 영혼들을 해갈시키셨다"(*Leg. All.* 2.86). 이런 생각들이 떠다녔음을 고려할 때, 바울이 반석을 은유적으로 그리스도와 동일시하는 생각을 갖게 되었으리라는 것을 보는 것은 그다지 어렵지 않다. 왜냐하면 신성한 지혜의 속성을 그리스도께 전가하는 일은 이미 초기 그리스도교에서 흔히 볼 수 있었던 해석 관행이었기 때문이다(고전 1 : 30 참조). 바울이 그리스도를 반석과 동일시하게끔 영향을 미친 또 하나의 변인은 신명기 32장의 히브리어 원문이다. 신명기 32장은 이 장에서 바울의 생각에 핵심이 되는 구절인데(아래 20절과 22절에 대한 주해를 참고할 것), 반복해서 하나님께 '반석'이라는 호칭을 붙이고 있다(신 32 : 4, 15, 18, 30, 31). 아마 바울은 이 본문을 그리스도인의 렌즈로 다시 읽으면서, 여기에 숨겨진 기독론적 언급이 있다고 생각했을 것이다. 어쨌든 필로에게서 같은 내용을 보면서 그러한 독해가 바울시대의 헬라적 유대교에서 가능했으며, 또한 동시에 그러한 용어들이 분명히 비유적이었음을 알 수 있다. 마치 그리스도가 화성암인지, 변성암인지, 아니면 수성암인지를 확인하려고 진지하게 노력하듯이, 은유적 동일시를 너무 문자적인 것으로 몰고 가서는 안 된다.

본문의 1~4절에서 중요한 점은 고린도교회 교인들에게 그 유산을 물려준 이스라엘이 하나님의 은총과 돌보심의 능력에 대한 강력한 영적 사인을 체험했다는 사실이다. 바울의 이야기의 요약은 이 사인이 모든 이스라엘 백성들에게 주어졌다는 사실에서 하이라이트를 이룬다. '다'(all)라는 단어가 이 구절에서 다섯 번이나 나온다(헬라 원문에서는 단 한 문장을 구성한다). **모두 다** '세례'를 받았고, **모두 다** 신령한 음식과 음료를 즐겼다. 그러나 이러한 은혜의 사인들에도 불구하고 "저희의 **다수를** 하나님이 기뻐하지 아니하신 고로 저희가 광야에서 멸망을 받았느니라"(5절). '타격을 받아 넘어지다'(struck down)라는 동사는 사막의 모래 더미에 흩뿌려진 이스라엘 백성의 생생하고 끔찍한 시신에 대한 이미지를 전달해 주고 있다(NEB를 참고하라). 바울은 이렇게 정신이 바짝 들게 만드는 어조로 이스라엘 이야기의 설교적 적용을 고린도교회 교인들의 상황에 맞추어 발전시키기 시작한다. 바울은 그들이 영적 축복을 받았다는 이유 하나만으로 하나님의 심판을 면제받았다고 단정짓지 말라고 말한다.

바울은 본문의 6절과 11절에서 스토리를 이렇게 읽는 해석상의 근거를 상술한다. "이런 일들(출애굽의 사건들)은 우리의 유형(**튀포이**〈*typoi*〉)이 되어 우리가 그들처럼 악을 갈망하지 않게 하려는 것입니다"(6절, 저자의 번역). **튀포이**란 단어는 종종 넓은 의미의 해석적 방식에 의해 '경고'(warnings)로 번역된다. 그러나 그 어근상의 의미는 '주형'(鑄型, mold) 또는 '패턴'(pattern)을 가리킨다(롬 5 : 14 참조, 아담은 그리스도의 **튀포스**〈*typos*〉이다). 성서상의 사건들은 바울과 그의 그리스도인 독자들이 현재의 자신을 발견하는 상황의 사전 형상(prefigurations)으로 발생했다고 주장하고 있는 것이다. 확실히 본문 6~12절에서 그의 요지는 고린도교회 교인들이 일치하는 요소가 있는 이 경종의 패턴에서 경고를 받아야 한다는 것이다. 이것은 11절에서 다시 반복된다. "저희에게 당한 이런 일이 거울이 되고(**튀피코스**〈*typikōs*〉, 글자 뜻 그대로를 취하면 '유형론으로'〈typologically〉가 된다.) 또한 말세를 만난 우리의 경계로 기록하였느니라." 이스라엘 백성들의 오만한 우상숭배와 뒤이어 하나님께서 그들에게 부과한 무서운 형벌은 실질적으로 현재 시간 속에 위치한 고린도교회의 위험 상황에 대해 전조 구실을 한다. 볼 수 있는 눈을 가진 사람이라면 누구라도 적절한 교훈을 받아야만 한다.

바울은 성경을 읽을 때, 그 이야기와 예언들이 모두 자신의 시대를 가리키고 있다는 확신을 지니고 있었다. 교회는 과거 하나님께서 이스라엘과 세상을 다루시던 모든 일들이 그 절정에 도달하는 환희의 순간 속에 살고 있는 것이다. 바울이 '말세를 만난'(두 단어가 모두 복수인 것을 주목하라. 직역하면 '시대들의 끝들이 만난'임－역주) 우리라고 말할 때 '말세'는 옛 시대와 새 시대 사이의 종말론적 충돌점을 가리키고 있는 것이다. 충돌의 지점은 정확하게 '우리'이다. 교회는 밝은 새 빛이 과거의 모든 것, 특히 성경 안에 있는 모든 것에 비추는 결정적 순간에 서 있다. 바울은 구약성경의 이야기를 그리스도 안에서 이루어진 새로운 종말론적 상황의 특권적 관점에서 다시 읽어, 그 이야기들이 직접적이면서도 호소력 넘치는 방법으로 자신과 자신의 교회에 대해 이야기하고 있음을 발견한다. 그래서 하나님께서 이 과거의 사건들을 '우리의 경계'를 위해 정렬해 놓으셨다는 결론을 내린다. (바울의 해석 전략에 대한 더 깊은 논의를 위해서는 리처드 헤이스의 *Echoes*를 읽도록 하라.)

다음으로 광야 스토리가 고린도교회 교인들을 교훈하는 방법이 어떠해야 되는지가 여러 차례에 걸친 신명기 이야기에 대한 언급과 함께 공개적으로 명시된다. 바울은 이미 6절에서 성경 이야기의 목적이 "우리로 하여금 저희가 악을 즐겨한(*epethymēsan*) 것같이 즐겨하는 자(*epithymētas*)가 되지 않게 하려 함."이라고 설명했다. 여기서 '탐욕'('즐겨함'으로 번역된 원어의 의미－역주)에 대한 강조는 이스라엘 백성들이 **고기**를 탐하다가(민 11 : 4) 하나님의 분노를 불러일으켜 '심히 큰 재앙'이(민 11 : 33) 그들에게 임하게 만들었던 민수기 11장을 암시한다. 비록 그 연결은 논의의 암묵적 수준에 머물고 있지만, 민수기 11장의 반향은 우상에게 드려졌던 고기 먹기를 탐하는 저 고린도교회 교인들에게 암울한 전조처럼 들리게 되어 있었다. 바울은 7~10절에서 독자들에게 구체적으로 네 가지 범죄를 직접 가리키면서 이스라엘의 실수를 되풀이하지 말 것을 권면한다. 각 경우마다 이 죄악들이 모든 이스라엘 백성들이 아니라 '그들 중 일부'에 의해('저희 중에 어떤 이들이') 저질러졌다는 점을 조심스럽게 주지시킨다. 네 번에 걸쳐 이 구절을 반복한 것은 1~4절에서 하나님의 은혜로우심이 **모든** 이스라엘 백성들에게 임했음을 강조한 것과 대조적인 위치에 놓여 있다. **다** 하나님께로부터 좋은 것들을 받았다. 그러나 **저희 중에 어떤 이들이** 하나님을 무시하다가 멸망을 당했다.

이 네 가지 권면 중 첫 번째 것은 단락 전체의 핵심이 되는 주제를 목표물로 삼는다. "너희는 우상숭배하는 자가 되지 말라"(7a절). 광야 세대가 저지른 큰 죄는 금송아지의 숭배였다. 이 일은 하나님께서 그들을 권능으로 애굽의 노예생활에서 구출해 내는 역사를 체험하고 난 뒤에 발생했다. 이 이야기는 그리스도인들이 우상숭배에 연루되어서는 안 된다는 바울의 주장을 위한 현저하게 뚜렷한 유추를 제공해 주고 있다. 금송아지 이야기에 대한 바울의 언급은 이 단원에서는 유일하게 공식적인 성서 인용 구절을 수반한다. "기록된 바 백성이 앉아서 먹고 마시며 일어나서 뛰논다 함과 같으니라"(7b절, 출 32 : 6의 인용). 이 간단한 출애굽기 32장의 인용 발췌가 노골적으로 우상숭배를 언급하지는 않는다. 그러나 그 출처를 알아채는 독자에게는 강력한 연상작용을 불러일으킬 것이다. 이 인용문은 백성들이 제물을 아론이 만든 금송아지에게 바치는 이야기 바로 뒤에 이어지는 사건이다. 출애굽기 32장의 배경에서 볼 때 동사 '논다'(play)는 송아지숭배를 둘러싼 향연과 춤을 가리킨다. 어떤 주석가들은 성적으로 부도덕한 행위를 암시하는 것으로 본다(고전 10 : 8 참조). 유대의 전통은 종종 우상숭배를 간음에 연계시킨다.

바울이 출애굽기에서 이 구절을 골라낸 것은 의심할 바 없이 여기서 언급하는 먹고 마시기가 고린도전서 10장에서의 권면 주제를 강화시켜 주기 때문이다. 바울의 논의 안에는 인용문 전반부("백성이 앉아서 먹고 마시며")의 기능을 이해하는 두 가지 방법이 있다. 먹는 것과 마시는 것은 이스라엘 백성이 하나님께서 공급해 주신 신령한 음식과 음료를 먹고 마시는 일을 가리키는 것일 수 있다(1-4절). 그 경우 7절의 요점은 그들의 경악스러운 배은망덕을 강조하는 것이 될 수 있다. "그들은 하나님께서 공급하시는 신령한 음식을 먹고 마셨음에도 불구하고 우상숭배의 죄를 범하기 위해 일어났다." 이렇게 해석할 때 갖는 이점(利點)은 우리로 하여금 1~12절 전체가 이 한 인용문에 맞아떨어지는 것을 볼 수 있게 해 준다는 데 있다. 반면에 7절의 먹고 마시는 것이 하나님께서 주신 음식과 음료가 아니고, 우상의 면전에서 벌어진 잔치를 가리키는 것일 수도 있다. 그 경우 7절의 요지는 우상의 잔치에 참석하는 일이 결국 또다른 부도덕한 행위로 이어진다는 점을 강조하는 데 있게 될 것이다. "그들은 금송아지 앞에서 먹고 마셨으며, 일어나서 또다른 범죄를 하나님 앞에서 저질렀다." 이 두 번째 해석이 지니고 있는 두 가지 주요 장점이 있다. 이렇게 해석을 할 경우 출애굽기 32장에 있는 해당 문장의 문맥상 의미와 잘 어울리게 된다(첫 번째 해석은 그렇지가 못함). 또한 바울이 고린도전서 10 : 1~22에서 다루고 있는 문제에 직접적으로 연관된다. 즉, 이교도의 신전에서 제물로 드려졌던 고기를 먹는 일과 직접적 연계를 갖는다는 말이다. 이런 모든 것을 참작할 때 두 번째 독해가 선호된다. 바울은 출애굽기 32 : 6을 인용함으로써 신전의 음식을 '먹는 행위'를 이스라엘 백성에게 하나님의 진노를 가져왔던 우상숭배의 행위와 절묘하게 동일시하고 있는 것이다.

두 번째 권면(8절) 또한 직접적으로 고린도교회 교인들의 잘못된 행실을 겨냥한다. 우리가 이미 살펴본 바와 같이 '성적 부도덕'은 바울이 그들에게 편지를 쓰면서 염두에 두고 있는 주요 염려 사항이다(5 : 1-13, 6 : 12-20, 7 : 2-5). 이 경우 바울은 민수기 25 : 1~9의 선례(先例)에서 주어진 경고를 암시하고 있다. 이 구절의 시작 부분은 음란행위와 우상숭배관계의 전통적 연계의 예를 제시하면서, 동시에 그것이 우상의 면전에서 음식을 먹는 문제에 대해 지닌 적합성을 잘 보여 주고 있다. "이스라엘이 싯딤에 머물러 있더니 그 백성이 모압 여자들과 음행하기를 시작하니라 **그**

여자들이 그 신들에게 제사할 때에 백성을 청하매 백성이 먹고 그들의 신들에게 절하므로 이스라엘이 바알브올에게 부속된지라 여호와께서 이스라엘에게 진노하시니라"(민 25 : 1-3, 강조는 저자의 것). 본문의 「70인역」(헬라어 구약성경-역주)이 2절을 번역한 것을 보면, 이 구절의 바울이 하는 염려와 갖는 연관성이 더욱 현저하게 드러난다. 「70인역」은 '신들' 대신에 '우상들'이라는 단어를 사용했다. 더구나 "사람들이 그들의 **희생제물**을 먹었다."고 말하고 있다. 싯딤의 이스라엘 백성들은 현재 고린도교회 교인들이 자신들의 '권리'를 행사한답시고 하고 있는 것과 똑같은 짓을 저지르고 있다. 그러한 행위에 대한 주님의 분노는 24,000명의 백성을 죽게 만든 무시무시한 역병을 가져왔다(민 25 : 9). (바울이 언급한 숫자 23,000명은 주석가들에게 오랫동안 수수께끼였다. 이 이야기를 기억을 통해 재생하여 암시하면서 정확하지 않은 숫자를 댄 것으로 보아야 할 것이다. 숫자의 정확성은 그가 여기서 말하고자 하는 요지에 있어 중요한 것이 아니다.)

세 번째 권고(9절)는 민수기 21 : 4~9의 이야기를 암시하고 있다. 여기서 우상숭배에 대한 직접적인 언급은 없지만, 또다시 음식이 이슈가 되고 있다. 여기서 지적된 죄는 주로 하나님께 불평을 한 죄로 보인다. "백성이 하나님과 모세를 향하여 원망하되 어찌하여 우리를 애굽에서 인도하여 올려서 이 광야에서 죽게 하는고 이곳에는 식물도 없고 물도 없도다 우리 마음이 이 박한 식물을 싫어하노라 하매"(민 21 : 5). 이번에는 형벌이 독사의 모양을 갖는다. 시편 78 : 18은 바울의 이야기 해석에 연계를 제공한다. 음식에 대한 갈망으로 하나님을 시험한 백성들을 언급하고 있기 때문이다. "저희가 저희 탐욕대로 식물을 구하여 그 심중에 하나님을 시험하였으며" 그러나 왜 바울은 "우리는 그들 중 일부가 그랬던 것처럼 **그리스도**를 시험하지 말아야 합니다"(고전 10 : 9, NRSV, 개역성경은 '주'로 되어 있음-역주)라고 말하는 것일까?(NIV는 다른 헬라 사본을 택하여 "**주를** 시험하다."로 적고 있다. 그러나 NRSV가 채택한 독해가 확실히 더 어렵기 때문에 그것이 원문일 가능성이 높다.) 이와 같이 표현을 이상하게 바꾸어 놓은 것에 대한 가장 그럴듯한 설명은 바울이 그의 시점에서 주로 고린도교회 교인들의 행동을 생각하고 있었다는 것이다. 고린도교회 교인들은 이교도 신전에 가서 우상의 음식에 참여함으로써 **그리스도**를 시험하고 있었던 것이다. 바로 이 점이야말로 바울이 해서는 안 된다고 역설하여 주장하고 있는 점이다. 이미 7절과 8절에서 자리 잡은 "저희 중에 어떤 이들이 ……하였나니"로 진행되는 공식적 문구는 수사학적 병행 표현을 위해 이 절에서도 반복된다. 엄격히 말해서 광야의 이스라엘 백성들이 그리스도를 시험한 것은 아니었지만, 반복적 병행 표현을 통해 그것과 같은 효과를 갖는 느낌을 전달해 준다(그렇지만 10 : 4을 참고할 것).

이 시리즈의 마지막 권면(10절)은 구약 특정 본문에 연결시키기가 가장 어려운 것이며, 우리가 알고 있는 고린도교회 교인의 어떤 행위에 연관시키기 또한 가장 어려운 경우이다. 최선의 짐작은 바울이 민수기 14장에서 이스라엘 백성들이 모세와 아론에게 불만을 토로하며 애굽으로 돌아가고 싶어하는 이야기이다(민 14 : 2−4). 여기에도 '멸망시키는 자'에 대한 언급은 없다(고전 10 : 10, 출 12 : 23 참조). 그러나 이 단락은 이스라엘의 현 세대에 속한 자들이 여호수아와 갈렙만 제외하고 모두 약속의 땅에 들어가지 못하고 광야에서 죽게 되리라는 하나님의 확정적 선언으로 끝을 맺는다(민 14 : 28−38). 이 형벌은 바로 그들의 '원망' 때문에 선언되었다. 하나님께서는 14 : 27에서 모세와 아론에게 말씀하신다. "나를 원망하는 이 악한 회중을 내가 어느 때까지 참으랴 이스라엘 자손이 나를 향하여 원망하는 바 그 원망하는 말을 내가 들었노라" 이것이 고린도교회의 문제들과 어떻게 연관되어 있는가? 아마 바울은 고린도교회 교인들이 자신에 대해 불평을 늘어놓는 것을 이스라엘 백성이 모세에게 대항하여 원망하던 일에 비교하여 유추했던 것 같다. 만일 고린도교회 교인들이 바울에게 보냈던 편지가 바울이 우상 제물을 먹는 일에 대해 움츠러드는 '약한' 정책을 취하는 것을 놓고 불만을 표시한 것이라면, 이 10절의 권고는 우상의 고기 문제에 적합성을 지닌 것이 될 수 있다. 아니면 그 내용이 불순종하는 백성들에 대한 하나님의 심판을 가장 포괄적으로 대표하고 있기 때문에, 10절의 권면으로 결론을 내린 것일 수도 있다. 여기서 심판을 받은 사람들은 몇 천 명 정도가 아니라 민족 전체였다. 바울의 마지막 예화가 고린도교회에서의 논란에 구체적으로 연관되어 있는지, 단순하게 광야 이야기에 기초하여 일반적인 교훈의 언급을 하고 있는지에 대해서는 확실하게 양자택일의 결론을 내릴 수 있을 만큼 충분한 정보가 없다.

어떤 경우이든지 간에 바울이 모세오경으로부터 여러 가지 예들을 누적함으로써, 하나님을 소홀하게 생각해서는 안 된다는 점을 강조하여 보여 주었다. 우상숭배로 장난을 하고 우상의 맛이 밴 음식을 '탐욕'함으로써 하나님의 권위를 무시하는 사람들은 비극적인 종말을 겪게 될 것이다. 이 이야기들을 통해 전달하려는 정신은 12절에서 예방적 차원으로 언급된다. "그런즉 선 줄로 생각하는 자는 넘어질까 조심하라" 고린도의 **그노시스** 자랑꾼들은 자신들의 **엑수시아**, 즉 이교 신전과 연관되어 있는 유혹이나 위험을 이겨 낼 수 있는 자신들의 권한과 능력에 대해 자부심을 갖고 있었다. 그러나 바울은 그들이 콧대가 높아서는 안 된다고 엄하게 경고한다. 마찬가지로 '우리 조상들'에게 임했던 암울한 운명의 심판이 그들을 기다리고 있을 수 있다. 이러한 사고 흐름의 종국적 결론은 14절의 강조된 선언에서 나타난다. "그런즉 내 사랑하는 자들아 우상숭배하는 일을 피하라." 우리는 '피하라'는 이 동사를 고린도전서의 앞부분에서 한 번 본 적이 있다. "음행을 피하라"(6 : 18a, NRSV는 flee 대신에 shun을 사용하여 번역함으로써 표현을 약하게 만들었다). 고린도교회 교인들의 신전 잔치에 참여하고 싶어하는 갈망에 대한 바울의 판단은 그들이 매춘의 집에 들락거리고 싶어하는 갈망을 정죄하던 것만큼이나 타협이 필요 없을 정도로 분명하다. 유대 전통에서 이 두 가지 행위는 긴밀하게 연결되어 있고, 또한 바울이 이 둘을 모두 배격하기 위해 사용하는 수사학에서도 그러하다. 이런 행동들은 공동체를 하나님의 심판 아래 놓이게 만들 수 있다.

그러나 10 : 13은 이 논의에서 어떤 위치를 차지하고 있을까? 그것은 어떻게 보면 엄한 경고로 가득 차 있는 단원(1–22절) 한가운데 재확신의 말로 홀로 어색하게 자리를 잡고 앉아 있다. 하나님께서 우리에게 있도록 허락하시는 '시험'(13절)과 우리가 하나님을 '시험'하는 일(9절)에 연관되어 있는, 전혀 다른 성격의 위험을 바울이 대조하고 있다는 것이 가장 적절한 설명이 될 수 있을 것이다. 하나님께서는 모든 육신에게 닥치는 시련에 사로잡히는 사람들을 위해 빠져나갈 길을 제공해 주신다. 그러나 우상숭배에 동참함으로써 스스로를 위험에 빠지게 만든 사람들은 전혀 다른 입장에 처하게 되며, 그래서 안전이나 구원의 보장이 되어 있는 것으로 단정해서는 안 된다. 불난 집에서 뛰쳐나와야 하는 것처럼 우상숭배로부터 도망쳐 '피해야' 하는 이유가 여기에 있다. 따라서 하나님께서 당신의 백성들에게 보여 주시는 신실함을 확증하는 일반적 금언처럼 보이는 재확신의 말씀인 13절은 바울이 우상숭배를 금지하는 전체 맥락의 일환으로 사용되었다.

종종 10 : 14~22은 분리된 별도의 일화로 취급된다. 그러나 그렇게 생각해서는 안 된다. 사실상 광야 이야기의 직접적이고 실천적인 의미를 계속 도출해 내기 때문이다. 바울은 고린도교회 교인들에게 우상숭배를 피하라고 강력하게 소명한 뒤에, 15절에서 다소 어조를 바꾼다. 그러나 여전히 같은 주장을 압박하여 펼쳐 나간다. 이제 그는 자신이 제시하고 있는 경우에 대한 판단을 내리기 위해 고린도교회 교인들을 '지혜 있는 자'(sensible people ; **프로니모이**〈*phronimoi*〉)로 부르면서 그들에게 호소한다(15절). 그러나 이 명백하게 직설적인 호소에도 아이러니의 기미가 있다. 여기서 사용된 형용사 '지혜 있는 자'는 아마 고린도교회 교인들이 좋아하는 자기 묘사들 중 하나였을 것이다. 증거가 될 수 있는 것으로 바울이 고린도전서에서 이 단어를 사용하는 유일한 다른 장소들을 주목해 볼 필요가 있다. 이곳에서 바울은 비아냥조로 그들의 '지혜'를 자신의 미련함에 대조시키고 있다(4 : 10, 좀더 신랄한 경우로 고린도후서 11 : 19을 참고하라). 이 구절들을 제외하고 바울이 이 단어를 사용하는 다른 곳에서는 아예 조롱조의 분위기를 띤다(롬 11 : 25, 12 : 16). 짐작컨대 '지식 있는' 고린도교회 교인들은 바울에게 보낸 편지에서 신전의 음식을 공유하는 일에 대한 자신들의 자유주의적 정책을 그러한 식사를 금하려고 하는 약한 자들의 신경질적이면서 종파적인 극단주의와 대조하여 현실적 입장을 취하면서 '지혜 있는' 것으로 서술했던 것으로 보인다. 바울은 이 용어를 아이러니하게 그들을 되돌려 치는 데 다시 사용한다. 그들이 정말 '지혜'가 있다면, 16~21절에서 펼쳐지는 논의를 이해하여 믿게 되리라는 것이다.

이 논의는 비교를 위해 세 가지 종류의 식사를 끄집어낸다. 주의 만찬(16－17절), 희생제사와 연관된 유대인의 식사(18절), 그리고 이교 신의 식탁에서 주어지는 식사(19－21절)가 그 세 가지이다. 이 세 가지에 공통점이 있다. 이 모든 식사가 모든 참석자들 사이에, 그리고 참석자들과 식사에서 존귀를 입는 신 사이에 **코이노니아**(교제)를 만들어 낸다는 것이다. 바울은 그러한 제의(祭儀) 식사의 일반적 해석으로 이런 관점을 취한다. 일단 요지가 주어지면 바울의 논쟁은 거의 논박할 수가 없다. 배타적 충성을 요구하는 하나님은 다른 신들이나 권력과의 연대를 설정하는 제의 식사를 용납하지 않으려 하실 것이다.

바울은 우선 주의 만찬을 논의함으로써 그의 독자들과 공유하고 있는 공동의 기반 위에서 시작한다(16－17절). 이 구절에서 사용된 단어와 문장이 실제로 축전에서 사용된 제의적 용어들을 대표한다고 생각할 이유는 없다. 바울이 고린도교회 교인들 예배의 이러한 측면에 대해 지시를 하는 것도 아니고(11 : 17－34 참조), 그러한 축전에서 진행되는 일들의 순서를 기술하고 있는 것도 아니다. 그보다는 오히려 이 식사의 공유된 해석에서 출발하여 신전 식사에 대해 자신이 말하려는 요지로 이행하는 논의를 위해, 주의 만찬의 의미에 대한 전제들을 언급하고 있는 것이다. 따라서 그가 16절의 떡 이전에 잔을 언급한다는 사실에(**디다케** 9.1－4에서도 역시 그러한 것처럼) 특별한 의미가 있는 것은 아니다. 우리는 11 : 23~26로부터 바울이 갖고 있는 주의 만찬 전승의 형태가 떡을 앞에 위치시킨다는 것을 알게 된다. 그가 16절에서 성찬 요소의 순서를 뒤집어 놓은 것은 17절에서 떡을 떼는 일의 중요성에 대해 상술하길 원했기 때문일 뿐이다.

본문의 16절에서 그리스도의 피와 몸을 함께 나누는 것을 언급함은 식사에서 그리스도를 신비 가운데 섭취하는 것과는 아무런 상관이 없다. 그보다 바울은 만찬에 참여하는 사람들이 음식을 공유함으로써 그리스도와 동반의 관계 또는 언약의 관계에 들어가게 된다는 점을 의미하려 했다(11 : 25). (이 이슈에 대한 포괄적인 연구를 위해서는 Willis를 참고하라.) 고린도교회 교인들은 바울의 어구 표현에서 아무런 놀랄 만한 것을 발견하지 못했을 것이다. 그는 흔히 이해되는 바를 되풀이하고 있었다. 아마 전통적인 표현을 그대로 사용했을 것이다. 그러나 바울은 다음 절에서 첫 번째 요지의 추론을 강조한다. 공동체의 모든 구성원들이 한 떡을 먹음으로써 그리스도와의 언약관계에 함께 들어갔기 때문에, 그들은 실제로 한 몸이 되었다. 성찬의 축전은 그리스도와의 **코이노니아**를 창조할 뿐 아니라 공동체 내의 일치를 만들어 내기도 한다. 엄격하게 말해서 이 점이 16~21절의 사고 흐름에 밀접한 관계를 갖는 것은 아니다. 그러나 이 사실은 바울이 뒤이어 그의 독자들에게 호소하는, 교회 내에서 다른 사람들을 위하는 행동을 하라는 권고를 위해 길을 열어 준다(10 : 23-24, 10 : 31-11 : 1). 우리가 이때까지 편지를 통해 보아 왔듯이, 여기서 다시 공동체의 일치와 평화에 대한 바울의 관심은 그의 권면의 바탕이 되고 있다.

바울은 18절에서 간략하게 이스라엘의 희생제물 관행을 암시하여 지적한다. 제사장들이 희생제물의 고기를 먹을 뿐 아니라(9 : 13, 레 7 : 6), 모든 사람들이 희생제물의 식사에 동참하여 '제단의 동반자'(**코이노노이** 〈*koinōnoi*〉)가 된다(Philo, *Spec. Leg.* 1.221 참조). 아마 바울은 신명기 14 : 22~26에 있는 십일조 예물의 규정을 생각하고 있었을 것이다.

> 네 하나님 여호와 앞 곧 여호와께서 그 이름을 두시려고 택하신 곳에서 네 곡식과 포도주와 기름의 십일조를 먹으며 또 네 우양의 처음 난 것을 먹고 네 하나님 여호와 경외하기를 항상 배울 것이니라 …… 거기 네 하나님 여호와의 앞에서 너와 네 권속이 함께 먹고 즐거워할 것이며…… (신 14 : 23, 26b).

이 예를 통해 볼 때 바울은 식사를 통해 효과가 발생하는 어떤 신비한 연합에 대해 생각하고 있는 것이 아님을 알 수 있다. 구약성경에서는 이런 식의 신비한 연합의 개념이 생소한 것이다. 그러나 이 식사는 하나님과 백성들 사이의 언약관계에 대한 사인으로서, 또한 백성들을 함께 묶어 주는 언약관계의 사인으로서 '주 앞에서' 이루어진다. 이 점과 관련해서 요세푸스가 유대의 희생제사에 대해 주석을 하고 있는 내용이 흥미 있다.

> 우리의 희생제사는 술에 취한 방탕함의 경우가 아니다. 이런 행동은 하나님께서 미워하신다. 맑은 정신으로 치른다. 이런 희생제사에서는 공동체의 복지(**소테리아**〈*sōtēria*〉)를 위한 기도가 우리 자신을 위한 기도보다 앞선다. 왜냐하면 우리는 교제(**코이노니아**)를 위해 태어났기 때문이다. 그래서 자신의 사적인 이해관계를 넘어서는 주장을 하는 사람을 특별히 하나님께서 더 잘 받아 주신다(**케카리스메노스**〈*kecharismenos*〉, '은혜를 입다')(**아피온 반박문**〈*Ap*〉 2.196).

바울의 첫 두 예는 하나님 앞에서의 공동체 식사가 공동체의 예배를 받으시는 분과 연대를 설정한다는 것을 보여 주었다. 이 두 예들은 모두 한 분이시며, 참되신 하나님과 관련된 것이다. 그러나 '지식이 있는' 고린도교회 교인들의 경우는 이방신들이 아무것도 아니며 인간의 환상에 지나지 않으며(8 : 4), 그래서 그들의 신전에서 갖는 어떤 행위라도 공허한 제스처에 지나지 않는다는 단언(斷言)에 의존한다. 존재하지 않는 신과는 아무런 연대도 이루어질 수 없다. 따라서 16~21절의 세 가지 식사(그리스도교, 유대교, 그리고 이교) 사이의 병행점 설정에 의존하는 바울의 주장은 그가 이교도 신들의 실질적 존재를 인정하지 않는 한 곧 와해될 위기에 처한다. 외관상으로 볼 때 바울의 주장은 이미 8 : 4~6에서 단언한 것을 부인해야만 제대로 작동할 것이다. 그는 그곳에서 한 분 하나님 외에는 다른 신이 없다고 말했다. 그런데 바울은 10 : 19에서 자신이 스스로 만들어 낸 문제를 인식한다. "그런즉 내가 무엇을 말하느뇨 우상의 제물은 무엇이며 우상은 무엇이라 하느뇨"

그는 이 딜레마로부터 빠져나오기 위해 성경말씀을 인용한다. 대부분의 영어성경에서 20절 번역은 이 점을 분명하게 확인해 주지 못한다. 그러나 NEB는 독자들이 여기서 바울이 의도하여 진행시키는 바를 잘 따라갈 수 있도록 방향을 훌륭하게 뒤쪽으로 굽어 바로잡는다. "아닙니다. 그러나 이교도들이 드리는 희생제사는 '귀신들에게 그리고 하나님이 아닌 신에게' 드려집니다"(성경의 용어들을 쓰자면). 이 번역에 있어 잘못된 것이 한 가지 있다면 희생제사를 올리는 행동의 주체로서 '이교도들'이라는 단어를 추가한 헬라어 사본을 따르고 있다는 점이다. 사실상 더 나은 헬라 본문을 직역하면 다음과 같다.

> 내가 무슨 말을 하고 있는 것입니까? 우상에게 드려진 고기가 무엇이 되기라도 한다거나 우상이 무엇이라도 된다는 말입니까? (아닙니다.) 그러나 그들이 희생제사로 드리는 것은 하나님께 드리는 것이 아니고 귀신들에게 드리는 것입니다.

이 구별은 중요하다. 바울이 인용한 출처인 신명기 32 : 17에서 귀신들에게 제사를 드린 사람들은 이방인이 아니라 **이스라엘**이기 때문이다. 바울이 반복 암시하여 언급하고 있는 본문인 모세의 노래에서 나온 이 중요한 구절에서(예를 들어 고린도전서 10 : 22과 더불어 로마서 10 : 19, 12 : 19, 15 : 10 등을 보라.) 모세는 하나님의 큰 축복에도 불구하고 우상숭배로 돌아선 이스라엘의 불충을 꾸짖는다.

> 그들이 다른 신으로 그의 질투를 일으키며 가증한 것으로 그의 진노를 격발하였도다 **그들은 하나님께 제사하지 아니하고 마귀에게 하였으니** 곧 그들의 알지 못하던 신…… **그들이 하나님이 아닌 자로 나의 질투를 일으키며** 그들의 허무한 것으로 나의 진노를 격발하였으니……(신 32 : 16-17, 21, 강조는 저자의 것).

물론 이것은 이교도들의 제사가 그렇게 귀신들에게 드려졌다는 것을 함의한다. 그러나 모세의 노래에서와 같이 바울의 진정한 염려는 **하나님**

의 백성들이 이렇게 '혐오스러운' 행태에 연루되었다는 점에 있다.

어쨌든 신명기 32 : 17로부터 인용된 이 내용은 바울의 주장에 있어 결정적으로 빠진 조각을 찾아 제공해 준다. 비록 바울이 이교도의 제의 행위와 연관되어 있는 이방신들의 실존을 부인하기는 하지만, 하나님께 적대적인 영적 권능의 세계에 대한 존재는 인정한다(고전 8 : 5 참조). 신전의 식사에 동참하는 사람들은 '귀신과 교제하는 사람들(**코이노노이**)'이 된다(고전 10 : 20b). 바로 이것이야말로 바울이 모든 희생을 치르면서라도 막으려고 하는 일이다. 21절에서 양자택일이 확연한 대조를 이루며 주어져 있다. 고린도교회 교인들은 주님의 식탁과 귀신의 식탁 사이에서 한 가지를 택해야만 한다. 양쪽 모두에 참여하는 것은 불가능하다. 왜? 이 장에서 활용된 구약성경의 이야기들이 충분하게 보여 주듯이, 하나님께서는 그런 양다리 걸치기를 허용하지 않으신다. 이러한 악하면서 열등한 영적 능력들과(바울은 이런 것들이 전적으로 실제라고 믿었다.) 얽혀진 연맹의 관계를 맺으면서, 동시에 하나님과 언약의 관계를 유지하는 것은 불가능하다.

여기에서 급격하게 **배타적인** 이스라엘 유일신론의 신앙에 관한 특성이 분명하게 드러난다. 고대 지중해 세계에서 사람들이 다양한 신이나 여신들을 숭배하는 것은 전적으로 흔한 일이었다. 한 신을 위해 제의에 참여하는 것이 동량(同量)의 경건을 지니고 다른 신을 위한 제의에 동참하는 일을 배제하는 것은 전혀 아니었다. 판테온(만신전)은 무한정 상호 포용적이다. 아마도 사실상 자신의 영적 투자를 다양화하는 길로서, 여러 신에게 예배드리는 것이 지혜로운 도박이었을 것이다. 그러나 이스라엘의 하나님은 이러한 어떤 것도 허용하지 않았다. 유대인들과 그리스도인들은 하다못해 외관상으로라도 한 하나님 외에는 어떤 신도 존중하지를 않아 자신들의 이교도 이웃을 당혹스럽고 격노하게 만들었다. 소위 '지식이 있는' 고린도교회 교인들은 이 문제에 대해 모종의 '지혜로운' 타협의 길을 찾아내려고 했다. 그러나 바울은 이를 용납할 수 없었다.

여기서 우리는 또다시 바울이 그의 독자들에게 강권하고 있는 발상 전환의 규모를 감지할 수 있다. 그는 독자들을 문화의 다원주의적 종교성에서 끄집어내어 출애굽기, 민수기, 그리고 신명기의 두려운 이야기들에 의해 묘사된 엄격하게 배타적인 상징 세계 속으로 소명하고 있다. 바울의 복음 메시지에 과감하게 응하여 그 복음의 세계 속에 뛰어들었던 저 새로운 탐험정신의 고린도 영혼들도 처음에는 그네들이 어디로 들어갔는지를 제대로 온전하게 깨닫지 못하고 있었을 것이다. 그들은 모든 특정 종교적 관행들을 상대화시키고, 선택을 위해 그것들을 분석, 분류하도록 허용하는 좀더 세련된 철학적 진리 체계 정도를 사심 없이 우아하게 받아들인 것이 아니었다. 그들은 자신들을 위해 독생자를 버렸고, 그 대가로 전적인 충성 외에 그 어떤 것도 용납하지 않는 하나님과 구속력을 지닌 언약의 관계에 들어간다.

이 단원의 결론(22절)은 한 번 더 신명기 본문의 메아리를 울린다. "그러면 우리가 주를 노여워하시게 하겠느냐?" 물론 이 시점에서는 그러한 수사학적 질문에 필요한 답변이 명확하다. 그러한 길을 고려하는 사람들은 바울이 암시해 온 신명기 32장과 기타 다른 몇 이야기들을 다시 재음미하며 읽어야 했다. 그러나 여전히 어떤 고린도교회 교인들은 자신들의 자유와 성품의 능력을 과시하기 위해 대담하게 우상의 신전에 들어가서 그들의 희생 제물 고기를 먹고 있었다. 바울은 이러한 '강한 자들'에게 불길한 전조를 알리는 최종 질문을 던진다. "우리가 주보다 강한 자냐?"

이 단원의 마감에 들어서면서 한 가지 의문점이 남는다. 만일 바울이 우상의 음식을 먹는 일에 대해 그렇게 비타협적인 자세를 취한다면, 왜 문제에 대한 논의를 시작하는 8장에서 훨씬 더 부드러운 호소와 함께 고린도의 '지식 있는 자들'에게 약한 자들을 참작하는 사랑으로 행동할 것을 요구하였을까? 이에 대한 대답은 최소한 두 가지로 나타난다.

첫째로, 두 논의는 서로 배타적이라기보다는 상호 보완적이다. 양쪽 다 같은 결론으로 인도된다. "성전 잔치에 나가지 말라." 사랑 안에서 공동체를 세우기 위해 이러한 논의로 시작한 바울은 이제 **그노시스** 자랑꾼들만이 깨우침 받을 필요가 있는 교훈을 주는 내용으로 일관하여 나아간다. 바울은 그들이 신전을 멀리할 뿐 아니라, 그리스도인의 삶이 근본적으로 다른 길이라는 것을 볼 수 있게 되기를 원한다. 그가 빌립보서 2 : 4에서 쓰고 있듯이, "각각 자기 일을 돌아볼 뿐더러 또한 각각 다른 사람들의 일을 돌아보아야" 한다. 만일 바울이 처음부터 단순하게 그들의 행위를 금지시키는 일에서부터 시작했다면, 자신이 말하려는 요지를 이와 같이 효과적으로 정리할 수 없었을 것이다.

그러나 다소 복잡하기는 하지만 두 번째로 가능한 대답이 있다. 고린도교회 교인들이 보낸 편지가 '우상에게 드려진 음식'의 문제가 안고 있는 이슈들을 두 가지 이상으로 설정해 놓았을 가능성이 있다. 문제가 되는 고기가 신전의 만찬에서만이 아니라 공공의 시장에도 등장했을 것이며, 그로 말미암아 결국 개인 가정집에까지 자연스럽게 흘러들어왔을 것이다. 고린도전서 8 : 7~13과 10 : 1~22에서 제공하는 바울의 논의는 신전에서의 우상숭배 문제이지, 다른 정황에서 고기 섭취 자체를 금해야 하는지의 질문을 직접적으로 다루지는 않는다. 그러나 우선 다른 사람들에 대한 관심을 가질 것을 호소함으로써, 바울은 후자의 문제도 다룰 수 있는 기초를 닦아 놓았다. 바울은 이 모든 논의를 종결하는 부분인 10 : 23~11 : 1에서 이 이슈로 방향을 돌리게 될 것이다.

| 교사와 설교자를 위한 묵상 |

고린도전서 10 : 1~22은 레이저 광선과 같은 집중력으로 10 : 14의 경고인 "우상숭배하는 일을 피하라."는 내용에 초점을 맞춘다. 이 단락의 모든 것은 이 긴급한 경계를 뒷받침하기 위해 구성되어 있다. 그런 차원에서 볼 때, 개정공동성구집이 이 본문을 C연도의 사순절 세 번째 주일 서신서 읽기에 포함시키면서, 정작 절정을 이루는 경고 부분을 빼놓고 단락의 한가운데인 10 : 13에서 끊어 놓은 것은 애석한 일이다. 이 본문으로 작업을 하는 설교자는 범위를 넓혀 혹 15~22절까지는 가지 않는다 하더라도 14절은 꼭 포함시켜야 한다.

이 주일을 위해 배당된 다른 본문들은 문헌간의 상관성(intertextual

correlations)을 탐색하기 원하는 설교자들에게 주제상의 연결을 제시해 주고 있다. 이사야 55 : 1~9은 와서 마시고 먹으라는 부름으로 시작한다. 이 모티프는 고린도전서 10장의 먹고 마시는 모티프와 한데 엮여, 하나님의 보전에 대한 은혜를 담고 있는 이사야의 제시와 우상 제물을 먹고 싶어하는 유혹을 대조하게 된다. 복음서 읽기로서 무고한 희생자에게 임했던 재앙을 이야기하는 누가복음 13 : 1~9은 우상숭배 때문에 이스라엘에게 임했던 재앙의 이야기를 하는 바울의 글과 재미있는 대칭을 이룬다. 이러한 불운의 이유는 다르게 제시되지만, 누가복음과 바울 편지의 독자들이 그러한 이야기들을 경고의 말씀으로 보아 자신을 점검하고 회개하는 계기로 삼아야 한다는 점에 있어서는 일치하고 있다.

반면에 설교가 주로 고린도전서 10 : 1~22에 기초하려면, 구약성경 읽기는 출애굽기 32장이나 신명기 32장에서 취해야 그 주장이 호소력을 가질 수 있을 것이다. 이 본문들은 민수기의 이야기들과 함께 바울이 설파하고 있는 내용의 배경을 제공해 준다.

이 단락에서 읽는 바울의 논의가 워낙 강력하기 때문에, 그 근본 테마를 분별해 내기 위해 특별히 기술적인 주해는 요구되지 않는다. 아래의 묵상들은 해석자가 고린도전서의 이 장을 우리에게 전달된 편지처럼 읽기 위한 출발점으로 기능할 수 있기를 바라면서 내놓는다.

1. **우상숭배의 위험** 세속화된 세계 속에 사는 우리는 이제 우상숭배의 실질적 위험은 없다고 생각하는 고린도교회 교인들의 실수를 되풀이할 위험을 안고 있다. 만일 정말로 다른 신들이 없다면, 우리는 우리의 문화가 정상적이며 '지혜로운' 것으로 취급하는 것이면, 그것이 무엇이든지 간에 아무 생각 없이 동참할 수 있다고 스스로에게 말하게 될 것이다. 그러나 고린도전서 10 : 1~22은 경고의 깃발을 들어올리면서 우리 주변의 문화 체계와의 작은 타협이라도 세심하게 다시 살펴보도록 우리를 소명한다. (앞의 8장 말미에서 교회와 문화 사이의 경계에 대해 적어 놓은 나의 묵상을 살펴보도록 하라.) "별 문제 없어. 내가 처리할 수 있는 일이야. 이런 일 정도에 참여하면서도 얼마든지 좋은 그리스도인 됨을 유지할

수 있어."라고 말하면서 미묘한 초대나 기회의 면전에 놓인 자신을 발견하게 될 때, 우리는 잠시 멈춰 서서 바울이 고린도교회의 강한 자들에게 경고했던 내용을 기억해야 할 것이다. 여기에는 두 가지 명백한 위험이 있다. 우상들은 우리가 생각했던 것보다 훨씬 강하게 우리를 다시 조각할 수 있는 힘을 지니고 있다. 그리고 그렇게 하면서 우리는 하나님의 심판을 불러들인다. 우리는 하나님을 시험하지 않도록 주의하라는 바울의 경고에 귀를 기울여야 한다. 양자택일이 분명하게 이루어져야 한다. 우리는 주님의 식탁과 귀신들의 식탁에 동시에 동참할 수 없기 때문이다.

성서학자들과 신학자들이 낙관적 합리주의에 의해 영향을 받은 문화적 풍토 속에서 일하면서 '귀신들'(demons)을 옛 시대의 미신 정도로 치부하는 것이 유행했던 시절이 있었다. 그러나 20세기 말에 살면서 악의 권능이 이 세계에 발을 디디고 있다는 것을 믿지 않는 사람은 명백한 증거들을 놓고 눈을 감고 있는 것이나 마찬가지이다. 우리에게 주어진 과제는 어디서 마귀의 권능이 우리를 동반자로 삼으려고 초대하여 불러들이는지를 분별하여 그것을 단호하게 피하는 일이다. 힌트를 하나 주고자 한다. 내 생각에는 우리 시대의 권세들은 그 전략을 바꾼 것 같다. 고기를 제공하여 우리로 하여금 주님의 식탁에서 멀어지게 유혹해 내려는 대신, 수단과 방법을 가리지 않고 부(富)를 얻어 내는 것이 주요 활동이 되는 장소에 '신전'을 세워 놓고 우리를 유혹하여 불러들인다.

2. **예배는 코이노니아를 창조한다.** 간략하지만 시사하는 바가 분명한 주의 만찬에 대한 바울의 언급은 우리가 떡을 떼고 잔을 함께 들 때 한 공동체로 그리스도와 연대하며, 또한 서로 간에도 연합이 된다는 사실에 하이라이트를 준다. 이것은 우상숭배의 위험에 대칭을 이루는 위치에 놓인 긍정적 실재이다. 진정성을 지닌 그리스도인의 예배는 우리를 주의 식탁 주변에 함께 모이도록 이끌어 한 언약 백성이 되게 하며, 하나님과의 교제의 축복을 입고 성도들 서로 간에 삶을 공유하게 만들어 준다. 우리는 우상숭배를 피하기 위해서 이 코이노니아가 우리 실존의 초점이 되도록 우리의 삶을 정돈해야 한다. 바울은 고린도전서 10장에서 이 주제를 광범

위하게 발전시키지는 않는다. 그러나 이 본문을 갖고 사역하는 교사는 우리가 그리스도의 몸과 피에 동참하는 '한 몸'이 된다는 것이 뜻하는 바를 잘 묵상하도록 학생들을 독려하는 것이 좋을 것이다. (물론 이 주제는 12장에서 더 자세하게 다루게 될 것이다.) 우리 교인들의 삶 속에서 이것의 실재를 어떤 방식으로 볼 수 있을까? 이러한 **코이노니아**에 들어가는 데 드는 비용이 무엇인지 스스로에게 물어보는 것도 좋을 것이다. 고린도교회의 강한 사람들이 바울의 가르침에 순종했다면, 그 도시의 존경받는 사교권에서 자신들에게 주어졌던 위치를 잃어버리는 대가를 치러야 했을 것이다.

3. **이스라엘의 이야기 속에서 우리 자신을 찾는 법 배우기** 바울은 광야 세대와 고린도교회 세대 사이에서 이중 노출 효과를 창출해 낸다. 바울은 이스라엘을 '우리 조상들'로 언급하고 광야 이야기를 교회 경험의 모형론적 예표(豫表)로 읽음으로써 과거와 현재의 경계선을 흐리게 만들어 놓고, 다시 독자들로 하여금 자신들의 삶이 그 이야기 속에 속한 것으로 상상하도록 초대한다. 당시 1세기 고린도 시에서 찾아볼 수 있는 다른 자기 이해의 모델들과는 반대되는 모습이다. 오늘날 잘 구성된 이야기체 설교가 목적하는 바가 바로 이것이다.

이 본문은 우리가 설교자로서 이전까지 감지하지 못했던 우리 세계와 성서 이야기 사이의 일치를 발견하도록 은유적 상상력을 대담하게 발휘할 수 있게 격려한다.

우리의 근본적 목회 사명 중 하나는 바울이 고린도교회 교인들로 하여금 이스라엘의 이야기 속에서 자신들을 발견할 수 있도록 가르치려고 노력했듯이, 우리 교인들이 이스라엘과 초기 교회의 이야기 속에서 자신들을 발견할 수 있도록 가르치는 것이다. 그것이 많이 어려울까? 그렇다. 어려울 것이다. 그러면 가능한 일이기는 한가? 그렇다. 가능하다. 모형론적으로 사고하는 일은 성인 그리스도인들에게 있어서 필수적인 생존 기술이다. 우리의 교육은 이 기술을 가르치는 데 있어 비참하게 실패했다. 왜냐하면 본문을 일반적으로 '적합성' 있게 만들려고 너무 애를 썼기 때문이다. 바울은 본문이 현재에 적합성을 갖게 만들려고 애를 쓰기보다는,

그 본문의 세계가 현재에 속한 공동체의 규범과 결정을 다시 조각하도록 만드는 방식으로 자신의 독자들을 본문 속으로 불러들이려고 노력했다. 이것이 성서적 설교의 과제이다.

결론 : 당신의 자유를 하나님의 영광을 위하여 사용하라(10 : 23-11 : 1)

이제 '우상에게 드려진 제물 음식'에 대해 길게 다루고 난 뒤 일반적 결론을 도출하고, 다소 느슨해진 말미를 부드럽게 처리하는 것이 바울에게 남겨진 일이다. 안타깝게도 이 결론 단락은 약간 혼란스럽다. 바울은 서로 다른 두 요지를 전달하며, 잠재적으로 혼동을 주는 방식으로 이 둘 사이에서 왔다갔다하기 때문이다. 그러나 이 두 기본 강조 사항은 충분히 명확하다.

> 요지 A : 모든 행동은 자신들보다는 다른 사람들에게 유익이 되는 길을 찾아 하나님께 영광을 돌려야만 한다.
> 요지 B : 이러한 원칙의 틀 내에서, 우리는 우리가 좋아하는 것이 무엇이든지 간에 그것을 감사함으로 취할 수 있는 자유를 누린다.

첫 번째 요지는 근본이 되는 것으로, 우상 음식에 대한 바울의 전체 논의를 통제한 지배 원리이다. 바울은 이 원리를 강조함으로써 도덕적 판단의 새로운 틀을 제공하기 위하여, 고린도에서의 담론에 대한 조건을 바꾸기를 소망한다. 이 원리는 자신들을 강하고 지혜로운 자들로 정의하는 고린도교회 교인들에게 근본적인 도전을 준다. 그들은 자신의 권한을 단정하기를 그쳐야 하며, 공동체 내에서 다른 사람들의 유익을 먼저 생각하기 시작해야 한다. 그러나 바울은 두 번째 요지에서 음식 자체의 도덕적 중립성에 대한 그들의 판단에 근본적으로 동의한다. 그래서 약한 자들의 세심함에 반대가 되는 입장이지만, 신전 바깥의 상황에서 그리스도인들이 그 출처를 염려하지 말고 고기를 먹을 수 있다는 것을 확인해 준다.

이런 입장은 섬세하게 균형을 유지하려는 행동이다. 왜냐하면 바울의 이런 입장이 고린도교회 교인들의 논쟁에서 대립하는 양 진영의 어느 쪽에도 꼭 맞아떨어지지 않기 때문이다. 각 진영 모두 바울의 주장이 모순을 내포하고 있다거나 도덕적 용기가 결여되어 있다고 비난할 길을 찾는 것은 어렵지 않다. 그럼에도 불구하고 바울의 입장은 비록 공동체 내에서 실천의 길을 찾는 데 어려움이 있기는 하지만, 분명히 일관성을 유지하는 성격의 것이 되어 준다.

고린도전서 10 : 23~11 : 1의 구조는, 바울이 요지 B를 요지 A의 일반적 언급 내에 둥지를 틀어 들어가게 했으며, 요지 B를 논의하는 중에 요지 A에 기초한 조건을 삽입하고 있음을 찾아낼 때 가장 잘 이해될 것이다. 이렇게 할 경우 다음과 같은 구조가 나온다(또한 Fee, p. 478을 보라).

A. 다른 사람들의 유익을 구하라(23－24절).
  B. 원하는 것은 무엇이든지 먹어라(25－27절).
    A1. 예외 : 다른 사람들의 양심을 위해 절제하라(28－29a절).
  B1. 먹을 수 있는 자유의 변호(29b－30절)
A2. 다른 사람의 유익을 추구함으로써, 하나님의 영광을 위해 모든 것을 하라(10 : 31－11 : 1).

이 구절에 있어서 석의상 가장 어려운 부분은 29절 내의 A1에서 B1으로의 이행을 이해하는 것이다. 바울의 조언을 따르는 데 있어서 실천적으로 가장 어려운 부분은, 물론 다른 사람을 위하여 자신의 자유에 한계를 가해야만 하는 때가 언제인지를 이해하는 데 있다.

바울은 자신의 논의 마지막 단락을 다시 한번 고린도교회 **그노시스** 분파의 슬로건을 인용함으로써 시작한다. "모든 것이 가하다." 고린도전서 10 : 23은 6 : 12을 거의 그대로 되풀이한 것이다. 동일한 슬로건이 두 번 인용되고 바울의 논박이 뒤따른다. 그러나 10 : 23의 마지막 절에서는 반복의 패턴이 깨진다. "내가 아무에게든지 제재를 받지 아니하리라"(나는 어떤 것에 의해서도 지배되지 않을 것이다－역주). 대신에 "모든 것이 **덕을 세우는 것이** 아니니"라고 적고 있다. 따라서 이것은 바울이 우상 음식을 처리하는 일에 대해 결론에 도달하고 있다는 신호로 볼 수 있다. 그의 논의는 8 : 1에서 "사랑은 **덕을 세우나니**"라고 선언하면서 시작되었다.

고린도전서 10 : 23b의 온전한 함의는 NEB가 올바르게 전달하고 있다. "**우리는 무엇을 해도 좋게끔 자유롭습니다**. 그러나 그 모든 것이 공동체를 세우는 데 도움이 됩니까?" 바울은 전체 공동체에게 유익을 주는 사랑의 행위를 언급하기 위해 동사 **오이코도메인**(*oikodomein*, '세우다')과 명사 **오이코도메**(*oikodomē*, '일으켜 세움', '덕성 함양')를 자주 사용한다(14 : 3−5, 12, 17, 26, 롬 14 : 19, 15 : 2, 고후 12 : 19, 13 : 10, 살전 5 : 11 참조). 그가 여기서 마음에 이런 의미를 담고 있었다는 점은 자신이 고집이 센 고린도교회 교인들에게 각인시키려고 노력하는 원리를 직접 언급하고 있는 10 : 24에서 확인된다. "누구든지 자기의 유익을 구치 말고 남의 유익을 구하라." 우리가 이 단원의 끝인 11 : 1에서 볼 수 있듯이, 이 원리는 그리스도의 모범에 기초하고 있는 것으로서 바울의 도덕적 비전에 있어 근본이 된다(빌립보서 2 : 4, 로마서 15 : 1~3을 참고하라). 이 원리를 현재의 상황에 적용한 것이 이미 8 : 7~13에서 설명되었다. 사랑은 '지식을 가진' 고린도교회 교인들이 신전에서 제물을 먹는 일을 절제시켜야 한다. 그런 행동이 공동체 내의 다른 사람들을 위험한 지경으로 몰아넣기 때문이다. 그래서 23~24절은 8장에서 시작된 논의의 주제를 다시 정립한다.

그러나 바울은 자신의 독자들에게 그것을 상기시킨 뒤 이제까지의 논의에서 확인되지 않았던 새로운 문제를 언급한다. 공공의 시장에서 팔리는 고기나 가정집에서 내놓은 고기에 대해서는 어떻게 해야 될까? 그런 고기는 종종 신전에서 공급되거나 이교 사제에 의해 도살되었다. 그런 종류의 고기도 비록 제의(祭儀)적 상황에서 먹지는 않는다 하더라도 영적으로 오염이 된 것은 아닐까?(이 질문은 부유한 고린도교회 교인들에게 주 관심사였을 것이다. 가난한 사람들은 일반적으로 고기를 먹을 여유가 없었다. 또한 그런 고급 음식으로 대접하는 개인 만찬에 초대를 받게 될 가능성도 거의 없다.) 짐작컨대 고린도교회의 약한 자들은 어느 곳에 위치했든지 상관없이, 초기의 정통 그리스도교와 유대교에서 보편적으로 취하는 입장을 대변했을 것이다. 그런 고기는 여전히 우상의 제물이었고, 그래서 먹는 것이 금지되어야 했다. 그러나 바울은 이 시점에서 자신이 강한 자들과 일치한다는 것을 강조하여 선언한다. 당신은 시장에서 파는 것이라면 무엇이든지 먹어도 좋다(25절). 바울은 이 입장에 대한 증거로서 시편 24 : 1을 인용한다. 이에 따르면 모든 피조물은 '주의 것'이다(26절). 물론 시편에서는 '주'가 하나님을 뜻한다. 그러나 바울은 종종 구약성경의 '주'에 대한 언급을 예수를 가리키는 것으로 읽는다. 만일 그가 시편 24 : 1을 그렇게 이해했다면, 그리스도인들이 누리는 바 모든 음식을 먹을 수 있는 자유는 예수 그리스도가 모든 피조 세계에 대해 행사하는 주권의 결과라고 주장할 것이다(롬 14 : 14 참조).

여기에 바울이 자신의 과거 유대교 이해와 단절을 했다는 증거가 있다. 바울은 이방인들에게 '율법 없는 자'와 같이 되었다(9 : 21). 열심을 가진 유대인으로서, 바울은 시장에서 팔리는 고기가 **코세르**(*kosher*) 규례에 따라 제의(祭儀)에 맞게 도살되었다는 것을 확신하기 전에는 절대로 사서 먹지 않았을 것이다. 그러나 바울은 이제 이방인에게 보냄을 받은 사도로서의 그의 역할 내에서 이렇게 쓸 수 있었다. "내가 주 예수 안에서 알고 확신하는 것은 무엇이든지 스스로 속된 것이 없으되……"(롬 14 : 14). 그래서 바울은 고린도교회 교인들이 시장에서 나오는 고기가 어디서 왔는지 물을 필요 없이 자유롭게 먹어도 상관없다고 말한다. 고린도교회의 약한 사람들은 물론이고 유대적 민감성을 지닌 사람들에게 있어서 그러한 입장은 충격적이었을 것이다. 그러나 이런 입장은 바울이 율법 중에서 정체성의 표식이 되는 할례 같은 문제에 대해 취했던 자세와 완전히 일치하는 것이다. 그런 것들은 더 이상 아무런 의미를 갖지 못한다(7 : 19 참조). 그래서 바울은 그리스도인들에게 먹고 싶은 것을 먹을 수 있는 자격을 부여한다.

이런 자격증은 자신들의 가정집에서뿐 아니라 직접적으로 이교 예배와 연결되어 있지 않는 한, 사회적 행사에도 적용된다. 바울은 본문의 27절에서 고린도교회 교인들이 불신자의 집에서 대접하는 것이 무엇이든지 그 고기의 출처를 묻지 않고 그냥 먹을 수 있다고 말한다. 이것은 전혀 '양심'(**쉬네이데시스**⟨*syneidēsis*⟩)의 이슈가 아니다. 바울은 교회를 주변 세계와의 상호 작용에 열려 있는 것으로 본다. 고린도전서의 앞부분에서 제시했듯이, 바울은 사회적 접촉 및 불신자들과 같이 식사를 하는 일을 금하고 싶어하지 않는다(5 : 9–13). 이 모든 것들은 다 의심할 여지없이 고린도교회의 상류층 교인들에게 만족을 주는 것이었다. 이들은 가능한 한 사회적 연결망과 사업상의 접촉을 계속 유지할 수 있기를 갈망했다.

우리가 신약성경의 다른 책들로부터 알게 되는 바와 같이, 사회적 접촉과 이방인들과 같이 식사를 하는 일에 대한 바울의 개방적 정책은 상당한 정도의 논란을 불러일으켰고, 이로 인해 그는 많은 비판을 받아야 했다(예를 들면, 행 21 : 21, 갈 2 : 11–14). 본문의 29b~30절에서 바울이 그러한 비판에 대해 변호하는 듯한 반응을 보게 된다. (실제로 이런 종류의 비판이 고린도의 약한 자들에게서 나왔는지의 여부는 판단할 길이 없다.) 이곳 바울의 수사학적 질문에서 사용된 동사는 단순 현재 직설법 형태를 지니고 있어, 누군가가 실제로 바울의 이런 행위에 대해 판단을 내리고 비난을 가하고 있음을 알게 해 준다. (그러나 9 : 3에서는, 바울이 이런 일에 있어서 과도한 자유를 행사했기 때문이 아니라, 오히려 자유 정신의 **결여**로 인해 누군가에 의해 판단을 받고 있는 것으로 나타난다.) 그래서 29b~30절은 27절과 긴밀하게 연결되어 있어 "너희 앞에 무엇이든지 차려 놓은 것은 양심을 위하여 묻지 말고 먹으라. …… 어찌하여 내 자유가 남의 양심으로 말미암아 판단을 받으리요? 만일 내가 감사함으로 참예하면 어찌하여 내가 감사하다 하는 것에 대하여 비방을 받으리요?"라고 주장하는 자유의 근거를 제공하는 것으로 독해해야 한다는 것이 나의 제안이다.

그러나 바울은 이 모든 것 가운데서도 고린도교회 교인들이 공동체 내의 약한 자들에 대한 관심을 잊지 않기를 원한다. 그래서 바울은 그리스도인이 한 불신자의 집에서 같이 식사를 하다가 대접하기 위해 나온 고기가

히에로쒸톤(*hierothyton*), 즉 '제물로 드려졌던 고기'라는 말을 듣게 되는 가상의 시나리오를 구성한다. (이 단어는 논의가 이루어지는 장들에서 처음으로 등장한다. 이 말은 바울이 8장과 10 : 19에서 사용했던 조소조의 용어인 **에이돌로쒸톤**〈*eidōlothyton*, 우상의 고기〉과는 대조적으로 이교도들이 제단에서 가져온 고기를 묘사하기 위해 사용할 수 있는 가치중립적 명칭이다.) 그런 상황 아래서, 바울은 그리스도인이 다른 사람의 양심을 위하여 그 음식을 먹어서는 안 된다고 말한다(28－29a절). 바울의 묘사가 너무 대략적이기 때문에, 이 구절은 악명 높게 혼동을 가져다 주는 구절이 되고 있다. 이런 말을 해 준 사람이 누구인가? 그 사람이 그렇게 말한 동기는 무엇인가? 그런 정보 제공자가 그리스도인인가? 한 사람이 먹거나 먹지 않는 일이 어떻게 다른 사람의 양심에 영향을 미치는가? 모든 복잡하고 소소한 석의에 들어갈 것 없이 다음의 설명이 이 불투명한 구절의 의미를 가장 잘 전달하고 있는 것으로 보인다. 정보 전달자(초대받은 손님 중의 하나일 수도 있고, 주인 집 가정 노예일 수도 있다.)는 교회의 '약한 자들'에 속하는 분파의 그리스도인이다. 약한 자의 양심을 위하여 강한 자들이 음식을 거절하는 것은 이미 8 : 7~13에서 권고된 정책의 또 하나의 예가 될 것이다. 단지 여기서는 신전 제사에서의 동참 문제에 대한 질문이 없다. (여기서는 고린도전서 8장과 대조적으로 바울이 약한 정보 제공자가 멸망할 가능성에 대해 아무런 말도 하지 않고 있음을 주목하라.) 강한 그리스도인들은 다른 동료 그리스도인들이 고기를 먹으면 고기를 같이 먹어야겠다고 압력을 느끼는 동료 교인들을 위해 당황스러운 도덕적 딜레마를 만들어 내지 않도록 한다.

헬라어 **쉬네이데시스**(양심)는 적절한 영어를 찾아 번역하기가 무척이나 힘든 용어이다. 여기서도 그렇고 고린도전서 8~10장에서도 그렇고, 이 용어는 옳고 그름을 구별하는 내적 도덕감을 언급하는 것 같지 않고, 오히려 개인이 소유한 자아 인식의 수준이나 **도덕적 확신**을 가리키는 것처럼 보인다. 아마 '지식이 있는' 고린도교회 교인들이 이 용어를 자주 사용했을 것이다. 그들의 견해에 따르면, 약한 자들은 바로 **쉬네이데시**

스와 관련해서 약한 것이었다. 필요한 지식이 결여되어 불안이나 죄의식에 사로잡힘 없이 자유롭게 먹을 수 있는 도덕적 품성을 충분하게 형성하지 못한 사람들이다. 비록 바울 자신은 이 개념을 거의 활용하지 않고 있지만, 근본적으로 '지식을 갖고 있는' 고린도교회 교인들과 이에 대해 같은 생각을 지니고 있다. 바울은 자신의 먹을 수 있는 자유가 누군가의 약한 수준의 도덕적 자신감에 의해 주눅들어서는 안 된다고 주장한다(25－27, 29b－30절). 그러나 믿음에 있는 형제자매들에게 문제를 일으키는 것을 피하기 위해 일시적으로 그 자유에 앞서 사랑의 일을 해야만 하는 상황이 있다는 점을 인정한다(28－29a절). 그래서 바울은 자신의 복음 전파를 증진시키기 위해 '모든 이를 위하여 모든 것이 되는' 정책을 채택했다(9 : 22).

이 모든 것에 대한 이해는 25~30절의 의역에 의해 분명하게 될 수 있을 것이다.

> 고기 시장에서 파는 것은 무엇이든지 사서 드십시오. '양심'을 위해서는 지나치게 소심할 필요가 없습니다. 왜냐하면 성경에서 이르기를 "세상과 세상에 가득 찬 것들이 다 주님(예수님)의 것이라."고 했기 때문입니다. 혹시 불신자 중의 한 사람이 당신을 저녁에 초대했을 때 가기 원하신다면, 당신 앞에 차려진 것은 무엇이든지 드십시오. '양심'을 위해서는 지나치게 소심할 필요가 없습니다.
>
> (그러나 만일 약한 형제나 자매가 당신에게, "이것은 제사에 드려졌던 고기입니다."라고 말한다면, 그것을 이슈로 삼은 그 사람을 위하여 그리고 양심을 위하여 드시지 마십시오. 여기서 저는 분명히 당신의 양심을 말하는 것이 아닙니다. 저는 다른 사람의 양심에 대해 말하는 것입니다.)
>
> 제가 말씀드립니다만, 당신은 '양심'을 위하여 너무 소심할 필요가 없습니다. 왜 나의 자유가 누군가 다른 사람의 제한된 도덕감에 의해 판단을 받아야 한다는 말입니까? 내가 감사로 음식을 먹으면 내가 감사를 드린 음식 문제로 해서 왜 내가 비난을 받아야 한다는 말입니까?

또다시 이 논의도 신자들은 필요할 경우 신앙의 형제나 자매들을 위해 자신의 권한을 포기함으로써 자유를 행사해야 한다고 요구하는 바울의 좀더 근본적 소명 내에 틀이 짜여져 있음을 기억해야만 할 것이다(10 : 23－24, 10 : 31－11 : 1).

바울이 우상의 제물 문제를 다루는 이 간략한 마지막 움직임(10 : 23－11 : 1)은 내용상 로마서 14 : 1~15 : 13에서 좀더 분명하게 정리해 놓은 논의와 긴밀하게 병행을 이루는 것이다. 주요 차이가 있다면 로마서 구절은 우상 고기에 대해 특별한 언급을 하지 않고 있다는 점이다. 그리고 고린도전서와 달리 로마서 구절은 강한 자들뿐 아니라 약한 자들에게도 서로간에 받아 주라는 상호 용납을 요청하고 있다. "먹는 자는 먹지 않는 자를 업신여기지 말고 먹지 못하는 자는 먹는 자를 판단하지 말라"(롬 14 : 3). 반면 고린도전서 8 : 1~11 : 1에서는 적응의 모든 부담이 강한 자들에게 주어진다.

바울은 마침내 우상에게 드려진 음식에 대한 논의에 대해 종합적 결론을 내린다. 바울은 "모든 것이 내게 가하다."는 슬로건(10 : 23) 대신, 논박의 대립 슬로건을 내건다. "다 하나님의 영광을 위하여 하라"(10 : 31). 그래서 10 : 23~11 : 1의 움직임은 "모든 것이 내게 가하다."로 시작하여 "너희 몸으로 하나님께 영광을 돌리라"(6 : 20)는 말로 마감한 6 : 12~20과 유사한 병행을 보이면서 이루어진다. 다시 한번 우리는 바울이 독자들을 인간 중심적 관점에서 하나님 중심적 관점으로, 그리고 권리에 대한 강조에서 순종과 봉사에 대한 강조로 이동시키려고 노력하고 있음을 보게 된다. 먹고 마시는 일뿐 아니라 다른 모든 활동이 이러한 종합적 지상 명령에 의해 포괄된다. 전체 구절의 차원에서 볼 때, 우리는 하나님의 사람들이 서로를 섬기며 사랑의 일치 속에서 같이 살아갈 때 하나님께 영광을 돌리게 된다는 것을 추론할 수 있다.

바울은 본문의 32~33절에서 다시 한번 (고린도전서 8 : 13에서는 공개적으로 그리고 9 : 19~23에서는 암묵적으로 그렇게 했듯이) 자신을 다른 사람들의 유익(**심포론**〈*symphoron*〉, 10 : 23a을 참고할 것. "모든 것이 유익한〈**심페레이**〉 것이 아니요")을 위하여 그들에게 자기 자신을 맞추었던 모범의 실례(實例)로 제시한다. '거치는 자가 되지 않으려는' 바울의 노력에 대한 동기는 가능한 한 많은 사람들이 방해 없이 복음을 듣고 구원을 받게 하려는 것이다. 따라서 바울의 마감하는 요지 반복은 공공연하게 9장, 특히 9 : 22~23의 논의를 회상한다. 그러나 이 절들에는 바울의 마감 수사법 속에 파묻혀 잃어버려서는 안 되는 숨겨진 어려움이 있다. 과연 바울이 그리고 또다른 누구라도 '모든 일에 모든 사람을 기쁘게 하는 것'이 사실상 가능할까? 물론 대답은 '아니오'이다. 헬라인들을 기쁘게 하기 위해서는 유대인들을 불쾌하게 만드는 방식으로 살아야 하고, 반대로 유대인들을 기쁘게 하려면 헬라인들이 싫어하는 모양을 갖게 될 것이다. 자신을 다양한 관계 집단의 기준에 맞추어 살려고 하는 바울의 정책은 그 집단들이 실제로 같이 섞여 살려 하지 않는 한 제대로 작동할 수 있을 것이다. 아니면 교회 내의 모든 사람들이 바울의 복음적 융통성의 정책을 채택하여 서로에게 맞추려 하고, 교회 사명의 필요에 부응하려고 기꺼이 나설 경우에도 이 전략이 제대로 기능할 것이다. 이것은 대단히 큰 가정(假定)을 염두에 두는 '만약에……'를 조건으로 한다. 그렇지만 바울 권면의 목표는 분명히 이것이다. 그래서 이 단락의 절정은 바울이 그리스도를 본받는 자가 된 것처럼 고린도교회 교인들도 바울을 본받는 사람들이 되어 달라는 11 : 1의 초청이다.

(수 세기 뒤에 만들어진) 장의 구분이 많은 독자들로 하여금 11 : 1과 앞의 논의의 긴밀한 연결을 놓치게 만든 것은 안타까운 일이다. 사실상 우상 음식에 대한 전체 논의(8 : 1−11 : 1)는 '본받기'에 대한 마지막 호소의 차원에서 독해되어야 한다. 바울은 자신을 다른 사람이 주님께 이르도록 하기 위해 자신의 권한을 포기한 샘플 전시물로서 표현한다(8 : 13, 9장 전체, 10 : 33). 더구나 그동안 전반적으로 암묵적이었던 것이, 이제는 드디어 공개적으로 표면에 드러나게 된다. 바울 자신의 행동이 바탕하고 있는 바 자기를 비우는 근본 패턴은 다름 아닌 그리스도이다. 바울은 아무런 추가 설명이나 상술(詳述) 없이 '그리스도'라는 단어를 공중에 띄워 놓고 단락의 결론을 내리며 마감한다. 아마도 자신이 1 : 18~2 : 5에서

십자가에 달리신 예수 그리스도에 대해 말해야 했던 것을 고린도교회 교인들이 이미 다 들어서 알고, 그것이 그들의 삶에 의미하는 바를 구현해 나갈 수 있으리라 믿었던 것 같다. 우리 교인들이 이것이 어떤 생각과 연결되어 있는지 잘 모를 것 같은 생각이 들면, 자세한 구명(究明)을 위해 빌립보서 2 : 1~3을 참고하도록 하라.

교회로 하여금 자신을 본받으라고 소명하는 바울의 말(빌 3 : 17, 4 : 9, 갈 4 : 12, 살후 3 : 7–9 참조)은 숨막히는 뻔뻔스러움처럼 들린다. 하지만 사실 이것은 아주 단순한 지혜를 반영하고 있다. 우리는 "자신이 누구인지" 그리고 "어떻게 행동해야 하는지"를 오직 다른 사람들을 실례(實例)로 보면서 배운다(위의 4 : 16에 대한 주석을 보라). 바울은 자신의 삶이 사실상 그리스도의 자기희생적인 모범에 맞추어졌다고 믿었기 때문에, 기꺼이 자기 자신을 역할 모델로 제시하려는 것이다. 이것은 복음을 전하는 사람이라면 모두 정신 차려 도전받아야 하는 일이다. 우리 중에 자기 자신의 삶을 그리스도의 자기희생 사랑의 역할 모델로 기꺼이 내놓아 잘 살펴보라고 할 수 있는 사람이 몇이나 될까?

| 교사와 설교자를 위한 묵상 |

우상에게 드려졌던 음식을 먹는 문제에 대한 바울의 논의를 돌이켜볼 때, 바울이 한 가지 단순한 질문을 놓고 감탄할 정도로 놀라운 신학적 정교함으로 대답했다는 사실을 간과할 수 없다. 우선 바울은 던져졌던 질문의 원래 틀을 거부하고, 문제를 권리 대신 사랑의 차원에서 재구성한다(8 : 1–13). 그리고 나서 복음이 공동체 속에서 효과를 갖게 하기 위해 자신을 개인 권리를 포기한 예로서 제시한다. 그리고 그러한 자기 제시 가운데 후원을 거절한 것 때문에 받은 비난을 염두에 두고 자신을 변호한다(9 : 1–27). 바울은 이야기의 장을 옮겨, 고린도교회를 성경의 세계 속에 집어넣어 우상숭배의 위험을 경고한다(10 : 1–22). 마지막 단락(10 : 23–11 : 1)에서는 변증법적으로 자유와 종됨의 균형을 잡아 가면서, 최후의 기민한 동작으로 전체 문제를 그리스도에 대해 본받는 일과 연계하여 재정립한다. 어느 모로 보나 이것은 탄복할 만한 목회신학의 전개이다.

이 모든 주제들의 대부분은 앞 단락에서 이미 논의되었다. 그러나 결론 부분에서 특별히 관심을 기울일 가치가 있는 두 가지 새로운 요소가 있다.

첫 번째 것은 하나님의 영광과 타협하지 않는 사안들에 있어서 **그리스도인의 자유**에 대한 바울의 확언이다(25-27, 29b-30절). 이 주제를 갈라디아서와 비교해 볼 때, 바울은 여기서 그다지 발전시키지는 않았다. 그러나 현재의 논의에서 중요한 결말의 기록을 제공한다. 이교도의 신전에서 먹는 일을 금하는 것이 신실한 사람들을 세상과 엄격하게 구별하도록 만드는 새로운 율법 체계 중에서 첫 번째의 것이라고 생각하지는 않는다. 오히려 우상숭배를 피할 수 있는 한, 그리스도인들은 바리새인 출신의 바울로서는 오히려 받아들이기 힘들었음에 틀림없었던, 하나님께서 편안한 개방성으로 창조하신 선물들을 자유롭게 받아들일 수 있었다. 우리의 교육과 설교는 '땅과 거기 충만한 것'에 대해 신나는 감사의 마음을 다시 확보하도록 노력해야 할 것이다. 물론 어떤 그리스도교 공동체들은 이미 이 주제를 너무 일방적으로 강조하다가 쾌락주의로 미끄러져 들어갈 위험에 처해 있다. 그러나 더 많은 교회들이 하나님께서 만드신 세계의 맛과 냄새와 모양을 불신하여, 오염을 피한답시고 안으로만 파고 들어가 배배 꼬여 겁먹은 자세를 취하고 있다. 그런 공동체들에게는 바울의 조언이 해방으로 다가와야 한다. 아! 주님께서 얼마나 좋으신 분인지 마음껏 맛보아 알지어다!

좀더 깊은 묵상을 요구하는 요소로 두 번째 것은 **그리스도를 본받는 일**이다(11 : 1). 바울에게 있어서 그러한 본받기는 오직 한 가지를 뜻한다. 예수님의 자기희생 사랑의 패턴에 따라 우리의 삶을 조각해 가는 것이다. 따라서 그리스도를 본받는 일은 십자가에 초점이 맞추어져 있다. 고린도 교회 교인들이 자신들을 위해 개인적 자유를 확보하려는 요구를 할 때, 그들이 놓치고 있는 것은 바로 이 점이다. 바울이 이 단락을 통해 그들에게 각인시키려는 것은 교회에서의 삶이 그리스도께서 위하여 돌아가신 약한 자들(8 : 11)과 교제하는 삶이라는 점이다. 그러한 교제 가운데 산다는 것은 다른 사람을 위하여 값비싼 희생의 섬김을 보여 주신 모범의 예수님을 향한 영구적 소명을 받았다는 점을 발견하는 것이다. 이것이 예수님을 따르는 사람들에게는 항상 듣고 순종하기 어려운 말씀이었다. 베드로가 예수님의 고난 예고를 듣고 충격에 휩싸였던 때부터 시작해서 지금까지도 이것은 어려운 일이었다(막 8 : 31–38). 진정한 복음 선포는 어느 위치에서 우리가 다른 사람들을 위해 우리의 생명을 버리도록 부름을 입었는지를 항상 분별하도록 노력하는 것이 되어야 한다. 어떤 때는 그 부르심이 디트리히 본회퍼(Dietrich Bonhoeffer), 마틴 루터 킹 주니어(Martin Luther King Jr.), 그리고 오스카 로메오(Oscar Romero) 대주교 등의 경우와 같이 극적인 것일 수도 있다. 어떤 때는 바울이 부요한 고린도교회 교인들에게 지시한 경우와 같이 그 소명이 그다지 대단치 않은 것일 수도 있다. 교회의 온전함을 위해 단지 약간의 특권이나 존경의 표식을 포기하는 것일 뿐이다. 어느 쪽이든 간에 하나님의 백성으로서 우리의 정체성은 그리스도의 모범을 좇아 그 모양을 닮아 갈 때 지울 수 없는 그 특성을 부여받는다. "우리 산 자가 항상 예수를 위하여 죽음에 넘기움은 예수의 생명이 또한 우리 죽을 육체에 나타나게 하려 함이니라"(고후 4 : 11). 바울의 신학적 영감의 탁월함은 이 패러다임을 어떤 종류의 고기를 먹어야 하는지에 대한, 그래서 외관상으로 볼 때 상관이 없는 세속적 다툼에 지나지 않는 일에도 적용한 데 있다. 해석자로서 우리의 과제는 동일한 패러다임을 통해 오늘날 우리 교인들이 직면하는 이슈들에 대한 우리의 사고를 어떻게 다시 조각해야 하는지를 잘 찾아내는 것이다.

고린도전서 11 : 2~14 : 40

공동체 예배

이 편지에서 이어지는 단원(11–14장)은 고린도 공동체의 예배 실천에 관한 여러 문제들로 관심을 돌린다. 고린도전서 11 : 2~16의 머리에 쓰는 것에 대한 논의는, 분명히 고린도교회 교인들이 바울에게 보낸 편지에 의해 이슈가 된 것이다. 마찬가지로 바울은 12~14장에서 그들이 한 코멘트나 예배에서 나타나는 영적 현상들에 대해 답변을 한다. 반면 11 : 17~34은 바울이 고린도교회의 주의 만찬 축연에서 발생한 분열에 대한 간접적 보고를 듣고, 그에 대응하는 내용이다(11 : 18). 바울이 이슈들을 한데 모아 놓은 것은 이 모두가 기도와 예배를 위해 모인 공동체의 활동에 관련된 것이기 때문이다. 이 단원의 구조는 다음과 같이 개략될 수 있다.

헤어스타일과 성 구별(11 : 2－16)
주의 만찬 : 몸의 분별(11 : 17－34)
예배 중에 나타나는 성령의 역사(12 : 1－14 : 40)
은사의 다양성, 그러나 같은 성령(12 : 1－31a)
사랑의 탁월함(12 : 31b－13 : 13)
예배 중에 나타나는 성령의 은사에 대한 규제(14 : 1－40)

편지의 이 단원을 통해, 바울의 교훈은 고린도교회 교인들이 예배 중에 질서 있고, 품위 있으며, 사랑을 동기로 하며, 공동의 선에 순기능하는 방식으로 행동하도록 만들려는 관심을 그 바탕으로 한다. 스스로를 악기 독주(獨奏)를 하는 영성의 대가(大家) 정도로 생각하는 고린도교회 교인들의 경향은, 특히 예배 중 보이는 행태에서 가장 두드러지게 드러난다. 바울은 그들에게 반복하여 상기시킨다. 예배는 서로 간에 보완하여 온전해지는 전체 참여를 요구하는 공동체의 **집단** 행위임을 감지해야 한다.

헤어스타일과 성 구별(11 : 2－16)

바울은 고린도전서 11 : 2에서 고린도교회 교인들이 보낸 편지에서 언급된 한 질문에 답변을 하는 것으로 보인다. 그들은 바울이 그들에게 전해 준 전통을 충성스럽게 따르겠다고 확언했다. 그러나 이어지는 내용을 통해 짐작컨대, 그들은 바울 자신의 가르침에 호소함으로써 예배

시에 남성과 여성의 구분을 없애려는 어떤 행태들을 옹호하려는 것처럼 보인다. 그러나 이제 바울은 그러한 행태들을 승인하려 하지 않는다. 우리가 들을 수 있는 것은 오직 바울 쪽의 이야기이기 때문에 고린도교회 교인들이 말하려 했던 바에 대해서는 어느 정도의 추정을 하지 않을 수 없다. 그들은 아마 대충 다음과 같은 내용의 글을 바울에게 써 보냈을 것이다.

> 존경하는 바울 사도님께,
>
> 저희는 사도님을 생각하면서 다시 뵈옵기를 고대하고 있습니다. 우리 중 일부는 사도님께서 우리에게 가르쳐 주신 전통을 잘 유지하려고 노력을 많이 하고 있습니다. 그래서 우리가 그리스도 안에서 세례를 받을 때에, 더 이상 남자나 여자의 구별이 없다는 전통도 잘 보전하고 있습니다(갈 3 : 27-28 참조). 우리가 예배를 위해 함께 모일 때 우리 공동체의 여성들이 계속하여 남성들과 동등한 역할을 감당하면서, 사도님께서 이곳에 우리와 함께 있을 때와 마찬가지로 성령의 영감 아래 모여 자유롭게 기도하고, 예언도 하고 있다는 사실을 아시면 많이 기뻐하실 줄로 믿습니다. 그러나 한 가지 문제로 인해 논란이 발생했습니다. 여성들 중 일부가 성령의 자유와 능력 안에서 활동하면서 예언을 할 때에, 그리스도 안에서의 자유의 사인으로 머리 덮기를 지양하고 머리카락을 풀어헤치기 시작했습니다. 공동체 내의 다소 소심하고 보수적인 신자들은 여성이 공중 앞에서 머리를 풀어 내리는 것은 단정치 않고 수치스러운 일이라 생각하여 이에 반대하고 있습니다. 그러나 우리 중 대다수는 사도님께서 이런 행습을 당연히 인정해 주시리라 믿습니다. 왜냐하면 이것이야말로 사도님께로부터 물려받은 전통적 진리의 외적이며 가시적인 사인이기 때문입니다. 이 점에 대한 일체의 의심을 몰아낼 수 있도록, 사도님께서 이 사안에 대해 직접적으로 한 말씀을 해 주시면 고맙겠습니다.
>
> 사도님께 충성하는 제자 일동
> 고린도교회 교인 올림

의심할 여지없이 고린도교회 교인들은 바울의 응답에 깜짝 놀랐을 것이다. 바울은 여성들이 자유로운 머리로 예언할 자유를 인정하기는커녕, 오히려 머리를 덮는 것으로 상징되는 기강의 유지를 지시했다. 여기서 바울의 논리 전개는 악명 높을 정도로 분명하지 않다. 부분적으로는 그의 주장에서 사용하는 핵심 용어들 중 일부를 어떻게 독해해야 할지 모르기 때문이며, 또한 부분적으로는 어떤 기준으로 보든 간에 그의 논의에 대한 흐름이 많이 고심하면서 복잡하게 얽혀 있기 때문이다. 이런 사안들을 둘러싼 불확실성을 감안할 때, 이 구절에 대해 완전하게 자신감 넘치는 해석을 하기는 거의 불가능한 것 같다. 그러나 바울의 논의에 있어 몇 가지 사항들은 분명한 확인이 가능하다. 다음 내용은 확신을 갖고 정리할 수 있는 것들이다.

> 바울은 여성들이 모임에서 기도하고 예언할 자유가 있음을 인정한다. 이슈는 이 자유를 구사할 때 머리를 어떤 상태로 두는 것이 적절한가의 의문에 있다.
>
> 본문 3절과 7~9절의 가부장적 질서 언급은 '주 안에' 존재하는 남성과 여성의 상호 의존성 비전(11-12절)과의 대조 속에 주어져 있다.
>
> 바울의 일부 논의가 가부장적 질서 체계를 전제하고 있기는 하지만, 이 구절이 여성의 **복속**(服屬)을 요구하지는 않는다. 단지 다른 성별간의 상징적 **구별**을 요청한다.
>
> 이 구절의 주 관심은 고린도교회 교인들이 공동체에 **수치**를 가져오지 말 것을 요구하는 데 있다.

이 구절의 어려움을 헤쳐 나갈 때, 이러한 기초 사항들이 우리의 방향을 바로잡는 데 도움이 되게 해야 할 것이다.

우리가 이미 7장에서 살펴본 바와 같이 고린도교회 교인들 중 일부는 그리스도 안에서 남자와 여자의 차별이 없다는 초기 그리스도교의 신앙 전통을 열정적으로 끌어안았고, 그래서 그들의 성별에 대한 한계를 뛰어넘으려고 노력했다. 이런 경향이 있는 가운데 예배 중 자신들의 머리 덮개를 제거하거나 머리를 풀어 내린 고린도교회 여성들은 성 구별의 전통적 표식을 의도적으로 저버리려 했다. '머리를 덮는 것'은 (그것이 무엇을 의미했던 간에) 그들의 여성 됨을, 동시에 여성으로서 그들의 열등한 위치를 상징했다. 이 '덮기'를 벗어던진다는 것은 제한의 상징을 벗어던지는 것이었고, 오직 남성들에게만 부여되었던 자유와 자율의 영토에 진입해 들어감을 뜻했다. 로빈 스크럭스(Robin Scroggs)가 지적했듯이, 이 머리 덮기의 상징적 기능은 헬라 세계 유대인의 이야기인 「요셉과 아세넷」(주전 1세기나 주후 2세기경 쓰였음.)에 생생하게 표현되어 있다. 젊은 여인 아세넷이 유대교로 개종을 하고 난 뒤 천사가 나타나 명하기를, "오늘날 그대가 성녀(聖女)가 되었고 그대의 머리는 젊은 남자의 머리나 마찬가지이니" 머리에 덮은 것을 없애라고 한다(「요셉과 아세넷」 15 : 1–2). 머리 덮기를 거부한 고린도교회 여인들은, 이와 유사하게 변형된 영적 신분에 대한 주장의 일환으로 그런 행동을 보였을 것이다. 바울은 여성들이 그리스도 안에서 새로운 영적 지위를 누려야 한다는 견해에 동의한다. 그러나 분명히 7장에서와 마찬가지로 고린도교회 교인들이 이러한 신학적 진리로부터 도출해 내는 행동상의 추론 일부를 거부한다.

바울은 우선 '머리'(**케팔레**〈*kephalē*〉)라는 단어가 상징적 의미로 주어진 3절에서 존재의 위계(位階)적 사슬을 정립함으로써, 간접적으로 머리 덮기에 대한 질문에 접근한다. (어떤 해석자들은 **케팔레**가 '지배자'보다는 '출처'〈source〉를 뜻한다고 주장함으로써, 3절의 위계적 함의를 없애려는 시도를 한다. 이것도 그 단어의 가능한 의미이기는 하다. 특히 바울이 여자가 남자에게서 창조되었다는 점을 설명하는 창세기 이야기의 암시가 있는 8절에 잘 맞는다. 그러나 논의 전체의 모양을 감안할 때 3절의 가부장적 함의는 부인할 수 없다. 비록 여기서 바울이 남자를 여자 위에 위치한 권위가 아닌 여자의 출처로 생각한다 하더라도, 그 사실 역시 7~9절에 나타나듯이 여성보다 앞서는 남성의 존재론적 우위를 주장하는 근거로 기능한다.) 따라서 예배 중에 벗은 머리에 대한 논의는 고린도교회 교인들이 전제하고 있던 것과는 다른 상징적 틀 내에 위치한다. 바울은 머리를 덮거나 그것을 벗어 버리는 일이 단지 개인적 자유의 사인에 지나는 것이 아니라고 주장한다. 이런 행동은 질서 체계 내에서 상위에 있는 존재에 대한 존중이나 무시를 가리킨다는 것이 그의 생각이다. 결과적으로 예배 중에 실제 머리를 부적절한 모양으로 만드는 일은 비유적 의미에서의 '머리'에 수치를 가져다 주는 것이다(4-5절). 이런 일이 현대의 독자들에게 다소 이상하게 보인다면, 유추가 될 만한 관습들이 오늘날 우리의 사회 세계 속에도 존속하고 있음을 상기하면 좋을 것이다. 점잖은 만찬 자리나 교회 예배 중에 어떤 남자가 야구 모자를 쓰고 나타난다면, 많은 사람들이 이를 두고 무례하고 적절하지 못한 행동이라고 생각할 것이다. 고대 지중해 문화에서 그런 에티켓 위배 행위는 행위자 자신뿐 아니라 그 사람을 책임지고 있는 '머리'에 해당하는 상급자에게도 불명예를 가져왔다. 따라서 바울이 염려하고 있는 바는 '머리를 덮지 않고'(uncovered, 5절) 기도와 예언을 하는 여성들이 사실상 교회의 남성들에게 수치를 가져다 주고 있다는 점이었다. (바울은 남자들이 머리를 덮으면, 그 또한 그리스도께 수치를 가져다 주는 것이라고 말한다. 그러나 여기서 바울은 주로 여성들의 행위에 초점을 맞추고 있기 때문에, 남자의 머리 덮기에 대한 코멘트는 순전히 가상의 상황 설명이다.)

헬라어에는 별도로 영어의 '남편'(husband)과 '아내'(wife)에 해당하는 단어가 없다. 포괄적 의미의 단어인 '남자'(**아네르**⟨*anēr*⟩)와 '여자'(**귀네**⟨*gynē*⟩)가 오늘날의 남편과 아내를 뜻하는 단어로 중복 사용되었다. 그래서 이 단어들이 결혼한 부부를 가리키는 것인지의 여부는 문맥을 통해서 판단해야 했다. 그러나 현재 우리의 본문에서는 문맥도 그다지 도움이 되지 않는다. (영어성경 NRSV의 경우 3절에서는 이 단어들을 '남편'과 '아내'로 번역하지만, 본문의 다른 곳에서는 모두 '남자'와 '여자'로 처리했다. 이것은 근거 없이 자의적인 것으로 보인다. 대부분의 다른 성경들은 일관성 있게 '남자'와 '여자'로 번역하고 있다.) 특별히 그렇지 않은 상황을 지적하는 바가 별다르게 없기 때문에, 여기서 바울의 지시는 결혼을 했든 하지 않았든 상관없이 공동체 내의 모든 사람들에게 적용되는 것으로 보아야 할 것이다. 여성들은 예배 때에 머리를 덮어야 한다. 남성들은 그렇게 해서는 안 된다.

그러나 머리에 '덮는 것'과 '덮지 않는 것'(한글개역성경은 쓰고 벗는 것으로 단정하여 번역하고 있음—역주)이 정확하게 무엇을 의미하는 것일까? 그리고 바울이 고린도교회의 여성들에게 원하는 바는 엄밀하게 무엇이었을까? 바울의 언급은 전통적으로 여성들이 베일(면사포)을 써야만 한다고 명령한 것으로 이해되어 왔고, 그러한 해석이 계속하여 영어 번역(예를 들면 NRSV, NEB, JB 등)에 영향을 미쳐 왔다. 그러나 실제로 '베일'이라는 단어는 이 구절의 어디에서도 찾아볼 수 없다. 예를 들어 본문 5~6절을 좀더 문자 뜻 그대로 옮긴 직역은 NIV이다(강조는 저자의 것임). "머리를 **덮지 않고**(*uncovered*) 기도나 예언을 하는 여자들은 그녀의 머리를 수치스럽게 만드는 것입니다. 그것은 마치 그녀의 머리를 밀어 버린 것과 다름없습니다. 만일 여자가 자신의 머리를 **덮지**(*cover*) 않는다면, 차라리 머리를 잘라 버려야 할 것입니다. 머리를 자르거나 밀어 버리는 것이 여자에게 수치라고 생각한다면, 머리를 **덮어야** 할 것입니다." 바울이 분명히 머리카락에 대해 언급하고 있으며, 또한 여성의 긴 머리카락이 '머리를 덮기 위해 주어진 것'임을 확인하고 있는 13~15절의 견지에서, 어떤 해석자들은 문제의 전 단락이 베일을 쓰는 일의 여부가 아니라, 머리카락을 묶고 푸는 것에 대한 논의라고 제안한다. 머리를 '덮는다'는 것은 머리카락을 풀어 늘어뜨리지 않고 한데 매어 머리 위에 올려놓는 것을 뜻한다는 말이다.

이러한 제안은 여러 가지 이유로 해서 탁월한 해석이 된다. 우선 그리스나 로마 문화에서 여성이 베일을 쓰는 것은 정상적인 관습이 아니었다. 따라서 예배 중에 베일을 쓰지 않은 것이 논란거리나 수치로 간주될 수는 없었다. 반면에 여성들이 공중 석상에서 머리를 풀어 늘어뜨린 모양은 전통적으로 수치스러운 것으로 여겨졌고, 매춘부들과 연관된 표식이거나 (바울의 관점에서 볼 때 더 문제가 되었을 것으로서) 디오니시우스(Dionysus), 키벨레(Chybele), 이시스(Isis) 등에 연관된 종교들의 황홀경 상태의 제의(祭儀)에 사로잡혀 있는 여자들의 모습을 연상시켰다. 바울은 그리스도인들의 예언 실천이 이교 제의에서 여 사제들이 보이는 광란적 행태와 분명하게 구별되어야 한다고 생각했다(14 : 26-33, 37-40 참조). 그리스도인들의 집회에서 풀어헤쳐진 머리를 한 여인들이 끌고 들어온 상징적 혼란은 바울의 관점에서 볼 때 수치스러운 일이었다. 그래서 만일 여자들이 머리를 묶어 올리지 않을 것이면, 차라리 잘라 버리라고(이것은 자타 간에 명백하게 수치스러운 일로 간주되었음.) 말한다.

따라서 4~6절의 논의는 엄격하게 말해서 영예와 수치에 관한 것이다. 고린도교회 일부 여성들이 전통적인 성 구별의 선을 흐려 놓고, 수치스럽거나 무질서한 모양으로 행동하는 것처럼 보임으로써, 공동체에 수치를 가져오게 된 것이 문제였다. 바울은 그러한 행실이 특별히 교회의 남자들에게 수치를 가져다 준다고 말한다. 그들의 '머리 됨'이 여성들의 무질서한 행위에 의해 불명예를 입게 된다는 것이다. 바울이 하는 조언의 논리는 1세기 그리스-로마 문화에서 남성과 여성에게 있어서 명예롭거나 수치스러운 것이 어떤 것인지에 대해 (워낙 당연한 것이기 때문에) 언급되지 않고 정의되지 않은 전제들에 의존한다. 또다시 우리 문화의 금기사항에 비교한다면 바울이 쓴 것은 이런 셈이다. "남자들이 드레스를 입고 교회를 오거나 여자들이 가슴을 열어젖히고 교회에 와서는 안 됩니다." 궁극적 차원에서 그런 판단의 신학적 정당성 여부에 대해서는 어찌 생각하든지 간에 이해할 수 있는 목회상의 조언이다.

그러나 바울은 7~9절에서 창세기의 창조 스토리 독해에 기초한 새로운 차원의 논의를 전개함으로써 신학적 근거를 제기한다. 남자는 '하나님의 형상과 영광으로'(창 1 : 27) 창조되었기 때문에 머리를 가리지 말아야 한다. 그러나 여자는 '남자의 영광'이다. 안타깝게도 바울은 여기서 신학적 수렁에 빠져든다. 분명히 창세기 1 : 27은 "하나님이 자기 형상 곧 하나님의 형상대로 사람을 창조하시되 남자와 여자를 창조하셨다"고 기록하고 있다. 그러나 바울의 본문 해석은 원래 남자만이 하나님의 형상대로 창조된 것으로 생각하는 전승(아마 창세기 2 : 7에 기초한 것일지도 모른다.)에 의존하고 있는 것같이 보인다. 더구나 창세기는 여자가 어떻게 남자의 '영광'이라는 생각의 근거가 되는지 찾아보기 어렵다(그러나 에스드라1서 4 : 17을 참고할 것. "여자들은…… 남자들에게 영광을 가져다 준다"). 이런 어려움 중에 더욱 어려운 것은 바울이 어떻게 이것이 머리 덮기의 이슈와 직접 연관되는지 설명하지 않는다는 점이다. 아마 덮지 않은 머리를 가진 남자는 신성한 형상이 빛을 발하게 하여 하나님의 영광을 **반영할** 것이라는 뜻인 것 같다(고후 3 : 18 참조). 만일 그렇다면 이것은 왜 여자들이 머리를 덮어야 하는지를 설명하는 데 도움이 된다. 여자가 '남자'의 영광이라는 바울의 전제를 가정할 때, 여자의 덮지 않은 머리는 예배 상황 속에서 적절하지 못하다. 왜냐하면 이 가정(假定)에 따를 때 여자의 덮지 않은 머리가 남자의 영광을 반사하게 되고, 그렇게 되어 하나님의 영광을 축소시키는 결과를 가져오기 때문이다. 그러나 본문 중 바울의 주장에는 이런 말이 실제로 언급되어 있지 않다. 바울의 독자들은 7절의 적합성을 현재의 주제에 맞게 추리해야 한다.

바울은 본문의 8~9절에서 계속하여 창세기의 내용을 암시하면서, 남성의 존재론적 우위에 대한 추가적 근거들을 도출해 낸다. 남자가 먼저 창조되었고, 여자는 남자에게서 '나오는' 형식으로 창조되었다(창 2 : 21－23). 그리고 여자는 남자를 위하여 창조된 것이지(창 2 : 18), 그 반대가 아니다. 이러한 관점에 입각한 석의(釋義)는 성별 사이의 상징적 구분이 남자와 여자 사이의 올바른 위계 질서를 인정해야 한다는 바울의 주장을 더 뒷받침하는 근거가 되어 준다(3절 참조).

따라서 7~9절은 이 단락의 핵심 명령인 "여자는 머리를 덮을지니라"(6절)를 뒷받침하는 추가적 이유를 제공하는 기능을 한다. 잘 묶어 올린 머리카락으로 여성의 머리를 덮는 일은 창조의 질서 내에서 여성이 지닌 남성과의 관계를 적절하게 상징한다. 반면에 단정하게 매어 올리지 않은 머리는 이성(異性) 간의 창조된 구별을 없애며, 하나님의 형상을 안고 있는 남성의 역할에 이의를 제기하는 것이 된다. 이런 논의가 현대 독자들에게는 설득력도 없고, 논란의 여지를 너무 많이 갖고 있는 것으로 보일 것이다. 하지만 바울이 실제로 써 놓은 것을 대충 설명해서 무마시키려는 방식으로 해석을 유도하는 것은 의미 없는 일이다. (우리가 이러한 본문들을 교회 내에서 해석상 어떻게 다루어야 하는지에 대한 질문에 대해서는 아래의 "교사와 설교자를 위한 묵상"을 보도록 하라.)

바울은 독자들이 아직도 충분하게 혼란에 빠지지 않았다고 생각했는지, 후대의 해석자들을 거의 완전히 당혹스럽게 만들어 놓은 문장을 불쑥 끼워 넣는다. "이러므로 여자는 천사들 때문에 자신의 머리 위에 권위를 가져야 합니다"(10절, 개역성경은 "이러므로 여자는 천사들을 인하여 권세 아래 있는 표를 그 머리 위에 둘지니라"－역주). 여기에 아주 어려운 문제가 둘 있다. "머리 위에 권위를 갖는다."는 말이 뜻하는 바는 무엇이며, 또한 여기서 '천사'는 도대체 본 논의와 무슨 상관이 있다는 말인가? 첫 번째 질문과 관련해서 이제까지 전통적으로 주어졌던 몇 가지 답변이 분명히 잘못되었기 때문에, 그것들을 배제하는 것은 어렵지 않다. '권세'(권위, **엑수시아**)라는 말이 '베일'(RSV는 이렇게 보았다.)을 의미하지는 않는다. 그리고 바울이 이런 말을 여성이 자신의 머리 위에, 권위 아래 있다는 사실을 가리키는 상징을 지녀야 한다는 뜻으로 했다고 생각할 이유는 전혀 없다. 헬라어에서 '권위를 갖는다'는 표현은 영어에서와 마찬가지로 (to have authority) 권위를 행사한다는 뜻이지 권위에 복종한다는 뜻이 아니다. 결과적으로 두 가지 해석이 가장 그럴듯하다. 한편으로 이 문장은, 여성이 회중 가운데 있을 때 그리스도 안에서 예언과 기도의 새로운 권위를 가지게 되었다는 상징으로 머리를 매어 올려야 한다는 것을 뜻할 수 있다. 그러나 이 해석은 전후의 문맥과 조화를 이루지 못한다. 그리고 어떻게 당시의 정상적인 문화적 관습인 묶어 올린 머리가 여성들에게 주어진 새로운 권위의 신분을 상징하는 것으로 기능할 수 있는지가 분명하지 않다. 더 가능성이 있는 설명은, 이 표현이 '자신의 머리에 대한 권위(헬라어의 전치사 **에피**〈*epi*〉를 over로 보아 have authority over her head로 읽는 것을 뜻함－역주)를 갖는 것'으로 번역되어야 한다는 것이다('~위에 권위를 갖는다.'는 표현을 위해서는 요한계시록 11 : 6b, 14 : 18, 20 : 6 등을 참고하라). 그렇게 되면 이 표현은 여성이 자신의 머리카락에 대해 주도적 책임을 갖고 그것을 잘 통제하는 것, 즉 풀어헤치기보다는 잘 묶어 올려 그렇게 하는 것을 의미하게 된다. 이러한 해석은 바울이 이미 5~6절에서 여성들에게 내린 구체적 지시와 잘 어울린다. 바울은 여성들에게 자신의 머리에 대해 '책임 있게 주도하는' 존재가 되라고 말함으로써 머리 덮기의 상징적 함의를 변형시키려 한다. 그렇게 되면 매어 올린 머리는 바울이 공동체 전반에게 기대하는 자기 절제와 질서 정연함을 가리키는 적절한 상징이 된다.

천사들에 대한 언급은 무엇인가? 순식간에 나타났다 사라져 버리는 바울의 천사 언급은 여기서 완전히 수수께끼이다. 이 짧은 코멘트의 전이나 후 어디에도 이에 대한 내용이 더 없기 때문이다. 주석가들이 제공한 많은 추정 설명들 중에서 두 가지 정도가 언급할 만한 가치를 지니고 있다. 고대부터 어떤 해석자들은 바울이 여성의 덮지 않은 머리가 천사들에게 성적인 자극을 주어 창세기 6 : 1~4에서처럼 인간 여자들과 짝을 맺으려는 유혹을 받게 될 것을 염려했던 것으로 보았다. 그러나 바울이 정말 이런 괴상한 생각에 대한 표현을 의도했다면, 좀더 충분한 설명을 했을 것이다.

이보다 더 적절한 것은 바울이 천사들을 예배드리는 공동체 가운데의 질서 수호자와 하나님께 드리는 교회의 찬양의 동참자로서 함께 임재해 있었을 것으로 생각했다는 가설이다. 이와 유사한 사고는 사해사본에서도 찾아볼 수 있다. 그렇다면 바울이 의미한 바는, 그들 가운데 천상의 '고귀한 영적 존재'들이 임재해 있기 때문에, 예배드리는 공동체가 품위 있게 행동해야만 한다는 것이었다. 천사들이 여인들의 풀어진 머리 때문에 분노할 것이라고 생각을 했는지, 아니면 천사들이 그러한 질서문란의 행위를 어떤 방식으로든 처벌하리라 생각했는지를 알아내기는 불가능하다. 본문 자체는 우리가 계속 탐구하는 데 필요한 정보를 거의 제공해 주지 않는다.

바울은 예배 중에 있는 여성과 남성 사이의 적절한 구별을 위한 지침을 정립한 뒤 11~12절에서 완전히 다른 방향으로 틀어, 실질적으로 고린도교회 여성들로 하여금 애초에 머리 덮기를 팽개치도록 유도했던 그 신학적 확신을 재확인한다. 비록 사회의 예의범절이 여성과 남성으로 하여금 상징적 구별을 유지할 것을 요구하고 바울도 그런 구별이 창조 이야기 안에서 근거를 지니고 있다고 주장하지만(3-9절), 그럼에도 불구하고 '주 안에서는' 사안이 완전히 달라진다. 남성과 여성은 상호 의존 속에서 산다. 이것이 이성 간의 구별 자체가 없어졌다는 뜻은 아니다. 그러나 양 성에 속한 사람들이 모두 전적으로 하나님께 달려 있다는 것을 의미한다(12b절, 8 : 6 참조). 그리고 그들은 서로 간에 그리스도 안에서 상호 보완의 파트너로 살도록 부름을 입었다. 종종 어떤 이들이 생각하듯이, 이 주장이 바울이 3~10절에서 분명하게 밝힌 입장과 서로 모순되거나 그것을 취소해 버린 것은 아니다. 그보다는 오히려 3~10절의 입장을 좀더 복잡한 것으로 만들어 준다고 보아야 할 것이다. 바울이 3절과 7~9절에서 그려 준 위계 질서는 다른 고려 사항들에 의해 균형을 잡게 된 것이다. 예를 들어 앞에서 창세기 2장에 근거하여 이루어진 석의상의 언급으로서 여자가 '남자에게서' 났다고 한 말은 이제 인간의 출생과정에서 "남자도 여자로 말미암아 났다."는 주장에 의해 균형을 잡게 되었다. 결과적으로 바울은 교회 내에서 남자와 여자의 **기능적**(*functional*) 평등을 지지하는 것이다. 여성들은 외관상의 성 구별, 구체적으로 머리 덮기에 관련된 성 구분의 표식을 유지해 주기만 하면 성령의 인도하심을 통해 기도, 예언 및 모든 종류의 리더십을 행사하는 데 있어 자유롭다.

바울은 마지막 단락에서 자신의 입장을 뒷받침하기 위해 간략하게 두 가지 사항을 더 끄집어낸다. '본성'(13-15절)에 기초한 논의와 교회의 '관행'에 따른 논의이다. 물론 고린도교회 교인들에게 '스스로 판단하라'(13절)고 호소한 것이 정말로 독자적 판단을 내려도 좋다고 열린 초대를 하는 것은 아니다. 바울이 생각하기에 그 답변이 너무 당연하게 정해져 있는 일련의 질문들을 수사학적 제스처와 함께 던진 것에 불과하다. 바울은 긴 머리가 남성에게는 수치요, 여성에게는 영광이라는 점을 '본성'(nature)이 가르쳐 주고 있다고 단언한다. 인간의 행위 규범에 대한 근거를 위해 이른바 '본성'(**퓌시스**〈*physis*〉)에 호소하는 일은 스토아 철학자들과 견유학파 철학자들의 특성이며, 바울에게는 매우 이례적인 것이다. 따라서 이것 또한 하나의 아이러니로서, 고린도교회 교인들이 스스로 자부심을 지니고 있는 철학적 지혜조차도 그들로 하여금 다른 방향으로 행동하도록 이끌고 있음을 바울이 지적하는 또 하나의 경우가 되어 주고 있다(참고로 위의 3 : 21~22과 6 : 7의 코멘트를 보라). 남자와 여자 머리카락의 자연적 차이에 대한 바울의 코멘트는 철학자 에픽테투스의 언급과 비슷하다.

> 턱에 난 수염처럼 소용없는 것이 또 있을까? 그렇다고 치자. 그러면 어떻게 되는가? 자연이 이것조차 가능한 가장 적당한 방식으로 활용하지 않았는가? 자연이 이것을 통해 남자와 여자 사이를 구분하고 있지는 않은가? …… 그래서 우리는 신이 우리에게 부여한 사인들(**심볼라**〈*symbola*〉)을 보전해야만 한다. 이것들을 폐기하여 내버리지 않아야 한다. 우리 안에 그것이 존재하는 한, 우리는 이런 방식으로 구분이 되는 성별에 대해 혼동해서는 안 된다(*Diss*. 1.16.10, 14).

물론 고린도교회 교인들은 자신들이 속한 문화에서 공통으로 이해되었던 '본성'(자연)의 패턴을 초월하고 있다고 생각했을 것이다. 성령을 소유함으로써, 그들은 일반 인생들의 능력을 넘어서는 일들을 알고 있고, 또한 할 수 있었다. 그런데 바울이 자연(본성)의 질서에 호소한 일은 비록 그것이 특정한 문화 코드에 호소한 것에 지나지 않는 것 같지만, 사실 고린도교회 교인들을 다시 지상으로 끌어내려 그들이 주님의 재림을 기다리고 있는 동안은 한계성의 굴레 내에서 살아가고 있다는 점을 상기시켜 준 것이다. 만일 이것이 11 : 2~16에 있는 내용의 논쟁상 주요 부담이라면, 그것이 성과 혼인에 대한 바울의 주장과 갖는 유사성은 실로 크다고 하지 않을 수 없다.

바울은 단원의 마지막 문장에서, 고린도교회 교인들이 이 이슈를 놓고 계속하여 자기 주장을 할 가능성을 염두에 두고 그것을 차단한다. 어찌

보면 바울은 자신의 다소 단편화된 논의의 약점을 인식했는지도 모른다. 그렇다면 이제 그가 내놓는 카드는 '하나님의 교회들'의 관행에 호소하는 것이다. 추측컨대 그가 여기서 언급하는 교회는 자신의 선교 개척 교회들뿐 아니라 예루살렘을 자신들의 영적 지도자로 바라보는 유대 그리스도인들의 공동체를 포함해서 다른 모든 초기 그리스도교 공동체들일 것이다. 이 마지막 주장은 고린도교회 교인들이 다른 모든 교회들 내에서 발아하는 그리스도교 운동의 실천에 관한 일치를 보고 있는 일을 존중할 의무를 지니고 있음을 인식할 것이라고 단정한다. 이 주장이 고린도교회 교인들에게 실제로 중압감을 주었는지 그러지 못했는지 알 수 없지만, 바울로서는 이것을 결정적인 것으로 생각했던 것 같다. 고린도교회 교인들이 설사 자신의 다른 주장에 대한 논거를 받아들이지 않는다 하더라도 그들의 머리 덮기 관행은 다른 모든 교회들의 실천 관행에 순응해서 맞춰 나가야 한다. 왜냐하면 그들이 '각처에서 우리의 주 곧 저희와 우리의 주 되신 예수 그리스도의 이름을 부르는 모든 자들'과 하나가 되도록 부름을 입었기 때문이다(1 : 2).

| 교사와 설교자를 위한 묵상 |

고린도전서 11 : 2~16은 이 편지의 다른 어떤 구절보다도 더 해석자들에게 어려운 문제들을 안겨 준다. 이 본문의 독해에 있어 적용해야 할 첫 번째 원칙은 해석적인 정직성의 원리이다. 우리는 결코 우리가 실제로 이해할 수 있는 것 이상으로 이해하는 척해서는 안 된다. 이 구절의 경우 교사나 설교자는 우리가 전적으로 이해할 수도 없고, 또한 전적으로 받아들일 수도 없다는 점을 인정할 준비를 하고 있어야 한다(아마 후자는 전자로부터 나오게 될 것이다). 그러한 사안들에 대해 분명하게 진실을 말하는 것이 공기를 더 깨끗하게 해 줄 것이다. 그렇게 하면 우리 교인들이 1세기 고린도 시와 우리가 살고 있는 세계 사이의 문화적 거리가 얼마나 큰지를 좀더 분명하게 깨달을 수 있게 해 줄 것이다.

그렇다고 해서, 이 본문이 '문화적으로 조건지어져'(culturally conditioned) 있으니 우리에게 적용될 수 없다고 말하는 것은 아니다. 사실 모든 본문은 다 문화적으로 조건지어져 있다. 바울 서신들의 목적은 그의 교회들을 복음에 일치하는 문화적 패턴으로 재조각하는 것이었다. 그렇다면 우리가 이 본문과 씨름하면서 던져야 할 질문은 과연 바울의 지시 내용들이 그 자신의 조건에 기준하여 설득력을 지녔는지, 즉 바울이 성공적으로 자신의 근본적인 신학적 비전에 일치하는 주장을 올려놓았는가 하는 것이다. 그렇지 못하다면 이 주장은 전혀 비중을 담지 못한다. 혹 그렇게 된다면 우리로서는 **어떻게** 고린도교회 교인들에게 준 바울의 조언이 극적으로 다른 문화적 배경 속에서 살고 있는 그리스도인들에게 유추되어 발언권을 가질 수 있는지를 묻는 질문으로 이동해야 할 것이다.

그렇다면 바울의 주장이 그 자신의 조건에 맞게끔 설득력을 갖는가? 여기서의 그림은 꽤 복잡하다. 바울이 창조된 남자와 여자 사이의 **구별**에 초점을 두면서 그 구별을 서로 다른 성(性)의 상호 보완이라는 큰 관점 속에 위치시키는 한(11－12절), 그의 주장은 이해가 잘 되며, 그가 편지 전체를 통해 천명한 신학적 비전과도 일관성을 유지한다. 남자와 여자가 그리스도인의 예배 중에서조차 전통적이며 상징적인 성 구별을 유지하라고 명하는 그의 조언은 자신이 반복하여 천명했던 '종말론적 유보'(eschatological reservation)에 입각한 또 하나의 표현이다. 그리스도 안에 있는 공동체는 주님의 다시 오심을 기다리면서, 자신들이 부름을 받은 조건 안에 그대로 머물러 있어야 한다(7 : 17－24). 성 차이의 상징들을 초월하거나 지워 버리려는 시도는 아직 미숙하면서도 주제넘는 일이다. 왜냐하면 탈버트가 적절하게 썼듯이 "그리스도인들은 천사들이 아니기 때문이다"(p. 37). 그리스도인들은 계속 특정의 성별, 즉 남성과 여성의 구별로 정체성이 정해진 사람들로서 세상 속에서 살아가도록 되어 있다.

반면에 바울이 성별에 기초한 **위계**(位階)를 정립하는 한, 그의 주장은 긴장을 초래하며 붕괴되기 시작한다. 이것은 문제가 되는 그의 창세기 석의에서 잘 나타난다. 만일 창세기 1 : 27이 전체를 포괄하는 틀이 되어 창세기 2장을 그 안에서 읽도록 한다면, 사실상 남자와 마찬가지로 여자도 창세기 1 : 27이 지적하고 있듯이 하나님의 형상대로 창조된 것이 분명하다. 그 경우, 고린도전서 11 : 3의 위계 사슬과 7절에 여성의 머리 덮기에 대한 주장은 그 타당성을 잃게 된다.

개정공동성구집(Revised Common Lectionary)으로 말씀을 준비하는 설교자는 이 본문을 다루느라고 고생하게 되는 일이 결코 없을 것이다. 그러나 이 본문에 대한 질문은 반드시 시시때때로 올라오게 된다. 아마 이 본문을 다루는 최선의 길은 성경공부 그룹의 상황일 것이다. 거기서는 이 본문을 해석하는 다양한 제안들을 충분하게 고려할 수 있다. 그러한 공부를 하는 상황에서는 몇 가지 이슈들이 조명을 받아야 한다.

1. 남자와 여자 사이의 창조된 **구별**은 교회 내에서 존중되어야 한다. 남자나 여자가 자신들의 특정 성별의 정체를 거부하려는 상징적인 '성별 파괴적'(gender-bending) 행동들은 진정한 영성의 사인이 아니라 하나님께서 우리를 놓아둔 세계에 대한 사춘기적 조급함이다. 우리는 몸이 분해되어 사라진 영으로 존재하지 않는다. 결과적으로 볼 때, 그리스도 안에서의 영적 성숙은 그리스도 안에서 성숙한 남성과 여성이 되는 것이다. 우리의 의상과 외모는 우리의 성별 정체성을 적절하게 반영해야 한다. 이 구별의 선을 흐리는 것은 공동체에 필요 없는 수치를 가져다 준다. 우리 문화의 성 정체에 대한 맹렬한 혼란의 시대 속에서 이 사안에 대한 바울의 가르침은 우리에게 시의적절(時宜適切)한 것이다. 건강한 공동체는 남자와 여자를 함께 필요로 하지(11절) 성별 파괴의 중성(sexless neutrality)을 추구하는 일단의 사람들을 필요로 하지 않는다.

2. 동시에 예배와 공동체 리더십에 있어 남성과 여성의 기능적 **평등**은 강조되어야 한다. 바울이 여성에게 머리 덮기에 대한 교훈을 설파하는 것은 그들로 하여금 기도와 예언에 동참하지 못하게 함이 아니다. 오히려 그들이 이런 활동을 품위 있게 해 나감으로써, 고대 지중해 세계의 사회적 관습에 따라 문화적 감각을 형성한 사람들에게 혼선을 주지 않고, 더 잘 할 수 있게 하려는 데 그의 목적이 있다. 여성들을 침묵시키기

위해서, 또는 그들의 교회 내 리더십 역할을 부정하기 위해 이 구절에 호소하는 사람이 있다면, 누구든지 간에 그는 본문을 무도(無道)하게 오용하는 것이다. 예언의 은사는 '하나님에게서'(12b절) 난 것이며, 그래서 바울은 남자와 여자가 똑같이 그 은사를 자유롭게 구사할 수 있는 것으로 단정한다. 우리 시대의 교회들은 하나님의 말씀을 선포하는 데 있어 오랫동안 억압되었던 여성들의 사역과 리더십의 능력을 회복하기 시작했다. 이것은 성령의 역사로 발생한 심오하게 복음주의적인 발전이다. 만일 바울이 오늘날 우리와 함께 있었다면 이 현상을 크게 축하했을 것이다.

3. 고린도전서 11 : 2~16을 정직하게 평가할 경우 교사와 학생 모두 3절과 7~9절의 가부장적 함의를 대면하지 않을 수 없을 것이다. **케팔레**(*kephalē*)를 '머리'가 아닌 '출처'(source)로 번역하는 것과 같은 적당한 기술적 제스처로 예봉(銳鋒)을 피해 분명한 함의를 적당히 설명해 버리고 말 수는 없다. 왜냐하면 가부장적 전제가 바울 주장의 전체 구조 안에 짜여져 있기 때문이다. 이 문제에 다가가는 가능한 접근 방식은 여러 가지가 있다. 한 가지 방법은 어떻게 가부장적 전제들이 창세기 2 : 7의 렌즈를 통하여 창세기 1 : 27을 읽기로 한 바울의 결정을 빚어냈는지를 보여 주는 것이다. 그래서 반원들로 하여금 바울의 입장과 같은 위치에서 있으면서도, 그에 도전을 주는 여러 본문들을 숙고해 보도록 인도할 수 있다. 다시 말하자면, 우리는 창조의 교리가 어떻게 남성과 여성의 관계에 대해 바울의 것과 똑같지 않은 결론으로 이끌 수 있는지를 재고해야 한다.

또다른 방법은 '그리스도의 머리는 하나님'(3절)이라고 말하는 절구로 시작하여, 그런 성격의 머리 됨이 하나님의 삼위일체 이해에 있어 구체적으로 무엇을 의미하는지를 질문해 보는 것이다. 물론 바울은 명확한 삼위일체 교리를 갖고 있지 않으며, 가끔 '성자종속설의 기독론'(subordina-tionist christology) 쪽으로 움직이는 것같이 보이기도 한다(15 : 28 참조). 그러나 우리가 이제 11 : 3을 그리스도께서 온전하게 하나님의 신성에 동참하셨다는 신학 전통의 렌즈를 통해 읽게 되면, 우리는 이것이 '그리스도의 머리는 하나님'과 '여자의 머리는 남자' 사이에 존재하는 유추적 이해에 어떻게 영향을 미치는지 질문해 보아야 한다. 이후 발전된 정통 삼위일체 교리는 실질적으로 바울이 남자와 여자에 대해 논의한 바가 함의하는 성자종속설적 경향에 반대되는 쪽으로 움직였다. 이는 우리로 하여금 '주 안에서' 남자와 여자가 우수함과 열등함의 개념을 초월하는 새로운 정체성에 함께 동참하는 방식을 재고하도록 압박한다. 이러한 제안은 우리로 하여금 바울이 옳았냐 틀렸냐를 따지는 식의 지나치게 단순화된 논쟁을 넘어서, 바울이 고린도교회의 예배 속에서 머리 스타일 문제를 처리하면서 제기한 실질적으로 신학적인 이슈를 더 깊이 재고할 수 있도록 만들어 준다.

주의 만찬 : 몸의 분별(11 : 17-34)

바울은 고린도교회 교인들로 하여금 자신이 그들에게 전수해 준 전통을 잘 지킨다고 칭찬함으로써 예배 관행의 논의를 재치 있게 시작했다(11 : 2). 그러나 그의 인정은 편지의 다음 단락(11 : 17-34)이 보여 주듯이, 중한 조건들을 달고 있는 조건부 칭찬이었다. 바울은 공동체가 주의 만찬을 기념할 때 분열이 발생한다는 전갈을 받았다(18절). 결국 그는 다시 한번 그들의 불일치에 대해 꾸중을 하면서, 그들의 공동 예배 식사에 관해 엄격한 교정(矯正)을 가해야 했다.

보고의 출처가 누구였는지 이름이 언급되지는 않았다. 그러나 아마도 식탁에서 발생하는 고린도교회 교인들의 불화에 대한 소식은 글로에의 사람들(1 : 11)이나 스데바나, 브드나도, 그리고 아가이고(16 : 17) 등에 의해 바울에게 전달되었을 것이다. 공동체 내의 분열 문제는 편지 내에서 일관성 있게 다루어지는 관심사였다. 따라서 이러한 차이가 주의 만찬에서도 표현되는 것을 발견했다고 특별히 놀랄 이유는 없을 것이다. 물론 여기서 언급되는 분열은 바울이 1 : 10~17과 3 : 1~4에서 개탄했던 파당과 똑같은 것은 아니었을 것이다. 어쨌든 그들의 하나 됨의 상징과 확증의 표시가 되어야 하는 음식 자리가 사실상 어떤 이들이 다른 이들로 하여금 수치심을 갖게 만드는 경우가 되고 말았다(11 : 21－22). 그래서 그들이 공동의 식사를 위해 모이는 집회가 실질적으로는 "자신들에게 주어진 심판을 먹고 마시는"(29절, 개역성경은 "자기의 죄를 먹고 마시는"으로 번역－역주) 자리가 되고 말았다. 그것은 바울이 "이는 저희의 모임이 유익이 못되고 도리어 해로움이라"(17절)고 말한 이유가 된다.

개정공동성구집은 고린도전서 11 : 23~26을 매년 성 목요일에 읽는 서신 부분으로 지정해 놓았으나, 예배에서의 읽기를 위해서는 이 단원 전체 구절(17－34절)을 어디에도 지정해 놓지 않았다. 그래서 많은 그리스도인들은 바울이 주의 만찬의 제정 이야기를 다시 들려준 것은 알지만, 그것이 다시 들려진 배경에 대한 감각을 전혀 갖지 못한 상태에서 본문을 대한다. 그래서 이 본문으로 작업을 하는 교사나 설교자는 바울이 말하고 있는 구체적 상황을 조명하는 데 세심한 주의를 기울여야만 할 것이다. 이렇게 할 때 교인들은 바울이 주의 만찬 전승을 교회 내의 불평등과 갈등의 이슈를 다루는 데 어떻게 사용했는지를 묵상하려는 생각을 갖게 될 것이다. 원래의 역사적 정황에 대한 두 가지 예비적 관찰을 통해, 우리의 본문 해석이 초점을 잃지 않도록 도울 수 있을 것이다.

첫째, 바울은 고린도에서의 주의 만찬을 언급할 때 교회 건물 안에서 기념되는 예배 의식의 제의(祭儀)에 대해 말하고 있는 것이 아니다. 이렇게 이른 시기에는 아직 그리스도인 예배를 위해 구분된 별도의 건물이 없었다. 주의 만찬(The Lord's Supper)은 공동체가 가정집에서 같이 먹은 실제 식사였다. 종종 주석가들은 **아가페**(사랑의 잔치)와 **유카리스트**(*eucharist*)의 구별을 언급한다(이런 구분은 후대의 교회사 속에서만 확인된다). 그러나 바울은 전혀 그런 구분을 하지 않고 있다. 분명히 주의 만찬에서 상징적인 떡과 잔을 나누는 일은 공동 식사의 한 부분을 구성하고 있었을 것이다. 주의 만찬을 식사 상황에서 분리하여 '교회 안에서' 하나의 의식(儀式)으로 경험하는 데만 익숙해진 그리스도인들은 원래의 상황을 염두에 두기 위해 자신의 상상력을 훈련시켜야 할 필요가 있다.

둘째, 바울이 고린도에서 다루고 있는 문제는 (공공연한) 성례전 신학의 문제가 아니다. 그보다는 오히려 공동체 내에 존재하는 사회적 관계의 문제였다. 바울의 공동체 비전은 식사 자리에서 서열과 신분의 구분을 요구하는 고린도의 사회적 관습과 충돌을 일으켰다. 특권을 더 많이 지닌 구성원들은 다른 사람들보다 더 좋은 음식을 더 많이 받을 것으로 기대했다. 바울은 이런 행태를 공동체의 망신으로 간주했고, 주님의 만찬에 대한 남용으로 생각했다. 오히려 주님은 그러한 신분간의 분열과 정반대되는 모범을 보여 주셨다. 바울은 예수의 죽음을 밝혀 조명하고, 고린도 교회 교인들이 함께 모여 먹을 때 그분을 기억해야 한다는 것을 상기시켜 주기 위해, 예수의 식사 제정 전승에 호소한다. 그러한 기억과 기념은 그들의 이기적 행동을 멈추게 만들어야만 한다.

우리는 이 점을 염두에 두고 본문의 독해에 들어갈 수 있다. 본문은 세 부분으로 나뉜다. 첫째 단락에서는(17–22절) 바울이 고린도교회 교인들의 행위를 묘사하고 개탄한다. 그는 두 번째 단락에서(23–26절) 만찬 제정의 전승을 그들에게 상기시킨다. 마지막으로 세 번째 단락에서(27–34절) 바울은 고린도교회 교인들의 음식 나누기 관행을 올바른 방향으로 다시 빚어내기 위해 전승의 의미에 대한 추론을 이끌어 낸다.

주의 만찬석상에서의 분열(11 : 17–22)

본문의 17절은 2절에 대한 의도적 대위(代位)이다. 바울은 그들이 전통을 잘 지킨 것에 대해 칭찬했지만, 이제 이어지는 내용에서는 그들을 칭찬하지 않을 것임을 분명하게 선언한다. 문제는 그들이 예배를 위해 한 자리에 모였을 때 발생한 일과 관련이 있다. 이 점은 동사 **쉰에르케스싸이**(*synerchesthai*, 함께 모이다)가 이 단원 내에서 다섯 번이나 되풀이되었다는 사실로도 미리 예고된 점이었다(17, 18, 20, 33, 34절). 이 동사는 영어에서 그런 것처럼 어의상의 모호함을 지니고 있다. 이 단어는 만남을 위해 '모이다'(to assemble)라는 뜻이 될 수도 있고(여기 고린도전서 11 :

17~34에서 명백한 주요 의미가 된다.), '연합하다'(to be united)라는 의미를 가질 수도 있다. 바울이 고린도교회 교인들에게 하는 꾸중은 이 용어의 이중적 의미를 활용한다. 그들이 교회로서 함께 모일 때, 그들은 역설적이게도 일치와 평화 안에서 '함께 모이지' 않는다. 그들의 모임은 오히려 일을 악화시킨다. 왜냐하면 그들의 분열(**스키스마타**, 1 : 10에서처럼)이 더 분명하게 드러나기 때문이다. 반면에 아리스토텔레스는 시민들이 **폴리스**에 함께 모이는 것이 공동의 선을 장려하게 될 것이라고 생각했다.

> 비록 개인적으로는 좋은 사람들이 아닐지라도 많은 사람들이 함께 모일 때 이들은 더 좋은 사람이 될 가능성이 있다. 이것은 개인적으로 그렇다는 것이 아니라 집단적으로……. 왜냐하면 많은 사람들이 있는 곳에서는 각 개인이 어느 정도의 덕과 지혜를 지니고 있는데, 그들이 함께 모일 때 다중이 많은 발과 손, 여러 감각을 지닌 단 한 사람이 되듯이, 도덕과 지적 재능과 관련해서 한 인격체가 된다(「정치학」 3.6.4).

바울은 고린도교회의 예배에서 정반대의 효과를 본다. 그들이 모였을 때 한 몸으로 행동하기보다는 오히려 분열되며, 그래서 그들의 불화가 모든 이들에게 손해를 주고 있다.

가끔 주석가들은 바울이 그들 사이의 분열에 대한 보고를 '대강'(partly, RSV) 믿었다고 언급한 것(18절) 때문에, 이 단락이 앞부분 1~4장과 동일한 편지에 속한 것일 수 없다는 주장을 했다. 바울이 이미 그곳에서 저들의 파당주의를 강조하여 꾸중했기 때문이다. 그러나 그러한 가설은 바울의 '모조불신'(模造不信, mock disbelief, '정말 그럴 리가 있겠느냐'와 같은 야유조의 표현임－역주)이 지닌 수사학적 의도를 간과한 데서 생겨난 것이다. 이는 고린도교회 교인들이 '그들이 마땅히 따랐어야 할 일치단결의 규범의 근처에도 도달하지 못한' 상태를 암시하는 한 방법일 뿐이다(M. Mitchell, p. 153). 본문의 20~22절을 통해 바울이 그 보고를 실제로 믿었다는 점은 명백하게 드러난다. 보고를 '어느 정도만'(to some extent, NRSV, NIV) 믿는다는 바울의 말은, 그가 들은 바에 대한 마음의 충격을 표현하는 간접적인 방법이다. 불신조의 표현은 고린도교회 교인들의 행동이 너무 터무니없이 잘못되었음을 강조하는 기능을 한다. (이렇게 쓰고 있는 것이나 마찬가지이다. "도대체 믿을 수가 없군요! 설마 그들이 보고한 것과 같은 짓을 정말 저질렀다는 말인가요? 그렇지 않지요?")

그러나 19절에서 어조가 변한다. 이제 바울은 냉정한 관찰 가운데 진정한 하나님의 백성들과 그렇지 않은 사람들을 분별하여 노출시키기 위하여, 공동체 내에 나뉨이 있는 것이 오히려 '꼭 필요한 것'(짐작컨대 하나님의 계획 속에서 필수적인 과정으로 여김)이라고 생각하게 된다. 본문 27~32절에 명백히 드러나는 하나님의 심판에 관한 테마를 전조(前兆)하는 이 개념은, 그 뿌리를 유대 묵시사상의 토양에 내리고 있다. 묵시문헌들은 자주 시련의 시기가 믿음을 고백하는 사람들의 진짜 색깔이 어떤 것인지 드러내게 될 것임을 경고한다(막 4 : 14－20, 13 : 9－13 참조). **도키모이**(*dokimoi*, '하나님께서 승인한 사람들'〈NIV〉)는 시험을 통과할 것이지만, 그렇지 않은 사람들은 떨어져 나가거나 스스로를 공동체로부터 분리시킬 것이다(요일 2 : 19 참조). 확실히 바울은 이러한 공동체의 분열을 환영하지 않는다. 그러나 그 불가피성을 인정하지 않을 수 없다. 공동체 분열의 사실을 묵시론적 상황에 위치시킴으로써, 바울은 현 상황의 심각성을 강조하는 것이다.

문제의 구체적 성격은 20~22절에 묘사되어 있다. 교회가 공동 식사를 위해 함께 모였을 때, 재산이 더 많은 일부 고린도교회 교인들은 자신이 가져온 음식과 포도주로 잔치를 벌이는가 하면 '빈궁한 자들'은 한쪽에서 아예 굶주려 허기진 모양을 보이고 있었다. 바울은 결과적으로 그들이 함께 먹는 것은 (그들이 생각하고 있던 것과는 달리) 사실상 '주의 만찬'이 아니라고 선언한다. 이것은 그들 자신의 개인적인 식사에 지나지 않는다(20－21절).

의심할 여지없이 이런 모양이 대부분의 현대 독자들에게는 생소해 보일 것이다. 우리로서는 부유한 고린도교회 교인들이 가난한 사람들을 그렇게 공공연하게 타박하는 일이 어떻게 정당화될 수 있었는지 상상조차 하기 힘들다. 그러나 아마 1세기 그리스－로마 문화 상황 속에서는 자신들의 행동이 지극히 정상적이라고 생각했을 것이다. 이 점을 이해하기 위해서 우리는 그네들의 문화 환경 속에서 볼 수 있는 식사의 상황과 만찬 파티의 관행에 대해 좀더 공부할 필요가 있다.

우선 당시 그리스도인들의 모임이 개인의 집에서 이루어졌지 넓은 공공 장소에서 열린 것이 아님을 염두에 두어야 한다. 로마시대 집에 대한 고고학적 연구에 따르면 전형적인 빌라의 식당(*triclinium*)은 아홉 명 정도밖에 수용할 수 없었다고 한다. 이들은 식탁에서 비스듬히 누운 자세로 음식을 먹었을 것이다. 다른 손님들은 안마당(atrium)에서 앉거나 선 자세로 식사를 했는데, 대략 30~40명을 수용할 수 있는 공간이었다(Murphy－O'Connor의 *St. Paul's Corinth*, pp. 153－161을 보라). 물론 그런 모임을 초대하는 주인은 공동체의 부유한 구성원들이었다. 따라서 주인의 상류층 친구들은 **트리클리니움**(*triclinium*)에서 함께 식사를 하도록 초대받고, 하류층 교인들(해방 노예 자유민들이나 노예들)은 바깥쪽의 넓은 공간에 자리를 잡는 것이 당연한 일로 여겨졌다.

더구나 그런 조건 아래 식당에서 먹는 상류층 손님들에게 나머지 다른 손님들보다 더 좋은 음식과 술이 공급되는 것은 전혀 이상한 일이 아니었다. 오늘날 같은 비행기에 타지만 돈을 더 냈기 때문에 특별석에 위치한 승객들이 일반 승객보다 훨씬 좋은 음식과 서비스를 제공받는 것과 마찬가지 모양이다. 이 시대에 쓰여서 지금까지 전수된 여러 문헌들이 로마인들 가운데서 볼 수 있었던 이런 관습을 증거하고 있다(우리는 고린도 시가 로마의 식민지였음을 기억해야 할 것이다). 예를 들어, 소장 플리니(Pliny the Younger)가 잔치 자리에 손님으로 갔던 경험을 기술해 놓은 글이 있다. 플리니는 그가 가진 접대의 '우아한 경제력'을 자부하는 한 사람의 초대를 받은 적이 있었다.

> 최고의 음식들은 자신(주인)과 선택된 몇 사람 앞에 마련되었고, 싸구려 음식들은 나머지 사람들에게 주어졌다. 포도주까지도 세 종류로 구분

> 되어, 각기 다른 용기(容器)에 나누어 있었다. 물론 손님들에게 선택의 기회를 주기 위한 것은 아니었다. 그것은 오히려 주는 대로 받아먹게 하기 위한 것이었다. 첫째 종류는 자신과 우리들을 위한 것이었다. 둘째는 덜 가까운 친구들을 위한 것이었고(그의 친구들은 모두 등급이 매겨져 있었다), 나머지는 그와 우리들의 해방 노예들(freedmen)을 위한 것이었다(*Letters* 2.6).

이런 것이 바로 부유한 고린도교회 그리스도인들이 교회에 제공했던 관대함의 모양이었다. 그들은 모임을 주최했기 때문에, 자신들을 공동체의 후원자로 생각했다. 그러나 제공되는 식사에 있어서는 신분의 구별을 계속 지켜 나갔던 것이다. 본문 21~22절에 따르면, 이들은 자신의 음식을 먹으면서 사실 '아무것도 없는 자들'(개역성경의 '빈궁한 자들')에게는 아예 음식도 주지 않았다.

본문 21절의 어떤 번역에 따르면 문제는 사회적 불평등의 사안이라기보다는 오히려 무례함이었다. 어떤 이들은 다른 사람들이 도착하기도 전에 음식을 다 먹어 버렸다. 예를 들어 NIV는 이렇게 포괄적으로 의역을 했다. "당신들은 모두 다른 사람들이 도착할 것을 기다리지 않고 앞서가 버립니다." 물론 헬라어 동사 **프로람바네인**(*prolambanein*, 여기서는 '기다리지 않고 먼저 가다.'로 번역되었음.)은 그러한 시간차의 의미를 담고 있기도 하다('미리 차지하다'). 그러나 반드시 이런 뜻만 갖고 있는 것은 아니다. 더 단순한 번역을 하면 이렇게 된다. "왜냐하면 당신들이 먹을 때, 각자가 자신의 식사를 하고 있기 때문입니다." 이에 따르면 문제는 다른 사람들이 올 때까지 기다리지 못한 어떤 사람들이 있었다는 사실이 아니라, 더 중요한 것으로서 그들이 다른 이들과 나누지 않고 자기 개인의 음식을 먹고 있었다는 점이었다. 이것이 문맥상으로 볼 때 더 잘 이해가 되는 해석이다. (아래의 33절에 대한 추가적인 코멘트를 보라.)

아무리 품위 있는 로마 문화에서 '정상'이라 하더라도, 바울은 이런 행태를 터무니없이 잘못된 것으로 본다. 바울은 좀더 잘 사는 고린도교회 교인들이 자기 집에서 원하는 대로 먹고 마실 권리를 갖고 있음을 부인하지 않는다(22a절). 그러나 그는 교회의 공동 식사는 식사 자리에서 주어진 음식을 평등하게 공유함으로써 공동체의 일치를 상징해야 한다고 주장하고 있는 것이다. 현재와 같은 고린도교회 교인들의 행태는 교회를 '업신여기고', 공동체 내의 가난한 사람들을 '부끄럽게' 만드는 짓이다(22절). 이것은 전체 공동체를 위해 이루어진 바, 자신들의 행위가 갖는 상징적 함의를 무시하고 있던 공동체의 상류층 교인들을 향한 강력한 고발이다. 신분을 의식하여 행동하고 있는 고린도교회 교인들에 대한 바울의 분노는 22절 후반부에 강력하게 표현되어 있다. 그는 17절에서 말했던 것을 되풀이한다. "이 일에 대해 나는 당신들을 책망합니다!"

주님의 죽음에 대한 선포로서의 주의 만찬(11 : 23－26)

바울은 고린도교회 교인들에게 이 문제에 대한 대응으로 예수께서 제자들과 가졌던 마지막 만찬에 대해 자신이 이전에 가르쳐 주었던 전승을 다시 상기시켜 준다(23－26절). '전한다'거나 '받는다'거나 하는 용어들은 바울이 여기서 초기 그리스도교의 전승을 언급하고 있음을 분명히 보여주는 지표이다(같은 용어가 15 : 3에서 사용된 것을 주목하라. 같은 용어가 랍비 전승에서 사용되었음을 확인하기 위해서는 *m. Abot* 1.1을 보라). 바울이 '주께 받은 것'이라고 할 때 주의 만찬에 대해 (갈라디아서 1 : 11~12의 경우에서와 같이) 인간적 중개 없이 직접 계시의 경험을 통해 알게 되었다는 뜻은 아니다. 예수께서 자신의 죽음과 새로운 언약의 사인으로서 떡과 잔을 함께 나누는 전통의 직접적 출처가 되셨다는 의미에서, 바울은 그것을 주님께 받았다고 말한 것이다. 이 구절은 바울의 처음 선포와 가르침에 예수의 수난 사건에 대한 설명이 포함되어 있었다는 점을 분명하게 보여준다(고전 15 : 3－5, 갈 3 : 1b 참조). 바울시대에는 아직 기록된 복음서가 없었지만, 예수의 죽음과 부활 사건을 이야기하는 일은 처음부터 그리스도교 선포의 중심에 우뚝 서 있었다. 바울은 여기서 고린도교회 교인들에게 새로운 정보를 제공하고 있지 않다. 오히려 그가 이전에 그들에게 전해 주었던 근본이 되는 구속 사건의 스토리, 즉 그들 스스로 식탁 앞에서 같이 모일 때마다 반복해 왔고 되풀이해야 하는 스토리를 재차 그들의 마음속에 상기시키고 있는 것이다.

대부분의 성경 번역판은 바울이 23절에서 동사 **파라디도미**(*paradidōmi*, 넘겨주다, hand on, hand over)를 되풀이하고 있다는 사실을 충분히 전달해 주지 못하고 있다. "왜냐하면 내가 여러분께 **넘겨준**(handed on) 것, 즉 주 예수께서 **넘겨지던**(was handed over) 밤에 빵 덩이를 떼어…… 라는 내용은 내가 주님께로부터 받은 것입니다." 일반적으로 이 구절에서 같은 동사의 두 번째 사용은 유다가 예수를 당국자에게 넘겨준 사건을 언급하는 것으로 해석되어 왔다. 그래서 보통 '배반을 당하던'(betrayed)으로 번역된다. 물론 이것도 가능한 해석이기는 하지만, 바울 자신이 다른 곳에서 이 동사를 사용할 때는 다른 의미를 전달하고 있음을 생각해야 한다. 예수께서는 '우리 범죄함을 위하여' **하나님에 의해** 죽음에 '내어 줌이 되고'(**파레도쎄**〈*paredothē*〉, 롬 4 : 25), **하나님께서는** '자기 아들을 아끼지 아니하시고 우리 모든 사람을 위하여 내어 주신(**파레도켄**〈*paredōken*〉)' 분이시다(롬 8 : 32). 바울이 여기에서 비슷한 의미로 생각을 이어 가고 있다면, 그 의미는 이렇게 될 것이다. "하나님께서 우리를 위하여 주 예수를 넘겨주시던 밤에 예수께서는 빵 덩이를 떼어……" 이 모든 구절은 이사야 53 : 6("그리고 주께서 우리의 죄를 위해 **그를 포기하셨습니다〈파레도켄〉**")과 53 : 12b("그리고 그는 많은 사람의 죄를 짊어졌습니다. 그리고 그들의 불의 때문에 **넘겨줌을 당했습니다〈파라도쎄〉**")의 「70인역」 문구의 반향을 염두에 두고 읽어야만 한다. 이것이 고린도전서 11 : 23을 이해하는 데 있어 꼭 알아두어야 할 배경 지식이다. 예수께서 배반 당한 사건의 이야기가 초기 그리스도교 전승 안에서 돌아다니고 있었지만, 바울은 한 번도 그에 대해 언급한 적이 없다. 대신 그는 일관성 있게 예수의 죽음을 (이사야 53장에서 전조되어 있듯이) 하나님의 뜻에 대한 순종의 행위로 해석하며, 동시에 세상의 구원을 위해 보여 주신 **하나님 자신의 행위**로 해석한다.

고린도전서 11 : 23~25에 있는 성찬식 전승의 특정 형태는 마가복음과 마태복음에서 발견되는 전승보다는 누가복음서에서 발견되는 패턴에 일치하는 모양을 지니고 있다. 그 차이들에 대한 자세한 연구(예를 들면 바울과 누가가 식사 후에 잔을 위치시키는 것)는 성찬 예식의 진화 과정을 재구성하는 데 관심을 가진 학자들에게는 상당한 관심거리가 될 것이다. 그러나 바울이 고린도교회 교인들에게 주는 조언을 이해하는 데는 그러한 정밀한 비교를 할 필요가 없다. (알기 쉽게 도표로 비교한 내용을 참고하기 위해서는 Fee, p. 546을 보라.) 우리의 본문에서 바울의 요지는 주의 만찬을 위한 특별한 '예식의 순서'에 있지 않다. 그의 요지는 이 전승이 지닌 의미에 대한 전반적 해석에 있다.

바울이 이 전승을 재생하여 이야기하는 데 있어 드러나는 가장 현저한 특징은 그가 **기억**에 두고 있는 강조이다. 교회는 두 번씩이나 **이것을 행하여 나를 기념하라**(do this in remembrance of me)고 지시를 받는다. 이 절구의 정확한 의미에 대해서는 많은 논쟁이 있었다. **그들이** 예수를 기억하게 만들기 위해 교회가 이 행위를 수행해야 하는 것인가? 아니면 예수에 대한 기억이 하나님 앞에서 살아 보전되도록 그렇게 하라는 말인가? 예수 자신이 원래 의도했던 바가 무엇인지, 그리고 사람들이 그에 대해 어떤 추정을 하든지 간에, 여기서 바울은 이 상징적 행위를 **교회**에게 예수의 죽음을 상기시켜 주기 위한 것으로 생각한다. 예수의 죽음의 선포(26절)는 믿음의 공동체 안에서, 그리고 믿음의 공동체를 위하여 이루어진다. '기념'(remembrance)에 대한 이 해석은, 또한 주의 만찬을 유월절과 연계하는 해석과도 조화를 이룬다. 출애굽기 12 : 14에 따르면 유월절은 '너희들을 위한 기념의 날'로서, 하나님께서 자신의 백성을 굴레에서 구출해 내신 것을 이스라엘이 회상하는 날이다. 마찬가지로 주의 만찬은 예수의 죽음을 통해 이루신 하나님의 구원 행위를 하나님의 백성이 기억하는 행사가 되어야 한다.

'기념'(**아나므네시스**〈*anamnesis*〉, remembrance)이란 단어는 종종 성찬 요소 안에서 예수의 몸과 피를 대표함으로써, 주님이 실제 임재하게 만들어 주는 일을 가리키는 것으로 생각되었다. 그러한 성찬 신학이 다른 근거에 바탕하여 어떤 가치를 지니던 간에, 이곳 고린도전서의 논의에서 그런 내용은 결코 바울의 관심사가 아니다. 사실상 26절에 따르면 주의 만찬은 주님의 '실제 임재'와는 정반대의 내용을 표현한다. 대신 주의 만찬은 십자가와 **파루시아** 사이에 존재하는 시간 간격 안에서 그분의 죽음을 공동체가 기억하는 일을 표현한다. "너희가 이 떡을 먹으며 이 잔을 마실 때마다 주의 죽으심을 오실 때까지 전하는 것이니라" 따라서 만찬은 주님의 **부재**를 인정하고, 그의 죽음과 재림을 상기하여 기억과 소망을 한 데 묶어 섞는다.

그래서 이 전승에 대한 바울의 조언에서는 두 가지 긴밀하게 연계된 주제가 부각되어 나온다. 만찬의 공유는 공동체로 하여금 다른 사람들을 위하여 예수의 죽음을 생각하도록 소명한다. 그리고 그 죽음은 새로운 언약을 출범시킨 것으로 이해된다(25절, 렘 31 : 31-34 참조). 하나님과 언약의 관계를 갖는다는 것은 하나님 앞에서의 책임과 서로를 향한 상호 책임에 의해 한 데 묶인 언약 백성에 속했다는 것을 의미한다. 이러한 새 언약의 특성이 식사를 공유하는 가운데 표출되어 나와야 한다. 고린도 교회 교인들의 말썽은, 주의 만찬을 그들이 이러한 언약의 의무 구조를 무시하고 예수의 죽음에 대해 이상한 망각증세를 보이는 방식으로 기념하고 있었다는 점이다. 빈궁한 사람들을 경멸하는 모습을 보임으로써, 그들은 마치 예수의 죽음을 그들이 서로를 향해 지닌 관계의 조건을 결정적으로 바꾸어 놓지 못했다는 듯이 행동하고 있는 것이다. 그래서 바울은 예수의 죽음이 만찬의 핵심적 의미가 될 수 있게, 그것에 하이라이트를 주도록 스토리를 재생한다. 이 점은 그의 전승 재생이 오직 23b~25절에만 한정되어 있고, 26절이 전승의 일부가 아닌 바울 자신의 설명을 위한 주석이라는 사실을 깨닫게 될 때 더 분명하게 드러난다. 따라서 바울의 설명을 위한 주해에 따르면, 만찬의 의미는 바울 선포의 근본 메시지와 동일한 것이다. 바로 '십자가에 못 박히신 그리스도'이다(2 : 1-2 참조).

주의 죽음에 대한 선포는 만찬에 따라오는 설교에서만 이루어지는 것이 아니다. 오히려 공동체가 뗀 떡과 쏟아 부은 포도주를 공유하는 것 자체가 선포의 행위로서, '우리를 위한' 예수의 죽음과 그 죽음의 혜택에 공동체가 공동으로 동참함을 보여 주는 실연(實演) 비유를 이룬다. 그래서 바울은 현재 고린도교회 교인들이 공동의 식사에서 행하고 있는 일이 사실상 주의 만찬이 **아니라**고 말하는 것이다(20절). 문제는 그들이 맞는 말씀을 발언하지 못한 데 있는 것이 아니다. 문제는 그들이 그 말씀을 실행하지 않은 데 있었다. 그네들의 이기적 자기 챙기기 행동은 만찬의 의미를 너무 완전하게 흐려 놓아, 그 만찬이 더 이상 그리스도의 죽음을 가리키고 있지 않다는 말이다.

몸 분별에의 부르심(11 : 27－34)

바울은 본문 27절에서부터 시작하여 결론을 내리고 치료의 길을 제시한다. 안타깝게도 27~28절은 종종 문맥에서 유리되어 심각하게 오역(誤譯)되어 왔다. 본문 27절에서 '합당치 않게' 떡을 먹고 잔을 마시는 것에 대해 이루어진 언급이 종종 오직 완벽하게 의로운 사람들만 주의 만찬에 참여할 수 있고, 28절에 있는 자기 점검의 요청을 염두에 두어 개인 영혼의 집중적 내부검사 필요를 뜻하는 것으로 오해되어 왔다. 그러나 이것은 심각하게 잘못된 해석이다. 바울의 말은 그가 다루고 있는 특정 상황의 배경에서 이해되어야 한다. 더 잘 사는 고린도교회 교인들이 자기 자신의 음식을 가져와 먹으면서 가난한 교인들을 부끄럽게 만들었다(20－22절). 이러한 배경을 염두에 둘 때, 만찬을 합당하지 않게 먹는 것은 분열을 도발하고(18절), 만찬을 공동체 내의 다른 사람들의 필요를 경멸조로 무시하는 방식으로 이끌어 가는 것을 뜻한다. 따라서 자신을 점검하라는 바울의 부름은(28절) 고린도교회 교인들에게 그들 양심의 내적 깊은 곳을 탐색하라고 초대하는 것이 아니다. 그것은 만찬에서 그들의 행동이 그리스도의 몸인 교회 내에서 형제자매들에게 어떤 영향을 미치는지 잘 고려하라는 직설적 소명이다.

이것이 사실상 바울의 관심이었다는 점은 29절에 의해 분명하게 드러난다. "왜냐하면 **몸을 분별하지 않고** 먹고 마시는 사람들은 모두 자신들에게 주어진 심판을 먹고 마시는 것이기 때문입니다"(NRSV, 강조는 저자의 것). 여기서 '몸을 분별하지 않는다'는 말이 '성찬의 떡 안에 있는 그리스도의 실제 임재를 감지하는 것'을 의미할 수는 없다. 이런 해석은 논의에 있어 완전히 '논 세키투어'(non sequitur, 불합리한 추론-역주)이다. 바울에게 있어 '몸을 분별하는 것'은 신자 공동체의 실체를 인식하는 것, 즉 그것이 그리스도의 한 몸임을 깨닫는 것을 뜻한다. 바울은 이것을 이미 10 : 16~17에서 교회를 위한 이미지로 활용했고, 12 : 12~31a에서 연장해서 그 개념을 발전시킬 것이다. '몸을 분별하는 일'을 제대로 하지 않는 사람들은 이기적으로 행동하며, 자신의 영성에만 초점을 맞추고, 주의 죽음에 의해 출범된 새 언약에 함께 동참한 사람들에 대해 무심한 채 자신의 사회적 특권만 행사하는 사람들이다.

바울은 이렇게 이기적 방식으로 먹고 마시는 사람들은 "주의 몸과 피에 대해 책임을 져야 한다."고 선언한다(27절, 개역성경은 "주의 몸과 피를 범하는 죄가 있느니라"). 바울이 이 이상한 절구를 통해 의도한 바가 무엇인가? 후대 그리스도교의 전통이 이것을 성찬 요소의 성스러운 성격으로 독실하게 고정시키면서 NEB의 의역과 같은 해석이 나오게 되었다. "주의 몸과 피를 더럽히는 죄를 범하는……" 그러나 이런 해석은 성찬의 상징 요소 자체의 성결함에 초점을 맞춤으로써, 강조점을 그릇된 장소에 위치시키는 것이다. (본문의 25절에서 바울이 포도주를 직접 그리스도의 피와 동일시하는 일을 피하고 있음을 주목하라.) 문제는 거룩한 성찬 요소를 더럽히는 것이 아니라 그리스도를 거슬리는 범죄이다. 생각은 8 : 12에서 표현된 개념과 유사하다. "이같이 너희가 형제에게 죄를 지어 그 약한 양심을 상하게 하는 것이 곧 그리스도에게 죄를 짓는 것이니라" 고린도교회 교인들은 교회의 다른 교인들을 잘못 대우함으로써, 그리스도를 죽음으로 몰았던 것과 같은 죄를 되풀이하는 것이다. 그들은 자신들을 "십자가 처형에 책임이 있는 사람들 중의 하나로 만들고, 믿음으로 그 열매를 받는 사람들 중에는 들지 못하게 만든 것이다"(Barrett, p. 273). 그들은 히브리서에서 개탄하고 있는 타락한 그리스도인들처럼 계속하여 죄를 지으며 '하나님의 아들을 다시 십자가에 못 박아 현저히 욕을 보이는' 사람들이 되었다(히 6 : 6).

이렇게 행동하는 사람들은 재난을 불러오고 있다. 주님의 식탁에서 은혜를 발견하기보다는 하나님의 심판을 자신들에게로 가져온다(29절). 바울은 이런 심판이 이미 공동체 구성원들에게 임한 질병과 죽음의 불운에서 느껴지기 시작했다고 말한다(30절, 여기서 바울이 언급하는 이들에 대해 추가적인 정보는 따로 없다). 이런 사건들은 하나님의 기뻐하지 않으심과 징계의 사인들로 읽혀, 고린도교회 교인들이 자신들의 분열의 잘못을 깨닫게 해 주는 구실을 하게 된다. 이런 징계의 목적은 교정(矯正)에 있다. 공동체가 잘못된 행실을 바꾸어 믿지 않는 세상과 함께 종말의 심판을 당하지 않게 하려는 것이다(32절, 사랑의 하나님의 징계 행위로 고난을 받는 주제를 위해서는 잠언 3 : 11~12을 인용하는 히브리서 12 : 5~6을 보라). 만일 그들이 자신들의 공동 삶에 대해 올바른 분별력을 배울 수 있었다면, 즉 그들의 분열을 고칠 수 있었으면, 이런 모양으로 하나님의 심판에 붙여지지 않았을 것이다(31절). 이런 노선의 사고가 많은 독자들에게 혼란스럽게 느껴질 것이다(아래의 "교사와 설교자를 위한 묵상"을 보라). 그러나 바울의 판단은 확실하고 분명하다. 고린도교회 교인들은 분열로 인해 자신들의 공동체에 고난을 가져왔다.

이 구절들을 해석하면서 고려해야 할 또 하나의 가능성이 있다. 바울이 공동체 전체로 하여금 공동 식사를 남용하는 사람들에 대해 징계의 권위를 행사하도록 요청하는 것일 수 있다. 이 점을 이해하기 위해서는 바울이 29절과 31~32절에서 사용하는 일련의 심판 관련 용어들의 단어 유희를 추적할 필요가 있다. 이것들은 어원상 서로 연관되어 있다.

> 주의 몸을 분변치(*diakrinōn*) 못하고 먹고 마시는 자는
> 자기의 죄(*krima*, 심판－역주)를 먹고 마시는 것이니라……
> 우리가 우리를 살폈으면(*diekrinomen*)
> 판단을 받지(*ekrinometha*) 아니하려니와
> 우리가 판단을 받는(*krinomenoi*) 것은 주께 징계를 받는 것이니
> 이는 우리로 세상과 함께
> 죄 정함을 받지(*katakrithōmen*) 않게 하려 하심이라.

동사 **디아크리네인**(*diakrinein*, 분별하다, 판단하다)은 이미 편지의 앞부분에 있는 공동체 내부 분쟁의 논의에서 현저하게 부각되었다(6 : 5). "너희 가운데 그 형제간 일을 판단할(*diakrinai*) 만한 지혜 있는 자가 이같이 하나도 없느냐?" 같은 동사가 14 : 29에서 다시 등장하여 공동체 한가운데서 예언을 판단하고 통제하는 활동을 묘사하고 있다. 이런 병행 용어들의 견지에서 볼 때 아마 우리는 11 : 31을 개인적 자기 심판에의 소환이 아니라, 주의 만찬을 자신의 사적 만찬으로 취급한 사람들을 징계함으로써 주의 만찬의 큰 질서를 회복하기 위한 **공동체**의 자기 규제적 심판을 소명하는 것으로 이해해야 할 것이다. 공동체가 그러한 징계의 분별을 행사하는 곳에서는 하나님의 심판이 비껴간다. 교회가 그러한 분별을 행사하지 않을 때는 하나님의 심판이 개입되어, 그들이 최종적 심판에 떨어지지 않도록 방지하는 일을 하게 된다.

어떤 경우이든 간에, 바울은 33~34절에서 구체적이고 실천적인 지시를 내림으로써 이 사안의 논의를 마감으로 이끌어 간다. 그러나 33절의 의미가 온전하게 분명하지는 않다. 동사 **에크데케스싸이**(*ekdechesthai*, '기다리다', 또는 '받다'의 의미)의 애매함을 푸는 방향에 따라 두 가지 다른 해석이 가능하다. 대부분의 성경 번역이나 주석서에서 채택하고 있는 해석에 따르면, 바울이 고린도교회 교인들에게 먹기 위해 함께 모일 때 서로를 기다리라고(**에크데케스쎄**〈*ekdechesthe*〉) 권하는 것이 된다. 기다리기 힘들거나 기다리기에는 너무 배가 고픈 사람들은(짐작컨대 부유한 고린도교회 교인들을 염두에 두었을 것) 모이기 전에 집에서 먹으라고 말하는 것이다(22a절 참조, "너희가 먹고 마실 집이 없느냐"). 그들이 전체 모임 앞에서 사적으로 가져온 풍성한 음식을 게걸스럽게 먹어 댐으로써, 아마 이 일을 가난한 사람들이 도착하기도 전에 시작함으로써, 가난한 사람들을 수치스럽게 만들지 말라는 뜻이다. 이 해석의 장점은 동사 **에크데케스싸이**가 신약성경의 다른 곳에서 일관성 있게 '기다리다'의 뜻으로 사용되었다는 사실에 있다. 바울이 이 단어를 여기 외에 유일하게 사용한 곳은 고린도전서 16 : 11인데 역시 같은 뜻이다.

반면 우리가 이미 살펴본 바와 같이, 21~22절에서 문제는 먹는 타이밍이 아니라 음식의 불평등한 분배에 있었다. 그래서 두 번째 가능한 해석이 고려되어야 한다. 바울이 고린도교회 교인들에게 서로를 기다리라고 하는 것이 아니라 그들이 함께 모일 때 서로를 손님처럼 **받아 주라**고(롬 15 : 7 참조) 말하는 것이다. 동사 **에크데케스싸이**의 이런 의미는 비록 신약성경의 다른 곳에서는 찾아볼 수 없지만, 다른 헬라 문헌의 여러 곳에서 충분하게 확인되고 있다(예를 들어, 마카비3서 5 : 26과 요세푸스의 「유대고대사」 7.351). 이렇게 해석을 한다면, 바울은 여기서 부유한 고린도교회 교인들에게 주의 만찬의 향연에서 공적인 일치의 외양만 보전하라고 요구하는 것이 아니고, 실질적으로 사회적 신분의 담을 무너뜨려 가난한 교인들을 자신들의 집에서 손님으로 영접하고, 갖지 못한 사람들과 그들의 음식을 나누어 먹으라고 소명하는 것이 된다. 이 두 번째 해석은 21~22절에서 그려진 문제에 대해 좀더 만족스러운 해결책을 제공해 주며, 그래서 선호되어야 할 것이다.

그렇다 하더라도 바울은 급격한 경제적 평등을 요구하는 데까지는 가지 않고 훨씬 뒤에서 멈춰 선다. 본문 34a절의 집에서 먹으라는 지시는 비록 바울이 고린도에 가서 일을 정리할 때까지의 미봉책에 지나지 않지만 부유한 사람들이 사적으로는 자기네가 원하는 대로 먹어도 좋다는 것을 가정한다. 게르트 타이쎈(Gerd Theissen)이 이 해결책의 함의를 정확하게 기술해 준다. "주의 만찬석상에서는 회중의 규범이 절대적 우위를 점하지만 자신들의 네 벽에 둘러싸인 집 안에서는 그들의 사회적 신분의 규범에 맞게끔 행동해도 좋다는 말이다. 분명히 이것은 타협이다"(Theissen, p. 164).

이 단원의 마지막 문장은 이 글을 먼 역사적 거리를 두고 고린도교회 교인들의 어깨 너머로 읽는 우리에게는 참으로 안달 나게 하는 말이 아닐 수 없다. "그 남은 것은 내가 언제든지 갈 때에 귀정하리라." 이 '남은 것'이 무엇일까? 우리로서는 알 길이 없다. 바울은 17~18절에서 분명히 고린도교회 교인들을 칭찬할 수 없게 만들었던 여러 가지 일들을 다루기 시작했다. 그러나 그가 18절에서 시작하는 말로 쓴 **프로톤 멘**(*proton mēn*, to begin with, 우리 개역성경의 '첫째는') 뒤에 정작 추가적으로 따라 온 항목이 없다. 아마 그 다른 문제들은 너무 복잡해서 편지에서 다룰 수가 없었거나, 또는 그다지 중요하지 않다고 여겨 그가 고린도에 도착할 때까지 미뤄 두어도 상관없을 것으로 생각했을 수도 있다. 다른 대안 해석으로서, 34b절이 나중에 그가 고린도에 갔을 때 주의 만찬에 대한 추가적 설명을 해 주겠다는 뜻이거나, 경제적 나눔의 이슈에 대해 추가적 지침을 주겠다는 뜻일 수도 있다. 어떤 경우이든 간에 우리는 의아해하면서 이대로 남아 있어야 하며, 사도가 와서 일을 좀더 온전하게 설명해 줄 것을 소원하며 기다릴 수밖에 없다.

| 교사와 설교자를 위한 묵상 |

우리는 요상한 방식으로 고린도교회 교인들의 덕택을 입고 있다. 그들이 주의 만찬을 엉망으로 만들었기 때문에 그 덕을 입고 있다는 말이다. 만일 그들이 주의 식탁에서 분열을 겪지 않았다면 바울이 그들을 교정하기 위해 쓴 글도 없었을 것이고, 그렇게 되었다면 주의 만찬의 전승과 그 실천에 관한 바울의 가르침에 대해서도 전혀 알 길이 없었을 것이다. (그리고 일부 신약성서 학자들은 의심할 여지없이 바울 계열의 교회에서는 성찬식을 몰랐다고 우겨 댔을 것이다. 왜냐하면 현존하는 바울 편지의 다른 곳에서는 성찬을 언급하지 않고 있기 때문이다.) 그렇듯이 고린도교회의 말썽은 우리의 교훈을 위해 봉사를 하고 있다. 바울의 책망과 조언은 우리가 주의 식탁에 교회로서 함께 모일 때 행하고 있는 것을 신학적으로 묵상할 수 있도록 도와줄 수 있다. 세 가지 내용이 이 구절에서 중요한 주제로 등장한다.

1. 주의 식탁은 무엇보다 **하나님의 새 언약 백성으로서 공동체의 일치**를 표현한다. 교회 내에서 발생한 분열과 갈등은 이 공동 식사의 의미에 부합하지 않는다. 사실 불화(不和)는 그 축연을 주의 만찬에 대한 공허한 패러디로 바꾸어 버리고 만다. 이 점은 교의상의 갈등에만 해당되는 것이 아니다. 특히 공동체 내의 사회적, 경제적 불평등에 의해 야기된 분열에

도 해당된다. 바울이 고린도교회 교인들에게 보이는 목회적 대응의 주요 강조점은 21~22절과 33절에서 찾아보아야 한다. 더 많은 재산을 가진 사람들은 가난한 자들을 부끄럽게 만들기를 중단하고, 자신의 음식을 '아무것도 가진 것이 없는 사람들'과 함께 나누어야 한다.

바울은 이 문제를 지역 교회의 차원에서 생각했다. 그러나 같은 논리가 더 큰 차원의 보편 교회 전체에도 적용된다. 어떤 그리스도인이든 굶주린 그리스도인들이 있는 한, 주의 만찬은 부유한 자들로 하여금 그들의 빵을 빈궁한 자들과 함께 나누어 갖도록 소명해야 한다. 이것은 북미와 유럽의 풍요로운 사회 속에서 살고 있는 그리스도인들에게는 실로 도전의 말씀이 될 것이다. 우리는 사회 계급에 의해 구별되는 각기 다른 교회에 흩어져 분리되는 경향을 갖는다. 그리고 우리는 주의 만찬을 현실 속의 먹기와 마시기로부터 단절시켜 말끔한 의식으로 만들어 버렸다. 결과적으로 경제적인 안락을 누리는 많은 그리스도인들은 주의 식탁과 가난한 자들의 필요 사이에 존재하는 연계를 비전으로 볼 수 없게 되었다. 목사와 교사들은 교인들이 성찬식을 개인적 죄사함을 받는 데 초점을 맞춘 사적 경건의 행위로만 볼 것이 아니라, 공동의 식사 자리에 주의 백성들이 함께 모인 것으로 이해할 수 있도록 돕기 위해 인내심을 갖고 사역해야 한다. 그 공동 식사의 중요한 점 한 가지는 바로 '몸을 분별하는 것'이다. 즉, 우리 자신과 그리스도 안의 형제자매들 사이에 존재하는 연결을 감지하는 일이다. 만일 우리가 몸을 올바로 분별하게 되면, 하나님께서 우리에게 먹고 마시라고 주신 것을 공유함으로써 성찬은 그리스도 안에서 하나 됨을 상징한다는 것을 의미하게 될 것이다.

2. 또한 주의 만찬은 **교회의 기억에 관한 초점을 예수의 죽음에 맞춘다.** 우리는 예수의 죽음 이야기를 반복함으로써 그를 올바로 기억한다. 바울이 전수 받아서 전수해 준 이야기의 구체적 형태는 예수의 자기 헌신에 대해 집중 조명하는 방식을 쓰고 있다. "이것은 너희를 위하는 내 몸이다." 예수의 죽음은 우연한 사건이 아니었다. 그것을 사법 제도의 비극적 실수로만 이해해서도 안 된다. 예수께서는 우리를 위해 자발적으로 자신을

죽음에 내주셨다. 그리고 떡과 잔의 공유는 계산불가한 그 큰 선물을 우리가 받아들인다는 것을 가리킨다. 예수를 바로 안다는 것은 성찬식의 이야기를 통해 그를 안다는 것을 뜻한다. 더 나아가서 우리 자신을 바로 안다는 것은, 예수께서 당신 자신을 주셨을 때 수혜를 입은 사람이 바로 나라는 사실을 아는 것이다. 그것은 무엇보다 우선적으로 우리가 절실한 필요를 지니고 있다는 점을 인정하는 것이다. 우리는 하나님으로부터 소외된 나그네들이었다. 우리는 오직 하나님의 과격한 은혜의 이 고귀한 행위를 통해서만 새 언약 속으로 부름 받아 들어갈 수 있는 자들이다. 또한 그것이 의미하는 두 번째 것은, 우리가 그러한 하나님의 관대함에 맞게 응답하는 방식으로 살아가도록 부름 받은 백성들이라는 점이다. 우리는 희생하면서 살아야 한다. 우리 자신의 이익과 쾌락을 추구하는 것이 아니라, 우리를 위해 자신을 주셨던 분을 기억하면서 다른 사람을 위해 우리 자신을 주는 그런 삶을 추구해야 한다. 고린도교회 교인들이 바로 이 연결을 파악하지 못했기 때문에, 바울은 그들에게 그 이야기를 다시 들려준 것이다. 모든 설교의 과제는 이것 이상도 이하도 아니다.

3. 마지막으로 주의 만찬은 우리가 **하나님의 심판**을 상고하는 시간이다. 어떤 그리스도인들은 너무 예민하게 자신의 죄와 무가치함을 의식하느라고 주의 만찬을 피해 버린다. 거의 직관적으로 여기서 그들의 삶이 하나님 앞에 벌거벗겨져 드러나는 것을 인식하게 되기 때문이다. 그런 사람들은 성찬이 우선적으로 은혜의 제공이지, 정죄의 시간이 아님을 배워야 한다. 그리고 어떤 경우이든 간에 만찬의 식탁을 멀리한다 해서 하나님 앞에서의 책임을 모면할 수 있는 것이 아님을 알아야 한다. 바울이 본문 27~32절에서 말하고 있는 요지는, 주의 만찬이 우리로 하여금 하나님의 종말 심판을 예비적 차원에서 기대하면서, 우리 자신의 삶에 대한 분별을 행사할 수 있는 시간을 제공해 준다는 점이다. 그러나 이것이 결코 죄 없는 완전함만이 떡을 떼고 잔을 마시는 일을 위한 필수적 조건이 된다는 뜻은 아니다. 만일 그러하다면 우리 중에 주의 식탁 앞으로 나아갈 수 있는 사람은 하나도 없을 것이다. 그것은 이 만찬이 우리로 하여금

반복적으로 죄를 자백하고, 우리를 열어 새로운 삶을 이끌어 가도록 소명한다는 것을 의미한다. 특별히 이 만찬은 옛 감리교 성찬 예식의 초청 말씀이 그렇게 선포했듯이, 우리로 하여금 '우리 이웃과의 사랑과 자비 가운데' 살도록 소환한다. 설교자나 교사는 바울이 '합당치 않게' 떡을 떼고 잔을 마시는 일에 대해 말할 때(27절), 교회 안에서 가난한 형제자매들을 무시하는 사람들을 언급한 것이었다는 점을 강조해야 한다. 그런 측면에서 볼 때 이 구절의 심판 용어의 기능은 마태복음 25 : 31~46에 있는 양과 염소의 비유와 많이 유사하다. 이 구절은 공동체로 하여금 그들 가운데 있는 '지극히 작은 자'를 돌볼 것을 소명한다.

그러나 우리는 하나님께서 몸을 분별하지 않은 사람들 가운데 일부를 병들게 하거나 죽게 만듦으로써 교회를 벌하셨다는 바울의 생각에 대해서 어떻게 받아들여야 할까?(30절) 우리가 이 개념에 혼란스러워하는 자신을 발견하게 된다면, 그것은 하나님의 심판이라는 개념에 대해 갖는 좀더 근본적인 우리의 불편함을 노출시키고 있는 것이다. 바울의 단언은 아모스 이후 계속된 이스라엘의 예언자 전통의 연속선상에 있으며, 특히 하나님께서 만들어 주신 언약을 무시할 경우 이스라엘에게 임하게 될 저주와 불행을 선포하는 신명기의 신학과 이어져 있다. (또한 우리는 마태복음 25 : 46에서 순종하지 않는 자의 운명에 대해 예수께서 어떻게 설명하셨는지 기억해야 할 것이다. '영벌'이라 하셨다.) 확실히 바울은 개인의 불순종과 고난 사이의 일치를 일대일 관계로 정확하게 설정하는 단순한 사고구조의 신학을 갖고 있지는 않다. 그런 신학은 바울이 강조하는 복음 중심의 십자가 정신과 전혀 조화되지 않는다. 그러나 바울은 하나님께서 인간의 죄를 심각하게 취급하시며, 그렇기 때문에 종종 하나님의 뜻을 무시하는 사람들을 징계하기 위해 행동을 취하신다는 것을 믿고 있다. 그것은 고린도교회 교인들이 꼭 들었어야 했던 메시지였다. 지금 그들에게 전달되었던 편지를 읽으면서 우리의 마음에 떠오르는 것은, 혹시 우리 시대의 교회 또한 이 메시지를 꼭 들을 필요가 있는 것이 아닌가 하는 의문이다.

예배 중에 나타나는 성령의 역사(12 : 1-14 : 40)

바울이 공동체 예배를 다루는 마지막 부분은 고린도교회 교인들의 예배 모임에서 나타나는 성령의 은사 이슈에 대한 것이다. 고린도교회 교인들 중 일부는 영성의 과시적 전시, 특히 방언의 은사에 과도한 강조를 두었다. 그들 중 어떤 이들은 공동체의 다른 교인들이 알아들을 수 없는 무질서한 영감의 발성으로 교회 모임을 소란스럽게 하거나 주도하고 있었던 것으로 보인다. 바울이 이에 대응하기 위해 할애한 지면이 12장 시작에서부터 14장 끝까지 연장되어 있다는 사실은 그가 이 사안을 매우 중요하게, 그리고 꽤나 민감하게 생각했음을 암시하는 것이다. 앞으로 살펴보겠지만, 바울은 이 주제를 다루는 데 있어 상당할 정도의 목회상의 기지를 발휘한다.

이 논의의 삼부 구조는 그가 8~10장에서 우상 제물의 문제를 다룰 때를 생각나게 한다. 시작하는 부분은 그리스도의 한 몸 안에서 성령의 은사가 하는 상호 보완적 역할을 묘사함으로써, 일반적 용어로 이슈의 틀을 잡는다(12 : 1-31a). 사랑의 탁월함을 노래하는 중간 부분은 일탈로 보이지만, 실제로는 그를 통해 모든 성령의 현시(顯示)를 통제하는 규범을 제공한다(12 : 31b-13 : 13). 그리고 마지막 부분은 예배에서 은사들, 특히 방언의 은사를 규제하기 위한 구체적 지침을 준다(14 : 1-40). 오직 14장에 와서야 '이 글의 원인이 되었던 문제'로서 예배 중 방언과 예언의 역할이 논의 표면에 부상한다. 그럼에도 불구하고 12장과 13장에 있는 신학적 묵상들은 마침내 14장에서 주어질 구체적 조언을 위한 필수적 전제들을 제공한다. 따라서 이 두 예비적 장들을 독해할 때는 바울이 이끌어 나가는 목회상의 목표를 계속 염두에 두고 있어야만 한다. 바울은 고린도교회 교인들의 무질서하고 자기 중심적인 예배 관행을 통제 아래 묶어, 교회가 전체적으로 바로 세워져 나가게 하는 데 목적을 두고 있다(14 : 5, 12, 26, 40).

은사의 다양성, 그러나 같은 성령(12 : 1－31a)

고린도전서 12장은 바울이 교회 내에서 성령의 은사를 평가하는 신학적 카테고리를 설정한다. 그 구조는 대략 다음과 같다.

1. 서론 : 성령은 모든 그리스도인에게 고백의 능력을 준다(1－3절).
2. 성령의 나타남 : 공동의 원천, 공동의 목적(4－11절)
3. 몸의 유추 : 다양성과 상호 의존성(12－26절)
4. 적용 : 교회 내에서의 은사와 직분(27－31a절)

바울이 이끄는 논의의 광범위한 윤곽과 함의는 명쾌하게 뚜렷하다. 그러나 논의의 도상에서 만나는 몇 가지 사항들은 설명과 추가적 코멘트를 필요로 한다.

서론 : 성령은 모든 그리스도인에게 고백의 능력을 준다(12 : 1－3). 바울은 **페리 데**(*peri de*) 공식('이제 ~에 대하여는')을 채택하여 새로운 주제를 도입한다. 이것은 우리가 전에 7 : 1, 25, 그리고 8 : 1에서 다룬 바 있다. 확실한 것은 아니지만, 이 공식은 바울이 또다시 고린도교회 교인들이 보낸 편지에서 제기된 주제를 끄집어낸다는 표시일 수 있다. 이러한 추론은 12~14장에서 (예를 들면 5 : 1 또는 11 : 18 등과 대조적으로) 바울이 고린도교회 교인들에 대한 보고에 답변한다는 지적이 전혀 없다는 사실에 의해 더 가능성이 높아진다. 따라서 고린도교회 교인들이 어떤 방법으론가 예배에서 성령의 공적 나타남의 이슈를 끌어들였을 가능성이 높다. 물론 그들이 말한 바를 정확하게 재구성해 내는 것이 매우 어렵기는 하다. 그들이 천상의 영역에 들어가서 '천사의 말'(13 : 1)을 할 능력을 갖게 된 것에 대해 기쁨과 자부심을 표현했을 것으로 추정된다. 바울의 대응은 조심스럽고 교정을 목적으로 한다. 그러나 절대로 그들의 경험이나 그들이 하나님께로부터 받은 은사들의 진정성을 논박하지도 않는다.

거의 모든 영어성경에서 채택하고 있는 12 : 1의 '성령의 은사'(spiritual gifts)라는 번역은 해석상의 의역이다(한글개역성경은 '신령한 것'－역주). 헬라 원문은 간단하게 '영적인 것들에 관해서는'이라고 읽힌다(사용된 단어

*pneumatikōn*을 중성이 아닌 남성으로 읽을 경우 '영적인 사람'이 될 수 있다. 중성 형태인 *pneumatika*가 나오는 14 : 1에 기초해 볼 때 12 : 1에서도 중성 명사로 보는 것이 좋을 것이다). '은사'(**카리스마타**〈*charismata*〉)의 개념은 바울이 4절에서 처음 소개한다. 바울의 논의에 있어 이 용어의 변경에는 뜻이 있다. 고린도교회 교인들은 방언과 예언 같은 영적인 현시(顯示, manifestations)를 묘사하기 위해 **프뉴마티카**라는 용어를 사용한 것으로 보인다. 아마 이들은 바울이 이 말을 사용했기 때문에, 그를 따랐을 것이다. 바울은 다른 곳에서 자신의 사역에 관한 단면을 정의하기 위해 이와 동일한 단어를 사용하고 있다. "우리는 사람의 지혜로 가르침 받은 것으로 말하지 아니하고, 영적인 것들(*pneumatika*)을 영적인 사람들(*pneumatikois*)에게 해석해 주면서, 성령의 가르치신 것을 따라 말합니다"(2 : 13, 한글개역성경은 '프뉴마티코이스'도 중성으로 처리하여 "신령한 일은 신령한 것으로 분별하느니라"로 번역했다 – 역주). 또는 9 : 11에서 바울은 다시 고린도교회 교인들 가운데서 "신령한 것(*pneumatika*)을 뿌렸다."고 했다. 어떤 경우이든지 간에 고린도교회 교인들은 그들의 예배에서 성령의 현시에 익숙해져 있었다. 그래서 바울이 그들은 **프뉴마티카**에 대해 '무지한 것'(ignorant, NIV, NEB)을 원치 않는다고 썼을 때(12 : 1), 그의 어조에는 아이러니의 흔적 이상의 그 무엇이 있었을 것이다. 고린도교회 교인들은 이런 일들에 대해 스스로를 권위자로 생각했다. 말썽이 된 것은 그들이 이러한 성령의 현시를 그들 자신의 영적 세련됨과 능력의 사인으로 취급했기 때문이었다. 따라서 바울이 4절에서 (그리고 이어서 9, 28, 30, 31절에서 계속하여) **카리스마타**라는 용어로 이동할 때, 그 어의상의 차이는 중요한 의미를 갖는다. 성령의 영감으로 나타나는 언어상의 현시는 하나님의 은혜(*charis*)의 선물(=恩賜)로 해석되어야지, 말하는 사람의 개인적 성취나 소유물로 취급되어서는 안 된다. 그런 이유 때문에 본문의 4~11절은 하나님의 전적 주도권을 특별히 공동체 내의 모든 영적 은사들을 배당하고 능력을 주시는 존재로서 강조한다.

그러나 이 논의에 들어갈 수 있기 전에 바울은 성령의 활동과 고린도시에 있는 교회를 둘러싸고 있는 다른 종류의 영적 '영감'과의 질적 차이를 설명해야 했다. 바울은 이교도로서의 독자들이 속했던 최근의 과거를 회상하면서, 그들에게 '영적'인 것의 영역이 그렇게 명확하지만은 않음을 상기시킨다. NEB의 번역은 바울의 표현에 관한 의미를 정확하게 파악하고 있다. "여러분들이 어찌하다가 그렇게 되었든지 간에, 아직 이교도였던 시절에 어떻게 그 말 못하는 이교 신들에게 휩쓸려 갔었는지 여러분들은 잘 알고 있습니다"(12 : 2, 또한 10 : 14~22에서 우상숭배를 강조하여 부정하고 있는 것을 참고할 것). 여러 영적 능력들에 의해 싫든 좋든 불려 다니던 그때의 경험과 대조적으로(엡 4 : 14 참조), 고린도교회 교인들은 이제 예수 그리스도와의 관계에 뿌리를 내리고 있다. 성령의 영감임을 확인해 주는 한 가지 확실한 기준은 성령께서 아주 간단한 고백인 "예수가 주님이시다"(12 : 3)라는 말을 할 수 있는 능력을 주신다는 것이다. 이것은 두 가지 중요한 함의를 갖는다.

첫째, 이 고백을 발언하는 사람은 누구든지 간에(이 말을 그냥 입에 담는 것이 아니라 예수의 주 되심을 자아가 개입되어 진정한 고백을 하는 것), 그 사실 자체로 성령의 권능의 영역 안에서 살고 있음을 의미한다. 방언이나 지혜의 말씀, 또는 지식의 말씀과 같은 영적인 은사들(8절)을 소지하고 있다고 스스로를 높이는 사람들은, 교회 내에서 그런 특별한 능력을 갖고 있지 않은 다른 사람들이 마치 성령과 상관이 없는 사람인 것처럼 생각해서는 안 된다. 그래서 3절은 12~13절의 주제를 앞서 예기(anticipate)하고 있다. 그리스도 안에 있는 사람들은 모두 성령의 영토에 들어간 것이다. 그래서 누구도 멸시해서는 안 된다.

둘째, 바울의 현재 관심과 좀더 긴밀하게 연관된 것으로서, 다양한 종류의 영적 체험들을 구별해 내기 위해서는 분별력이 필요하다는 점을 생각해야 한다. 오직 예수의 주 되심이 진정으로 고백되는 곳에서만 우리는 성령이 역사하고 있다는 것을 알 수 있다. 바울은 이 점을 잘 설명하기 위해 가설적 반대 상황을 구성한다. "하나님의 영으로 말하는 자는 누구든지 예수를 저주할 자라("예수에게 저주 있으라.") 하지 않고……" 이 말은 주석가들로 하여금 어떻게 그리스도교 집회에 속한 사람들이 실제로 이런 말을 할 수 있는지를 찾아내려 하면서, 다양하게 환상적인 가설들을 만들어 내도록 했다. 예를 들자면, 영지주의 그리스도인들이 육체의 예수에게 저주를 했다든지, 제국의 핍박을 피하기 위해 예수를 저주한 그리스도인들이 있었다든지 하는 것들이다. (이런 주장들은 모두 시대착오적 오류이다. 바울의 시대에는 로마 당국에 의한 조직적인 기독교 핍박이 있지 않았다. 또한 이런 초기 역사에서 지상의 예수를 거부하는 영지주의 집단이 있었다는 증거도 전혀 없다.) 사실 실제로 일부 고린도교회 교인들이 그런 말을 했다고 믿었으면, 바울은 가만히 있지 않고 상당히 강력한 방식으로 그런 일을 중단하라는 대응을 했을 것이다! 바울이 교회의 핍박자로서 예수를 토라의 저주 아래 놓인 '죄의 종'이라고 저주했던 때의 자신의 과거 삶을 회상하는 것일 수 있다는 쥬엣 바슬러(Jouette Bassler)의 제안은 고려할 가치가 있다(갈 1 : 13, 2 : 17, 3 : 13 참조). 그러나 바울은 현재의 상황에서 단지 예수를 저주한다는 이 극적인 허구를 사용하여 성령의 영감을 받은 사람들이 예수의 주 되심을 영화롭게 하는 방식으로 말하고 행동한다는 점을 강조하고 있을 뿐이다. 이 사실은 바울로 하여금 영감을 받아 영적인 언어를 발성하고 있으면서도, 결과적으로는 예수의 주 되심을 부인하고 있는 일부 고린도교회 교인들의 행위를 비평할 수 있도록 근본이 되는 기준을 제공해 준다. 그러나 실질적인 비평은 14장으로 미루어 둔다.

바울의 간략한 서론에서 코멘트 없이 그냥 흘려 버리지 말아야 할 점이 또 한 가지 있다. 본문 12 : 2에서 바울의 언급은 이방인인 고린도의 그리스도인들이 현재 이스라엘의 한 부분이 되었다는 것을 함의하고 있다. 이 함의가 '이교도'(pagan)라는 표현을 사용하는 영어성경들의 번역에서는 분명하게 드러나지 않는다. 우리가 'pagans'의 반대 개념으로서 '그리스도인'을 생각하는 경향이 있기 때문이다. 바울은 그리스도인이란 단어를 한 번도 사용한 적이 없다. 사실 바울이 여기서 사용하고 있는 헬라 단어는 **에쓰네**(*ethnē*, 이방인)로서 '유대인'에 반대되는 개념이다. 우리가 바울이 한 주장의 의미를 좀더 분명하게 볼 수 있으려면 다음과 같이 번역해야 할 것이다. "**여러분들이 이방인이었을 때** 여러분들은 말 못하는 우상들에게 이끌려……"(한글개역성경은 이 점에 있어 전혀 문제가 없다－역주). 이것은 유대인들이 이방인의 우상숭배에 대해 논쟁할 때 사용되는 표준적 표현이다. 고린도의 신자들이 더 이상 이방인이 아니라고 말할 때, 바울은 분명히 그들이 우상을 떠나 이스라엘의 살아 계신 하나님을 섬기게 되었고(살전 1 : 9 참조), 그래서 이스라엘에 접붙임을 받았다는 것을 뜻하고 있다(롬 11 : 17－24 참조). 그렇기 때문에 바울은 광야의 이스라엘에 대해 언급하면서 그들을 '우리 조상들'이라고 부를 수 있었다(고전 10 : 1). 그는 구약성경 스토리의 이스라엘을 조상이라고 주장할 수 있는 사람들 중에 고린도의 이방인들을 포함시키고 있다. 바울은 12 : 1~3의 현 시점에서 이 요지를 더 발전시키지는 않는다. 그러나 그가 무심코 내놓은 절구 하나가 그의 교회론과 및 그의 회심자들이 이스라엘 백성과의 관계에 있어서 차지하고 있는 위치에 대한 이해를 밝히 보여 주고 있다.

성령의 나타남 : 공동의 원천, 공동의 목적(12 : 4－11) 다음 단락은(4－11절) 교회 내에서의 영적 은사에 대한 바울의 이해에 기초를 다진다. 우선 은사들(**카리스마타**), 즉 하나님께서 거저 주시는 은혜의 사인들이 있다. 더구나 이것들은 다양한 방법으로 공동체 내에 배분된다. 이것은 교회가 결코 동질로 획일적이지 않음을 뜻한다. 교회는 '공동의 선을 위해'(7절) 각기 다른 은사와 사역을 행사하는 다양한 개인들로 구성되어 있다. 바울은 이 점을 4~6절의 삼위일체적 공식문을 이용하여 설명한다.

여러 가지 은사(**카리스마타**)	그러나 같은 성령
여러 가지 직임(**디아코니아이**)	그러나 같은 주
여러 가지 역사(**에네르게마타**)	그러나 각 사람 안에서 그 모든 것을 작용하게 하시는 같은 하나님

물론 바울이 뚜렷한 삼위일체의 교리를 갖고 있는 것은 아니다. 삼위일체 교리는 바울 이후 100년이 지나고 난 뒤에야 신학자들에 의해 공식적

으로 천명된 것이다. 그러나 이 구절은 바울이 하나님을 삼위일체로 **체험했다**는 것을 보여 준다. 바울은 공동체 내의 하나님의 활동을 성령의 역사, 주 예수의 역사, 그리고 하나님의 역사, 세 동의(同義)의 병행구로 묘사할 수 있었다. 세 갈래 형태의 요지가 각기 다른 영역의 활동을 각기 다른 삼위의 하나님께 맞추어 위치시키려는 데 있지는 않다. 교회 안에서 나타나는 바 하나님의 영감을 입은 현시(顯示)들이 종국적으로는 단 하나의 근원을 갖고 있다는 점을 주장하는 것이 그 목적이었다. (고린도전서 8 : 6의 고백적 선언에서 모든 것이 한 아버지 하나님께'로부터' 났으며, 한 주님이신 예수 그리스도를 '통하여' 났다고 했던 것을 기억해야 할 것이다.)

마찬가지로 하나님의 교회 내 역사를 기술하는 세 용어들(은사, 직임, 역사)도 서로 간에 다른 뜻을 갖고 있는 것으로 엄밀하게 구별되어서는 안 된다. 그러나 '직임'(services)이라는 단어의 사용은 고린도교회 교인들의 시야를 넓혀 주기 위해 의도된 것일 수도 있다. 고린도교회 교인들은 '카리스마적인' 영적 현시에 집중하고 있다. 그러나 바울은 좀더 겸손한 형태의 봉사(=직임, 바울이 항상 종됨의 모범으로 제시하는 주 예수와 연결되어 있음을 주목하라.)를 하나님 임재의 현시로 지적하고 있는 것이다. 세 차례에 걸쳐 반복되는 단어 '여러 가지'도 확실히 중요한 의미를 갖는다. 바울이 교회 내 다양성의 중요함을 강조하고 있는 것이다. 하나님의 창조적 발상(發想, imagination)은 워낙 다면성을 보여 주기 때문에, 하나님의 통일된 능력은 그 표현을 반드시 다변화된 형태의 폭발로 내놓을 수밖에 없다.

삼중 공식의 의미는 7절에서 요약된다. "각 사람에게 성령의 나타남(*phanerōsis*)을 주심은 유익하게 하려 하심(*to sympheron*, 공동의 善)이라" 여기서 '성령'은 삼위일체의 모든 삼위를 대표하고, '나타남'이란 단어는 교회 내에서 하나님의 영감을 입은 다른 여러 활동들과 더불어 협의의 '영적 은사' 일반을 모두 포함하는 총칭의 범주로 쓰였다. 이 문장의 강조는 시작 부분과 끝 부분에 떨어진다. 현시(나타남)는 **각 사람**에게 주어진다. 그리고 이 현시들은 **공동의 선**(유익)을 위한 것이다. 공동체의 모든 구성원들이 다 성령의 은사를 받는다. 몇 명의 리더나 영적으로 특출한

천재들에게만 주어지는 것이 아니다. 더구나 하나님께서 이런 은사들을 나누어 주시는 총체적 목적은 공동체 전체의 유익을 위하는 데 있지, 그 은사를 받은 개인을 사적으로 세워 주기 위한 것만이 아니다(6 : 12, 10 : 23 참조). 이 문장은 바울이 12~14장의 가르침을 통해 지고 있는 부담을 간단하게 모두 담고 있다.

바울은 8~10절에서 자신이 염두에 두고 있는 '성령의 나타남'의 예들을 열거한다. 결코 여기에 모든 성령의 은사들이 다 열거되어 있는 것은 아니다. 로마서 12 : 6~8, 에베소서 4 : 11~13, 그리고 현재와 같은 단원의 후반부에 있는 고린도전서 12 : 28~30 등에서는 다른 종류의 열거 목록을 볼 수 있다. 여기에 열거된 은사들은 성령의 역사에 대한 다양성을 대표하는 기능을 할 뿐이다. 그렇기 때문에 각 은사의 정확한 의미에 대해 장황하게 추측을 하는 것도 무익한 일이다. 바울이 우리에게 분명한 그림을 그릴 만큼 충분한 정보를 주지 않았기 때문이다. 그러나 여기에 열거된 아홉 가지 은사들을 그룹으로 분류하여 그 의미를 관찰하는 것은 가능할 것이다. 고든 피(Gordon Fee, p. 591)가 제안했듯이, 열쇠는 바울이 '또 하나의'(another)라는 의미로 사용한 여러 다른 단어가 표시하는 구분을 주목하는 것이다.

> 어떤 이에게는 성령으로 말미암아 지혜의 말씀을,
> 어떤 이(*allō*)에게는 같은 성령을 따라 지식의 말씀을,
>
> **다른 이**(*heterō*)에게는 같은 성령으로 믿음을,
> 어떤 이(*allō*)에게는 한 성령으로 병 고치는 은사를,
> 어떤 이(*allō*)에게는 능력 행함을,
> 어떤 이(*allō*)에게는 예언함을,
> 어떤 이(*allō*)에게는 영들 분별함을,
>
> **다른 이**(*heterō*)에게는 각종 방언 말함을,
> 어떤 이(*allō*)에게는 방언들 통역함을 주시나니.

고전적으로 **알로스**(*allos*)는 '같은 종류에 속하는 또 하나'(another of the same kind)의 뜻을 지녔고, 반면에 **헤테로스**(*heteros*)는 '다른 종류에 속하는 또 하나'(another of a different kind)를 가리키는 것으로 이해되어 왔다. 이 구분이 코이네(Koine) 헬라어에서는 엄격하게 지켜지지 않았다. 그러나 여기서 바울은 **헤테로스**를 (말하자면) 잠시 숨을 쉬기 위해, 은사들의 목록을 세 그룹으로 나누기 위해 사용했을 수 있다. 첫 번째 그룹의 두 은사는 지혜(**소피아**)의 말씀과 지식(**그노시스**)의 말씀으로, 고린도 교회의 지도급에 있는 사람들이 특별히 자부심을 갖고 있는 특성의 은사들이다(앞의 1~4장과 8장의 논의를 보라). 마지막 그룹의 두 은사는 방언과 방언의 통역인데, 이 둘이야말로 바울이 12~14장에서 담론의 특별 목표 대상으로 삼고 있는 영적인 현시들이다. 가운데 그룹에 속한 다섯 은사는 성령의 초자연적 역사를 무작위로 열거한 것같이 보인다. 짐작컨대 여기 나온 '믿음'은 하나님을 향해 갖는 일반적 그리스도인의 믿음이 아니라 '산을 옮길 만한'(13 : 2) 특별한 종류의 믿음, 즉 기적을 행사하는 믿음을 가리키는 것 같다. 따라서 바울은 자신이 교정하려고 하는 고린도 그리스도인들의 초영성(超靈性, superspiritual)의 자아 개념을 별나게 조각하는 영적 은사들을 좀더 강하게 언급함으로써 괄호를 삼아 일반적 은사들의 목록을 둘러 싸는 방식으로 서술하고 있다. 이런 식으로 목록을 열거함으로써, 바울은 고린도교회 교인들이 고정하여 주목하는 은사들이 결코 교회 내에서 역사하는 은사의 모든 것이 아님을 암시한다.

오늘날의 독자들은 철학적으로 충만한 지혜와 지식을 자랑하던 고린도 그리스도인들이 알려지지 않은 방언을 말하는 데도 열정을 보였다는 점을 알고 의아스러워할지 모른다. 전자는 냉철하게 지성적으로 보이고, 후자는 비이성적으로 감정적인 것으로 보인다. 그러나 그런 시각은 현대의 고정관념을 고대 상황에 덮어씌우는 것이다. 데일 마틴(Dale Martin)은 유대교와 그리스도교권에서 비밀스러운 '천사의' 방언이 종종 세련된 영성과 고위 신분의 표식으로 이해되고 있었다는 것을 보여 주는 고대의 증거군을 상당한 분량 수집했다(Martin, *Corinthian Body*, pp. 87-92).

이런 분위기 속에서는 성령의 영감을 받아 알아들을 수 없는 '천사의 방언'으로 말하는 것이 영적 각성과 지혜를 지닌 사람에게 꼭 맞는 활동으로 보였을 것이다. 따라서 고린도 공동체 내에서 방언을 말하는 사람들은 바로 저 '강한 자들'로 분류되는 사람들로서, 여러 다른 방식으로 스스로를 공동체 일반으로부터 구분해 놓는 특별한 지식의 소유를 주장하던 부유한 사람들이었을 것이다.

어쨌든 이 구절들에 암시된 교회의 전반적 모습은 조심스럽게 말한다 해도 놀라울 정도이다. '각 사람'(7절)이 모두 성령을 통해 이 비범한 은사들로 능력을 입었다. 교회는 전반적으로 다양한 구성원들의 상호 보완적 은사들을 통해 역사하는 성령의 능력이 생생하게 임재하는 카리스마적 공동체로 보인다. 신유(神癒), 기적, 계시의 말씀 등이 성령으로 가득 찬 공동체 내에서 매일같이 일어나는 것으로 그려져 있다. 바울은 이 모두를 당연한 것으로 여기고 있고, 그의 독자들도 같은 생각을 지니고 있을 것으로 기대한다. 책임감 있는 고린도전서 해석자라면 한 번쯤 이러한 그리스도교 공동체의 이미지를 자신의 교회 공동체와 대조하여 관찰하고, 그 차이에 대해 심각하게 묵상해 보아야 한다. (아래 "교사와 설교자를 위한 묵상"을 보라.)

이 단락의 결론 부분은(11절) 누구도 바울의 핵심 포인트를 놓치지 않도록 되풀이하고 있다. 다양한 은사들은(8~10절에 열거된 것들은 샘플에 지나지 않는다.) 모두 '동일한 성령의 역사'(NIV)이며, 이 은사들은 성령께서 뜻하시는 대로 교회 내에 배당되어 있다. 따라서 어떤 은사든지 그것을 소유하고 있다는 것은 개인적 장점이나 가치의 사안이 아니라, 순전히 거저 주어진 하나님의 은혜에 걸린 사안이다. 영적으로 야심만만한 고린도교회 교인들을 위한 함의는 아주 분명하다. 어떤 은사를 소지하고 있더라도 '신령함'에 대한 자랑의 근거는 없다. 모든 성령의 나타남은 공동체의 공동 유익을 위해 하나님의 목적을 이루도록 되어 있다.

몸의 유추 : 다양성과 상호 의존성(12 : 12-26) 바울은 이러한 영적 은사의 해석을 뒷받침하기 위해 교회와 인간 몸 사이에 유추를 설정한다(12

−26절). 고대 세계에서 몸과 인간 사회를 비교하는 것은 수사학적으로 흔한 일(*topos*)이었다. 특히 이것은 사회의 단결을 요구하는 연설에서 많이 활용되었다. (이에 대한 자세한 참고자료를 위해서는 M. Mitchell, pp. 157−164를 보라.) 우리가 살펴보겠지만, 바울은 잘 만들어진 수사학적 **토포스**(*topos*)를 예기하지 못했던 방향으로 발전시킨다. 이 비유는 일반적으로 부속 계급원들로 하여금 사회 질서 속에서 제자리에 조용히 머물러 있을 것을 종용하며, 그들의 상급자들에게 반역함으로써 사회체의 자연적 균형을 어지럽히지 말 것을 요구하는 데 사용되었다(고전적인 예는 메네니우스 아그리빠가 로마의 평민들에게 했던 연설인데 Livy의 *Urb. cond.* 2.32.과 Dionysius of Halicarnassus의 *Ant. Rom.* 6.86에 재생되어 있다). 바울은 다소 복잡한 방식으로 몸의 이미지를 활용하여 몸 내부의 **다양성**의 필요(14−20절)와 지체들 간의 **상호 의존성**(21−26절)을 동시에 주장한다. 그래서 바울은 이 유추를 부속 계급원들을 제자리에 위치시키려는 데 사용하지 않고, 오히려 공동체의 특권층에 속한 구성원들로 하여금 사회적 신분으로 보나 영적 능력으로 보나 그들보다 열등한 것처럼 보이는 구성원들이 기여하는 바를 존중하고 가치 있게 여기도록 권고하는 데 사용한다.

이 단락의 시작 문장들은(12−13절) 몸의 유추를 소개하면서 교회를 한 몸으로 생각할 수 있는 근거를 설명한다. 그러나 12절의 결론은 깜짝 비틀기를 공연한다. "몸은 하나인데 많은 지체가 있고 몸의 지체가 많으나 한 몸임과 같이 그리스도도 그러하니라" 우리는 바울이 "**교회도** 그러하니라"고 말할 것을 기대했다. 대신 바울은 교회의 많은 교인들을 직접 그리스도와 동일시함으로써, 단순한 유추를 넘어 교회를 그리스도와 존재론적으로 동일하게 만들었다(27절 비교). 주석가들은 바울에게 있어서 교회를 '그리스도의 몸'으로 명하는 것이 단지 메타포에 지나지 않는지, 아니면 신비한 실재인지 오랫동안 논쟁을 했다. 사실 이것은 잘못된 이분법적 사고방식이다. 바울은 이런 문제가 제기되는 이유조차 이해하지 못했을 것이다. 확실히 '그리스도의 몸'은 메타포이다. 그리고 마찬가지로 확실하게 바울은 이 메타포가, 교회가 그리스도와 갖는 연합 및 교회가 그리스도에 동참함에 대한 진리를 밝혀 조명해 준다고 굳게 믿었다. 교회는 단순한 인간 조직이 아니다. 교회는 십자가에 못 박히고 다시 살아나신 주님과 주님을 믿는 신자들을 생생한 연합으로 묶어 주는 성령의 활동에 의해 이 세상에 존재하게 되었다. 그러한 진리들을 메타포적 언어로 말하기를 두려워하지 말아야 한다. 그 진리를 더 적절하게 말할 수 있는 다른 방법이 없기 때문이다.

바울은 본문 13절에서 고린도교회 교인들을 위해 그들이 한 몸으로 일치를 이루게 된 근거를 회상시켜 준다. 그들 모두가 회심하여 그리스도 백성의 공동체 속에 입회하여 들어갈 때 '다 한 성령으로' 세례를 받아 한 몸이 되었고, 또 '다 한 성령'을 마셨다. 성령이 세례를 베푸는 행위자는 아니지만, 새로운 회심자가 성령 체험의 새로운 세계 속에 뛰어들어가 비유적 차원에서 그 안에 잠기게 되는 모양을 가리킨다. 본문 13절의 두 절구(絕句)는 똑같이 은유(메타포)적이며, 둘 다 동일한 경험을 가리킨다. 루터와 칼빈이 그렇게 제안하기는 했지만 '성령을 마시는 일'은 성찬과 아무런 상관이 없다. 이것은 단지, 한 성령이 공동체 내에 있는 모든 이들에게 넘쳐흐르는 충만으로 주어졌다는 바울의 확신을 생생하게 표현한 것일 뿐이다(요 7 : 37－39 참조). 마찬가지로, 초기 그리스도교 전통의 다른 여러 곳에서 발견되는 "성령 안에서 세례를 받는다."는 메타포의 사용도(마 3 : 11, 막 1 : 8, 눅 3 : 16, 요 1 : 33, 행 1 : 5) 단순하게 물세례와 동일시되기보다는 분명하게 차별화되어야 한다. 물 속에 들어가는 일은 바울의 메타포적 기술(記述)을 위한 문자적 준거점을 제공한다. 바울이 말하고자 하는 요지는 공동체 전체가 성령의 능력 속에 빠져 있다는 것이다.

그런 성령 속으로의 침례 결과는 모두 하나가 되는 것이다. 그들은 매우 다른 인종과 사회적 배경을 갖고 있다(유대인, 헬라인, 노예와 자유인 등). 그러나 성령에 의해 하나로 묶여 한 몸이 되었다. 따라서 더 이상 지나간 옛 정체의식의 경계선이 공동체를 나누어서는 안 된다. 이것이 교회에 대한 바울의 가르침에 있어 근본적 단면이다(갈 3 : 27－28, 골

3 : 9－11 참조). 역시 세례를 연상하고 있는 갈라디아서 3 : 28의 유사한 공식문은 그리스도 안에서 극복된 세 번째의 양분(兩分) 경계를 포함한다. "너희는 유대인이나 헬라인이나 종이나 자주자나 **남자나 여자** 없이 다 그리스도 예수 안에서 하나이니라" 이 문장은 바울 계열의 교회에서 사용된 전통적인 세례 예식문일 가능성이 높다. 그렇다면 바울은 이곳 고린도전서 12 : 13에서 '남자나 여자' 부분에 대한 언급을 빼놓고, 그 예식문을 암시하고 있는 것일 수도 있다. 아마 성별 부분의 생략은 의도적인 것 같다. 고린도교회 교인들의 성별 구분을 넘어서려는 시도가 교회 내에 심각한 문제를 야기했었기 때문일 것이다(고린도전서 7장과 위의 11 : 2~16에 대한 주석을 보라). 바울은 그 이슈를 여기서 다시 개입시키지 않으려 한다. 그렇게 하면 이 시점에서의 주요 포인트가 분산될 것이기 때문이다. 교회 안에 있는 모든 사람은 한 몸 안에서 함께 결합되었다.

여기서 바울의 의도는 교회의 각기 다른 구성원들에게 주어진 여러 다른 은사들이 서로 시샘하게 만드는 구별의 근거를 제공해서는 안 된다는 점을 보여 주는 것이다(25절 참조). 바울은 몸의 유추를 상당한 분량 연장 발전시켜 이 테마를 추구한다. 몸의 다양한 부분들이 우스꽝스럽게 몸으로부터 이탈하려는 시나리오를 상상한다(14－26절). 이 자료에 대해 더 자세한 주석을 할 필요는 없을 것이다. 이 비유의 기본 교훈은 모든 독자에게 명약관화하게 나타나기 때문이다. 그러나 바울의 몸 메타포 설명에서 서로 연관되었지만 서로 다른 두 가지 주제가 강조되었다는 점은 주목할 필요가 있다. 본문 14~20절에서의 주요 테마는 **다양함의 필수성**(*the necessity of diversity*)이다. 몸은 하나님의 디자인에 따라 내적으로 분화(分化)되어 있다(18절). 그러한 분화가 없으면 몸은 괴상망측한 모양이 되며, 아무 소용이 없게 될 것이다(17절). 모두가 눈이 되거나, 모두가 귀가 되거나 하는 경우를 상상해 보라. 그렇기 때문에 몸(교회)의 어떤 부분도 자신이 가치가 없다거나 중요하지 않다고 생각해서는 절대로 안 된다(15－16절). 각 기관을 이루는 부분은 전체의 기능을 위해 각자의 독특한 목적을 지니고 있다. 그래서 비록 바울이 이 점을 발전시키지는 않지만, 각 부분들은 "이 사람의 은사와 저 사람의 능력을 갈망하면서" 다른 부분들을 부러워하거나 흉내 내려 하지 말아야 한다(T. S. Eliot, "Ash-Wednesday", *Complete Poems and Plays*, p. 60). 각 사람은 하나님께서 허락하신 은사가 어떤 것이든지 간에 그것을 은혜롭게, 그리고 감사하는 마음으로 수용하여 공동체 전체를 위하여 사용해야 한다.

본문 21~26절에서는 초점이 약간 옮겨져서 몸의 지체들의 '상호 의존성'(interdependence)을 생각한다. 외관상으로 볼 때 '상위의' 지체들(눈과 머리)은 손이나 발을 경멸할 수 없다. 이들이 없이는 몸 전체가 행동할 힘을 갖지 못한다(21-22절). 마찬가지로 교회의 서로 다른 구성원들은 서로를 필요로 한다. 바울은 이러한 관찰을 통해 미묘하게 날카로운 결론에 도달한다. "몸의 더 **약하게** 보이는 지체가 도리어 요긴하고"(22절). 이 코멘트가 엄격하게 21절로부터 나온 것이 아니기 때문에(손이나 발이 눈이나 머리보다 '약할' 수는 없다.) 여기서 바울의 용어 선택은 고린도의 목회 상황에 의해 결정된 것이라고 보아야 한다. 스스로를 강하고 지식이 많다고 상상하는 사람들은 자신들을 자기네가 '약한 자들'로 취급하는 사람들 위에 높여 놓고 있다(앞의 8 : 7~13에 대한 주석을 보라.)고 생각한다. 바울은 앞에서 이미 이 테마를 가지고 아이러니의 역전을 시도했다(1 : 27, 4 : 10, 9 : 22). 약한 것이 십자가와 연결되었고, 또한 그것을 자신의 사도성과도 연관시켰다. 여기서 바울은 (외관상) 약한 것들이 공동체의 삶에서 '필수적' 역할을 하며, 강한 것들이 위험을 무릅쓰고 약한 자들을 무시해서는 안 된다고 직설적으로 단언한다.

강한 자들과 약한 자들 사이에 존재하는 긴장의 사회 계급적 차원은 24~25절에 있는 몸 메타포의 추가적 정교화(精巧化)에 의해 암시된다. '불명예'나 '수치'로 여겨지는 지체들(메타포에서 가리키는 것은 생식기들임.)은 더욱더 큰 존중으로 다루어야 한다. 여기서 바울은 농담과 조소를 동시에 효과적으로 수행하고 있다. 상류층의 고린도교회 교인들은 거칠어 보이는 믿음 안의 하층계급의 형제와 자매들을 경멸하여 내려다보면서, 그들을 곤란한 존재로 간주했을 것이다. 그런데 바울은 오히려 그들을 존귀와 영예로 옷 입혀 주어야 한다고 주장한다. 강한 자들은 바울 자신이 그러했던 것처럼(9 : 19－23, 10 : 31－11 : 1), 약한 자들의 필요에 맞게 자신들의 행위를 조정해야 한다는 그의 앞부분 주장(8 : 7－13, 10 : 28－29a)에 대한 메아리를 들을 수 있을 것이다. 그러나 몸 메타포에서는 바울이 이전보다 한 걸음 더 나아가, 이 약하고 덜 명예로운 공동체 구성원들의 합법성과 중요성을 아예 정당한 것으로 입증해 버린다. 그들은 전체 몸의 건강한 기능을 위해 필수불가결할 뿐 아니라, 하나님께서 사물의 자연적 질서 안에서 멸시를 받을지도 모르는 사람들에게 더 큰 영예를 주는 방식으로 구성된 것이다(24절).

하나님께서 몸을 다양성이 필수적인 상호 의존의 유기체로서 구성하셨기 때문에, 지체들 간의 차이는 분열(**스키스마**〈*schisma*〉－1 : 10, 11 : 18 참조)로 유도되지 말고, 지체들이 서로를 돌보는 협력으로 인도되어야 한다(25절). 여기서 바울은 공공연하게 '몸'의 담론을 처음부터 고린도전서를 지배해 왔던 주제인 '일치에의 호소'로 돌이켜 연관시킨다. 바울이 여기서 '분쟁'을 언급하는 것은, 실로 고린도교회 교인들이 영적 은사의 현시를 놓고 갈등을 처리하고 있었다는 사실을 암시한다. 우리는 이것이 이 장들(12－14장)을 둘러싸고 있는 주제임을 기억해야 한다. 그러나 바울은 이러한 갈등들을 교회의 일치라는 좀더 광범위한 자기 비전의 틀 내에 위치시킨다. 그가 비전으로 꿈꾸는 것은 공동체 내에서 서로 다른 것을 용납하여 참는 정도가 아니다. 그의 비전은 모든 구성원들이 피차간의 슬픔과 기쁨을 공유하여 은혜로우며 사랑이 풍성한 '시너지'(synergy, 협력의 상승작용) 효과를 자아내는 것이다(26절). 여기서 다시 몸 메타포는 바울의 교훈 목적에 잘 부합한다. 사람들은 누구나 팔꿈치나 손가락의 고통이 몸 전체의 에너지와 신경을 어떻게 흡수해 버리는지 잘 알고 있다. 바울은 바로 교회에서의 일도 마찬가지라고 주장한다. 여기서 바울은 무엇을 해야 하는지를 말하지 않는다. 단지 사실을 말한다. 몸은 그 지체들 중 지극히 작은 것 하나의 고난에 의해 전체가 축소되고, 같이 고통을 받는다. 또한 똑같은 원리가 한 지체에게 주어진 영예에도 적용된다.

몸은 정말로 그것을 함께 축하한다. 바울이 23~24절에서 '열등한 지체'에게 오히려 영예를 부여하는 것에 대해 말해 놓았기 때문에, 이 단원의 마지막 문장 또한 암묵적인 권면으로 읽어야 할 것이다. 교회에서 좀더 분명하게 영예를 입은 교인들은 덜 영예로운 교인들에게 영예를 부여함으로써 함께 기뻐해야 한다.

적용 : 교회 내에서의 은사와 직분(12 : 27-31a) 바울은 고린도전서 12장의 마지막 단락에서 14~26절을 통해 오직 커튼이 엷게 쳐져 있었던 비유적 의미를 분명히 한다. "너희는 그리스도의 몸이요 지체의 각 부분이라" 앞에 주어진 유추에서 다양한 몸의 기관과 기능들이 28절에서 차례로 열거된 '교회 내의' 영적 은사와 직임에 대한 상관성을 갖고 연결되지는 않았다. 다시 말하지만, 이곳에 열거된 것은 대표적인 것이지 모든 것을 다 포함한 것은 아니다. 처음 나오는 세 가지 항목의 순서는(사도, 선지자, 교사) 권위의 위계 질서를 가리킬 수도 있지만(엡 4 : 11 참조), 이 은사들이 그리스도교 공동체를 세우는 데 있어서 했던 역할의 시간적 등장 순서에 대해 알려 주는 것일 수도 있다. 순회하는 사도들이 먼저 나왔고, 그래서 교회가 세워지며, 이어서 선지자와 교사들이 공동체를 세우고 교육하는 일을 계속한다. 이런 종류의 연속 순서는 이미 3 : 5~14에서 서술되었다. (선지자와 예언에 대한 추가적 교훈은 14장에 따라올 것이다.) 열거된 목록의 나머지 항목들은(기적, 신유의 은사, 보조, 지도, 방언 등) 확실히 위계서열의 순서로 정렬된 것이 아니다. 사실상 그 열거 목록에 '다른 사람들을 돕는 능력과 그들을 인도하는 권세'(28절, NEB)를 포함시킨 것은, 바울이 성령의 활동 범위를 고린도교회 교인들이 전리품처럼 생각하던 화려해 보이는 초자연적인 현시들의 범위를 넘어 확대시키려 했다는 것을 보여준다. 그러나 바울의 주 관심은 방언의 은사가(열거에서 분명하게 맨 나중에 위치되어 있음.) 교회 내에서 하나님께서 지정한 많은 은사들 중의 하나일 뿐이라는 점을 보여 주는 데 있었다. 본문 29~30절의 수사학적 질문은 헬라 원문에서 각 문장마다 자명하게 부정적 답변을 기대하는 방식으로 구성되어 있다. "모두가 다 사도일 수는 없지 않습니까? 안 그렇습니까?"

하는 등의 형태이다. 어떤 한 사람도 다른 은사들을 모두 가지고 있지 못하다. 그리고 (이것이 더 중요하다.) 이 은사들 중 어느 것도 공동체 내의 모든 사람이 다 행사하고 있는 경우는 없다. 이것은 교회 내의 다양성이 건강한 것이며, 필수적이기도 하다는 점을 또다른 방식으로 표현한 한 예이다.

이런 메시지의 견지에서 31a절의 조언은 놀라움으로 다가온다. "그러나 더 큰 은사들을 열심히 갈망하십시오"(NIV). 전 장을 통해, 공동체의 모든 구성원들이 상호 보완의 다양한 은사들을 차지하고 성령께서 그들에게 배당하신 특정 은사들에 만족해야 한다는 주장을 조심스럽게 진행해 온 마당에, 이제 와서 바울은 왜 갑자기 은사들의 서열을 매겨 더 큰 은사를 말하며, 또한 고린도교회 교인들에게 그런 큰 은사를 추구하라고 말하는 것일까? 이 조언이 워낙 예기치 못했던 것이기 때문에 어떤 해석자들은 이 문장을 명령으로 읽어서는 안 되고, 31b절과 긴밀하게 연계된 책망조의 직설법으로 읽어야 한다는 제안을 했다. "당신들 고린도교회 교인들은 (소위) '더 큰' 은사들을 (그릇되게) 갈망하는군요. 그러나 나는 당신들에게 더 좋은 길을 보여 주겠습니다."

그러나 이런 해석은 동일한 주제를 이어 가고 있는 14 : 1의 분명한 지시를 간과하고 있는 것이다. "영적 은사들을 열심히 갈망하십시오(*zēloute*, 12 : 31a에서 사용된 동사와 똑같다). 특히 예언의 은사를 말입니다"(NIV, 또한 14 : 39a 참조). 더구나 바울은 14 : 5에서 공공연하게 예언을 하는 사람이 방언을 말하는 사람보다 '더 큰' 것으로 설명하고 있다. 이 절들은 분명하게 12 : 31a을 다시 상술(詳述)한 것이다. 바울은 정말로 예언이 방언보다 더 나은 것으로 간주하며, 그래서 공동체의 모든 구성원들이 이 은사를 행사할 수 있도록 올바로 열망해야 한다고 생각한다(14 : 31). 바울이 이러한 견해를 갖는 이유는 모든 은사들이 그 아래 행사되어야 하는 정신을 규정하는 삽입문(插入文, excursus) 후에 14장에서 좀더 충분하게 설명될 것이다.

| 교사와 설교자를 위한 묵상 |

고린도전서 12장은 설교자에게 도전을 주는 장이다. 그 메시지가 워낙 사람들에게 익숙하고 내용이 분명하기 때문에 예배에서 본문이 읽히고 난 뒤에 설교자가 할 말로 남은 것이 무엇인지 찾아내기 힘들기 때문이다. 그러나 우리가 본문을 더 자세히 읽고, 그것이 오늘날 우리의 교회에 어떻게 말하고 있는지를 묵상하면, 표면에 부상하는 여러 중요한 이슈들이 발견된다.

1. **예수를 고백하는 것이 영성의 기준이다.** 스스로 영적인 것으로(spiritual) 자신을 제시한다고 해서 그것이 반드시 복음에 부합하는 것은 아니다. '영성'이 쇼핑몰 서점의 전문용어가 되다시피 하면서, 그리스도인들은 어떤 목소리가 진정 하나님의 성령의 영감을 받은 것이고, 어떤 것이 우리를 미혹하게 만들어 우상에게로 이끄는지(2절) 꼭 질문을 던져야만 잘하는 것이 되었다. 바울이 3절에서 설정해 놓은 간단한 기준이 이러한 분별의 과정을 시작하는 좋은 출발점이 될 것이다. 예수가 주님이라는 고백을 하는 사람들은 성령의 영향 하에서 발언하고 있는 것이다. 예수의 주 되심을 부인하는 사람들은 성령에 의해 말하고 있는 것이 아니다. 물론 이 간단한 기준이 모든 문제를 풀어 주지는 않을 것이다. 그러나 최소한 우리 교인들에게 비판적 분별력을 가질 필요를 일깨워 줄 것이다. 고린도교회 교인들은 이교도로서의 과거를 뒤로하고 새로운 주님을 따라 길을 나섰다. "예수께서 주님이시다."는 고백은 그들에게 있어 로마 황제가 주가 **아니며**, 다른 신들과 주들은 아무것도 아니며(8 : 4-6), 자신을 새로운 충성 대상에게 맡기는 것을 뜻했다. 반면에 오늘날 교회에서 직면하는 위험은, '종교'라는 이름을 가장하여 우리에게 다가오는 것을 무엇이든지 비판 없이 포용하는 총칭의 자기 허용적 종교성 속으로 자기도 모르게 미끄러져 들어가는 것이다. "예수가 주님이시다."라는 간단한 고백은 성령의 역사를 속이는 영들의 역사로부터 구별하는 성령의 영감을 받은 암호로 남아 있다. 동시에 이 고백은 가장 기본적인 단계에서 교회를 하나로 연합시킨다. 교회 내에 심각한 불일치가 횡행하

는 이 시대의 한가운데서 우리는 '예수가 주 되심'의 고백을 공유하는 모든 사람들이 한 성령에 의해 서로 결속된 우리의 형제와 자매라는 것을 인식해야만 한다.

2. 은사로서의 '성령의 나타남' 바울은 교회에서 성령의 역사들은 하나님께서 분배하신 **은사**(선물)들임을 되풀이하여 강조한다. 우리가 이 은사들을 단순한 자연적 능력이나 재능처럼 생각하여 자신의 공로를 앞세우며 그에 대해 자부심을 가지려 하는 오류에 빠질 위험은 항상 존재한다. 이런 경향에 반대하여 고린도전서 12장에서 읽는 바울의 전반적 논의는, 우리로 하여금 4 : 7에서 제기한 질문을 기억하게 만들어 준다. "네게 있는 것 중에 받지 아니한 것이 무엇이뇨? 네가 받았은즉 어찌하여 받지 아니한 것같이 자랑하느뇨?" 모든 성령의 은사는 '공동의 선'을 위해 주어진 것이며(12 : 7), 그래서 교회 내에서 전체 공동체의 사역을 위해 행사되어야 한다. 은사가 사적인 재미나 개인적 자기 과포장을 위한 소지물처럼 취급되기 시작하면, 곧바로 타락이 발생하며 분열을 일으키기 시작한다. 각 사람에게 "당신의 영적 은사가 무엇인가?"라는 질문을 던지는 좋은 의도의 교회 토론 그룹에 참석했던 적이 있었다. 그러한 대화가 어떤 면에서는 도움이 될 수 있겠지만, 이런 일은 까딱 잘못하면 바울의 은사 목록(8-10, 28절)을 일종의 영성화된 마이어스 브릭스(Myers-Briggs)의 성격 타입 목록으로 바꾸어 버릴 위험을 감수하게 한다. 바울은 우리가 거울을 들여다보면서 각자 어떤 형태의 은사를 소지하고 있는지를 자신에게 물으면서 시간을 소모하기를 원치 않는다. 바울은 우리가 단순히 공동체를 섬기기 위해 우리의 은사들을 사용하는 일에 신경을 쓰는 것을 좋아할 것이다.

3. 교회는 '카리스마적' 공동체이다. 우리가 주목했던 바와 같이, 바울은 교회를 성령께서 치유, 기적, 예언과 방언을 포함하는 계시의 말씀 등의 은사를 통해 강력하고 생동감 넘치는 방식으로 역사하는 공동체로 그리고 있다. 오순절 계통의 교회들과 카리스마적인 갱신을 경험한 공동체들은 그러한 은사들을 그리스도인 예배와 사역의 완결적 부분으로 회

복해 왔다. 이런 성령의 나타남은 특별히 제3세계에서 급속한 팽창을 보이고 있는 교회들의 특성이 되었다. 그러나 많은 교회들에게 있어서(아마 역사적으로 개신교 전통 속에 있는 대부분의 교회들) 이런 현상은 잘 알려져 있지 않으며, 오히려 위협적인 것으로 감지되기까지 할 것이다. 그런 교회들에게는 고린도전서 12장이 실로 누군가 나와 상관없는 사람에게 보낸 편지처럼 보일 것이다. 바울은 성령의 역사가 우리가 정의하는 '카리스마적'이어서 좀더 많은 시선을 모으는 현시(顯示)들에 한정된 것이 아님을 인정하지만, 우리가 그런 은사들을 우리의 비전에 관한 장에서 제외시킴으로써, 마치 바울이 재정위원회에서 봉사하는 것이나 주일 학교 커리큘럼을 짜는 일에 대해서만 이야기한 것처럼 꾸며 성령의 능력에 대한 그의 개념을 우리의 기호에 맞게 길들이려 해서는 안 된다. 바울이 8~10절에서 기술하는 성령의 나타남을 잘 모르는 사람들과 같이 이 본문을 공부해야 하는 교사는, 그 그룹을 데리고 예배에서 방언과 예언이 나타나고 있는 현대의 신앙공동체를 방문해 보는 것이 좋을 것이다. 그런 공동체를 찾는 것은 그다지 어렵지 않을 것이다. 성령께서 우리 시대에 이 은사들을 전 세계에 걸쳐 흩어져 있는 교회들 속에 배분하기로 선택하셨기 때문이다. 교회를 위한 바울의 비전을 삶의 모델로 취하기로 결심한 공동체라면 어떤 공동체이든 간에, 고린도전서 12장이 우리 가운데 성령의 나타남의 가능성에 좀더 근본적으로 우리 자신을 열도록 소명하고 있지 않은지 진지하게 물어보아야만 할 것이다.

4. 교회는 카리스마적 '공동체'이다. 바울은 또한 성령의 은사들이 공동체 전체의 유익을 위해 그리스도의 몸 안에서 행사되어야 한다고 고집한다. 우리가 살펴본 것처럼 이것은 그로 하여금 쌍둥이 주제인 **다양성**과 **상호 의존성**에 하이라이트를 주도록 이끈다. 각기 다른 개인이 각기 다른 은사들을 지니고 있는 것은 좋은 일이다. 그리고 다른 모든 은사들은 공동체의 공동선을 위해 협주(協奏)되어야 한다. 설교자의 과제 중 중요한 부분 하나는 이 동기들이 구체적인 지역 교인의 필요에 부응할 수 있도록 어떻게 균형을 잡아야 하는지를 분별하는 일이다. '고독한 나그네' 기독교

의 오류에 빠지기 쉬운 어떤 교회들의 경우 상호 의존성을 강조하는 호소에 귀를 기울여야 하며, 지나치게 그리스도인 경험의 획일성을 밀어붙이는 경향을 지닌 교회들은 그리스도의 몸 안에 다양한 은사들을 강조하는 바울의 확언을 들을 필요가 있다. 어떤 경우이든 바울이 발전시킨 그리스도의 몸의 이미지는 위대한 개인의 자유(14－20절)와 강력한 상호 공유와 지원(21－26절)이 존재하는 진정한 공동체의 비전을 제공한다. 우리의 사역 목표는 바로 그러한 공동체를 형성하는 것에 부족하지 않도록 정립되어야 한다.

5. 특권을 누리는 사람들은 약한 자들과 한 몸으로 묶인다. 이 마지막 포인트는 고린도전서 12장에 대한 우리의 묵상에서 간과되기 쉽다. 이를 파악하기 위해서는 약간의 행간을 읽는 노력이 필요하기 때문이다. 그러나 이것은 실제로 전체 장의 바탕이 되는 관심 사항이다. 바울은 일부 거만한 그리스도인들이 영적 은사에 대한 기강 없는 자랑으로 약하고 사회적으로 영예를 입지 못한 공동체 구성원들(22－23절)로 하여금 멸시를 당한다는 느낌을 갖게 하고, 동일하게 높임을 받는 영적 체험을 갖지 못했기 때문에(15－16절), 심지어 몸으로부터 추방된 느낌까지 들게 만드는 잘못을 교정하기 위해 편지를 썼다. 비록 확실한 것은 아니지만 공동체와의 이런 분리는 우리가 이 편지에서 다른 문제들과의 연관을 통해 살펴본 바 법정 사용(6 : 1－8), 주의 만찬의 남용(11 : 17－34) 등에서 드러난 것과 같은 사회·경제적 차별을 반영하고 있는 것 같다. 바울은 이러한 슬픈 분열(**스키스마**, 12 : 25)을 극복하고자 노력하면서, 모든 고린도교회 교인들이 한 몸의 지체들로서 서로의 안녕과 복지에 함께 연결되어 있음을 볼 수 있도록 소명한다. 이 메시지는 사회 구조에서 상류층의 역할을 떠맡고 있는 사람들과 가장 인상적인 영적 은사들을 받은 사람들에게 특별한 요구를 한다. "무릇 많이 받은 자에게는 많이 찾을 것이요 많이 맡은 자에게는 많이 달라 할 것이니라"(눅 12 : 48). 최소한 권력을 소지한 사람들은 그리스도의 몸 안에서 약한 지체들을 그들의 동료로 받아 주고, 존중하고, 자신을 돌보는 것과 동일한 돌봄을 그들에게 베풀며, 기쁨과

슬픔을 함께하도록 명령을 받았다(25－26절). 특권의 위치에 있는 사람들이 몸의 약한 지체들과 자신들이 함께 엮어져 있다는 것을 진정으로 볼 수 있으려면 발상의 전환이 꼭 필요할 것이다. 그러한 전환을 보는 것이 바울 편지의 목적이며, 마찬가지로 우리의 가르침과 설교의 목적이 되어야 할 것이다.

여기서 성구집이 설교자에게 약간의 도움을 줄 수 있을 것이다. 연도 C의 주현절(主顯節) 후 세 번째 주일에 고린도전서 12 : 12~31a이 누가복음 4 : 12~21과 연결되어 있다. 이 본문에 기초한 설교를 할 경우 두 본문 다 성령의 역사들 사이의 연결에 관심을 두게 한다. 성령께서는 가난한 자에게 좋은 소식을 전하는 예수의 사역에 능력을 부여할 뿐 아니라 노예와 자유인 사이의 차별, 특권층과 가난한 자들 사이의 장벽이 무너지게 되는 그리스도의 몸을 빚는 일도 하신다.

사랑의 탁월함(12 : 31b－13 : 13)

고린도전서 13장의 목적은 사랑을 그리스도인의 삶에 대한 필수 조건으로 묘사하고, 사랑이 성령의 모든 은사 행사를 규제하는 원리가 되어야 함을 주장하는 데 있다. 이 단원에 위치한 바울의 서정적 산문시는 많은 독자들로 하여금 문맥의 흐름과 상관없이 이 부분만 떼내어 사랑의 본질에 대한 아름다운 명상으로 삼게 만들었다. 그러나 고린도전서 13장과 편지의 다른 부분 사이에 존재하는 많은 용어와 개념의 연결은 이 장이 찬송이나 독립적으로 작성된 사랑의 웅변이 아님을 보여 준다. 이 장은 고린도전서 내에서 분명하게 논쟁적 목적을 지니고, 그 기능을 담당하고 있다. 바울은 이를 통해 예배에서 성령의 나타남에 대한 고린도교회 교인들의 이해와 실천을 개혁하려는 노력을 기울인다.

이 단원은 **에피데익틱**(*epideictic*, 고대 수사학에서 **에피데익틱**은 어떤 사람이나 사물 또는 자질 등에 대해 칭찬을 하거나 비난을 하는 일종의 예증적 발언〈例證的 發言, demonstrative speech〉을 가리킨다.) 막간(幕間) 간주의 시작을 알리는 도입의 문장(12 : 31b) 다음에 뚜렷하게 세 부분으로 나뉜다.

13 : 1~3	사랑 없는 모든 종교적 행위의 무익함.
13 : 4~7	사랑의 찬미
13 : 8~13	대조 : 사랑의 영속적 특성에 대비되는 모든 영적 은사들의 잠정적 특성

바울의 사랑 이해가 근본적으로 예수 그리스도의 죽음에서 보여진 하나님의 사랑에 의해 형성되었다는 것이 확실하기는 하지만(롬 5 : 8, 갈 2 : 20b, 고전 13 : 13 참조), 이 장 내에 예수나 기독론에 대한 분명한 언급은 없다. 여기서 **아가페**는 "너희 모든 일을 사랑으로 행하라."고 명령하는 16 : 14에서와 같이, 교회 구성원들의 행동에서 보여야 하는 특질이나 성품의 속성으로 제시되었다. 다시 말하자면 이 장의 목적은 노골적으로 윤리적이다. 바울은 사랑의 특질들을 묘사함으로써 고린도 공동체 구성원들의 인품 형성을 촉구하려는 것이다. 존 칼빈은 "나는 바울이 그것으로(고전 13장) 고린도교회 교인들을 간접적인 방식으로 책망했다고 믿어 의심치 않는다. 자신의 모습과는 정반대 상황으로 그들을 대면함으로써, 그들로 하여금 그들이 보는 것과 대조되는 자신들의 잘못을 깨닫게 하기 위함이다."라고 바로 관찰했다. 물론 사랑에 대한 묘사, 특히 13 : 4~7은 책망만 하는 것이 아니라 인품 형성을 위한 긍정적 모델이 되어 준다. 동시에 이 장의 교회 내 분열의 치유를 위한 바울의 전반적 호소에 도움을 주는 중요한 역할을 간과해서는 안 된다. 마가렛 미첼(Margaret Mitchell)이 설득력 있게 주장했듯이, 사랑은 고린도교회의 파당주의에 대한 바울의 해독제 구실을 한다. "사랑은 바울이 고린도교회 교인들에게 호소하는 그리스도인의 사회적 일치의 원리이다"(M. Mitchell, p. 274). 우리가 이어서 살펴보겠지만, 이러한 관심은 사랑에 대한 바울의 긍정적, 부정적 묘사를 결정적으로 조각하고 있다. 하나 됨에 대한 논의는 편지 전체를 통해 누적되어 가다가 13장에서 수사학적 절정에 도달한다.

이 장에 대한 두 가지 흔한 오해를 처음 시작부터 불식시켜야 할 것이다. 첫째, 바울은 방언과 다른 기타 영적 은사들의 가면을 벗기기 위해 사랑에 대해 쓴 것이 아니다. 바울의 요지는 사랑이 영적 은사들을 대체해야 한다는 것이 아니고, 뒤따르는 14장이 분명하게 보여 주고 있는 것처럼 사랑이 교회 내에서 영적 은사들의 사용을 다스려야 한다는 것이다. 사랑은 최고와 최선의 은사가 아니다. 사랑은 '길'(12 : 31b)이다. 모든 은사들이 그들의 적절한 위치를 찾게 해 주는 삶의 방식이다. 둘째, 사랑은 감정이나 자세에 머물지 않는다. '사랑'은 오히려 인내의 구체적 행동과 타인을 위한 희생적 봉사를 위한 총칭의 이름이다. 바울이 이 장에서 실제로 말하고 있는 것을 자세히 주의하여 살핀다면, 사랑에 대한 모든 달콤한 감성적 개념은 추방되고, 대신 진리 안에서 기뻐하며 예수 그리스도의 이름으로 모든 고난을 견뎌 내는 사랑의 열렬한 비전이 그 자리를 대신 차지하게 될 것이다.

사랑 없는 영적 행위는 의미가 없다(13 : 1－3). 이 장의 첫 번째 단락은 (1－3절) 여러 가지 종교적 실천을 묘사하는 세 문장으로 구성되어 있다. 이 행위들은 사랑이 같이하지 않을 때 허망한 것이라고 선언한다. 방언으로 말하는 것(1절), 예언, 계시된 지식을 받는 것, 믿음으로 기적을 행하는 것(2절), 금욕적인 자기 부정(3절) 등의 모든 것들은 사랑을 동반하지 않으면 아무런 가치가 없는 것이 된다. 본문의 1절과 2절에 열거된 항목들은 고린도교회 교인들이 특별히 좋아하는 은사들이다(방언과 지식). 그러나 바울은 여기에 자신이 좋게 평가하는(14 : 1－25) 예언도 포함시킨다. 이것은 바울의 의도가 방언이나 성령의 계시성 은사에 대항하는 논쟁을 하자는 것이 아님을 보여 준다. 그는 이런 은사들을 적절하게 평가하는 틀 내에 위치시키기를 원할 뿐이다. 그 은사들 자체로는 별반 중요성을 갖지 못한다. 같은 판단의 원리가 자신의 소유를 (짐작컨대) 가난한 사람들에게 내어 주는 도덕적으로 칭찬받을 만한 행위들에도 적용된다(3절). 이 절들에서 보여진 바울의 광범위한 공식은 두 가지 방식으로 이해될 수 있다. 한편 바울은 '잘못된 이유를 가지고 옳은 일을 행하는 것'을 비판하면서, 종교적 실천의 올바른 동기로서 사랑을 요청한다. 반면 그는 도덕적 모순(약간의 옳은 일을 하는데, 나머지 자신의 삶의 영역에서 사랑이 부족한 것)을 비판하면서, 실존의 모든 부분에서 사랑을 실천하며 살도록 요청하는 것일 수도 있다. 양쪽의 해석이 다 이치에 맞는 것이며, 한쪽을 택하기 위해 다른 한쪽을 버릴 필요는 없다.

'사람의 방언과 천사의 말을 하는 것'(1절)은 달변의 능력으로 말을 잘하는 것을 뜻하지 않는다. 사람의 언어를 말하는 것뿐 아니라 성령의 특별한 영감을 통해서 천상의 존재들이 발하는 언어를 말하는 것을 가리킨다. 이 내용에 관한 성격을 밝혀 주는 유사한 고대 문헌 중 하나가 「욥의 언약」(*Testament of Job*)이다. 이것은 주전 또는 주후 1세기경의 이집트 유대인의 문헌이다. 이 글은 욥의 세 딸에 대한 전설을 담고 있는데, 이들은 각자 여러 색깔로 된 줄을 유산으로 물려받았다. 이 줄은 그들에게 천사의 말과 노래를 할 수 있는 능력을 준다. "그래서 헤메라(Hemera)라고 불리는 이가 일어났을 때, 그녀는 아버지가 일러 준 대로 그녀 자신의 실을 감쌌다. 그리고 그녀는 또 하나의 마음을 입었다. 이제 더 이상 세상 일에는 마음이 쓰이지 않았고, 몰아 상태에서 천사의 방언으로 말하며, 천사들의 찬미 방식에 맞추어 하나님께 찬송을 올려 드렸다"(*T. Job* 48 : 1−3a). 짐작컨대 이것은 고린도교회 교인들과 바울이 이해하고 있는 '방언으로 말하기'였을 것이다. 바울은 14 : 2에서 "방언을 말하는 자는 사람에게 하지 아니하고 하나님께 하나니 이는 알아듣는 자가 없고 그 영으로 비밀을 말함이니라"고 한다. 방언은 상위의 천상 세계와 하는 의사소통 양식으로 존중을 받았다. 그러나 천사의 말을 하는 영화로운 그 어떤 것이라도, 사랑이 없으면 아무 가치가 없다.

바울의 인상적 메타포에 따라 사랑이 결여된 사람을 이런 식으로 말하자면 '울리는 청동이나 쨍그랑거리는 심벌즈'(1절, 저자 번역)가 된다. 고린도는 특별히 청동 그릇의 생산으로 유명했다. 여기서 사용된 단어 **칼코스**(*chalkos*, 청동)가 다른 곳에서 악기를 가리키는 데 사용된 적이 없기 때문에, 어떤 학자들은 바울의 어구가 극장에서 배우들의 목소리를 울리게 하고 증폭시키는 청동 음향 단지를 가리킨다는 제안을 했다(Murphy O'Connor, *St. Paul's Corinth*, pp. 75−77을 보라). '쨍그랑거리는 심벌즈'

는 특별히, 광란의 몰아적 예배 행태로 주목을 받는 키벨레(Cybele, 영어권에서는 '씨빌'로 발음됨－역주) 제의를 연상시킨다. 따라서, 바울의 요지는 1절에서 다음과 같이 의역될 수 있다. "당신이 천사들의 천상의 언어로 말할 수 있다 하더라도, 사랑이 없으면 당신의 격조 높은 발언은 배우들이 하는 대사의 공허한 메아리나 광란의 이교도 예배의 잡음같이 되고 말 것입니다." 이것은 꽤나 강력한 이미지 제시이다. 바울은 그의 독자들에게 전력을 다하여 펀치를 날리고 있다.

이미 12 : 10에서 언급되었고, 나중에 14장에서 더 자세하게 논의될 예언(2절)은 하나님께 말씀을 받아서 모인 회중에게 말하는 것을 뜻한다. 바울은 의심할 여지없이 이 은사를 구약성경에 나오는 예언자들의 활동을 배경으로 해서 이해했다. '모든 비밀과 모든 지식(*gnōsis*)'을 이해한다는 것은 하나님의 계획에 대한 내부 정보에 접근하는 것을 뜻한다. 예를 들어 바울은 15 : 51에서 죽은 자들의 마지막 부활에 대해 계시된 지식을 가리킬 때 '비밀'(mystery)이라는 용어를 사용했다. 이 예가 보여 주듯이, 바울에게 있어서 이 말의 배경은 선견자가 하나님으로부터 천상의 신비의 계시를 받는 유대 묵시사상의 세계이다. 이러한 묵시적 선견자의 원형은 '후일에 될 일'에 관한 느부갓네살의 꿈 해석 방법에 대해서 '비밀의 계시를 받은' 선견자 다니엘이다(단 2 : 19, 28). 그래서 그는 하나님을 이렇게 찬양했다.

> 영원 무궁히 하나님의 이름을 찬송할 것은 지혜와 권능이 그에게 있음이로다 그는…… 지혜자에게 지혜를 주시고 지식자에게 총명을 주시는도다 그는 깊고 은밀한 일을 나타내시고 어두운 데 있는 것을 아시며 또 빛이 그와 함께 있도다(단 2 : 20－22).

우리가 이미 살펴본 바와 같이, 고린도교회 교인들은 바울로부터 지혜와 지식에 묵시사상적 강조를 한 것을 물려받았다. 그러나 이들은 그리스의 철학적 전통에서 유래한 이 용어들의 해석과 묵시사상적 강조를 융합시켜 버렸다. (고린도교회 교인들의 '지식'에 대해서 참고하기 위해서는 1 : 5,

8 : 1, 8 : 7-13, 12 : 8, 14 : 6 등을 보라.) 어찌 되었든 계시적 체험을 통해 신비한 진리의 이해를 획득하든지, 또는 철학적 명상을 통해 그렇게 하든지 간에, 사랑이 없으면 그런 지식은 아무 소용이 없다. 바울은 수사학적으로 자신을 실례로 들어 활용한다. 그는 자신을 이런 비밀을 말하는 사람으로 묘사했다. "오직 비밀한 가운데 있는 하나님의 지혜를 말하는 것이니 곧 감취었던 것인데 하나님이 우리의 영광을 위하사 만세 전에 미리 정하신 것이라"(2 : 7). 그러나 사랑이 없으면 그 자신도 '아무것도 아니다'(13 : 2).

마찬가지로 믿음으로 산을 옮기는 기적을 행한 사람도 사랑이 없으면 아무것도 아니다. (돌이켜보면, '믿음'도 고린도전서 12 : 9에 열거된 성령의 나타남 중의 하나였다.) 바울은 여기서 마가복음 11 : 22~24과 마태복음 17 : 20에서 확인되는 예수의 가르침에 대한 전승을 암시하고 있는 것 같다(사 40 : 4도 참고할 것). 그러나 내용상으로 볼 때 바울의 요지는 마태복음 7 : 21~23의 가르침에 더 가깝다. 천국에서 배제된 사람들 중에는 예언을 하고 권능을 행했으나, 그런 일들이 하늘에 계신 아버지의 뜻을 좇은 것이 아니기 때문에 아무런 소용이 없었던 경우들이 있다. 마태복음의 맥락에서 하늘 아버지의 뜻은 사랑과 자비에 긴밀하게 연계되어 있다. 요약하자면, 2절에서 언급된 계시와 기적도 중요한 의미를 가지려면 사랑의 틀 내에 위치되어야 한다.

본문의 3절에서 사랑의 기준에 대비하여 등장하는 종교적 실천들은 두 가지 다른 종류의 자기 부인의 형태이다. 하나는 자신의 소유를 내어 주는 것이고(눅 14 : 33 참조), 또 하나는 자기 자신의 몸을 내어 주는 것이다. 두 번째 예의 의미는 악명 높게 어려운 본문상의 문제 때문에 많이 복잡하다. 일부 고대 헬라어 사본은 **히나 카우쎄소마이**(*hina kauthēsomai*, '불타다')로 되어 있고, 또다른 사본들은 **히나 카우케소마이**(*hina kauchēsomai*, '내가 자랑하도록')로 되어 있다. '불타다'에 반대하는 일반적 이유 중 하나는 바울의 시대에는 아직 화형의 순교가 알려지지 않았다는 것이다. 그러나 이런 반대는 그다지 무게가 없다. 왜냐하면 불에 타 죽는 순교의 전승은,

마카비 순교자들의 죽음 이야기가 보여 주듯이 유대교 내에서 많이 알려져 익숙했기 때문이다(예를 들면, 마카비2서 7 : 1–6, 마카비4서 6 : 24–30). 그럼에도 불구하고 왜 후대의 필사자들이 '불타다'를 더 혼란을 주는 '자랑'으로 바꾸었는지를 상상해 내기는 어렵다. 아마 그 반대였다면 전적으로 이해가 갈 것이다. 그렇기 때문에 균형 차원에서 볼 때 **카우케소마이**("so that I may boast")가 선호된다.

그러나 여전히 의문은 남는다. 만일 바울이 "내가 자랑할 수 있도록"이라고 썼다고 하면, 그것이 무엇을 뜻한 것이었을까? 바울은 고린도전서에서 '자랑'이란 말을 여러 번 사용했다. 그러나 항상 조소적 의미에서 그런 것은 아니다. 고린도전서 9 : 15~16의 증거가 특별히 적합할 것이다. 거기서 바울은 자기 자랑의 근거가 자신의 정당한 권리를 복음을 위하여 포기한 것이라고 한다. 이 구절에서 자랑의 개념은 사도의 수고에 대한 종말적 보상 모티프에 연계되어 있다(롬 5 : 3, 고후 1 : 14 참조). 만일 이러한 종말론적 자랑의 의미를 9 : 15에서 13 : 3로 옮긴다면 그 뜻은 이렇게 될 것이다. "만일 내가 자기희생을 위한 종말론적 보상으로 자랑할 수 있도록 나의 몸을 내준다 하더라도……."

"몸을 내어 준다."는 말에 대한 가능한 의미 하나가 분명하게 바울의 고린도전서를 언급하고 있는 1세기 후반 문헌인 「클레멘트1서」에 의해 제공된다. 「클레멘트1서」는 '사랑으로 충만함'(54 : 1)이 뜻하는 바가 무엇인지 그 예를 들면서 말한다. "우리 중 많은 이들이 다른 사람들을 대속하기 위해 자신을 속박에 내어 주었음을 알고 있습니다. 많은 이들이 자신들을 노예로 넘겨주고, 그래서 그 대가로 받은 값으로 다른 사람들에게 음식을 제공했습니다"(55 : 2). 이 구절이 특별히 흥미로운 것은 '넘겨주다'와 '음식을 제공하다'로 번역된 두 동사가 고린도전서 13 : 3에 등장하는 두 동사와 똑같은 것이기 때문이다. NRSV에서 '내어 주다'와 '주어 버리다'(한글개역성경의 '구제하다'–역주)로 번역된 동사들이다. 「클레멘트1서」는 분명히 고린도전서 13 : 3의 내용을 암시하면서, 몸을 내어 주는 일을 불타서 죽는 순교가 아닌 '자발적으로 노예가 되는 일'에 대한 언급으로 해석하고 있는 것이다(Fee, p. 634, n. 46).

이 절구의 정확한 의도가 무엇이었든지 간에, 여기서 바울은 사랑 없는 곳에서는 자기희생을 통해서조차 얻을 유익이 전혀 없다고 주장한다. 이렇게 선언하여 모든 종교 행위도 **아가페**가 둘러싸지 않으면 의미가 없다고 강력하게 단언한 뒤, 그의 인상적인 서론 단락은 마감을 고한다.

고린도교회 교인들의 행실에 대한 대립개념으로서의 사랑(13 : 4–7) 바울은 다음 단락에서(4–7절) 사랑이(이제 시적으로 의인화되어) 하는 것과 하지 않는 것을 자세하게 묘사함으로써 사랑의 찬미를 서술적으로 늘어놓는다. 열거된 내용 중에서 긍정 표현의 처음 두 항목("사랑은 오래 참고 사랑은 온유하며")은 바울이 다른 곳에서 하나님의 속성으로 제시하는 특질(롬 2 : 4)을 사랑에 적용한 것이다. 그러나 바울이 목록의 여덟 가지 부정 표현 항목에 관심의 무게를 주고 있다는 것은 명약관화하다. 이들 중 대부분은 고린도전서의 다른 곳에서 묘사된 고린도교회 교인들의 행위와 거의 일치하고 있다.

첫 번째 단서는 첫 번째 부정 표현에 의한 사랑의 묘사인 "사랑은 시기(*zēloi*)하지 않으며"에서 찾아볼 수 있다. 이것은 바울이 3 : 3에서 서로 다투는 고린도교회 교인들에게 적용했던 것과 똑같은 단어이다. "너희 가운데 시기(*zēlos*)와 분쟁이 있으니 어찌 육신에 속하여 사람을 따라 행함이 아니리요?" 이렇게 바울은 기민한 독자들로 하여금, 사랑은 그가 고린도에서 개탄했던 분열적 경쟁심에 반대되는 것이라는 점을 즉각적으로 깨닫게 해 준다. 마찬가지로 두 번째 항목('자랑')은 바울이 고린도교회 교인들에게 반복하여 그들의 자랑에 대해 책망했던 것을 상기시킨다(1 : 29–31, 3 : 21, 4 : 7, 5 : 6). 바울은 여기서 다른 헬라 단어를 사용하기는 한다. 바로 위 13 : 3에서 긍정 표현으로 '자랑하다'의 동사를 사용했기 때문일 것이다.

세 번째 항목을 읽으면 고린도교회 교인들 중에서 가장 무딘 사람이라도, 그가 여기서 **아가페**를 자신들의 행위와 명백하게 대조하고 있음을 깨닫지 않을 수 없었을 것이다. "사랑은 교만하지(*physioutai*, puffed up) 아니하며……"(대부분의 영어 번역은 완화된 색깔의 동의어, 즉 'arrogant' 또는 'proud' 등을 사용한다). 이 단어는 바울이 4 : 6, 4 : 18~19, 그리고 5 : 2에서 고린도교회 교인들을 책망하기 위해 사용한 것이다. 더구나 바울은 8 : 1에서 고린도교회 교인들의 아는 척하는 일을 "지식은 교만하게(*physioi*, puffs up) 하며 사랑은 덕을 세운다."고 선언함으로써 기를 죽였었다. 따라서 사랑이 하지 **않는** 것으로 열거된 내용 중 이 항목의 등장은 실질적으로 앞에서 읽었던 구절들을, 특히 8 : 1을 돌이켜 점검하여 언급하는 역할을 하고 있다.

네 번째 항목은 NRSV, NIV, NEB, 그리고 JB 모두 같이 약하게 '무례'(rude)라고 번역했는데, 실제로는 아주 수치스러운 행위를 가리키는 강한 어조의 말이다. 예를 들어 바울은 로마서 1 : 27에서 남성 동성연애자의 성행위를 '부끄러운 일'이라고 특징지으면서, 이 단어의 파생어를 사용했다. 고린도전서의 경우 앞에서 이 단어를 분명하게 사용한 곳은 약혼한 처녀와의 관계에서 '수치스럽게 행동한'(한글개역성경에서는 '이치에 합당치 못한'-역주) 미혼 남성에 대한 가설적 언급뿐이다(7 : 36). 그러나 여기서 바울의 이 용어 사용은 아마도 그가 책망했던 5 : 1~2에서의 성적으로 부도덕한 행위(5 : 2에서의 'puffed up'과 연계된 것을 주목할 것), 머리를 덮지 않고 예언을 했던 여인의 부끄러운 행위(11 : 2-16), 그리고 주의 만찬에서 가난한 사람들을 수치스럽게 만들었던 일(11 : 20-22) 등을 반영했을 것이다. 고린도교회 교인들이 저지른 이 모든 잘못된 일들이 바울이 보기에는 사랑에 반대되는 일종의 '부끄러운 행동'을 구성했을 것이다.

바울의 부정적 표현 목록 중 다섯 번째 항목은 또다시 편지의 앞부분과 명백한 연계를 보여 준다. 사랑은 '자기를 구하지 않는다'(NIV, '자기의 유익을 구치 아니하며'-한글개역). 이것은 바울이 10 : 24에서 우상 제물 논란에 대해 대응할 때 사용했던 용어이다. "누구든지 자기의 유익을 구치 말고 남의 유익을 구하라" 더구나 이곳 13 : 5의 절구에서 사랑에 속한 행위로 묘사된 것은 10 : 33에 있는 바울 자신에 대한 묘사와 동일하다. "나와 같이 모든 일에 모든 사람을 기쁘게 하여 나의 유익을 구치 아니하고 많은 사람의 유익을 구하여……" 또한 바울이 다른 사람들을 위해 자기를 부인하는 자신의 경우를 그리스도의 예에 연계시켰던 것을 기억할 수 있을 것이다(11 : 1, 빌 2 : 4 참조).

이 정도 읽으면 고린도교회 교인들은 확실히 그림이 어떻게 돌아가고 있는지 깨달았을 것이다. 바울은 그들 행실의 모든 것이 사랑의 특성과 반대가 되어 왔음을 암시하고 있다. 이어지는 두 부정적 표현의 항목은 편지 내에서 특정 구절에 연관시키기가 다소 어렵다. 그러나 아마 고린도교회 내의 라이벌 의식과 파당에 대조되는 것으로 보아야 할 것이다. 사랑은 '쉽게 분노하지 않으며', '악을 기억해 두지 않습니다'(NIV, 다소 무리하게 맞추어 놓은 것 같으나 이 표현이, NRSV의 창백한 '짜증내거나 한을 품지 않으며'〈not irritable or resentful〉보다는 헬라 원문의 뜻에 훨씬 더 가까이 다가간다).

바울은 본문 6절에 가서 부정적 표현의 속성들에 관한 열거를 끝내고 긍정적 대조를 제시한다. 사랑은 "불의 행하는 것(*adikia*)을 기뻐하지 않고 진리를 기뻐합니다." '불의'(injustice)로 번역했더라면 더 좋았을 '아디키아'라는 단어는 고린도교회 교인들이 상대방을 불의하게 법정으로 불렀던 행위를 개탄하던 6 : 1~11에서 부각되는 특성이다. '진리'라는 말이 '불의를 행하는 것'과 대립되어 제시된 점을 감안할 때, 요한 계열의 전승에서처럼(예를 들면, 요 3 : 21, 요일 3 : 18) 분명히 도덕적 의미를 담고 있다. 따라서 '진리를 기뻐한다'는 것은 다른 무엇보다도, 바울이 보기에 현재 고린도교회 교인들의 행실에 날카롭게 대립된 위치에 있는 것으로서 하나님의 의로운 생활의 길을 가는 것을 의미한다.

바울이 '사랑'을 고린도교회 교인들의 분열적이며 자기 중심적인 행실에 대한 대칭 개념으로 사용한 방식을 염두에 둔다면, 「클레멘트1서」가 고린도전서 13장을 다시 정리할 때 그 의미를 잘 이해하고 있었다고 결론을 내려도 좋을 것 같다. "사랑은 모든 것을 견딥니다. 모든 일에 있어 오래 어려움을 견딥니다. 사랑 안에는 천박한 것이 없습니다. 오만한 것도 없습니다. 사랑은 분열을 용납하지 않습니다. 사랑은 파당을 지어

떨어져 나가지 않습니다. 사랑은 일치 속에서 모든 것을 행합니다"(「클레멘트1서」 49 : 5;* 「클레멘트1서」 47에서 고린도전서를 공개적으로 언급하는 것을 주목할 것). 이 초기의 해석이 바로 인식하고 있듯이, 사랑의 성격에 대한 바울의 시적(詩的) 묘사는 고린도 공동체를 분열에서 불러내 서로 간에 일치 단결하도록 만들어 주는 것을 목적으로 했다(M. Mitchell, p. 168 n. 624를 보라).

바울은 우리에게 사랑이 아닌 것이 어떤 것인지 말해 주고 나서, 긍정적으로 **아가페** 행위의 특성을 정의하는 네 개의 강력한 동사로 이 단락을 마무리한다. 사랑은 "모든 것을 참으며 모든 것을 믿으며 모든 것을 바라며 모든 것을 견디느니라"(7절). 바울은 이 네 동사들 중 첫 번째 것을 사용하여 사도로서 자신의 행위 특성을 정의한 적이 있다. 그는 "그리스도의 복음의 길에 방해가 되기보다는 모든 것을 참아 품을 것입니다"(9 : 12-저자 번역)라고 했다. 이러한 관찰은 이 단락을 통해 독자들에게 누적되어 가는 인상을 강화시켜 준다. 만일 고린도교회 교인들이 **아가페**의 대립 개념들을 구현한다면, 바울 자신은 오래 고난을 견디는 사도의 역할 안에서 진정한 **아가페**의 모델이 될 것이다. 바울은 '제일 좋은 길'을 사랑에 대한 언어의 그림을 통해서만이 아니라, 자기 자신의 모범을 통해서 보이고 있는 것이다. 그리고 그들이 이러한 자신을 본받기를 원한다(11 : 1).

두 동사 '믿다'와 '바라다'는 물론 이 장의 결론 부분을 미리 내다보고 있다. 거기서 믿음과 소망은 그리스도인 성품의 영속적 표식으로서 사랑에 동참할 것이다. 마지막 동사('견디다')는 4절의 첫 항목('사랑은 오래 참고')과 함께 **인클루지오**(*inclusio*, 포괄법)를 이루며, 현 세대 내에서 사랑이 갖는 종말론적 자리 잡음을 제시한다. 사랑은 적대적 세상 속에서 참아 견디면서 주님의 오심을 기다린다. 본문의 7절에서 반복된 '모든 것'은 과장법(hyperbole)이기 때문에 사랑이 무한정 속으며, 완전히 아무 것이나 믿고 바라는 것으로 생각해서는 안 될 것이다. 사랑은 사랑을 믿는 사람을 어리석은 폴리애나(Pollyannas, 미국의 소녀 작가 Eleanor Porter가 쓴 소설의 여 주인공 이름으로 '극단적 낙천가'를 대표한다-역주)로 만들지 않는다. 바울의 요지는 NEB 번역이 정확하게 전달해 주고 있다. "그 믿음과 그 소망과 그 견딤에는 한계가 없습니다."

영적 은사들과 사랑(13 : 8－13) 고린도전서 13장의 마지막 단락은(8－13절), 이제 바울이 사랑의 영속성과 영적 은사들의 한시적 성격을 대조하면서 논의의 방향을 다른 쪽으로 튼다. 이 단락은, 이 장이 고린도 공동체 내에서의 영적 은사에 대한 평가라는 구체적 문제를 다루기 위해 작성되었다는 점을 가장 분명하게 보여 주는 부분이다. 사랑은 오직 이 단락의 시작과 마지막 부분에서만 언급되었다(8a, 13절). 가운데 끼여 있는 모든 자료들은(8b－12절) 영적 은사들, 특히 방언, 예언, 그리고 지식(8－9절)의 한시적 지위를 조명한다. 바울이 일반적인 '사랑의 찬미'를 작문했다면, 이런 대조점을 그렇게 강하게 강조했을 리가 만무하다.

은사들의 취급은 대조의 포인트를 설정하는 도입의 확언으로 정립된다. "사랑은 결코 떨어지지 않습니다"(NRSV의 "사랑은 결코 끝나지 않습니다."는 해석을 가한 의역이다). 반면 예언, 방언, 지식은 모두 종말에 가서 아무것도 아닌 상태가 될 것이다. 바울이 8절에서 예언과 지식에 대해 사용한 동사(*katargein*)는 그가 좋아하는 단어이다. 이 단어는 일관성 있게 일시적인 또는 (어떤 경우에 있어서) 하나님께 대적하는 모든 것을 하나님께서 무력화시키고 폐지해 버리는 것을 가리킨다. 예를 들어 바울은 1 : 28에서 하나님께서 낮고 멸시받는 비존재들을 택하셔서 '있는 것들을 폐하려(*katargēsē*)' 하신다고 선언한다(2 : 6, 6 : 13, 15 : 24－26, 롬 6 : 6 참조). 본문 8절에서 확실히 열거된 은사들이 하나님께 적대적인 힘들과 연합된 것은 아니다. 그보다는 단순하게 주께서 다시 오시고 그분의 나라가 온전하게 임하게 되면, 그것들이 더 이상 필요하지 않기 때문에 없어지는 것이다. 계시의 은사들은 시간과 시간 사이에 있는 중간에만, 교회가 믿음으로 걸어가야만 할 때만 의미가 있는 것이다. 예언과 **그노시스**는 '부분적'일 뿐이다(9절). 신자들에게 실재를 제공한다. 그러나 하나님의 미래 진리의 불완전한 일견(一見)일 뿐이다. 온전한 것이 올 때 이 부분적인 지식의 도구들은 더 이상 그 존재의 목적이 없어지게 될 것이며, 그래서 하나님께서 폐하실 것이다(10절).

(세대주의 그리스도교 그룹에서는 종종 10절의 '온전한 것'〈*to teleion*〉이 신약성서 정경의 완성과 그 닫음을 가리킨다고 주장하면서, 카리스마적 은사들은 오직 사도시대에만 해당되며, 현재 교회에서 그 기능은 중단되었다고 생각한다. 이런 해석은 단도직입적으로 말해서 말도 되지 않는다. 이 단락 어디에도 '신약성서'에 대한 언급이 없으며, 교회 내의 계시성 은사에 대한 미래의 취소 예고도 없다. 바울은 이스라엘의 성서가 정경적 글의 새로운 수집으로 보완되리라는 일에 대해 미세한 암시조차 주지 않는다. 본문 10절은 완전한 것이 부분적인 것을 대체한다는 일반적 금언을 단순하게 말한 것이다. 은사들의 폐지에 대한 바울의 언급은〈8절〉 명백하게 종말론적 언어를 담고 있는 12절의 견지에서 이해되어야 한다. '지금'과 '그때'의 대조는 현 시대와 다가오는 시대 사이의 대조이다.)

바울의 주장에 대한 논리는 종말론적으로 결정된 그의 복음의 상징 세계 내에서 전혀 손색이 없는 것이다. 그러나 고린도교회 교인들은 바울 설교의 미래 시간적 지향성을 붙잡지 못했던 것 같다. 그들은 공간적 범주인 '위'와 '아래'의 차원에서만 생각하는 준거의 틀 속으로 움직여 들어갔다. 그들은 자신들의 영적 은사들이 신성한 세계로의 즉각적 접근을 가능하게 해 주리라 믿었다. 그리고 하나님의 심판과 세계의 변형(15 : 20-28 참조)이라는 미래 사건에 대해 아무런 생각도 하지 않았다. 따라서 그들의 준거 틀 안에서는 계시성의 영적 은사들이 궁극적인 중요성을 차지했다. 왜냐하면 그것들이 천상의 실체에 열려져 있는 '핫라인'의 연결을 제공해 주기 때문이다. 바울은 그것들을 하나님의 세계 구속이라는 서사적 이야기의 전개 내에 위치시킴으로써, 이 은사들을 상대화하기를 원했다. 이 은사들은 현재 감당할 역할을 지니고 있다. 그러나 그들의 유용한 시간은 지나가 버릴 것이다.

본문 11절의 유추도 이 점을 강화한다. 어린아이 때의 인지(認知)와 의사소통의 전략이 성숙한 나이가 되었을 때는 중단되어 더 이상 사용되지 않듯이, 교회의 현재 영적 은사들도 종말에는 그 용도가 폐기될 것이다. 이 유추는 자신들의 영성이 많이 앞서 있다고 여기면서, 방언의 은사를 영적 성숙의 정점으로 생각하고 있는 고린도 독자들의 깃털을 곤두세우리라는 것을 계산에 넣은 것이다. 그들을 '네피오이'(아직 단단한 음식도 먹을 수 없는 유아)라고 부른 3 : 1~4에서처럼, 바울은 여기서도 펼쳐지는 하나님 스토리의 진행 속에서 그들의 위치가 그들 자신의 생각과 다르게 나타나고 있다고 평가하면서 그들을 책망한다.

마지막 하나의 유추가 바울의 요지에 쐐기를 박는다. 영적 은사가 제공하는 지식은 거울에 간접적으로 반사된 세계의 그림과 같아(12절), 잘못된 것은 아니지만 불분명하다. (바울은 또다시 자신의 독자들에게 잘 맞아떨어지는 메타포를 사용하고 있다. 고린도의 유명한 산업 중의 하나가 거울 생산이었기 때문이다.) 바울은 대범하게 확언한다. 하나님께서 모세에게 그러하셨던 것처럼, 우리와 얼굴을 맞대고 말씀하실 그 시간이 올 것이다.

> 너희 중에 선지자가 있으면 나 여호와가 이상으로 나를 그에게 알리기도 하고 꿈으로 그와 말하기도 하거니와 내 종 모세와는 그렇지 아니하니 그는 나의 온 집에 충성됨이라 그와는 내가 **대면하여** 명백히 말하고 은밀한 말, **수수께끼**(LXX : *di' ainigmatōn*, 고전 13 : 12 참조)로 아니하며 그는 또 여호와의 형상을 보겠거늘(민 12 : 6-8, 강조는 저자의 것).

바울은 하나님과의 직접적인 대면은 구원의 종말론적 '아직'(not yet)에 속해 있다고 주장한다. '지금'과 '그때' 사이의 대조는 12절을 이해하는 데 있어 긴요하다. 오직 '그때'만 하나님 나라의 완성 속에서 (현재 하나님께서 이미 우리를 아시듯이) 우리가 온전하게 알게 될 것이다. 절구의 이러한 마지막 전환은 '지식'을 주장하는 고린도교회 교인들을 적절한 장소로 기치 있게 이동시킨다. 하나님만이 진정으로 '아시는' 분이시다(갈 4 : 9 참조).

그러나 이제 시간들 사이에 끼인 시간 속에서 우리의 부분적 지식으로나마 "믿음, 소망, 사랑, 이 세 가지는 항상 있을 것이다." 본문 8~12절의 종말론적 이미지를 염두에 둘 때, 13절의 '지금'(now, 헬라 원문의 '누니'를 한글개역성경은 '그런즉'으로 읽었다. 그러나 헤이스는 이런 해석이 잘못되었음을 피력한다 – 역주)은 확실히 시제를 가리키는 부사로 읽어야지 논리적 연결을 위한 부사로만 보아서는 안 된다. 어떤 주석가들의 의견과 어긋나게, 여기서 바울은 믿음과 소망과 사랑이 영원히 거할 것이라고 말하고 있는 것이 **아니다**. (이런 언급은 소망과 관련해서 볼 때 거의 이치에 맞지 않는 것이다. '온전한 것'이 오고 난 뒤에⟨10절⟩, 우리가 하나님의 얼굴을 대면하여 보고 난 뒤에⟨12절⟩, 여전히 소망하여 바랄 것으로 무엇이 남을까?⟨롬 8 : 22–25 참조⟩) 아니다. 믿음과 소망과 사랑은 현재의 시간, 즉 십자가와 **파루시아** 사이의 비정상적인 중간기에 계속되는 그리스도인 삶의 특성에 대한 표시이다. 믿음은 우리를 위해 예수를 보내시고 그분을 새 생명으로 일으키심으로써 당신의 언약 약속을 신실하게 지키신 이스라엘의 하나님을 향해 우리가 갖는 신뢰이다. 소망은 깨진 세계가 하나님에 의해 올바른 총체성으로 회복될 것을(롬 8 : 18–39) 바라보는 우리의 열렬한 갈망에 초점을 맞춘다. 그리고 사랑은 지금 우리에게 은혜롭게 주어졌고, 우리의 형제자매들과 공유할 수 있는 바로서, 하나님과의 궁극적 연합을 미리 맛보는 것이다. 바울은 그의 편지에서 그리스도인의 실존을 묘사하기 위해 다양한 형태로 조합된 이 용어들의 삼각대로 반복하여 되돌아간다(로마서 5 : 1~5, 갈라디아서 5 : 5~6, 골로새서 1 : 4~5, 데살로니가전서 1 : 3, 5 : 8, 참고를 위해 에베소서 4 : 2~5, 디도서 2 : 2, 히브리서 6 : 10~12, 10 : 22~24, 베드로전서 1 : 3~8을 보라). 사랑은 이들 중에서 가장 위대하다. 왜냐하면 계시성의 은사들이나 또한 믿음과 소망과 달리 사랑은 하나님의 사랑이 만유 안의 만유가 될 때(고전 15 : 28) 영원히 이어질 것이기 때문이다. 사랑은 또한 이 현재의 시간 속에서조차 모든 것을 떠받치고 있으며, 그렇지 않았더라면 이해할 수 없는 세계에 의미를 주고 있기 때문에도 가장 위대한 것이다(13 : 1–3 참조). 오직 사랑이 교회 안에서 우리 공동의 삶을 주관할 때만 영적 은사들이 제자리를 찾고, 하나님께서 우리에게 그것들을 주실 때 의도하셨던 목적을 달성할 수 있게 될 것이다.

| 교사와 설교자를 위한 묵상 |

고린도전서 13장 해석의 첫 번째 과제는 본문을 대중적 경건이 배어들어 간 낭만적 감성의 습지로부터 구출해 내는 일이다. 이 본문이 결혼식에서 자주 사용되었기 때문에, 많은 사람들의 마음속에는 화환과 키스와 주름잡힌 웨딩드레스가 연결되어 있다. 이런 이미지는 바울의 원래 생각과 너무나 동떨어진 것이다. 바울은 혼인에 대해 무엇인가를 낭송하기 위해 **아가페**에 대해 쓰지 않았다. 그는 이 글을 **교회공동체 내**에서 상호간의 관심과 고려의 필요에 대해, 특히 예배에 있어서 영적 은사의 사용에 관한 특별한 언급을 염두에 두고 썼다. 그의 글을 남자와 여자를 혼인관계 속에 한데 묶는 사랑에 대해 이야기하는 다른 상황 속에 활용하는 것도 괜찮은 일이기는 할 것이다. 그러나 우리가 그렇게 하려면, 수행하는 해석상의 전이(轉移)에 대한 분명한 이해를 갖고 있어야만 할 것이다. 우리 교인들 중 대다수가 고린도전서 13장과 그것의 원역사적 상황과의 연결에 대해 충실하게 묵상하도록 요청을 받으면, 그들이 지니고 있던 사랑에 대한 생각이 도전을 받고, 좀더 바른 방향으로 분명하게 정리될 것이다. 이 단락은 원래 그 안에서 고린도교회의 구성원들이 서로를 보살피는 '제일 좋은 길'에 대한 열정적 비전이었다.

일단 이 점이 분명하게 잡히면, 바울이 고린도교회 교인들에게 해 준 말이 어떻게 우리에게도 적용될 수 있는지를 질문할 수 있다. 즉각 표면에 떠오르는 질문은 이것이다. 우리의 회중 가운데서 우리의 행동과 관계가 어떻게 서로를 향한 사랑을 표현할 수 있을까? 또는 어떻게 하다 보면 그것이 표현되지 못할까? 이것은 예배에서 카리스마적 은사의 사용에만 적용되는 것이 아니라 공동체의 삶을 구성하는 행동과 상호 작용의 전체 네트워크에도 적용된다. 사랑은 우리가 하는 모든 것을 평가하는 기준이다. 이것을 말했으니 이제 급하게 한 가지 더 해야 할 말이 있다. 사랑이 무비판적인 수용을 뜻하는 것은 아니다. 여러 가지 이슈에 대해 고린도교회 교인들을 강력하게 대면한 바울의 예를 보면, 이 점은 더 말할 필요도 없게 된다! '진리를 기뻐하는' 사랑은 때로 우리가 사랑하는 사람들에게 힘든 진실을 발언할 것을 요구할 것이다.

고린도전서 13장의 신학적 함의를 묵상하면서 세 가지 주요 관찰 사항이 부각되어 나온다. 각각 세 하부 단락에 바탕하고 있다.

1. **사랑은 의미의 근거이다.** 본문의 1~3절이 강조하고 있듯이, 외관상 가장 영적이고 칭찬할 만한 활동도 사랑이 없으면 문자 뜻 그대로 의미 없는 것이 되고 만다. 고린도전서 13장은 우리로 하여금 가장 귀중하게 여기고 있는 프로젝트에서조차 한 발 뒤로 물러나 "내가 이것을 왜 하고 있는가?"를 질문하도록 독려해야 한다. 만일 우리가 정직하게 "나는 이것을 사랑 **안에서** 사랑을 **위하여** 하고 있다."라고 말할 수 없다면, 그 모든 전체 사업의 정당성은 심각한 의문에 부쳐져야만 한다. 물론 이 테스트는 명백하고 종교적인 실천만이 아니라, 우리가 하고 있는 모든 것에 적용되어야 한다. 사업이나 학문이나 정치도 마찬가지이다. 훌륭한 명분을 가진 일들이 이 준거 틀을 상실하여 사랑 없는 열심당원이 된 사람들에 의해 추진되는 슬픈 경우들이 있음을 우리 모두는 잘 알고 있다. 실로 이런 모습이 고린도에서 발생하고 있던 일과 크게 다르지 않다. 가장 일편단심으로 영성에 초점을 맞추던 바로 그 고린도교회 교인들이, 공동체를 분열시키고 형제와 자매를 무시하는 죄를 범하게 된 것이다. 우리는 그런 일에 있어서 자기기만에 빠지기가 너무 쉬워 주변에 있으면서 우리를 정직하게 지켜 주고, 바울이 그랬던 것처럼 사랑이 정말 궁극적으로 가장 중요한 것이라는 점을 상기시켜 줄 다른 사람들이 필요하다.

2. **사랑은 성품의 형성을 요구한다.** 사랑은 그냥 감정의 일이 아니다. 사랑은 머물지만, 감정은 왔다가 또 간다. 바울이 4~7절에서 사랑의 속성으로 묘사하고 있는 것들은 습관이 된 행동과 기질의 모습이다. 사람이 하루만에 이런 일들을 시작하겠다고 결정한다고 되는 일이 아니다. 이런 속성들은 그러한 행위의 모델이 되며, 그러한 행위를 지원해 주는 공동체의 상황 속에서 오랜 시간에 걸쳐 배양되어야 하는 학습된 행동의 패턴들이다. 우리는 인내를 배워야 한다. 우리는 우리에게 행해졌던 악한 일들을 기억 속에 쌓아 두지 않는 법을 배워야 한다. 바울의 고린도전서가

제안하듯이, 교회는 이러한 습관과 실천의 배양을 위한 학교가 되어야 한다. 안타깝게도 교회가 세속 민주주의의 정치적 습관과 전략을 채택하는 경향을 가지면서, 우리의 공동체가 교회의 이러한 성품 형성 과제에 너무 신경을 쓰지 않는 것 같다. 우리가 좀더 온전하게 사랑하는 법을 배우는 데 에너지를 쏟을 수 있도록, 어떻게 교회를 개혁해 나가야 하는지에 대해 조심스럽게 평가하고 숙고해야 한다. 이것이야말로 고린도전서가 우리의 결혼, 독신, 그리고 우정의 이해에 결실 있는 영향을 미칠 수 있도록 적용될 상황이다.

3. **우리의 모든 지식은 부분적이다.** 종말론적 유보는 우리가 말하고 행하는 모든 것 위에 무겁게 내려앉는다. 우리는 오직 부분적으로만 안다. 그리고 항상 그렇게 완성되지 않은 정보에 기초하여 행동한다. 시간들 사이에 놓인 시간 속에서 사는 우리들로서는 그에 대해 다른 선택의 여지가 없다. 그러나 8~13절의 의미는, 우리로 하여금 가장 확실한 확신과 활동에 대해서조차 겸손의 센스와 유머 감각을 갖도록 독촉하는 데 있다. 완전한 것이 올 때, 하나님께서 인간 마음의 비밀들을 심판하실 때, 부활의 저쪽 편에서 이 삶을 바라볼 수 있을 때, 우리는 우리에게 가장 영광스럽고 고귀한 것처럼 보이던 일들조차(그것이 방언이든 과학기술이든) 어린아이의 장난과 같았다는 것을 발견하게 될 것이다. 바울은 우리가 현실존의 염려와 갈등에 대해 마음의 여유를 갖고 긴장을 풀고 앉아 있기를 가르치려 한다. 특히 우리가 알고 있다고 생각하는 것들에 대해 그런 자세를 갖기를 원한다. 결국에 가서는 사랑만이 무익하지 않은 것으로 평가될 것이다.

설교자를 위한 마지막 한마디 이 단락에서 우리가 배울 수 있는 것 한 가지는 생생한 언어의 힘이다. 왜 이 단락이 그렇게 많은 사람에게 기억되는가? 그 능력은 메타포의 풍요에서 온다. 울리는 청동과 쨍그랑거리는 심벌즈, 움직이는 산, 어린 시절 놀이와 언어의 기억, 거울 속에 비추인 희미한 반영 등이 그 풍요로움이다. 이미지는 최소한의 교훈조 주석으로 메시지를 나른다.

우리는 바울에게서 은유적 설교의 간결성과 능력을 배워야 한다. 동시에 단락의 어조는 짧은 절구들, 반복된 구문 패턴, 그리고 강력한 동사들과 더불어 분명하고 단순하다. 사랑은 "모든 것을 참으며, 모든 것을 바라며, 모든 것을 견디느니라." 바울은 링컨의 게티스버그 연설이나 스트렁크와 화이트(Strunk and White)의 「스타일의 요소」(*The Elements of Style*)가 나오기 오래 전에 짧은 글이 오히려 많은 것을 말할 수 있다는 점을 알았다.

예배 중에 나타나는 성령의 은사에 대한 규제(14 : 1-40)

고린도전서 12장과 13장에 기초 작업을 해 놓은 바울은 이제 구체적 용어로 고린도교회의 예배 문제를 다루기 시작한다. 일부 고린도교회 교인들은(짐작컨대 자신이 지혜와 지식의 은사를 받았다고 생각하는 사람들) 방언의 은사를 과도하게 강조하고 있었다. 그들은 인간의 이해를 초월하는 천상의 언어로 말할 수 있는 자신들의 능력이 자신들의 영적 권능과 성숙의 궁극적 사인이라고 믿었다. 그러다 보니 공동체 예배의 모임은 여러 교인들이 성령의 영감 아래 서로 알아들을 수 없는 말을 동시에 하면서 무질서한 혼란으로 빠져 들어갔다. 아마 **글로쏘랄리아**(*glossolalia*, 방언)의 과시 속에서 서로 잘하려고 경쟁까지 있었던 것으로 추정된다. 그래서 주의 만찬의 남용에 대해 그러했던 것처럼 이 일에 대해서도, 바울은 공동체의 균열을 가져오는 행동을 하고 있는 고린도교회 교인들을 칭찬할 수가 없었다.

그럼에도 불구하고 바울에게 있어 이 상황은 어려운 목회의 문제를 제기했다. 이 영적 현시(顯示, **프뉴마티카**)들이—방언을 포함하여—하나님께서 교회에게 주신 성령의 은사들(**카리스마타**)이라고 굳게 믿었기 때문이다(12 : 10, 28). 바울은 하나님께서 자유로운 초자연적 계시들을 통해 강력하게 말씀하시고 역사하시는 장(場)으로서의 공동체 예배에 대한 비전을 고린도교회 교인들과 공유하고 있었다. 그렇다면 어떻게 성령을 억제하지 않으면서도 공동체 예배에서 질서를 창조해 낼 수 있을까? 14장에서 다소 장황하게 제시된 그의 해결책은, 사랑(13장)은 공동체 건설을 위해 은사들이 사용될 것을 요구한다는 점을 주장하는 것이었다(14 : 12, 26). 결과적으로 집회에서는 공동의 선을 위해서 **알아들을 수 있는** 말이 필요하다. 알아들을 수 없는 방언은 통역을 하든지, 아니면 개인적 기도를 위해 유보해 두어야 한다. 바울은 방언과의 선호도를 비교해서 **예언**을 최고의 은사로 옹호한다. 예언자는 하나님께 영감을 받아서 알아들을 수 있는 메시지를 회중에게 직접 전달함으로써, 교회를 바로 세우기 때문이다.

바울이 방언을 말하는 것을 마지못해 허락하고 있는 것으로 이 본문을 해석하는 오랜 전통이 이어져 왔었다. 바울이 아주 미묘하게 방언을 인정하는 척하면서, 사실 암묵적으로는 방언을 아예 뿌리뽑으려 했다는 식의 해석이다. 사실상 바울이 기록하고 있는 은사들에 대한 체험이 전혀 없는 교회 전통에 속해 있는 해석자들에 의해서 옹호되고 있는 이러한 본문 독해는 이 단원의 구체적인 내용의 표현을 정당하게 대우하지 않는 것이다. 바울이 실제적으로 말하고 있는 것은 방언으로 말하는 사람이 성령의 영감 아래 하나님께 기도하고 있다는 것이다(2절). 이런 종류의 기도는 개인을 특정의 신비한 방식으로 만들어 세워 준다(4절). 바울 자신이 고린도교회 교인들 중 누구보다 많이 방언으로 기도하고, 찬양도 하며(18절), 그들 모두가 자기처럼 이 은사를 누릴 수 있기를 원한다(5절). 바울은 방언이 공동체 예배에서 어떤 역할을 해야 하는지에 대해 건설적인 방향 제시를 하면서(26－28절), 방언 말하기가 금지되어서는 안 된다고 분명하게 지적한다(39절). 그의 주요 염려와 관심은 방언에 과도한 가치가 부여된 것과 공동체 내에서 기강 잡히지 않은 방언 말하기가 성행하는 것에 대응하여 조절하는 데 있었다.

동시에 바울은 그의 독자들이 예언의 은사를 진지하게 갈망할 것을 요구한다(1절). 바울에게 있어서 '예언'이 설교를 작성하여 선포하는 일과 동일한 것이 아님은 분명히 강조되어야 할 것이다. 예언 또한 영적인 은사로서(12 : 10, 28), 성령의 영감에 의해 임의적이며 자발적으로 행사되고, 공동체의 분별에 의해 검증되어야 한다(14 : 29-32, 살전 5 : 19-21 참조). 우리는 성령의 인도에 따라 공동체가 자유롭고 역동적인 방식으로 하나님을 만나는 역사로서의 그리스도인 예배에 대한 바울의 비전을 우리에게 맞게 합리화하여 적당히 얼버무리려 해서는 안 될 것이다.

그러나 이 장 전체에 걸쳐 교회를 세우는 일의 테마가 지배하고 있다. 동사 **오이코도메인**(to build up, 세워 올리다)과 명사 **오이코도메**(up-building, edification)는 이 장에서 일곱 번이나 등장한다. 여기에는 설명한 내용들을 요약 정리하는 형식의 5, 12, 26절이 포함되어 있다. 그리스도인 예배의 군호(軍號)이면서 인도의 원리가 되는 말씀은 "모든 것은 덕을 세우기 위하여 하라"(26절, 한글개역성경의 '덕을 세운다'는 표현은 '오이코도메인'의 '공동체 세우기'의 원의미에서 다소 비껴갈 위험을 소지하고 있다. '개인적 덕의 함양'이란 인상을 줄 수 있기 때문이다-역주)이다. 이러한 중심 틀의 권면을 염두에 두면서, 바울의 구체적 조언을 조금 더 자세히 살펴보도록 하자.

고린도전서 14장은 두 주요 부분으로 나뉜다. 바울은 본문 1~25절에서 예언이 공동체 모임에서 더 선호되는 성령의 나타나심에 관한 양식(樣式)임을 주장한다. 이를 위해 여러 다른 논의를 제시하면서, 공동체 밖의 사람들에게 방언과 예언이 미치는 다른 영향에 대한 흥미진진한 (그러나 어려운) 성찰로 결론을 내린다(20-25절). 두 번째 부분은(26-40절) 질서 정연한 예배에 대한 지침을 주고(26-33절), 그러한 지침을 주는 바울의 권위를 단언하며(36-38절), 간략하게 장 전체에 대한 메시지를 개괄한다(39-40절). 이 마지막 단락 한가운데, 갑작스러우면서 주제상으로도 조화되지 않아 부적절하게 보이는 여성의 침묵과 굴복에 대한 요구가 등장한다(34-35절). 이것은 거의 확실하게 원편지의 본문에 삽입된 초기의 주석이었다. 이에 대해서는 아래에서 추기(追記, excursus)로 별도 처리할 것이다.

예언은 공동체를 세운다(14 : 1-25). 바울은 고린도전서 13장의 간주(間奏) 후에, 그의 논의를 그리스도의 몸 안에 존재하는 다양한 영적 은사들의 역할을 서술한 12장으로부터 끌어와 다시 시작한다. 고린도전서 14 : 1a의 첫 번째 절구는 13장의 메시지를 요약한다. 사랑의 길을 추구하라(12 : 31b 참조). 두 번째 절구("신령한 것을 사모하라.")는 12 : 31a에서 사용된 것과 똑같은 동사(*zēloute*)를 집어내, 이제 좀더 자세하게 그 사모함의 적절한 목적이 무엇인지를 구체화한다. 특별히 예언의 은사를 구해야 한다. 이 특별한 은사에 높은 가치를 부여하는 이유가 2~4절에 방언과 대조하는 방식으로 설명되어 있다. 방언은 사람들이 알아듣지 못해 말하는 사람만 유익을 얻는다. 그러나 예언은 교회를 세운다(*oikodomei*). 이 절들에는 이 두 은사에 대한 바울의 가장 자세한 설명이 들어 있다. 방언을 말하는 사람은 기도로 **하나님께** 말씀을 드리며 '성령 안에서 신비를' 말한다. 뒤의 15~17절에 따르면 '성령 안에서' 이루어지는 이런 기도는 찬양과 감사를 표현하는 수단 중의 하나이다. 이것은 들어도 이해하지 못하는 인간이 듣도록 하는 대화가 아니다(2절). 반면에 예언은 하나님께 하는 것이 아니고 사람에게 '덕을 세우며(*oikodomēn*) 권면하며 안위하기' 위하여 말한다(3절). 이 설명을 통해 볼 때, 바울은 예언을 미래 사건에 대한 예측으로 생각하지 않는다. 대신 그 목적은 듣는 사람들의 마음에 전하여, 그들이 믿음에 서 있도록 격려를 하는 데 있다. 그래서 예언이 교회를 세운다고 하는 것이다.

바울은 본문 5절에서 공공연하게 예언이 일찍이 12 : 31a에서 언급된 '더욱 큰 은사' 중에 속함을 지적한다. 왜냐하면 예언이 공동체에 더 큰 혜택을 주기 때문이다. 방언하는 사람이 방언으로 나온 발성을 통역하지 않는 한, 예언을 하는 사람은 방언을 말하는 사람보다 '더 크다'. NRSV와는 달리 5절에서 바울의 언급은 제2의 통역자('누군가')를 염두에 두지 않는다. NIV가 그렇게 보았듯이 이 문장에서는 방언을 말하는 사람 자신이 '통역하다'의 주어이다. 그에 따라 바울은 13절에서 방언 말하는 사람이 통역의 은사를 위해 기도할 것을 지적한다. 그래야 그 발성이 교회에 유익을 줄 수 있기 때문이다(12절). 이 모든 것을 통해 볼 때, 바울이 영적 은사들의 상대적 중요성에 대해 서열 매기기를 싫어하지 않는다는 것을 알 수 있다. 바울과 고린도교회 교인들의 차이는, 각기 서열을 매기는 평가 기준이 다르다는 것이다. 바울은 계속하여 공동체 건설의 우선성을 압박하여 강조한다.

바울은 6~12절에서 유추를 사용하여 그의 주장을 다시 설파한다. 첫 번째 둘은 성격상 음악과 관련된 것이다. 그는 교회 내에서의 영감받은 발언을 하프(거문고)와 플루트(저)가 내는 소리(7절), 군대의 나팔 소리 호출(8절), 그리고 다양한 인간 언어(10－11절) 등에 비교한다. 그는 첫 번째 유추에서 플루트나 하프 연주자가 아무 음이나 마구 낼 수 없다는 점을 관찰한다. 멜로디가 듣는 사람에게 이해되기 위해서는 들리는 음에 질서와 패턴이 있어야 한다. (더구나—이 부분은 바울이 지적한 포인트가 아니다—함께 연주해야 하는 여러 연주자는 자기에게 떠오르는 대로 아무렇게나 연주하려 해서는 안 된다. 각기 서로 보완하는 방식으로 합주가 이루어져야 한다.)

두 번째 유추(전투를 알리는 나팔 소리)는 더 분명하다. 바울은 종종 그리스도인의 소명을 묘사하기 위해 군사적 메타포를 사용한다(예를 들면, 로마서 6 : 12~14, 고린도후서 10 : 3~6, 빌립보서 1 : 27~30, 데살로니가전서 5 : 8, 에베소서 6 : 10~20, 디모데후서 4 : 7을 참고하라). 고린도전서 14 : 8에서 채택한 그의 메타포는, 그리스도인의 집회에서 갖는 공적인 말씀 전달이 교회의 구성원들을 일깨워 교회가 참여하고 있는 우주론적 전쟁에서 행동을 취하도록 소명해야 한다는 것을 제시한다. 방언의 연결성이 없어 '분명치 못한' 소리는 부대를 전투에 소집하는 데 있어 아무 구실도 하지 못할 것이다. 방언을 말하는 사람은 단지 '허공에' 대고 말하는 것과 같다(9절).

바울은 세 번째 유추에서 메타포의 장과 포인트를 세상에 존재하는 다양한 언어로 옮긴다(NIV, JB는 옳게 번역을 했다. NRSV의 'sounds'는 적절하지 못하다). 우리와 같은 언어를 사용하지 않는 사람을 만나게 되면, 의미 있는 의사소통이 불가능하기 때문에 소외가 발생한다. 바울은 만일 이해되지 않는 방언이 교회의 대화를 주도하게 되면, 비슷한 소외

현상이 교회 내에서 서로를 갈라놓을 것이라고 생각한다.

이 단락에 대한 바울의 결론은 고린도교회 교인들의 특성을 잘 밝혀 주는 것으로 나타난다. 그들은 "영적인 은사에 열심을 낸다"(한글개역은 '신령한 것을 사모하는 자', 문자 뜻 그대로 직역을 하면 '영들에 열심을 내는'이 된다. 1절을 참고하라). 바울은 그들이 **교회를 세우기 위해** 자신의 은사들을 사용하는 데 '뛰어나도록' 권고함으로써, 이러한 열심을 건설적 방향으로 유도하려 한다. 여기까지 와서 보니 이런 권고가 익숙한 후렴구가 되어 간다. 그러나 바울은 이 단락에서 흥미롭게도 1~5절에서 그랬던 것과 같은 방식으로 예언을 끄집어내지 않는다. 예언은 알아들을 수 있는 지시를 통해 교회에 유익을 주는 계시, 지식, 가르치는 것과 함께 성령의 네 가지 작용 중 하나로서 언급된다(6절). 이것이 암시하는 바는 14장 전체를 통해 '예언'이라는 용어가 교회를 세우는 모든 형태의 이해 가능한 말씀의 은사들을 대표하는 '제유법'(提喩法, synecdoche)으로 읽혀야 한다는 점이다. 혹 바울이 이 네 용어들을 특별히 구별해서 이해했다 하더라도, 설명을 하고 있지 않기 때문에 우리가 추측을 하는 것은 아무런 소용이 없다.

본문 6절의 문장은("그런즉 형제들아 내가 너희에게 나아가서 방언을 말하고") 바울이 "형제들아 내가 너희에게 나아가 하나님의 증거를 전할 때에 말과 지혜의 아름다운 것으로 아니하였나니"라고 쓴 2 : 1의 표현에 대한 반향을 담고 있다. 이 반향(反響)은 아마 의도적이었을 것이다. 고든 피(Gordon Fee, pp. 661−662)는 14 : 6에 '바닥에 흐르는 자기 변호(辯護)'가 있다고 그럼직한 제안을 했다. 아마 고린도교회 교인들은 바울이 '글로쏘랄리아'의 화려한 불꽃놀이로 그들에게 오지 못했던 것에 대해 비난했던 것으로 보인다. 만일 그렇다면 바울은 여기서 그렇게 한 것이 순전히 **그들의** 유익을 위한 것이었다고 응답하고 있는 것이다. 그가 방언으로 말했다면 그들에게 아무런 도움이 되지 못했을 것이다. 대신 바울은 자신이 이미 설명을 했듯이, 십자가에 달리신 예수 그리스도를 선포하는 간단하고 이해 가능한 말씀으로 그들에게 갔다(2 : 1−2).

우리는 14~17절에서 방언으로 기도하는 현상에 대해 좀더 깊은 이해를 얻게 된다. 방언으로 기도할 때 예배자의 마음은 중립적인 상태에 있어 "열매를 맺히지 못한다." 바울은 결과적으로 영으로만 기도하고 찬양하는 것이 아니라 마음으로도 그렇게 하는 것이 최선이라고 제안한다. 바울의 간략한 언급만 가지고는 이 두 종류의 기도가 동시에 발생하는 것인지, 아니면 연속으로 이어져 발생하는 것인지를 구별하여 말하기는 어렵다. 만일 14~15절이 13절을 더 분명하게 설명한 것이라면, 후자일 가능성이 높다. 예배자가 방언으로('영으로') 기도하고, 그러고 나서는 여전히 성령의 인도 아래 통역된 해석('마음으로도')을 준다. 그렇지 않으면 회중 가운데 있는 나머지 모든 사람들은 방언을 말하는 자와 하나님 사이의 신비한 의사소통에 무경험의 '외부인'(*idiōtēs*, 한글개역성경에서는 '무식한 처지에 있는 자'–역주)으로 남아 있게 될 것이다. 그러나 찬양의 발성이 통역되면 다른 사람이 '아멘'이라 말할 수 있게 되어 감사의 표현에 동참하고, 그래서 세움을 입을 수 있게 된다(17절).

바울은 이제까지 한 가지 중요한 정보를 속에 품어 두고 있었다. 수사학적 충격을 위해 이 시점에서 그것을 풀어놓는다. 바울은 고린도교회 교인들 중 누구보다도, 스스로 이 은사에 대해 자랑하던 사람들을 포함하여 그 누구보다도, 방언을 더 많이 말한다고 주장한다! 그러나 그는 '교회에서'(*en ekklēsia*, NEB의 '회중 가운데서'가 더 좋은 번역이다.) 이 은사를 사용하지 않았다고 설명한다. 알아들을 수 없는 말의 폭포수를 쏟아 붓기보다는 교인들을 가르치기 위해 '깨달은 마음으로 다섯 마디 말' 하기를 원했기 때문이었다(18–19절). 이제 바울은 고린도교회 교인들의 주장을 이길 으뜸 패를 찾아 에이스 카드를 꺼낸 것이다. 바울은 그들이 벌이는 초영성(超靈性) 게임에서도 그들을 이길 수 있었다. 그러나 마음에 다른 목표를 갖고 있었기 때문에, 그 게임을 하지 않기로 결정했다. 바울은 여기서 다시 자신을 본받아야 할 모범의 예로 제시하고 있다. 다른 사람들을 위하여 영적인 영광과 지위를 포기한 예이다. 따라서 영적인 은사의 사용에 대한 그의 윤리적 모범은 8~10장에서 이미 설명한 패턴에 일치한다. 바울은 교회에서 다른 사람들에게 유익을 주기 위해 자신의 권한과 특권을 포기한다. 공동체를 **가르치는 것**은 많은 분량의 고양(高揚)된 종교적 체험보다 더 큰 가치를 지닌다.

이 부분에서의 논의는 19절로도 쉽게 마무리될 수 있었다. 그러나 바울은 한 가지 이슈를 더 고려하여 제기한다. 그것은 방언과 예언이 믿지 않는 사람들에게 주는 효과이다. 바울은 여기까지 진행된 논의를 통해서 이 은사들이 신자 공동체 내에서 갖는 효과에 초점을 맞추었다. 그러나 그는 20~25절에서 교회 공동체의 외곽에 있는 사람들에게 관심을 돌린다. 바울은 고린도교회 교인들이 영적 은사들을 자신들 안에서만 최종 목표로 삼아 몰두하면, 그것은 유치한 일이라고 제시함으로써 방향전환을 시도한다(20절, 3 : 1~4에서 그들의 분열에 대해서 비슷한 비판을 했던 것을 참고하라). 좀더 성숙한 관점은 이 은사들이 다른 사람들에게, 즉 교회 안에 있어 가까운 사람들만이 아니라 복음에 대면하게 될 고린도 시의 다른 사람들에게 미칠 영향도 고려하는 것이라는 말이다.

바울이 특별히 7 : 12~16에서 언급된 믿지 않는 배우자들을 염두에 두고 있었다는 주장이 종종 있어 왔다. 그러나 그의 관심이 이 특정 부류의 사람들에게 한정된 것으로 보아야 할 이유가 없다. 분명히 바울은 불신자들에게도 열려 있는 가정교회를 생각하고 있었다. 그의 주장은 지역사회의 생활에서 불신자들이 집에 들어와 예배에 같이 있게 되는 경우를 지극히 일상적인 것으로 단정하고 있다. **이디오타이**(*idiōtai*, NRSV의 'outsiders')가 별도의 집단을 이루고 있는 것인지, 아니면 (이럴 가능성이 더 많다.) 단순히 불신자의 동의어로 쓰인 것인지 알아내기는 어렵다. 그들이 어떤 종류의 사람들이든 간에, 현재의 상황을 통하여 볼 때 이들은 아직 한 분이신 이스라엘의 하나님께 헌신하여 예배하는 자들이 아니다.

어쨌든 간에 바울은 23~25절에서 불신자들에 대한 그의 관심에 대한 뜻을 강력하게 펼쳐 보인다. 교회에 들어왔다가 공동체 전체가 방언으로 말하는 것을 보게 된 외부인들은, 이 그리스도인 집단이 그 소속원들을 천박한 열광의 도가니로 몰아넣는 또 하나의 밀의종교에 지나지 않는 것으로 생각할 것이다. 동사 **마이네스쎄**(*mainesthe*)를 NRSV와 NIV가 모두 "당신들은 제 정신이 아니오"(23절, "you are out of your mind")라고 번역하고 있는데, 이 말은 그리스 문화 배경 속에서, 이 번역들이 오늘날 독자들에게 주는 인상처럼 반드시 조소적인 느낌을 담고 있지는 않았다. 이 말은 문제의 사람들이 미쳤다는 뜻이 아니다. 그냥 그들이 일시적으로 종교적 황홀경의 흥분상태에 사로잡혔다는 뜻으로서, 당시 문화에서는 흔한 현상이었다. 그런 장면을 목격하는 전형적 고린도 이교도들은 말할 것이다. "아, 이건 디오니시우스나 키벨레 신자들과 비슷한 또 하나의 종교집단이구나." 다원주의적 종교 시장에서 소비자들이 선택할 수 있는 또 하나의 상품이 된 것이다. 반면에 외부인들이 들어와서 공동체 구성원들이 분명하고 맑은 정신의 언어로 예언하는 것을 보게 되면, 그들은 주님의 말씀을 대면하게 되고, 그 말씀은 '그 마음의 숨은 일들', 즉 하나님 앞에서 저들의 도덕적 상태를 노출시키게 될 것이다(4 : 5 참조). 이것은 바울이 그리스도인들의 예언을, 개인에 대한 사적 비밀들을 들추어 내는 점쟁이들의 트릭으로 생각했음을 뜻하는 것이 아니다. 그보다는 로마서 1~3장의 논의와 같은 것을 생각해야 할 것이다. 선포된 메시지의 준엄함과 하나님의 자비에 의해 의로운 척하는 인간의 모든 도덕적 위선이 벗겨지는 그런 말씀을 말한다. 바울은 성령의 영감을 받은 발성의 형태로 주어지는, 이전에 들어 보지 못했던 진리 선포에 부딪친 불신자들이 양심에 찔림을 받아(행 2 : 37 참조) '엎드리어 하나님께 경배하게' 되는 비전을 품고 있었다(고전 14 : 25).

바울이 예언의 말씀에 의해 회심한 외부인들이 "하나님이 참으로 너희 가운데 계시다"고 선언하는 것을 상상했을 때, 그는 이스라엘의 선지자가 오랫동안 비전으로 품어 왔던 일의 시나리오를 회상하는 것이다. 이방인들은 이스라엘의 하나님이 온 세상의 한 분이신 하나님이라는 것을 인정하기 위하여 나아올 것이다. 고린도전서 14 : 25은 애굽과 이디오피아의 이방인들이 이스라엘 앞에 와서 고개를 숙이고 "하나님이 과연 네게 계시고 그 외에는 다른 하나님이 없다."고(또한 슥 8 : 22-23, 사 49 : 23, 60 : 10-16 참조) 말하는 이사야 45 : 14의 언어를 반향으로 울리고 있다. 그래서 교회가 진정으로 예언할 때, 하나님께서 이방인들의 종말론적 회심을 이루시는 도구가 되는 것이다. 혹은 최소한 그 마지막 사건을 미리 맛보는 도구가 되는 것이다. 간단히 말해서 바울은 예언을 강력한 복음전도의 도구로 보고 있다. 그러나 (공적 예배에서) 방언은 복음을 이해하지 못하게 만드는 장애물로 본다.

이 모든 것은 분명하고 논리적으로 보인다. 그러나 안타깝게도 바울이 21~22절에서 불신자들의 이슈를 소개하는 방식 때문에 큰 혼동이 야기되고 있다. 그는 이사야 28 : 11~12을 대충 인용하여, 그에 주석상의 코멘트를 하고 있다. "그러므로 방언은 믿는 자들을 위하지 않고 믿지 아니하는 자들을 위하는 표적이나 예언은 믿지 아니하는 자들을 위하지 않고 믿는 자들을 위함이니"(22절). 이 코멘트는 불신자들이 방언 때문에 돌아서고, 예언 때문에 회심하게 되는 것으로 말하는 23~25절에 주어진 설명에 직접적으로 모순되는 것같이 보인다. 여기서는 이 구절을 둘러싸고 발생하는 석의상의 문제들을 충분하게 논의하는 것이 가능하지 않다. 일부의 어려움은 바울이 이사야 28장에서 인용하는 구절의 문맥상 배경을 자세히 살펴보면 해결될 것이다. 그러나 나머지 문제들은 여전히 해결되지 못한 채 그대로 남는다. 여기서는 바울의 논의가 다소 혼선을 일으켰음을 인정하는 것이 최선이 될 것이다. 아니면 최소한 이것은 악명 높게 불투명한 구약의 구절에 대한 복잡한 (그리고 충분치 못하게 설명된) 해석에 의존하고 있기 때문에 그렇다.

이사야 28장은 특별히 '예루살렘에 있는 이 백성을 치리하는 너희 경만(輕慢)한 자'에게 주어진 심판의 신탁이다. 그들은 선지자의 말씀을 듣지 않고, 그것을 비웃으며, 알아들을 수 없는 아이의 말이라고 조롱했다(사 28 : 9-10). 이사야 28 : 10과 13절에 번역되어 있는 절구 "대저 경계에 경계를 더하며 경계에 경계를 더하며 교훈에 교훈을 더하며 교훈에 교훈을 더하되 여기서도 조금 저기서도 조금 하는구나"는 사실 히브리어 원문에서는 완전히 무슨 말인지 이해하기 어렵다(NRSV의 각주를 보라). 아마 이것은 말이 안 되는 음절의 연결 이상의 아무것도 아닐 것이다. 이사야 28 : 11~13의 요지는 이렇다. 조롱하는 지도자들이 선지자의 안식에 대한 약속을 듣지 않고, 대신 애굽과 동맹을 맺어 자기 안전을 도모했기 때문에, 하나님의 말씀이 이후 외국인의 방언이 되어 알아들을 수 없는 말로 임하게 될 것이다. 따라서 알아들을 수 없는 말의 '사인'은 선지자의 심판에 대한 사인이다.

이것이 방언은 '믿지 아니하는 자들을 위한 표적'이라고 말할 때 바울이 뜻한 바이다. 그 말들은 **정죄**의 사인이었다. 하나님의 계시에 접근할 수 없게 되었음을 상징하는 것이었다. 우리는 바울이 이사야서의 이 구절을 상당한 정도 묵상했다는 것을 알 수 있다. 바울이 이스라엘의 불신에 대한 비밀을 곰곰이 생각하는 로마서 내 논의의 결정적 시점에서 이사야 28 : 16을 인용하고 있기 때문이다(롬 9 : 33). 그러나 고린도전서 14장에서는 그 문맥에 대한 설명 없이 지나가는 발췌문을 그냥 인용하고 있다. 아마 그는 일부 고린도교회 교인 독자들이 그 암시를 이해하리라고 기대했던 것 같다. 본문은 여기서 바울에게 적합하다. 그것이 '이상한 방언'을 불신과 불순종에 연결시키기 때문이다. (물론 이것이 방언 현상을 이해하는데 있어 바울의 주요 시각이 아님은 고린도전서 14 : 1~19의 나머지 발언에서 분명하게 밝혀졌다.) 이런 차원에서 우리는 바울이 22a절에서 방언에 대해서 믿지 않는 자들을 위한 사인이란 코멘트를 했을 때 뜻하는 바가 무엇인지 이해하게 되었다. 그러나 더 어려운 것은 22b절에서 예언이 '믿지 아니하는 자들을 위하지 않고 믿는 자들을 위함'이라고 한 언급이다. 바울이 이미 설명한 것에 따르면, 예언은 분명히 믿는 자들을 위한 것이다. 예언은 격려를 하며 교회를 세운다(3-6, 12, 19절). 문제는 부정문 형식의 문장에 있다. 앞에 있는 24~25절의 차원에서 볼 때, 예언은 확실히 불신자들에게 강력하게 효과적일 수 있는 것처럼 보인다. 바울은 22절의 수사학적 대립 명제에 끌려가다가, 엄밀하게 말해서 원래 의도하지 않았던 그 무엇을 말해 버린 것같이 보인다. 아마 우리는 바울이 "예언은 (주로)

불신자들을 위한 것은 아니고, 믿는 자들을 위한 것이오."라는 의미로 말하려 했던 것으로 해석해야 할 것 같다. 어쨌든 이미 위에서 설명했던 것같이 그의 주장의 의도는 23~25절에서 좀더 분명하게 언급되어 있다. 따라서 이 단락으로 작업을 하는 설교자나 교사는 여기에 초점을 두어야 한다.

집회에서의 질서(14 : 26 - 40) 바울은 왜 예언이 (이해를 가능하게 해 주는 다른 양식의 계시 및 가르치는 일 등과 더불어) 함께 모인 그리스도인들의 공동체에서 방언보다 선호되는지에 대한 설명을 끝냈다. 이제 그는 고린도교회 교인들의 예배 모임이 어떻게 실행되어야 하는지에 대한 일반적 지침을 제시하기 위해 방향을 튼다.

바울은 본문 26~33절에서 성령의 인도 아래 함께 모여 자유롭게 흘러가는 공동체의 그림을 그려 준다. 그 안에서 '각 사람'은 무엇인가를 가지고 전체의 종합에 기여한다. 확실히 고정된 예배 순서도 없었고, 예배자들을 위해 인쇄된 주보 순서지도 없었다! 더 놀라운 것은 모임의 사회를 보아 이끄는 리더에 대한 언급도 전혀 없다는 점이다. 외관상 드러나는 것에 따르자면, 바울은 모든 교인들이 성령의 감동을 따라 모임 전체의 유익을 위해 순서대로 그들 각자의 은사들을 사용하면서 서로를 기다리고 있기를(29 - 30절), 그리고 그렇게 함으로써 서로에게서 배우기를 기대하고 있다. 모임에는 찬양, 가르침(아마 성경강해였을 것이다), 계시성 발언(예언과 그 비슷한 성격의 것들, 6절 참조), 그리고 방언과 통역을 통한 하나님 찬양 등이 포함되었다.

이 구절에서는 주의 만찬의 거행에 대한 언급이 없다. 바울이 여기서 공동의 식사 모임과 분리된 별도의 기도와 찬양 모임을 생각하고 있는지, 아니면 여기에 묘사된 모임이 11 : 17~34에서 논의된 것과 동종의 모임인지 확실하게 아는 것은 불가능하다. 후자의 해석을 선호하게 만드는 것 한 가지는 26절에서 바울이 '너희가 모일 때에'라는 절구를 사용한다는 점이다. 그는 같은 말을 11 : 17~18, 20절과 33절에서도 사용했다. 모든 가능성을 고려할 때 주의 만찬의 기념도 본문 26절에 스케치된 모든 요소들을 포함하고 있었을 것이다.

여기서 바울의 관심은 14장 전체를 통해 다른 곳에서처럼, 모든 일이 성령의 인도를 받는 이 집회에서 공동체를 세우기 위해 이루어져야 한다는 데 있다(26절). 물론 이렇게 즉흥적이고 역동적인 모임에서의 위험은, 예배가 무질서하게 되거나 몇몇 구성원들이 발언 시간을 독점하여 지배해 버린다는 점이었다. 따라서 바울은 좋은 질서를 만들어 내기 위해 몇 가지 기본 규칙을 제시한다.

방언을 말할 때는 한 번에 한 사람씩 해야 한다. 이에 따르면 23절에서 상상된 장면(모두 알아들을 수 없는 말을 해 대는 사람들로 가득 찬 방)은 배제된다. 한 번 모일 때 두세 명 이상 방언을 하지 말아야 한다. 그리고 방언으로 하는 기도는 전체 회중의 유익을 위해서 통역되어야 한다. 짐작컨대 바울이 방언으로 하는 기도가 일반적인 언어로(예를 들면 아람어) 구사되고, 누군가 회중 가운데 한 사람이 그것을 번역하는 모양을 염두에 두었던 것은 아니다. 여기서 방언은 '천사의 말'이다(13 : 1). 그래서 '통역' 또한 초자연적인 성령의 은사이다. 이러한 통역의 은사를 가진 사람이 없으면, 방언을 말하는 사람들은 침묵해야만 한다(28절). 이 모든 지시사항들은 여기 등장한 은사들이 어떤 의미에서건 그것을 말하는 사람이 스스로 통제할 수 있는 것임을 전제한다. 자신이 방언으로 말할 것인지, 아니면 조용히 있을 것인지 스스로 **선택**할 수 있는 것으로 되어 있다. 이 점은 바울이 방언을, 말하는 사람이 일종의 황홀경의 몰아 상태에서 성령에 사로잡혀 압도당하는 감정적 경험으로서 생각하지 않는다는 것을 보여 준다. 방언의 현상을 묘사하기 위해 '엑스터시'(ecstacy)라는 단어를 사용하는 영어 번역은(NEB가 이 장 전체를 통해 그렇게 했다.) 해석의 카테고리를 추가한 것으로서 헬라 원문에는 없는 것이다. 그리고 이렇게 하면 바울이 26~28절에서 그리고 있는 그림과는 거리가 생긴다. 설교자나 교사는 이 자료를 가지고 토론을 할 때 그런 용어의 사용을 지양해야 혼동을 피하고 명료한 의미를 전달할 수 있을 것이다.

마찬가지로 선지자들도 그들의 예언적인 은사 구사를 통제할 수 있었다. 그것이 32절의 의미이다. 그들 또한 순서를 따라 말하게 되어 있다. 본문 30절은 둘 이상의 선지자가 공동체의 주의를 끌기 위해 경쟁하는 것을 금하고 있다. 만일 새 계시가 누구에겐가 임하면, 처음 발언자는 조용히 입을 다물고 들어야 한다. 이 지시는 바울이 예언을 성령의 바람이 자유롭게 불면서 회중 가운데 주어지는 계시성의 카리마적 은사로 이해하고 있음을 분명하게 보여 주고 있다. 그러나 방언을 말하는 사람들과 마찬가지로, 한 번 모였을 때 두 명 또는 세 명 정도만 예언을 해야 한다.

바울의 지시 중에서 한 가지 흥미로운 것은, 교회의 나머지 구성원들이 (그냥 다른 '선지자들'이 **아니다**.) 집회에서 발언되는 선지자들의 말을 판단(분변)하여(*diakrinein*, 11 : 31 참조), 그것이 하나님께로부터 오는 진정한 말씀인지 영적 분별력을 행사하도록 되어 있다는 점이다. 바울은 비슷한 지시를 데살로니가 교인들에게도 주고 있다. "성령을 소멸치 말며 예언을 멸시치 말고 범사에 헤아려 좋은 것을 취하고"(살전 5 : 19-21). (이 구절은 우발적이지만 **카리스마타**가 특별히 고린도에서만의 현상이 아니었다는 것을 보여 준다. 우리는 바울의 다른 편지들에서는 이런 것들에 대해 거의 듣지 못한다. 의심할 여지없이 그들이 고린도에서 생겨났던 것과 같은 종류의 어려움을 일으키지 않았기 때문일 것이다. 고린도전서 14 : 32~33 참조) 예언의 말을 공동체의 분별에 맡기는 이 훈련은 바울이 그들에게 새겨 주려고 노력하는 메시지의 외적, 그리고 가시적 사인이다. 은사들은 공동체를 섬기기 위해 존재한다. 공동체가 은사들을 위해 있는 것이 아니다. 예언을 하는 사람이 다른 구성원들 위에 초월해 있는 영적인 지경으로 올라가 있는 것은 아니다. 모두 다 성령을 소유하고 있기 때문에(12 : 3, 13), 모두 다 제공된 예언적인 말씀의 영적 수용과 평가에 동참할 수 있다. 그러한 훈련을 일관성 있게 행사하는 공동체 내에서는 어느 한 선지자가 과도한 권위를 장악하거나 행사할 수 없도록 되어 있다.

이 점에 대한 바울의 태도는 다소 후대에 나온 「디다케」(*Didache*)에서 주고 있는 조언과 교훈적으로 대조를 이루고 있는 것 같다. "성령 안에서 말하고 있는 어떤 선지자도 시험하거나 조사하지(*diakrineite*) 말라. '왜냐하면 다른 모든 죄는 사함을 받지만 이 죄는 사함을 받지 못하기 때문이다'"(「디다케」 11 : 7, 마 12 : 31-32 참조). 「디다케」에서 선지자는 그들의 도덕적 행실에 기초하여 판단을 받는다. 그러나 그들의 예언 발언은 성스러운 것으로 취급된다. 반면에 바울에게 있어서는 선지자들의 역할이 그렇게 날카롭게 정의되어 있지도 않으며, 다른 초기 그리스도교 집단들에서와 같이 그렇게 권위주의적이지도 않다.

바울의 예배 지침에서 또 하나의 비범한 특성은 그가 교회의 **모든 구성원**들에게 예언에 접근할 것을 권고한다는 점이다. "너희는 다 모든 사람으로 배우게 하고 모든 사람으로 권면을 받게 하기 위하여 하나씩 하나씩 예언할 수 있느니라"(고전 14 : 31, 14 : 1, 5 참조). 바울이 "너희는 모두 다…… 예언할 수(*dynasthe*=can) 있느니라"고 쓸 때 허락을 하고 있는 것이 아니라, 한 성령에 의해 모든 사람에게 주어진 **권한**을 인정하고 있는 것이다. 항상 그러하듯이 그는 이 권한이 다른 사람들의 유익을 위해 공동체에게 주어졌다는 점을 강조한다. 모든 공동체 구성원들이 영적 성숙 속으로 자라나 교회의 사역에 전적으로 동참할 수 있는 것으로 보는 바울의 갈망이 여기보다 더 분명하게 표현되어 있는 곳은 없는 것 같다.

이 지침으로부터 드러나는 전반적인 그림은 성령께서 살아 임재하여 각기 다른 구성원들의 상호 보완적인 은사들을 통해 공동의 예배 속에서 자유롭게 운행하는 교회의 모습이다. 바울이 그리고 있는 그리스도인 예배의 비전 속에는 경직된 형식도 없고, 기강 없는 열광도 없다. 공동체의 예배는 복잡하지만 우아한 춤과 같다. 또는 대위법으로 올려지는 아름다운 성가 같기도 하다. 만일 고린도에서 누군가 성령의 영감이 그들을 움직여 통제불능의 영적 열광의 전시로 들어갔다고 주장한다면, 바울은 단호하게 그 주장에 대응할 것이다. "예언하는 자들의 영이 예언하는 자들에게 제재를 받나니"(32절). 이 기본 진리는 순전히 질서를 바라는 어느 인간적 갈망의 결과가 아니다. 이것은 하나님의 성품에 기초해 있다. 왜냐하면 '하나님은 어지러움(*akatastasis*, 무질서)의 하나님이 아니시요 오직 화평의 하나님이시기'(33절) 때문이다. 피(Fee, p. 697)가 말했듯이, "누군가의 신의 성격은 그 사람의 예배에서의 성격에 반영되어 있다." 만일 고린도의 예배 모임이 혼란스럽고 갈등을 야기한다면, 질문을 하지 않을 수 없다. 도대체 그들은 어떤 하나님을 예배하고 있었는가? **아카스타시스**라는 말은 시민사회의 투쟁과 반역의 함의를 지니고 있다(M. Mitchell, p. 173). 이것은 고린도 예배에서의 문제들이 단지 과열된 영성의 결과만이 아니었다는 또 하나의 힌트가 되어 준다. 이런 문제들은 이 편지의 일관된 관심이었던 파당주의와 바울의 권위에의 반항과 연결되어 있었던 것이다. 그러나 만일 하나님께서 **화평**의 하나님이시라면 고린도교회 교인들은 서로 간에 화평을 유지하고, 일치와 상호 보완성을 강조하는 예배 스타일 속에서 그 화평을 표현하는 법을 배워야 한다.

바울은 고린도교회 교인들이 26~33절의 지시에 저항할 것을 수사학적으로 예기(豫期)한다. 그들은 이렇게 응수할지도 모른다. "그렇지만 바울 사도님…… 이런 지침을 내리시면 우리의 스타일이 구겨지고, 예배의 자유가 질식됩니다. 만일 우리가 당신의 규칙을 따른다면, 실로 중요한 하나님의 계시가 침묵하게 될 것입니다." 바울은 예배가 좀더 질서 정연한 규범에 맞추어진 다른 그리스도인 공동체들의 실천을 가리키게 함으로써 이 반대를 완화시킨다. NRSV의 의역은 이 담론의 구조를 흐려 놓는다. 논의의 논리가 어떻게 흐르는지 보기 위하여 우리는 후대에 삽입된 것으로 보이는 34~35절(이를 위해서는 아래의 추기〈追記〉를 보라.)을 제하고 읽어야 할 것이다.

> 예언하는 자들의 영이 예언하는 자들에게 제재를 받나니 (모든 성도의 교회에서 함과 같이) 하나님은 어지러움의 하나님이 아니시요 오직 화평의 하나님이시니라 …… 하나님의 말씀이 너희에게로부터 난 것이냐 또는 너희에게만 임한 것이냐 만일 누구든지 자기를 선지자나 혹 신령한 자로 생각하거든 내가 너희에게 편지한 것이 주의 명령인 줄 알라 만일 누구든지 알지 못하면 그는 알지 못한 자니라(한글개역성경 34a절의 '모든 성도의 교회에서 함과 같이'는 33절과 연결된다. 그러나 한글의 경우

어순이 바뀌기 때문에 33절 앞으로 이동시켰다－역주)(고전 14 : 32－33, 36－38).

교만한 고린도교회의 열광주의자들은 마치 그들만이 강력한 계시를 받아 예배에서 공동체 기강의 기준을 초월할 수 있는 것처럼 행동하고 있었다. 바울은 차가운 아유조의 풍자로 강력하게 응수한다. "정말입니까? 그것 참 재미있군요. 성도들의 다른 모든 교회에서 보니 하나님은 질서와 평화의 하나님이신 것 같더이다. 그렇다면 아마 당신들이 하나님의 말씀을 들은 유일한 사람들인 모양이지요?"

앞의 세 장에서(12 : 1－14 : 33) 그의 지시에 대한 신학적 이유를 각고의 수고로 설명하고 난 뒤, 이제 바울은 인내심이 다해 가는 모양이다. 그는 다른 교회들의 예(例)를 가리키고 난 뒤, 다짜고짜 37~38절에서 자신의 사도적 권위를 단언한다. 앞의 여러 주제들에 대한 자신의 조언 중 일부와는 대조적으로(예를 들면, 7 : 10－11, 25－38), 바울은 여기서 공공연하게 질서 정연한 예배에 대한 자신의 가르침이 '주의 명령'이라고 주장한다. 더구나 이 일에 있어 바울의 권위를 인정하지 않음으로써 이 가르침들을 무시하려는 사람이 있다면, 누구든지 심각한 결과를 겪게 될 것이라고 한다. 그래서 4 : 18~21에서처럼 바울은 다시 한번 '교만한' 고린도교회 교인들에게 자신의 권위, 즉 하나님의 권능의 재가로 뒷받침을 받는 권위에 복종할 것을 도전함으로써 이 편지의 긴 단원을 마감한다. 바울은 위에 인용한 NRSV의 38절에서 고린도 공동체의 다른 구성원들에게 자신의 가르침을 거부하는 사람이 있다면 그를 인정하지 말라고 이야기하고 있다. 그러나 사실상 그 구절은 하나님의 말씀을 거부하는 사람들에게 하나님의 종말론적 심판을 선언하는 '거룩한 율법의 선고'로 이해되어야 한다. (예를 들어 마가복음 8 : 38을 참고하라. "누구든지 이 음란하고 죄 많은 세대에서 나와 내 말을 부끄러워하면 인자도 아버지의 영광으로 거룩한 천사들과 함께 올 때에 그 사람을 부끄러워하리라" 구약성경에서 고전적인 이런 형식의 예를 든다면 사무엘상 15 : 26이 될 것이다. "이는 왕이 여호와의 말씀을 버렸으므로 여호와께서 왕을 버려 이스라엘 왕이 되지 못하게 하셨음이니이다") 따라서 고린도전서 14 : 38의 NEB 번역이 바울의 꽉 짜인 발언의 의미를 잘 파악하고 있다. "만일 그가 이것을 인정하지 않는다면 하나님께서도 그를 인정하지 않으실 것입니다."

그러한 강력한 제재 조치는 고린도교회 내의 일단의 사람들, 끈질기게 자신들을 너무 높고 전능한 위치에 올려놓아 바울의 말은 듣지도 않고, 고린도에 있는 다른 그리스도인들의 문제나 약함에 관심을 가지지도 않는 사람들에게 발동된 것이다. 본문 37절(문자 뜻 그대로 읽으면, "만일 누군가가 자신을 선지자나 영적인 사람으로 생각한다면……"이 된다.)의 구성은 우리가 이 편지에서 이미 두 번이나 본 수사학적 패턴을 반복하고 있다(Fee, 711). 그 병행 구절들을 같이 살펴보면 시사하는 바가 많을 것이다.

> "너희 중에 누구든지 이 세상에서 **지혜** 있는 줄로 생각하거든……"(3 : 18).
> "만일 누구든지 무엇을 **아는** 줄로 생각하면……"(8 : 2).
> "만일 누구든지 자기를 **선지자**나 혹 **신령한 자**로 생각하거든……"(14 : 37).

이 세 구성의 말이 정확하게 '강한 자들'의 자기 이해의 특성을 가리키는 세 용어인 '지혜', '지식', 그리고 '영성'을 대상 목표물로 하고 있다는 것은 결코 우연이라고 할 수 없다. 이들에 대한 바울의 일관된 대응은 십자가의 말씀이 그러한 특질에 대한 모든 자랑을 아무것도 아닌 것으로 만들어 버린다고 주장하는 것이었다.

결과적으로 그들은 바울의 사도적 권위가 그들 위에 있음을 인정해야 했고, 그들의 삶을 바울의 예에 맞춰 나가야 했다. 그러한 순종에 대한 최소한의 표현은 그들이 과부하에 걸린 영적 충동을 절제하고 질서 정연한 예배를 요구하는 바울의 지시를 따르는 것이었다.

이 지시 내용들은 14장의 마지막 말로 간략하게 요약된다. "그런즉 내 형제들아 예언하기를 사모하며(1, 5, 31절 참조) 방언 말하기를 금하지 말라(5, 26-27절) 모든 것을 적당하게 하고 질서대로 하라"(39-40절). 이것으로 바울은 예배에서 성령의 나타남에 대한 대응을 마감한다.

그러나 바울이 질서 자체를 위한 질서를 구하는 것이 아님을 강조해야 할 것이다. 그가 고린도 집회에서 보기 원하는 질서는 더 큰 융통성을 허용하며, 또한 그리스도의 몸의 모든 구성원들의 다양하면서도 예측할 수 없는 영적 기여를 허락한다. 질서는 오직 자기에게만 너그러운 남용을 절제시키기 위해서 필요하고, 모두의 은사들은 사랑 안에서 공동체를 세워 가는 데 함께 일할 수 있는 분위기를 창조하기 위해서 필요한 것이다.

추기(追記, excursus) :
"여자는 교회에서 잠잠하라"(14 : 34－35)

예배 집회에서의 방언과 예언에 대한 바울의 지침 한가운데 갑자기 여성들에게 회중 모임에서 발언하지 말라는 명령이 끼어든다(34－35절). 여러 고대 사본들이 이 절들을 현재의 위치가 아닌 본 장의 말미에 추가로 포함시켰다. 그리고 최소한 한 고대 사본은 여기에 표시를 해 놓아, 필사자가 이 말들을 본문에 삽입한 주석으로 생각했음을 시사하고 있다. 그러나 만일 이 문장들이 바울의 편지에 추가된 내용일 경우, 그 추가는 상당히 초기에 발생했음에 틀림없다. 현존하는 모든 사본들이 이 말을 33절과 36절 사이에 또는 40절 뒤에 담고 있기 때문이다. (본문의 문제를 더 자세하게 살펴보기 원하면, 이 절들이 초기의 삽입이란 점을 설득력 있게 설명하고 있는 Fee pp. 699－708를 읽어 보라.)

어떤 비평가들은(예를 들어 Conzelmann, p. 246) 33b~36절을 본문에 삽입시킨 단위로 취급하여, 이런 이론이 많은 영어 번역들의 단락 구분에 영향을 미쳤다. 예를 들어 NRSV의 경우 이 절들을 별도의 단락으로 취급했고, 괄호 안에 묶어 두었다. 그러나 이런 자의적 본문 구분에는 정당한 근거가 없다. 고대 사본의 증거는 오직 34~35절만 진정성에 의심이 가는 것으로 암시하고 있으며, 이 주석서 앞부분에서의 논의가 보여 주듯이, 이 두 절만 제하면 단락 전체가 아무 문제없이 이치에 합당하게 이해가 잘 된다. 그래서 이 말들의 진정성에 대한 논쟁은 34~35절에만 국한되어야 한다.

이 절들을 삽입으로 보는 강력한 근거 중 하나는 집회에서 여성들에게 침묵한 채 가만히 있으라는 요구가 11 : 2~16의 내용과 현저하게 모순을 불러일으킨다는 것이다. 여기서 바울은 여성들이 머리를 적절하게 덮기만 하면 사실상 교회에서 기도하고 예언하도록 가르치고 있기 때문이다. 바울이 그런 지시를 해 놓고 몇 단락 지나지 않아 "여자가 교회에서 말하는 것은 부끄러운 것임이라"(14 : 35b)고 말했다는 것은 상상하기 힘들다. 더구나 이용 가능한 모든 다른 증거들은 바울 계열의 공동체 내에서 여성들이 설교, 교육, 예언 등에서 적극적인 역할을 감당했음을 가리키고 있다. 예를 들어 뵈뵈(롬 16 : 1-2), 브리스가(롬 16 : 3-4, 행 18 : 18-28 참조), 유니아(롬 16 : 7), 그리고 유오디아와 순두게(빌 4 : 2-3) 등이 있다. (이 증거들에 대한 자세한 논의를 위해서는 Schüssler Fiorenza, pp. 160-184를 보라.)

다른 두 요인이 34~35절의 바울 저작 가능성에 의구심을 갖게 한다. 첫째, 34절의 명령이 갑자기 구체적인 고린도 상황이 아닌 '교회'로 향하고 있다. 고린도전서 어디에서도 바울이 교회 일반을 대상으로 하는 일반화된 지시를 내린 경우가 없다. 실로 이것은 특정 교인에게 쓰여진 편지에서 수사학적 관점으로 볼 때 이해가 되지 않는 일이다. 그러나 이 구절이, 편지가 좀더 많은 공동체의 지침으로서 회람될 때 더해졌다면 수사학적으로 이해가 간다. 둘째, 여성의 복종을 요구하면서 무조건적으로 '율법'에 호소하는 일은(34b절) 적어도 바울이 행위 규범의 근거로서 성경에 호소하는 방식은 아니다.

모든 것들을 고려할 때 이 구절은 목회서신들을 모아 편집했던 2~3세대 바울 계열 해석자들이, 원문에 주석으로 끼워 넣었던 것으로 보는 것이 최선의 설명이 될 것이다. 고린도전서 14 : 34~35과 디모데전서 2 : 11~12의 유사성은 놀라울 정도이다. 양쪽 다 여성들에게 침묵과 복종으로 '배우라'고 명령한다. 그러한 지시는, 제1세대 바울 계열의 교회들에서 여성들이 하던 역할들을 제한하고자 의식적인 노력을 기울였던 후대의 역사적 상황을 단정하고 있다.

고린도전서 14 : 34~35이 원래부터 바울의 편지에 속해 있었다고 생각하는 해석자들은 이 절들이 어떻게 11 : 2~16에 맞아떨어지며, 또한 어떻게 이 구절들이 바울의 논의 내에서 기능을 하고 있는지 설명을 할 수 있어야만 한다. 네 가지 다른 설명이 제시되었다. 가장 그럴듯한 것에서부터 시작하여 가장 그럴듯하지 못한 것으로 이동하는 순서를 따르도록 하겠다.

첫째, 어떤 해석자들은 바울이 모임에서 여성들이 기도하고 예언하는 것을 금지하는 것이 아니라는 주장을 했다. 그보다는 바울이 고린도에서의 특정 문제를 다루고 있는데, 떠들거나 불쑥 질문을 던지는(35a절) 일종의 예배 소란 행위들을 제지하고 있다는 말이다. (이 설명의 변이〈變異〉로서 벤 위더링톤〈Ben Witherington〉의 제안이 있다. 여성들이 그리스도교 선지자를 델피의 신탁에 유추해서 생각했다는 것이다. 델피에서는 찾아온 사람이 개인의 삶에 대해 질문을 하고 여 사제가 그에 대응하여 신탁을 주었다〈Witherington, p. 287〉.) 이 설명의 어려움은 여성이 교회에서 발언하는 것을 아예 '부끄러운 것'이라 규정한 것이 행위 일반의 카테고리 전체에 대한 선언이라는 점이다(35b절). 그리고 이 규정이 일반적인 '교회들'을 위한 것이지, 고린도에서의 한 가지 특정 문제를 겨냥하지 않았다는 것도 어려움이다.

둘째, 엘리사벳 쉬슬러 피오렌자(Elisabeth Schüssler Fiorenza)는 집회에서 기도하고 예언하도록 허락되었던 여인들은(11 : 2－16) 미혼 상태에 있어야만 했고, 14 : 34~35의 발언 제한은 집에서 그녀들을 가르칠 남편이 있는 기혼 여성들에게만 적용되었다고 주장한다. 이 설명은 본문에 명시되지 않은 제한 조건을 끌어들이고 있으며, 브리스가와 같은 기혼 여성들이 사실상 바울 계열의 교회들에서 리더십을 구사했다는 증거를 간과하고 있다.

셋째, 안토니엣 와이어(Antoinette Wire)는 11 : 2~16을 바울이 전략적 차원에서 용인한 것으로 읽어야 한다는 제안을 했다. 바울은 여성들에게 일종의 제한과 함께 발언하도록 허락을 했으나, 내심 그의 목적은 여선지자들 모두를 침묵하게 하는 것이었다는 주장이다. 그렇게 볼 경우 14 : 34~35은 수사학적 목표이며, 편지의 클라이맥스가 된다. 와이어의 제안은 고린도에서의 여선지자들의 역할에 대해 복잡하게 많은 추측을 끌어들여야만 하는 재구성에 의존하고 있다. 또한 이 주장은 바울이 다른 곳에서 사역에 관한 여성의 리더십 역할을 가슴으로부터 지원하고 있다는 증거들을 무시하고 있다. 만일 바울의 목적이 여성들을 억제하는 것이었다면, 왜 뵈뵈를 로마 교회에 자신의 사절로 보냈겠는가?

마지막으로 어떤 해석자들은 33b~36절을 바울이 고린도교회 교인들의 입장을 인용한 것으로 읽음으로써, 11장과 14장의 모순을 피해 보려고 노력했다. 이 이론에 따르면 여성들을 침묵시키려고 한 것은 **고린도교회 교인들**이었고, 바울은 그에 반대하기 위해 그들의 주장을 인용했다는 것이다. (이것이 와이어의 해석 반대쪽 극에 위치해 있음을 주목하라.) 이 설명은 한 극단에서 너무 무리하게 갖다 붙인 주장이다(7 : 1과 달리). 본문 어느 곳에서도 바울이 무엇을 인용하고 있음을 가리키는 단서가 없고, 고린도교회 교인들이 여성에 대해 그런 견해를 갖고 있었다는 단서도 없다. 더구나 바울이 인용한 고린도교회 교인들의 다른 견해들은 항상 짧은 슬로건이었지, 연장된 교훈적 주장들이 아니었다.

간단히 말하자면 시도된 어떤 설명도 우리가 현재 지니고 있는 본문 그대로의 증거로 이해시키는 데 성공하지 못하고 있다. 그리고 우리가 바울 계열의 교회들에 대해 알고 있는 것 안에서 이 구절의 위치를 설명하지 못하고 있다. 편지의 이 지점에서 바울이 선지자들에게 특정 정황을 염두에 두어 '잠잠할지니라'(30절)고 지시하고, 또한 33절에서 '모든 성도의 교회에서'의(한글개역성경은 34a절 - 역주) 일반적 관행에 호소했기 때문에, 이 표현들이 갖는 표제어 연결로 인해 후대에 필사자가 본문에 주해를 삽입하여 이 구절이 되었다는 것이 최선의 설명이 될 것이다. 이렇게 외삽(外揷)된 구절만 없으면 전 단락이 훨씬 더 내적 응집력을 갖게 된다. 바울은 여성들에게 교회에서 잠잠하라고 말한 적이 없다. 이 지시는 바울 이후 뒤따른 그리스도교 세대의 작품이다.

우리가 삽입이라고 생각하지만 그럼에도 불구하고 이 구절은 우리의 성경 안에 남아 있다. 더구나 디모데전서 2 : 11~15 같은 구절은 같은 교훈을 강화시켜 주고 있다. 그렇다면 해석자들이 이런 구절들을 어떻게 다루어야 할까? "바울이 쓴 것이 아닌데……."라고 말하면서 그대로 다 된 것처럼 말하는 것으로는 충분하지 못하다. 고린도전서 14 : 34~35의 가르침이 교회 내에서 여성의 공적 역할을 억누르려는 후대의 작업이라는 사실을 인정하는 것은, 이 이슈에 초점을 맞추는 일의 첫 단계일 뿐이다. 교사와 설교자의 과제는 교인들이 정경의 권위와 다양성에 대해 좀더 균형 잡힌 견해를 발전시킬 수 있도록 격려하는 것이다. 성경은 동질의 가르침만으로 되어 있거나, 그것들을 조직적으로 정리해 놓은 체계가 아니다. 성경에는 많은 내적 긴장이 있다. (예를 들어 로마서 13장과 요한계시록 13장은 국가 권력에 대해 극단적으로 서로 다른 입장을 취하고 있다.) 그러한 긴장들 중 하나가 초기 교회에서 결론을 내리지 못한 논의로서, 복음의 공적 증거에 있어 여성들의 적합한 역할에 대한 것이었다. 이 논의는 우리의 정경 신약성경의 의견 갈린 가르침으로 그 흔적을 남겨 놓았다.

우리의 해석학적 책임은 이러한 긴장들이 존재하는 곳에서 그대로 인식되어, 서로 다른 본문들이 어떻게 우리의 상황을 향해 의미 있게 발언하도록 하는가에 대해 **신학적으로 정돈된**(*theologically informed*) 판단을 내리는 것이다. 우리는 신약성경 가르침의 근본 테마를 분별하도록 노력하여, 그 분별의 견지에서 서로 경쟁하는 사안들에 대해 결정을 내려야 한다. (그러한 문제들에 대한 전반적 논의를 위해서는 리처드 헤이스의 「신약의 윤리적 비전」을 보라.) 예를 들어 교회는 궁극적으로 노예제도가 (비록 고대 세계에서 널리 퍼져 있었지만) 인간의 자유와 존엄성에 대한 신약성경의 근본 비전과 양립할 수 없다는 결론을 내렸다. 결과적으로 노예제도를 지원하는 신약성경의 본문들(엡 6 : 5－9, 골 3 : 22－4 : 1, 딤전 6 : 1－2, 딛 2 : 9－10, 벧전 2 : 18)은 거절되거나, 특정 문화적 상황에 복음의 메시지를 전하기 위한 잠정적 적용으로 이해되어야 한다. 이런 본문들이 교회 내에서 노예제도를 영구화하기 위해 규범으로 사용되어서는 안 된다.

마찬가지로 여성의 공적 리더십의 이슈에 관해서도, 바울이 지녔던 바 성령의 은사들에는 공동체를 세우기 위해 **남녀 차별 없이 교회의 모든 구성원들에게** 주어진 그리스도인 예배의 비전이 우리를 인도해야 된다고 주장할 수 있는 좋은 신학적 근거들이 있다. 여성의 침묵을 추구한 극소수의 신약성경 본문들(고전 14 : 34－35과 딤전 2 : 11－15)이 이 비전보다 우선하여 지배력을 갖도록 허락해서는 안 된다. 우리 교인들이 우리의 삶을 놓고 하나님의 뜻을 분별하는 지속적 과제와 씨름할 때(고린도전서가 반복하여 우리에게 요구했던 과제이다.) 우리는 사역의 현장에서 남성과 여성을 온전한 동반자로 보았던 바울의 더 넓은 비전에 신실하게 주의를 기울여야 할 것이다.

| 교사와 설교자를 위한 묵상 |

만일 바울이 오늘날 우리의 대부분 교회들을 방문하러 온다면, 성령의 은사의 무질서하고 과도한 전시에 대해 우리를 책망할 이유를 찾지 못할 것이다. 결과적으로 우리들 대부분은 바울의 고린도전서 14장을 읽으면서 어깨를 으쓱하며 이렇게 말하고 싶을 것이다. "글쎄요. 최소한 우리에게는 그런 문제는 없는데요."(짐작컨대 개정공동성구집의 구성 책임자들이 이와 비슷한 생각을 했던 것 같다. 왜냐하면 고린도전서 12~15장이 연도 C의 주현절 이후 주일에 순서대로 읽게 되어 있는 곳에서, 고린도전서 14장을 통째로 빼놓았기 때문이다.) 그러나 이런 반응은 본문을 너무 낮은 수준에서 읽고 상상력을 갖지 못한 결과이다. 묵상해 보면, 바울이 오늘날 교회에 결정적으로 중요한 의미를 갖는 몇 가지 이슈들을 제기하고 있음을 알 수 있다.

1. **공동체 건설** 이 장의 압도적인 관심은 교회의 구성원들이 모두 각자의 동참을 통해 공동체를 세워 나가는 협력적 방식으로 예배를 드리도록 하는 데 있다. 바울이 강조하여 주장하듯이 예배는 사적인 영적 축복의

시간만은 아니다. 예배는 공동체 구성원들이 서로 간에 하나님의 은사들을 나누어, 모두가 함께 배우고 서로 격려하는 시간이다. 많은 교회 회중들에게 있어 이러한 예배의 목적에 관한 이해는 의식의 혁명, 또는 우리가 계속 이야기해 온 것처럼 발상의 전환을 필요로 하는 일이다. 우리는 현재 우리식의 모임과 예배가 실제로 어떻게 공동체 건설의 목적에 맞게 기능하고 있는지를 스스로 물어보아야 한다. 고린도전서 14장을 진지하게 읽으면서 좀더 광범위한 참여 형태의 예배를 발견해야겠다는 생각을 하지 않는 교회들은 거의 없을 것이다.

2. **매체보다는 메시지에 초점을 맞추기** 바울은 말씀 전달자의 자세에 초점을 맞춤으로써만이 아니라 은사들을 통해 전달되는 메시지의 실질적 내용에 마음을 쏟음으로써, 영적 은사 사용에 대한 훈련을 시키려 했다. 알아들을 수 있는 말씀은 그것이 다른 사람들을 격려하고 위로하는 것과 더불어 그들에게 교훈을 줄 수 있는 가능성 때문에 가치를 지닌다. 예언의 주요 효과 중의 하나는 '모든 사람으로 배우게' 하는 것이다(31절). 예언을 대면하게 된 외부인들조차 예언자가 말하는 것이 들추어내는 능력에 의해 감동을 받지, 그들의 따스한 미소나 멋진 전달 방식 때문에 그런 것은 아니다. 이 점은 깊이 숙고할 가치가 있다. '글로쏘랄리아'를 하지 않는 오늘날의 교회 내에서조차도, 순전히 감성적 영향을 주는 종교적 경험 쪽에 지나치게 치우쳐 있고, 그리스도교의 메시지와 전통의 실질적 가르침에는 별반 신경을 기울이지 않는 엄청난 불균형이 있다. 그러한 감정 편향에 반대하여, 바울은 은사들의 올바른 사용은 복음의 선포와 해석을 통해 교회를 세워 가는 것이라고 강변한다. 그러한 실질적 선포와 가르침이 교회에서 주어지지 않을 때, 교회의 말은 그냥 무시해도 좋을 '분명치 못한 소리'가 될 뿐이다.

3. **위계 없는 질서** 고린도전서 14장의 가장 현저한 특징 중 하나는, 바울이 어디서도 고린도교회 예배의 문제를 풀기 위해 독자들에게 예배 식순에 충실하라거나 사제 또는 설교자의 리더십을 따르라고 말하지 않았다는 점이다. 실로 편지 전반의 증거에 따르면, 고린도교회 내에는

기성의 권위 구조가 전혀 없었다. 감독도 장로도 집사도 없었으며, 사도와 그의 다루기 어려운 양 떼들 사이를 매개하는 어떤 구조도 없었다. 그러한 뚜렷한 구조의 부재야말로 바울이 그의 편지에서 힘주어 처리하려던 질서의 문제 발생 원인이기도 했을 것이다. 그러나 아직 우리는 고린도의 상황이 단지 바울 계열의 운동이 목회서신들에 그려져 있는 좀더 제도화된 교회로 진화해 가지 않을 수 없도록 만든 철저한 붕괴과정을 반영한 것뿐이라고 너무 성급하게 결론을 내려서는 안 된다. 종국적으로 바울은 이 공동체 내에서 현시된 은사와 은혜들에 대해 하나님께 감사를 드린다(1 : 4－7). 우리는 최소한 14장에서 설파된 예배에 대한 바울의 비전을 놓고, 교회가 역사를 통해 보여 주었던 것보다는 좀더 진지한 자세의 시도를 해 볼 필요가 있는 것인지 잘 숙고해 보아야 한다. 바울은 모든 구성원들이 함께 성령의 움직임을 기다리면서, 하나님께서 그들에게 말씀하시는 것을 분별하는 데 모두 함께 책임을 지는 교회를 그리고 있다. 우리의 교회들이 이런 식으로 성령께 귀를 기울일 수 없는 것일까? 만일 가능한 것이라면 우리가 지난날에 잃어버린 그 무엇을 되찾기 위해 일어서야 하는 것이 아닐까? 우리 교회들의 많은 구성원들이 그들을 통해 일하시는 성령의 역사에서 새로운 개방성을 찾아내야 하지 않을까? 우리가 경우에 따라 몸 전체가 은혜롭게 즉흥적인 춤을 추듯이 움직이는 예배를 체험할 수 없을까?

4. 성령을 환영하기 20세기에 있었던 카리스마적 갱신 운동의 출현은 방언과 예언에 대한 바울의 구체적 가르침이 매우 구체적 방식으로 새로운 적합성을 갖게 만들었다. 이러한 은사 사용에 대한 바울의 경계적인 말과 기강을 요구하는 제한을 잘 들을 필요가 있는 일부 교회들이 있다. 그러나 그런 교회의 교인들 중 이 주석서를 읽게 될 사람은 거의 없는 것 같다. 이 주석서를 읽는 대다수의 독자들에게는 고린도전서 14장이 꽤나 다른 기능으로 다가올 것이다. 이 장은 과도함의 위험을 경고하기보다 영적 권능의 신기한 새 세계를 들여다볼 수 있는 창문으로 우리를 손짓하여 부르게 될 것이다. '현대성'(modernity)의 물결이 물러가고 그것이 확신하

고 있던 합리주의가 오히려 점차 환각인 것처럼 보이게 하는 현금의 분위기를 감안할 때, 20세기 중반에 많은 개신교 신학과 설교를 지배했던 환원주의적 '비신화화'(demythologizing)의 전략은 점차 박물관의 골동품처럼 되어 가고 있다고 볼 수 있다. 전진하는 다른 길들을 찾아야 한다. 바울의 방언과 예언에 대한 설명을 읽으면서, 우리는 호라티오(Horatio)의 시구(詩句)에서 메아리를 듣는다. "아, 낮과 밤이여, 그러나 이것은 놀라운 낯설음!" 그렇다면 바울은 햄릿의 응수처럼 속삭일 것이다.

> 그러니 낯선 자로서 그것을 환영하게나
> 호라티오여, 하늘과 땅에는 더 많은 것들이 있다네
> 그대의 철학으로 꿈꾸던 것보다 훨씬 많은 것들이
>
> (「햄릿」, I.v.)

고린도전서 14장을 진지하게 숙고하는 교회는 예언의 은사를 위해 기도하고, 그것이 주어졌을 때 환영하게 될 것이다.

5. 복음전도 : 진리를 외부인들에게 말하기 마지막으로 외부인들이 그리스도인의 예배를 대면하는 일에 대해 바울이 스케치한 것(23-25절)은 단순히 스쳐 지나간 관심 이상의 것이다. 교회가 탈기독교 문화 속에서 복음전도의 도전을 숙고하게 되면서, 광고의 재치 있는 손짓과 대규모 오락 프로그램에 젖어 있는 소비자에게 호소력이 있을, 부드럽고 위협적이지 않은 방법으로 복음을 포장하여 싸는 일에 대해 많은 제안들이 있어왔다. 바울의 설명은 그와 완전히 대조적이다. 그리스도인의 모임에 들어와 의아스러워하는 외부인은 "모든 사람에게 책망을 들으며 모든 사람에게 판단을 받고", 그리스도인의 예언을 통해 노출되는 마음의 비밀을 귀기울여 듣는다. 둘 중의 한 가지가 발생할 것이다. 외부인은 돌아서서 도망가거나, 무릎을 꿇고 엎드려 "하나님이 참으로 너희 가운데 계시다."고 선언할 것이다. 만일 우리의 설교와 예언이 완결성을 지니고 있다면, 그것들은 그렇게 확연한 선택과 근본적 반응을 요구할 것이다. 인간의 자기 인정을 확신시켜 주는 말로서의 그리스도교 메시지를 제시하는 설

교는 불신자들로부터 "하나님이 참으로 너희 가운데 계시다."는 반응을 끌어내지 않는다. 그런 설교는 이교도의 세계에서 흔히 볼 수 있는 다른 많은 기분 좋은 체험과 다를 바가 거의 없어 보이는 형태의 그리스도인의 체험을 제공하는 23절의 방언을 말하는 모임에서 유추된다. 우리의 선포가 인간 곤경의 깊이를 가늠하고 예수 그리스도 안에 있는 하나님의 값비싼 구속의 행위에 대한 비범한 스토리를 전해 줄 때만, 외부인들과 불신자들이 무엇인가 다른 것이 여기에 있음을, 진리가 논의되며 정말 하나님께서 임재하심을 깨닫게 될 것이다.

고린도전서 15 : 1~58
몸의 부활

이제 바울은 고린도에서 주요 논란이 되었던 것들 중에 네 번째이면서 마지막 이슈를 다루기 위해 방향을 튼다. 몸의 부활에 대한 문제이다. 고린도전서 15장에서 바울의 코멘트는 고린도교회 교인들 가운데 특별히 상궤를 벗어난 행실이 있어, 그것을 고치려고 목적한 것은 아니다. 이런 점에서 이 장은 이전 이슈들(혼인관계에 있어서의 성, 우상 제물, 공동체 예배 등)의 논의와 다르다. 그러나 바울은 여전히 부활에 대한 그들의 **신조**(*beliefs*)를 고쳐 주는 데 깊은 관심을 갖고 있었다. 그리고 그는 이 신조들이 분명히 행실상의 결과를 가져온다고 생각했다(15 : 32–34, 58). 고린도교회 교인들의 도덕적 실패에 관한 많은 부분이 실상은 바탕이 되는 복음의 핵심인 '예수의 죽음과 부활'을 제대로 이해하지 못한 데서 오는 표면상의 징후였을 것이다. 바울은 혹시라도 죽은 자의 부활을 부인하는 고린도교회 교인들이 그리스도교 신앙의 가장 근본적 확신을 저버림으로 말미암아 그들의 믿는 것이 '헛되이' 되지 않을까 두려워했다(2절).

고린도전서 15장은 삶과 죽음의 이슈를 다루기 때문에, 복음의 내용에 대한 심오한 증거가 되어 준다. 바울은 좋은 설교자들이 그렇게 하듯이, 가장 비중이 큰 사안을 마지막으로 미루어 놓았다. 바울의 긴 편지의 끝에 위치한 이 감동적인 장은 전체 논의를 든든하게 붙잡아 준다.

일부 고린도교회 교인들은 죽은 자의 부활이 없다고 말하고 있었다(12절). 그것이 바울의 대응을 부추긴 문제였다. 이것은 의아스러운 상황처럼 보인다. 최근에 바울이 전한 십자가에 못 박히시고 부활하여 살아계신 주님의 메시지를 들어 이교 신앙으로부터 회심한 일단의 사람들이 어떻게 그렇게 신속하게 부활을 부인하는 쪽으로 돌아설 수 있을까?

많은 학자들이 고린도교회 교인들의 부활 부인을 설명하기 위해, 그들의 잘못이 '과실현 종말론'(過實現 終末論, overrealized eschatology)의 현시(顯示)였다는 가설을 제시했었다. 이 설에 따르면 고린도교회 교인들은 사실상 부활을 부인하고 있는 것이 아니었다. 그보다 오히려 "진리에 관하여는…… 그릇되었도다…… 부활이 이미 지나갔다"고 하는 디모데후서 2 : 17~18의 후메네오와 빌레도처럼 부활을 이미 달성했다는 주장을 하고 있었다는 것이다. 이 설명이 주석가들 사이에서 인기를 누리고 있음에도 불구하고, 이 설을 따를 경우 우리는 근거 없이 바울이 상황을 잘못 이해했었다는 가정을 해야 한다. 왜냐하면 고린도전서 15장에는 고린도교회 교인들이 부활에 대해 그렇게 조급한 신조를 지니고 있었다는 것을 암시하는 힌트가 전혀 없기 때문이다. 데일 마틴(Dale Martin, *Corinthian Body*, p. 106.)이 관찰했듯이, "그들이 바울의 가르침에서 찬성하지 않았던 것은 부활의 **미래적** 측면이 아니었다. 그들이 반대했던 것은 **몸의**(*bodily*) 부활이었다." 이 점은 특별히, 전반적인 목적이 몸을 입는 부활의 개념에 반대하는 주장에 대한 대응인 35~37절에서 분명하게 드러난다.

이 고린도교회 교인들이 스스로를 복음의 정체를 밝혀 내 그것을 공격하려는 사람들로 이해했다고 가정해서는 안 된다. 그 반대로 우리가 편지 전체를 통해 살펴보았듯이, 그들은 스스로를 모든 영적 은사에서 풍성한 초영성의 그리스도인들(**프뉴마티코이**)로 생각했다. 그러나 바로 그것이 문제였다. 그들은 너무 **영적**이기 때문에, **몸**의 부활이란 개념이 조악하고 당혹스럽게 여겨졌다. '죽은 자들의 부활'(*anastasis nekrōn*)로 번역된 절구는 직역하면 '시체의 일어남'을 뜻한다. 영적으로 세련된 그리스도인들에게는 이것이 그리스도인의 소망에 대한 내용일 수 없었다. 이것은 완전히 공포 이야기의 시나리오였다. 교육을 많이 받고, 철학적 세련됨을 유지하는 공동체 구성원들(즉, 그들의 지혜, 지식, 그리고 방언에 대한 매료가 이 편지에서 바울로 하여금 이제까지 씨름을 하게 만든 문제들을 일으켰던 상류층 교인들)에게는 특히 이 점이 문제였다. 미래에 있게 될 바울의 '죽은 몸들의 부활'이 그들에게는 대중적 전설을 믿는 미신의 어리석음같이 들렸을 것이다.

고도(高度)의 **그노시스**, 즉 세상에 대해 좀더 복잡하게 세련된 신학적 이해를 지니고 있다고 주장하던 고린도교회 교인들은 구원을 야수적 물질의 세계로부터의 탈출로 보았고, 그래서 몸을 경멸의 대상으로 취급했다. 이들이 바로 혼인관계 내에서의 성관계를 거절함으로써, 그들의 성(性)을 초월하려 했던 그 사람들이다. 그들 중 일부는 말한다. "음식은 위장을 위한 것이고 위장은 음식을 위한 것이다. 하나님께서 이것이나 저것이나 둘 다 없애 버리실 것이다"(6 : 13a). 반면에 바울은 "몸은 음란을 위하지 않고 오직 주를 위하며 주는 몸을 위하시느니라 하나님이 주를 다시 살리셨고 또한 그의 권능으로 우리를 다시 살리시리라"(고전 6 : 13b–14)고 선언함으로써, 그들의 잘못된 이해에 대해 이미 간략하게 응답한 바 있다. 이제 바울은 편지의 말미에 와서 부활의 이슈에 열정을 갖고 달려든다.

바울은 그리스도교 선포의 근본 논리가 죽은 자들의 부활에 대한 신조를 요구한다고 주장한다. 따라서 그리스도인의 소망은 몸을 거부하기보다는 필연적으로 긍정한다. 그리스도의 부활을 선포하는 것은 죽음 위에 임한 하나님의 승리를 선언하는 것이며, 그래서 몸을 입은 생명의 의미 있음을 선언하는 것이다. 그래서 바울에 따르면 우리의 미래 소망은 부활 안에서 변형을 입은 몸이 되어야 하며, 몸을 입은 상태로부터의 탈출이 아니다.

고린도전서 15장의 논의를 이런 조건에서 살펴보면, 왜 이 논의의 주요 하위 단락이 둘 다 의로운 행위와 주의 일을 하는 데 있어서의 신실함에 대한 호소로 결론을 내리는지 그 이유를 좀더 분명하게 이해하는 데 도움이 될 것이다(32b－34, 58절). 우리가 현재 우리 몸으로 하는 일은 중요한 것이다. 몸의 부활에 대한 복음의 선포는 우리가 몸으로 하는 것들에 대해 책임을 지게 될 것이라는 경고로서, 동시에 우리 몸의 수고는 결코 의미 없는 것이 아니고 의미심장한 것이라는 약속으로서 기능한다.

바울이 이끄는 논의의 구조는 대략 다음과 같이 정리된다.

죽은 자들의 부활은 복음의 구성요소이다(1－34절).
케리그마는 그리스도의 부활을 선포한다(1－11절).
죽은 자들의 부활을 부인하는 것은 복음을 부정하는 것이다(12－19절).
그리스도께서 일으킴을 받으셨기 때문에, 그분께 속한 모든 이들이 일으킴을 받을 것이다(20－28절).
그렇지 않으면 소망, 고난, 신실함이 다 무의미한 것이다(29－34절).
부활은 몸의 변형을 의미한다(35－58절).
부활의 몸은 어떤 종류의 몸인가?(35－49절)
죽은 자와 산 자가 모두 변형될 것이다(50－57절).
따라서 우리의 수고는 헛되지 않다(58절).

바울이 고린도교회 교인들 중 '어떤 이들'(12절)이 죽은 자의 부활을 부인하고 있다는 것을 어떻게 알았는지는 분명하지 않다. 그가 간접적인 방식으로 주제에 접근하는 것으로 보아, 이것은 고린도교회 교인들이 편지로 문의했던 사안들에는 속하지 않았던 것 같다. 그래서 짐작하건대 다른 정보 제공자들에 의해 그에게 보고되었던 일들 중 하나였을 것으로 보인다(1 : 11, 5 : 1, 11 : 18 참조). 그들 중의 일부만이 이 수정주의 입장을 취하고 있었고, 다른 이들은 그렇지 않았다. 그래서 부활의 문제가 공동체 내에서 또 하나의 분열의 원인이 되었다.

바울은 이 분열의 극복을 추구하면서 고도의 수사학적 기술을 가지고 그 이슈에 관한 대응을 조각해 나간다. 바울은 고린도교회 교인들에게 공동의 전승을 상기시켜, 그들로 하여금 기본 **케리그마**의 재확인에 동의를 얻어 낼 것을 기대하면서 논의를 시작한다. 이것이 그가 자신의 논의를 구축하는 바탕이다.

죽은 자들의 부활은 복음의 구성요소이다(15 : 1-34)

케리그마는 그리스도의 부활을 선포한다(15 : 1-11)

바울은 그가 처음에 고린도교회 교인들에게 선포했던 복음의 형식을 상기시킴으로써 논의를 시작한다. 그가 1절과 3절에서 사용한 '전함'(handing on)과 '받음'(receiving)의 언어는 일찍이 주의 만찬 전승의 전달을 기술할 때 채택했던 것과 동일한 용어이다(11 : 23). 이 사실은 이어지는 케리그마 자료의 사려 깊게 균형 잡힌 구조의 존재와 더불어, 바울이 초기의 고백적 공식문을 인용하고 있다는 것을 가리킨다(3b-5절). 바울이 이 전승을 다른 사람들로부터(짐작컨대 5-7절에 언급된 증인들로부터) '받았다'는 사실은 이 고백이 실로 매우 오래된 것으로서, 아마 바울 자신이 사도로 부름을 입었던 시기, 다시 말하자면 예수께서 예루살렘에서 십자가에 달린 후 대략 3년 이내에 작성되었음을 보여 준다. 따라서 고린도전서 15장의 시작 단락은 그리스도교의 첫 세대 속에서 복음이 선포된 형식과 관련하여 측정 불가의 귀중한 가치를 지닌 증언이다.

바울은 '죽은 자들의 부활'이 좀더 세련된 지식을 주장하는 자들이 밀쳐 놓을 수 있는 어떤 특이한 공리공론이 아니라는 점을 역설하기 위해, 이 근본 원리의 고백으로 돌아간다. 이것은 '최고의 중요성을 지닌' 사안이다(3절, 한글개역성경은 '엔 프로토이스'를 시간에 대한 것으로 보아 '우선'으로 번역했다. 표준새번역은 여기에서처럼 '중요한 것'으로 번역했다-역주). 이것은 믿는 자들이 그 위에 서 있는 **유앙겔리온**(*euaggelion*, 좋은 소식, good news)의 필수적인 한 부분이다(1절, 갈 1 : 11 참조). 예수의 부활과 그가 증인의 긴 명단 다음에 나타나 자신을 보인 일은 교회에서 선포된 복음의 중심에 위치해 있다. 이 기반이 되는 진리가 없으면 복음이 없을 것이고, 복음이 없으면 교회도 있지 않을 것이다. 이 진리를 굳게 붙잡는 사람들은 모든 것이 속임수가 아니고, 그들의 믿음이 '헛것'이 아니기만 하면, 그것에 의해 구원을 받는다(2, 10, 14, 17, 58절 참조). 바울은 뒤에 올 12~19절을 재치 있게 미리 전조(前兆)하면서 말하고 있다.

고백 자체는 네 절구로 구성되어 있다. 첫째와 셋째는 근본적인 믿음의 확언이고, 반면에 둘째와 넷째는 그리스도의 죽음과 부활의 이야기로 채워져 다른 두 절구 안에 있는 기본 주장을 위한 뒷받침의 근거를 제공한다. 그렇다면 그 구조는 다음과 같이 될 것이다. 바울은 다음과 같은 전승을 전달한다.

> 성경대로 **그리스도께서 우리 죄를 위하여 죽으시고** 장사지낸 바 되었다가 성경대로 사흘 만에 다시 **살아나사** 게바에게 보이시고 후에 열두 제자에게와(고전 15 : 3b－5).

그리스도의 죽음과 부활이라는 두 핵심 사건이 '성경에 따라' 발생했다고 언급된다. 이 초기의 신조가 예수의 수난과 부활이 성경에 맞추어 해석되어야 한다고 구체적으로 명시하고 있다는 점은 매우 의미심장한 일이다. 가장 오래된 초기 교회는 복음을 하나님께서 이스라엘을 다루신 일의 연속과 성취로 이해했다. 세상을 바꾸어 놓는 이 사건들의 의미는 율법과 선지자들과의 관계 속에서 발견되어야 한다(롬 1 : 2, 3 : 21, 눅 24 : 44－47 참조).

안타깝게도 이 고백적 언급이 어떤 성경을 염두에 두고 있는지 구체적으로 상술하지 않고 있다. 그리스도의 죽음을 '우리의 죄를 위한' 것으로 묘사한 것은, 우리 마음에 이사야 53장의 고난받는 종의 모습을 떠오르게 한다. 그러나 이 암시가 그렇게 많이 뚜렷한 것은 아니다(사 53 : 5－6, 11－12 참조). 또한 이 고백적 공식문은 **어떻게** 그리스도의 죽음이 죄를 다루는 데 대리적 효과를 갖게 되었는지 설명하지 않는다. 더 어려운 것은 예수의 부활이 '성경에 따라' 이루어졌다는 단언이다. '사흘 만에'(원문은 '세 번째 날에', on the third day, 표준새번역은 '사흗날'－역주)라는 언급이 어떤 이들로 하여금 호세아 6 : 2 또는 요나 1 : 17 등을 이 개념을 위한 가능한 출처로 제안하게 만들었다. 그러나 '성경대로'라는 절구는 시간의 언급인 '세 번째 날에'가 아니라 동사 '다시 살아나사'(일으킴을 받으사－역주)를 수식하는 것으로 보아야 할 것이다(비슷한 구문으로 마카비1서 7 : 16을 참조).

결과적으로 우리는 절구를 다음과 같이 해석할 수 있다. "사흘째 되는 날에 그는 성경말씀대로 일으킴을 받았다." 그럴 경우, 부활을 가리키는 성경말씀은 아마 고난받는 의인을 구원하신 하나님을 찬양하는 시편들이 될 것이다. 초기 전승에서 이런 종류의 본문 주해가 분명하게 보이는 예로서는 사도행전 2 : 24~32에 있는 시편 16편의 해석을 보도록 하라. 여기서 시편은 '그리스도의 부활'을 전조하고 있는 것으로 이해되었다(행 2 : 31).

> ……육체는 희망에 거하리니
> 이는 내 영혼을 음부에 버리지 아니하시며
> 주의 거룩한 자로 썩음을 당치 않게 하실 것임이로다
> (행 2 : 26b－27에 인용된 시 16 : 9b－10)

바울의 편지에는, 매우 초기부터 시편이 메시야(=그리스도)에 대해 말하거나 가리키고 있는 것으로 이해했음을 가리키는 경우가 여럿 있다. (예를 들어 로마서 15 : 1~3에서 시편 69 : 9을 사용한 것과 고린도전서 15 : 24~28에서 시편 110편과 8편을 해석한 경우들을 보라.) 이것이 고린도전서 15 : 3~4에서 성경에 대한 언급이 이해되었던 주요 배경이다.

본문 4절에 그리스도의다. 따라서 이 고백적 공식문은 그냥 지난 사건을 재생하여 이야기만 하는 것이 아니다. 그리스도를 살아 계신 주님으로 선포하는 것이다 매장에 대한 황량한 언급은 그의 죽음이 보여 주는 현실과 인간의 한계성을 확인한다. 마찬가지로 5절에 있는 부활의 나타남에 관한 이야기는 예수가 정말 죽은 자들 가운데서 일으킴을 받았다는 사실을 확증한다. (빈 무덤의 전승에 대한 언급이 없다는 것은 그 이야기들이 전통적인 **케리그마**의 한 부분이 아니었다는 것 외에 다른 아무런 의미도 부여하지 않는다. 빈 무덤 전승을 언급하지 않았다 해서, 그것이 바울이나 그 외 다른 그리스도인들이 몸은 무덤에 남아 있는 채로 '죽은 자들로부터의 부활'을 생각했음을 의미하는 것은 분명히 아니다.) 중요한 점 한 가지는 4절에서

"그가 일으킴을 받았다"(*egēgertai*)의 동사형이 현재완료 수동태라는 것이다. 수동태는 하나님께서 예수를 일으키신 분임을 가리키고, 현재완료 시제는('죽으시고'와 '장사지낸 바 되었다'의 부정과거와 대조적으로) 그가 일어난 채 살아 있음을 가리킨다. 따라서 이 고백적 공식문은 그냥 지난 사건을 재생하여 이야기만 하는 것이 아니다. 그리스도를 살아 계신 주님으로 선포하는 것이다.

전통적인 고백 공식문은 5절에서 마무리된다. 바울은 6절에서, 그가 강조하기 원하는 주 요점인 그리스도께서 죽은 자들 가운데서 일으킴을 받으셨다는 주장을 뒷받침하기 위해 추가적인 증인들을 더한다. 게바(베드로)와 12만이 아니라, 500여 명의 다른 사람들도 일으킴 받으신 주님을 보았다. 바울이 그들 중에서 대부분이 아직도 살아 있다고 언급한 것은(6절) 분명 예수의 부활에 대한 추가적인 증거상의 뒷받침을 공급하려는 의도를 계산에 둔 것이었다. 누구든지 회의적인 경향을 보이는 사람이 있다면, 주께서 살아 계신 것을 보았다고 증거하고자 기다리고 있는 엄청난 숫자의 증인들을 발견하게 될 것이다. 이것은 바울이 예수의 부활을 일종의 형언하기 힘든 초역사적 진리로 생각하지 않았다는 점을 보여준다. 예수의 부활은 최근의 과거에 발생했던 사건, 역사 속의 목격자 증언을 쉽게 동원할 수 있는 사건이었다. 야고보(예루살렘 교회의 주요 지도자가 되었던 예수의 형제〈갈 1 : 19, 2 : 9, 12, 행 15 : 13－21, 21 : 18〉)와 다른 사도들(열둘보다 더 광범위한 그룹의 사람들을 가리킨다〈예를 들어 로마서 16 : 7, 사도행전 14 : 14을 보라〉.)의 포함은 증인의 범위를 더욱 연장시킨다. 여기서 바울이 열거하는 명단과 마태복음, 누가－사도행전, 요한복음 등에 있는 다양한 부활 나타남의 이야기들을 서로 맞추어 보려는 것은 의미 없는 일이다. 이 이야기들이 정밀하게 일치하지 않기 때문이다. 물론 우리가 알고 있는 복음서 이야기를 수중에 지니고 있지 않았던 바울은, 다른 곳에서 부활의 첫 번째 증인들로 기억되는 여성들에 대해(마 28 : 9－10, 요 20 : 11－18) 아무런 말도 하지 않는다. 바울은 예수께서 죽은 자들 가운데서 부활하셨다는 잘 검증된 그 실체를 강조하기 원했을 뿐이다. 그래서 그는 자신이 알고 있는 일련의 다른 전승들을 언급함으로써(6-7절) 전통적인 케리그마 공식문(3b-5절)을 보충하고, 그도 다시 사신 주님을 보았다는 자기 자신의 증언에서 절정을 이루게 한다(8절).

이 나타나심을 '맨 나중'으로 기술함으로써, 바울은 그것을 예수의 처음 제자들 집단이 경험했던 부활 출현에 연결시키면서, 동시에 그것을 그 이후 발생한 환상들 및 모든 신자들이 성령을 통하여 소유한 그리스도의 개인적 체험으로부터 분리시켜 구분한다. 바울은 자신이 하나님께서 죽은 자 가운데서 일으키신 메시야 예수와 얼굴을 맞대어 보았다고 주장하고 있는 것이다. 그는 여기서 부활하신 그리스도와 가졌던 이 대면에 대해 놀라울 정도로 거의 언급하지 않는다(사도행전 9 : 1~9, 22 : 1~11, 26 : 12~23 등에 있는 긴 이야기들과는 대조적이다). 그의 현재 목적을 위해 중요한 의미를 갖는 유일한 요지는 그가 그리스도께서 죽은 자들 가운데서 일으키심을 받았다는 소식의 진리를 검증할 수 있는 사람들의 명단에 자신의 이름을 추가할 수 있다는 것뿐이다.

그러나 바울은 자기 자신을 이야기 속에 끌어들임으로써, 고린도교회 교인들에게 복음 선포의 내용에 대해 상기시켜 주려던 원래 목적으로부터 다소 일탈하고 말았다. 우리는 그의 일탈이 목적을 지닌 것이었다고 추정한다. 우리가 편지의 앞부분에서 보았듯이(예를 들면, 4 : 3-5, 9 : 3), 바울의 사도적 권위가 고린도에 있는 일부 사람들에 의해 의문에 붙여졌다. 그래서 그는 여기서 기회를 잡아, 다시 사신 그리스도께서 나타나 보이신 사람들의 명단에 자신을 포함시키면서, 하나님의 은혜로 자신이 다른 어떤 사도들보다도 더 열심히 일하게 되었다는 점을 은근히 언급한다. 하나님의 은혜는 '헛되지' 않았다(이 장에서 중요한 후렴처럼 된 표현이다). 오히려 하나님의 은혜는 바울에게, 그리고 바울을 통해 매우 효과적으로 역사하여 신자들의 공동체가 생겨나게 만들었고, 거기에는 고린도교회 교인들도 포함되었다. 바울에게 있었던 부활 나타남의 다소 이상한 설명인 '만삭되지 못하여 난 자 같은 내게도'라는 표현도(8절) 변증의 목적을 지니고 있었을 것이다. 사용된 용어 **에크트로마**(*ektrōma*)는 일반적으로 유산된 태아를 가리키는 말이다. 이 용어를 바울에게 적용한 것은(바울 자신이 아니라) 그의 물리적 존재를 '약하고' 경멸할 만한 것으로 보았고(고후 10 : 10), 그의 신체적 흉함 또는 장애 상태를 놀려 대던(갈 4 : 13-14, 고후 12 : 7b-10 참조) 중상모략자들이라는 제안이 있어 왔다. 만일 그렇다면 바울은 여기서 경멸조의 경구를 아이러니 차원에서 끄집어내서, 그것을 자신에게 그리스도가 나타나신 일의 시의적절함에 대해 분명하게 이야기하는 방식으로 활용하고 있는 것이다. 그렇게 하면서 동시에 하나님의 은혜가 그의 가치 없음에도 불구하고 자신의 사도 됨을 통하여 역사하셨다는 것을 확증한다. 그러나 바울은 자신의 가치 없음이 외모상의 기능에 대한 것이 아니고, 교회의 핍박자로서 그의 과거 역할을 가리키는 것임을 분명히 한다(9절).

이 일탈 이후, 이 단락의 결론을 내리는 문장은 논의를 다시 핵심 포인트로 돌이킨다. 증인의 정체는 그렇게 중요한 것이 아니다. 선포자가 누구였든지 간에, 그들 모두는 3b~5절의 공식문에 서술된 것과 동일한 복음, 예수의 죽음과 무덤으로부터의 그의 부활에 초점을 둔 복음을 선포했다. 더구나 고린도교회 교인 자신들도 바울이 그들에게 이 선포된 말씀을 전했을 때 그것을 믿었다. 이것이야말로 그들을 이교도의 세계에서 끄집어내어 하나님의 능력과 은혜의 영역으로 이끌어 준 메시지였다. 따라서 그들이 이제 와서 죽은 자들의 부활에 의문을 제기하거나 그것을 부정하는 것은 (바울이 다음 단락에서 주장하겠지만) 그들 자신의 경험과 복음 자체에 대한 터무니없는 거절이 될 것이다.

죽은 자들의 부활을 부인하는 것은 복음을 부정하는 것이다(15 : 12-19)

바울로 하여금 케리그마의 암송을 하게 만들었던 문제가 드디어 12절에서 구체적으로 모습을 드러낸다. "그리스도께서 죽은 자 가운데서 다시 살아나셨다 전파되었거늘 너희 중에서 어떤 이들은 어찌하여 죽은 자 가운데서 부활이 없다 하느냐" 여기서 사용된 동사 '전파되었거늘'(proclaimed)은 11절에서 고린도교회 교인들에게 설교되었던 복음의 내용을 요약하는 데 쓰인 것과 똑같은 동사이다. “내나 저희나 이같이 전파하매 너희도 이같이 믿었느니라” 따라서 12절은 우선 선포된 복음의 내용을 그리스도의 부활에 초점을 두어서 요약한다. 그러고 나서 분개하여 그들을 고린도교회 교인들의 불신앙의 비논리로 대면한다.

바울은 그들 중 일부만이 “죽은 자들이 부활이 없다.”고 말한다는 점을 지적한다. 그들이 누구이며, 왜 그들은 부활을 부인하는 것일까? 바울은 우리에게 부인하는 사람들에 대해 그다지 많은 정보를 주지 않는다. 그러나 우리는 다소의 합리적 추정을 할 수 있을 것이다. 바울이 고린도교회 교인들 중 일부가 부활을 이미 발생한 것으로 생각하고 있음을 암시하고 있는 내용을 이 장 어디에서도 찾아볼 수 없다는 점은 다시 반복해도 괜찮을 것이다. 대신 바울의 논쟁은, **몸**의 부활 개념을 지성적 차원에서 혐오하는 사람들에게 대립 각을 세워 그 몸의 부활을 확증하는 것을 목적으로 하고 있다. 이것이 초기 교회에서 계속 이어졌던 논란거리였다는 사실은 2세기의 위대한 변증가였던 순교자 저스틴(Justin Martyr)의 글에, 이에 대한 열렬한 논쟁의 단락이 있음으로 해서 확인된다. 그는 유대인 트리포(Trypho the Jew)와 벌이는 논쟁에서 ‘그리스도인이라 불리는 사람들 중에, 죽은 자들의 부활(*anastasis nekrōn*)이 없고 그들의 영혼은 죽을 때 천국으로 불려 간다고 말하는 어떤 이들’이 있었다는 것을 인정하고 있다. 저스틴은 그런 사람들에 대해 비타협적인 자세를 취한다. “저들은 사악하고 경건치 못한 이단들이다. …… 저들이 그리스도인들이라고는 상상도 하지 말라”(*Dialogue with Trypho*, p. 80). 저스틴이 악담을 퍼부었던 이 2세기 그리스도인들은, 의심의 여지없이 바울이 1세기 전 고린도에서 대항하여 전투를 벌였던 것과 많이 동일한 견해를 되풀이하고 있었다. (아래 “교사와 설교자를 위한 묵상”에서 우리는 바울과 저스틴이 이단으로 보아 거절했던 입장이 오늘날 대부분의 교회 출석자들 가운데 그리스도교 신앙의 대중적 이해가 되어 버렸다는 사실을 숙고해 보아야만 한다.) 어쨌든 저스틴은 계속 이렇게 쓰고 있다. “모든 점에 있어 제 정신을 가진 그리스도인들인 나와 다른 이들은, 죽은 자들의 부활(*sarkos anastasin*,

직역하면 '육신의 부활')이 있으리라는 것을 확신하고 있다"(Ibid.).

우리가 주목했던 바와 같이 고린도에 있는 바울의 교회에서 **아나스타시스 네크론**(*anastasis nekrōn*, '시체들의 일어남')에 대해 회의적이었던 사람들은 아마 문화적 권위를 지니고 있던 사람들, 철학을 상당히 알고 있었기 때문에 바울의 묵시론적 세계관으로부터 스스로 거리를 두고 있던 사람들, 그래서 바울을 세련되지 못한 문자주의적 유대 설교자로 생각했던 공동체 구성원들이었을 가능성이 많다. 고대 지중해 세계의 많은 사상가들이 그랬던 것처럼 이들은 인간의 몸을 계몽된 사람이라면 그로부터의 해방을 추구해야만 하는 어둡고 부패한 무덤으로 보면서, 그 몸으로부터 이성적 영혼이 탈출할 때를 갈망했을 것이다. 예를 들어 플루타크는 오직 영혼만이 자신을 감각에의 집착으로부터 해방시켜 '순결하고 탈육신(脫肉身)하며 더럽지 않게' 되어 신들의 영역에 도달할 수 있다고 주장했다(*Romulus* 28.6). 그렇게 세련된 철학 사상 속에서 공부했기 때문에 아마 '지혜로운' 고린도교회 교인들은 이와 같은 말을 했을 것이다.

> 예수의 부활은 하나님께서 진리의 지식을 소유한 사람들의 삶 속에서 이루시는 영적 변화에 대한 멋진 메타포이다. '부활'은 우리가 우리의 지혜와 영적 은사들 안에서 경험하는 성령의 능력을 상징한다. 그러나 소생한 시체들(*anastasis nekrōn*)의 이미지는 어린아이같이 유치한 근본주의자들만을 위한 것이다. 영적인 우리들은 그것이 혐오스럽다.

바울은 그들의 세련된 회의주의에 경악과 분개로 대응한다. 왜냐하면 바울은 그들의 입장이 원칙적으로 복음 이야기의 중심에서 이루어진 주장을 부인하는 것으로 보았기 때문이다. "만일 죽은 자의 부활이 없으면 그리스도도 다시 살지 못하셨으리라"(13절). 예수 부활의 이야기는 하나의 설명을 위한 우화가 아니다. 바울은 그것이 실제 사건의 이야기이며, 몸의 부활에 관한 이야기라고 역설한다. '그리스도'는 일련의 추상화된 신학적 진리들을 위한 상징이 아니다. 하나님께서 정말로 죽은 자들을 일으킬 능력을 지니고 계심을 부인하는 사람들은 자신들을 복음 이야기와 모순되는 위치에 올려놓는 것이다. 그리고 그들이 계속하여 그리스도의 이름으로 말하는 것은 비논리적이다.

더구나 '그리스도께서 다시 사신 것이 없으면' 그리스도교 신앙의 전체 기초가 붕괴되며, 일련의 비극적 결과가 뒤따른다. 바울은 이런 결과들 중 몇을 14~18절에서 열거하되, 부활을 부인함으로 발생하는 논리적 함의를 수사학적으로 통렬하게 누적하여 그림을 그려 나간다.

> 만일 그리스도께서 일으킴을 받지 않으셨으면, 우리의 선포(*kērygma*)가 헛것이 된다(14절).
>
> 결과 : 우리는 하나님에 대해 거짓 증인들이다(15절).
> 당신들의 믿음이 헛것이며(14절), 무익한 것이 된다(17절).
>
> 결과 : 당신들은 여전히 당신들의 죄 속에 있다(17절).
> 그리스도 안에서 죽은 사람들도 잃어버린다(18절).

이 단락에서 부활의 실재로부터 유리된 그리스도교 담론의 헛됨과 무익함에 대한 반복된 강조가 인상적이다(또한 2, 10, 32b, 58절 등을 보라). 바울에게 있어서 그리스도교 담론의 전체 연결망은 예수 부활의 진리에 닻을 내리지 않으면 허공을 떠도는 난센스가 된다. 그리스도교 설교는 기만의 체계가 되며, 거짓말과 공허한 제스처밖에 줄 것이 없게 된다. 만일 그리스도께서 일으킴을 받지 않으셨으면, 복음은 우리를 구원할 능력을 상실한다. 그래서 고린도교회 교인들은 여전히 죄 가운데 길 잃은 사람들이 되며, 그들이 하나님과 화목하게 되리라는 소망도 무익한 인간의 판타지에 바탕한 것에 지나지 않는다.

흥미롭게도 문제를 이렇게 구성하면 바울의 근본적인 유대적 실재의 그림이 손상을 입지 않는다. 하나님께서는 여전히 실재이며, 인간의 죄를 심판하신다. 고린도 사람들은 이스라엘의 하나님으로부터 소외된 이방인들로서, 아무 소망 없이 하나님의 마지막 선고의 위협 아래 서 있게 된다. 오직 예수의 부활만이, 그들의 죄가 사함을 받아 극복이 되는 하나님과의 새 생명 속으로 변화될 진정한 가능성을 제공한다. 따라서 바울은 이 단락에서 우리에게 예수의 죽음과 부활로부터 유리된 이방인들의 암울한 운명의 단면을 잠깐 보여 주는 셈이다. 그들은 에베소서 2 : 12의 적당한 요약에 그려진 것처럼, '이스라엘 나라 밖의 사람이라 약속의 언약들에 대하여 외인이요 세상에서 소망이 없고 하나님도 없는 자'가 된다. 우리가 필름을 거꾸로 돌리면서 예수의 부활을 편집하여 잘라낼 경우, 그 소망 없는 상황은 지금 이 시대에도 여전히 지배적이다.

또한 바울은 이미 죽은(직역하면 '잠자는') 신자들의 곤경을 지적한다. 만일 그리스도께서 일으킴을 받지 않으셨다면, 그들은 '완전히 잃어버린'(NEB) 것이 된다. 그들은 그냥 죽음에 의해 멸망당한 것이고, 영원한 망각에 넘겨진 것이 된다. 바울은 데살로니가전서 4 : 13~18에서 이 목회상의 문제를 다룬 적이 있다. 그는 주님 오시는 날까지 살아남아 있는 자들이 '자는 자들'과 분리되지 않을 것이라는 점을 데살로니가 교인들에게 확신시켜 주었다. 왜냐하면 죽은 자들이 먼저 일으킴을 받을 것이고, 그러고 나서 죽은 자들과 산 자들이 **함께** 주님이 돌아오실 때 그분을 만날 것이기 때문이다. 그러나 이곳 고린도전서에서는 바울의 목회 목표 대상이 크게 다르다. 여기서는 데살로니가에서처럼 사랑하던 사람들의 궁극적 운명에 대해 염려하고 있는 신자들에게 확신을 주려고 하는 것이 아니다. 대신 바울은 오히려 고린도교회 교인들에게 이 점에 대해 약간의 염려를 하게끔 만들려 한다! 바울은 그들이 죽은 자들의 부활을 부인할 때 발생하는 최종적 결과에 대해 잘 생각해 보기를 원하고 있다. 그리스도를 소망하면서 무덤 속에 들어간 사람들은 사실상 지옥의 변방으로 간 것이 된다.

이런 끔찍한 추론들은 냉혹한 결론에 도달한다. "만일 그리스도 안에서 우리의 바라는 것이 다만 이생뿐이면 모든 사람 가운데 우리가 더욱 불쌍한 자리라"(19절). 이 문장은 헬라 원문에서 '다만'(only)의 위치 때문에 번역이 어렵다. 그대로 직역하면, "만일 그리스도 안에 있으면서 이생에서, 우리가 희망하기만 했다면……"("If in this life in Christ we have only hoped…….")이 된다. 그러나 대부분의 해석자들은 'only'가 동사

'hoped'보다는 'this life'를 수식하는 것으로 보아야 한다고 생각한다(NRSV, NIV, NEB, JB 등에서처럼). 그렇지 않을 경우 의미는 이렇게 읽힐 것이다. "만일 그리스도 안에서 이생에 있는 동안에, 우리가 바라기만 했다면(즉, 바라기만 했지 결과가 없는 상태, 부활이 없기 때문에 헛되이 소망한 것을 말함.), 우리는 모든 사람들 중에서 가장 가련한 존재일 것입니다." 어느 쪽이든 간에 그 의미는 크게 다르지 않다.

표면상 여기에 표현된 생각은 시리아어로 기록된 「바룩의 묵시록」(*Apocalypse of Baruch*, 1-2세기 경의 유대 문헌으로)에 있는 기도와 유사하다. 이 기도는 부패와 죽음의 필연성을 안타까워한다. "누구나 여기서 소유하고 있는 이생만이 존재하는 것의 모든 것이라면, 이보다 더 쓰라린 것도 없다"(2 *Apoc. Bar.* 21 : 13). 하지만 바룩의 기도 요지는 바울의 글과 약간 다르다. 바룩은 인간의 힘과 아름다움의 덧없음 때문에 죽음이 삶의 모든 것 위에 어두운 휘장을 드리운다고 말한다. (그의 기도는 뒤따르는 신의 계시로 응답된다. 이 계시는 죽음이 세상에 대한 하나님의 계획에 대한 필연적 부분이라는 것을 보여 주고, 의인들을 위한 종국적 신의 구원을 약속한다〈2 *Apoc. Bar* pp. 22-30〉.) 반면에 바울은 일반적으로 인간의 유한성에 대해 이야기하는 것이 아니다. 단지 특별한 의미에서 그리스도인들에게 부활이 없으면, 가장 불쌍한 존재가 된다는 것을 말하고 있을 뿐이다. 왜 그럴까? 그리스도께서 일으킴을 받지 않았다면, 그 사실이 단순하게 우리를 이 세상의 다른 모든 이와 똑같은 상태로 되돌려 놓는다는 말인가? 바울은 이에 대해 상술(詳述)하지는 않지만 최소한 이 질문에 두 가지 적절한 답변이 가능하다. 첫째, 그리스도께서 일으킴을 받지 않았다면, 우리 그리스도인들은 자신들을 오류로 망신시키는 짓을 하고 있는 것이다. 우리는 결국 환각으로 끝나 버릴 메시지를 전하는 것이 된다. 우리는 세상의 질병을 위하여, 우리가 힘없고 고독한 존재라는 살벌한 진리를 베일로 가리는 경건한 거짓말을 제공한다. 둘째, 바렛(Barrett, p. 350)이 관찰했듯이 그리스도인들은(바울의 견해에 따르면) 다른 사람을 사심 없이 섬김으로써 고난을 받으며(10 : 33-11 : 1 참조), 자신의 이익이나 쾌락을 추구하지 않아 '죽음을 끌어안는' 삶을 살도록 소명을 받는다. 만일 부활이 없다면 이러한 자기 부인의 생활 스타일은 이치에 닿지 않는 짓이다. 예수와 바울의 예를 따르는 사람들은 공정한 자기 몫의 삶에 대한 보상을 그냥 잃어버리는 얼간이들이다.

그리스도교 신앙이 현재의 삶을 위해서 아무런 값어치가 없는 '공허한' 약속에 지나지 않는다는 것을 의미하는가? 물론 그렇지는 않다. 바울은 나머지 다른 신약성경 기록자들과 함께, 그리스도 안에서의 삶이 현재의 시간 속에서도 큰 기쁨과 평화, 그리고 위로의 삶이라고 믿고 있다(예를 들어, 로마서 5 : 1~5, 8 : 1~11, 갈라디아서 5 : 22~23, 빌립보서 4 : 4~7 등을 보라). 바울은 이 특별한 고린도전서에서 이런 주제들에 대해 놀라울 정도로 거의 언급하지 않고 있기는 하다! 그러나 여기서 그의 생각에 대한 요지는, 그리스도인 공동체의 복잡하면서 보람 있는 삶은 진리에 전제하면서 하나님의 약속에 대한 궁극적 성취를 향해 질서 잡혀 있을 때만 그 완결성을 갖는다는 것이다. 만일 그리스도 안에 있는 우리의 공동 삶의 **텔로스**(목표)가 영원히 퇴각하는 시간의 지평 위에 떠 있는 신기루에 지나지 않는다면, 고대와 현대의 그리스도교 비평가들이 우리를 비난해 왔듯이 우리는 건강하지 못한 자기기만으로 살아가고 있는 것이다. 열렬한 종말론적 소망 없이는 진정한 그리스도인의 믿음도 없고, 죽은 자들의 부활이 없다면 진정한 종말론적 소망도 없다.

그리스도께서 일으킴을 받으셨기 때문에 그분께 속한 모든 이들이 일으킴을 받을 것이다(15 : 20－28)

그러나 사실상 12~19절의 모든 '만일' 절구는 가상의 조건들이다. 바울은 본문 20절의 힘차게 울려 퍼지는 확언과 함께 환각에서 실제로 이동한다. "그러나 사실상 그리스도께서는 죽은 자들 가운데서 일으키심을 받았습니다." 승전의 선언이 3~8절에서 말하던 모든 기쁜 스토리를 회복하면서, 부활을 부인할 경우 뒤따르는 모든 암울한 가상적 결과들을 쓸어버린다.

여기서는 이야기 속에 새로운 요소도 있다. 앞의 3b~5절의 케리그마적 공식선언문에서는 분명하게 설명되지 않았던 그리스도 부활의 한 측면이다. 일으킴을 받은 그리스도는 '잠자는 자들의 **첫 열매**'이시다. 그리스도의 부활은 단지 하나님 앞에서 그의 특별한 지위를 확증하는 놀라운 사건만은 아니다. 부활은 오히려 훨씬 더 큰 수확의 시작이다. 이것이야말로 일부 고린도교회 교인들이 이해하지 못한 결정적 내용이다. 그들은 그리스도의 부활과 그들 자신의 미래 운명 사이에 직접적 연결이 있음을 보지 못했다. 우리 생각에는, 이 중요한 점을 이해하지 못하고 초기 그리스도교 운동의 추종자가 될 수 있었다는 것이 진기하게 보일 것이다. 그러나 고린도전서 15장과 데살로니가전서 4 : 13~18이 잘 보여 주고 있듯이, 바울은 이 점을 이방인 교인들에게 반복하여 설명해 주어야 했다. (일반적으로 바울의 편지들을 보면, 신앙의 이러한 기본들을 반복하여 가르치는 것이 사역의 중요한 근본적 과제였음을 알 수 있다.) 아마 바울이 그들과 함께 있을 때는 이 연계에 대해 자세히 설명하지 않았던 것 같다. 아마 자신에게는 너무 당연한 일이었기 때문이었을 것이다.

여기서 또다시 바울이 예수의 죽음과 부활을 유대 묵시사상의 사고범주에서 해석하고 있음을 보게 된다. 유대의 묵시사상적 사고의 틀에서 볼 때, 오직 한 사람만이 일으킴을 받은 것은 크게 놀라운 일이었다. (사실 바울시대의 유대교 어디에서도 메시야가 죽임을 당하고 죽은 자들 가운데서 다시 일어날 것이라는 기대를 찾아볼 수 없었다.) 대신 광범위한 대규모 부활이 하나님의 세상 심판과 함께 있을 것이 기대되었다. 죽은 자들의 부활은 한 사람에게만 발생하는 그 무엇이 아니었다. 결과적으로, 바울을 포함하여 초기 그리스도인들은 예수의 부활을 시대의 끝(종말)이 밀고 들어오는 사인으로 보았다. 만일 그리스도께서 일으킴을 받았다면, 적절한 과정 가운데 다른 사람들의 부활도 뒤따라야만 한다. '첫 열매'의 메타포는 일반 부활의 대규모 수확이 가까이 왔다는 생각을 표현하고 있는 것이다.

바울은 본문 21~22절에서 같은 요지를 설명하기 위해 메타포에서 모형론(typology)으로 돌아선다. 그리스도의 다시 사심은 고립된 사건이 아니다. 그 결과는 (대립의 방식으로) 모든 인류에게 죽음을 가져왔던 아담의 죄에 대한 결과와 일치하는 모양을 갖는다. 즉, 예수의 죽음과 부활의 충격적 효과도 똑같이 압도적이다. "아담 안에서 모든 사람이 죽은 것같이 그리스도 안에서 모든 사람이 삶을 얻으리라"(또한 45~49절, 로마서 5 : 12~21을 보라). 헨델의 "메시야"에서 힘찬 코러스는 이 구절에 바탕하고 있다. 이 구절이 복음의 역전(逆轉), 즉 우리의 궁극적 운명이 그리스도의 부활을 통하여 죽음에서 생명으로 변형된다는 약속을 압축하여 잘 이야기해 주고 있기 때문이다. 이것은 고린도전서에서 아담을 언급하는 첫 번째 장소이다. 바울이 아담에 대한 암시적 언급을 하는 방식을 볼 때, 그의 독자들은 창세기 1~3장의 이야기를 이미 잘 알고 있으리라고 기대하고 있다는 것을 알 수 있다. 짐작컨대 그가 고린도에 있는 동안에 그들에게 이 스토리를 가르쳐 주었을 것이다. 이것은 이스라엘의 성경이 바울의 사고에 대한 상징적 세계를 정의하고 있음을 알려 주는 하나의 예가 되어 준다(고린도전서 5 : 6~8과 10 : 1~22의 논의를 참고할 것). 어쨌든 바울의 요지는 그리스도의 부활이 아담 이후 모든 인간들을 지배했던 죽음의 권능을 깨부수었다는 것이다(롬 5 : 12).

이 주장의 논리가 22b절에 암시된 것처럼("모든 사람이 삶을 얻으리라"), 그리스도의 부활을 통한 모든 인간의 보편 구원에 대한 믿음으로 귀결될 수 있을까? 바울이 했던 다른 많은 언급들을 염두에 둘 때, 그가 그런 견해를 지니고 있었다는 것은 가정하기 어렵다. 고린도전서 내의 언급들만을 들 경우 1 : 18, 2 : 6, 3 : 17, 4 : 5, 그리고 6 : 9~10을 보라. 사실 22절에서 조건이 주어지지 않았던 '모든 사람'이 바로 이어지는 문장에서는 추가적으로 구체화된 조건을 받는다. 예수께서 다시 오실 때 일으킴을 받을 사람은 '그리스도께 붙은 자'이다(23절). 바울은 '선택'을 굳게 믿는다(이것도 유대 묵시사상의 특징적 교의이다). 그리고 그는 현재 구절에서 오직 그리스도의 부활이 **호이 투 크리스투**(*hoi tou christou*), 즉 '그리스도의 백성으로 분류되는 사람들'의 장래 운명을 전조(前兆)하는 방식에만 관심을 갖고 있다. 바울은 이 구절에서 불신자들의 부활과 심판에 대해서 이렇게 저렇게 아무것도 말하지 않는다.

"죽은 자들의 부활이 그리스도를 통하여 **왔다**"(21절, NRSV)고 강력하게 단언한 뒤, 우리 또한 그의 부활에 대한 혜택에 동참한다고 말한 뒤, 이제 바울은 오해가 없도록 자신이 말한 내용의 조건들을 상술할 필요가 있다고 생각한다. 우리 몸의 부활은 종말론적 소망으로 남아 있다는 말이다. "그러나 각각 자기 차례대로 되리니 먼저는 첫 열매인 그리스도요 다음에는 그리스도 강림하실 때(*parousia*)에 그에게 붙은 자요"(23절, NRSV).

바울이 이 사건들을 매우 조심스럽게 발생 시간의 순서대로 묘사하고 있기 때문에, 일부 고린도교회 교인들이 이미 시기상조로 부활의 삶을 누리고 있음을 주장했다는 견해를 뒷받침하는 구절이 될 수 있는 유일한 것이 바로 이 장에 있는 이 한 문장이다. 바울은 조심스럽게 교회의 현재 삶을 그리스도의 부활과 파루시아 사이의 간극에 위치시키며, 우리의 부활이 그리스도의 오심을 기다려야만 한다고 주장한다. 그러나 이것이 반드시 고린도교회 교인들이 '과도 실현된 종말론'(overrealized eschatology)을 갖고 있었다는 증거가 되지는 못한다. 이것은 단지 바울이 해당 이야기를 올바로 전하는 데 주의를 기울였고, 자신이 20~22절에서 말한 바에 대해 발생할 수 있는 오역(誤譯)을 사전에 방지하려는 것이었음을 뜻할 뿐이다. 죽은 자들의 부활은 그리스도의 파루시아 때에 일어날 것이다. 그 이전에는 아니다.

하나님께서는 이런 식으로 죽음을 공략할 계획을 세우셨다. 그리스도께서 먼저 오신다. 그러고 나서 두 번째 공격에서 그리스도께 속한 사람들이 온다. 바울이 23절에서 사용한 **타그마**(*tagma*, '차례', '계급'–보통 병사들의 구성단위로 쓰였다.)라는 단어는 23~28절에서 지배적이 되는 군대 메타포의 첫 시작을 알린다. 죽음은 '적'(원수)이다. 그것은 그리스도께서 하나님의 모든 적들을 멸망시키고, 창조 세계의 모든 것을 통제하게 되었을 때 정복하는 마지막 '적'이다. 일반 부활 때 있게 되는 '죽음'의 최종적 패배는 그리스도의 권세에 대한 모든 저항의 붕괴를 구성하며, 우리를 '나중'(끝, **토 텔로스**〈*to telos*〉)으로 이끌어 줄 것이다. "그 후에는 나중이니 저가 모든 정사와 모든 권세와 능력을 멸하시고 나라를 아버지 하나님께 바칠 때"(24절)이다. 우리는 편지의 앞부분에서 이 세상 권세들에 대한 그리스도의 승리에 관한 암시를 보았다(15 : 24, 26에 '멸망시키다'로 번역된 동사 **카타르게인**〈*katargein*〉이 비슷한 종말론적 의미로 1 : 28과 2 : 6에서 등장했었다). 그러나 바울은 여기 와서 처음으로 그 이야기를 온전하게 상술해 준다.

여기에 등장하는 '정사'(*archē*, 지배), '권세'(*exousia*), '능력'(*dynamis*) 등의 용어들은 이곳에서 처음으로 하나님에게 대적하여 정렬된 우주론적 지위나 세력을 가리킨다(롬 8 : 38, 골 1 : 16, 2 : 10－15, 엡 1 : 21, 3 : 10, 6 : 12 참조). 하지만 이것들은 구체적인 정치적 함의를 지니고 있기도 하다. 그리스도가 주님이시며, 그 나라가 궁극적으로 하나님 아버지께 속한 것이라는 생각은 제국 로마의 이데올로기에 대한 전면적 도전이 된다(Witherington, pp. 295－298). 로마 지배자들의 영광에 드려진 조상들과 신전들로 가득 차 있던 도시를 걸어 다니던 로마 식민지 고린도의 거주자들에게는 바울의 말이 발상의 전환에 대한 또 하나의 소명으로 기능한다. 그들은 지금 존재하는 권력의 배열을 뒤엎게 될 또다른 권세 아래 궁극적으로 서 있는 세계를 쳐다보게 된다. 죽은 자들의 부활은 전복(顚覆)시키는 신념이다. 왜냐하면 하나님만이 창조된 세계 위에 지배하는 진정한 주권자이시기 때문이다.

죽음에 대한 그리스도의 궁극적 승리는 성경에 의해서도 확증된다. 바울은 25절과 27절에서 시편 110 : 1과 8 : 7을 암시한다. 두 곳 모두에서, 바울은 모든 것들이 그리스도의 발 아래 굴복하게 되어 있음을 확인하는 내용을 읽는다. 바울이 이 구약성경 본문들을 이렇게 암시적인 방법으로 사용하고 있다는 사실은(이것들을 그리스도와 관계된 것으로 보는 이유에 대한 설명도, 정당화도 전혀 없다.), 이 시편들을 기독론적으로 해석하여 읽어야 한다는 확신이 얼마나 일찍부터 시작된 일이며, 또한 시작부터 얼마나 근본적으로 당연한 일로 여겼는지를 잘 보여 주고 있는 것이다. (마가복음 12 : 35~37과 병행구절들, 그리고 히브리서 1 : 13, 2 : 5~9 등을 보라.) 우리가 이미 주지했던 바와 같이, 이 구절들은 앞에서 예수의 부활이 '성경대로'(고전 15 : 4) 발생한 일이라고 말할 때 바울이 염두에 두고 있던 구약본문들에 아마도 포함되어 있었을 것이다. 어떤 이유에서인지 대부분의 영어 번역들은 27절의 시편 8편은 인용으로 취급하지만, 25절의 시편 110편에 대해서는 그렇게 하지 않고 있다. (JB는 예외적으로 둘 다 올바르게 인용으로 취급하고 있다.)

바울은 이 구절들을 죽은 자들의 부활을 확증하기 위해 다음과 같은 방식으로 그의 논의에 편입시킨다. 그리스도께서 모든 적들을 굴복시킬 때까지 다스리셔야 하는 필연성이 있는데(*dei*, 25절), 그것은 하나님께서 그 필연성을 공표하셨기 때문이다. 그리고 성경이 이 진리에 대해서 증언하고 있다. 본문 26절("맨 나중에 멸망 받을 원수는 사망이니라")은 시편 110 : 1에 대한 바울의 해석에 관한 코멘트이다. 죽음이 적들 중에 포함되어야 한다고 설명한다. 죽음의 의인화(또한 15 : 54~55을 보라.)는 바울이 구원을 주인공 예수 그리스도께서 십자가에 죽기까지 순종함으로써(롬 5 : 12-21, 빌 2 : 5-11 참조) 하나님의 백성들을 죄와 죽음의 노예가 된 상태로부터 구출해 내는 위대한 이야기로 이해하고 있는 일에 속한 독특한 특징이다. 이렇게 죽음을 굴복시켜야 할 종말론적 적들 중의 하나로 보는 해석은 시편 8 : 7에 호소함으로써 그 정당성을 얻는다. 이 구절에서는 하나님께서 **만물**(죽음을 포함해서)을 그리스도의 발 아래 두셨음을 보여 준다. 그래서 바울의 해석에 따르면, 이 시편 본문들이 그리스도께서 마침내 죽음을 정복하실 것임을 증명하고 있다.

여기서 바울은 '모든 것'(만물)이 물론 하나님 자신을 포함하지 않는다는 재미있으면서도 묘한 언급을 한다. 왜냐하면 마지막에는 그리스도께서 "……그때에 만물을 자기에게 복종케 하신 이에게 복종케 되리니 이는 하나님이 만유의 주로서 만유 안에 계시려 하심이라"(27-28절). 바울이 나중에 '성자종속론자'(subordinationist)의 기독론이라 불리게 될 수 있는 내용으로 자기 주장을 펴고 있다는 인상을 피할 길이 없다. 바울시대에는 삼위일체의 교리가 아직 형성되지 않았다. 그리고 그의 논리 전개는 전적으로 바울의 유대 유일신론적 확신의 차원에서, 그리고 동시에 예수께서 자신의 부활로 인해 '주'로 선포되셨다는 확신의 차원에서 읽은 성경본문에 기초하고 있다.

어쨌든 이 단락은 전반적으로(고전 15 : 20－28) 죽음과 부활을 종말론적 관점에 위치시키면서 죽음에 대한 그리스도의 승리가 확실한 것이며, 이 필연성은 그분께 속한 모든 사람들의 미래에 부활을 가져온다는 것을 선언한다. 이러한 확증은 죽은 자들의 부활이 없다고 말하는 고린도 사람들에게 강력한 답변으로 우뚝 서 있다.

만일 죽은 자들이 일으킴을 받지 아니하면 소망, 고난, 신실함이 다 무의미한 것이다(15 : 29－34)

바울은 자신의 근본 입장을 단언하여 밝힌 후 12~19절의 논쟁 전략으로 회귀하여, 죽은 자들의 부활을 부인하는 것은 공동체 삶의 의미와 완결성을 손상하는 것임을 보여 주려 한다. 앞의 12~19절에서는 부활을 부인하는 암울한 결과를 비교적 일반적인 표현으로 구성해 놓았다. 그러나 바울은 29~34절에서 부활 없는 세상에서는 아무런 의미가 없는 것들이 될 일들의 구체적 예를 몇 가지 열거하고(29－32a절), 고린도교회 교인들의 부활 신앙의 포기는 공동체를 죄 가운데로 이끌 것이라는 경고의 제언으로 결론을 내린다(32b－34절).

구체적인 예들은 그의 원래 독자들에게는 잘 알려진 일들이지만, 우리에게는 알려지지 않아 완전히 어둠침침하게 느껴지는 일들을 간략하게 암시하는 수사학적 질문의 형식으로 주어진다. 이 본문으로 작업을 하는 설교자는 이러한 불분명한 언급들의 자세한 실제를 설명하기 위해 추측하느라 난항에 빠지기보다는, 현재 우리 교인들의 생활에서 만일 죽은 자들이 다시 일으킴을 받는 일이 없다면 아무 의미가 없게 되는 활동의 유사한 현대적 예들을 제공해 주어야 한다. 예를 들자면, "만일 죽은 자들이 일으킴을 받지 않는다면, 왜 우리가 무숙자들을 위한 국을 대접하기 위해 귀한 우리의 시간과 물질을 희생해야만 하나요?" 바울이 주는 예들은 두 가지 종류의 것들이다. 하나는 죽은 자들을 위한 세례이고(29절), 또 하나는 자기 자신의 사도적 수고의 위험과 고난이다(30－32a절).

첫 번째 예는 악명 높게 혼란스러운 경우이다. 왜냐하면 죽은 자들을 위한 대리 세례는 이 본문이 아니었으면 1세기 그리스도교에서 아예 문헌상의 증거도 없었을 것이기 때문이며, 또한 이런 관행은 너무 미신적이고 터무니없어(특별히 개신교 해석자들에게는) 바울이 이것을 용인했다고 믿기조차 어렵다. 그럼에도 불구하고 이 내용은 본문에 들어 있다. 고린도 교회 교인들 중에서 어떤 이들은 죽은 다른 사람들(가족들이나 구도인들)을 위해 세례를 실시하고 있었다. 이런 종류의 활동은 세례에 크게 의미를 두는 견해에 부합하는 성격의 것이다. 아마 바울이 1 : 14~17과 10 : 1~13에서 세례의 제한에 대해 준 주의의 말들에도 세례에 큰 의미를 두는 것이 함의되어 있을 것이다. 비록 바울이 확실히 '마술적' 의미의 세례관을 지니고 있지는 않지만, 부활이 없으면 그것이 이해할 수 없는 일이 되어 버린다고 상당히 합리적으로 지적함으로써 분명히 세례에 신성한 의미를 부여한다. 이 구절이 지니고 있는 명확한 의미를 회피하여 대충 설명해 버리려는 수많은 시도가 있었지만, 모두 다 억지이며 설득력이 없다. (관심 있는 사람들은 좀더 자세하게 비평적인 주석서들을 읽도록 하라.) 아무리 혼란스러워 보이더라도, 이 구절은 바울의 구원론이 종교개혁 이후 일반적으로 가정하고 있는 것보다 훨씬 덜 개인주의적이며, 공동체가 자기 스스로 행위를 할 수 없는 사람들을 대신하여 의미 있는 행동을 할 수 있다고 믿는 것에 대해, 바울이 최소한 열린 자세를 보였다는 증거의 한 단편으로 기능한다. 유다 마카비(Judas Maccabeus)가 살해당한 몇 명의 병사들의 죄를 대속하기 위해 취한 행동의 설명과 이것을 상호 비교해 보는 것도 유익할 것이다.

> 그는 한 사람씩 모금을 하여 은 이천 드라크마를 만들어 속죄제를 제공하기 위해 예루살렘으로 보냈다. 이에 있어서 그는 **부활을 고려하여** 아주 영예롭게 일을 잘한 것이었다. **왜냐하면 그가 죽은 자들이 다시 일어날 것을 기대하지 않았다면, 죽은 사람들을 위해 기도하는 것이 쓸데없고**

> **어리석은 일이었을 것이기 때문이다**. 그러나 만일 그가 경건한 가운데 잠들게 된 사람들을 위해 준비된 영광스러운 보상을 바라보고 있었다면, 그것은 거룩하고 독실한 생각이었다. 따라서 그는 죽은 자들이 그들의 죄로부터 구출을 받도록 그들을 위하여 속죄를 했다(마카비2서 12 : 43－45, 강조는 저자의 것).

이 본문은 바울시대의 일부 유대인들이 죽은 자들을 위한 세례가 이해 가능한 행습으로 보이게 할 수 있는 신념들을 지니고 있었다는 사실을 보여 준다. 그러나 우리로서는 여전히 바울이 이 구절을 인용하는 것도 아니고, 고린도전서 15 : 29에 기록된 세례를 **칭찬하지도 않았음**을 주지하는 것으로 충분하다 할 수 있다. 바울은 그저 공동체가 죽은 자들을 위한 세례를 실행하면서, 또 한편으로는 부활을 의심한다면 그것은 모순이라고 지적하고 있을 뿐이다.

두 번째 예는 좀더 분명하다. 바울은 복음을 선포하기 위해 반복하여 자신의 생명과 건강의 위험을 무릅썼다(예를 들어 4 : 11~13, 고린도후서 4 : 8~12, 6 : 3~10, 11 : 23~33 등을 보라). 만일 부활이 없다면 무엇하러 이 고생을 한단 말인가? 이러한 언급들은 이미 고린도전서 15 : 14~15, 19에 표현된 생각들의 연장으로 취급할 수 있다. 에베소에서 맹수들과 싸운 일에 대한 언급은(32절) 일종의 반대와 싸워야 했던 일에 대한 메타포이다. 나중에 바울이 에베소에서 자신의 선교 사역에 '대적하는 자'를 많이 만났음(16 : 8－9)을 언급하고 있는데, 아마 같은 사건들에 대해 좀더 직설적으로 표현한 경우일 것이다(고후 1 : 8－11, 행 19 : 23－41 참조). 맹수와의 싸움에 대한 메타포는 안디옥의 이그나티우스(Ignatius of Antioch)에서도 발견되는데, 거의 분명히 바울의 글에 대한 메아리이다. "나는 시리아에서 로마까지 열 '표범들', 즉 일단의 병사들에 매여 육지와 바다에서, 낮에나 밤에나 계속 맹수들과 싸우고 있었습니다"(Ignatius, *To the Romans* 5 : 1). (중간에 빗나간 말이지만 여기서 '일단'의 병사들로 번역된 단어는 **타그마**로서, 바울이 고린도전서 15 : 23에서 사용한 것과 동일한 용어이다. 이를 통해서 이 용어가 군대 배경에서 사용되었던 것이 정상임이

다시 잘 설명된다.)

만일 바울 자신의 사도로서의 예가 부활의 약속 차원에서 어떻게 살아야 하는지에 대한 긍정적인 예를 제공한다면, 고린도교회 교인들 중 일부의 행동은 그 정반대의 가능성을 보여 주고 있다(32b절). 바울은 그들의 회의주의가 그들로 하여금 앗수르의 손에 포위당하여 전멸의 위기에 놓여 제정신이 아니었던 예루살렘 거민들처럼 행동하게 만들었다고 암시한다(사 22 : 12－14). 그들에게 주어진 운명에 대면하여 회개하고 우는 대신, 그들은 구어체 영어에 그런 표현이 있듯이 "내일이 없는 것처럼 파티나 하기"(party like there was no tomorrow)로 결정했다. "내일 죽으리니 먹고 마시자"(사 22 : 13에서 인용)는 슬로건은 그들의 탈선이 주로 먹고 마시는 것과 관련되어 있었던 부활을 부인하는 고린도교회 교인들을 위해 아주 적나라하게 적합한 특성의 묘사이다(고전 10 : 21－22, 11 : 20－22). 물론 그들이 우상의 제물을 먹고 주의 만찬 식탁에서 게걸스러웠던 행동을 부활을 부인하는 일과 연결시킴으로써 정당화했다는 것은 아니다. 바울은 양자 사이에 숨겨진 내적 연계가 있다고 제안을 하는 것이다.

이런 생각과 33~34절의 논리적 연계가 얼른 보기에는 분명하지 않다. 왜 바울이 갑자기 메안더(Menander)의 잃어버린 희곡에서 그리스의 속담("악한 동무들은 선한 행실을 더럽힌다.")을 인용하는 것일까? 데일 마틴은 편지 전체를 통해 점차적으로 등장하는 고린도의 말썽꾸러기 지혜·열광주의자들의 그림과 완전하게 일치하는 답을 제안했다. "바울의 논의 중 갑작스럽게 끼어든 말은, 바울이 고린도의 회의주의가 다른 사고의 출처들로부터 영향을 받은 것으로 믿고 있었음을 가리키는 것일 수 있다. 사실 그들은 '하나님을 모르는 것' 밖에 없는 사람들(유대인들이 이방인들을 지칭할 때 종종 사용한 표현임.) 때문에 그런 회의주의를 가진 것으로 생각되었다. …… 이 모든 것은 바울이 특별히, 아마 에피큐로스 학파의 회의주의를 고린도교회 교인들의 의심에 대한 원인으로 생각했음을 시사한다"(Martin, *Corinthian Body*, p. 275 n. 79). 바울의 결론적 책망인 "내가 너희를 부끄럽게 하기 위하여 말하노라."가 6 : 5에서 그들이 이교도 재판관 앞으로 법정 분란을 가져갔던 일을 두고 처리했던 꾸중과 거의 똑같은 어구를 반복하고 있음을 주목하라. '안다고 하는' 고린도 그리스도인들은 주변의 이교도 이웃들의 '하나님 무지(無知)'를 고쳐 주지는 못하고, 오히려 자신들의 믿음을 이교도 철학의 지적 기준에 맞추어 재단하려 하여, 결과적으로 복음의 중심을 팔아먹고 우상숭배적이며 부도덕한 행실에 끌려가게 되었다. 이것이 바울시대부터 시작해서 오늘에 이르기까지 복음을 소위 '비신화화'(非神話化, demythologize)하는 일을 떠맡았던 사람들의 일반적인 운명이다. 부활을 비신화화하기 원하는 고린도의 저 그리스도인들에게 바울이 줄 수 있는 것은 엄격한 경계의 말뿐이다. "깨어 의를 행하고 죄를 짓지 말라." 그리스도의 부활을 선포하는 일은 하나님께서 새롭게 만드신 세계 속으로 들어가는 것이며, 그래서 현재의 시대 속에서도 변화된 삶을 이끌어 나가는 것이다.

부활은 몸의 변형을 의미한다(15 : 35-58)

부활의 몸은 어떤 종류의 몸인가?(15 : 35-49)

바울은 이제 부활에 대한 고린도교회 교인들의 회의론에 대해서 근본 원인을 다루고자 한다. 물론 그들이 **아나스타시스 네크론**을 대중적인 미신의 일로 비웃었던 것으로 보이지만, 그렇다고 해서 그들의 속지 않으려 함이 주로 초자연적 사건의 가능성에 대해서 과학적 의심을 품었기 때문은 아니다. 사실 이러한 고린도 그리스도인들은 자신들이 천사의 방언을 말하게 하며 기적을 일으키는 신성한 능력에 녹아 들어갈 수 있다고 믿었던 사람들이다(12~14장을 보라). 오히려 그들이 부활을 부인했던 것은 **몸**이 죽음 후에 다시 생기를 얻을 수 있다는 생각에 대한 혐오에 바탕하고 있었다. 사건의 그러한 움직임은 육체성을 초월하려고 노력하던 영성의 이상에 몰두했던 고대 헬레니즘의 사상가들에게 확실히 바람직하지 못한 것이었다.

바울은 부활한 **몸**의 개념에 대해 그들이 갖는 혐오감을 대면하는 방식으로 다음 주요 단락의 도입을 구성한다. 바울은 특별히 '디아트리베'라고 불리는 강해 담론 장르의 특성을 지닌 표준적인 수사학 기법을 사용하여 설명을 시작한다. 자신의 독자들의 입으로 가설적 반대 발언을 하게 하고, 자신이 대답을 해 나가는 방식이다. "누가 묻기를 '죽은 자들이 어떻게 다시 살며 어떠한 몸으로 오느냐' 하리니"(35절). 두 번째 수사학적 질문은 첫 번째 것을 좀더 정확하게 구체화한 것이다. 그래서 "죽은 사람들이 어떻게 일으킴을 받느냐?"는 "그것이 어떻게 가능하냐?" 또는 "누가 그렇게 하느냐?"를 뜻하지 않는다(왜냐하면 바울과 및 다른 죽은 자의 부활 옹호자들은 그들이 하나님의 능력에 의해 일으킴을 받는다고 주장할 것이기 때문이다). 오히려 여기서 핵심이 되는 질문은 "어떤 형태로?"가 될 것이다.

바울은 이 질문에 대한 답으로 조롱 가득한 반응을 내뱉는다. "바보 같으니라구!"(시편 14 : 1 참조. 확실히 바울은 이 시편을 잘 알고 있었다. 그는 로마서 3 : 11~12에서 그 시편의 2~3절을 인용한다.) 엄격한 책망조의 이 말은 바울이 테이블을 고린도교회 교인들 쪽으로 돌려놓으면서 생경한 문자주의의 잘못을 범하는 것은 바울이 아니라 그들임을 암시하는 단락을 열어 준다.

바울은 '죽은 자들의 부활' 개념이 순진하게 시체들의 소생을 가리키는 것으로 이해되어서는 안 된다고 주장한다. 부활의 개념은 반드시 새롭고 영광스러운 상태로의 변형을 가져온다. 바울은 어떤 바보라도 그런 것은 안다는 식으로 함의하고 있다. 그는 본문 36~41절에서 자연으로부터의 몇 가지 유추를 사용함으로써 자신의 주장을 편다. 그러고 나서 42~44절에서 단원의 중심 명제를 언급한다. 부활의 몸은 우리가 현재의 삶 속에서 알고 있는 부패와 연약함이 없는 **영적 몸**이다. 마지막으로 이 주장은 45~49절에서 성경과 아담-그리스도 모형론에의 호소를 통해 뒷받침된다. 이 단락은 전체적으로 '죽은 자들의 부활'의 의미를 압도적으로 다시 정의하는 작업으로 구성되어 있다. 사실상 바울은 자신의 용어 이해를 그 개념의 정체를 폭로하겠다는 의도를 가진 자들에 의해 정립된 환원론적(reductive, 복잡한 사물의 현상을 단순한 요인으로 축소시켜 모든 것을 그 요인으로만 설명하려는 경향성－역주) 비평에 맡기지 않겠다고 주장하고 있는 것이다.

또다른 방식으로 요지를 설명하자면, 바울이 35절의 회의적 탐색을 어리석고 속좁은 질문이라고 말하고 있는 것으로 보면 된다. 실제로 그 답변은 이미 씨가 식물로 변형되는 것에 대해 이야기한 것으로 주어진 것이다. "하나님이 **그 뜻대로**(*kathōs ethelēsen*) 저에게 형체를 주시되"(38a절). 우리는 이 변형이 어떻게 발생하는지 이해하지 못한다(막 4 : 26－28 참조). 그리고 누구도 씨의 모양을 보면서 다 자란 식물의 최종적 모양과 조직이 어떻게 될지 예측할 수 없다. 어떤 종류의 몸을 줄까 결정하시는 분은 하나님이시다. 그리고 우리가 "그들이 어떤 종류의 몸으로 오게 될까?"라고 묻는 질문에 대한 정답을 미리 알아야 한다고 생각하는 것 자체가 주제넘는 일이다. 우리가 알기 위해서는 추수를 기다려야만 한다. 그러한 질문에 대한 답변은 필연적으로 우리의 한정된 이해 범주를 우스꽝스럽게 만들고 만다. '영적인 몸'이라는 역설적 표현이 이 점을 잘 보여 주듯이…….

씨의 유추는 바울이 상큼한 선을 따라 바로 걷도록 돕는다. 이 유추는 부활 상태의 몸이 근본적으로 **변형**을 겪는 것과 그러면서도 여전히 그 이전 상태의 한계적 몸과의 유기적 **연속성**을 갖는 것 두 가지를 다 단정적으로 설명한다. 연속성과 비연속성 사이의 이 섬세한 균형이 전체 논의의 특징이 되어 주고 있다.

바울은 부활을 부인하는 고린도 사람들과 "혈과 육은 하나님 나라를 유업으로 받을 수 없다."는 확신을 공유하면서도(50절), 그럼에도 불구하고 우리의 미래의 생명은 **형체를 입어야만 한다**(몸을 입어야만 한다, *embodied*)고 주장한다. 그래서 그는 '몸'의 개념이 단일적이지만은 않다는 것을 주장하느라 애를 써야 했다. 많은 다른 종류의 몸들이 있다. 끝없이 다양한 짐승의 생명은 물론이고, 해, 달, 별들의 다양한 '천상의 몸들'도 있다(39－41절). 일단 이러한 '다른 몸들'의 개념이 정립되고 나면, 우리는 좀더 쉽게 또다른 종류의 인간의 몸, 천상의 몸들처럼 영광을 입고 하나님에 의해 일으킴을 받을 몸, 간단하게 말하자면 '영적인 몸'에 대한 상상의 추론을 할 수 있게 된다(42-44절). 이런 종류의 몸은 (우리가 부활하신 그리스도를 통해 그에 대해 약간 알 수 있는 것을 제외하고는) 완전히 현재 우리의 경험 밖에 있다. 그러나 그럼에도 불구하고 그것은 분명히 **몸**이다. 이것이 바울의 주장이다.

천상의 몸들에 대한 언급 또한 철학을 선호하는 고린도교회 교인들로 하여금 부활의 몸에 대한 개념을 좀더 잘 이해할 수 있도록 도왔을 것이다. 인간의 영혼 또는 마음이 천체들과 같은 에테르성 물질로 구성되어 있어, 나중에 죽고 난 뒤 별들에게로 돌아간다는 것이 고대 세계에서 공동으로 지니고 있었던 믿음이었다(참고 자료를 위해서는 Martin, *Corinthian Body*, pp. 117-120을 보라). 물론 바울이 이 견해와 생각을 같이했던 것은 아니다. 그러나 다양한 정도의 영광을 소유하고 있다고 믿어졌던 천상의 '몸들'에 대한 그의 묘사는, 그의 독자들이 현재 우리가 갖고 있는 몸들과는 다른 미래의 영광스러운 몸을 개념화하는 데 도움이 되었을 것이다. 바울은 이런 유추가 잘 맞아떨어진다고 느꼈다. 이런 유추가 자신의 부활 이해의 근원이었던 유대의 묵시론적 전통에서도 발견되기 때문이다. 고린도전서 15장과 관련해 특별히 적합성을 갖는 것은, 죽은 자들의 부활에 대한 신앙을 전조하고 있는 몇 안 되는 구약성경 구절들 중의 하나인 다니엘 12 : 2~3이다.

> 땅의 티끌 가운데서 자는 자 중에 많이 깨어 영생을 얻는 자도 있겠고 수욕을 받아서 무궁히 부끄러움을 입을 자도 있을 것이며 지혜 있는 자는 궁창의 빛과 같이 빛날 것이요 많은 사람을 옳은 데로 돌아오게 한 자는 별과 같이 영원토록 비취리라

바울의 가르침과 마찬가지로 다니엘서에는 다시 일으킴을 받은 의인들이 실제로 별들이 된다는 생각은 없다. 그러나 그들이 죽은 자들 가운데서 살아났을 때 누리게 될 영광스러운 상태에 대한 무엇인가를 제시하기 위해 메타포가 쓰였다.

본문 36~41절의 모든 유추는 42절의 중심 논점으로 수렴된다. "죽은 자의 부활도 이와 같으니." 이어지는 양자 대조는 부활의 몸이 우리에게 알려진 지상의 몸에 대한 한계를 초월한다는 점을 확증하면서, 씨와 식물의 메타포에 의해 구성되어 있다('심고…… 다시 살고'). 현재 우리의 몸은 (이 생에서) 썩을 것으로, 욕된 것으로, 약한 것으로 '심는' 반면에, 부활의 몸은 (다음 생에서) 썩지 아니할 것과 영광스러운 것과 강한 것으로 다시 살게 될 것이다(42－43절). 그렇게 바울은 우리를 기다리고 있는 영광을 칭송하면서 인상적인 시각 설교를 한다. 바울은 지금 죽은 자들의 부활이 고린도교회 교인들에게 끔찍한 것이 아니고, 호소력 있는 것이 되게끔 노력하고 있는 것이다.

이 연속된 열거의 마지막 항목은 그가 몰고 가고 있는 종착지이다. "자연적인 몸(*psychikon sōma*)으로 심고 영적인 몸(*pneumatikon sōma*)으로 다시 일으킴을 받습니다"(44절, NIV). 이것이 그의 논의의 골자이다. 그러나 이 마지막 대조는 번역자들에게 어려운 문제를 야기한다(참고, 2 : 14에 동일한 대조가 있다). **프쉬키콘 소마**(*psychikon sōma*)라는 절구는 영어로 번역하기가 무척이나 힘들다. NRSV의 번역('physical body')은 특별히 좋지 않다. 바울이 그렇게 극복하려고 하는 물리성(physical)과 영성(spiritual)의 이원론적 이분법을 그대로 재생하기 때문이다. 어쨌든 **프쉬키콘**이 확실히 '신체적, 물리적인'(physical)은 아니다. 더구나 번역하기는 **프뉴마티콘 소마**(*pneumatikon sōma*)가 상대적으로 더 쉽지만, '영적 몸'(spiritual body)은 모순어법(oxymoron)처럼 들린다. 이로부터 우리가 어떤 의미를 찾아낼 수 있을까?

지금까지 44절에 대한 가장 우아한 번역이면서 동시에 바울 문장의 의미를 가장 잘 전달하고 있는 것은 *Jerusalem Bible*이다. "그것을 뿌릴 때는 혼에 형체를 줍니다. 그것이 다시 살 때는 영에 형체를 줍니다. 만일 혼이 그 형체를 갖고 있다면, 영도 또한 그 형체를 가질 것입니다"(When it is sown it embodies the soul, when it is raised it embodies the spirit. If the soul has its own embodiment, so does the spirit have its own embodiment). 이것이 바울의 요지이다. 우리의 죽을 몸은 현재 실존의 생명력이 되는 **프쉬케**(*psychē*, 'soul')에 형체를 준다. 그러나 부활의 몸은 하나님이 주신 **프뉴마**(*pneuma*, 'spirit')에 형체를 줄 것이다. 그것은 어떻게 하다가 영과 증기로 만들어졌다고 해서 '영적 몸'이 아니다. 그것은 영에 의해 결정되며, 영에게 모양과 거주의 장소를 제공한다는 뜻에서 '영적 몸'이다.

번역문에서 이 모든 것을 따라가며 이해하기는 다소 힘들다. 그러나 헬라어에서는 바울의 논의에 관한 흐름이 분명하다. 본문 44절에서 그의 **프쉬키콘** 사용은 아담 창조의 이야기에 있는 **프쉬케**에 대한 핵심적 언급에서 설명되어 있다(45절). 바울의 어려운 용어 **프쉬키콘 소마**의 사용은 자신의 입장을 뒷받침하기 위해서 창세기 2 : 7(LXX)을 인용하기 원한다는 사실에 의해 결정된다. "첫 번째 **사람** 아담은 성경이 말하고 있듯이 **살아 있는 혼**(*psychē*)이 되었습니다. 그러나 마지막 아담은 생명을 주는 영(a life-giving spirit)이 되었습니다"(45절, JB). **프쉬케**는 부패와 죽음을 시작한 사람 아담과 연결되어 있다. 그러나 그리스도는 자신의 부활로 새로운 인류의 질서를 시작한 존재, '생명을 주는 영'이 되었다(22절 참조). 아담과 연관되어 있는 몸(바울이 그래서 **프쉬키콘**이라 부른다.)은 죽을 것이어서, 그것이 유래했던 땅에 묶여 있다. 반면에 다시 사신 그리스도와 관련된 몸(그래서 바울이 **프뉴마티콘**이라 부른다.)은 불멸이 될 것이며, '천상의 사람'의 이미지에 의해 도장이 찍혀 있다(48-49절). 다시 한번 21~22절에서와 같이 우리는 우리의 구원이 그리스도로의 동참을 가져오며, 그분의 이미지를 따르는 변형도 발생할 것이다(롬 8 : 29 참조). 유사한 요지가 좀더 분명하게 빌립보서 3 : 20~21에서 적시(摘示)된다.

> 그러나 우리의 시민권은 하늘에 있습니다. 그리고 우리는 거기로부터 구세주, 주 예수 그리스도를 열심히 기다립니다. 그리스도께서는 자신으로 하여금 모든 것을 그 통제 아래로 이끌 수 있게 해 주는 능력에 의해(고전 15 : 23-28 참조) **우리의 천한 몸들이 자신의 몸과 같이 되도록 변화시키실 것입니다**(빌 3 : 20-21, 저자의 번역).

빌립보서 구절에서처럼 고린도전서 15 : 42~49에서도 우리 몸의 변형은 종말론적 사건, 즉 예수 그리스도의 **파루시아**와 연관되어 있는 미래의 부활이다. 이러한 미래 종말론적 지향성은 바울의 창세기 2 : 7 사용을 필로의 창세기 이야기 독해로부터 확연하게 구분시켜 준다. 필로는 원형적인 천상의 사람(창 1 : 27)과 지상의 사람(창 2 : 7)을 모두 창세기 본문 안에서 발견한다(*Allegorical Interpretation* 1.31－32). 바울에게 있어서 천상의 사람은 부활한 몸으로 나타났고, **마지막 때**에 자신의 백성들을 일으켜 자신의 모양을 따라 변형을 시키기 위해 하늘에서 오실(단 7 : 13－14, 살전 4 : 16－17 참조) 그리스도이시다. 그래서 바울은 15 : 46에서 이렇게 언급한다. "그러나 먼저는 신령한 자가 아니요(즉, 창 1 : 27에 없음.) 육 있는 자요(즉, 창 2 : 7에 있음.), 그 다음에 신령한 자니라(즉, 부활에서)." 이 모든 것이 스스로를 **프뉴마티코이**라고 생각했던 저 고린도교회 교인들에게 영향을 미치고 있는 창세기 해석에 대한 미묘한 반론일 수 있다. 아마 그들이 읽었던 내용은 필로의 것에 더 가까워 '천상의 사람'을 그들 자신의 고양된 지식과 지혜와 연결시켰던 것 같다. 만일 그렇다면 바울이 아담과 그리스도를 대립시킨 것은 그들의 이해를 새롭게 조각하고, 그들을 손짓하여 불러, 그들의 몸의 미래 변형을 바라보게 만들려 한 것이다.

또한 이렇게 하면 이 단원의 마지막 절에 있는 악명 높은 본문상의 어려움을 설명하는 데도 도움이 될 것이다. 지금까지 검증된 최선의 고대 사본 읽기는 "우리가 먼지의 사람에 대한 이미지를 품었던 것과 같이 또한 하늘의 사람에 관한 이미지를 품읍시다(*phoresōmen*)"이다(49절). 그러나 현대의 모든 번역들은 좀더 약하게 검증된 사본의 본문을 택했다. "……우리 또한 하늘의 사람 이미지를 품을 것입니다"(*phoresomen*). 번역자들이 이 본문을 택한 것은 이것이 이제까지 바울의 미래 종말론적 강조와 더 잘 맞아떨어지는 것처럼 보이기 때문이었다. 다른 읽기 '품읍시다'는 모종의 윤리적 선택처럼 들려, 우리 자신의 노력으로 그리스도의 형상을 닮아 갈 수 있는 것같이 보인다. 사실상 그러한 윤리적 가미(加味)가 고린도전서 15장 내의 다른 단락의 결론 부분과 어울리지 않는 것은 아니다(예를 들어 33~34, 58절을 보라). 그러나 또 한편 바울이 그의 독자들로 하여금 자신의 지혜나 내부의 가정된 원형으로서의 신성한 이미지를 바라보는 대신에, 다시 오시는 분, 변형의 근원이며 소망이신 예수 그리스도를 바라보자는 권면으로 "하늘 사람의 이미지를 품읍시다."라고 썼을 가능성도 있다.

죽은 자와 산 자 모두 변형될 것이다(15 : 50–57)

위의 45~49절에서 진행이 다소 너무 빡빡했다는 것을 느낀 바울은 이제까지의 논의를 요약함으로써 잠시 숨을 돌리고 다시 시작한다. "형제들아 내가 이것을 말하노니 혈과 육은 하나님 나라를 유업으로 받을 수 없고 또한 썩은 것은 썩지 아니한 것을 유업으로 받지 못하느니라"(50절). 물론 이 말은 죽은 자들의 부활을 **부인했던** 저 고린도교회 교인들이 했음직한 것과 비슷하게 들린다.

그러나 우리는 논의의 현 시점에서 바울이 단지 부활의 몸은 불멸의 것이어야 하며(같은 단어가 이미 42절에서 사용되었다. 52–54절 참조), 따라서 우리의 현재 몸과는 그 종류가 다르다는 그의 주장을 되풀이하고 있음을 깨닫게 된다. 그러나 그것이 옳다면 하나의 새로운 문제가 발생한다. 그리스도의 **파루시아** 때에 현재의 몸으로 살아남은 사람들은 어떻게 되는가? 말하자면 그들은 결여된 죽을 몸 속에 좌초되고 마는 것인가? 바울에게 있어서는 이것이 단순한 학문적 질문이 아니었다. 그는 그리스도께서 매우 빨리 오실 것이며, 자신은 이 사건이 발생할 때 살아남아서 그것을 볼 사람들 중에 포함될 것이라고 기대하고 있었다(52절, 살전 4 : 17 참조).

이 문제에 대한 바울의 해답은 '비밀'(mystery)로, 즉 숨겨져 있었으나 이제는 계시를 통해 열린 하나님의 예정된 목적에 대한 지식의 조각으로 제시된다(좋은 병행구절로 로마서 11 : 25과 고린도전서 2 : 7을 보라. 또한 로마서 16 : 25~26, 고린도전서 4 : 1, 13 : 2, 에베소서 3 : 3~4, 9, 골로새서

1 : 26~27 등을 참고하라). 그 비밀은 **살아 있는 자도 새로운 형체로 변형을 겪으리라는 것이다**. 즉, 이들은 죽음을 통과할 필요 없이 부활의 몸을 받게 되는 것이다.

바울은 이것을 좀더 시적으로 표현했다. "보라 내가 너희에게 비밀을 말하노니 우리가 다 잠잘 것이 아니요 마지막 나팔에 순식간에 홀연히 다 변화하리니 나팔 소리가 나매 죽은 자들이 썩지 아니할 것으로 다시 살고 우리도 변화하리라"(51－52절). 트럼펫은 '주님의 날'의 사인으로서 유대의 예언·묵시 문학의 표준적인 상징이다(예를 들어 이사야 27 : 13, 요엘 2 : 1, 스바냐 1 : 14~16, 에스드라2서 6 : 23, 마태복음 24 : 31, 요한계시록 9 : 14 등을 보라). 하나님의 능력이 현시(顯示)되는 마지막 날에 전반적인 변형이 있게 될 것이다. "우리도 변화하리라." 죽은 자나 산 자가 똑같이 변화될 것이다. 눈 깜짝할 순간에 모든 것을 변화시킴으로써 구원을 가져오는 하나님의 능력을 누구도 과소평가해서는 안 된다. 바울의 앞부분 논의가 현재의 생명과 부활의 몸 사이의 **연속성**(*continuity*)을 강조했다면, 이제 그는 변증법의 또다른 쪽, 즉 **변형**(*transformation*)을 강조한다. 이것은 "어떤 종류의 몸으로?"의 질문에 대한 마지막 응답의 방법이 된다. 부활의 몸은 완전한 신비로 남는 방식으로 근본적 변형을 겪을 것이다.

그러나 우리의 현재 실존이 완전히 전멸되는 것은 아니다. 새롭고 영광스러운 옷을 입는 것으로 묘사하는 메타포는 우리의 죽을 몸이 소멸되는 것이 아니고 덧입어 어찌 되어서인지는 모르나 부활의 종말론적 생명 속으로 붙들림을 받게 됨을 암시한다. "이 썩을 것이 불가불 썩지 아니할 것을 입겠고 이 죽을 것이 죽지 아니함을 입으리로다"(53절, 이 메타포를 좀더 확대하여 발전시킨 경우를 위해서는 고린도후서 5 : 2~5을 참고하라). 이것은 하나님께서 당신의 창조를 거부하는 것이 아니라, **구속**하기 위한 신비한 계획의 한 부분이다.

변형이 발생하고 우리의 흠 있던 몸들이 부활에서 불멸로 옷을 입을 때, 그것은 하나님께서 오랜 기간에 걸쳐 약속하셨던 죄와 죽음의 권능에 대한 승리의 성취가 될 것이다. 바울은 하나님의 궁극적 승리를 전조(前兆)하여 알리는 한 짝의 성경본문을 인용함으로써(54-55절), 그의 장황했던 부활 논의의 절정을 소리 높여 알린다.

첫 번째 인용문인 이사야 25 : 8("사망이 이김의 삼킨 바 되리라.")은 바울이 예언서 본문을 그 원배경에 자세히 주의를 기울이면서 읽는다는 것을 분명하게 보여 준다. (그런데 이 인용문은 바울이 여기서 "사망이 강하여 백성들을 삼켜 버렸다."는 「70인역」 대신, 히브리어 본문의 전통을 따르고 있음을 보여 준다.) 이사야 25 : 6~10a에 있는 구원 신탁은 하나님의 궁극적 죽음에 대한 권능의 파멸을 비전으로 보여 준다. 그리고 그 출처에 대한 암시를 따르는 독자는 '모든 사람'을 위한 하나님의 우주적 구원에 관한 풍요로운 회상(回想)적 묘사, 그리고 바울이 이방인의 사도로서 귀중하게 마음에 간직했음직한 그림을 발견하게 될 것이다.

> 만군의 여호와께서 이 산(시온 산)에서 만민을 위하여 기름진 것과 오래 저장하였던 포도주로 연회를 베푸시리니…… 또 이 산에서 모든 민족의 그 가리워진 면박과 열방의 그 덮인 휘장을 제하시며 사망을 영원히 멸하실 것이라 주 여호와께서 모든 얼굴에서 눈물을 씻기시며 그 백성의 수치를 온 천하에서 제하시리라 여호와께서 이같이 말씀하셨느니라(사 25 : 6-8).

요한계시록에 있는 '새 하늘과 새 땅'에 대한 최고 절정의 비전 또한 여기 이사야서의 동일한 구절을 암시하고 있다는 것은 결코 우연이 아니다.

> 모든 눈물을 그 눈에서 씻기시매 다시 사망이 없고 애통하는 것이나 곡하는 것이나 아픈 것이 다시 있지 아니하리니 처음 것들이 다 지나갔음이러라(계 21 : 4).

이사야의 종말론적 비전을 그의 고린도전서 15장 논의의 결론에서 인용함으로써, 바울은 죽음에 대한 하나님의 승리를 몸의 부활에 연결시켜,

부활이 하나님께서 당신의 백성을 구속하시려는 그 의도의 필연적 결과임을 보여 준다.

그러나 바울의 두 번째 구절(55절에서 인용된 호 13 : 14) 사용은 흘끗 보기에는 문맥과 상관없이 그냥 자료를 끄집어낸 것처럼 보인다. 이 말씀은 호세아서의 히브리 본문에서 심판에 관한 신탁의 일부로서, 실제로는 죽음과 스올을 불러내 불충한 이스라엘에게 형벌을 주도록 소환하고 있다. 그러나 바울은 이제 이 말씀을 그리스도의 부활에 의해 무력해진 의인화된 죽음의 조롱으로 변화시킨다. 바울의 본문 사용을 이해하는 열쇠는 그가 이번에는 「70인역」을 느슨하게 따르고 있다는 것을 인식하는 데 있다. 「70인역」의 호세아 13 : 14은 다음과 같다.

> 내가 그들을 하데스의 손에서 건져 낼 것이다.
> 그리고 그들을 죽음에서 구속할 것이다.
> 죽음아, 너의 형벌(*dikē*)이 어디 있느냐?
> 하데스야, 너의 침이 어디 있느냐?

바울은 **디케**(형벌)를 **니코스**(*nikos*, 승리)로 바꾸어 이사야 인용문과의 단어 연결을 창조한다. 그리고 조롱의 두 질문 모두를 사망에게 돌린다. 바울이 분명하게 호세아서의 내용을 암시하려 의도했었는지, 아니면 단지 '성경 용어로 자유롭게 쓰면서 죽음에 대한 궁극적 승리를 묘사한 것'(Barrett, p. 383)인지는 분명하지 않다. 만일 그가 호세아서의 암시를 의도했다면, 호세아 13 : 14의 가까운 문맥만 생각한 것은 아니고, 호세아서 전체가 묘사하고 있는 하나님의 궁극적 자비의 메시지를 염두에 두면서 그러했을 것이다(예를 들자면 호세아 11 : 8~9, 14 : 4~8을 보라). 어쨌든 바울이 고린도전서 15 : 55에서 본문을 가지고 한 작업은 '마지막 원수'인 죽음에 대한 도발적인 도전 선언을 만들어 냈다. 모든 것들의 마지막까지 완성되지 않을 죽음의 정복은(23－26절) 이미 그리스도의 부활에 의해 확신의 궤도에 올랐다. 바울이 마지막 날에 있을 부활의 비전을 묵상할 때(51－54절), 그는 이미 넘어진 적 위에서 승전가를 부르고 있다. 하나님께서 그리스도께 속한 사람들을 이제 불멸의 존재로 다시 일으키실 때 죽음의 승리는 빼앗김을 당할 것이며, 그리스도께서 무덤에서 부활하심으로 말미암아 죽음의 침(찌르는 것, 공포를 불러일으키고 고난을 가하는 힘. 히 2 : 14－15 참조)은 해로운 곤충의 찌르던 침처럼 이미 뽑힘을 당해 버렸다.

이 단락은 기쁨의 축하로 마감한다. "우리 주 예수 그리스도로 말미암아 우리에게 이김을 주시는 하나님께 감사하노니"(57절, 롬 7 : 25 참조). "**우리에게** 이김을 주신다."라는 절구는 15장 전체에 대한 메시지를 간략하게 담고 있다. 하나님께서 예수를 일으키셨을 때 그 혜택은 그분만을 위한 것이 아니었다. 교회 안에 있는 우리 모두가, 그리스도의 몸으로서 죽은 자들 가운데서 일으킴을 받을 수 있게 되는 그런 방법으로 승리를 공유한다.

본문 56절의 중간 삽입은 이치에 닿지 않는 추론같이 보이지만, 사실상 죽음의 권능과 죄와 율법이 바울의 생각 속에 얼마나 긴밀하게 얽혀 있는지를 잘 보여 주고 있다(롬 5 : 12－14, 7 : 7－13 참조). 그는 이 권능들 중의 하나에 대한 그리스도의 승리 이야기를 재생하면서, 나머지 둘에 대해 언급하지 않을 수 없었다. 원래 이야기 전체에는 이 세 가지가 다 예수 그리스도에 의해 정복당한다는 좋은 소식을 포함하고 있기 때문이다. 죄와 사망의 연결망은 아담의 타락 이야기까지 되돌아간다(창 2 : 17, 롬 5 : 12). 그러나 그리스도께서 아담 안에서 죽은 사람들을 다시 살리실 것이다.

따라서 자신들의 부활의 몸 안에 천상의 사람에 관한 이미지를 품은 사람들은(49절) 죽음에서만 해방될 것이 아니라, 죄로부터도 자유를 얻을 것이다. 우리는 또한 부활에 대한 이 논의를 거치면서, 바울의 마음속에서 죄에 대한 생각도 분리되어 이탈하지 못할 것임을 기억해야 한다. 왜냐하면 바울은 고린도교회 교인들의 잘못된 행실과 그들이 죽은 자들의 부활에 대해 혼동했던 일 사이에 상관관계가 있다고 확신하기 때문이다(32b－34절).

따라서 우리의 수고는 헛되지 않다(15 : 58)

이 간략한 에필로그는 수사학적으로 고양되었던 50~57절의 결론 후에, 오히려 클라이맥스의 효과를 감퇴시키는 것처럼 보인다. 그러나 이것은 실제로 깨우침을 주는 방식으로 15장의 관심을 한 데 묶어 준다(Fee, p. 808). 바울은 이 장을 통해, 부활이 없다면 그리스도인의 모든 믿음과 수고가 헛됨을 반복하여 단언한다(3, 10, 12−19, 29−32a절). 이제 바울이 그리스도를 통한 죽음에 대한 승리를 자신 있게 선언했기 때문에, 바울은 같은 확신으로 "주 안에서 너희 수고가 **헛되지 않다**."고 확언할 수 있다. 죽은 자들의 부활은 그리스도인의 선포뿐만 아니라, 좀더 일반적으로 '주의 일' 전반을 정당화하는 보증으로 기능한다. 우리가 하는 모든 일은 그리스도의 부활의 사인 아래 서 있고, 그래서 우리의 모든 행동은 가치와 의미를 부여받는다.

부활은 이 세상에서의 신실한 활동을 위해 필수적인 기반이다. 따라서 고린도교회 교인들은 믿음을 붙잡고, 그것을 행동에 옮기는 데 있어 "견고하며 흔들리지 말라."고 권고받는다. 비록 여기서 사용된 단어들이 다르기는 하지만, 바울은 1~2절의 테마를 한 바퀴 돌고 난 지금 다시 제자리로 옮겨 오고 있는 것이다. 그는 그의 독자들이 굳게 서서 복음을 꼭 붙잡기를 원한다. 그리스도의 부활에 관한 진리를 확증하는 사람들은 그들의 소망이 헛되지 않음을 보여 주는 방식으로 살 수 있는 도덕적 자신감을 부여받을 것이다.

| 교사와 설교자를 위한 묵상 |

바울은 고린도교회 교인들의 실망스러운 그 모든 문제들 아래 하나의 거대한 신학적 오류가 자리 잡고 있는 것을 보았다. 그들은 죽은 자들의 부활을 부인하고 있었다. 그렇게 함으로써 결국 하나님께서 창조하신 세계의 중요함을 부인하고 있었던 것이다. 또한 의도했든 의도하지 않았든 간에, 그들은 흠 많은 우리 몸이 하나님의 사랑을 받고 있으며, 그래서 구속받을 것이라는 점을 부인하고 있다. 따라서 의도했든 그렇지 않았든 간에, 우리가 이 몸으로 하는 것들이 하나님의 눈에 비추어 볼 때 궁극적으로 중요한 의미를 지니고 있다는 것을 부인한 것이다. 그들은 도덕적, 신학적으로 혼란 속에 빠져 들어간 것이다.

자주 이런저런 방식으로 부활을 부인하는 그리스도교교회를 위해서는 이런 모든 것들이 정신이 바짝 들게 해 주는 관찰이다. 한편으로 볼 때 우리는 예수가 십자가에 못 박히시고 다시 살아나신 분이 아니고, 단지 훌륭한 도덕적 선생으로 보는 개인주의적이고 인간 스스로 만들어 낸 종류의 기독교를 직면하게 된다. 그렇게 흐릿한 전송 사진 같은 기독교에서는 설사 부활이 설교된다 하더라도, 인간 잠재력이나 계몽된 자아 이해를 위한 상징으로만 이해되고 만다. 또 한편으로 우리는 따스하게 '천국에 가기'를 꿈꾸면서 몸의 부활을 무시하는, 그래서 우리가 살고 있는 세계를 향한 복음의 도전을 무시하는 내세 지향적 경건주의의 형태도 발견하게 된다. 그러한 경건주의는 자기도 모르게, 순교자 저스틴이 '사악하고 경건치 못한' 믿음의 배신으로 개탄했던 이단으로 빠져든다. 이러한 오류들로부터 생겨나는 다양한 도덕적 실패들을 찾아 정리하는 것은 그다지 어렵지 않을 것이다.

그런 상황에서 바울이 죽은 자들의 부활에 대해 다룬 내용은 교회가 반복하여 듣고 또 들을 필요가 있는 강력한 말씀을 제공해 주고 있다. 십자가에 대한 바울의 가르침과(1 : 18－2 : 16) 부활에 대한 그의 가르침이(15 : 1－58) 책의 앞장과 겉장같이 또는 양쪽을 지키는 파수꾼같이 고린도전서 몸체의 시작과 끝에 서 있는 것은 결코 우연이 아니다. 이 두 가지야말로 복음 이야기의 근본 주제들이다. 우리의 모든 신학과 실천은 이 진리들에 의해 틀이 구성된 세계 속에서 그 자리를 잡아야 한다. 그렇다면 이제 우리는 죽은 자들의 부활에 대한 바울의 강해에 어떻게 응답해야 할까? 고린도전서 15장을 묵상하면서 몇 가지 핵심 이슈들이 부각되어 나오는 것을 본다.

1. 창조와 구속을 한데 묶어 붙잡기 위해서는 죽은 자들의 부활이 필수적이다. 만일 죽은 자들의 부활이 없다면, 하나님께서 우리에게 주신

몸을 그분이 변덕스럽게 버린 것이 되고 만다. 그러나 몸의 부활에 대한 약속은 그리스도인의 소망을 견고하게 만들어 주며, 창조된 질서에 대한 하나님의 사랑을 확증한다. 세상의 창조주이신 하나님께서는 창조를 버리지 않으셨다. 더구나 이 가르침은 우리가 인간 인격의 심신(心身) 일치(psychosomatic unity)에 대해 이해하고 있는 바와 일관성을 갖는다. 우리는 고대의 헬레니즘 세계의 많은 부분에서 떠다니던 생각들과 대조적으로, 몸 안에 갇힌 기체 같은 영혼들이 아니다. 우리의 정체는 오히려 우리 몸의 실존과 떼래야 뗄 수 없게 한 데 묶여 있다. 우리가 구원을 받으려면, 그 의미가 무엇이든지 간에 형체를 가진 인격으로 구원받아야 한다. 그래서 칼 바르트가 지루하지만 신학적으로 정확한 절구로 관찰했듯이, 그리스도교의 부활 교리는 '우리의 구체성의 재단언'(the repredi-cation of our corporeality)을 가져온다.

바울은 로마서 8 : 23에서 우리는 성령의 첫 열매들을 가졌지만, 그럼에도 불구하고 '우리 몸의 구속'을 기다리는 동안 구속받지 못한 피조세계와 함께 신음을 한다고 쓰고 있다. **몸으로부터의** 구속이 아니라, **몸의** 구속이다. 죽은 자들의 부활을 확증하는 것은, 우리를 만드신 하나님께서 마침내 우리를 영, 혼, 육으로 온전하게 만들어 주시리라는 것을 고백하는 것이다(살전 5 : 23).

2. **부활의 가르침은 죽음에 대한 진실 말하기를 회피하는 문화 속에서 한 줄의 신선한 공기처럼 다가온다.** 많은 독실한 그리스도인들은 만일 "우리가 죽은 뒤에 무엇을 소망할 것인가?"에 대해 질문을 받으면, 영혼이 천국에 가서 지상을 내려다보며 웃고 있는 감상적 개념을 가지고 답변할 것이다. 이런 개념은 사실상 전혀 성서적 근거가 없다. 교회에서 말씀을 가르치는 직분을 담당하고 있는 사람들은, 교인들에게 신약성경 기자들의 지배적인 미래 소망이 여기 고린도전서 15장에서 제시된 소망과 정확하게 똑같다는 점을 각인시켜 주어야 한다. 즉, 그리스도의 **파루시아**와 최후의 심판 때에 몸의 부활이 있을 것이라는 소망이다.

나는 수년 전에 교회에서 한 젊은 여인과 가졌던 대화를 결코 잊을 수 없다. 나는 그녀를 '스테파니'라고 부르기로 한다. 그녀의 열여덟 살 된 동생(그녀는 '리사'라 부르기로 한다.)이 자동차 사고로 죽음을 당했다. 그녀의 가족들은 모두 한결같이 다음과 같은 말을 해 주었다. "이제 리사는 천국에서 무척이나 행복할 거야. 그녀는 여기서 항상 행복하지 못한 아이였어." "하나님께서 꼭 그녀와 같이 있고 싶었던 모양이야." "리사가 지금 우리를 내려다보면서 너무 슬퍼하지 말라고 하는 것을 나는 알고 있어." 스테파니는 그런 식의 달콤하고 경건한 말에 분노가 치밀었다. 리사의 죽음이라는 현실과 그 비극성의 실체 모두를 부정하는 것처럼 보였기 때문이었다. 그러나 또 한편 스테파니는 죄책감을 갖기도 했다. 그녀는 그리스도인으로서 가족들이 말하고 있는 그 모든 경건한 내용들을 믿어야 한다고 생각했기 때문이다. 리사는 바울이 죽음을 이 시대의 끝에 가서나 정복될 파괴적 '원수'로 말하고 있다는 것을 알고서, 해방의 말씀을 얻게 되었다. 고린도전서 15장은 그녀로 하여금 리사가 지금 정말로 죽어서 땅 속에 묻혔다는 것을 인정하게 해 주었고, 동시에 부활 때에 그녀의 팔에 리사를 다시 안을 수 있음을 소망할 수 있다는 것을 깨닫게 했다.

이런 일들은 분명히 목회적 기민함을 가지고 처리해야 한다. 그러나 교회에서 이런 일들을 좀더 분명하게 전달하는 길을 찾아야 할 필요가 있다. 결국 죽은 자들의 부활은 신약성경과 기독교 전통의 고전적 가르침이다. 그러한 가르침이 교인들에게 죽음과 삶에 대해 좀더 건강한 자세를 갖도록 독려하는 도구가 되게 하기 위해서는, 할 일이 참으로 많다는 것을 느끼게 될 것이다.

3. **죽은 자들의 부활 교리는 몸 안에 있는 동안의 삶에 대한 도덕적 의미를 확증한다.** 이 점은 주석에서 반복하여 주목을 받았다. 고린도교회 교인들은 몸을 경멸하는 자세를 가졌으며, 그래서 도덕적 행위의 골간을 손상시켰다. 그러나 우리가 바울이 해 주는 이야기, 즉 그 절정의 결론이 우리 죽을 몸에 대한 승전(勝戰)의 성취/변경인 이야기 속에서 살 때, 우리는 이 몸을 그들의 **텔로스**(목표/끝)에 적절한 방식으로 사용하게 될

것이다. 그 목표요, 끝은 그리스도를 닮게 되는 것이다. 바울이 "몸은 음란을 위하지 않고 오직 주를 위하며 주는 몸을 위하시느니라 하나님이 주를 다시 살리셨고 또한 그의 권능으로 우리를 다시 살리시리라"(6 : 13b−14)고 쓸 때, 그가 의미했던 것이 바로 그것이다. 이것을 알게 되면, 우리는 위험과 반대의 면전에서조차 하나님의 일에 자신을 전적으로 드릴 수 있는 자신감과 용기 두 가지를 다 얻게 된다. 왜냐하면 우리가 하는 일이 결국 정당한 것이며, 하나님께서 귀하게 여기시는 것임을 알고 있기 때문이다.

4. **부활이 우리에게 요청하는 도덕적 행동은 우리로 하여금 우리 사회의 기득 권력들과 불편한 관계를 갖게 만들 수 있다.** 마치 예수와 바울이 당대의 권위자들로 인해 어려움을 겪었듯이 말이다. 왜 그럴까? 아직 그리스도께서 모든 지배와 권위와 권력을 멸망시키지 않으셨기 때문에(24절), 부활의 논리는 십자가의 논리처럼 기성의 현상에 대해 심오한 차원에서 전복(顚覆)적이다. 이 점은 오늘날 미국에서도 1세기의 고린도에서보다 덜하지 않다.

5. **부활은 우리를 이스라엘에게 묶어 준다.** 이러한 연대의식은 예수의 부활이 '성경대로' 발생했기 때문이다(4절). 따라서 우리의 부활 이야기가 항상 성경에서 드러난 대로 '케리그마'(선포)를 하나님께서 이스라엘에게 하신 약속과 하나님께서 이 백성을 다루시는 역사와의 관계 속에 위치시키는 것은 '첫 번째로 중요한' 일이다. 하나님께서 죽은 자들 가운데서 일으키신 분은 전 세계를 대상으로 한 복권 당첨에서 뽑힌 것이 아니다. 그분의 사명은 이스라엘의 하나님께 대한 순종 가운데 이루어졌고, 그분의 부활은 자신의 언약에 대한 하나님의 신실하심을 확증한 것이다. 부활이 **어떻게** 성경대로인지 바울이 설명하지 않기 때문에, 우리는 그 의미를 숙고하기 위해 성경 속으로 뛰어들어야 한다. 고린도전서 15장에서 가장 중요한 단서들 중 하나는, 바울이 그 장의 끝 부분에서(54절) 이사야 25장을 암시하는 데서 발견된다. 예수의 부활은 하나님께서 온 민족들을 모아 시온 산에서 큰 잔치를 벌이시고, 죽음이 승리 속에서 삼키움을 당할

때, 유대인과 더불어 이방인들도 품어 안음으로써 '모든 민족의 그 가리워진 면박'을 제거하시려는 의도의 사인이다.

6. 그리스도인의 모든 선포는 부활에 바탕하고 있어야만 한다. 바울이 이 장을 통해 주장하고 있듯이, 믿음은 이와 함께 서기도 하고 넘어지기도 한다. 이것은 여러 가지 결정적인 함의를 지닌다.

첫째, 이것은 무엇보다 우선 복음이 과격한 은혜의 말씀임을 뜻한다. 왜냐하면 부활은 우리가 만들어 낼 수도, 통제할 수도, 조작할 수도 없는 일들 중 하나이기 때문이다. 우리의 소망은 배타적으로 하나님 손에 달려 있다.

둘째, 이것은 믿음이 분명한 그룹의 사람들이 증언하고 있는 인간 역사 속의 특정 사건에 기초하고 있음을 뜻한다. 부활은 매년 봄이면 그 싹이 올라와 피는 꽃들을 상징하는 것만도 아니며, 인간 마음속에 영원히 솟아나는 소망을 위한 상징도 아니다. 그리스도교의 믿음은 본디오 빌라도에게 고난을 받으사 십자가에 못 박혀 죽으시고 장사지낸 바 되셨던 예수 그리스도께서 무덤으로부터 다시 살아나신 사건에 바탕하고 있다.

셋째, 부활의 근본 기초가 되는 특성을 지니고 있다는 것은 복음의 중심에 종말론이 놓여 있다는 것을 뜻한다. 그리스도가 첫 열매이기 때문에 그의 부활은 그분께 속한 모든 사람의 부활을 가리킨다. 그것은 불가피하게 미래의 사건으로 남아 있다. 따라서 그리스도 부활의 효과는 우리의 눈을 다가오는 하나님의 미래 쪽으로 돌리게 하는 것이다.

넷째, 만일 부활을 부인하게 되면 우리는 스스로 내부로만 향하고 자신의 종교 체험만을 중심적 관심사로서 삼아 거기에 초점을 두게 된다. 고린도교회 교인들이 그와 같은 일을 하고 있었고, 그것은 또한 쉴라이에르마허(Schleiermacher) 이후 개신교 신학을 포위하고 있는 유혹이기도 하다. 이러한 내부 지향의 방향전환은 영혼 구원에만 관심을 갖는 경건주의 종교의 형태를 지닐 수도 있고, 개인의 '영성' 개발에만 관심을 갖는 '뉴 에이지'(New Age) 종교의 형식을 갖출 수도 있다. 어느 쪽이든 거의 동일한 결과를 가져온다. 반면에 죽은 자들의 부활에 대한 복음은 우리에게 하나님께서 여전히 창조에 마음을 쏟고 계시며, 또한 하나님께서 우리의 경험을 넘어서, 그리고 우리의 주관성 밖에서 행동하셨고, 행동하실 것이라는 점을 진지하게 받아들이도록 강요한다.

7. 부활은 발상의 전환(conversion of the imagination)**을 요구한다.** 이 점은 바울이 우리의 카테고리를 확대하여 우리가 알고 있는 어떤 것과도 다른 '몸들'을 생각하도록 요구하는 고린도전서 15 : 35~57에서 특별히 분명하게 드러나 있다. 하나님의 최종적 정의와 변형력의 약속은 일상적 이해력을 초월한다. 이것은 우리의 설교가 명제를 옹호하려 애쓰기보다는 우리로 하여금 메타포와 찬송을 통해 복음을 붙잡을 수 있도록 해주는 상상의 도약을 일깨우기 위해 노력하는 것이 되어야 함을 뜻한다.

결론 마지막으로 개정공동성구집에서 고린도전서 15장의 위치를 간략하게 생각해 보도록 하자. 고린도전서 15 : 1~11과 15 : 19~26은 각각 연도 B와 연도 C의 부활주일에 지정되어 있다. 이 본문들은 각기 가장 오래된 케리그마 전승과 마지막 원수인 죽음에 대한 그리스도의 종말론적 승리에 대한 근본 이야기로서, 설교자들에게 이 가장 즐거운 신앙의 명절에 복음의 내용을 탐색할 수 있는 살찐 자료들을 제공해 준다.

이 장의 27~34, 39~41절을 뺀 전체는 계속 읽어 나갈 수 있도록 연도 C의 네 주현절 주일들에 지정되어 있다. 이 주일들을 위한 다른 읽기와 주제의 연결이 되는 구절들이 시사하는 바는 적지 않다.

다섯 번째 주일에, 15 : 1~11의 부활 출현은 성전에서 있었던 이사야의 하나님을 보는 비전(사 6 : 1-8) 및 누가복음 5 : 1~11의 시몬, 야고보, 요한의 부르심과 연결되어 있다. 이곳에서의 설교는 하나님/그리스도와의 대면, 그리고 이어지는 사명에의 부름을 주제로 발전시킬 수 있을 것이다.

여섯 번째 주일에, 15 : 12~20은 예수의 지복(至福)과 화(禍) 선언을 담고 있는 누가복음 6 : 17~26과 연결되어 있다. 여기서 주제상의 연결은 분명하지 않다. 하지만 설교자는 부활과 예수께서 선포하신 큰 역전(逆轉)과의 관계를 탐색할 수 있을 것이다. 두 본문 다 하나님께서 예기치 못하게 천한 자들을 일으키시는 내용과 연관을 갖는다. 고린도에서 부활을 부인한 사람들이 아마 공동체의 부유한 사람들이었으리라는 것을 믿는 해석자들은 여기서 다소 도발적인 근거들을 찾아볼 수 있을 것이다. 부유한 자들이 죽은 자들의 부활에 대한 개념을 거부하는 것은 그들이 이미 자기 위로를 받았기 때문이 아닐까?(눅 6 : 24 참조) 어떤 사람들에게는 부활과 심판이 좋은 소식이 되고, 어떤 사람들에게는 그것들이 공포의 전망이 될까?

일곱 번째 주일에 15 : 35~38, 42~50은 구약 성경 읽기의 창세기 45 : 3~11, 15과 짝을 이루고 있다. 이것은 요셉이 애굽에서 자신의 형제들을 만나는 이야기인데, 역사 속에서 부활 이야기의 모형론적 전조(前兆)로 읽혀 왔다.

여덟 번째 주일에, 15 : 51~58은 이사야 55 : 10~13과 연결되어 있다. 부활과 하나님 말씀의 주권적 결실에 대한 이사야 예언의 연결을 추적하는 설교를 할 수 있다. 하나님의 입으로부터 나가는 말씀이 공허하게 되돌아오지 않는 것처럼, 또한 하나님의 몸의 '씨뿌리기'도 결코 헛되지 않으며, 신실한 자들의 수고도 헛되지 않을 것이다. 모두 하나님께서 뜻하시는 대로 열매를, 기적적인 열매까지도 맺을 것이다. '끊어지지 않는 영영한 표징'에 대한 이사야의 축연 비전(사 55 : 12－13)은, 바울이 죽을 몸이 죽지 않을 것을 입게 됨에 대해 하나님께 감사를 드리는 것(고전 15 : 53－54)과 함께 엮어질 수 있다. 이 두 비전의 시적인 본문들은 강력하게 생산적이다.

그러나 설교자들은 다양한 성구집 읽기 사이의 관계를 복잡하게 과시하는 일에 사로잡히지 않도록 조심해야 한다. 고린도전서 15장으로 작업을 하는 설교자의 최우선적 책임은, 교인들이 죽은 자들의 부활에 대한 바울의 메시지를 분명하게 들을 수 있도록 만드는 일에 있다. 왜냐하면 이것이 '가장 중요한 것'이기 때문이다.

제5부

맺음말:
사랑을 위해 부름을 입은 공동체

고린도전서 16 : 1~24

맺음말:
사랑을 위해 부름을 입은 공동체

고린도전서 16 : 1~24

바울은 앞의 15장의 대결론과 함께 고린도에서의 다양한 이슈들에 대한 대응을 끝냈다. 마지막 장은 몇 가지 미처 다루지 못한 실용적인 사안들을 처리한 뒤 고린도교회 교인들에게 바울의 여행 계획에 대한 정보를 알려 주고 모든 바울의 편지들처럼 몇 마디 경계와 인사로 끝을 맺는다. 그렇다고 이 마지막 장의 내용이 중요하지 않다고 말하는 것은 아니다. 바울은 한 문장도 예외 없이 모든 문장을 교회의 삶을 조각하는 목적에 기능할 수 있도록 만들어 가는 기민한 목회자이다. 이 짧은 코멘트와 지시들은 바울과 고린도 공동체의 관계를 견고하게 만들고, 바울의 동료들인 디모데와 아볼로에 대한 교인들의 자세를 조각하려 노력한다. 더구나 헌금에 대한 바울의 지시(16 : 1−4)와 공동체에서 스데바나의 역할에 대한 지시(16 : 15−17)는 이 편지를 읽도록 되어 있던 원독자들에게는 매우 중요한 관심거리였을 것이다. 우리에게 이런 구체적 이슈들이 직접적 관심거리가 되지 못한다는 것은 새삼스럽게 놀라울 것이 없다. 이 마감의 장은 우리로 하여금 다시 한번 고린도전서가 정말 **편지**였지 신학 논문이 아님을 상기시켜 주며, 결국 우리 모두 누군가 남의 편지를 읽고 있었다는 점을 다시 확인해 준다. 그러나 우리는 다른 곳에서와 마찬가지로 여기서도, 바울이 어떻게 복음이 실용적 이슈들에 영향을 미치도록 만드는

지를 자세히 관찰함으로써 무엇인가를 배우기 위해 참고 기다린다.

동시에 16장은 우리에게 바울의 광범위한 선교 사역의 모습을 잠시 엿볼 수 있게 해 준다. 이 마감장의 가장 중요한 기능들 중 하나는 고린도교회 교인들로 하여금, 그들의 교회가 더 넓은 공동체들의 네트워크에 속해 있으며(갈라디아, 예루살렘, 마게도니아, 에베소, 그리고 '아시아에 있는 교회들'에 대한 언급을 주목하라.), 그리스도 안에서의 삶은 필연적으로 그들을 더 넓은 세상과 연계시키는 사명에 동참시킨다는 점을 상기시키는 것이다. '주의 일'(10절)은 긴급한 일이며, 고린도에 있는 교회는 자신들을 더 큰 선교 사업의 동참자들로 보는 것을 배워야만 한다.

고린도전서 16장의 내용은 거의 동일하게 양분될 수 있다. 전반부에서는(1–12절) 바울이 헌금에 대한 지침을 주고, 앞으로 자신의 여정을 논의한다. 비록 짧기는 하지만 이 내용들 중 일부는 고린도교회 교인들이 보내 문의했던 질문들에 대한 답변인 것 같다. 바울은 후반부에서(13–24절) 몇 가지 주요 관심사항들을 한 번 더 당부하면서 작별의 말로 편지를 끝맺음한다. 이 마지막 단락이 특별히 사랑에 대한 강조를 하고 있는 것은 결코 우연이 아니다(14, 22, 24절).

고린도전서 16 : 1~12

헌금과 여행 일정

'성도를 위하는 연보'(16 : 1–4)에 대한 바울의 지시는 고린도교회 교인들이 이 프로젝트에 대해 이미 알고 있음을 전제하고 있다. 여기에는 이 헌금의 사유에 대한 설명도 주어지지 않았고, 수혜자들이 분명하게 명시되어 있지도 않다. 단지 헌금이 예루살렘으로 가는 것은 분명하게 나타나 있다(3절). 아마 바울은 이전 편지에서(5 : 9 참조) 사안을 좀더 온전하게 설명했던 것 같다. 여기서는 헌금의 수집과 전달의 방식에 대해서만 언급하고 있다. 우리는 바울의 다른 편지들에 있는 정보를 통해, 헌금이 '예루살렘 성도 중 가난한 자들'을 위한 것이며(롬 15 : 26), 바울은 그것을 그의 이방인 회중들 가운데서 주요 과업으로 생각하여 최소한 갈라디아, 마게도니아, 그리고 아가야에 있는 교회들을 동참시키고 있다는 사실을 알고 있다. 바울은 이 재정 헌금을 이방인교회들이 예루살렘 공동체의 증거를 통해 그들에게 온 영적 축복에 대해 한 봉사의 길로 해석했다(롬 15 : 27). 또한 바울은 이 헌금을 이방인들이 이스라엘의 하나님을 온 세상의 한 분 하나님으로 인정하는 것을(사 2 : 2−3, 60 : 10−16) 상징하는 종말론적 사인으로 보았을 가능성도 있다. 그러나 바로 이 헌금은 상징적으로 그리스도 안에서 이방인들과 유대인들 사이의 일치에 대한 사인으로 무게를 지니고 있었기 때문에, 바울이 나중에 예루살렘의 그리스도인들이 그것을 받을지의 여부에 대해 걱정을 하는 이유가 되기도 했다(롬 15 : 30−31). 바울은 이 프로젝트 추진의 원래 동기가 '가난한 자들을 생각'해야 한다는 예루살렘 지도자들의 요청(갈 2 : 10)에 기인했을 수 있다는 사실에도 불구하고 이런 염려를 했다(즉, 예루살렘 교회의 뜻과 같은 일을 하고 있으면서도 그들과의 관계 설정이 어려웠던 것이 바울의 현실이었다−역주). 그러나 바울은 이 헌금에 대한 가장 긴 논의(고후 8−9장)에서, 이 상징적 요인들을 고린도교회 교인들이 그것에 참여해야 하는 동기로서 강조하지는 않았다. 그보다는 오히려 경제적 공평함과 관대함의 사안으로서 자원들을 공유하는 것을 근본 동기로 설명한다.

어쨌든 고린도전서 16 : 1~4에서는 이러한 사유와 동기들 중 어떤 것에 대해서도 밝히 천명되지 않는다. 바울은 단지 고린도 그리스도인들이 '매주일 첫날에' 그들이 갖고 있는 바의 여분을 따로 떼어 놓아 그가 도착할 때까지 그것들을 저축해 둘 것을 지시했을 뿐이다. 흥미롭게도 이 점은 당시 교회 내에 헌금 수집과 저축을 위한 기성의 행정 구조가 없었음을 보여 준다. 각 사람은 자기 자신의 기부금을 사적으로 축적하도록 요청받았다. (바울이 자신의 호소를 이런 종류의 사업을 위해 필요한 후원금 제공을 기대할 수 있는 부유한 공동체 구성원들에게 겨냥하지 않고 있다는 것도 의미심장한 일이다. 대신 그는 모든 이들이 각자의 능력대로 동참할 것을 요청한다.) 바울은 고린도에 도착하여 직접 모금활동을 벌여 유쾌하지 못하게 강요하는 것 같은 인상을 주고 싶지 않았다. 바울은 자신이 현장에 나타나기 전에 모든 돈이 저축되고 모아져 있는 것이 바람직하다고 보았다. 더구나 그는 이 돈이 **자신을** 위한 것이 아니고, 가난한 사람들을 위한 것임을 분명히 하기를 원했다. 그래서 본인이 직접 돈을 취하기보다는 고린도교회 교인들이 스스로 선정한 대리인을 파송하여 예루살렘에 헌금을 전달하게 할 계획을 세운다. 이런 절차는 바울이 그 돈을 횡령하려 계획하고 있을지 모른다는 가능한 의혹을 사전에 차단할 것이다. 우연하지 않게 그러한 방식은 그 선물이 지닌 상징적 가치를 더 높여 줄 것이다. 즉, 이방인들이 예루살렘에 드리는 헌금이 **이방인 자신들에 의해** 전달된다는 의미를 갖게 된다.

바울이 고린도전서를 쓸 때쯤에는 아직 본인이 직접 예루살렘에 올라갈지의 여부를 결정하지 못했다. 다른 사유도 있었겠지만, 무엇보다 우선 결정을 내리기 전에 그 선물의 규모가 어느 정도 될 것인지를 보기 위해 기다리고 있었을 것이다. 아마 그것이 직역을 하면 "내가 또한 갈 **가치가** 있다면 그들이 나와 함께 갈 것입니다."로 번역되는 본문 4절의 가능한 의미였을 수 있다. 어쨌든 바울은 그들에게 자신이 고린도에 도착하기 전까지 돈을 저축해 놓으라는 적정(適定)의 경고를 주고 있다. 나중에 고린도후서에서 그가 계속 헌금을 부추기고 있는 것을 통해 알 수 있듯이, 그들의 반응은 바울이 희망했던 것만큼 즉각적으로 후하지는 못했다. 그러나 종국에 가서는 고린도교회 교인들이 만족스러울 정도로 동참했음에 틀림없다. 결국 바울은 예루살렘으로 가기로 결정했고, 로마에 보낸 그의 편지는 아가야의 교회들(고린도는 로마 속주 중의 하나인 아가야에 속한 도시이다－역주)이 그 프로젝트를 지원하고 있음을 밝히고 있다(롬 15 : 26).

바울은 고린도로 돌아가기 전까지의 기간 동안에 다른 계획들을 가지고 있었다. 그는 지금 이 편지를 쓰고 있는 장소인 에베소에 더 머물고자 한다. 그곳에서 기회와 반대 모두를 직면하고 있기 때문이다(8－9절). 오순절에 대한 언급은, 그의 편지 내의 다른 여러 지표들과 더불어 바울이 아직도 유대인의 준거 틀 내에서 사고하고 있으며, 또한 그의 고린도 회심자들도 그렇게 하리라고 기대하고 있었음을 보여 주는 하나의 지표가 되고 있다. 오순절은 말할 것도 없이 바울의 때에 아직 그리스도교의 교회력에서 기념되는 절기가 아니었다. 나중에 오순절이 그리스도교의 거룩한 날로 등장하게 된 것은 누가 이야기의 예술적 기교의 결과였다(사도행전 2장을 보라). 이 시점의 바울에게 있어 오순절은, 유월절 이후 50일이 지나 새로운 곡식의 헌물을 드리는 유대인의 절기였다(레 23 : 15－21). 유대 월력에 대한 이 언급으로 해서, 바울이 마게도니아(데살로니가와 빌립보에 있는 다소 덜 문제가 있는 교회들을 포함하고 있는 지역)를 통과하여 지나가기 전 초여름까지 에베소에 머물기를 의도한다는 사실을 가리키고 있다. 그러고 나서 그는 고린도로 가서 그곳에서 겨울을 나기를 원하고 있다(5－6절). 아직 결정되지는 않았으나, 그들 가운데 머물다가 다음 목적지로 향할 때, 그는 고린도교회 교인들이 자신을 재정 및 물자 지원과 함께 그쪽으로 '보내 주기를' 희망한다(6절, 동사 **프로펨페인**〈*propempein*〉은 선교사들의 지원을 가리키는 전문 용어였던 것으로 보인다). 만일 바울이 자신의 선교를 위한 그들의 재정 지원을 수용한다면, 그것은 그가 고린도교회 교인들을 향해 갖고 있었던 이전 정책으로부터의 변화를 뜻한다(9 : 12, 15－18 참조). 그러나 그는 그 변화의 이유에 대해 자세히 설명하지 않는다. 피(Fee, p. 819)는 이것이 일종의 암묵적 '화목제'였다는 제안 설명을 한다. 이제 바울이 고린도교회 교인들에게 자신의 일을 지원하게 함으로써 그들에게 '그의 사역에 대해 역할을 분담할' 기회를 주고 있다는 말이다.

바울은 에베소에서의 사건들에 대해 자세한 설명을 하지 않는다. "광대하고 공효를 이루는 문이 열렸다."는 것은 적대자들의 존재에도 불구하고 복음을 전할 수 있는 좋은 여건이 생겼음을 가리키는 것이다. 박해에 대한 이 언급은 그가 앞에서 했던 불가해한 암시적인 표현 "에베소에서 맹수와 싸웠다"(15 : 32, 행 19 : 23－41 참조)라는 말을 상기시키고, 나중에(여전히 막연하기는 하지만) 그가 아시아에서 겪게 되는 지독한 시련(고후 1 : 8－11)에 대한 코멘트를 전조(前兆)하는 것이 되기도 한다. 그러나 바울은 현재의 위험에도 불구하고, 말씀을 전할 기회를 보고 당분간 그가 있는 그곳에 머물러 있기를 의도한다. 교회가 안락하게 정착되어 있는 시대와 장소에서 살고 있는 우리는 바울의 선교 사역을 따라다니던 불확실성과 위험 감수를 과소평가해서는 안 된다. 이곳에서 읽는 바울의 계획에 대한 설명은, 그리스도인들이 종종 위험한 상황 속에서도 일어나 증언하도록 부름 받았으며, 또한 가장 큰 위험 감수의 장소가 동시에 복음 전도를 위해 가장 큰 기회가 주어져 있는 장소일 수 있다는 점을 보여 주고 있다.

어쨌든 바울은 자신의 여행 계획을 세밀하게 세우고 있다. 바울은 겨울에는 여행, 특히 바다 여행이 불가능했기 때문에 고린도에 도착하는 시간을 잘 맞추려 한다. 그곳에서 다소 긴 몇 개월 동안 정착하여 머물 수 있어야 하기 때문이다. 이제는 '지나는 길에' 그들 보기를 원하지 않는다는 바울의 코멘트는(7절) 단지 공손함을 보이기 위한 관행의 표현이 아니다. 그가 이 편지에서 말한 모든 것을 감안할 때, 이것은 고린도 공동체의 영적 건강에 대한 심각한 관심의 정도를 보여 주는 것이다. 그는 그곳에 도착했을 때 상당한 정도의 교정 상담과 가르침의 일을 해야 할 것으로 기대하고 있다(그가 도착했을 때 필요하게 될 추가적 교훈을 적시하고 있는 11 : 34 참조). 사실 바울의 고린도 출현은 '교만한' 사람들이 그들 가운데 가한 피해를 복구하기 위해, 일정 기간 동안 그곳에 머물지 않을 수 없게 만드는 한판 대결을 촉발시킬 것이다(4 : 18－21).

그러는 동안에 바울은 고린도교회 교인들에게 디모데를 보내 '그리스도 예수 안에서의 (바울의) 행사'를 상기시켜 줌으로써 평탄 작업을 하게 만들었다(4 : 17, 16 : 10－11). 이것은 적어도 바울의 후배급 동료에게는 꽤나 힘들고 어려운 목회 과제였다. 바울은 공공연하게 디모데가 고린도교회 교인들 가운데서 겪게 될 영접의 성격에 대해 염려하고 있다. 바울은 고린도교회 교인들에게 디모데가 '두려움 없이' 일할 수 있는 분위기를 조성해 줄 것을 권하면서, 또한 구체적으로 그들이 그를 '멸시하지' 말

것을 경고한다. 디모데전서 4 : 12과의 비교를 통해 볼 때 이러한 염려는 디모데가 상대적으로 젊고 경험이 미천했기 때문에 생겨난 것으로 추정된다. 그러나 또 하나의 설명은 바로 고린도전서 자체 내 가까이에 위치해 있다. 디모데는 공동체 내의 영향력 있는 파당들이 바울에게 환멸을 느끼게 된 상황 하에서 그 갈등 속으로 바울의 대리인이 되어 파송을 받은 것이다. 더구나 바울은 **이 편지를 쓰는 행위로 말미암아** 그 긴장을 더 고조시켰다. 바울은 교회의 힘 있는 구성원들을 엄하게 채근하면서, 성생활, 사회적 접촉관계, 예배의 형식, 법정 소송 등을 포함하는 그들의 행실에 대한 근본적 변화를 요구했다. 만일 고린도교회 교인들이 바울의 편지에 주의를 기울인다면, 디모데의 일은 그다지 힘들지 않을 것이다. 그러나 만일 그들이 바울의 호소를 거부한다면(그럴 것 같은 분위기이다.), 그 포화를 다 맞으면서 그곳에 있게 될 것은 디모데였다. 바울의 편지에 격발된 고린도교회 교인들에게 있어 불쾌감을 표시할 수 있는 가장 직접적인 길은 디모데를 공격하는 것이 될 것이다. 바울은 이러한 어려운 상황을 예상하면서, 고린도교회에게 그를 적대감이 아니라 지원과 함께 '평안히 보내라'고 요구하고 있는 것이다.

또한 고린도교회 교인들은 그들을 방문하러 오는 것이 아볼로가 아닌 디모데인 것에 대해 실망했을 것이다. 바울이 12절에서 한 말은, 고린도교회 교인들이 바울에게 아볼로를 돌려보내 달라고 요청했었음을 암시해 준다. 여기에 정치적 대립의 역류(逆流)에 대한 불순함이 엿보인다. 왜냐하면 일부 공동체 구성원들이 바울에게 반대하면서 아볼로를 리더로 치켜세운 것으로 보이기 때문이다(1 : 12). 따라서 이제 바울의 부재 속에서 아볼로가 고린도에 간다는 것은 바울의 권위를 훼손하는 권력의 장난으로 이해될 수 있었다. 그러나 바울은 자신과 아볼로를 라이벌이 아닌 한 팀의 동료로 보았다(3 : 5－9). 그래서 바울은 아볼로가 교회 내의 일부 내적 갈등을 완화시킬 수 있을 것으로 보아, 그에게 고린도로 가도록 '많이 권했다'(16 : 12). 왜 아볼로가 고린도에 갈 수 없었는지 우리로서는 알 길이 없다. 여기서 바울의 문장은 다소 모호하다. 직역을 하면 이렇다. "그가 지금 가는 것은 전혀 **뜻**이 아닙니다." 이것은 아볼로가 (대부분의 영어성경번역이 그렇게 생각하듯이) 가지 않으려 했다는 뜻일 수도 있고, 그가 고린도에 가는 것이 **하나님**의 뜻이 아니라는 의미가 될 수도 있다(Barrett, pp. 391-392, NRSV와 NEB의 각주를 보라). 우리로서는 아볼로가 갈 것을 거절한 이유에 대해 알 길이 없지만, 그래도 전자의 해석이 더 가능성을 갖는다.

가끔 여기서 바울이 자신과 디모데의 계획에 대해 설명하고 있는 바가 4 : 17~21과 갈등을 일으킨다는 제안이 있어 왔다. 바울은 4장에서 디모데를 보냈다고 분명하게 말하면서, 자신도 '곧' 고린도에 가리라는 의도를 선언한다. 반면 16장에서는 디모데의 고린도 도착에 대해 다소간의 의심이 있는 것같이 보인다. 그리고 바울 자신의 그곳에서의 출현은 몇 달 후 미래의 것으로 계획된다. 결과적으로 어떤 비평가들은 이 단락이 원래 다른 편지에 속했던 부분이었을 것이라는 주장을 하게 되었다.

그러나 최근의 주석가들이 지적했듯이, 이것은 바울의 언어 표현을 너무 융통성 없이 읽은 결과이다. 고린도전서 4장에서는 바울이 고린도교회 교인들에게 교만하지 말라고 경고를 하면서 그가 그들을 대면하기 위해 직접 그곳에 갈 날이 멀지 않았다는 점에 수사학적 강조를 주고 있는 반면, 16장에서는 좀더 자세하게 실질적인 여행 계획을 말하고 있을 뿐이다. 디모데에 관해서는 '디모데가 이르거든'('if Timothy comes', 16 : 10)이란 조건절에 대해 어떻게 해석을 해야 할지 분명하지 않다. 아마 바울은 현실적 차원에서 디모데의 도착이 지연되거나 돌려질 가능성을 생각하고 있었을 것이다. (우리가 반 짐작으로 제안을 한다면, 바울이 표현하고 있는 두려움을 감안할 때 디모데는 다른 도시에서 할 일의 압박을 느끼고 있었을 수 있다.)

어쨌든 이 작은 불일치는 16장을 편지의 나머지 부분으로부터 떼어낼 만한 충분한 이유가 되지 못한다. 바울의 전반적인 여행 계획 및 디모데와 아볼로에 대해 언급하는 것 등은 그가 편지의 본체에서 말한 것들과 잘 부합한다.

고린도전서 16 : 13~24
작별 인사

이제 바울은 그의 특징적인 편지 마감의 형식으로 이행해 들어간다. 본문 13~14절의 간략한 다섯 가지 일반 권면은 편지의 결말로 이행하고 있음을 알리는 신호가 된다. 얼른 보기에 이것은 판에 박은 자료들 같다. 이 모든 경계(警戒)들은 어느 곳에 있는 어느 교회에라도 전달되었을 법한 내용이기 때문이다. 그러나 자세히 살펴볼 때 바울이 13~14절에서 최소한 몇 단어들을 고린도 공동체의 특별한 필요들로 향하는 시각으로 선택한 것임을 볼 수 있다.

첫 번째 명령법 '깨어라'(*grēgoreite*)는 강력한 종말론적 어조를 지닌 동사이다. 바울은 다른 곳에서 이 단어를 그의 독자들에게 주님의 날이 임하는 것으로 인해 놀라움에 사로잡히지 않기 위해 의식적으로 정신을 차리고 있을 것을 경계하면서 사용한다. "그러므로 우리는 다른 이들과 같이 자지 말고 오직 **깨어**(*grēgorōmen*) 근신할지라"(데살로니가전서 5 : 6, 종말론적 긴장을 요구하는 비슷한 소환을 위해서 로마서 13 : 11~14을 보라. 또한 마가복음 13 : 33, 35, 37을 참고하라). 편지 전체를 통해 고린도교회 교인들에게 다가오는 종말론적 심판을 염두에 두고 삶을 지켜보라고 여러 차례 상기시킨 것을 감안할 때, 여기 16 : 13에서 깨어 있으라는 바울의 부름은 확실히 그들로 하여금 주님의 오심을 응시하여 기다리고, 그 소망에 적절한 방식으로 행동할 것을 요구하는 것으로 이해해야 한다.

"믿음에 굳게 서십시오."(NIV가 올바르게 번역을 했다.)라는 명령은 바울이 부활에 관한 장을 시작할 때와 마무리할 때 사용했던 단어들의 메아리가 되어 울린다(15 : 1−2, 58). 여기서 고린도교회 교인들은 바울이 그들에게 선포했던 메시지를 굳게 붙잡음으로써, 그들의 정체성은 복음에 근거해야 된다는 것을 상기하게 된다. 영어성경 NRSV가 헬라 원문에 없는 소유대명사를 공급하여 "**당신의** 믿음에 굳게 서십시오."라고 번역한 것은 안타깝게도 강조점을 **케리그마** 안에서 선포된 믿음의 내용에서 신자의 주관적 태도나 믿음의 체험으로 옮겨 버리는 결과를 낳는다. 그 차이는 다소 미묘하지만 중요한 것이다. 우리는 선포된 말씀 안에 서 있지, 우리 자신의 주관성 안에 서 있는 것이 아니다.

다음의 명령법 '용감하고 강하십시오.'(편지의 다른 곳에서 자신들에게 '모든 것이 가하다'고 생각하는 '강한' 그리스도인들을 기술할 때 쓰인 그 헬라어 단어가 **아님**.)는 편지의 주제와 뚜렷한 연결을 갖고 있지 않다. 그러나 같은 동사가 사용된 시편 31 : 24의 표현은 여기서 분명히 반향을 울리고 있다. 바울은 이 시편을 마음속에 생각하고 있었다. 그 마감 절들이 고린도교회 교인들에게 준 그의 메시지로 가득히 공명을 이루고 있기 때문이다.

> 너희 모든 성도들아 여호와를 사랑하라(고전 16 : 22 참조).
> 여호와께서 성실한 자를 보호하시고
> 교만히 행하는 자에게 엄중히 갚으시느니라(고전 4 : 18－19, 5 : 2－6, 8 : 1, 10 : 12, 11 : 21－22, 14 : 36 등등 참조).
> **강하고 담대하라**(고전 16 : 13).
> 여호와를 바라는 너희들아(고전 1 : 7 참조).
> (시 31 : 23－24, 강조는 저자의 것)

물론 바울의 단순하면서도 직설적인 권면은 시편의 반향을 듣지 못하는 독자에게도 완벽하게 이해가 될 것이다. 그러나 그 반향을 듣는 사람들은 힘과 용기가 하나님을 향한 사랑에 뿌리를 내리고 있으며, 자랑과 교만에 대립하고 있다는 점을 이해할 것이다. 진정한 힘은 신뢰로 가득하여 주님을 **바라는** 것에 바탕하고 있다. 이러한 강건함은 "내게는 모든 것이 가하다"(6 : 12, 10 : 23)고 말하는 영적인 '남성적 기백'과 대립되는 위치에 놓여 있다.

마지막으로, 이 간결한 권고의 마지막 말은 고린도전서의 핵심 주제들 중 하나를 강력하게 강화하고 있다. "너희 모든 일을 사랑으로 행하라"(16 : 14). 이 말씀은 편지의 메시지를 한 문장으로 증류하여 집중시킨다. 고린도교회 교인들은 이 말씀을 들으면서 확실하게 8 : 1~3과 13장 전체를 기억하도록 되어 있다. 이제 바울은 그들이 그 사랑을 실제 행동으로 옮기기를 소망한다.

다음으로 바울은 고린도의 상황에서 실천하는 사랑이 어떤 형태인지를 알게 하는 예를 하나 보여 준다. 스데바나 집 사람들이 칭찬을 받는다. 그들이 '성도 섬기기를 작정했기' 때문이다(16 : 15). 스데바나와 그의 집 사람들은 아가야에서 첫 회심자들이었고(직역하면 **첫 열매**이다. 15 : 20에서 그리스도에게 적용했던 것과 같은 단어), 또한 이들은 바울이 직접 세례를 주었던 몇 안 되는 사람들 중에 속했다(1 : 16). 더구나 다른 두 동행자(브드나도와 아가이고, 아마 이들은 그의 집 사람들이었을 것)와 함께 에베소에 있는 바울을 찾아와 고린도교회가 보내는 편지를 배달하고, 고린도에서 진행되고 있는 일들에 대한 추가적 정보를 제공해 준 것도 스데바나였다. 의심할 여지없이 바울의 회신 편지, 즉 현재의 고린도전서를 갖고 가는 것도 이들이었을 것이다. 지금 바울은 정치적으로 민감한 상황에 놓여 있는 자신을 발견한다. 그가 스데바나를 칭찬하기 원하면서, 다른 고린도교회 교인들이 그의 사역과 리더십을 인정해 줄 것을 요구하기 때문이다. 그러나 동시에 바울은, 이미 공동체를 나누어 버린 파쟁(派爭)을 악화시키지 않는 방법으로 이런 요청을 해야 했다. 스데바나와 그의 집 사람들은 분명히 바울 지지자들로 확인된 사람들 중에 속했을 것이다. 만일 바울이 단순하게 스데바나를 지원하면, 이미 바울의 권위에 저항하고 있는 사람들에게는 그 지원에 별 무게가 실리지 않을 것이다.

이 문제에 대한 바울의 해결책은 스데바나와 그 집이 이미 공동체를 섬기기 위해 했던 일을 상기시켜 지목해 주는 것이었다. 그들의 권위는 그들이 했던 봉사를 통해 정당성을 얻는다. 바울은 그들을 지목하여 좀더 일반적으로 적용될 수 있는 원칙의 예들로 삼는다. 교회에서 권위를 확보하는 사람들은 복음과 성도들(즉, 신실한 자들의 공동체)에게 **봉사**하기 위하여 '일하며 수고하는' 사람들이다(16절, 15 : 58 참조). 그리스도인들이 복종해야 할 사람들은 바로 '이 같은 자들'이다. 이것은 바울이 스데바나와 그의 측근들을 교회 내의 공식적인 직분에 임명하려 하는 것이 아님을 보여 준다. 사실 헬라 원문에서 바울의 표현은 이렇게 직역된다. "**그들은 스스로를** 성도들을 섬기는 일(*diakonia*)에 **임명했습니다**(맡겼습니다-역주)." 그것은 신자들이 사랑 안에서 서로 복종하는 공동체 내에서 권위가 작용하는 방법이다(엡 5 : 21 참조). 사람들이 자진하여 봉사하고 그로 인해 공동체 내에서 다른 사람들의 존중을 확보한다. 그래서 스데바나와 그 집 사람들은, 바울이 다른 교회들 가운데서도 가르치기 원하는 '길'의 모범적 예가 된다(12 : 31b). 그 이유로 해서 고린도교회 교인들은 그들을 '알아주라'는 바울의 독려를 받았다(18절).

바울이 스데바나와 그 집을 칭찬한 일이 기대했던 효과를 얻었는지는 확인할 길이 없다. 그러나 확실히 바울이 이 사안에 대해 쓰는 신경은(그렇지 않았다면 그저 간단한 작별의 말이 되었을 곳의 한가운데 끼여 있는 몇 문장의 단락임.), 그가 이것을 공동체를 위한 중요한 신호가 되는 사안으로 보았음을 말해 주고 있다. 스데바나와 그 동반자들은 복음의 신실한 대표자들이라는 바울의 칭찬을 받고 고린도로 돌아갔다.

19~20절에서 바울은 '아시아의 교회들'로부터의 문안, 그리고 특히 바울이 이전에 고린도에 처음 갔을 때 그곳에 거주했던 그의 선교 동역자 아굴라와 브리스가로부터의 문안을 전달하면서(행 18 : 2-3) '네트워크 구축 작업'(networking)을 계속한다. 이 문안의 말들은 다시 한번 고린도교회 교인들에게 그들은 지식과 영성을 선전하기 위해 모인 자발적 클럽이 아니고, 예수 그리스도의 권위 아래 있는 공동체들의 대단위 교제권에 속해 있다는 점을 상기시켜 준다.

더 정확하게 말하자면 그들은 그리스도 안에 있는 새 **가족에** 속해 있다. 바울은 편지 전반에 걸쳐 그들을 '형제와 자매들'(*adelphoi*)로 부름으로써 이러한 가족적 친밀감을 강화하려 했으며, 이제 '거룩한 입맞춤'의 실행으로 이 깊은 관계성을 상징하도록 권한다(20절, 롬 16 : 16, 고후 13 : 12, 살전 5 : 26, 벧전 5 : 14 참조). 이 거룩한 입맞춤은 나중에 성찬식의 한 부분으로 공식화되었다(Justin Martyr, *Apology* p. 65 참조). 그러나 여기서는 바울이 그것을 서로 사랑하는 사람들 사이에 하는 인사 이상의 어떤 것으로 생각하고 있다는 조짐은 보이지 않는다. 그러나 고린도 공동체의 분열 상황에서 보자면 거룩한 입맞춤은 이전에 서로 소원(疎遠)했던 사람들 사이에서 필연적으로 강력한 **화해**의 사인으로 기능할 것이다. 갈등이 지배적이었던 공동체 내에서 고린도교회 교인들이 이 일을 실제로 실천하는 모습을 그림으로 그려 보고자 하기 전까지는 이 간단한 명령("너희는 거룩하게 입맞춤으로 서로 문안하라.")을 그냥 형식적인 것으로 해석하기 쉽다. 우리의 분열된 교단들 내에서 서로 반대하던 파당과 위원회의 구성원들이 함께 모여 거룩한 입맞춤으로 포옹하는 모습을 비전으로 그려 볼 수 있는가? 항상 그렇듯이 바울의 사랑으로의 부름은 간단하면서 과격하고 구체적인 모양을 지니고 있다.

편지의 마지막 세 절에서 바울은 펜을 들어 자신의 이름으로 서명하고 후기(後記)를 더한다. (유사한 후기를 위해서는, 갈라디아서 6 : 11~18, 골로새서 4 : 18, 데살로니가후서 3 : 17, 그리고 빌레몬서 19절을 보라.) 이것은 바울의 편지에 나타나는 하나의 특징이다. 보통 그는 필경사에게 자신의 편지를 받아쓰게 했다(로마서 16 : 22을 보라). 그러나 가끔 편지의 말미에 자신이 직접 몇 마디를 더하여 적음으로써 편지의 진정성을 확보하고, 자기 개인의 특성을 담았다. 고린도전서의 끝에서도 그렇게 하고 있다. 그는 자신의 서명 후에 짧은 네 문장을 덧붙인다.

> 만일 누구든지 주를 사랑하지 아니하거든 저주를 받을지어다
> 주께서 임하시느니라
> 주 예수 그리스도의 은혜가 너희와 함께하고
> 나의 사랑이 그리스도 예수의 안에서 너희 무리와 함께할지어다

이 문장들은 접속사에 의해 연결되어 있지 않다. 각 문장마다 바울이 그의 독자들에게 남기기 원하는 생각을 하나씩 담고 있는 것으로 보인다.

이들 중 첫 번째 문장은 현재 많은 독자들에게 쓸데없이 귀에 거슬리는 내용으로 다가올 것이다. 공동체의 사랑을 호소하는 편지의 결론에서 왜 바울은 주 예수에 대한 사랑을 공유하지 않은 사람들에게 저주를 선언

할 필요가 있다고 느꼈을까? 이 질문은 중요한 것이다. 왜냐하면 이것은 바울이 이 편지에서 공동체의 기강을 요구할 때(특별히 5장과 6장을 보라.) 실질적으로 신경 썼던 일을 우리에게 상기시켜 주기 때문이다. 사랑의 공동체로서의 그리스도인 공동체는 무한정 포괄적인 것이 아니다. 예수를 거절하는 사람들은 공동체의 부분이 아니며 될 수도 없다. 어떤 사람들이 사도적으로 선포되었던 복음을 거절하면서도 여전히 스스로를 그리스도인이라고 할 때, 바울이 보기에는 교회에 큰 위험이 존재하는 것이다. 예를 들어 갈라디아서 1 : 8~9에서 바울은 '다른 복음'을 선포하는 사람들에게 준엄한 저주를 선언한다. 바울이 공동체 내에서의 다른 점들을 서로 용납하라고 호소하고 있는 고린도전서 12 : 3에서조차, 그는 배타적 특성을 보이는 경고로 자신의 말머리를 단다. "하나님의 영으로 말하는 자는 누구든지 예수를 저주할 자라 하지 않는다." 이런 말을 하는 사람들은 성령으로 말하는 것이 아니고, 그래서 신앙 공동체의 한 부분이 아니며, 따라서 저주를 받게 되어 있다. 마찬가지로 '주를 사랑하지 않는' 자들(16 : 22a)은 '그리스도의 주 되심'의 선포를 의도적으로 거부하고, 자신들을 신앙공동체 밖에 위치시키는 사람들이다.

그러나 또한 고린도전서에서 주님을 향한 사랑은 그리스도의 몸의 모든 구성원들을 향한 사랑과 긴밀하게 연결되어 있다는 것에 주목해야 한다. 주님을 사랑하는 사람들은 반드시 공동체를 세우려 하게 되어 있다. 공동체를 파괴하는 사람들은 실제적으로 정의(定義)상 주님을 사랑하지 않는 것이다. 따라서 16 : 22의 저주는 영성을 스포츠 경쟁으로 바꾸어 자신들의 주님이요 창조주이신 분을 사랑하기보다는 자기 자신을 과장하는 것으로 만들어 버린 일부 고린도교회 교인들을 향해 가볍게 베일로 가려 놓은 일종의 위협이다.

두 번째 문장은 실질적으로 헬라어가 아니라 아람어로 쓰여진 열정적인 기도이다. **마라나 타**(*Marana tha*, "우리 주여, 오소서"). 이 기도는 부활하신 주님을 부르면서 그분께서 다시 오시기를 애원한다. 그래서 바울이 15 : 20~28에서 스케치했던 절정의 순간을 발생시키는 것이다. 죽은 자들의 부활이 있고, 적대적인 세력들을 굴복시키며, 하나님의 최종적 승리가 있게 된다. 기술적으로 볼 때 이 절구를 직설법의 평서문, 즉 아람어로 음역할 때 **마란 아타**(*Maran atha*, "우리 주님께서 오셨다.")로 이해하는 것도 가능하다. 그러나 디다케가 일련의 종말론적 중보기도의 끝에서 이와 동일한 기도를 사용하고 있다는 사실은, 이것이 초기 교회에서 주 예수께서 오시도록 요청하는 기도로 이해되었다는 것을 암시한다. **디다케**에서의 언급을 그 문맥 가운데서 읽으면 이 점이 더 분명하게 드러난다.

> 주여 당신의 교회를 기억하여 그것을 모든 악에서 건지시고 그것이 당신의 사랑 안에서 완전하게 하소서. 그것을 네 바람들로부터 불러 거룩함 속에서 당신이 그것을 위해 준비한 당신의 나라로 한 데 모으소서. 왜냐하면 권세와 영광이 영원히 당신의 것이기 때문이옵니다. 은혜가 임하며 이 세상이 지나가게 하소서. 다윗의 하나님께 호산나. 누구든지 거룩하다면 오게 하소서! 누구든지 그렇지 않다면 회개하게 하소서. '마라나타, 아멘'(*Didache* 10.5-6).

이런 문맥 속에서 그 절구는 "우리 주여, 오소서."가 아닌 다른 어떤 뜻을 거의 가질 수 없다. (이 해석은 헬라어로 같은 내용의 기도로 책을 마무리하는 요한계시록 22 : 20에 의해서도 확인된다. **에르쿠 퀴리에 예수**〈*erchou kyrie Iēsou*, "오소서, 주 예수여!"〉) 바울이 헬라어를 말하는 교인들에게 헬라어로 쓴 편지 속에 예외적인 **아람어** 표현을 사용했다는 것은, **마라나타**(*Marana tha*)라는 외침이 초기 아람어권 그리스도인 공동체 예배에서 고정화된 한 부분이었으리라는 점을 보여 주고 있다. 이것은 두 가지 중요한 사실을 보여 준다. 첫째, 예수를 **주님**(구약성경과 유대인들이 그 사용에 있어서 하나님만을 위해 유보해 놓은 타이틀임)으로 호칭하는 일은 우리가 알고 있는 바 가장 오래된 그리스도교 전승층으로까지 거슬러 올라간다. 둘째, 이 초기 전승은 그 시작 때부터 종말론적이었다. 기독교 초기 단계에 비종말론적인 예수 운동의 가설을 상상하는 현대 학자들은 바울 서신의 증거들을 완전히 무시해야만 그런 생각을 계속할 수 있을 것이다.

바울의 정상적인 편지 마감 형식에 익숙한 사람이라면 누구에게나 고린도전서 16 : 23은 편지의 끝, 즉 주 예수의 **은혜**를 독자들에게 선언하는 축원처럼 들릴 것이다. 바울은 거의 항상 이러한 은혜의 언급으로 끝을 맺는다. 일반적으로 제2바울계 서신으로 여겨지는 편지들조차 이러한 스타일의 특성을 보전하고 있다(고후 13 : 13, 갈 6 : 18, 엡 6 : 24, 빌 4 : 23, 골 4 : 18, 살전 5 : 28, 살후 3 : 18, 딤전 6 : 21, 딤후 4 : 22, 딛 3 : 15, 몬 25 참조). 더구나 고린도전서는 '그리스도 예수 안에서 너희에게 주신 하나님의 **은혜**'(1 : 4)에 대한 감사로 시작했다. 이제 여기서 편지는 모든 것을 거쳐 그 은혜가 공동체에 계속 부여되기를 소원하는 그 종결점에 도달한 것같이 보인다. 하나님의 은혜는 외관으로도 모든 것을 둘러싼다. 바울의 메시지에 꼭 맞는 결론이다.

그러나 아직 더 있다. 바울은 고린도전서에서만 독특하게 은혜의 축원 **뒤에** 마지막 한마디를 더한다. "나의 사랑이 그리스도 예수의 안에서 너희 무리와 함께할지어다." 바울은 비바람이 몰아치듯이 고린도 공동체와 아직도 해결되지 않은 관계 한가운데 있으면서, 그들의 행실에 대해 준엄한 책망과 불신의 저항을 하고 있는 중에도 여전히 이 마지막 말로 그들에게 다가간다. 그는 하나님께서 여전히 주 예수의 은혜를 통해 그들을 사랑하실 뿐 아니라(23절), 바울 자신도 그렇게 그들을 사랑하고 있다는 점을 다시 확인한다. 하나님의 은혜와 사랑은 그리스도 예수 안에서, 바울과 이 짜증나게 만드는 이방인들 사이에 가능하지 않을 것 같았던, 그러나 누구도 깰 수 없는 사랑의 줄을 만들어 냈다. 갈등을 극복하기 위해 손을 뻗치는 그 사랑 안에 그들의 분열을 궁극적으로 치료하는 소망의 사인이 놓여 있다.

| 교사와 설교자를 위한 묵상 |

바울이 이 편지의 마지막 장에서는 어떤 주제도 길게 발전시키지 않기 때문에, 교육과 설교를 위한 이 자료들의 의미에 대한 관찰 또한 상대적으로 간결할 수 있다. 고린도전서 16장은 성구집에 나오지 않는다. 이 본문은 의심할 여지없이 설교보다는 성경공부에서 더 자주 활용되었을 것이다. 이 편지를 초기 그리스도교 공동체의 사회 세계를 들여다보는 역사의 창문으로 사용하기 원하는 사람들은 많은 흥미로운 자료들을 발견하게 될 것이다. 이 장을 자세히 읽다 보면 여러 가지 사안들이 우리의 관심을 끈다.

1. 돈과 신뢰 모금에 대한 바울의 언급에는, 예루살렘 성도들 중 가난한 자들을 위한 헌금의 운영에 대해 고린도교회 내에서 다소의 불신이 있었을 것이라는 암시가 담겨 있다. 바울의 지시는 기금이 예루살렘에 전달될 때까지 고린도의 대표들이 그 감독을 유지하도록 하여, 그들을 안심시킴으로써 잠재적으로 문제가 될 수 있는 소지를 없애려 했다(3절). 만일 고린도교회 교인들 중 일부가 바울의 권위를 의심했다면, 그들이 자신들의 돈을 그에게 기꺼이 맡기지 않으려 했을 것이라는 점은 그다지 놀라운 것이 아니다. 이 구절은 우리로 하여금, 돈이 우리의 헌신과 관계의 가장 신뢰할 수 있는 지표들 중 하나라는 것을 상기시켜 준다. 비록 여기서는 바울이 헌금의 목적을 설명하지 않지만, 다른 곳에서의 논의들을 통해 살펴볼 때(롬 15 : 25－29, 고후 8－9장), 모금은 가난한 자들을 위한 것이며, 바울이 이것을 믿음의 공동체 내에서 자원을 나누어 갖는 길로 보았다는 점을 분명히 밝혀 주고 있다. 고린도교회 교인들은 관대하게 베풂으로써 예수 그리스도의 모범을 따를 수 있었고, 또한 그들의 사랑에 대한 진실함을 보여 줄 수도 있었다(고후 8 : 8－9). 결과적으로 모금에 대한 바울의 지시는 우리로 하여금 돈을 어떻게 사용해야 하는지를 숙고해 보게끔 요청한다. 지금 우리의 금전관계 실행이 하나님과의 관계 및 우리들 서로 간의 관계에 대해 무엇을 말해 주고 있는가?

2. 교회 내의 정치적 역학과 리더십 전반적으로 16장은 바울이 관계를 회복, 육성하며, 또한 공동체 내의 리더로서 특정의 사람들을(디모데와 스데바나) 위한 지지를 호소하느라 열심히 노력하고 있는 모습을 보여 준다. 우리는 그러한 '정치적' 관심들이 교회와 복음에 합당한 가치를

지니고 있지 못하다고 단정하는 실수를 범하지 말아야 한다. 현 시대가 이어지는 한, 교회 내에는 항상 리더십이 있어야만 하고, 또한 권위의 행사도 불가피하다. 결정적인 질문은 믿음의 공동체 내에서 권위가 **어떻게** 인정되고 사용되어야 하는가이다. 바울이 스데바나의 예를 들어 고린도교회 교인들에게 추천하는 모델은 봉사(*diakonia*, 15－18절)를 통한 리더십이다. 이것은 일찍이 바울이 자신을 예로 들어 설명했던 것을 생각나게 한다(3 : 5－9, 4 : 1－2, 9 : 1－27, 10 : 31－11 : 1). 아마 일부 고린도교회 교인들로서는 이 모델을 이해하는 데 어색함이 있었을 것이다. 그들은 권위(*exousia*)를 권한 행사의 차원에서 생각했고, 다른 사람들에게 부속됨으로부터의 자유를 누리며 독립하여 서 있는 것을 뜻하는 것으로 보았기 때문이다. 따라서 16장은 다시 한번 우리의 공동체 내에서 권위를 어떻게 인식하고 있는지를 묻는 계기를 마련해 준다. 권위가 제도의 기제를 통해 주어지는가? 아니면 성도들을 위한 봉사를 통해 획득되는가?

3. 선교를 위한 네트워크로서의 교회 우리가 주목했던 바와 같이 바울의 여행 계획 논의에 관한 한 가지 효과는, 고린도교회 교인들을 인간 경계를 초월하는 교제권으로서 교회의 비전으로 이끄는 것이다. 그리스도 안에 있다는 것은 멀리 떨어져 있는 공동체 안에 있는 다른 그리스도인들, 즉 고린도에 있든 에베소에 있든 아니면 예루살렘에 있든 어디에 있든지 간에 복음을 세상에 선포하는 과제에 헌신된 형제와 자매들과 병합되어 있다는 것을 뜻한다. 그것은 '주님의 일'이며, 모든 그리스도인 공동체들은 멀리 뻗어 나가는 그 일의 한 부분을 구성한다. 선교는 위험감수와 희생을 가져온다. 따라서 신앙공동체의 일원이 된다는 것은 이런저런 방식으로, 설사 궁핍함 가운데 있는 사람들에게 자원을 나누어 주는 것이라도 반드시 위험감수와 희생에 동참하는 것을 필요로 한다. 비록 편지가 전반적으로 고린도에 있는 지역 공동체에 주 초점을 맞추었지만, 바울은 그럼에도 불구하고 그의 독자들이 이 더 광범위한 교회 연합의 관점을 잃지 않기를 원한다. 우리는 바울의 편지에 관한 마감에 다가가면서 한 번쯤 스스로에게 질문해 보는 것이 좋다. 우리 교회들은 하나님

백성의 국제적 네트워크에 어떻게 동참하고 있는가? 그리고 우리는 때로 적대적인 세계 속에서 복음을 전하느라 위험을 감수하는 저 종들을 지원하기 위해 무엇을 하고 있는가?

4. 주님의 오심을 기다리기 우리는 편지 전체를 통해 바울의 사상이 강하게, 그리고 일관성 있게 종말론적으로 경사되어 있음을 보았다. 본문 16장에서 이 모티프를 가장 뚜렷하게 표현한 경우는 13절의 종말론적 대기와 22절에서 주님의 오심을 위한 기도이다. 동시에 다소 미묘한 사인들도 있다. 바울이 스데바나의 집을 '아가야의 첫 열매'라는(15절) 메타포로 묘사한 것은, 전 이방인 세계가 주님께 순종을 바치게 되는 종말론적 수확의 이미지를 암시하고 있다. 헌금 모금 자체도(1-4절) 이러한 하나님의 목적에 대한 종말론적 성취를 상징하기 위한 것일 수 있다. 편지가 결론을 내리는 지금 우리는 바울의 복음이 세상을 종합적으로 묵시론적 이야기의 틀 내에서 해석하고 있다는 것을 또다시 상기하게 한다. 그 이야기는 십자가로부터(1 : 18-2 : 16) 시작하여 주님의 오심과 죽은 자들의 부활로(15 : 1-58) 움직여 간다. 우리는 스스로에게 물어야 한다. 첫째, 우리도 우리의 소명을 해석하기 위해 이 스토리로 반복하여 되돌아가고 있는가? 둘째, 주님의 오심에 대한 생생한 기대를 가지고 사는 것이 우리의 특정 형태의 순종에 어떤 영향을 미치는가?

5. 마지막 말로서의 사랑 편지의 마지막 문장은 바울 자신의 손으로 직접 쓴 부분인데, 고린도교회 교인들의 실패에도 불구하고 그들의 오만에도 아랑곳없이 모든 고린도교회 교인들을 향한 자신의 사랑을 다시 확인하고 있다. 비극적으로 갈라진 우리의 교회들 속에서 우리가 마지막에 와서 서로를 향한 사랑을 확인하는 것이 무엇을 의미하는 것일까? 고린도전서의 경우에는 이 작별의 말이 바울과 고린도교회 교인들 관계의 모든 문제들을 이 편지를 쓰는 행위를 통해 이미 다 해결하였음을 뜻하는 것이 아니다. 사실 고린도후서를 통해서 볼 때, 우리는 진정한 개선이 시작되기 전에 그들의 관계가 한때 오히려 더욱 악화된 것을 알 수 있게 된다. 그럼에도 불구하고 고린도전서 16 : 24에 있는 바울의 마지

막 말은 형식적인 것도 아니고 쓸데없는 것도 아니다. 왜냐하면 바울은 그의 고린도 독자들과 더불어 예수 그리스도의 **코이노니아** 속으로 부름 받았기 때문이다(1 : 9). 그들은 같은 몸의 지체들이며, 그래서 분열이 있을 때 모두 고통을 받는다. 예수 그리스도 안에서 그들을 향한 바울의 사랑은 그가 그들을 신실함과 화해로 돌이켜 소명하려고 노력할 때 그들을 위하여, 그리고 그들과 함께 기꺼이 고난을 받겠다는 것을 뜻한다. 십자가에 못 박히신 예수 그리스도의 사인 아래 있는 사랑은 그 이하의 것을 의미할 수 없다. 우리의 공동체 안에서 역경과 논쟁 한가운데서라도 계속해서 서로를 사랑하는 훈련을 해 나가야만 할 필요를 절실하게 느낀다. 바울은 그러한 사랑을 위해 우리에게 모델을 제시한다. 그래서 고린도전서 16 : 14은 우리의 모든 수고에 대한 테스트요, 암호로 남는다. "너희 모든 일을 사랑으로 행하라."

참고문헌

1. 더 자세한 연구를 위하여

Beardslee, William A. *First Corinthians : A Commentary for Today*. St. Louis : Chalice Press, 1994.

Betz, Hans Dieter and Margaret M. Mitchell. "Corinthians, First Epistle to the." In *Anchor Bible Dictionary*, edited by D. N. Freedman. New York : Doubleday & Co., 1992. Volume 1, pp. 1139–1148.

Bruce, F. F., ed. *1 and 2 Corinthians*. New Century Bible Commentary. Grand Rapids : Wm. B. Eerdmans Publishing Co., 1971.

Furnish, Victor P. *The Moral Teaching of Paul : Selected Issues*. Rev. ed. Nashville : Abingdon Press, 1985.

________. *The Theology of the First Letter to the Corinthians*. New Testament Theology. Cambridge : Cambridge University Press, forthcoming 1997.

Hay, David M., ed. *Pauline Theology*, Volume II : *1 & 2 Corinthians*. Minneapolis : Fortress Press, 1993.

Malherbe, Abraham J. *Social Aspects of Early Christianity*, 2d ed. Philadelphia : Fortress Press, 1983.

Murphy–O'Connor, Jerome. *1 Corinthians*. New Testament Message. Wilmington, Del. : Michael Glazier, 1979.

Snyder, Graydon F. *First Corinthians : A Faith Community Commentary*. Macon, Ga. : Mercer University Press, 1992.

Thrall, Margaret E. *The First and Second Letters of Paul to the Corinthians*. The Cambridge Bible Commentary. Cambridge : Cambridge University Press, 1965.

Winter, Bruce W. *Seek the Welfare of the City : Christians as Benefactors and Citizens*. Grand Rapids : Wm. B. Eerdmans Publishing Co. ; and Carlisle : Paternoster, 1994.

2. 인용되었던 문헌

Barrett, C. K. *A Commentary on The First Epistle to the Corinthians*. Harper's New Testament Commentaries. New York : Harper & Row, 1968.

Barth, Karl. *The Resurrection of the Dead*, translated by H. J. Stenning. London : Hodder & Stoughton, 1933.

Bassler, Jouette M. "1 Cor 12 : 3–Curse and Confession in Context," *Journal of Biblical Literature* 101 (1982) : 415–418.

Bonhoeffer, Dietrich. *Life Together*, translated by John W. Doberstein. New York : Harper & Row, 1954.

Conzelmann, Hans. *1 Corinthians*, translated by James. W. Leitch. Hermeneia. Philadelphia : Fortress Press, 1975.

Eliot, T. S. *The Complete Poems and Plays*, 1909–1950 (New York : Harcourt Brace & World, 1952).

Fee, Gordon D. *The First Epistle to the Corinthians.* New International Commentary on the New Testament. Grand Rapids : Wm. B. Eerdmans Publishing Co., 1987.

Hays, Richard B. *Echoes of Scripture in the Letters of Paul.* New Haven, Conn. : Yale University Press, 1989.

_______. *The Moral Vision of the New Testament : Community, Cross, New Creation.* San Francisco : HarperSanFrancisco, 1996.

Hock, Ronald F. *The Social Context of Paul's Ministry : Tentmaking and Apostleship.* Philadelphia : Fortress Press, 1980.

Martin, Dale B. *The Corinthian Body.* New Haven, Conn. : Yale University Press, 1995.

_______. *Slavery as Salvation : The Metaphor of Slavery in Pauline Christianity.* New Haven, Conn. : Yale University Press, 1990.

Meeks, Wayne A. *The First Urban Christians : The Social World of the Apostle Paul.* New Haven, Conn. : Yale University Press, 1983.

Mitchell, Alan C. "Rich and Poor in the Courts of Corinth." *New Testament Studies* 39 (1993) : 562–586.

Mitchell, Margaret M. *Paul and the Rhetoric of Reconciliation : An Exegetical Investigation of the Language and Composition of 1 Corinthians.* Louisville, Ky. : Westminster/John Knox Press, 1992.

Murphy–O'Connor, Jerome. "Corinthian Slogans in 1 Cor 6 : 12–20." *Catholic Biblical Quarterly* 40 (1978) : 391–396.

_______. *St. Paul's Corinth : Texts and Archaeology.* Good News

Studies 6. Wilmington, Del. : Michael Glazier, 1983.

Robertson, A., and Alfred Plummer. *A Critical and Exegetical Commentary on the First Epistle of St. Paul to the Corinthians.* 2d ed. International Critical Commentary. Edinburgh : T. & T. Clark, 1914.

Rosner, Brian S. *Paul, Scripture, and Ethics : A Study of 1 Corinthians* 5–7. Arbeiten zur Geschichte des Antiken Judentums und des Urchristentums 22. Leiden : E. J. Brill, 1994.

Schrage, Wolfgang. *Der erste Brief an die Korinther*, volumes 1 and 2. Evangelisch-Katholischer Kommentar zum Neuen Testament. Zurich and Braunschweig : Benziger Verlag, and Neukirchen–Vluyn : Neukirchener Verlag, 1991–1995 (volume 3 forthcoming 1997).

Schüssler Fiorenza, Elisabeth. *In Memory of Her : A Feminist Theological Reconstruction of Christian Origins.* New York : Crossroad, 1983.

Scroggs, Robin. "Paul and the Eschatological Woman : Revisited." *Journal of the American Academy of Religion* 42 (1974) : 532–537.

Talbert, Charles H. *Reading Corinthians : A Literary and Theological Commentary on 1 and 2 Corinthians.* New York : Crossroad, 1987.

Theissen, Gerd. *The Social Setting of Pauline Christianity : Essays on Corinth*, translated by John H. Schütz. Philadelphia : Fortress Press, 1982.

Weiss, Johannes. *Der erste Korintherbrief.* Meyer Kritisch–exegetischer Kommentar über das Neue Testament. Göttingen :

Vandenhoeck & Ruprecht, 1910.

Willis, Wendell Lee. *Idol Meat in Corinth : The Pauline Argument in 1 Corinthians 8 and 10*. Society of Biblical Literature Dissertation Series 68. Chico, Calif. : Scholars Press, 1985.

Wire, Antoinette Clark. *The Corinthian Women Prophets : A Reconstruction through Paul's Rhetoric*. Minneapolis : Fortress Press, 1990.

Witherington, Ben, Ⅲ. *Conflict and Community in Corinth : A Socio-Rhetorical Commentary on 1 and 2 Corinthians*. Grand Rapids : Wm. B. Eerdmans Publishing Co., 1995.

번역을 마치면서

모든 책이 다 번역하면서 보람을 느끼게 하지는 않는다. 어떤 책의 경우는 번역을 시작했지만 시간을 낭비하는 것 같아 마음이 찜찜하기 그지없기도 하다. 하지만 헤이스의 책은 일체 그런 후회의 느낌을 주지 않는다. 분석에 빈틈이 없으며, 논리가 꽉 짜여져 있고, 저자의 가슴이 문장 문장마다에 속속들이 배어 있다.

이번 고린도전서 주석을 번역하면서도 그런 보람의 느낌은 여전했다. 이 책은 나에게 신학생과 목회자들에게 꼭 읽혀야 하겠다는 생각이 들게 만든다. 이 책을 읽지 않고 고린도전서를 이해하려는 사람은 얻을 수 있는 많은 것을 잃을 것이라는 생각도 든다.

나는 책을 읽으면서 저자의 생각에 쉽게 동화되어 버리는 사람이 아니다. 종종 내가 읽는 책의 저자는 나의 비판적 독서로 인해 비참할 정도로 망가진다. 하지만 헤이스 교수의 글에서는 내 의견과 충돌할 만한 내용을 그다지 찾아볼 수 없어 "어쩌면 이렇게 내 생각을 쏙 빼왔나……." 하는 마음이 들 정도로 공감의 층이 두텁다.

돌이켜보건대 일찍이 박사과정을 위해 듀크 대학교의 문을 두드릴 때도 헤이스 교수의 *Echoes of Scripture in the Letters of Paul*에 깊이 매료되어 있었던 것 같다. 그만큼 성경본문을 사심 없이 객관적으로 분석하는 신약학자는 많지 않다. 그는 복음주의에 가까운 자신의 신앙 노선을 변명하느라고 학문적 완결성을 잃지도 않는다. 헤이스의 학문적 실천은 그의 경건과 신앙을 배신하지 않는다. 그렇다고 후자가 전자를 지배하여 객관성을 잃지도 않는다는 말이다. 참 좋은 주석서이다.

이 책의 번역을 미처 완료하기에 앞서, 수년 전 내가 번역했던 그의 책 「신약의 윤리적 비전」이 한국기독교출판문화상의 해외 신학 부문 최우수상을 수상했다는 소식을 들었다. 이 고린도전서 주석도 좋은 독자들에게 좋은 책으로 읽혀 그 가치에 부합하는 인정을 받았으면 하는 마음이다. 학교 교수직을 떠나 미국의 구석진 도시에서 목회의 바쁜 일정에 쫓기고 있는 부족한 사람에게 이 책의 번역의 기회를 허락해 주신 한국장로교출판사 사장 박노원 목사님께 감사하는 마음을 갖는다.

미국장로교회의 목회자에게 주어지는 휴가 중 3주를 밤낮으로 사용하여 이 책의 번역을 마무리할 수 있었다. 목사의 전적 부재(不在)를 적지 않은 기간 용납하면서 기도를 아끼지 않았던 김성웅 목사님과 훼이빌 한인장로교회 성도님들의 사랑이 무척이나 고마웠다. 막판에 번역에만 집중할 수 있도록 좋은 은신처를 제공해 주신 윌밍톤의 김봉현 목사님과 진병준 집사님께도 감사를 드린다. 가까이 있지 않아 교정의 과정을 어렵게 만드는 역자를 용납하며 많은 수고를 아끼지 않으신 편집자의 고마움도 잊고 싶지 않다. 아까운 휴가기간 중 단 하루도 같이 있어 주지 않고 그 모든 시간을 저 혼자 써 버린 못된 남편과 아버지를 용서할 수밖에 없는 아내와 자식들에게는 그저 미안한 마음뿐이다.

하나님, 이 책이 그러한 희생에 보답하는 결실을 맺게 해 주시옵소서!

2006년 2월 일
미국 노스캐롤라이나 주의 훼이빌 한인장로교회에서
번역위원 유승원